当代教育史学前沿研究丛书

周洪宇/总主编

周洪宇 周采/主编

教育史学前沿研究

JIAOYUSHIXUE

QIANYAN YANJIU

上卷

山东教育出版社

图书在版编目（CIP）数据

教育史学前沿研究．上卷 / 周洪宇，周采主编．— 济南：
山东教育出版社，2019.11
（当代教育史学前沿研究丛书）
ISBN 978－7－5701－0811－4

Ⅰ. ①教… Ⅱ. ①周… ②周… Ⅲ. ①教育史－史学
－研究 Ⅳ. ①G519

中国版本图书馆CIP数据核字（2019）第225073号

DANGDAI JIAOYUSHIXUE QIANYAN YANJIU CONGSHU
JIAOYUSHIXUE QIANYAN YANJIU

当代教育史学前沿研究丛书　　　　　　　　周洪宇　总主编
教育史学前沿研究　　　　　　　　　　周洪宇　周采　主编
上、下卷

主管单位：山东出版传媒股份有限公司
出版发行：山东教育出版社
　　　　　地址：济南市纬一路321号　邮编：250001
　　　　　电话：（0531）82092660　网址：www.sjs.com.cn
印　　刷：山东德州新华印务有限责任公司
版　　次：2019年11月第1版
印　　次：2019年11月第1次印刷
开　　本：710毫米×1000毫米　1/16
印　　张：51
字　　数：670千
定　　价：158.00元（上、下卷）

（如印装质量有问题，请与印刷厂联系调换）印厂电话：0534-2671218

总　序

　　2019年是新中国成立70周年，也是新中国教育事业和教育学科迅速发展的70周年，还是中国教育学会教育史分会成立40周年。为纪念新中国成立70周年和中国教育学会教育史分会成立40周年，促进中国教育学科特别是教育史学进一步健康发展，促进中外教育学术的交流，我们组织全国多所知名高校的教育史专家编写了这套《当代教育史学前沿研究丛书》。

　　20世纪以来，特别是70、80年代之后，伴随着社会变迁、学术进步和教育发展，历史研究包括教育史学在中国和西方都有了长足的发展，产生了众多新兴领域，成为前沿研究。这套《当代教育史学前沿研究丛书》试图从不同角度和侧面，来反映和体现当代教育史学的前沿所在，为治史者架起津梁。这套丛书包括《新教育史学》《教育史学研究方法新论》《教育史学前沿研究》《百年中国教育史学》和《百年外国教育史学》等论著。《新教育史学》《教育史学研究方法新论》《教育史学前沿研究》初稿已交出版社，《百年中国教育史学》和《百年外国教育史学》还在进行之中，但前期的资料基础工作已经完成，《中国教育史学70年》（上、下卷）已完稿，近期将由华中师范大学出版社出版。

　　这套丛书酝酿的时间比较长，早在2005年教育部"十五"重点课题"教育史学理论与方法研究"结题成果《教育史学通论》完成后，我就萌生了一个想法：撰写带有探索性质的《新教育史学》和《教育史学研究方法新论》，给教育系、历史系等专业喜欢教育史的本科生和研究生提供专业读物。从2006年起，我借给博士和硕士研究生讲"教育史学理论与方法"专业必修课的机会，着手撰写《新教育史学》和《教育史学研究方法新论》，还广泛征求听课同学们的意见，努力提高书稿质量。经过努力，这两本书稿在2015年已初步完成，并计划联系出版社出版。到2018年3月《教育史学通论》（上、下卷）由人民教育出版社出版后，出版这两本新著的想法就更强烈了。当年10月我在北京出席中国教育学会教育史分会年会期间，遇见山东教育出版社教育理论编辑室蒋伟主任，提及此事，她表示赞成和支持，并提出了充实完善的建议。我们遂在已有两册书稿基础上，增加了《教育史学前沿研究》《百年中国教育史学》《百年外国教育史学》等书，共同组成这套《当代教育史学前沿研究丛书》。该丛书的出版，一是满足教育学术界的需要，二是作为向新中国成立70周年和中国教育学会教育史分会成立40周年的献礼。

目前呈现在各位读者面前的《当代教育史学前沿研究丛书》，就是各位作者齐心协力、辛勤奋斗的结果。在这套丛书面世之际，我要特别感谢著名外国教育史学家、南京师范大学教育科学学院周采教授的鼎力相助。周采教授是我40多年前的老同学，当年就是我们华中师范大学历史系77级的才女，名门之后，家学渊源，能歌善舞，并担任学校文工团的主持。我们大学毕业后被分配到学校教育系和教育科学研究所，分别从事外国教育史和中国教育史研究，她后来到北师大深造，攻读外国教育史博士，我则留校继续随章开沅先生研究中国近现代教育史。去年10月得知我主编这套丛书的计划后，退休在家颐养天年的她毅然应邀重新出山，与我共同主编丛书中的《教育史学前沿研究》，而且与她的诸位博士保质保量如期完成既定任务，给大家树立了典范。附带说一句，《教育史学前沿研究》每位作者的姓名都在每章后面列出，以示负责。在此，我还要感谢张建东、李艳莉、刘佳、邬春芹等博士，他们分别协助我整理了《新教育史学》《教育史学研究方法新论》和《教育史学前沿研究》三本书稿，为我节省了大量时间和精力。我还要感谢二十余年来一直信任和支持我的山东教育出版社的领导及诸位编辑朋友。他们是真正的出版人，我的几部获奖图书《开拓与创建——陶行知与中国现代文化》《陶行知画传》《教育大变革》以及我主编的《教育史学研究新视野丛书》（10册）、《中外著名教育家画传系列》（10册）、《中国教育活动通史》（8卷）等，都是经他们之手精心编辑而成的。衷心期待我们的这一次合作，能够继续取得丰硕成果。

周洪宇

2019年7月10日于东湖之滨远望斋

总目录

绪 论

当代史学趋势与教育史研究

研究当代史学趋势时首先应了解与其相关联的历史哲学、史学理论和历史理论的基本概念。历史哲学是对史学的批判性反思，其发展经历了思辨历史哲学、分析历史哲学和叙事主义历史哲学几个阶段。史学理论是指对历史学本身和与其有关的各种问题的研究，而历史理论则是对客观历史进程的研究，包括各种相关的理论和方法。19世纪，兰克学派在专业化史学中占据主导地位。20世纪50年代以后，社会科学化的新史学成为主流。20世纪70年代末，新叙事史复兴趋势较为明显。20世纪末特别是进入21世纪以来，在反思文化研究的同时出现了全球史研究的热潮。在史学研究理论和方法上，史家们力图弥合现代与后现代史学理论，强调客观性与主观性、科学性与哲学性相结合，认为史学的未来出路在于将社会学研究方法与文化研究方法结合起来进行跨学科研究。当代史学发展的主要趋势对于教育史研究有诸多启发。我们必须关注和研究当代史学的发展趋势，在此基础上更新教育史学观念，拓展教育史研究领域，尝试运用新的史学方法进行教育史研究。

一、史学范式的变迁

首先须厘清历史哲学、史学理论和历史理论几个概念。"什么是史学理论，可以说迄今还没有一个公认的定义。一般说来，历史包括人类全部的物质的与精神的活动，研究这些学问的就是历史学。我们对历史的理解和对历史学的理解都有其理论的方面，前者是历史理论，后者为史学理论。然而，这种只研究历史学本身问题的史学理论，只是狭义的。广义的史学理论应包括历史理论和这种狭义的史学理论。"①在西方史学史上，很少运用"史学理论"这个术语，而是通用"历史哲学"的名称。现在学界一般认为历史哲学经历了三个历史阶段：第一个阶段是思辨的历史哲学，主要关注历史本体论问题，研究者多半是非历史学家；第二个阶段是分析的历史哲学，是关于历史认识的哲学反思；第三个阶段是叙事主义历史哲学，叙述主义在本质上属于语言性的学术取向。而贯穿历史哲学的思辨、分析和叙事三大范式的基本线索是科学主义与人文主义之争。"大致说来，分析的历史哲学的理论基调是科学主义的，而思辨与叙述的历史哲学则倾向于人文主义。"②

在西方，历史诞生于公元前5世纪中叶的古希腊。希罗多德（Herodotus）为其《历史》搜集信息的主要方法是询问。修昔底德（Thucydides）则重视人证。他还亲身参与自己描述的战争，并采用耳闻方法进行调查，主要以叙事方式向人们呈现历史真相。由此可知，历史与探究之间的联结相当古老。所谓历史即是以调查研究为根据，针对公共事件而做的一种详尽的、世俗的和散文的叙事。中世纪，基督教开创了线性史观，在发展的观念下，历史被视为一维的、分阶段的和不断向天国靠拢的历程。文艺复兴时期复兴了世俗史，从古希腊的重视人证转向重视文献资料，开创了近代考证史料的传统。"十六世纪以降，文艺复兴时代人文主义文本方法的使用，所揭露与理解的不只是上古哲学

---

① 何兆武、陈启能主编：《当代西方史学理论》，中国社会科学出版社1996年版，第1页。
② 周建漳：《历史哲学》，北京大学出版社2015年版，第22页。

家与诗人的作品，还包括欧洲的过去，而这段过去从十七世纪晚期开始被称为中古时代。这种技术是档案的历史研究。……凭借这种技术，'探究'可以上溯到史家或目击者记忆以外的时代，并且摆脱对早期史家与编年史的依赖。这是一个大转变。"①自19世纪中叶作为一门学科诞生以来，历史学的研究范式经历了许多方向性的转变。1951年，英国历史哲学家W. H. 沃尔什（W. H. Walsh）在《历史哲学导论》中提出了"思辨的历史哲学"与"分析（批判）的历史哲学"两大划界范畴。黑格尔被认为是思辨历史哲学的代表人物，汤因比之后，思辨哲学成为绝响。以C. G. 亨普尔（C. G. Hempel）的《普遍规律在历史学中的作用》（1942年）发表为标志，进入分析历史哲学的阶段，在20世纪中后期成为英美历史哲学的主流形态。1973年，海登·怀特（Hayden White）发表《元史学——十九世纪欧洲的历史想象》，标志着史学进入叙事主义历史哲学阶段。

历史观念的变迁影响了历史编纂。《荷马史诗》是西方史学的滥觞，叙述体裁完整，事件发展连贯，线索脉络清晰可见，在一定程度上成为后来史学家的楷模，虽缺乏时间的延续性和阶段性。赫西奥德（Hesiod）在《神谱》中把人类的历史划分为五个阶段，表现出悲观和退化的历史观。苏格拉底、柏拉图和亚里士多德承袭了其历史退化的观念，并以循环论来勾勒历史的演变过程。希罗多德的《历史》和修昔底德的《伯罗奔尼撒战争史》标志着西方史学的诞生。罗马人的贡献是开始具有"通史"眼光，有了历史连续性的观念。中世纪发展史观在将各地区的历史串成一条线的时候，也就拓展了空间即世界"一统"的概念。

承认人性对历史运动的重要作用是人文主义者的主要贡献，个人的热情和意志被视为历史变动的主因。人文主义史学家提出历史分期思想，其历史著作带有了民族特征。在启蒙时代，伏尔泰、孟德斯鸠和孔多塞明确主张进步史观，认为历史是一个从低级到高级、从愚昧到文明的进步过程。伏尔泰的《路易十四时代》和《论风俗》是近代文化史研究的开山之作，维科的《新科学》

① ［英］约翰·布罗：《历史的历史：从远古到20世纪的历史书写》，黄煜文译，广西师范大学出版社2012年版，第291页。

是近代最早的历史哲学著作。19世纪是历史学的世纪。兰克学派强调对事实的考证和批判，要求正确运用史料和"如实直书"，关注民族国家之间的关系。在法国，以孔德为代表的实证主义哲学主张通过对人类活动的客观分析，总结历史演化的规律。该时期的大多数历史学家遵循直线发展模式，力求运用自然科学的研究方法来处理历史。科学史学的研究进路注重历史的规律性，注重史料的考证和核实。

G. G. 伊格尔斯（G. G. Iggers）将20世纪历史学的发展分为三个阶段：一是早期阶段，历史学作为一种专业规范诞生；二是中期阶段，历史学面临社会科学的挑战；三是历史学与后现代主义的挑战。①1912年，J. H. 鲁滨逊（J. H. Robinson）在《新史学》中批判了传统史学，呼吁历史学与社会科学携手共进。G. 巴勒克拉夫（G. Barraclough）认为："推动1955年前后开始出现的'新历史学'的动力主要来自社会科学。"②20世纪70年代后期，新叙事史的复兴趋势较为明显。在社会科学和后现代主义的影响下，先后出现各种史学流派。

与当代西方教育史学流派关系较为密切的有以下三个史学流派。首先是新社会史（the history of society）。"可以说社会史的兴起是当代史学最明显的特征。"③社会史是一个很难界定的学科领域，被用来表示各种不同活动的历史。新社会史是相对传统社会史（social history）而言的。传统的社会史和文化史都可追溯到伏尔泰，现代意义上的社会史由20世纪的法国年鉴学派开创。新社会史家强调整体史观和自下而上的视角，关注普通人的日常生活史和普通人的群体史。民众日常生活史是西方社会史中最稳定和最基本的组成部分。历史研究的"情感转向"（emotional turn）反映出社会史与文化史之间的关系日趋密切，揭示了社会变迁的文化和感情的原因。

---

① ［美］伊格尔斯：《20世纪的历史学》，何兆武译，山东大学出版社2006年版，第1页。
② ［英］杰弗里·巴勒克拉夫：《当代史学主要趋势》，杨豫译，北京大学出版社2006年版，第56页。
③ 杨豫、胡成：《历史学的思想和方法》，南京大学出版社1999年版，第131页。

其次是西方马克思主义史学。当代西方马克思主义史学是西方各国马克思主义史学学派的总称。如果我们以20世纪之始为分界线，可以把马克思主义迄今为止的演进历程划分为两大阶段，即19世纪的马克思主义和20世纪的马克思主义。19世纪的马克思主义以马克思和恩格斯的思想为基本内涵，20世纪的马克思主义则呈现出各种导源于马克思和恩格斯学说的马克思主义理论并存的格局。二战后至60年代，有重要影响的是德国的法兰克福学派（Frankfurt school）和法国的L. 阿尔都塞（L. Althusser）等。在新史学的促进下，西方马克思主义史学尤其是法国和英国的马克思主义史学日益成为西方史坛的劲旅，在继续运用传统方法研究政治史和经济史的同时，也将研究拓展到精神状态史、社会经济史、日常生活史和大众文化史等领域。

再次是后现代主义史学。20世纪60年代至70年代，在哲学的语言学转向（the linguistic turn）和文化学转向（cultural turn）的夹击下，社会科学化的历史学出现危机。大约在20世纪70年代以后，后现代主义在西方兴起，并在七八十年代的欧美国家广为流传。后现代主义史学包括两个部分，即后现代主义历史哲学和后现代主义史学流派。从诠释学视角看，历史是文本；从文学批评视角看，历史是话语和叙事；从人类学视角看，历史是文化。在"后现代主义转向"（postmodernism turn）的影响下出现了诸多史学流派，主要是新叙事史（主要包括微观史和日常生活史）和新文化史或社会文化史。新文化史的概念最早见于美国历史学家林·亨特（Lynn Hunt）主编的《新文化史》（1989年），社会文化史则是法国年鉴学派的一个术语，第四代领军人物R. 夏尔蒂埃（R. Chartier）希望通过文化史的新途径重新回到社会史。

二、当代史学趋势及其反思

二战后大约每隔30年，西方史学理论都会发生一次研究范式的转换。不同时代有不同的"范式危机"（paradigm crisis），需要新的范式与之相适应。与范式的转换相联系，史家先是追求客观性与科学性的新社会史，继而关注主观性与哲学性的新文化史，当今又进入强调客观性与主观性、科学性与哲学性相结合的全球史阶段。

人们曾经将历史学视为一个统一的事业。盛行于19世纪的专业历史学的信念是：各种特殊的历史终将汇集到某种对于人类历史总体的描述之中。这个信念在20世纪时消退了。20世纪初，历史是持续成长的自由故事这样的自由主义概念逐渐受到批判。史家愈来愈普遍以"辉格史"（Whig history）来表示将历史视为本质上属于历史过程的目的论观点。自20世纪50年代以来，把握历史的难度越来越大，以至于没人敢声称某种单一关怀是历史学的"主干"，历史学科呈现出多中心和碎片化的特点。令人注目的是，当代一些关于历史学科综览的作品，多半采取将多位作者的论文编纂成册的形式问世，如林·亨特主编的《新文化史》、理查德·比尔纳其（Victoria E. Bonnell）等著的《超越文化转向》和埃娃·多曼斯卡（Ewa Domanska）主编的《邂逅：后现代主义之后的历史哲学》等，每位作者关注的是与整体相对分离的某个特定问题或次一级的领域。到20世纪末，对于某种单一的权威的历史学方法的信念也处于消退之中。每年都有数量庞大的历史学著作和论文被生产出来，这种状况使得单个的历史学家很难脱颖而出，历史学家不再运用单一的方法讲述单一的故事。有学者认为："当前史学有两大平行发展的潮流，一个是越做越大，一个是越做越小。其中一个重要原因即是有一个对立面，越做越大的当然是做全球史，越做越小的就是做新文化史，这两个潮流是历史学的新潮流。"①

一些在20世纪80年代初期转向文化研究的史学家和历史社会学家对"文化研究"进行了反思。"文化研究"是一个覆盖一系列分析方法——女性主义、后殖民主义、多元文化主义和同性恋等研究的术语。由于"文化"扮演了一种无处不在的角色，在上述种种研究领域中没有必然的学科中心，不存在出类拔萃。史学的这种"文化转向"（cultural turn）强调的是其人文性质而非科

---

① 林漫、邓京力：《跨文化视角、马克思主义与当代史学主要趋势——对话王晴佳教授》，载《史学理论研究》2016年第2期。

学性质。通过质疑社会范畴的核心概念，文化转向导致了社会范畴的解释的崩溃。学者们开始思考如何重塑社会范畴亦即社会范畴的重新概念化问题。他们认为，未来的出路在于学科重组，即将社会学研究方法与文化研究方法结合起来，强调客观性与主观性、科学性与哲学性相结合。"尽管我们十分欣赏文化研究在使用文本和语言模型方面所取得的不寻常进展，但是我们依然相信，无论是文化分析方式还是社会学的分析方式，都不能彼此孤立地继续进行下去。我们的任务是找到富于想象的新方法将它们结合起来。"[1]

在有关现代主义和后现代主义史学研究存在深刻理论分野的问题上，德国史学理论家约恩·吕森（Jorn Rusen）试图寻求弥合现代与后现代史学理论的可能途径。他主张走一条中间路线。"一方面我们需要现代主义基础上的科学诉求和确定性为我们提供导向；另一方面，我们必须认识到后现代主义理论（叙事主义）为历史思考所做的拓展和深化。"[2]伊格尔斯认为，美国历史学家不能理解兰克的历史思想的哲学意义，就把兰克对文献的分析批判与其唯心主义哲学割裂开来，再把这种批判方法和讨论班的组织移植到19世纪的美国，并把兰克尊为"科学派"历史学之父。实际上，"德国不像美国，从来没有把科学一词和自然科学联系得那样密切，它只是意味着用系统的方法来进行任何研究"[3]。吕森所说的"科学诉求"正是这种德国意义上的。在他看来，史学理论含义广阔，理性主导的方法论的意义不只是使研究者能够找寻到"事情发生的真相"，还应成为历史学性质与学科研究价值探讨及反思的重要领域。吕森批评说："即使在今天，还有很多历史学家认为历史研究最基本、最重要的方法依然是史料的批评，可见他们并没有从历史主义的方法论中吸取任何营养。"[4]在他看来，后现代主义的特征是对理性的激烈批判，在方法上强调叙事的诗性和修

---

[1] ［美］理查德·比尔纳其等：《超越文化转向》，方杰译，南京大学出版社2008年版，第1页。

[2] ［美］理查德·比尔纳其等：《超越文化转向》，方杰译，南京大学出版社2008年版，第105页。

[3] ［美］格奥尔格·伊格尔斯：《二十世纪的历史学——从科学的客观性到后现代的挑战》，何兆武译，山东大学出版社2006年版，第157页。

[4] 尉佩云：《弥合现代与后现代史学理论的可能路径》，载《史学理论研究》2014年第4期。

辞，而非以理性讨论和实证研究规则为主。因此，在后现代语境下，哲学家的活动有其局限性。虽然叙事主义在史学理论上是一个重要的推进，对于人文学科中历史学科的特性带来了新见解，但忽视了方法上的合理性和真理标准。"我的立场，是试图将当前历史学家和哲学家的讨论中相互对立的史学理论和史学方法论里面的两种路数综合起来。一方面是叙事主义，一方面是科学合理性，我企图弥合这两者之间的鸿沟。"①

近年来，中国史学界讨论了马克思主义史学理论的建设问题，强调在坚守唯物史观主导地位的同时，重视对多样的史学理论和方法的探讨。产生于19世纪40年代的马克思主义历史理论是科学共产主义的重要组成部分，也是马克思主义史学的理论基础。马克思主义史学理论是吸收人类思想和文化中有价值的东西而形成的，并在西方史学的发展中产生了重大影响。二战后，跨学科的史学方法和一系列新的历史学分支学科不断出现，不仅使传统史学的界限越来越模糊，也对马克思主义史学理论提出了新的挑战。这种状况一方面促使马克思主义史学理论不断丰富和完善，另一方面也要求研究者以正确态度对待西方史学。"对西方史学要做到辩证取舍择善从之，一概排斥，或者全盘吸收，都是错误的。马克思主义史学理论是一个开放的理论体系，在其形成和发展的过程中，需要广泛汲取人类文明的一切优秀成果，来不断地丰富自己。"②还有学者认为，应认识到历史唯物主义对马克思主义史学发展的总的指导意义，但需要区分历史唯物主义和史学理论，前者是后者的指导思想。"人们长期以来把历史唯物主义看成史学理论本身，经过一段时间的讨论，多数人都同意，这两者是不同的。历史唯物主义是指导思想，不仅是历史学研究的指导思想，也是诸如社会学、人类学、文学、哲学等人文社会科学的指导思想。因此，历史学的指

---

① ［波兰］埃娃·多曼斯卡主编：《邂逅：后现代主义之后的历史哲学》，彭刚译，北京大学出版社2007年版，第169页。

② 于沛：《〈史学理论研究〉三十年：构建马克思主义史学理论新形态的三十年》，载《史学理论研究》2017年第2期。

导思想是不能同自身的理论相混淆的。"①

　　史学家对于"超越后现代"和"全球转向"表现出极大关注。首先是对后现代主义和语言学转向是否已经完成历史使命的讨论。有学者认为，所谓"超越后现代"还是用一种现代性的思维在考虑问题，因为后现代主要不是一个新的历史阶段。"从理论上说后现代主义是对现代社会或现代性的一种批判和反省。"②与上述问题相关的是对"小写历史"（history in the lower case）即对历史认识论的讨论。后现代主义认为虚构与事实没有太大差别，但人们对此观点的态度和接受程度存在差异。现在的历史学家已经意识到历史研究难以做到完全客观，语言本身是不透明的，"历史书写"（writing history）本身是存在很大问题的。其次是全球转向（global turn）的问题。2014年，林·亨特推出的《全球时代的史学写作》被认为是呼吁西方史学的再次转向即"全球转向"的一部力作。20世纪90年代，全球化理论的兴起为处于困顿的西方史学写作注入新鲜血液。林·亨特认为，作为一种研究范式的全球化关注宏观历史趋势，最好采用长时段的恢宏视野，将其看作一种遍及整个人类历史中时断时续的长期进程，此外，应"采用包括文化理论在内的多元化的研究途径，有助于解决全球化研究中容易受到忽视的方面"③。她在重申文化转向在史学研究中的重要作用和关注史学的全球转向的同时，也强调社会科学模式的史学价值，认为应重视史学写作的两个基本范畴即"社会"和"自我"正在经历的脱胎换骨的历程。

三、对教育史研究的意义

　　20世纪以来形成了诸多史学流派和热点领域，在新社会史、新文化史和全

---

　　① 陈启能：《不忘初心，不忘读者——纪念〈史学理论研究〉杂志创刊三十周年》，载《史学理论研究》2017年第2期。

　　② 林漫、邓京力：《跨文化视角、马克思主义与当代史学主要趋势——对话王晴佳教授》，载《史学理论研究》2016年第2期。

　　③ 赵辉兵：《20世纪以来西方史学写作范式的两次转向——评林·亨特的〈全球时代的历史写作〉》，载《史学理论研究》2017年第1期。

球史这三大领域中，还有更加令人眼花缭乱的次级流派和领域。当代历史学的研究领域愈来愈广泛，并对教育史研究产生了明显的影响。教育史家在实践中不断尝试开辟新的研究领域，如教育活动史、教育生活史、教育身体史、教育情感史、教育记忆史、教育口述史、教育图像史、教育文物史、教育计量史、教育环境史、城市教育史、女性教育史、儿童教育史、课程史学等。鉴于当代史学流派纷呈、碎片化和多元化的趋势容易使人迷失大的方向，在选择研究方向时，我们有必要了解当代教育史学研究领域的一些专门知识。

首先是教育史学观念的更新。

教育史家都是在一定的教育史学观念的主导下选择自己的研究领域、研究主体和研究方法的。"史学观念是指对历史知识的性质的根本看法。这里涉及历史学家对历史的态度，对史料的看法，对现在和过去关系的认识，对自身在研究实践过程（也就是历史认识过程）中所起作用的考虑。显而易见，不同的史学观念会产生特点迥异的研究成果。因而正如在任何领域若有根本性的重大变化发生则必以观念的变革为前提一样，史学领域也不例外。"[1]

在西方，19世纪的历史研究从德国开始了专业化历程。专业史家对历史学的科学地位充满坚定的信念，信奉真理就在于知识与客观实际相符合，基于线性的时间观念，描绘确实存在过的伟大事件、伟大人物及其思想，探究人的行为的意图，以便重建完整一贯的历史故事。二战后，西方史学完成从传统史学向新史学的转化，从以历史过程描述为主的史学逐渐向以理论阐释为主的史学转化。历史学者对基于经验的与分析的社会科学路数的历史研究充满信心，注重史学与其他社会科学的结合，计量史学蓬勃发展，在社会史方面的研究居于领先地位。20世纪五六十年代，历史哲学的特征是有关历史解释的"方法崇拜"。

在历史哲学中出现的"叙事的转向"在一定程度上是对上述将历史非人化

---

① 徐浩、侯建新：《当代西方史学流派》，中国人民大学出版社2009年版，第5页。

的反动。后现代主义对传统史学和社会科学化史学都提出了疑问，力图取消历史学的真实性，尝试将历史研究与语言学和文学结合起来。到20世纪末，史学理论朝着文学批评转向，而历史学则聚焦于社会史。"所有这一切都表现在历史编纂学的方法上，它从精英们的身上转移到居民中的其他部分，从巨大的非个人的结构转移到日常生活的各种现实的方面，从宏观历史转移到微观历史，从社会史转移到文化史。"①进入21世纪以来，史学发展进入"后—后现代"时期，后现代主义对近现代文化传统的批判已被接受和内化，而其激进做法则被摈弃。在从事教育史研究的时候，我们应了解世界范围内历史观念发展的来龙去脉，关注其前沿和动态，在此基础上思考究竟应从什么样的教育史观出发来进行研究。

其次是教育史研究领域的拓展。

从西方历史编纂的历史发展来看，它经历了传统的政治史、社会科学取向的社会史和新社会文化史的不同阶段。作为历史学分支学科的教育史学科的发展也在不同的历史阶段受到相应学术风尚的影响。在开放和多元化发展的当代，教育史学科的发展有着比以往更多的自由和选择，这意味着每一位教育史学者都可以根据自己的知识背景和专业兴趣，从特定的视野或视角出发，选取相关的研究主题并运用相应的研究方法，但前提条件是我们必须对当代历史编纂模式的总体状况有一个清晰的了解。

比较难的是社会史家和文化史家如何区分的问题。彼得·伯克（Peter Burke）认为，并不存在着一个名为"文化史"的研究领域，只不过它有着不同于别的领域的研究主题。"文化这一宽泛的意义和概念却并非要将实践、表象等等东西包容在内。因此，倘若对独立于社会史领域的文化史领域进行界定有用的话，我以为只有从研究取向的角度来这么做。比方说，如果有人在考察社会生活时对于象征物特别有兴趣，那么他就可以将自己称为文化史家。如果有人研究的

① ［美］格奥尔格·伊格尔斯：《二十世纪的历史学——从科学的客观性到后现代的挑战》，何兆武译，山东大学出版社2006年版，第2页。

是同样的史料，然而却是出之以不同的角度——社会变迁，那么他就可以称自己为社会史家。"①

当代中国的教育史研究领域蓬勃发展，呈现出繁荣景象。在新文化史和新社会史发展的影响下，教育史家在众多新领域做出了积极的尝试，如教育活动史、教育生活史、教育身体史、教育情感史、教育记忆史、教育口述史、教育图像史、教育计量史和教育文物史等。在跨学科的教育史研究领域也出现了许多新进展，如城市教育史、女性教育史、课程史学、儿童教育史、教材史学、公共教育史学、当代西方教育史学流派研究、阅读史与教育史学、集体传记法与教育史、新叙事史与教育史学、历史人类学与教育史学等。

再次是教育史编撰模式的多样化。

在史学发展多元化的时代，史家在教育史编纂的方式上面临多种选择。德国史学家丹尼尔·富尔达（Daniel Fulda）指出："在今天，'历史编纂学'指的是历史科学的专业代表们以及其他具有相应资格者所发表的论文与专题论著，尤其是历时性或共时性方面完全铺展的历史呈现。"②有学者认为历史编纂是通往过去的路径。有三种关于历史编纂的定义：第一，指对历史方法的研究；第二，指对某个国家或地区、分支学科或历史事件的认识状况与主要争论的问题的回顾和研究；第三，指历史写作的历史，通常包括对伟大历史学家及其文本的研究，有时也扩展到考察非权威性著作及其产生的社会和文化语境。③从历史发展来看，有三种主要的历史编纂模式：一是传统的历史编纂模式，二是社会科学的历史编纂模式，三是叙事主义的历史编纂模式。

第一种是传统的历史编纂模式。19世纪初期以前，在历史学著作中占主导地

---

① ［波兰］埃娃·多曼斯卡主编：《邂逅：后现代主义之后的历史哲学》，彭刚译，北京大学出版社2007版，第259页。

② ［德］斯特凡·约尔丹：《历史科学基本概念辞典》，孟钟捷译，北京大学出版社2012年版，第126页。

③ 邓京力：《从西方史学史到全球史学史——评〈全球历史的历史〉》，载《史学理论研究》2014年第3期。

位的有两种传统：一是学究式和古董式的传统，另一种则在本质上是文学式的。到19世纪初期，历史学研究的写作和教学被转化为一种专业规范。在德国一些大学里诞生的新的历史学规范强调历史学的学术方面，而那些最优秀的实践者们则保持着一种文学质量感。从某种意义上说，以兰克为代表的传统的历史编纂模式是与民族国家的宏大叙事密切相关的一种政治史模式，而传统的教育史研究国家的教育行为，以叙事的方式探讨近代民族国家教育制度的发展，反映了教育史家对于国家的普遍意义和精神意义的理想主义的信任，带有传统的政治史特征，一般会讲述一个以现代国家的崛起为主要内容的教育史的故事，关注近代教育制度的世俗化和国家化问题，是一种朝着事件定向的教育史学。

第二种是社会科学的历史编纂模式。20世纪七八十年代，出现了各式各样的社会科学取向的历史学，主要有定量的社会学和经济学研究方法，还有类似于法国年鉴学派的结构主义的和马克思主义的阶级分析方法。历史学家使用的概念倾向比较含蓄、武断，缺乏系统性；而社会科学家的概念则明确和系统化。传统的历史学编纂模式聚焦于个人的作用与意向性，社会科学取向的历史学则强调各种社会结构和社会变迁的历程；传统的教育史研究关注社会精英尤其是伟人及其思想，在社会科学取向影响下的教育史研究在对象上更加民主化。一方面，包罗更加广泛的各色人等；另一方面，把历史的眼光从民族国家教育史扩展到社会层面上来，转向一种社会史模式。

第三种是叙事主义的历史编纂模式。20世纪七八十年代，新叙事史得到发展，最具有代表性的是意大利的微观史、德国的日常生活史、法国的心态史和事件史。微观史基本上是一种历史编纂学的实践。在人类学方法的影响下，主要以社会下层作为研究对象，立足于小规模的考察、细致的分析和详细档案的研究，以各种各样的线索、符号和象征手段研究过去，并且必须选择叙述的方式，与小说和传记相近。日常生活史是人类学式的微观研究在德国的具体运用，研究对象聚焦于普通人民的行为和苦难，运用人类学方法对普通民众的劳动和日常闲暇生活进行详细描述。

最后是教育史的史料多样化问题。

史料对于历史科学的方法论和理论都具有重要意义。就历史认识论而言，史料被视为历史认知过程中的重要媒介，是历史认知的出发点。虽然人们在教育史的学术实践中常常区分"史料"与"描述"、"一手史料"与"二手史料"，但实际上，无论是描绘还是学术文献，都是在史料的基础上建立起来的，一段史料的重大作用是其对历史研究的认知意义，而较少取决于史料的外在形式。因而，历史学界把可以从中获取关于过去的知识的多文本、研究对象或事实都称作"史料"。

20世纪70年代以来，"自下而上"的历史写作的发展使历史学家对历史记忆的搜寻和保存变得多样化了。史家将眼光从精英人物下移到普通民众、移到博物馆时，发现了在档案馆里看不到的史料，发现记忆（memory）与史学之间有着千丝万缕的联系，这就是所谓"记忆的转向"（memory turn）。"记忆史学"（history of memory）在20世纪80年代成为热点。史学与博物馆的关系也属于新文化史的研究范畴。在当代，小说也成为重要的史料来源。伊格尔斯认为："伟大的小说往往会比之历史文本，更加贴近一个社会或者一个文化的现实。我认为在某种程度上，历史文本置身于事实与虚构之间。隐喻在历史叙事中当然无法回避，然而它们可以作为启发性的手段，来帮助我们理解和解释某一情境。"①

（周　采）

附录：相关文献

1. ［波兰］埃娃·多曼斯卡主编：《邂逅：后现代主义之后的历史哲学》，彭刚译，北京大学出版社2007年版。

2. 杜成宪、邓明言：《教育史学》，人民教育出版社2004年版。

3. ［英］杰弗里·巴勒克拉夫：《当代史学主要趋势》，杨豫译，北京大学出

---

① ［波兰］埃娃·多曼斯卡主编：《邂逅：后现代主义之后的历史哲学》，彭刚译，北京大学出版社2007版，第127页。

版社2006年版。

4. ［美］理查德·比尔纳其:《超越文化转向》,方杰译,南京大学出版社
2008年版。

5. ［美］林·亨特:《新文化史》,姜进译,华东师范大学出版社2011年版。

6. ［德］斯特凡·约尔丹:《历史科学基本概念辞典》,孟钟捷译,北京大学
出版社2012年版。

7. 王晴佳:《新史学讲演录》,中国人民大学出版社2010年版。

8. 徐浩、侯建新:《当代西方史学流派研究》,中国人民大学出版社2009
年版。

9. ［美］伊格尔斯:《20世纪的历史学》,何兆武译,山东大学出版社2006
年版。

10. ［英］约翰·布罗:《历史的历史:从远古到20世纪的历史书写》,黄煜
文译,广西师范大学出版社2012年版。

11. 周建漳:《历史哲学》,北京大学出版社2015年版。

第一章
元教育史学研究

　　人类认识的历史表明，自我认识不仅是认识发展到较高阶段的产物，同时也是认识继续发展的强大动力。"任何一门科学，随着它的日益发展成熟，都必然要在两个方面取得成绩，一是对它的研究对象的研究的深入，二是对本学科自身的研究的深入，并且正是后者的发展水平，标志着该学科成熟的程度。"[①]教育史作为一门学科，在中国已经有一百多年的历史。回顾一百多年的学科历程，我们不难发现，在教育史学科研究取得丰硕成果的表象背后，学科的发展存在着一些不容忽视的问题，如"教育史研究者普遍注重'述而不作'，注经疏义，长于铺陈，拙于分析，陈陈相因，人云亦云，缺乏创新，缺少个性"[②]，存在"远离当代学科发展、远离教育理论发展、远离教育改革实践发展，'为教育史而

---

① 李振宏、刘克辉：《历史学的理论与方法》，河南大学出版社1999年版，第1页。
② 周洪宇：《教育史研究改革管抒》，载《教育评论》1991年第2期。

教育史'的封闭保守的研究倾向"①，尤其是教育史学研究视野不够开阔，相关研究成果缺乏理论性和系统性，尚未形成系统而完整的教育史学研究的理论体系，这在很大程度上严重地影响了教育史学科的发展。因此，在对教育史研究对象研究的基础上，展开元教育史学研究不仅是促进教育史学科自身不断成熟、发展的需要，也是教育史学理论建设的必由之路。

第一节　元教育史学研究的兴起

元教育史学研究是对教育史学科进行"元研究"的新领域，即通过对先前研究的结果和过程及研究活动本身进行再研究，"旨在探讨和分析隐于这些研究之中或背后的种种问题，有究其本原的意味"②。具体而言，主要涉及教育史学陈述的合规性、合理性，有效分析教育史学的研究对象、功能、性质、理论结构、逻辑范畴、进步标准。通过对教育史学科历史发展过程的考察，探索教育史的理论形成路径及不同的研究范式，揭示隐匿在教育史理论内部的深层结构，分析一定历史背景中社会文化对教育史理论的产生、发展的影响，运用基本的元理论范畴去辨识和归纳教育史理论的现状，揭示和探讨一定时期内教育史学科研究中的重大理论问题，进而对既存的教育史学理论及其研究状况进行分析、论证，并在此基础上形成教育史的历史哲学，即教育历史本体论、教育历史认识论和教育历史方法论体系。

元教育史学研究是站在一定的理论高度，以一种客观的和总体的观点对教

---

① 张传燧：《〈教育史学〉的反思与重构》，载《华东师范大学学报》（教育科学版）2001年第3期。

② 郑金洲：《"元教育学"考辨》，载《华东师范大学学报》（教育科学版）1995年第3期。

育史学科进行重新审视，它的结论是对整个教育史学科的鸟瞰，而不是一管之见。因此，元教育史学研究属于"对过去的行为、事件、情景的一级研究"[①]之上的研究。这种研究是"把历史学家的结论当作基础"[②]，试图构建新的教育史学的理论大厦。因此，元教育史学研究应该属于分析的历史哲学范畴，它具有明显的理论属性。然而，元教育史学研究不是独立于教育史学科以外的另一个"学科"，它不在教育史学科之外，而是在教育史学科之中，它既超越了教育史学科对具体教育史的研究，又是一种教育史对另一种教育史的研究。从这个意义上而言，元教育史学研究是教育史学科发展到一定阶段的产物。如果没有对教育历史现象的研究这个基础，元教育史学研究就成了无源之水。有效的元教育史学研究应该建立在对教育史学科自身有效的分析和研究的基础上，这样才有助于教育史研究的进一步深入，才能在研究的最终目的上与对具体教育历史研究相统一，才能为具体教育史学研究提供理论指导。

元教育史学研究或"教育史学"概念，在中西方教育史学发展过程中出现较晚，但中西方教育史学界对教育史学科研究成果及其学科自身的反思性研究由来已久。尽管中西方元教育史学研究的起点不同，研究路径也有差异，但是不论是中国还是西方教育史学研究者，在关注具体教育历史研究的同时，都不同程度地将教育史学学科及其研究成果的反思与研究作为其研究的重要内容，由此开启了中西元教育史学研究的序幕。

一、中国元教育史学研究的兴起

中国元教育史学研究的萌芽，可以追溯至20世纪二三十年代。毛邦伟和王炽昌曾分别在《中国教育史》和《新师范教育史》的绪言中，将教育史的性质分为"根元历史、回想历史和哲学历史三大类"[③]。根元的教育史是"划定一

---

① ② 安希孟：《历史和历史哲学》，载《史学理论研究》2004年第2期。
③ 见毛邦伟《中国教育史·绪言》、王炽昌《新师范教育史·绪言》，转引自蔡振生《中国教育史研究的历史回顾与反思》，载《北京师范大学学报》（社会科学版）1988年第3期。

时代，依当时人见闻而叙述之者也"；回想的教育史是"不划定时代，以后代之目光，观察当时而论述之者也"；哲学的教育史是"非仅记录史事，更推阐其意义，发明教育上之原理及趋势，就客观以研究之者也"。①虽然这还算不上是真正意义上的"元研究"，但至少说明，教育史研究不应只是对教育历史的简单再现，更应注重对其学科本身的分析和思考。这种重视对教育史学及其理论进行哲学层面研究的思想意识已经超越了对传统教育史问题的研究范围，显露出了元研究的端倪。与此同时，一些教育史研究工作者也就中国教育史的研究对象、历史分期、发展主线等相关理论问题进行探索，如杨贤江的《教育史ABC》、方与严的《新教育史》、陈青之的《中国教育史》、黄炎培的《中国教育史要》和王凤喈的《中国教育史大纲》等。这些成果虽然不是专门的教育史学理论论著，但它们都对教育史学相关理论问题有所涉及。

20世纪三四十年代，随着西方实证主义教育史观、分析和批判教育史观、实用的教育史观以及历史唯物主义教育史观的相继传入，中国教育史学研究者开始利用西方的教育史观研究中国教育史的相关问题。尽管这一时期还谈不上已经构建起了中国教育史自身的理论体系，"但丰富多彩的教育史学理论，已表现出中国教育史学科的自觉意识"②。

20世纪50年代至70年代末，以马克思主义理论为指导的中国教育史学理论体系逐步确立。在此影响下，对教育史学理论的探讨更加受到重视。1962年初，首都历史学界和教育史学界部分著名学者召开了教育史学理论问题专题研讨会，专门就中国教育史研究中的教育继承性问题、教育历史人物的评价标准以及中国教育史的研究对象与范围等问题进行了研讨，掀起了新中国成立后第一次教育史理论问题讨论的热潮。但是，随着"文革"的开始，这一讨论没有持续很久，教育史学研究随即陷入混乱，是非颠倒，教条主义横行，中国教育史的学科发展进入历史低谷。

---

① 王炽昌：《教育史》，中华书局1923年版，第3页。
② 杜成宪、邓明言：《教育史学》，人民教育出版社2004年版，第39页。

20世纪80年代，随着改革开放和学术界的思想解放，中国教育史学界开始了思想上的拨乱反正。这期间中国教育史学界不仅开展了对古代教育思想与遗产继承问题的研讨，而且还围绕"中国教育史学学科体系"问题举办了专题研讨会。从研讨会以及会后发表的一系列论文来看，这次研讨不仅涉及如何评价前人的教育思想的问题，也关涉到如何评价此前的教育史学研究，以及应持什么样的历史观，如何运用马克思主义的历史理论去构建教育史学科体系等问题。这表明中国教育史学基本理论问题已开始被广大教育史学工作者所关注，也标志着中国教育史学界学科自觉意识的萌动。1986年、1987年，周洪宇、张斌贤分别发表了论文《中国教育史的教学和"三个面向"》和《关于〈教育史学〉的构想》，分别就教育史学的相关理论问题进行了论述，并明确提出了"教育史学"的概念，由此揭开了中国元教育史学研究的序幕。

二、西方元教育史学研究的兴起

西方教育领域中的"元研究"或"元理论"概念的出现，虽然只是近二三十年的事，但从西方教育史研究的历程来看，对教育史学科及其研究成果的反思与探讨几乎从来没有停止过。尤其是18世纪末具有近代意义的教育史研究在西方确立以来，教育史学研究者的研究重点不仅放在了对教育历史的研究上，也开始将教育史的研究对象、方法等相关问题纳入其研究视野。1794年，德国教育学家F. E. 鲁克夫（F. E. Ruhkopf）在其《德国学校教育史》中不仅叙述了德国教育的起源和发展，而且收录了不少教育史料和早期的教育论述。1813年，德国海德堡大学神学教授F. H. C. 施瓦茨（F. H. C. Schwarz）在他的《教育原理》一书中专门增补了"教育史"专章，明确指出"倘若没有历史知识，要真正了解当代教育问题是不可能的。历史学家既不能美化历史，也不能鄙薄历史。教育史作为人类文明发展史的一部分具有现实意义"。在这一思想指导下，施瓦茨"从古代多民族的教育史一直写到德国泛爱主义和新教育运动，故也有学者将其视为教育史学①的奠基人"②。

19世纪下半叶到20世纪中叶，西方教育史学研究进入快速发展时期，尤其是兰克将历史提升为一门科学后，对教育著作家们影响极大。多数的教育论著都重视从历史研究中寻找支持，并开始对教育史研究本身进行审视。德国著名的地质矿物学和教育学教授K. 冯·劳默尔（K. Von Raumer）在编撰多卷本的《教育学史》时曾明确指出："教育史研究须含有反映时代的文化理想，并揭示这种理想在教育活动中的反映。……历史研究不能仅以纯客观纪实为目的，如果历史编年有任何价值的话，这种研究必须先从研究者自身及其所信奉的道德信条开始。"③与劳默尔同时代的K. A. 施密特（K. A. Schmidt）及其后的F. 鲍尔生（F. Paulson）分别在编撰四卷本《教育通史》和《德国教育的历史发展》时，表达了与劳默尔相似的观点，即在进行教育史研究时，必须关注教育历史与社会文化、思潮的互动，不能将教育历史的发展演变当作孤立的运动来研究。上述观点实际上已超越了对教育历史的简单叙述和研究，开始关注对教育史研究意义和价值的探讨。

同时期的美国教育史研究也进入迅速发展时期，除了以《日耳曼教育家》《古代和现代教育史》《教育的历史和进步》《美国教育史文库》《美国教育：早期殖民地时期以来的历史》《文化的变迁》《教育史》等为代表的教育史论著相继出版外，这一时期的教育史研究，一定程度上突破了以往为教育家树碑立传的传统，扩大了教育史研究的视野。尤其是孟禄的《教育史教科书》和E. P. 卡伯莱（E. P. Cubberley）的《美国公共教育》，对教育史研究的影响最大。孟禄不仅对教育思想和教育思潮进行了评述，而且还对历史研究方法和教育史方法论进行了探讨。"在教育史方法论方面，孟禄提出理论与实践并重，注意剖析

---

① 这里的教育史学已经不是我们通常理解的对教育历史现象的研究了，它包含了对教育史研究意义的探讨及对教育史研究本身进行审视的性质，因此具有一定程度的元研究性质，但这还不是现代意义上的"元教育史学研究"。——笔者注

②③ 杜成宪、邓明言：《教育史学》，人民教育出版社2004年版，第315、317页。

它们之间的关系，强调历史对现实的影响，特别是教育发展与人类文明史之间的联系。"卡伯莱则在其教育史研究中"将美国公立学校的发展与美国社会的基本价值观联系起来"[①]。这些研究都体现出美国教育史研究者对学科研究对象和方法的新认识，因此，美国在相当长的时期内成了继德国之后世界教育史研究的重镇。

1868年，R. H. 奎克（R. H. Quick）《教育改革家》一书的出版，标志着英国进入近代教育史研究时期。在奎克的影响下，爱丁堡大学和阿伯丁大学的S. S. 劳里（S. S. Laurie）和J. M. D. 米克尔约翰（J. M. D. Meiklejohn）专门对德国古典哲学进行了研究。劳里在其撰写的《教育的原则》一书中，专门介绍了康德、费希特、黑格尔等人的哲学思想。米克尔约翰则翻译出版了康德的名著《纯理性批判》，试图将哲学思想引入教育史研究。

继奎克之后，O. 布朗宁（O. Browning）在为《大英百科全书》撰写的教育史条目中专门介绍了欧洲大陆出版的教育史著作，这可以说是最早的教育史学史研究的雏形。此外，布朗宁撰写的《教育理论史概论》不仅介绍了古希腊以来的教育思想史，而且还对现代教育运动和中学师资培训活动多有涉及，这一研究取向对布朗宁之后的英国教育史研究影响甚大。不论是J. W. 亚当森（J. W. Adamson）编著的《17世纪近代教育的先驱》和《简明教育史》，或是A. F. 利奇（A. F. Leach）撰写的《宗教改革时期的英国学校》，还是F. 沃森（F. Watson）、J. 亚当斯（J. Adams）编著的《维韦斯和文艺复兴时期的女子教育》以及《教育理论的演化》，都在一定程度上冲破了教育史研究只重教育思想研究的窠臼。教育史研究的重点开始转向近代教育史上的社会和机构研究，从而使教育史研究对象的范围不断扩展。

元教育史学研究在法国起步较早，主要表现在两个方面：一是在教育史研究中引入了比较研究方法，如J. 帕罗兹（J. Paroz）在其编写的《普通教育史》

———————

[①] 杜成宪、邓明言：《教育史学》，人民教育出版社2004年版，第321—322页。

中，在对德、法、瑞士等国的教育进行比较研究时，改变了以往那种平铺直叙的叙事风格；二是教育史研究中出现了教育理论史研究，奠定了法国元教育史学研究的基础，其中最值得推崇的是法国著名政治家、教育活动家G. 孔佩雷（G. Compauré）和他所著的《对16世纪以来法国教育学说的历史评论》（后更名为《教育学史》）。这部著作在重点介绍近代以来有重要影响的思想家、教育学家的同时，还为教育史研究确定了一个包括正规教育和自然教育在内的新教育史研究对象。作者还提醒研究者要更多地关注教育过程中许多"幕后合作者"（occult coadjutors of education），如气候、种族、习俗、社会条件、政治制度和宗教信仰等。① 孔佩雷的教育史研究对美国，尤其是对孟禄《教育史教科书》的著述产生了深刻的影响。

第二次世界大战前后，"受经济、政治、民族和历史文化传统等因素影响，处在历史大转折时期的西方各国，教育、科学、文化方面人员往来和信息交流渠道日益扩大，联系日趋紧密，教育革新和教育改革方兴未艾，战后非殖民化运动对发展中国家教育产生了深刻的影响，现代科学技术和社会科学所取得的进展，所有这一切为教育史研究带来了新的发展机遇和挑战"②。整个西方教育史研究突破了"欧洲中心"的传统模式，将教育史研究的触角延伸到了东方，乃至于南美洲等许多地区；教育史研究的重心也从学校教育扩展到家庭、社会教育的各个层面；教育史研究关注的焦点从教育理论发展史、教育机构史和著名教育家的思想史逐渐转向对教育方法、技术、课程以及教育改革等教育实践活动的演变、发展过程的探讨。

19世纪下半叶到20世纪中叶的西方教育史研究，虽然还谈不上是真正意义上的"元研究"，但这时的教育史研究已经突破了过去那种对教育历史进行单纯描述的研究取向，开始涉及教育史研究对象的范围、意义、价值以及教育史研究方法等相关内容，并开始从哲学层面对教育史研究进行反思。尽管这些研

---

① G. Compayré, *The History of Pedagogy*, trans.W. H. Payne（1887），Introduction，ix—x.
② 杜成宪、邓明言：《教育史学》，人民教育出版社2004年版，第328页。

究和反思现在看来只是零星的、附带的，但是这种研究取向的转变，初步奠定了西方元教育史学研究的基础。

20世纪五六十年代，西方教育理论界在分析哲学思潮的影响下，开始了"对教育理论中的概念、命题，教育实践中的语言进行逻辑和语言的分析、检验"①，这些分析和检验中的很大一部分已经属于元理论的范畴。在教育理论元研究的带动和影响下，德国以F.菲舍尔（F. Fischer）为代表的激进史学流派，首先向德国传统的保守主义史学发起了进攻，并倡导运用分析的方式去研究历史。与此同时，由O.斯宾格勒（O. Spengler）所首倡的文化形态史观，主张打破"欧洲中心论"，提倡从多种视角去研究世界历史，强调用文化的眼光去审视整个历史。这种新史学观对德国教育史学界产生了极大的震动，引发了德国教育史学界对教育史学科的反思性研究和探讨。其中德国教育家奥尔夫冈·布雷岑卡（Wolfgang Brezinka）的《从教育学到教育科学：元教育理论导论》（1978年）出版，标志着"迄今为止唯一的呈体系状态的'元教育学'或'元教育理论'"②的产生。这部专著虽然重点论述的是元教育理论的相关问题，但是其中涉及对教育史学理论相关问题的探讨。作者试图将教育史学理论纳入元教育理论中去思考和探究，旨在体现教育史学科的教育特色，并倡导运用多种学科的研究方法来弥补教育史研究的缺失。布雷岑卡的《从教育学到教育科学：元教育理论导论》开启了西方教育学界元教育理论研究的进程，也揭开了西方元教育史学研究的序幕。

---

①② 洪明：《西方元教育理论发展历程探略》，载《福建师范大学学报》（哲学社会科学版）1999年第4期。

第二节 元教育史学研究的理论与方法

如果说过去我们缺乏对教育史学科的自我反思，是由于学科发展水平的局限和学科研究的历史短暂的话，那么经过了近三百年的发展，在学科研究水平已明显提高的情况下，大力加强学科的自我反思和自身的理论建设，不仅可能，而且极为必要。对教育史学科是否进行反思，在什么程度和广度上进行反思，已经成为关系教育史学科成熟程度和未来发展命运的大问题。教育史学工作者只有强化元教育史学研究的意识，并努力构建一个系统的理论知识体系——元教育史学研究体系，才能更好地为教育史学科的发展提供理论指导。

一、"元"的内涵及"元研究"与"元科学"

所谓"元"源自对英文"meta"的翻译。公元1世纪，哲学家安德罗尼柯（Andronica Rhodios）在校勘、整理亚里士多德的著作时，发现了一本"研究事物本质及其他抽象道理"①的文集，并以拉丁文命名为 *ta meta ta physica*，略去冠词后即为"metaphysica"。此后，人们就用"metaphysica"来表示亚里士多德著作中列在物理学（自然科学）著作后面的那些著作，将其称为"物理学后诸篇"或"物理学之后"。自安德罗尼柯之后，以"meta"为前缀的单词大量出现，其词义也开始多元化。它除了有"在……之后""次级的""总的""超越""纯理""初始的"含义外，还有"转移"（如：metathesis，换位、音位转

① 郑金洲：《"元教育学"考辨》，载《华东师范大学学报》（教育科学版）1995年第3期。

移；metabasis，题材转移）、"变形"等含义。①中世纪时，拉丁世界的哲学家，尤其是基督教神学家赋予"meta"新的含义——"先验""超验"。直到16世纪，"metaphysica"才有了明确的"超越自然科学的科学"的含义。②

"metaphysica"一词传入中国后，严复根据《易经·系辞》中的"形而上者谓之道"的说法，将其翻译成"形而上学"。③这里的"形而上学"具有本体论的含义，它主要回答"宇宙的起源、世界的本源、人的本质、生命的绝对价值和终极意义等问题"④。此后虽然"meta"一词的运用范围越来越广，含义也渐趋多样化，但随着20世纪20年代"元科学"的产生，学术界在讨论"元"的有关问题时常常在"在……之后""原初""超越""总体"的意义上使用"meta"一词。⑤

元科学研究一般可以分为两个方面：一是"元研究"（Metaresearch or Metar-study），主要指"以科学的研究活动和研究结果为对象而进行的再研究"⑥，即研究活动本身的再研究。但这里的"再研究"仅仅是指对研究活动过程和结果的研究，而不是对先前所研究的同一现象的重新研究。这种研究存在于"非元研究之后，旨在探讨和分析隐于这些研究之中或背后的种种问题，有究其本原的意味"⑦。二是"元科学"（Metascience），"是把科学当作一种社会现象全面地进行研究"⑧。它通过对科学自身演变与进化过程的研究，探讨科学自身发展的内外规律和总的发展趋势，从而回答"科学如何成为科学的问题"。从这个意义上来说，"元科学"是"关于科学的科学"。

---

① ⑤ ⑦ 郑金洲：《"元教育学"考辨》，载《华东师范大学学报》（教育科学版）1995年第3期。

② ③ 聂凤峻等编：《论形而上学》，广西人民出版社1989年版，第2页。

④ 唐莹、瞿葆奎：《元理论与元教育学引论》，载《华东师范大学学报》（教育科学版）1995年第1期。

⑥ 张道民：《元研究与反思方法及其在软科学研究中的地位和作用》，载《软科学研究》1991年第3期。

⑧ ［英］约翰·齐曼：《元科学导论》，刘珺珺等译，湖南人民出版社1988年版，第2页。

就"元研究"与"元科学"的关系而言,"元研究"更多的是以"基本研究活动"和"研究方法"来体现。相对"元科学"而言,它是元科学的基本研究活动和研究方法,是为适应元科学研究与发展的需要而产生和形成的。"元科学"则是在"元研究"基础上形成的关于"科学的科学"的知识体系,是对"元研究"的抽象概括。如果将反思学科自身的科学均称为"元科学"的话,那么"元研究"就是"元科学"的初级研究阶段,即对学科及其研究过程和成果进行的再研究,而基于再研究基础上抽象出的学科形成和发展规律及原理即是"元科学"。英国物理学家约翰·齐曼(John Ziman)在其《元科学导论》的前言中,阐述他的著述目的时明确指出,这本书"是写给那些想在当代与历史的细节表层之下,发现更一般的原则框架的学生及其他勤奋读者的"[1]。由此可见,"元科学"是透过对科学具体研究对象的研究,而对科学研究本身进行的概括与抽象。元科学以元研究为前提,如果没有元研究对具体科学研究成果和过程的再研究,就不可能有元科学的抽象和概括,也就不可能形成一门关于科学的科学。

二、从"元理论""元教育学研究"到"元教育史学研究"

"元理论"最早出现在数学和逻辑学领域中。德国著名数学家戴维·希尔伯特(David Hilbert)在"希尔伯特方案"中提出了"元数学"的理论。他"把整个数学理论完全形式化为无内容的符号体系……然后把这种符号体系作为研究对象,用另一套理论来研究它的协调性"[2],于是便产生了"用以研究数学理论的理论"的元数学。

在元数学概念和形式化思想的启发下,出现了"元逻辑学"。狭义的元逻辑学"是指对逻辑理论的整体性质的研究。……这种研究的关键在于逻辑的形

---

① [英]约翰·齐曼:《元科学导论》,刘珺珺等译,湖南人民出版社1988年版,第1页。
② 唐莹:《元教育学》,人民教育出版社2002年版,第14页。

式化"①。广义的元逻辑学研究是指"对于一般形式系统的研究",即通过对构成形式系统的单位——形式语言的分析,通过形式化、符号化的思想,"把我们带入语言分析的维度中"。②

元数学和元逻辑学的语言分析,引起了20世纪欧洲哲学对语言的关注,这种关注是建立在对传统哲学的反思和批判基础上的。分析哲学的诞生,开启了许多学科元理论研究的进程。其中与教育史学关系密切的是分析的历史哲学的产生。英国历史哲学家沃什尔在其《历史哲学导论》一书中,把历史哲学分为思辨的历史哲学和分析的历史哲学。"思辨的历史哲学是指对历史本身进行研究,试图探索历史的本质、发展规律和整体意义……而分析的历史哲学是指对历史认识的性质和方法进行分析,对人的认识历史的能力进行批判,所以又称为批判的历史哲学。"③分析的历史哲学"不是去发现历史是什么,人是怎样创造历史的,而是追问历史学家怎样写历史,以及这一过程有着怎样的性质,从而理清人们对于历史学研究的性质、对象、方法与功能等的看法"④。从这个意义上而言,分析的历史哲学即"元史学"属于"史学的自我建设"⑤。

20世纪以来,分析的思想已逐步渗透到许多学科中,它已不是一种哲学流派,而是一种奔涌而来的思潮。这一思潮影响到了包括元伦理学、元历史学、元美学(分析美学)、分析教育学在内的各个学科,成为20世纪后半期影响学科发展的重要理论。这一理论不仅"体现了整个学术领域'自我意识'的萌动",使学科在反思、思索中寻找学科今后的发展道路,而且这种反思是以"一种超越的视界"和"一种独特的方法"⑥,对学科进行系统的反思,并在此基础上从该学科中分化出来,形成一个独树一帜的学科体系。

在元理论影响下,从20世纪70年代起教育学界开始了以反思为主体的元研

---

①②④⑥ 唐莹:《元教育学》,人民教育出版社2002年版,第14、15、20页。
③ 徐陶:《当代哲学导论》,湖南大学出版社2014年版,第92页。
⑤ 张文杰等编译:《现代西方历史哲学译文集》,上海译文出版社1984年版,第313页。

究。其代表人物是德国学者布雷岑卡。他以在德国《教育学杂志》上发表的一篇题为《科学教育学的危机在最近出版的教科书的体现》的论文，向德国传统教育学流派发起进攻，首次提出了"元教育理论"。经过十几年的论战，他形成了自己的元教育理论。1978年布雷岑卡出版了《元教育理论：教育科学、教育哲学、实践教育学基础导论》，系统而全面地总结了其元教育理论。他认为："所有的教育理论教育学本身都可以成为描述、批判和规范讨论的对象。也就是说存在着教育理论的认识论，或者简而言之教育的元理论。它是'教育学'知识的一种分析、批判的（或者说认识论的）哲学。"①这种教育知识的哲学主要包括两个方面的具体内容：一是关于教育学基本概念的"语言分析、逻辑分析、经验分析和意识形态分析"；二是关于教育学学科性质及教育理论的基本分类或者说教育知识的基本成分的分析。②同时，他在学科性质及理论的分类上，强调教育理论构建的多种可能性，而不同教育理论可以互补共存。为此，他以知识的陈述形式为分类标准，区分了教育理论的三个类别——"运用描述性陈述的教育科学、运用规范性陈述的教育哲学和运用描述性—规范性陈述的实践教育学（或教育行为学）"③，第一次以体系状态呈现了"元教育学"。他所构建的"元教育学"体系，对中国教育学界的"元教育学"研究产生了深远的影响。

20世纪80年代中期，叶澜的《关于加强教育学科"自我意识"的思考》开启了中国教育学界开展对元教育学研究的先河。此后一系列关于教育学科元研究的专著和文章不断公开出版和发表，主要涉及教育学的研究对象、教育学的逻辑起点、教育学的性质和体系等问题。④虽然在这些研究中，尚未明确使用

---

① ［德］布雷岑卡：《教育学知识的哲学——分析、批判、建议》，李其龙译，载《华东师范大学学报》（教育科学版）1995年第4期。

② 崔相录主编：《中外教育名著评介》（第3卷），山东教育出版社1992年版，第1867—1874页。

③ 赵顶兴、李勇忠：《元教育学研究对象及领域述评》，载《江西师范大学学报》（哲学社会科学版）2000年第4期。

④ 张乐天：《教育学元科学研究的回顾与前瞻》，载《教育研究与实验》1993年第1期。

"元教育学研究"的概念，但是从其所涉及的问题来看，它已超越了传统教育学的研究范围，开始向元教育学领域延伸。

20世纪90年代以后，中国教育学领域中掀起"元教育学"研究的高潮，出现了以姚文忠所著的《元教育学科学导论——教育科学研究的理论和方法》、陈桂生的《"元教育学"问对》、唐莹和瞿葆奎的《元理论与元教育学引论》、张诗亚和王伟廉的《教育科学学初探——教育科学的反思》、周浩波的《元教育理论研究纲略》、郭元祥的《元教育学概论》、郑金洲的《"元教育学"考辨》、赵顶兴和李勇忠的《元教育学研究对象及领域述评》、唐莹的《元教育学》等为代表的元教育学研究成果。这些研究成果有的将"元教育学"看作是一种对教育学自身理论的逻辑论证和语言分析；有的强调在理解元教育学时，要综合元伦理学、元哲学、元社会学研究范式，重视对教育理论形态和教育学研究的研究；有的将"元教育学"看作是教育学科方法论体系研究；有的将元教育学界定在教育学的认识论范围内。这些观点虽有侧重点的不同，但是它们都在以教育学（或教育理论）为研究对象，而不是以教育现象或教育的实际问题为对象这一点上取得了共识，从而使元教育学研究有了一个共同的研究起点和切入点。

在元教育学研究理论与方法的影响下，20世纪80年代后期，中国教育史学界提出并开始使用"教育史学"这一概念。虽然研究者没有明确使用"元教育史学研究"的概念，但从他们对"教育史学"概念的理解中，可以体会到"元教育史学研究"的存在。

较早提出"教育史学"概念的张斌贤在《关于〈教育史学〉的构想》中明确指出："'教育史学'不同于教育史研究，它的研究对象既不是具体的教育历史问题，也不是宏观的教育史现象，而是教育史学科的基础理论，包括教育史研究的社会功能、教育历史发展的内在逻辑、教育史研究的基本方法、教育历史人物的评价原则以及教育史研究工作者所应具备的基本学术素养等。它的目的也不同于教育史研究：后者的目的在于通过对历史上所产生的教育思想、教育制度的深入研究，解答当前的教育问题；而前者则是为了从总体上提高教育史研究的水平，深化人们对教育的历史认识。二者的研究方法和思想方式也有区别：教育史所运用的是发生学和'历史运动学'——通常所说的历史方法，而'教育史学'所采用的主要是哲学的方法，前者遵循的是从个别到一般的思想方法，而后者则是从抽象到具体。"①这一论述清楚表明，教育史与教育史学研究的内容和范畴存在着明显的区别：教育史研究是对人类教育发展过程中的具体历史史实和过程的探索和认识，而教育史学理论则是对这种探索和认识本身的再探索和再认识。

继张斌贤之后，蔡振生在《中国教育史研究的历史回顾与反思》一文中通过对教育史学历史发展的纵向分析，提出了教育史学发展大体上经历了三个递进的阶段。最早的教育史学相当于"根元历史"，其主要特征是史实的叙述，即在考证文献史料的基础上讲述历史。近代的教育史学相当于"回想历史"，其主要特征是对具体教育历史事件、人物等相互间因果、异同、得失关系的评述，即在归纳、分析、比较史实基础上做出概括。当代教育史学则相当于"哲学历史"，其主要特征是对整个教育历史发展过程的反思，即在系统综合史实和具体史论的基础上，通过抽象、假设而建立起阐述教育历史发展一般法则的理论模式。在此基础上，蔡振生又对教育史学的知识结构和教育史家思维结构进行了横向分析，提出："当代教育史学研究应当包含三个不同的层面。教育史料的微观研究属于经验知识的层次（或称低层教育史研究）。教育史具体问题的中观研究和理论问题的宏观研究，犹如自然科学中经验定律和理论原理一样，分属于理论知识的高低不同的两个层次（或称中层和高层教育史研究）。"②蔡振生的这一研究，实际上已经明确了元教育史学研究的基本内核，只是没有明确提出元教育史学研究这一概念而已。

1995年，陈桂生在《"教育史学"辩》一文中指出："通常提到的'教育

---

① 张斌贤：《关于〈教育史学〉的构想》，载《教育研究与实践》1987年第3期。

② 蔡振生：《中国教育史研究的历史回顾与反思》，载《北京师范大学学报》（社会科学版）1988年第3期。

史'，实有两重含义：一是指历史的教育现象；二是指关于历史的教育现象的陈述，即称为'教育史'的学科。关于后者，间或称其为'教育史学'。"①这里的"历史的教育现象"，指的是教育发展的客观历史过程及其现象。而关于"历史的教育现象的陈述"，作者认为可根据陈述的性质将教育史学分为两大类，即"描述的教育史（作为历史科学的亚学科）与规范的教育史（作为规范史学的亚学科）；除此以外，便是分析的教育史，也就是形成中的'教育史学'"②。从这里我们不难看出，陈桂生提出的"教育史学"是建立在描述的教育史与规范的教育史的基础之上的，它主要涉及关于教育历史陈述的性质、关于教育历史事实的陈述、关于解释教育历史事实的陈述、教育历史陈述中的价值取向以及教育历史陈述体系的划分等方面的问题，这实际上已经将教育史学放在了"元研究"的视角下进行审视了。

时隔一年，杜成宪在《对中国教育史几层含义及其相互关系的辨析》一文中，将教育史这一范畴区分为既相联系又存在区别的四层含义，即"客观的教育史（教育史Ⅰ），记录的教育史（教育史Ⅱ），教育史学科（教育史Ⅲ）和教育史学理论（教育史Ⅳ）"③。他认为："教育史Ⅰ是指历史上曾经发生过的教育事实；教育史Ⅱ是对客观的教育史的记录，成为后人研究教育历史的依据即史料；教育史Ⅲ是指历史上的教育成为专门的研究领域，形成相对的研究观念、方法、范畴和体系，也即教育史学科；教育史Ⅳ是指形成有关教育史研究的专门理论，即对教育史研究自身的研究。"④这种对教育史学进行的层次划分，一方面反映出了教育史学的整体框架结构的特点，另一方面也反映出教育史学研究重心与方法的不同。

1999年和2001年，李和平、张传燧分别发表了《教育史学功能及其内在三层次结构论》和《〈教育史学〉的反思与重构》两篇文章。在《〈教育史学〉的反思与重构》一文中，张传燧将"教育史学"看作"研究教育发展历史的现

①② 陈桂生：《"教育史学"辨》，载《教育史研究》1995年第4期。
③④ 杜成宪：《对中国教育史几层含义及其相互关系的辨析》，载《教育史研究》1996年第2期。

象及其问题、揭示教育发展的本质及其规律的科学"①。李和平则认为:"教育史学就是依照某些哲学思想和哲学方法,依靠某些历史研究方法或历史研究手段而对教育历史资料进行研究的一门独立的学科。"②

上述学者对"教育史学"概念的理解虽有所差别,但是他们都肯定了"教育史学"研究的理论性质,都认同"教育史学"是作为一个相对独立的研究领域而存在的,它是在对教育史学科本身及其研究成果进行反思的基础上建立起来的学科理论体系。这一学科体系已不再是传统的教育史学科概念了,它的理论与方法论体系以及价值观取向,也与传统教育史学科有了根本意义上的不同。这一理解与"元教育理论"的首创者德国著名教育学家布雷岑卡所理解的"教育史学"有着异曲同工之处。布雷岑卡认为:"教育史学探讨的是教育史家所进行的教育历史研究,包括这种研究成果的陈述体系。"③"这里所说的教育史家的研究及其成果,即教育史家的编史活动及其成果。"④也就是说,教育史学不只是研究和认识人类客观的教育历史,还必须在此基础上对教育史学科自身进行反思。

2010年,《反思与探索——教育史学元研究》出版。在总结中国教育史学界对"教育史学"研究的基础上,该书作者将"元教育史学研究"理解为以教育史学科及教育史研究成果为对象进行的再研究,其研究重点放在教育史学理论与方法层面,具体包括教育史学史的研究、教育史学理论与方法研究和教育历史哲学研究三个层面。这三个不同层面的内容互有不同程度的交叉,但也存在明显的区别。如果没有对教育史学史的回顾和对教育史学研究成果的反思,就不可能有教育史学理论与教育历史哲学的抽象。教育史学及其研究成果的反思

---

① 张传燧:《〈教育史学〉的反思与重构》,载《华东师范大学学报》(教育科学版)2001年第1期。

② 李和平:《教育史学功能及其内在三层次结构论》,载《教育史研究》1999年第4期。

③ W. Brezinka, *Philosophy of Educational Knowledge*: *An Introduction to the Foundations of Science of Education*, *Philosophy of Education and Practical*, trans. J. S. Briceetal. (1992), 150.

④ 杜成宪、邓明言:《教育史学》,人民教育出版社2004年版,第301页。

研究侧重于"史"的论述，而教育史学的理论与方法则更多侧重于"论"，对教育历史哲学的研究则侧重于对教育史学理论与方法进行哲学意义上的抽象和概括。

第三节　元教育史学研究的主要进展

20世纪八九十年代以后，中西方元教育史学研究进入对教育史学研究的全面反思时期。这一时期的元教育史学研究，虽然尚未就元教育史学理论体系进行全面的构建，但其研究重点已由对具体教育历史或教育历史中的经典问题的研究转向了对教育史学科自身及其成果的反思性研究，这种研究已经不是对教育历史的简单再现，而更多关注的是学科自身的特点、性质及其研究方法论层面的理论和哲学探讨；因此，这些探讨本身具有"元"研究的性质。

一、20世纪80年代中期以后的中国元教育史学研究的进展

20世纪80年代中后期开始，中国的教育史研究工作者在深入研究教育史相关问题的基础上，在主观上开始反思教育史研究本身的历史。有学者认为："教育史学科在许多具体历史问题的研究方面取得了丰富成果，却缺乏一种'自我反思'，即对学科基础理论作宏观、哲学的思考，致使未能建立起系统的学科体系。为了从总体上提高教育史研究水平，就必须对教育史研究这一对人类教育历史的探索和认识本身作再探索再认识。"[①]在这股教育史学科反思思潮的推动下，许多教育史研究工作者开始对教育史学科进行相对全面的反思，并公开发

---

① 孙培青：《中国教育史学科体系问题》，见瞿葆奎主编《社会科学争鸣大系·教育学卷》，上海人民出版社1992年版，第405页。

表了一些相应的成果。

20世纪90年代以后，中国教育史学界对教育史学的相关研究进一步深入。教育史学研究者针对教育史学研究范式过于陈旧、教育史学研究过于封闭的问题，开展了关于教育史学科整体建设的讨论。至此，中国教育史学界对教育史学的反思性研究进入一个新的时期，即从对教育史学科的单纯历史回顾进入对教育史学相关理论与方法的探讨阶段。其代表性成果都以中国教育史学界现有的研究成果为对象，对中国的教育史学研究进行了系统的历史回顾，并在此基础上发出了应该加强教育史学科理论建设的呼吁。

在众多的研究者和研究成果中，最值得一提的是华中师范大学周洪宇及其所构建起的教育史学理论体系及其成果《教育史学通论》、华东师范大学杜成宪和邓明言所著的《教育史学》、湖北大学郭娅所著的《反思与探索——教育史学元研究》的出版。

早在20世纪八九十年代，周洪宇就先后发表了《中国教育史的教学和"三个面向"》（《教育研究与实验》1986年第4期）、《教育史研究改革管抒》（《教育评论》1991年第2期）等论文，提出了教育史学理论建设的必要性及其构建教育史学理论体系的初步设想。与此同时，他还组织专人撰写了《教育史学》一文（约2万字）并收入由其主编的《迈向21世纪的中国教育科学》一书（华中师范大学出版社1998年3月版）。此后，周洪宇的许多研究都与教育史学理论有关。1997年、2000年、2003年，周洪宇在全国教育史年会上分别提交了《教育史学的创新》《范式转换与新世纪教育史学的发展》和《论教育史学的两个基本问题》等论文，对教育史学的相关理论问题做了系统论述。不仅如此，他从1997年起，就着手编写印发《教育史学概论》讲义，将其作为华中师范大学教育史专业硕士、博士研究生的必修课程。他所承担的教育部"十五"重点课题，运用"元理论"视角探讨了教育史学的学科性质与学科体系、教育史学的跨学科研究、教育史学的功能、中西方教育史学史、教育史学研究方法、教育史料学、教育史编纂学、教育史学评论、教育史学研究者的素养以及教育史学的未来发展等，在此基础上构建起了一个系统而完整的教育史学理论体系。他主编的《教育史学通论》于2018年出版，为教育史学理论探讨奠定了基础。

杜成宪、邓明言所著《教育史学》于2004年由人民教育出版社出版。该书分上、下两编，上编主要就中国教育史、中国教育史学科与中国教育史学、中国教育史学科史、中国教育史学科体系、中国教育史学科的基本理论问题、中国教育史料和史料学、中国教育史编纂学、中国教育史学科与相关学科、中国教育史评论等教育史学理论问题进行了较为系统的论述，下编主要论述了西方教育史研究与教育史学科、教育史的学科内容、传统教育史与新教育史、教育史家与教育史评、教育史方法论、教育史的发展与未来等相关问题。这本专著与以往的教育史论著不同，它不再是一种对具体教育史问题进行研究的论著，而是对教育史学科进行理论反思和总结的论著，其立意不再局限于对教育史具体问题的研究，而更多关注的是中西方教育史学科的发展历程及教育史学科的研究对象、学科地位、学科体系、学科功能、研究方法，以及教育史学相关理论问题的研究，是从历史哲学的角度对教育史学科及其研究成果进行的反思性研究。

2010年，郭娅的《反思与探索——教育史学元研究》出版。这部专著主要围绕教育史学的学科性质及学科体系、教育史学的功能与价值、教育史学认识论、教育史学方法论、教育史学的跨学科研究的相关理论问题进行了探索，比较全面地论述了教育史学的相关理论问题，为中国教育史学理论体系的建构及元教育史学理论的建设奠定了基础。

综观20世纪80年代中期以来的中国元教育史学研究的发展历程，可以清楚地发现这一时期中国的元教育史学研究重点主要集中在以下几个方面：

第一，对中国教育史学史的研究。这方面的代表性成果有：蔡振生的《中国教育史研究的历史回顾与反思》、毛礼锐和郭齐家的《中国教育史研究十年的回顾与展望》、周德昌的《中国教育史研究四十年》、贺国庆的《外国教育史学科发展的世纪回顾与断想》以及杜成宪等著的《中国教育史学九十年》等。尤其是杜成宪等1998年《中国教育史学九十年》的出版，首次系统地对中国教育史研究及学科的发展历史进行了梳理，概括了一百年来中国教育史研究的发展阶段，明确了中国教育史研究及其学科发展的基本特点，预测了中国教育史研究及学科未来的发展趋势，为其后进行教育史学理论研究奠定了基础。这本专著可以称得上是中国元教育史学研究的开山之作。

第二，对教育史学的内涵及学科性质的研究。这方面的代表性成果有：张斌贤的《关于〈教育史学〉的构想》、张传燧的《〈教育史学〉的反思与重构》、李和平的《教育史学功能及其内在三层次结构论》、陈桂生的《"教育史学"辨》以及杜成宪和邓明言的《教育史学》。这些文章或专著分别从不同的视角对教育史学的内涵进行研究，尤其是陈桂生的《"教育史学"辨》、杜成宪和邓明言的《教育史学》，通过对"教育史学"概念的分层研究，明确地提出"教育史学"不再将自己的研究视角局限在对具体教育历史事实的描述上，而更多地将研究视角转向了对学科自身及其研究成果的反思上。因此，"教育史学与教育史相比，其研究的重点在方法论，即在特征上注重于认识论胜过注重于实体"[①]。在此基础上形成的关于学科自身的系统理论即是"教育史学"。这些研究实际上表明了作者对教育史学进行元研究的意识的出现。

此外，许多学者还对教育史学的学科性质问题进行了重点研究，其中张传燧、李和平分别在《〈教育史学〉的反思与重构》和《教育史学功能及其内在三层次结构论》中，强调应从历史哲学的层面来把握教育史学的基本内涵和性质。杜成宪、邓明言著的《教育史学》则明确提出了教育史学姓"教"还是姓"史"的问题。作者认为："如果说科学也有地缘关系的话，中国教育史学科首先是处于教育科学'自然地理'区域的学科。虽然中国教育史学科有着历史

---

① 杜成宪、邓明言：《教育史学》，人民教育出版社2004年版，第300页。

学的形式，即以追述过往的事实为形式来表现自己的研究对象；而其内容则是教育的，这是决定其学科性质的根本所在。……因此，又可以说中国教育史学科有着历史学的外表，然而其血缘是教育的。"①为此，作者认为，中国教育史学科不仅是隶属于教育学科的，而且是教育科学的基础学科，相对于历史学而言，由于中国教育史学科的研究对象与历史学的对象一样，具有历史学的特点，因此，"它同时是历史学的一个分支学科"②。

第三，对教育史学与其他学科的关系及教育史学学科地位和功能的探索。晓杜的《谈教育史学与教育学的内在关系》、曾天山的《教育史研究的新思维》、张传燧的《〈教育史学〉的反思与重构》、李和平的《教育史学功能及其内在三层次结构论》和廖其发的《21世纪我国教育史学科发展的方向与任务》等都从某一个侧面，探讨了教育史学与其他学科的关系及教育史的学科地位和学科功能等问题。尤其是杜成宪、邓明言著的《教育史学》不仅论述了教育史学科与教育学、历史学的关系，明确了中国教育史学科在教育学科中的基础学科地位以及在历史学中的分支学科地位，而且论述了教育史学科与哲学、文学、民俗学、社会学、考古学及自然科学的关系。对于教育史学的功能定位，邓明言在《教育史学》中着重从职业取向和学术取向两个方面介绍了西方教育史学界对教育史学功能和价值的认识。

第四，对教育史学科体系的研究。其代表性成果包括高时良提出的中国教育史学科体系的"三层次说"、杜成宪在《教育史学》中构建的中国教育史学科体系、郭娅和周洪宇的《试论教育史学的学科体系》等。"三层次说"将教育史学科分成了低、中、高三个层次，其中教育史内部结构中的高等教育史、职业教育史、秦汉教育史等属于低层次，教育史与其他学科的交叉，如教育训诂学、计量教育史学等属于中层次，而从哲学思辨的高度对教育史学进行的理

①② 杜成宪、邓明言：《教育史学》，人民教育出版社2004年版，第225、233页。

论探讨属于高层次。①杜成宪则构建起了包括"实质研究"和"形式研究"在内的中国教育史学科体系。其中"实质研究"主要是对具体教育史问题的研究，"形式研究"则主要是以中国教育史学科本身和中国教育史料为研究对象。②郭娅、周洪宇则在以往教育史学科体系的基础上，提出了以教育活动史、教育思想史和教育制度史为主要内容的具体教育史学研究体系，以教育史学史、教育史学理论与方法、教育历史哲学为主要内容的抽象教育史学研究体系。与以往教育史学科体系不同的是，这几大教育史学科体系不仅重视对教育史具体问题的研究，而且在教育史学研究中引入了教育史学理论与方法论等，从而使中国教育史学科体系逐渐摆脱了过去只重视具体教育史问题研究、忽视教育史学理论与方法研究的弊端，为教育史学科体系的进一步完善奠定了坚实的基础。

第五，对教育史学研究方法的反思。这方面的代表性成果有曾天山的《教育史研究的新思维》、董宝良的《迈向21世纪，要重视运用现代的思维方法——对中国教育史研究在方法论方面的思考》、于述胜的《中国教育史研究中的一个方法论问题》、方晓东的《国外教育史研究的理论与方法》和邓明言的《西方教育史方法论五题》等。曾天山在《教育史研究的新思维》中明确提出，教育史研究应更新研究方法，强调"要将系统论、信息论和控制论及计量分析方法引入教育史学领域，把人类学、社会学、人口学的理论逐步应用到研究中"③。董宝良的《迈向21世纪，要重视运用现代的思维方法——对中国教育史研究在方法论方面的思考》、于述胜的《中国教育史研究中的一个方法论问题》、方晓东的《国外教育史研究的理论与方法》、邓明言的《西方教育史方法论五题》、郭娅的《年鉴学派的新史学理论与教育史学研究》等文章，都从不同的侧面涉及对教育史学方法的反思。"方法论在中国教育史研究工作中居于首要

---

① 孙培青：《中国教育史学科体系问题》，见瞿葆奎主编《社会科学争鸣大系·教育学卷》，上海人民出版社1992年版，第405页。

② 杜成宪、邓明言：《教育史学》，人民教育出版社2004年版，第84—89页。

③ 曾天山：《教育史研究的新视野》，载《教育史研究》1991年第1期。

的位置。……许多学者从方法论的层面反思教育史学，提出教育史研究的新思维。"①其目的在于通过对教育史研究方法的反思，达到突破传统教育史研究的旧范式，以更加科学的方法及方法论体系，取得更新更科学的教育史学研究成果。此外，对教育史学科教学和教材建设的反思也绵延不断，这些研究都为元教育史学研究的系统化和理论化奠定了良好的基础。

二、20世纪70年代末期以后的西方元教育史学研究的进展

在布雷岑卡的元教育理论研究的影响下，20世纪八九十年代，德国教育史学界先后出现了赫威西·布伦克茨（Herwig Blankertz）主编的《从启蒙时期到现代的教学法》、海因－艾尔玛·特诺思（Heinz-Elmar Tenorth）撰写的《教育史最新发展的基本特征》等著作。尤其是海因－艾尔玛·特诺思的《教育史最新发展的基本特征》，是一部研究教育史学理论的重要著作。作者重点论述了教育史的学科特色及其与历史学的区别所在，旨在突出教育史的学科特色，展示教育史的发展趋势与走向。这一研究本身就具有元研究性质，并为德国教育史学的发展指明了方向。

20世纪70年代，在"年鉴学派"的影响下，法国教育史研究开始进入学科的反思和研究方法创新的时期。在"新史学"的引领下，法国教育史研究倡导在完全理解史料的基础上进行教育历史的阐释，主张在教育史学研究中充分体现教育史编撰者的主体意识。这一时期，法国教育史学界不仅出现了由雷莫·福尔纳卡（Remo Fonaca）和安托尼·莱昂（Antonine Leon）运用新史学方法撰写的《教育史研究》和《教育史导论》，而且其教育史学的研究范围由欧洲扩大到了全球范围以及教育的各个层面。G. 米亚拉雷（G. Mialaret）和J. 维亚尔（J. Vial）主编的四卷本《世界教育史》是新史学影响下的代表性成果。

20世纪80年代中后期以后，法国教育史学界一方面对教育史学科的性质、

① 徐中仁：《困境中的探索：中国教育史学元研究管窥》，载《西南师范大学学报》（人文社会科学版）2004年第5期。

研究范围进行了认真的思考，另一方面对教育史学的研究方法及其与历史学科的关系进行了全面的反思。法国教育史学家安多旺·莱昂（A. Leon）编著的《当代教育史》作为这一时期元教育史学研究的代表性成果，对当代教育史学科的研究范式、范围、方向、学科整合、教育观念的变革、大众教育、技术教育及其教育史研究的功能、意义和价值等问题进行了反思和理论概括，试图在此基础上构建当代法国教育史学研究新的理论体系。1988年，阿历伽德罗·提阿那·费列尔（Alejandri Tiana Ferrer）在其撰写的《当代历史教育的调查：焦点与方法》中，"重点论述了教育史在教育学科体系中的重要地位，突出教育史在丰富学生知识、开阔视野方面的重要作用，还对教育史的研究方法进行了深刻反思，运用比较的方法将欧洲的教育史与美国做了对比研究，以期从中感悟教育史研究的得失，旨在为以后的教育史研究提供有益的借鉴"。20世纪90年代以后，法国教育史学研究在对学科自身反思的基础上，"在与其他学科对话的过程中，既学到了新的研究方法与范式，又开辟了不少新的研究领域，为世界教育史研究注入了新的生机与活力"①。

英国的元教育史学研究始于20世纪六七十年代，以布莱恩·西蒙（Brian Simon）为代表的修正主义激进派，将教育史的研究视野转向教育与社会、教育与政治、教育与社会生活等关系方面的研究。布莱恩·西蒙在《教育史研究：1780—1870》《教育史研究：教育改革的政治策略，1920—1940》《教育史研究：教育与社会秩序，1940—1990》等系列成果中，试图探讨"影响教育形势发展的环境"②。与此同时，他还发表了《教育史研究》《过去与现在的教育史》《20世纪80年代教育史》《教育史的重要性》等一系列研究论文，对英国教育史研究进行了回顾和反思。西蒙认为，从20世纪60年代开始，英国教育经历

---

① 申国昌、周洪宇：《法国教育史学发展历程的回顾与梳理》，载《教育研究与实践》2008年第2期。

② ［俄］卡特林娅·萨里莫娃、［美］欧文·V. 约翰宁迈耶主编：《当代教育史研究与教学的主要趋势》，方晓东等译，教育科学出版社2001年版，第3页。

了具有重大意义的变革，这种变革为教育史研究提供了新的研究素材。教育史研究应当强调易变性与灵活性，不断改变研究的方法，调整研究视角。他倡导要善于从社会大环境去思考教育史问题，善于研究教育与社会变革的关系。[①]因为"这种研究和理解能使教师们认清他们工作的性质与发展方向，帮助他们观察自身直接参与的系统，可以使学生理解教育原则"[②]。为此，他要求教育史研究要具有批判意识，具有联系实际的精神，还要善于更新研究的方法，以便更好地为教育的现实发展服务。

在修正主义激进派的推动下，20世纪六七十年代以后，英国教育史研究进入快速发展期，教育史学界开始重新确定自己的研究范围，并积极探讨和借鉴历史学的研究方法，寻求与历史学的合作与对话，并在此基础上发表了一批有影响力的研究成果，如理查德·奥尔德里奇（Richard Aldrich）的《教育与政党，1830—1870》《约翰·帕金顿爵士与国家教育》等。但是在教育史学研究繁荣表象的背后，英国教育史学伴随着教育系和教育学院被缩减而逐渐显示出危机和衰退的迹象。为了解决危机，1992年在利物浦召开的英国教育史学会成立25周年大会上，与会代表对以往的教育史学研究以及教育史学科的发展历程、学科地位、学科特色以及所面临的危机等问题进行了深入的反思和讨论，调整了英国教育史学研究的思路。但这并没有从根本上改变教育史学科地位下滑的倾向，到1996年，据英国政府研究评估处的调查显示，在69个学科的排行榜中教育学科居第58位。美国普林斯顿大学著名的英籍历史学家劳伦斯·斯通（Lawrence Stone）批评教育领域的教育史研究就史料与理论而言均处于原始阶段，所以"在资料的汇集与概念的形成方面，对许多问题的阐释都只能是试验

---

① ［英］西蒙：《教育史的重要性》，见［俄］卡特林娅·萨里莫娃、［美］欧文·V. 约翰宁迈耶主编《当代教育史研究与教学的主要趋势》，方晓东等译，教育科学出版社2001年版，第4—18页。

② Brian Simon, "The History of Education", *The Study of Education*, ed. J. W. Tibble（London, 1973）.

性的、暂时性的"①。

与英国教育史研究走入低谷不同的是，英国历史学界对教育史问题的研究热情不断高涨，历史学家运用新史学的研究方法对教育史学科领域中的许多问题进行了深入的研究，成了英国教育史学研究领域中的主角，这给教育史专业研究人员带来了巨大的压力。面对这些危机、挑战和压力，教育史研究人员必须积极地去正视与面对这种现实，努力去寻求学科发展的新出路。1999年，W.理查森（W. Richardson）在《教育史》刊物上发表了题为《历史学者与教育学者：战后英国教育史研究领域的发展》的文章。该文在回顾和反思英国教育史学发展历程的基础上，提出了教育史与历史进行对话的主张，强调教育史学应该借鉴历史学的新研究方法。伦敦大学教育史专家理查德·奥尔德里奇认为，教育史是历史学科的一个组成部分，历史被描述为一个时代对另一个时代感兴趣的事物，而教育史上极其普通的事件和教师的事迹未被历史研究所关注。他倡导历史研究应扩展令人感兴趣的范围，实现教育与历史的巧妙结合，使教育史研究焕发新的生机与活力。②为此，伦敦大学教育学院正式接纳了教育史研究中心，形成了以理查德·奥尔德里奇和戴维·克鲁克（David Crook）为核心的研究群体，并强化了教育史在硕士和博士培养过程中的地位。该中心还经常得到诸如经济和社会研究理事会（Economic and Social Research Council）、利弗休姆基金会（the Leverhulme Trust）以及纳菲尔德基金会（the Nuffield Foundation）的经济资助，这为教育史研究成果的出版提供了诸多方便，也为教育史研究大批成果的出现奠定了良好基础。20世纪90年代以来英国教育史界迎来的这一新的、有意义的社会支持，使一些教育史学家也看到了希望。著名的教育史教授理查德·奥尔德里奇和他的同事坚信，教育史在英国必将再一次成

---

① W. Richardson, "Historians and Educationists：The History of Education as a Field of Study in post-war England. Part Ⅰ：1945-1972", *History of Education*, vol. 28, no. 1（1999）, 20.

② ［英］理查德·奥尔德里奇：《教育史之我见》，见［俄］卡特林娅·萨里莫娃、［美］欧文·V. 约翰宁迈耶主编《当代教育史研究与教学的主要趋势》，方晓东等译，教育科学出版社2001年版，第130页。

为师范教育和师资培训的综合科目。他认为，历史有助于帮助人去理解现在和预测将来，不懂教育史的教师将会处于愚昧无知的状态之中，只有学习教育史才能使人们摆脱愚昧无知的境地。鉴于此，他承认教育史研究正处于困境，面临挑战，但是他对教育史走向衰落的说法持反对态度，认为教育史一定会有更加光辉的前景。目前，英国教育史研究队伍稳定，教育史学会经常开展各种活动，教育史学会的重要学术刊物《教育史》以双月刊的形式出版，比以前的刊载量大为增加。理查德·奥尔德里奇和戴维·克鲁克合著的《面向21世纪的教育史》于2000年由伦敦大学出版。在这部著作中，作者在反思了英国教育史研究历史的基础上，展望了英国教育史学科的美好未来。他们认为，英国教育史研究正以强劲的势头迈向21世纪。①

美国受20世纪50年代以后兴起的新教育史学以及后来激进派教育史学的影响，对教育史学自身发展的历史给予了越来越多的关注。尤其是20世纪50年代末至60年代末伯纳德·贝林（Bernard Bailyn）率先以新史学的观点对卡伯莱的教育史教科书的批评及其《美国社会形成中的教育》的出版，揭开了20世纪后半期美国教育史学变革的序幕，对其他国家的教育史学研究产生了重要的影响。

在贝林的影响下，美国的元教育史学研究不断深入，先后出现了W. 史密斯（W.Smith）的《美国新教育史学家》、劳伦斯·阿瑟·克雷明（Lawrence Arthur Cremin）的《埃尔伍德·帕滕森·卡伯莱的奇妙世界》（又译为《卡伯莱的理想世界》）等研究成果。前者揭示了美国新教育史学家的特点是"利用了比以往教育史家更为广泛的资料，并有着更宽广、更人文化和更专业的承诺"②，预示了美国教育史学研究的发展方向。后者则重点回顾了美国传统教育史学的发展历程，重点评价了卡伯莱的《美国公共教育》。在充分肯定了该

① D. Crook and R. Aldrich, *History of Education for the Twenty-first Century*（London：Institute of Education, University of London, 2000），x.

② 周采：《战后美国教育史学流派的发展》，载《比较教育研究》2005年第5期。

书是一部"有鼓舞力的""强调制度的""体现效能的"著作的基础上，克雷明明确指出了卡伯莱史学传统存在着"眼界狭隘""自固倾向"等问题。在克雷明看来，卡伯莱的历史观点无法解释二战后美国教育出现的种种危机，强调教育史学研究应"以一种更加开阔的视野，研究不同时代教育的性质和效能，以及正规教育和非正规教育机构与社会之间的关系"[①]。

20世纪70年代以后，美国的元教育史学研究主要围绕激进派教育史学家的研究成果而展开，学术界的人士站在不同的立场上，依据不同的理论进行了激烈的争论。其中M.拉泽逊（M. Lazerson）在《哈弗教育评论》上发表了题为《修正主义和美国教育》的书评，对迈克尔·凯茨（Michael Katz）的《阶级、官僚政治与学校》、格里尔的《伟大学校的传说：美国公立教育的修正主义解释》、斯普林的《教育与公司国家的兴起》等研究成果进行了述评，并得出了"修正主义教育史学是修正主义历史学和学校批判思潮共同影响的产物"[②]的结论。

与M.拉泽逊同时期的S.科恩（S. Cohen）发表了《美国教育史的新视角，1960—1970》和《美国教育史的历史，1900—1976：历史的种种用法》两篇文章，回顾了美国教育史学的发展历史。尤其在《美国教育史的历史，1900—1976：历史的种种用法》一文中，S.科恩在回顾美国教育史学发展的同时，对不同历史时期美国有影响的教育史学研究者及其论著，如贝林的《美国社会形成中的教育》、史密斯的《美国新教育史学家》以及克雷明的《埃尔伍德·帕滕森·卡伯莱的奇妙世界》等，给予了客观的评述。这篇论文后被收入R. B. 舍曼（R. B. Sherman）主编的《理解教育史》中，成为美国元教育史学研究的标志性成果。

进入20世纪80年代以来，尽管伴随着对教育史不实用的批评，美国教育史研究全面走入低谷，但是美国教育史学界对教育史学进行的反思研究并没有因此中断，相反还有向纵深发展的趋势。1988年，美国新马克思主义者M.阿普

---

① 杜成宪、邓明言：《教育史学》，人民教育出版社2004年版，第388—389页。
② 周采：《战后美国教育史学流派的发展》，载《比较教育研究》2005年第5期。

尔（M. Apple）发表了题为《站在鲍尔斯和金蒂斯的肩上：阶级的形成与资本主义学校》的文章，以S. 鲍尔斯（S. Bowles）和H. 金蒂斯（H. Ginitis）合著的《资本主义美国的学校教育》为评论对象，介绍和评价了美国新马克思主义教育史学内部不同流派的观点。

1989年，美国《教育史季刊》围绕克雷明《美国教育：都市时期的经验》一书组织了一次笔谈。在讨论克雷明著作的同时，各位学者对美国教育史学研究进行了反思①，指出美国教育史学的未来发展趋势是"一些人会一如既往地关注学校教育，而另一些人则研究其他教育形式。在研究方法和范式方面也会呈现这种多元化趋势"②。

1990年，前美国教育史学会主席M. 雷·海纳（N. Ray Hiner）在《教育史季刊》上发表了《九十年代以来的教育史：学术的扩展》，对20世纪40年代以来的美国教育史学的发展历史进行了回顾，对克雷明在20世纪60年代所开创的教育史研究的开放局面予以肯定。1991年，海纳的继任者玛克辛·施瓦兹·塞勒（Maxine Schwartz Seller）发表了《分界线、桥与教育史》一文，明确指出"克雷明开创的新研究领域为教育史与其他学科架设了一个桥梁"③。

1997年，以重视理论著称的C. F. 凯斯特（C. F. Kaestle）在其撰写的《教育研究的历史方法》一文中，总结了20世纪中期以来美国教育史学的嬗变及其特点，概括了美国教育史研究的总趋势是"把教育视为比学校教育更为广泛的概念，并在社会和经济发展背景中来研究学校教育制度；不仅研究精英教育，也研究普通人的态度和行为。历史学家已涉及家庭史、儿童史、教育体制改革史；他们也关注社会学、人类学、心理学和统计学的新方法，将其作为自己的新理念和新技术"④。

美国教育史学界在深入反思本土教育史学研究的基础上，还对美国以外

---

① Robert L. Church, Michael katz, Harold Silver, and Lawrence A. Cremin, "The Metropolitan in American Education", *History of Education Quarterly*（Fall 1989），419—446.

②④ 周采：《战后美国教育史学流派的发展》，载《比较教育研究》2005年第5期。

③ 王春鹏、高向杰：《当代美国教育史学发展的特征及其思考》，载《教育史研究》2006年第4期。

的其他国家和地区的教育史学研究成果进行了介绍和研究。其代表性的成果有：J. 威尔逊（J. Wilson）和D. 琼斯（D. Jones）合撰的《"新"加拿大教育史》①、P. 哈里根（P. Harrigan）的《比较视角中的加拿大教育史学的最近趋势》②、R. 沃尔夫（R. Wolff）的《教育史的欧洲视角：四份杂志的评论》③、K. 贾劳斯奇（K. Jarausch）的《老的"新"教育史：一个德国人的再思考》④、J. 赫布斯特（J. Herbst）的《欧洲新教育史学》⑤和P. 坎宁安（P. Cunningham）的《教育史和教育变化：过去十年英国教育史学》⑥等。总之，二战后美国教育史学研究已逐渐摆脱了孤立和封闭的状态，开始融入范围更开阔的社会科学研究之中。与此同时，美国教育史学研究"在史学队伍、史学视野、史学方法和史学观点等方面获得全新的改观"⑦。

在欧美各国元教育史学研究的影响下，尤其是在"新史学"的影响下，波兰、俄罗斯等国也相继开始了元教育史学研究，其研究的重点主要放在对学科的反思与理论重建两个方面。通过对以往教育史学研究中存在的将马克思主义教条化的倾向，两国的教育史学工作者一方面主张在运用马克思主义理论研究教育史的过程中应该注意灵活性，不能生搬硬套、断章取义，另一方面强调应将西方的史学理论用到教育史学的研究中去。1985年8月，第十九届国际教育史

---

① Donald Wilson and David Charles Jones, "The 'New' History of Canadian Education", *History of Education Quarterly*（Fall1976），87—94.

② Patrick J. Harrigan, "A Comparative Perspective on Recent Trends in the History of Education in Canada", *History of Education Quarterly*（Spring1986），367—376.

③ Richard J Wolff, "European Perspectives on the History of Education：A Review of Four Journals", *History of Education Quarterly*（Spring1986），87—94.

④ Konraad H. Jarausch, "The New History of Education in Europe", *History of Education Quarterly*（Summer1986），225—242.

⑤ Urgen Herbst, "The New History of Education in Europe", *History of Education Quarterly*（Spring1987），55—61.

⑥ Peter Cuningham, "Educational History and Educational Chang：The Past Decade of English Historiography", *History of Education Quarterly*（Spring1989），77—94.

⑦ 史静寰、延建林：《20世纪英美教育史学研究取向变化的回顾与启示》，载《河北大学学报》（哲学社会科学版）2008年第3期。

学会议在波兰克拉柯夫大学召开，来自亚洲、欧洲、美洲的几十名代表参加了会议。会议主要讨论了全球范围内的教育史研究的意义与价值、教育史研究的方法、教育史教学中存在的问题及其对策等。这次大会之后，波兰教育史学界开始了与西方教育史学研究人员的广泛交流和合作，并积极借鉴西方教育史学界的研究理论与方法。1991年，波兰当代著名教育史专家切斯拉夫·马约列克（Czeslaw Majorek）在莫斯科召开的国际教育史专题研讨会上提交了题为《教育史教学中的课程导论部分的重要性》的论文。在这篇论文中，切斯拉夫·马约列克主要探究了教育、历史和教育史的界定，教育史中的关键性概念，教育史课程的目的以及如何掌握了解历史和掌握历史进程等问题。他认为应该将"教育史"概念放在"教育"与"历史"之中加以区别和理解，由此可以将教育史分成社会的、政治的和智力的三个部分，在教育史研究与教学中必须注意这三方面内容的相互关联。同时在教育史教学中，应"使学生们了解当今的事物来自历史"[1]，历史的进步是有连续性的。他在回顾了波兰教育史研究与教学概况的基础上，重点强调教育史教学的七个方面的目的："期望学生们能掌握从古代到当代波兰发展的主要概况，这是现实的目的"；使学生了解"学校教育在过去与当今社会中仅仅是许多媒体中的一种有影响的力量，因此，为了使学校能令人满意地发挥作用，在校外必须创造什么条件就是一个很根本的问题。而学生们就应当能解释，在对教育领域进行批判性探索时，为什么需要对教育下一个非常广义的定义"；使学生了解不同历史时期中教育的相关概念，如正规教育、非正规教育、教育学、义务教育等的内涵的变迁；"必须培养学生们鉴别'史料'的所谓真实性和从中进行推理的能力"；"为了使学生们理解教育对现实社会与理想社会之间的相互作用，必须重视对以往教育经验进行多学科的探讨"；要使学生"懂得教育史的主要目的是发现教育在以往的社会中起了

---

① ［波兰］切斯拉夫·马约列克：《教育史教学中的课程导论部分的重要性》，见［俄］卡特林娅·萨里莫娃、［美］欧文·V.约翰宁迈耶主编《当代教育史研究与教学的主要趋势》，方晓东等译，教育科学出版社2001年版，第35页。

什么样的作用，以及为什么哲学家和教育家如他们做的那样想和行动。……学生们应能够区分教育史文献中的论述和解释。同时他们也必须认识到每位教育史学家的主要工作之一是解释历史上人类在教育领域的所作所为"；使学生学会"理解以往教育现象与当前的教育政策之间的关系以及与当今的教育思想与研究之间的关系，特别是他们必须承认教育在建立灵活独立的判断力和人类价值观上的历史作用还是非常重要的"。[①]在此基础上，他重点论述了如何运用各种调查、解释和重构的技巧来了解历史或掌握历史的进程的方法论层面的相关问题。至此，波兰的教育史研究跨入与世界教育史研究交流与合作的行列，并走上了国际化的道路。

早在20世纪五六十年代，苏联的史学家就开始认识到其教育史学研究中存在着对斯大林的个人崇拜的错误以及尊重历史事实与尊重领导旨意之间的矛盾与冲突，同时意识到在坚持马克思主义的前提下开拓新的研究领域与探索新的研究方法的必要性。1955年，重新出现在第十届国际历史科学大会上的苏联史学家，通过与西方学者的交流，开始对过去史学研究重复使用的格言式模式和过分夸大政治的趋势进行反思，并提出了研究视角转变的问题。进入60年代以来，在苏联科学院进行史学方法论大讨论的影响下，其教育科学也进入新的发展阶段，教育史学研究突破了以往就教育论教育、就史论史的狭隘视野，开始注重学科间的交叉研究和整体化研究，重视自然科学、技术科学、社会科学与教育科学的相互联系并提倡学习和借鉴其他学科与其他国家的新方法和新理念来充实教育史学研究，重视教育史研究为现实服务的宗旨。这一研究取向，不仅扩展了教育史学的研究视野，而且改变了过去教育史学单一、古板的研究思路，促进了教育史学研究的繁荣。1986年Н. П. 库津和М. Н. 科尔马科娃合写的《苏维埃教育科学史概要（1917—1980）》、1987年Э. И. 莫诺斯宗撰写的

---

① ［波兰］切斯拉夫·马约列克：《教育史教学中的课程导论部分的重要性》，见［俄］卡特林娅·萨里莫娃、［美］欧文·V. 约翰宁迈耶主编《当代教育史研究与教学的主要趋势》，方晓东等译，教育科学出版社2001年版，第29—30页。

《苏维埃教育学的形成与发展（1919—1987）》的出版，是这一时期苏联元教育史学研究的代表性成果。这两部著作在回顾了苏联的教育科学发展与演变历程的基础上，对苏联的教育科学发展成就与失误进行了反思，并强调应将西方教育科学理论作为参照系来衡量苏联的教育理论的得失。

1989年10月，莫斯科召开了由苏联科学院主办的纪念法国年鉴学派成立60周年国际学术讨论会，除了苏联学者和五位法国年鉴学派代表外，还有来自欧、亚、美洲的学者参加了本次大会。在这次会议上，苏联历史学者一改过去全盘否定西方史学理论的做法，摒弃了过去对年鉴学派"揭露性的否定态度"[①]，开始公开接受以法国年鉴学派为代表的西方史学理论流派的观点和理论。因此，这次大会被看成是苏联史学实践中的一次"坚定的转折"[②]。

1991年，国际教育史专题组成员在莫斯科等地召开了关于目前东西方大学教育史研究与教学中的问题研讨会，来自13个国家的代表提交了20多篇论文。论文主要针对当时全球范围内教育史在师资培训中的地位与作用日渐衰落的趋势，进行了认真的反思，并提出未来教育史研究应当注重理论与方法的更新，不断提高教育史师资的教学水平，在总结过去教育史教学经验的基础上改进教学艺术，使之更有吸引力。这次大会后出版了由俄罗斯著名教育史专家卡特林娅·萨里莫娃（Kadriya Salimova）和美国教育史学家欧文·V. 约翰宁迈耶（Erwin V. Johanningmeier）共同主编的论文集《为什么要教授教育史》（我国学者在翻译时根据该书的主题将书名改为《当代教育史研究与教学的主要趋势》）。这是继法国《当代教育史》之后又一部元教育史学研究的代表性成果。卡特林娅·萨里莫娃在《昔日教育智慧对未来的启示》一文中指出，教育史的任务就是"教育未来的教师形成友好的态度，相互理解并尊重全世界各个民族和国家。当未来教师开始学习教育史的时候，各个时期、各个国家人民的

---

① 何兆武、陈启能：《当代西方史学理论》，上海社会科学院出版社2003年版，第568页。
② ［苏联］别斯梅尔特内：《"年鉴派"今昔国际学术讨论会主要争论问题》，董进泉译，载《现代外国哲学社会科学文摘》1991年第11期。

新的教育面貌就展现在这些教师面前"[1]。萨里莫娃认为教育史是关于教育理论与实践发展规律的科学，教育史的作用是提示教育发展过程中的内在规律，因此，教育史界的同仁应当加强国际交流与合作，善于运用比较研究方法去理解与把握各国教育的发展历程，尤其要重视与西方教育史界的交流与合作，只有这样才能深入了解各国的教育发展情况，了解各种文化的内在精髓，进而有利于本国教育事业的发展。[2]

卡特林娅·萨里莫娃的观点至少发出了两个方面的信号：一是以法国年鉴学派为代表的西方教育史学理论与方法正在取代马克思列宁主义在教育史与历史研究中的主导地位，成为俄罗斯教育史学界研究的主要理论依据。尤其是苏联解体后，甚至出现了对马克思主义的公开怀疑和否定。二是俄罗斯教育史研究的重心开始从精英人物下移到普通民众，研究的重点由过去注重政治因素的研究转向关注人的心态研究，同时改变了过去以阶级观点分析一切教育史问题的做法，主张以客观的研究态度去重新审视教育发展的历程与内在规律。这不仅标志着俄罗斯的教育史学研究进入了理论反思、范式转型和学科重构的新时期，而且也意味着俄罗斯教育史学研究从将马克思主义教条化的一个极端走向了完全放弃马克思主义的另一个极端。

---

[1] ［俄］卡特林娅·萨里莫娃、［美］欧文·V. 约翰宁迈耶主编：《当代教育史研究与教学的主要趋势》，方晓东等译，教育科学出版社2001年版，第75页。

[2] 参见［俄］卡特林娅·萨里莫娃：《昔日教育智慧对未来的启示》，见［俄］卡特林娅·萨里莫娃、［美］欧文·V. 约翰宁迈耶主编《当代教育史研究与教学的主要趋势》，方晓东等译，教育科学出版社2001年版，第75—87页。

第四节 元教育史学研究的趋势与未来

元教育史学研究作为根据时代发展的客观要求和赋予的历史使命，在广泛借鉴其他学科和其他国家的研究理论和方法的基础上，运用哲学思辨的方式，重新构建起的具有本学科特色的理论研究，在未来社会的发展中必将呈现出多元化、整体化、理论化、群体化、本土化等方面的趋势。

一、元教育史学研究的多元化趋势

所谓多元化主要是指在"新史学"影响下形成的教育史学研究趋势。这种趋势可以概括为：史学家的兴趣领域得到了拓宽；主题历史法取代叙述历史法；多视角考察和分析教育历程；研究主体与研究成果的关联等。[①]具体到教育史学研究中体现为教育史学研究者理论知识的多元化、方法手段的多元化、对象领域的多元化、成果形式的多元化等方面的内容。

教育史学研究者理论知识的多元化，即要求教育史学研究者不仅要具备教育学、历史学的相关理论和知识，同时还要尽可能多地具备人类学、社会学、人口学、经济学、政治学、法律学、伦理学、心理学、心态史、文化史、科技史等多学科的知识和理论，否则，就不可能对教育史学"做出合理的解释"[②]。

---

① ［法］安多旺·莱昂：《当代教育史》，樊慧英、张斌贤译，光明日报出版社1989年版，第7—8页。

② ［美］詹姆斯·哈威·鲁滨孙：《生活在二十世纪中》，见《新史学》，齐思和等译，商务印书馆1989年版，第203页。

研究方法手段的多元化，主要强调教育史学应该借鉴和学习新史学的研究方法，注重对跨学科研究方法的应用，注意教育史学研究与其他社会科学、自然科学相互渗透、相互借鉴，力求通过借鉴与引入其他学科的研究方法，进而创立教育史学的最新研究方法，以此来实现研究方法的多元化。

研究对象领域的多元化。"以往教育史研究的重点主要集中于人物思想与制度变迁的研究。人物思想研究也仅只是就教育史上著名的精英人物进行研究，很少涉及基层人物的生活、学习与活动的具体问题与情境；教育制度研究也只是重视国家教育机构的形成及其演变，将重心放在了描述制度的内容及因袭过程，而缺乏对决策的生成过程、在基层的实施情况及其对学校教育的影响等问题的深入研究。未来教育史学研究应当将研究的视线逐步向下移动和对外扩散，实现教育史学研究视野从精英向民众、从高层向基层、从中心向边缘、从经典向世俗的过渡。"①此外，教育史学研究不仅要注重汉族教育史的研究，而且要关注各少数民族教育史的研究；不仅要研究儒家的教育思想史，而且要研究佛教、道教、伊斯兰教、基督教等其他宗教教育思想史；不仅要重视官办教育史的研究，更要注意民办、商办、合办等教育史的研究；不仅要重视精英教育史的研究，更要关注下层民众教育、教化史的研究。外国教育史研究，不仅要注重对欧美发达国家教育史的研究，也要重视对不发达国家和地区教育史的研究，应努力将研究的领域扩大，使之向多元方向迈进。

研究成果形式的多元化，不仅表现为教育史学研究编纂方式的多样化，而且表现为不同类别的教育史研究并举，既要形成教育通史、教育断代史、教育专题史、教育国别史并存的新格局，也要提倡本土教育史与域外教育史、具体教育史与抽象教育史、专题教育史与问题教育史并举，以求实现线性教育史学与多维教育史学、叙事教育史学与功能教育史学、现象教育史学

---

① 周洪宇、申国昌：《新世纪中国教育史学的发展趋势》，载《华东师范大学学报》（教育科学版）2007年第3期。

与展望教育史学①并存并重的局面。也就是说，要改变过去教育史学研究那种死板单调、千篇一律的成果表现方式，形成形式多样、生动活泼的研究局面。

二、元教育史学研究的整体化趋势

所谓教育史学研究的整体化，主要指新时期的教育史学研究应将注意力放在加强与历史学的沟通上，在此基础上努力实现在与历史学、社会学、经济学、心理学、文化学、教育学、人类学的交融过程中逐步扩大新生领地。教育史从教育学科的核心地位向边缘的移动并非教育史学科的悲哀，而是新希望孕育的开始，是教育史学开拓新研究领域机会的到来。因为，教育史学只有在向教育学科边缘移动的过程中，才能获得更多与教育以外学科的接触机会，才能走出教育学，进入历史学，从而使教育史学研究在与历史学的重新携手过程中得以再生。正如著名史学家汤因比所说的那样："我们必须放眼于整体，因为有这个整体才是一种可以独立说明问题的研究范围。"②当代教育史学家莱昂也认为："史学界的兴趣得到了拓宽，整体史探讨了不同的学科内容，诸如经济、社会和心理史。……这些趋势必然会影响到教育史学者的工作。"③

要实现教育史学研究的整体化，必须树立"大教育史观"，突破狭隘的教育史观。"大教育史观"的树立应从横向和纵向两个方面来分析。首先，从横向来讲，"大教育史观"要求教育史学研究者将全球教育史作为一个研究整体，并将中国教育史学研究有效地融入世界教育史学研究之中。其次，从纵向来看，"大教育史观"要求教育史学研究者将教育发展的过去、现在和将来连贯起来研究，使之成为一个上下沟通的整体。如果将教育史学研究仅限制在自身狭小的天地里，教育史学的学科就会失去应有的生机与活力。这不仅

---

①③〔法〕安多旺·莱昂：《当代教育史》，樊慧英、张斌贤译，光明日报出版社1989年版，第41—45、7页。

②〔英〕汤因比：《历史研究》（上册），郭小凌、王皖强译，上海人民出版社1986年版，第10页。

影响教育科学理论与教育改革实践的健康发展，而且也会阻碍教育史学科的自身建设。

三、元教育史学研究的理论化趋势

所谓教育史学的理论化，是强调未来教育史学要实现范式的转换和方法的创新，朝着多元化、整体化的方向发展，就必须更新研究方法，加强理论建设，以博大的胸怀去接纳所有相邻学科的最新理论和方法，以敏锐的目光去审视各个研究领域的新思想和新观点，力求未来教育史学成为有自己的独立领地、有自身的学科理论、有独特的研究风格的教育学科。在这个过程中，教育史学研究的理论化就显得尤为重要。关于教育史学研究的理论化，应从以下三个方面来着手：

第一，不断加强教育史学科自身的理论建设。面对教育史学存在的危机，教育史学界有必要对学科本身不断地进行反思，应当清醒地认识到学科自身存在理论贫乏、体系不周的弊端，着力构建本学科的理论体系。

第二，努力提高教育史学研究者的理论素养。教育史学研究者是教育史学研究的主体，教育史学功能的实现有赖于研究者自身素养的提高与完善。从教育史学科知识的复合性来看，教育史学要对教育历史进程做宏观和微观的考察与研究，所涉及的内容是教育领域无所不包的，而且研究者的理论素养直接影响到教育史学研究成果的质量。这就要求研究者要有扎实的史学研究功底，要不断用教育理论、社会学理论、史学理论、哲学理论、心理学理论武装自己，同时也要不断提高教育史学研究者在计算机技术和网络技术方面的知识和理论，从而使教育史学研究者能真正适应教育史学发展的新趋势。

第三，争取实现教育史学研究过程和成果的理论化。教育史学研究水平的提高，不仅表现为其研究过程中的理论指导性，也体现在其研究成果的理论含量上。不论是强调教育史学自身的理论建设，还是重视教育史学研究者的理论修养，都是为了最终实现教育史学研究成果的理论化。只有提升教育史学研究过程中的理论品味，增加研究成果中的理论含量，才能真正提高未来教育史学的研究层次和水平。正如史学家B. 克罗齐（B. Croce）所说的那样："史实只有通过史学家本人心灵或思想的冶炼才能成为史学。"①而这个由史学家用心灵进行冶炼的过程就是一个运用理论思考史实的过程，也是一个理论提升的过程。教育史学研究与一般科学研究最大的不同点在于其研究对象的不可重复性。因此，面对含有前人意识的教育史料，就需要研究者的理论思维，在形成教育史学成果时，尤其需要通过理论去架构研究框架，有序排列和组合史料，并通过研究者的理论思辨能力从中提升出新的思想观点。

教育史学研究者要努力克服过去片面重视和简单拼凑史料的做法，从靠个人在文献故纸堆中爬梳资料的手工作业误区中走出来，进一步加大教育史学研究的理论力度。这不仅是教育史学的发展趋势，也是其他社会科学所追求的目标。当代历史学家W. H. 沃尔什（W. H. Walsh）指出："史学理论的立足点从客体转到主体上来，过去历史哲学是着眼于历史的客体的，现在则转到了主体如何认识历史客体的问题上来。"②

四、元教育史学研究的群体化趋势

所谓教育史学研究的群体化，主要是指教育史学研究对象的群体化、教育史学研究主体的群体化和学科建设的群体化等。强调教育史学研究对象的群体化，主要在于使教育史学研究逐步由研究个体走向研究群体。长期以来，教育史学的研究重心主要放在对个体和精英人物的研究上，忽视对群体和团体的研究，由此导致了教育史学研究零碎化。从20世纪20年代法国年鉴学派将社会史纳入研究领域后，史学界开始关注对社会群体的研究，将研究的视线从个体转向了群体，研究重心开始下移。通过对活跃在历史舞台上的社会群体的研究，

① Benedetto Croce, *History: Its Theory and Practice*（NewYork: Harcourt, BraceandCo., 1923）, 176.

② ［英］W. H. 沃尔什:《历史哲学导论》，何兆武译，广西师范大学出版社2001年版，第3页。

才能比较全面地认识教育历史事实。

未来文化教育的发展趋势也决定了教育史学研究对象的群体化。当代教育史学家佩尔·索拉（Pere Sola）认为，未来文化教育的发展趋势"正朝着两个方向在前进：一是与罗哈纳（Luhanian）的《地球村》的说法相应的普及化运动；二是重新发现社会群体、社团、民族的文化教育根源"①。这种普及教育的发展趋势，也要求教育史学研究者在未来的研究中将研究的焦点从个体转向群体或团体。

教育史学研究主体的群体化，着重强调教育史学研究主体应由原来意义上的单打独斗转向群体合作。这主要是由教育史学研究的日益复杂性的特点决定的。尤其是元教育史学研究作为对教育史学科的宏观研究，其内容之复杂、任务之艰巨是很难通过研究个体的努力完成的。这就需要形成研究群体，组建研究团队和研究机构，由单打独斗转向群体合作，从麻雀战转向阵地战，使教育史学研究达到最优化的效果。此外，从教育史学的学科建设角度来讲，也需要研究者形成群体，实现研究主体的群体化，因为"没有'科学社团'或'专业性群体'就不能形成学科"②。

教育史学建设的群体化，即力争将教育史学科建构成为学科群。通过对教育史学的学科性质、学科功能、学科地位、研究方法与学科危机的反思，教育史学研究者可以清醒地认识到自身所存在的关键问题之一就是学科力量单薄，学科沟通空间狭窄，这就注定了教育史学科一步步走进了狭小的天地，进而失去了学科自身的活力。随着未来社会对教育重视程度的加强，教育史学科势单力薄，很难满足社会对教育史学研究的需要。如此看来，如果不加强教育史学群体化建设，就很难适应社会发展对教育史学研究提出的新要求。因此，在新

---

① ［西］佩尔·索拉：《教育史是历史学科和传统人文学科的扩展》，见［俄］卡特林娅·萨里莫娃、［美］欧文·V. 约翰宁迈耶主编《当代教育史研究与教学的主要趋势》，方晓东等译，教育科学出版社2001年版，第57页。

② ［俄］卡特林娅·萨里莫娃、［美］欧文·V. 约翰宁迈耶主编：《当代教育史研究与教学的主要趋势》，方晓东等译，教育科学出版社2001年版，第57页。

形势下，努力吸收包括历史学、教育学、哲学、心理学、社会学、文化学、宗教学、民族学、人类学、人口学、考古学、语言学、文学、统计学、政治学、经济学等在内的多个学科的理论与方法，构建一个理论丰富的教育史学的学科群，多线索、多中心、多视角、多侧面、多层次、多维度展开对教育史学的研究已经成为当务之急。这必将使教育史学研究进入新的发展时期，并迎来一个教育史学发展的新时代。

五、元教育史学研究的本土化趋势

所谓教育史学研究的本土化，主要强调的是教育史学研究在借鉴与学习其他国家教育史学研究理论与方法的基础上，"要善于挖掘本国传统史学的理论、方法与范畴，将研究视线转向本土的学术传统，力求从根深蒂固、博大精深的中国优秀教育传统与史学研究方法中汲取所需要的养分，从而为教育史学科的机体源源不断地注入新的营养"①。主要包括以下几方面的内容：

第一，要注意吸收中国学术传统的价值取向和思维方式，即不断吸收中国的学术传统中影响时间较长的稳定且具有独特风格的治学方式和叙事习惯。具体而言，包括文以载道、格物致知、经世致用、实事求是、求真务实等学术传统。在教育史学研究中，我们应该理直气壮地将这种优秀的学术传统发扬光大，学会联系现实，结合实际，力求古今贯通，学以致用。

对中国传统学术思维方式的吸收，主要强调从宏观层面或整体上去把握历史的进程，注意探究历史事件之间的内在联系，进而归纳出历史发展的基本线索和规律。在教育史学研究中强调继承中国传统史学的思维方式，即要求教育史学研究者要"学会从整体上去思考中国教育发展的整个历程，善于从宏观视角去体认和把握教育思想、教育制度与教育活动之间的内在的必然的联系，并且学会运用归纳的思维方法，对各种细微的、日常的教育史料做概括与总

---

① 周洪宇、申国昌：《新时期中国教育史学的发展趋势》，载《华东师范大学学报》（教育科学版）2007年第3期。

结"①，并在此基础上归纳出教育历史的发展规律和特点，为教育理论的发展和教育改革的实施提供依据和借鉴。

第二，要努力继承和灵活运用中国传统史学的治史方法和编纂体例。中国传统史学的治史方法主要指形成于传统史学实践中，包括目录、辑佚、辨伪、校勘、诠释、考证在内的史学研究方法。这些方法在史学发展的历史过程中，经过前人的概括、总结和验证证明是史学研究行之有效的方法。这些治史方法，不仅可以保证教育史学研究中史料的可靠性，而且可以提高教育史学研究成果的客观性和真实性。因此，对传统史学研究方法的继承和灵活运用，是教育史学本土化的重要内容之一。

中国传统史学经过长期的发展，形成了包括编年体、纪传体、纪事本末体、学案体在内的完备史书编纂体例。这些编纂体例虽互有短长，但在中国传统史学的发展过程中，它们相互补充，纵横相济，并行不悖，形成了中国传统史学缜密而周全的互补结构系统。中国的教育史学研究，如果能恰当地使用这些编纂体例来进行教育史学著作的编纂，不仅能改变近代以来中国教育史学著作千篇一律的刻板编纂形式，而且可以丰富教育史学著作的编纂类型。

第三，要认真学习和领会中国传统史学对史家素质的基本要求。中国古代史学之所以发达，与传统史学家注重业务和思想修养密不可分。唐代刘知几在总结历代史家得失成败的基础上，提出了"史家三长"说："三长谓才也，学也，识也。"在刘知几看来，有此三者方称"良史"。章学诚发挥其意，更增"史德"于首位，遂成"史家四长"。章氏认为，治史者重史德，"德者何？谓著书者之心术也"②。"史德的第一要求，就是忠实，忠于历史，忠于事实，不虚美，不隐恶，不附会，不武断，敢于秉笔直书。"③由此形成的中国传统史学

---

① 周洪宇、申国昌：《新时期中国教育史学的发展趋势》，载《华东师范大学学报》（教育科学版）2007年第3期。

② ［清］章学诚：《文史通义·史德》。

③ 史继忠：《略论中国传统史学》，载《贵州师范大学学报》（社会科学版）1993年第1期。

以德、才、学、识为主要内容的对史学家基本素质的要求，对今天的教育史学研究者素养的形成仍然具有重要的借鉴作用。任何教育史学研究者"非识无以断其义，非才无以善其文，非学无以练其事"[①]。只有具备德、才、学、识全面素养的教育史学研究工作者，才可能秉笔直书，直言不讳，"不为权势威逼而隐其恶，不为利禄引诱而扬其善，不为时局所迫而作浮词，不为世俗所趋而掩真相，不以恩怨论列是非，不以成败评论英雄，不拔高溢美，不苛求贬低，褒贬出于公心，记事全凭史实，秉公而断，书如实录"[②]。只有这样，教育史学研究才能较真实地反映教育历史事实，教育史学的研究成果才能经得住实践的考验。

（郭　娅）

附录：相关文献

1.［法］安多旺·莱昂：《当代教育史》，樊慧英、张斌贤译，光明日报出版社1989年版。

2.陈桂生：《教育学辨——元教育学的探索》，福建教育出版社1998年版。

3.杜成宪、崔运武、王伦信：《中国教育史学九十年》，华东师范大学出版社1998年版。

4.杜成宪、邓明言：《教育史学》，人民教育出版社2004年版。

5.冯品兰：《西洋教育史》，大华书局1933年版。

6.傅斯年：《史学方法导论》，中国人民大学出版社2004年版。

7.郭娅：《反思与探索——教育史学元研究》，山东教育出版社2010年版。

8.［美］海登·怀特：《元史学：19世纪欧洲的历史想象》，陈新译，译林出版社2004年版。

9.姜琦：《教育史》，商务印书馆1932年版。

---

① ［清］章学诚：《文史通义·史德》。
② 史继忠：《略论中国传统史学》，载《贵州师范大学学报》（社会科学版）1993年第1期。

10. ［俄］卡特林娅·萨里莫娃、［美］欧文·V. 约翰宁迈耶主编：《当代教育史研究与教学的主要趋势》，方晓东等译，教育科学出版社2001年版。

11. 李振宏、刘克辉：《历史学的理论与方法》，河南大学出版社1999年版。

12. 瞿葆奎主编：《元教育学研究》，浙江教育出版社1999年版。

13. 唐莹：《元教育学》，人民教育出版社2002年版。

14. 王炽昌：《教育史》，中华书局1932年版。

15. ［英］约翰·齐曼：《元科学导论》，刘珺珺等译，湖南人民出版社1988年版。

16. 陈桂生：《"教育史学"辨》，载《教育史研究》1995年第4期。

17. 蔡振生：《中国教育史研究的历史回顾与反思》，载《北京师范大学学报》（社会科学版）1988年第3期。

18. 杜成宪：《中国教育史学科体系试构》，载《华东师范大学学报》1997年第1期。

19. 邓明言：《西方教育史方法论五题》，载《华东师范大学学报》（教育科学版）2003年第3期。

20. 傅林：《20世纪西方新史学范式对外国教育史研究的启示》，载《教育研究》2003年第11期。

21. 郭娅、周洪宇：《试论教育史学的学科体系》，载《湖北大学学报》（哲学社会科学版）2009年第3期。

22. 韩达：《关于中国教育史学学科体系问题的讨论》，载《教育研究》1981年第4期。

23. 贺国庆、张薇：《"教育史"学科面向未来的思考》，载《教育科学》2005年第1期。

24. 何齐宗：《建立"教育学史"刍议》，载《教育研究》1989年第8期。

25. 李和平：《教育史学功能及其内在三层次结构论》，载《教育史研究》1999年第4期。

26. 李文奎：《也谈外国教育史学科建设》，载《教育研究》1989年第5期。

27. 史静寰、延建林：《20世纪英美教育史学研究取向变化的回顾与启示》，载《河北大学学报》（哲学社会科学版）2008年第3期。

28. 唐莹、瞿葆奎：《元理论与元教育学引论》，载《华东师范大学学报》（教育科学版）1995年第1期。

29. 田正平：《关于中国近代教育史学科体系的几点思考》，载《华东师范大学学报》（教育科学版）1989年第2期。

30. 田正平、肖朗：《教育史学科建设的回顾与前瞻》，载《教育研究》2003年第1期。

31. 吴小平：《西方教育史学的形成和发展》，载《外国教育动态》1984年第2期。

32. 晓杜：《谈教育史学与教育学的内在关系》，载《教育评论》1988年第4期。

33. 张斌贤：《关于〈教育史学〉的构想》，载《教育研究与实践》1987年第3期。

34. 张斌贤：《历史唯物主义与教育史学科的建设》，载《教育研究》1988年第9期。

35. 张传燧：《〈教育史学〉的反思与重构》，载《华东师范大学学报》（教育科学版）2001年第1期。

36. 张惠芬：《教育史中的批判与继承》，载《教育研究》1980年第1期。

37. 郑金洲：《"元教育学"考辨》，载《华东师范大学学报》（教育科学版）1995年第3期。

38. 周采：《美国教育史学的创立与变革》，载《教育史研究》2003年第2期。

39. 周采：《20世纪美国教育史学的思考》，载《南京师大学报》（社会科学版）2003年第6期。

40. 周谷平、吴静:《二战后英国教育史学科的发展及其启示》,载《全球教育展望》2002年第9期。

41. 周洪宇:《教育史研究改革管抒》,载《教育评论》1991年第2期。

42. 周洪宇、中国昌:《新时期中国教育史学的发展趋势》,载《华东师范大学学报》(教育科学版)2007年第3期。

43. 朱旭东:《论20世纪美国教育史研究的嬗变》,载《清华大学教育研究》2002年第3期。

44. 朱正贵:《也论外国教育史学科体系的若干问题》,载《青海师范大学学报》1985年第2期。

第二章
教育活动史研究

　　20世纪中叶以来，社会科学研究的许多领域先后开始视线下移，关注下层，着眼民间，一改过去那种只注重上层社会、聚焦官方活动、关注精英人物的研究取向，将研究的触角伸向充满活力的民众之中。教育史学也随从历史学等学科开始走下圣坛回归现实，不仅理论上认可这一新趋向，而且也产生了部分研究成果作为其实践展现。教育活动史是教育史的天然组成部分，是教育者与受教育者以各种方式参与教育过程并进行互动的历史，是影响教育思想和教育制度发展过程的关键性因素。研究教育活动史，既是完善教育史学研究体系的需要，也是顺应当前学术视野下移趋势的需要，从某种意义上可视为研究视野下移的学术实践。教育活动史研究从酝酿创生，经过十余年的探索与拓展，经历了长期酝酿、正式创立、开拓创新和深化探究四个阶段，在理论支撑、体系建构、编撰实践和学术承继等方面取得了实质性进展，逐步建构了系统的教育活动史研究体系。本章以教育活动史研究为视角，综合已有研究成果和发展历程，总结其研究特点，展望其未来的研究路径与趋势，以期促进教育活动史研究的深化发展，进而为教育史学科体系和学术话语体系建设提供参考。

第一节　教育活动史研究的兴起

在法国年鉴学派视野下移研究取向的启发下，2007年教育活动史研究开始萌芽，2008年学者首次明确阐述了教育活动史的概念，教育活动史研究正式拉开序幕。基于国际教育史学视野下移的思考和中国教育史学科建设的反思，教育活动史研究稳步开展起来。在十余年的研究历程中，教育活动史研究逐渐走向成熟，成为教育制度史、教育思想史之后的重要研究板块。

一、视野下移：社会科学共同认可的研究取向

20世纪40年代，法国年鉴学派创始人马克·布洛克（Marc Bloch）和吕西安·费弗尔（Lucien Febvre）主张，应将历史看作人的历史，将研究的视线转向群体、下移民间，并倡导从世界文化史的角度去体认历史发展的规律。到60年代，又提出要将政治史研究的重心下移到民间，将研究精英人物转向民众与基层。之后，受年鉴学派的影响，欧美各国的众多社会科学领域，如历史学、政治学、经济学、社会学等纷纷将研究重心从精英人物和官方层面转向广大民众和下层社会。正如布洛克所说："一个杰出的历史学家就像童话中的巨人，他知道哪里有人肉的气味，哪里就是他的猎物所在。"①研究者逐步将研究视野下移到普通民众，不再只关注官方、精英与上层。

---

① 转引自张广智、张广勇：《史学：文化中的文化——文化视野中的西方史学》，浙江人民出版社1991年版，第403页。

在这种新的研究取向影响下，国外教育史学界于20世纪70年代开始将研究视线下移到民众和基层教育。法国教育史学家安多旺·莱昂说："对于某一教育问题的历史研究看起来印证了布罗代尔的断言：'历史……是人类科学中最富有文学色彩的和有趣易读的学科，总之它最为大众化。'"①受此潮流的影响，教育史学界出现了研究民间和基层教育活动的成果。

以往教育史研究的重点主要集中于人物思想与制度变迁：人物思想研究仅就教育史上著名的精英人物进行研究，很少涉及基层人物的生活、学习与活动的具体问题与情境研究；教育制度研究"重视的是国家教育机构的形成及其演变，重心放在了描述制度的内容及因袭过程"②，缺乏对决策的生成过程、在基层的实施情况及其对学校教育的影响等问题的深入研究。教育史研究应当将研究的视线逐步向下移动和对外扩散，实现教育史研究从精英向民众、从高层向基层、从中心向边缘、从经典向世俗的过渡。通过转向研究历史当中的日常教育问题，真正展示出生动鲜活的教育史学科特色。正如当代法国教育史学家皮尔·卡斯巴所讲："从根本上看，教育史就是文化。文化驱使教育史学家对某些问题或某些主题进行研究，文化决定了教育史学家在寻求解决问题时的史料取舍和质疑史料的方法。"③在皮尔·卡斯巴看来，从文化的角度来审视教育史学研究，也应当是从研究日常问题着手，就教育史学问题来找出处理教育史料的方法。

教育史学研究视野下移是有其深厚理论基础的，即建立在实践唯物主义理论基础之上。实践唯物主义是以科学的实践观为其首要和基本观点的唯物主义，是以实践为基础反映时代精神的唯物主义哲学。④因为实践是以一定知识

---

① ［法］安多旺·莱昂：《当代教育史》，樊慧英、张斌贤译，光明日报出版社1989年版，第52页。

② 李弘祺编：《中国教育史英文著作评介》，台湾大学出版中心2005年版，第2页。

③ ［法］皮尔·卡斯巴：《谈欧洲教育史研究方法》，霍益萍译，载《华东师范大学学报》（教育科学版）2006年第3期。

④ 肖前、李淮春、杨耕主编：《实践唯物主义研究》，中国人民大学出版社1996年版，第1页。

和创造性思维能力为基础、被一定欲望和情感所驱动、受一定意志所支配的主体的有计划有目的地改造客观的活动，实践本身就体现了主体角色与功能。实践唯物主义具有以下几个特征：（1）首要性。存在决定意识，人的实践活动是第一性的、首要的，而人的意识、思想均是第二性的、次要的，这就决定了教育史研究必须研究首要的第一位的教育实践活动史。（2）基础性。人的活动是一切活动的基础。（3）根本性。人类的所有活动均是从实践活动当中派生出来的。（4）历史性。实践活动是历史的产物，教育活动也是在一定历史条件下的实践活动。（5）全面性。既包括主体对客体的实践、主体内部实践，也包括主体与客体相互实践。（6）目的性。这是事物活动有利于自身生存的意向性特征。世界万物中只有人才具有自觉的有意识的目的性活动特征，人是具有自觉目的性的存在物，人的活动是有目的的。①人的教育活动的目的性更强。（7）发展性。不同时代有不同的实践活动，同样，随着社会的进步，人类的实践活动也在不断地向前发展。（8）互动性。实践活动中往往主体与客体之间存在着双向、互动、共生的关系，主体与客体之间总是交互作用。教育实践活动，就是教育者与受教育者之间的一种互动与双向活动。

"教育是一种以教学调节和指导人们知识和行为为目的、以规范人们的知识及行为方式为内容的实践。"②教育实践活动，是有目的的人的活动，是教育者与受教育者双向互动的活动，也是一种发展性与基础性活动。正因为教育活动是以人为中心的活动，是基础的实践活动，所以研究教育史必须着眼于基层的、民间的、日常的、微观的教育者与受教育者的活动。

第一，教育史学研究重心移向日常生活。教育史学研究会遇到各种问题，有宏观问题与微观问题，有大问题与小问题，有冷问题与热问题，有具体问题与抽象问题等等。以往教育史研究的关注点在上层人物和宏观制度层面，导致微观的细节的日常的问题一直无人研究，成为研究的空白领域；因此，未来在

---

① 王德军：《人的活动目的性分析》，载《江汉论坛》2007年第4期。
② 丁钢：《教育学学科问题的可能性解释》，载《教育研究》2008年第2期。

以揭示问题的方式来研究教育史的时候，应当将研究的重心转向教育教学的具体问题、微观问题和日常问题。法国教育史专家皮尔·卡斯巴就主张研究教学过程中与教科书和学生的书写物相关的问题。就教科书而言，可以研究关于教科书的立法、教科书编者的身份、教科书的生产与销售、教科书的内容与科学研究的关系、教科书的使用及其对学生的影响等相关问题；就学生个人书写物而言，可以研究学生的作业簿的书体及质量、作文、日记与书信的内容、学生的图画及雕塑作品的主题等。通过分析这些最基本的日常的教育史料，来探讨当时的教学实况。利用具体的细节化的史料，可以生动地再现当时教育发展的实况，可将一部鲜活的教育史呈现在读者面前。

第二，教育史学研究重心转向民间教育。作为历史分支学科的教育史学科，应将研究视线投向民间，着重研究大众在教育活动中的思想反映、求知心理、获知状况，特别是应该认真研究社会上弱势群体的非正规教育，将之纳入教育史的研究领域。要实现这一目标，在研究过程中应当注重从民间搜集史料，即深入民间搜集存在于民众当中的教育史料，注重挖掘那些非官方记录和口述的历史资源。教育史学研究应当重视散布于民间的信件、日记、传记、报纸、杂志、歌词、民谣、绘画、剪纸、文具、教具、访谈录以及口述材料等[1]，应通过这些丰富的第一手材料真实反映民间教育的本来面目，反映鲜活的教育历史活动场景。

二、学科反思：教育活动史应为原始构成板块

长期以来，我国教育史学界只是将教育思想史与教育制度史两大板块作为教育史学的基本构成，而忽视了对教育史学构成板块中极为重要的组成部分——教育活动史的研究。这不能不说是学术研究中的重大疏忽和缺失。必须指出，教育活动史是教育思想史和教育制度史的前提和基础。一般情况

---

[1] 申国昌、周洪宇：《全球化视野下的教育史学新走向》，载《教育研究》2009年第3期。

下，教育思想的产生及推广有赖于教育活动，教育活动是教育思想生成的土壤；教育制度的出台与实施，也离不开教育活动，教育活动是教育制度的实践场地。教育活动是专指直接以促进人的有价值发展为目的的具体活动的总称，也是指教育者与受教育者以各种方式参与教育过程并进行互动的方式的总和。①

究其原因主要有：第一，教育活动是教育现象得以存在的基本形式。正如苏联学者休金娜所说："人的活动是社会及其全部价值存在与发展的本原，是人的生命以及作为个性的发展与形成的源泉。教育学离开了活动问题就不可能解决任何一项教育、教学、发展的任务。"②第二，教育活动是影响人发展的决定性因素。人的发展是主客体相互作用即活动的结果。个体的活动是个体发展的决定性因素。确定教育活动是影响人发展的决定性因素，不仅不排斥教育在人的发展中所起的主导作用，而且为教育在人的发展中的主导作用的发挥指明了努力的方向。第三，教育思想与教育制度往往寓于教育活动之中，并在教育活动中形成与发展。教育实践活动既是处理社会关系的活动，也是改造主观世界的实践，是人类实践活动的重要形式之一。有鉴于此，任何国家的教育学研究都把人的教育活动的研究放在重要位置。

同样，教育活动史理应成为教育史学研究的一个重要内容。教育活动史是教育者与受教育者以各种方式参与教育过程并进行互动的历史，是影响人们的教育思想和教育制度发展过程的关键性因素。它既是教育思想史和教育制度史的起源，是教育思想史和教育制度史存在的前提和基础，也是连接教育思想史和教育制度史的中介和桥梁。教育活动史与教育思想史、教育制度史构成一种倒三角关系，教育活动史是起源、前提和基础，教育思想史和教育制度史是结果和派生物。没有教育活动史，就没有教育思想史和教育制度史。三者相辅相成，三足鼎立，缺一不可。离开了教育活动史，教育思想史和教育制度史有如

---

① 周洪宇：《教育史学若干问题的看法》，载《河北师范大学学报》（教育科学版）2009年第1期。
② 瞿葆奎主编，吴慧珠等编：《教育学文集·课外校外活动》，人民教育出版社1991年版，第3页。

无源之水，难以维持，又如无桥之岸，无法沟通。因此，研究教育史，必须研究教育活动史。

既然教育活动史如此重要，为何以往教育史学界没有将其作为一个独立研究领域呢？这主要与人们对教育事实和教育现象认识的片面化、笼统化有关。人们通常认为，教育活动史包含在教育思想史和教育制度史之中，研究教育思想史和教育制度史，就是研究教育活动史。久而久之，沿袭下来，以至于习焉不察、司空见惯。应该看到，教育活动史是与教育思想史、教育制度史并列的一个方面，与教育思想史、教育制度史共同构成教育史学研究的对象。以往将教育活动史融于教育思想史和教育制度史的理解和做法，是不妥当的。那不是重视教育活动史，而是忽视教育活动史、消解教育活动史。在今后的研究中，应该将其作为一个相对独立的领域来予以重视。

可见，教育活动史本来就是教育史学的原始组成部分，是教育思想史与教育制度史赖以存在的前提与基础。只有教育活动史、教育思想史与教育制度史三者并存，才有可能构筑完整意义上的教育史学。因此，研究与挖掘教育活动史，是当前教育史学的一项亟待重视和完成的任务。

第二节　教育活动史研究的理论与方法

教育活动史的研究重点，在于人的微观、具体和日常的教育活动。教育是培养人的活动，人是教育的出发点，也是教育最直接、最基本的着眼点。[①]因此，要着重研究教育历史上学校教师和学生的日常活动，包括教师教学活动、

---

① 扈中平：《人是教育的出发点》，载《教育研究》1989年第8期。

教师生活状况、学生学习生活、校长治校活动等日常的微观的教育情节；探究历史上的家庭家族教育活动，包括家庭发蒙活动、家庭品行教育、家法惩戒活动等家庭教育的一般场景；探究历史上的社会教化活动，如乡规民约教育活动、宗教礼仪教育活动、民风民俗传承活动等。因此，教育活动史研究应当突破传统意义上的教育史研究理论与方法的禁锢，力求研究方法多样化，还应在采用传统的史料分析法、比较研究法的基础上，运用叙事和口述等方法来展示生动的有关师生教育活动的历史场景。

一、研究重心：着眼于各类教育的日常活动

教育活动史，应当是一种有血有肉的生动、鲜活的教育史，而不是缺乏生机、远离生命的死板的教育史。教育活动史主要以历史上感性的、实在的、具体的教育活动的发展及演变历程为研究对象，重点研究历史上各种直接以促进人的有价值发展为目的的具体活动，以及教育者与受教育者参与教育过程及进行互动的各种方式的发展、演变的历史。研究重点包括：

（一）研究学校教育教学活动

主要分析教育史上教师、学生、教育行政管理人员等在教育过程中的内外部活动及其表现形式和特征，探索这些活动发生、发展的轨迹及影响。重点研究教育政策制定活动、官方教育改革活动、学校经费筹集活动、学校日常教学活动、校长日常管理活动、教师日常生活状况、教师选聘考核活动、师生交往互动活动、学生日常学习生活、学生课余生活、学生应试活动、学生教学实习活动、学潮学运活动、学校后勤服务活动等。这些都是基层教育的日常活动，看起来平淡无奇，恰恰能够真实反映不同历史时期的教育教学活动实况。

（二）研究家庭教育活动

主要挖掘不同历史时期家庭教育活动的内容及形式的演变历史，从中总结出家庭教育活动的规律，从而为当今大部分独生子女家庭提高教育效率提供历

史借鉴与启示。重点研究家庭家族教育活动、宗族宗派教育活动、家庭启蒙教育活动、家族家法教育活动、家庭礼仪教育活动、家庭艺术教育活动、家庭婚姻教育活动等，力求展示真实生动的家庭教育历史情景。

（三）研究社会与民间教化活动

主要研究不同历史时期的社会教化活动、民间教育活动的演变历程，总结不同时期的表现形式与特征，探究社会教育活动的影响及规律。重点挖掘乡规民约教育活动、民风民俗教育活动、宗教礼仪教育活动、民间科技教育活动、民间文艺教育活动、民间武术教育活动、民间社团教育活动、社会各界助学活动、民间女子教育活动、民间教育交流活动等。

（四）研究历代文教政策的形成及其实施过程

主要研究先秦、秦汉、魏晋南北朝、隋唐、宋辽金元、明清、民国、中华人民共和国等不同历史时期，重大文教政策的酝酿、制定、出台与颁布过程，以及历代文教政策在学校教育、家庭教育及社会教育领域的实施与落实情况。重点从活动的视角去审视历代文教政策的制定与实施，而不同于教育制度史只注重于描述历代教育制度的内容与文本；重在研究制度生成之前，教育家与民众的呼吁、官方的重视、制度制定过程、颁布后教育的反映以及对教育活动的影响等。

以上仅就横向而言，若从纵向来看，在实践唯物主义理论指导下，应凸显以人为本理念，重点挖掘各类教育者与受教育者的日常活动及其相互关系。

二、理论基础：教育活动史研究的理论体系

理论是对实践的指导，是厘清教育活动史的概念与确定研究范式的重要支撑。教育活动史研究是教育史研究的起源、前提和基础。在教育活动史研究的理论体系建构上，最为突出的代表是周洪宇。他详细梳理了我国第一代教育史学家对教育活动史的认识，并借鉴国际学术界对教育活动史研究的实践，为教育活动史研究提供了理论引领。

（一）学术承继：国内早期教育史学家的理论阐说

早在20世纪二三十年代，中国第一代教育史学者就在他们的著作里明确指出了研究教育活动史的必要性、可能性以及途径和重点。王凤喈在其被列为教育部部定大学用书的《中国教育史》"绪论"中明确指出"教育史为记载教育活动之历史"，研究教育史，不能孤立地研究历史上的教育活动，而应与政治制度、社会思想乃至社会之全部相联系、比照来进行，应将教育史放到广阔的社会背景中去研究。①而陈青之在其被列入商务印书馆"大学丛书"的《中国教育史》中也写道："教育史之内容，包括实际与理论两方面：教育制度、教育实施状况及教育者生活等等，属于实际方面；政府的教育宗旨，学者的教育学说，以及时代的教育思潮等等，属于理论方面。"②雷通群在其《西洋教育通史》中更强调，教育事实"包有两种要素，其一为教育理论方面，其二为教育实际方面。前者是关于教育理想或方案等一种思想学说，此乃构成教育事实之奥柢者，后者是根据上述的思想或学说而使其具体化者，如实地教学、教材、设备、制度等均是。……此等理论或实际，若为某教育家所倡导或实施时，须将其人的生活、人格、事迹等，与教育事实一并考究"③。十分清楚，陈、雷两位此处讲的"教育实际"，不仅包括了教育制度，而且也包括了教育实施状况与教育者生活，以及人的生活、人格、事迹等，而这些正是典型的人的教育活动。对其做历史的研究，正是教育活动史研究。

相较于以往教育史学家的倡导与重视，以周洪宇为代表的华中教育史研究团队对教育活动史研究做出了重要突破，促使教育活动史研究成为一个全新并充满生机的研究领域。周洪宇指出，中国教育活动史研究要树立整体史观，即一种联系的、眼光下移的教育史观。具体来说，他认为，教育活动史研究要力求做到"三个回归""四个结合"和"四个多与少"。"三个回归"即回归活动、回

① 王凤喈：《中国教育史》，正中书局印行1943年版，第2页。
② 陈青之主编：《中国教育史》，商务印书馆1936年版，第1页。
③ 雷通群：《西洋教育通史》，商务印书馆1934年版，第2页。

归主体和回归过程。回归活动即研究并不排除教育思想史和教育制度史的内容，而是通过教育活动史研究展示教育思想和教育制度的生成过程，因为教育活动是其源头、前提和基础。回归主体即回归教育活动中的人，通过对教育历史中的人物日常生活、人际关系等具体的活动的研究，力求将一部教育史还原为一部分人的教育活动史。回归过程即教育活动史研究的对象是动态的，主要应该描写事件的发生发展过程。比如对教育政策的论述就不再只停留在政策的介绍上，而是应对教育政策的制定背景、制定过程、实施过程以及最后如何停止等进行完整详细的描写。"四个结合"即历史与逻辑的结合、史料与观念的结合、宏观与微观的结合以及理论与方法的结合。"四个多与少"即"多活动少制（度）思（想）""多下层少上层""多过程少结果""多细节少大概"。①与此同时，为促进教育活动史研究的科学化和理论化，周洪宇还为《中国教育活动通史》的编写规划了具体蓝图。显然，在进行理论创建这一点上，周洪宇提出的理论架构对教育活动史研究的开展具有明确的指向性和现实的可行性，实现了对前辈学人的理论超越。

（二）国际视野：全球教育史研究视域与前沿动态

国际史学界自20世纪70年代末起，在研究对象和研究方式上发生了重大变化，尤其是"新史学"的发展，促进了史学的研究对象"由注重研究精英的思想和国家的教育制度转向研究普通百姓的日常生活，由包罗万象的宏大叙事转向具体而微的微观叙事"②，并促进了德国"日常史"、法国"日常生活史"、英国"个案史"等研究热潮的兴起。20世纪以来，社会日常生活越来越多地进入西方哲学家的视野。埃德蒙德·胡塞尔（Edmund Husserl）、路德维希·维特根斯坦（Ludwig Wittgenstein）、马丁·海德格尔（Martin Heidegger）和格奥尔格·卢卡奇（Ceorg Lukacs）等哲学家都在其著述中从不同的角度对

---

① 根据2009年10月21日周洪宇教授在《中国教育活动通史》第一次编撰研讨会中的发言整理。
② 周洪宇：《加强教育活动史研究 构筑教育史学新框架》，载《湖北大学学报》（哲学社会科学版）2012年第3期。

日常生活进行了探讨。米歇尔·福柯（Michel Foucault）通过研究认为，现代史中的日常生活越来越受到"规训"的约束。德国社会学家安德烈亚斯·雷克维茨、史学家戈夫·埃利、美国人类学家马歇尔·萨林斯等人则对"实践"问题及其理论给予高度重视，把实践看成既是接受文化也是改造文化的地方，强调社会秩序以及个体都不是话语塑造的结果，也不是顺从某种期待的产物，相反，社会秩序和个体都是在日常生活中人们用实践改变周遭世界的时候创造出来的。马克思的理论对"实践"论述尤多，马克思主义对"实践的历史"有着重要的指导价值。马克思主义认为，人不能随心所欲地创造历史，人们是在既定的、制约着他们的现实社会环境（当然也包括文化与传统）中创造历史的。这又指出了人的行动的约束性因素。此外，马克思主义对于作为个体和集体的人的作用做出了区分，认为在很多情况下，作为集体的行动显然能发挥更大的作用，历史是在许多单个意志的相互冲突的过程中被创造出来的。推动历史发展的力量是无数个力的"平行四边形"，而无数人的行动最终可能出现谁都没有预想到的结果。

在综合分析国际史学界相关研究的基础上，周洪宇相继撰写出版了《创新与建设：教育史学科的重建》及《教育活动史研究与教育史学科建设》等著作，系统探究了国际史学界的相关理论，尤其是结合国际教育史最新的研究取向与发展趋势，如国际教育史常设会议机构设置及年会概况，以及近年来国际教育史的研究热点等，使教育活动史的理论基础得以充实。他指出："国际学术界的发展趋势，给了人们一个重要的启示，那就是目前国内教育活动史的兴起，不仅是教育史研究的题中之意和内在需要，也顺应了社会发展和学术发展的大趋势，是时代的必然产物，而非少数人凭空臆造的结果。从这个角度来说，学者们更应具有一种学科建设的历史自觉意识。只有站在时代和世界的高度，才能看清学术的前沿所在，才能自觉地为学术的发展贡献个人的力量。"[1]

---

① 周洪宇：《加强教育活动史研究　构筑教育史学新框架》，载《湖北大学学报》（哲学社会科学版）2012年第3期。

由此观之，对中国教育史研究的理论建构，不仅是就"活动史"而论"活动史"，而是站在学科建设和国际视野的高度，以教育活动史为切入点，积极建构教育活动史研究的理论基础，以此来逐步重建教育史学科体系，为中国教育史学建设与发展做出努力。

（三）体系建构：教育活动史研究的理论建构

中国教育活动史研究是一项开拓性、系统性的复杂工程，教育活动史研究的理论建构主要包括研究宗旨、基本原则、研究取向、史料来源、研究方法、表述方式等。具体如下：

第一，应该以追求全景式总体史为研究宗旨，对历史上各个方面、层面，不同类型、学段的教育活动进行全面、系统、深入的分析与描述，从而使历史发展过程中丰富多彩的教育活动得到完整的重现。第二，应该以民众的教育生活为研究重点，改变以往教育史学研究重上层、轻下层，重精英、轻民众，重经典、轻世俗，重中心、轻边缘的传统做法。第三，应该以问题研究为研究取向，强化问题意识，尤其是要关注教育教学的具体问题、微观问题和日常问题。第四，应该树立地上与地下、史学与文学、书面与口述三结合的大史料观，拓宽史料来源，广泛收集、整理与运用史料于研究之中。第五，应该"视情而定"，选取相应的研究理论与方法，根据不同的研究目的和具体的研究任务，选取最合适的研究理论与方法。最后，应采取"善序事理"的叙事方式，尤其要充分地继承和发扬中国传统史学研究中叙事方式的优点，既客观真实又生动形象地将教育活动史的具体过程展现在读者面前。这就是周洪宇近年来所倡导的全景式总体史的、以人的教育生活为中心的、问题导向并注重过程和细节的教育史观。①综上所述，教育活动史理论体系的构建，是一个涵盖面广、

---

① 周洪宇、李浩泉：《教育活动史研究述论》，载《湖北大学学报》（哲学社会科学版）2010年第4期。

内涵深刻、系统完善的研究体系，对"正处于学科建设的反思与重构阶段"[①] 的教育史学具有重要意义，完成了对教育史学科的整体反思，并为教育活动史研究的体系化、科学化提供了重要支撑。

　　在具体的研究范式上，以周洪宇为代表的研究团队提出教育活动史研究多维视野的研究范式。教育活动史研究应注重多维视野，坚持跨学科研究，特别是要注重吸收"母体"学科的养分，"推动教育活动史研究最终形成朝向人民本位、深入深刻、直观生动、实证支撑的多维视野"[②]。所谓教育活动史多维视野，是指"研究者自觉将历史上感性的、实在的、具体的教育活动的发展及演变历程与其他领域看作整体存在的历史，在'视情而定'原则的指引下，借鉴并吸纳其他学科，尤其是母体学科历史学的理论与方法进行分析和解释，并走向融合广度和深度为一体的'整体教育活动史'的思维模式"[③]。在中国教育活动史多维视野研究的实现路径上，研究者应跳出自身的学科范围，以全面、开放的视野开展研究，进而形成对问题与现象的深层次理解。因此，周洪宇等学者借鉴日常史学、历史人类学、身体史学、心理史学、口述史学、图像史学、形象史学、影视史学、计量史学、比较史学等领域的研究范式，以此来突显教育活动史研究的主体性、人民性、形象性、科学性和整体性等特点，促使教育活动史研究进行全方位、多元化、动态的、细而微的探索。周洪宇认为，"多维视野定能为教育活动史研究带来新领域、新思路、新方法，将有助于教育活动史研究实现长远发展"。

---

　　① 申国昌、周洪宇：《教育史研究中历史与逻辑的统一》，载《湖北大学学报》（哲学社会科学版）2007年第1期。

　　② 周洪宇、李艳莉：《论教育活动史研究的多维视野》，载《江汉论坛》2013年第7期。

　　③ 周洪宇、李艳莉：《论教育活动史多维视野的实现路径》，载《湖北大学学报》（哲学社会科学版）2014年第2期。

第三节　教育活动史研究的主要进展

十余年来，在学科反思、理论支撑、体系建构的基础上，教育活动史研究开展了系列工作，取得了丰硕成果，并开辟出教育生活史、教育身体史、教育情感史、教育记忆史、教育口述史、教育旅行史等诸多研究视域，深化了教育活动史研究。

一、教育活动史的理论研究与个案研究

教育活动史，作为教育史学研究的新视域，首先须对教育活动史研究进行全方位、系统性和全局化的规划。此方面的专题研究，典型的代表作是《中国教育活动史专题研究丛书》。该丛书"既有教育活动史研究的基本理论研究，又有教育活动史的个案实证研究，其内容涉及教育史研究中的重要领域与主题，力图用感性的文字表达理性的思考，用逻辑的思维解读历史的文本，用翔实的史料还原过往的教育活动，用叙事的言语构筑多彩的教育世界"。其研究专题也由2011年的10个专题扩充至2016年的15个专题。在理论研究上，有周洪宇的《学术新域与范式转换：教育活动史研究引论》《创新与建设：教育史学科的重建》，以及刘来兵的《视域融合与历史构境：中国教育史学实践范式研究》。在个案研究上，其研究主题与内容涉及面比较广，有对晚清新式教育活动的研究，有对《中华教育界》的研究，有对北京大学学生社团的研究，也有对民国时期知名大学校训的研究等。此外，《教育史学通论》的出版，标志着教育活动史研究的理论体系更加成熟。该书是国内首部以通论形式完整论述教育史学研究体系的鸿篇巨制，分上、下卷，共计70余万字。该书立足于时代高度和学

术前沿，秉持历史与逻辑、理论与实践、本土与域外、现实与未来、继承与创新相结合等原则，通过系统深入的理论探讨，对教育史学的学科性质、研究对象、学科体系、功能价值、理论方法、史料范围、编纂规范、学者素养、学科历史与未来走向等基本问题做出了全面梳理和系统论述。

二、教育活动史的通史研究与编撰出版

教育活动史的通史研究，代表作是《中国教育活动通史》。作为中国第一部教育活动通史，该套丛书共分8卷，共计460余万字，是一套研究视野宽、涵盖时间长、包罗内容广、涉及人物多和场景刻画细的通史，通史的内容达到了"通、特、活"的编撰设想。该部通史充实了教育史学研究的重要内容，更新了教育史研究的视角，完善了教育史的学科体系，促进了教育史学理论与方法的创新，再现了中国教育历史的活动图景，加深了人们对中国教育历史的认识和理解，实现了教育史研究重心下移的目标，弥补了以往教育史研究的缺憾。《中国教育活动通史》出版之后，引起了学术界特别是教育史学界的密切关注。朱永新教授评价道："该书对中国从远古到当代的教育活动进行了系统梳理，既研究学校教育教学活动，也研究家庭教育活动，既研究社会和民间教育活动，也探讨历代文教政策的形成及实施过程，是一部全面总结与研究中国教育活动的巨著。在一定意义上，这套书重新塑造了中国教育历史的完整图景，重新构建了中国教育史学的学科格局。"熊贤君教授认为："从《中国教育活动通史》来看，它展示给人们的是教育制度和教育思想形成的过程，是全景式的展示，它将过去被置之幕后或藏匿着的'过程'与'细节'搬到台前。这正是当前方兴未艾的课程改革思潮中'重视结论形成过程'思想在教育史研究上的反映。"①

①熊贤君：《别开生面　独辟蹊径——评周洪宇主编〈中国教育活动通史〉》，载《教育研究》2018年第2期。

三、教育活动史的专题研究与内涵深化

近年来，随着教育活动史研究的不断深入，尤其是在《中国教育活动通史》的编撰过程中，教育活动史的后续研究与内涵深化也逐渐有序开展，力求不断完善、深化教育活动史的研究体系。教育活动专题史研究逐步拉开序幕，逐渐开展了官学教育活动史、私学教育活动史、家族教育活动史、书院教育活动史、科举活动史、女子教育活动史、教育生活史、教育身体史、教育情感史、教育旅行史、教育记忆史等专题研究，使教育活动史研究呈现出"一通多专""一体多元"的研究趋势，展现了教育活动史研究的无限可能与持久性。在专题研究方面，目前已经出版有《中国教育活动史专题研究丛书》第一辑和第二辑；在内涵深化方面，目前出版有《教育生活史研究丛书》（8册），近期还将出版《教育身体史研究丛书》（8册）。这意味着，作为一个新的研究视野和学科视域，教育活动史对深化教育史学研究、拓宽教育史学视野、突破教育史学发展瓶颈和重构教育史学学科体系具有重要价值，教育活动史研究体系已日益走向成熟。[①]

第四节　教育活动史研究的发展趋势

坚持不懈地探索教育活动史研究的新领域、新方法、新视野是教育活动史研究的目标。经过十余年的探索与实践，教育活动史研究取得了显著成效。但是，我们也要看到，教育史学科体系的建构和学科发展瓶颈的突破，并非一朝一夕之事，需要一代代学者的共同努力。对此，我们应立足中国教育实际，具

---

① 明海英：《教育活动史研究走向成熟》，载《中国社会科学报》2019年6月10日。

有国际视野，不断拓展教育活动史研究的高度、深度、广度和厚度，促进教育活动史研究的深化与延展。

一、立足本土：回归主流，回归主体

经过十余年的研究，学术界已经对教育活动史的研究范式进行了系统建构；但在研究范式构建中，探索与尝试从未停止，目前仍在探索与完善之中。

回顾中国教育史学70年发展历程，不难发现，目前研究者严重偏离了国际历史学和教育史学主流，关注的仍主要是教育思想史和教育制度史，忽视了更为本源、更为基础的教育活动史，忽视了教育者、受教育者的日常生活史，忽视了一个个真实、具体、过去曾经发生至今仍在发生的教育现象问题。在教育思想史研究中，人们大多盯着所谓精英人物，关注那些社会精英教育家的思想，忽视了广大一线基层教师与普通民众对教育的感受与议论；在教育制度史研究中，人们也只关注学校教育制度、书院制度、科举制度、行政管理制度，关注正规教育、正式教育，而对那些非正规教育、非正式教育（如家庭、私塾、蒙馆、宗祠、寺庙、乡规民约等）则关注不多。有鉴于此，周洪宇多年来始终主张"大教育观""大文化观""大历史观"，提出要改变"教育就是学校教育"的狭隘理解，尤其是要改变"教育史就是教育思想史和教育制度史"的狭隘理解，呼吁开展教育活动史研究，推动教育生活史、教育身体史、教育情感史、教育记忆史、大数据与教育史学变革等研究，以使中国教育史学回归历史学特别是国际历史学和教育史学主流。

教育活动史研究，其重点是研究教育历史上基层的、具体的、微观的、日常的、民间的教育活动，力求通过生动、形象的表达方式来展示丰富多彩的生动鲜活的教育活动史，将研究视野逐步向下移动和对外扩散，以期实现研究重心"下移"和"外扩"的目标，使教育史学研究从精英向民众、从高层向基层、从经典向世俗、从中心向边缘转移，从而实现对教育活动的原生态研究。

在此研究重点和主旨的指导下，未来的教育活动史依然要将"人"及"人的活动"置于中心地位和基础地位，突显"以人为本"的研究理念，关注具体的、微观的、日常的、感性的、实在的研究内容。

二、放眼国际：全球视野，援引经验

中国教育活动史研究的发展和繁荣迫切需要走向世界，在与世界教育史学界的互动中，了解世界与国际教育史学，展示中国及中国教育史学，丰富和发展自己，从而绘制新的世界教育史学地图。在全球化背景下，国际交流与合作成为学术研究的重要取向。因此，教育活动史研究要主动"走出去"，汲取世界史学和多学科的研究理论与方法，唯有如此，才能不断构建和完善中国教育活动史研究。

近年来，随着国际历史科学大会和国际教育史年会的召开以及中国学者的主动参与，在国际对话与交流中，教育活动史研究者也深受启发，延伸拓展出教育身体史、教育情感史、教育记忆史等研究领域。2015年，国际教育史第37届年会在土耳其伊斯坦布尔召开，根据会议主题和学术报告，可以看出，近年国际教育史研究的热点主要有教育与文化研究、教育身体史研究、跨国视角的性别与教育研究、教育史学科建设研究和教师的批判性思考研究等。[1]受此启发，对教育活动史的研究又延伸到教育身体史研究视域。研究教育身体史的想法萌发于2014年，受到2015年国际教育史年会的影响，研究教育身体史的想法更加坚定。对于教育身体史的研究，周洪宇、李艳莉在研究中指出："教育参与者的'身体'是教育活动进行的主体和载体，'身体'在场才能实现教育参与者的存在、自我构建。因此，研究教育史、教育活动史必然要研究教育身体史，教育身体史才能展现源远流长的教育活动中不同教育参与者的体验。"[2]作为教

---

[1] 周洪宇、周娜：《国际教育史研究取向与趋势及其启示》，载《河北师范大学学报》（教育科学版）2016年第1期。

[2] 周洪宇、李艳莉：《教育身体史：教育史学新生长点》，载《教育研究》2017年第1期。

育史学新生长点的教育身体史，近年来，其研究也取得了一定进展。李艳莉、
周洪宇从学理支撑的维度，对教育身体史的理论基础和研究范式进行了系统梳
理，从身体哲学、身体史学、身体教育学、身体社会学、身体人类学、身体美
学等维度科学论证了教育身体史的理论基础[1]，并从研究方法、史料来源以及
表述方式等角度论述了教育身体史的研究方法论。魏珂以处于大变局中的近代
大学生为研究主体，考察了近代大学生的身体变迁史，并总结出近代大学生身
体发展所呈现出的身体归属国家化、身体形塑外向化、身体活动自由化、身体
规训人性化和身体表现多样化的历史特征。[2]周娜则以近代中国女学生为研究
主体，从国家话语、女权学说与教育现代化的维度探究了影响女学生身体发展
与建构的历史语境，并探究了三种语境影响下女学生身体的发展与变化。[3]这是
对教育身体史研究的较早探索与实践，是结合国际教育史学发展趋势的中国化探
索。教育身体史研究的"身体"转向，是对教育活动史的深化拓展，突显了教育
活动史研究对"人本、实践、生存的追求"。

三、学术承继：推陈出新，视域开阔

教育活动史研究需要深化研究厚度，拓展研究宽度，加强研究深度，从而
保持其研究活力。总体来看，目前基于教育活动史研究，学者们已经延伸拓展
出教育生活史、教育情感史、教育身体史、教育记忆史、教育口述史、教育交
往史、教育旅行史等研究视域，无论是日趋成熟，抑或是正在探索，均已成为
教育活动史研究的未来趋势与方向。

---

[1] 李艳莉、周洪宇：《论教育身体史的学理支撑》，载《华东师范大学学报》（教育科学版）
2016年第4期。

[2] 魏珂：《归属与自主：近代大学生教育身体史研究（1895—1938）》，华中师范大学博士学位
论文，2017年。

[3] 周娜：《臣属与自决：近代中国女学生身体生成趋向探析》，华中师范大学博士学位论文，
2017年。

（一）教育生活史研究

教育生活史是一个充满生机的研究领域，在短短的几年时间中，已形成基本领域和研究方法，并产生了标志性成果。周洪宇认为，教育生活史是"教育活动史研究的拓展和升华，是面向普通民众'接地气式'的、记述普通教育参与者生活的学术研究领域。它是在特定的社会历史的情境下，以教育参与者自身所经历的事件，通过他们的所见、所闻、所思，以'跨界视角'体现个体的价值生命，呈现教育生活的鲜活内容"[①]，进一步厘清了教育生活史的理论渊源和相关内涵。他指出，教育生活史"对于深化人们有关历史实施和真相的认识，拓宽学术研究的领域，加强教育史学学科的建设，乃至为改善当下普通民众尤其是教育工作者的教育生活，都有现实的借鉴参考意义"[②]。教育生活史研究最具代表性的著作是《教育生活史研究丛书》，该丛书由八个专题组成，既有教育生活史的基本理论研究，又有教育生活史的个案实证研究，用感性的文字表达了理性的思考，用逻辑的思维解读了历史的文本，用翔实的史料还原了过往的教育生活，用叙事的语言构建了多彩的教育世界。其中，周洪宇与刘训华合著的《多样的世界：教育生活史研究引论》，是国内第一部关于教育生活史的研究专著，旨在介绍何为教育生活史、如何开展教育生活史的研究，并通过个案生活史和集体生活史等实例加以说明。在已有研究的基础上，教育生活史的研究趋势有：启动《中国教育生活通史》的编纂工作；关照现实，不断地进行教育生活史研究的内涵挖掘和外延拓展；进一步形成教育生活史研究的"新范式"；提倡实证研究理念，将自然科学引入教育生活史领域；研究思维和方法的深刻变革。

（二）教育情感史研究

当代史学的"情感转向"，使情感史研究逐渐成为国际史学界的一个新潮流。2015年8月，国际历史科学大会在济南召开，其中一个重要议题就是"历

---

① 周洪宇、刘训华：《多样的世界：教育生活史研究引论》，福建教育出版社2014年版，第3页。
② 周洪宇：《教育生活史：教育史学研究新视域》，载《教育研究》2015年第6期。

史化的情绪"，包括"情感、资本主义与市场""情感与'他者'的塑造""身体和空间中的情感"和"书写历史上的情感：理论和方法论"等分议题。在国际史学界的影响与启发下，教育情感史研究也成为教育活动史研究的重要内容之一。教育情感史亦是教育活动史乃至教育史学的新兴领域，"专门研究历史上人们教育情感的变化和规律，及其对个人行为与社会历史进程所起的作用及影响"①。周洪宇、王配在研究中首先从广义与狭义两个层面厘清了教育情感史的内涵，并梳理了教育情感史研究的学术价值与意义，指出教育情感史研究"本质上是关于'人的研究'，关注人的内心成长和人的命运，其特别突出'向内'关注历史上人在教育活动和教育生活中的情感、心灵，以及主观感受、体验和时代精神"。此外，王配以《失衡与调适：近代教师的教育情感世界（1890—1920）》为其博士学位论文，以近代三位民间的教师为研究对象，以三位教师的日记为主要研究史料，对比分析了三位教师在社会大变局中的职业教育情感的变化和规律，是教育情感史研究的早期探索与运用。

（三）教育记忆史研究

教育记忆史研究是教育活动史研究的又一新兴视域，目前仍然处于起步阶段。教育记忆史是受记忆史研究领域的启发而进行的探索与尝试。刘大伟、周洪宇指出，教育记忆史是"专门研究教育参与者对于过往的教育人物、活动、事件等的个体记忆和集体记忆"②，厘清了"谁的记忆""记忆什么""如何记忆"这三层关系，初步建构了教育记忆史的研究体系。周洪宇、陈诗的《教育记忆史：研究教育史的新视角》指出："教育记忆史的研究特色在于其对时间和空间的特殊关注，以及它将各种形式的记忆作为史料并纳入历史叙述之中。"其中，"教育记忆史涉及两种时间，一个是记忆发生的时间，另一个是记忆中的

---

① 周洪宇、王配：《教育情感史：一个久被忽视、亟待探寻的隐秘世界》，载《安徽师范大学学报》（人文社会科学版）2019年第2期。

② 刘大伟、周洪宇：《教育记忆史：教育史研究的新领域》，载《现代大学教育》2018年第1期。

历史事实发生的时间"①。这两篇论文从不同角度界定了什么是教育记忆史，分析了教育记忆史研究的价值与意义，建构了教育记忆史研究的理论与方法。刘大伟从集体记忆的维度，以陶行知逝世后的纪念活动为切入点，探究了纪念活动在集体记忆中所塑造的"民主之光、教育之魂"的陶行知形象。②程功群则以日据时期台湾殖民教育记忆为切入点，探究了日据时期的中国台湾地区的殖民奴化教育和台胞的本土冲突。③总体来看，教育记忆史研究教育记忆的历史，从人对教育历史的接受入手，关注人们对历史的理解，提供了研究教育史的新视角。教育记忆史的研究一方面有助于获得关于人和教育史的关系的认识，另一方面能觉察一些"看不见的手"，从而获得对外部世界与人教育记忆的关系的认识。

总之，教育活动史研究源于对教育史学科的反思与建设，是在立足本土、放眼国际的基础上，对加强教育史学科建设的现实反思与探索实践。尽管教育活动史研究近年取得了显著成效，但是其学科体系和话语体系还在建构之中，尤其是随着近年来教育活动史一系列新兴领域的涌现，如教育旅行史研究、教育环境史研究、教育对话史研究、教育改革史研究、教育运动史研究和教育实验史研究等，教育活动史学术体系和话语体系的建设仍将任重道远。

（周洪宇　申国昌）

附录：相关文献

1. ［美］布拉恩·特纳：《身体与社会》，马海良、赵国新译，春风文艺出版社2000年版。

---

① 周洪宇、陈诗：《教育记忆史：研究教育史的新视角》，载《教育学术月刊》2018年第8期。
② 刘大伟：《民族共识、民间仪式和集体记忆——陶行知纪念活动及其形象建构》，载《教育学术月刊》2018年第8期。
③ 程功群：《台湾殖民记忆：日据时期的同化教育与本土冲突》，载《教育学术月刊》2018年第8期。

2. 丁钢：《声音与经验：教育叙事探究》，教育科学出版社2008年版。

3. ［英］E. H. 卡尔：《历史是什么？》，陈恒译，商务印书馆2010年版。

4. ［德］赫尔曼·施密茨：《身体与情感》，庞学铨、冯芳译，浙江大学出版社2012年版。

5. ［美］诺尔曼·丹森：《情感论》，魏中军、孙安迹译，辽宁人民出版社1989年版。

6. ［法］皮埃尔·诺拉主编：《记忆之场：法国国民意识的文化社会史》，黄艳红等译，南京大学出版社2015年版。

7. 彭刚：《叙事的转向：当代西方史学理论的考察》，北京大学出版社2009年版。

8. ［德］扬·阿斯曼：《文化记忆：早期高级文化中的文字、回忆和政治身份》，金寿福、黄晓晨译，北京大学出版社2015年版。

9. 周洪宇主编：《教育史学研究新视野丛书》（10卷），山东教育出版社2008年版。

10. 周洪宇：《学术新域与范式转换——教育活动史研究引论》，华中科技大学出版社2011年版。

11. 周洪宇等：《教育活动史研究与教育史学科建设》，山东教育出版社2011年版。

12. 周洪宇、刘训华：《多样的世界：教育生活史研究引论》，福建教育出版社2014年版。

13. 周洪宇：《创新与建设——教育史学科的重建》，华中科技大学出版社2016年版。

14. 周洪宇主编：《中国教育活动通史》（8卷），山东教育出版社2017年版。

15. 周洪宇：《教育生活史研究丛书》，福建教育出版社2014—2019年版。

16. 邹诗鹏：《实践—生存论》，广西人民出版社2002年版。

17. 刘大伟、周洪宇:《教育记忆史:教育史研究的新领域》,载《现代大学教育》2018年第1期。

18. 刘来兵、周洪宇:《教育口述史:功能、信度与伦理》,载《南京师大学报》(社会科学版)2019年第1期。

19. 李艳莉、周洪宇:《论教育身体史的学理支撑》,载《华东师范大学学报》(教育科学版)2016年第4期。

20. 申国昌、周洪宇:《教育史研究中历史与逻辑的统一》,载《湖北大学学报》(哲学社会科学版)2007年第1期。

21. 王晴佳:《为什么情感史研究是当代史学的一个新方向?》,载《史学月刊》2018年第4期。

22. 熊川武:《教育感情论》,载《教育研究》2009年第12期。

23. 周洪宇、申国昌:《教育活动史:视野下移的学术实践》,载《教育研究》2010年第10期。

24. 周洪宇:《教育生活史:教育史学研究新视域》,载《教育研究》2015年第6期。

25. 周洪宇、李艳莉:《教育身体史:教育史学新生长点》,载《教育研究》2017年第1期。

26. 周洪宇、王配:《教育情感史:一个久被忽视、亟待探寻的隐秘世界》,载《安徽师范大学学报》(人文社会科学版)2019年第2期。

第三章
教育生活史研究

　　教育生活史是教育活动史研究的拓展和升华，是更为面向普通民众的、"接地气式"的、记述普通教育参与者生活的学术研究领域。它是在特定的社会历史的情境下，关注教育参与者自身所经历的事件，通过他们的所见、所闻、所思，以"跨界视角"体现个体的价值生命，呈现教育生活的鲜活内容。无论对于教师、学生还是其他教育工作者来说，总是可以通过一朵浪花窥见太阳的光辉。本章将从教育生活史的研究内涵、跨界领域、学术表现形式、研究价值和研究特点等方面，系统地论述相关的基本问题。

　　教育史研究未来的方向是什么？这是今天教育史学界专家们积极关注的问题。教育史学既要研究历史中的教育现象，也要能够为今天的教育改革和发展服务，特别是对于普通教育参与者具有重要的启迪作用。教育是一个宏观的问题，什么样的教育史研究能够起到"资政"的作用，不仅指涉教育思想、教育制度，更要紧的是教育活动。教育活动是一个大的概念，如果再聚焦的话，或者说进一步突出教育活动的"生活性",更能够为今天的教育发展提供借鉴和佐证的是教育生活史。教育生活史研究具有丰富的学术研究内容和宽广的学术研究视野,它在研究方法上的"跨界视角"能够形成很好的学术创新,它的"总体史观"也能够对当下的教育问题形成现实关照。

第一节　教育生活史研究的缘起

　　每一种学术新领域的提出,都与其倡导者的学术思维、品质与视野紧密相关。考察新样态倡导者在创立阶段的学术思想和生活,既是属于日常流俗生活事件,也是属于学术谱系发展史研究。在当下学界对于学术交往主要依靠口口相传的实际情况下,将生活与学术融合成文章,是一种颇有意思的学术总结。

　　从时间溯源,教育生活史的研究还得从2008年开始启动的教育活动史的代表性著作《中国教育活动通史》丛书初期编纂工作说起。万事开头难,在这套大型丛书的研究之初,教育生活史实际上是以教育活动史的名义潜滋暗长,教育生活史的研究内容不断在教育活动史的研究中出现。随着团队在教育活动史研究领域的不断深入,越来越多的史料被挖掘出来。团队讨论的诸多教育活动的现象,也往往会聚焦在教育生活方面,这从客观上为思考和提出教育生活史的概念奠定了重要的学术实践基础。

　　教育生活史新样态的提出和发展,高度体现了学术团队意识和学派理念,这不是一个人或几个人的学术研究,而是基于学术发展需要的无畛域之见的创新性探索。2010年9月周洪宇提出了"学派观",指出任何一个学派都应该有一个人、一个团队、一本书、一系列论文、一个平台等概念。[①]教育生活史的研

---

① 周洪宇:《关于学派问题的看法——与刘训华、刘来兵等人的谈话》,2010年9月27日。

究就是按照这个思路推进的。

一篇标志性学术论文，宣告新领域的产生。周洪宇在《教育研究》2015年第6期上发表《教育生活史：教育史学研究新视域》，这是教育生活史研究在国内教育学最权威的学术期刊上发表的第一篇论文，向学界正式宣告了教育生活史研究领域的诞生。

一部奠基性理论著作，系统阐述新样态的基本理论和方法主张。2013年9月25日在上海参加教育史论坛期间，周洪宇建议同仁们应该积极思考教育生活史的理论框架。同年10月，他又提出应撰写一部专题著作《教育生活史研究引论》，为该领域作理论奠基。2014年，他与刘训华经过努力，终于完成此书，并作为"教育生活史研究系列丛书"的第一部在福建教育出版社出版，书名为《多样的世界：教育生活史研究引论》。同年10月，周洪宇携带此书到美国哥伦比亚大学教育学院举办的纪念哥大教育学院第一位中国博士郭秉文毕业100周年国际会议上进行交流。作为一个新领域的开拓之作[1]，该书一经问世，即受到学界好评，2015年9月《河北师范大学学报》（教育科学版）、《宁波大学学报》（教育科学版）和《中华读书报》先后发表书评，并得到教育史学界田正平、张传燧、吴洪成等专家学者的充分肯定。

教育生活史研究对于加强教育史学科建设、彰显教育活动史研究的价值，具有重要的意义。同时，从历史学角度，对于深化历史学特别是生活史学研究也具有重要的意义。生活史产生本身源于近代以来个性解放的表现。生活史立足于普通民众的日常生活，它是以人为中心的历史学研究。由于普通人的活动离不开社会组织、生活环境、人际交往、社会认知等，所以尽管在对生活史研究中多存有集体无意识的行为，但这些内容又在更大方面表现了时代的特点，特别是教育生活中的教育者心态问题，可以从新的角度来反映教育史研究关注的问题。教育生活史的价值正在于让教育参与者的主观感受走进历史的视野。

---

[1] 周洪宇、刘训华：《多样的世界：教育生活史研究引论》，福建教育出版社2014年版，序言。

教育生活史研究能够形成新的学术境界，它在研究的广度和深度上能够融合众多学科的学术研究特点，在研究上可以形成自己的学术气象。

首先，教育生活史是教育史研究进一步接地气、接生活的需要。学术研究的最终目的，不仅是为了解决学术问题，更是为了人们生活得更美好。学术研究的"美好"更多地集中在精神层面。任何学科的发展，都要有宽广的学科基础，只有在宽广的学科基础上，才有学术研究的鲜活生命力。教育生活史可以直接贴近教育的最基层，在教育基层形成它的研究特点。教育生活史研究体现了学术研究"从群众中来"的特点，同时它对教育改革的参照和借鉴价值，又能够体现"到群众中去"的观点，这是马克思主义辩证法在学术研究中的具体表现。

其次，生活史研究自身发展需要有像教育生活史这样鲜活的学术领域的介入。生活史作为21世纪中国学术界日渐重视的研究领域，它对历史的了解和把握使得人们更愿意看到来自教育学的思考。而教育生活史的出现，则在更大层面上满足了人们对于普通人关于教育的生活史的了解。教育领域的生活史的参与，极大地丰富了生活史研究的视野、方法和效果。

第三，教育生活史是对马克思主义理论的坚守，是对人的本原的一种发掘。从哲学上来说是继承马克思主义的社会观，同时体现了辩证唯物主义的方法论。教育生活史集中体现了"人本"思想，特别是普通人的生活成为研究者的研究对象，这在过去是比较少见的。同时，从大量教育生活的史料出发，可以还原历史上活生生的人对于教育活动的参与。他们的思想、心理和具体的表现，将作为符号化的历史行为具体化为一个个鲜活的个人，体现了对于个体人的尊重，这是对马克思主义所提倡的人的自由而全面发展的尊重。

第四，教育生活史是对世界教育史学思潮的顺应。日常生活史、微观史学和实践主义观点，都是这方面的体现。世界教育史学研究的趋势之一是微观化、生活化，教育生活史正是对这几个方面进行具体的阐述。中国的教育史研究，不仅应该在教育思想史、制度史的实践层面做出学术贡献，而且更应该在其源头——活动史的层面上展示其精彩的内容。

最后，教育生活史是当代教育改革的需要。一切现实的学术研究，都有它现实关照的内容，教育史研究也不例外。现实的教育改革需要生动、丰富的历史资料，历史上的教育生活能够给予今天教育改革以启迪。通过对教育生活史的研究，能够了解教育个体的需求和困难，能够提供丰富的教育改革的实践版本。可以说，教育生活史是现实教育可供参照的最为丰富多彩的历史素材，它的素材来源于历史上的一个个鲜活的教育个体，他们对于教育参与的体验，可以为今天的教育改革提供好的历史借鉴。

教育生活史研究的特点，更在于它所处的学术境界。教育生活史能够体现教育叙事的全新范式。教育生活史可体现生活叙事、情境再现与文学形式三个维度。马克思早在其经典著作《关于费尔巴哈的提纲》中提及对于实践的看法："人应该在实践中证明自己思维的真理性及自己思维的现实性和力量，亦即自己思维的此岸性。关于离开实践的思维是否具有现实性的争论，是一个纯粹经院哲学的问题。"[1]实践性的认识是一种理性的思维，教育生活史的研究需要从理性认识回归到感性认识，生活叙事是学术研究感性回归的桥梁。

教育生活史研究的特点，突出表现在它的"鲜活的微观世界"。相对于教育思想史、制度史的研究来说，它走进了活生生的教育生活，面对的是具体的个人。在这里，传统史学的定性分析更多地为生活现场所替代。视野下移是教育生活史研究的又一特点。从层次来看，不仅要关注大学教师、中学教师，也要关注小学教师特别是山区、边区等特殊地区的教师生活状态。第三个特点是有效打破了传统史学的桎梏，是对"全面史学"的一种丰富实践。传统的政治、经济、文化、社会等研究内容，都可以在生活史中体现出来，参与者的衣食住行、人际关系、社会认知、心态变迁以及与时代相关的种种情感，都在生活史中予以传承。最后，"他者"立场所形成的"体验"史学，让读者可以愉悦地进入历史，站在历史当事人的位置上体会和感悟。研究历史最重要的是理

---

① 中共中央马克思恩格斯列宁斯大林著作编译局编：《马克思恩格斯选集》（第1卷），人民出版社1995年版，第89页。

解，理解了古人也就理解了自己。①较少范式化的定论，可以有效实现历史人物、读者、作者的三方互动。

西方日常生活史学家认为，历史发展是具体的个人或群体的行动结果，学术研究关注的重点不是整个社会的基本取向，而是每个人、每个群体的价值观以及这些人公开或掩盖、实施或抑制其愿望的方式，最终意在说明社会的压力与刺激是怎样转化为人们的意图、需求、焦虑以及渴望的，人们在改造世界的同时，又是如何接受和利用（appropriate）这个世界的。②与之相对应的是，教育生活史的人文关怀，使得研究者能够站在一个较高的位置上，通过文献和个案，以生活叙事的形式，将教育参与者的生活环境、教与学的活动、家庭生活、人际关系、社会交往、内心世界、个人奋斗等等联络起来，在一个"跨界"的视野上去采撷教育生活中个体生命的"浪花"，并借此窥见当时的教育乃至整个社会的"太阳"。

第二节　教育生活史研究的基本概念

教育生活史是教育学、历史学、社会学、人类学、心理学等学科内容相互交叉而形成的一个研究领域，在学术源头上属于教育活动史的范畴，从整体上看是教育史特别是教育活动史研究的延伸和拓展。教育生活史是教育史研究的一个新的发展方向，也是未来需要集中突破的重要研究领域。

什么是教育生活史呢？从广义上说，教育生活史就是一切与教育生活有关的历史，它既包括学校教育生活，也包括家庭教育生活、社会教育生活及其他各种教育生活等。就狭义而言，主要指教育者与受教育者的教育生活，范围主要集中

---

①② Alf Ludtke（ed.），*The History of Everyday Life*，trans. William Templer（NewJersey：Princedon University Press，1995），24，7.

在学生、教师、学校、校长之间的教育生活。对于广义与狭义的认识，既要看到两点论，兼顾广义和狭义，也要突出重点，即狭义的教育生活。教育生活史让教育史学的研究对象和视角更为丰富，它让亿万人走进教育史研究的视野，在让人耳目一新的同时，又给人以诸多启迪。当然，广义的教育生活史也非常重要，特别是在教育多元化的今天，各种类型的教育生活研究，能够让人们更好地以史为鉴，迎接未来社会教育的变革。教育生活史的研究，也可对各个类型的教师、学生起到一定的启迪和示范作用。

教育生活史更多的是记述师生的日常生活。世界是由每一个充满灵性的个体组成的，正是亿万个体的力量推动社会的发展，而在传统史学中那种只见"结构"的政治、经济、社会、文化的研究，往往忽略了个体的感受。每个个体的喜怒哀乐虽然对历史的发展影响有限，但是普通个体的价值不容忽视。从"沉默"的大多数的师生身上，更能够看到教育推进过程的实际情况。"个体"与"结构"之类的"庞然大物"相距甚远。相对于"结构"来说，家庭成员、邻里乡亲、同事伙伴等"个体"对于人的行为具有更为直接的影响，因此人际交往远比"结构"更能说明社会发展的动力。[①]

教育生活史研究具有"跨界角度"，该研究不仅来源于教育史、教育学，更是历史学、人类学、社会学、心理学等诸多学科的活的资料来源，同时也是马克思主义关于人的发展的现实源泉的反映。

在历史学领域，教育生活史是人的过去教育活动的一种生活呈现，具有丰富的历史内涵。它的一大贡献在于，将历史的写法由帝王将相、精英人物、重大事件，逐步发展到一般人的日常生活史。包括教育生活史在内的普通人的生活史研究的逐渐兴起，是中国传统史学研究的巨大变革，是中国传统政治中民本思想的具体体现，是当代中国社会"以人为本"学术研究的拓展，更是对整个史学的丰富和发展。

---

① Brad S. Gregory, *"Is Small Beautiful? Microhistory and the History of Everyday Life"*, History and Theory, vol. 38, no.1（Feb. 1999）, 101, 104.

　　在人类学领域，注重人的发展是马克思主义的核心要素，研究对象紧扣人的实践、心理和发展轨迹，较好地展现出对人的文化关怀。教育生活史集中体现人类学的研究方法，田野调查、访谈、口述等形式，能够给予教育生活史第一手鲜活的研究史料，也能保证研究内容和效果的鲜活。

　　教育生活史的研究内容可以按照教育者或者生活类型来分类。按照教育活动参与者分类，可以分为教师生活史、学生生活史、教育行政人员生活史等；按照生活类别划分，可分为校园生活史、日常生活史、学习生活史、课外生活史、家庭教育生活史、社会教育生活史等。教育生活史具有宏大的研究视野，它能够借助多学科的融合研究，形成自身独具特色的研究内容。

第三节　教育生活史研究的主要方法

　　教育生活史在研究的整体架构上，既体现多学科的融合，也具有自身独特的研究体系和方法。从史料来源来说，教育生活史注重口述史的叙述方式。胡适认为，教育史料收集要不拘一格，博采众长，以"无意于伪造史料"为标准，"杂记与小说皆无意于伪造史料，故其言最有史料价值，远胜于官书"。[1]教育生活史史料体系庞大，各种反映教育生活的材料都可以为研究者所用。

　　在史料选用上，要树立大史料观。"大史料观就是要突破以往教育史学研究中只重视地上史料、正史史料以及文字记录即文献史料的狭隘史料观，拓宽史料的来源，树立地上史料与地下史料并重、正史史料与笔记小说史料并行、文字记录或文献史料与口述史料并举的大史料观。"[2]教育生活史研究必须充分借

---

① 胡适：《与陈世棻书》，见《胡适文集》第4卷，北京大学出版社1998年版，第541页。
② 周洪宇：《学术新域与范式转换——教育活动史研究引论》，华中科技大学出版社2011年版，第9页。

鉴人类数千年流传下来的丰富史料，"不管是已整理的还是未整理的、公家的还是私人的档案史料，不管是直接的还是间接的、中文的还是外文的各种文集、笔记、日记、家谱、族谱、年谱、方志、实录、纪事、报刊等记载史料，不管是回忆录、传说、歌谣等口碑史料还是各种文物、图片、绘画、教具、学具等实物史料，都是我们教育活动史研究所必须首先收集、鉴别、考证、分析、整理以及充分运用的史料"[①]。教育生活史史料上的视野非常广阔，特别是散落民间的一些非正式出版物，由于其表现出的个人的记录色彩，往往真实感更为强烈。与此同时，教育生活史更要强调源于基层民众的生活史料，强调史料的"原生性""原生态"，要接教育生活的"地气"，这样所表现的内容才能够更为原汁原味，才更能够反映最基层的教育生态。

在研究方法上，教育生活史研究具有明显的"跨界"色彩。它可以借鉴历史学、社会学、人类学、政治学、经济学等社会科学乃至数学、统计学、生态学、系统论等自然科学的理论方法，打破学科壁垒，充分吸收各学科的优点和长处。关于教育史学研究的理论和方法，周洪宇在2011年提出了"三维系统方法论"。该系统方法是一个由研究方法的理论基础、一般研究方法、具体研究方法三个大的方面及其相关层次构成的研究系统。"研究方法的理论基础主要以马克思主义的宏观历史理论和中观史学理论的积极因素为基础，吸收其他理论流派的合理因素而形成；一般研究方法是指在研究社会历史现象中普遍使用的方法，主要包括历史分析法、阶级分析法、比较分析法、逻辑分析法、系统分析法、结构分析法等；具体研究方法是指带有较强技术性和专门性，用来处理和分析教育史料，进行基础研究的方法和技术，其功能为复原教育史实和基本线索，为深入研究打下坚实基础、创造条件。"[②]

传统的教育史学所用的研究方法中，以中观层面的一般研究方法居多，这和研究对象及视野有关。教育思想史和教育制度史主要集中在宏观、中观的层

---

①② 周洪宇：《学术新域与范式转换——教育活动史研究引论》，华中科技大学出版社2011年版，第10、36页。

面，等到教育活动史登场时，研究的视野才逐渐下移。教育生活史更明确地关注于微观和个体，因此对于具体研究方法的需求和运用会更多。对于一般研究者来说，起着主要作用的是具体研究方法。就教育生活史研究而言，它细分为两个方面：一是历史学科的一般方法，如历史考证法、文献分析法、历史模拟法、口述历史法等；二是跨学科方法，即借鉴其他学科的研究方法和技术，如田野调查法、个案分析法、心理分析法、计量分析法、类比研究法等。需要指出的是，方法并非越新越好、越多越好，方法只是工具和手段，它是为所研究的内容服务的。内容才是根本，表现力是检验研究方法的重要参照。教育生活史应该具有创新性，学术价值和学术创新是核心生命力，同时应该具有活跃的学术表现力。学术表现力应该体现在以下几个方面：

注重教育叙事的表现手法。长期以来历史研究的语言多采用分析语言，其特点在于严谨，但是可读性不强。历史是以叙事散文话语为形式的语言结构，历史著作中都存在着理想的共同叙事结构。[①]中国传统的史书，相当部分采用的是叙事语言的风格。叙事与分析不同，它将特定的事情按照逻辑顺序纳入被阅读者理解和接受的语言结构中，这样的叙事方式，等同于"讲故事"。[②]"叙事既是一种推理模式，也是一种表达模式。人们可以通过叙事'理解'世界，也以通过叙事'讲述'世界。"[③]丁钢认为，叙事代替分析，缓和了理论与事实之间的叙述紧张。[④]叙事进入教育史，特别体现在教育生活史研究领域，可进一步丰富学术研究由宏大叙事向个体叙事、由整体史学向微观史学的嬗变。

情境再现是教育生活史研究所追求的读者接受效果。情境再现是研究效果的主要表现，它展现给研究者的是恢宏社会历史画卷中的生动、有效的教育生活场景，是一种学科自觉和学术自觉意识的体现，是对人最基本生存面——生

---

① ④ 丁钢：《声音与经验：教育叙事探究》，教育科学出版社2008年版，第24、3页。

② 彭刚：《叙事的转向：当代西方史学理论的考察》，北京大学出版社2009年版，第2页。

③ L. Richardson, "Narrative and Sociology", *Journal of Contemporary Ethnography*, vol. 19（1990），9.

活状态的情感守望。在形式上，教育生活史研究的视野下移，能够用微观、通俗的语言，展现研究对象的社会画卷。"任何一个框架并不能完全去解释实际上的经验实践，所以我们必须有一个恰当的呈现方式，这个呈现方式就是叙事，尤其是让社会上的各方面人自己去叙述，因为通过这样的方式可以接近我们的社会生活，真正地揭示我们社会生活的真相。"①情境再现的效果，是历史真实和艺术效果的统一。历史真实和叙事真实本不是一个概念，生活叙事的语言，在理性与感性之间，应该突出感性，以个体的情感表现，表达同时期大多数人的生活特点，形式为内容服务。

文学表现是教育生活史研究的表现形式。强调教育生活史研究的文学形式，主要针对的是学界目前的一种重客观表述、轻主观接受的现状。学术研究应该借鉴传统文学的表现手法，文学表现不是要把史学学术作品写成文学作品，而是要借鉴文学形式增强学术作品的生动性、形象性，更好地达到著作和读者的有效互动，如史景迁的《天安门：知识分子与中国革命》、王树增的《1901》《1911》等。具体到教育生活史的研究中主要是史料多元化、细节文学化、注释学术化、考证注释化，在文字效果上行文有文采。教育生活史由于其研究对象、内容和史料来源的丰富性，更有条件形成这样的表现形式。大胆借鉴中国古代史学家写史的方法，以文学作品的形式，通过历史上教育生活的叙述，来达到情境再现的效果，最终通过读者的阅读形成有效的互动。

无论是史料、研究方法还是学术作品的表现形式，都是教育生活史研究所必须重视的因素。一部好的教育生活史学术作品，应该具有如下的特征：一是以文学的语言、生动活泼的方式，将史料和作者自身的分析融合起来；二是在个体与群体、不同层次人群以及不同区域特点的对象处理上，着眼于具体的细节方面，留下教育生活的日常情境；三是要放低学术研究者的姿态，善于向中国传统文学、中国传统史学学习，将复杂的问题简单化。教育生活史研究需要

---

① 丁钢：《教育研究的叙事转向》，载《现代大学教育》2008年第1期。

不断寻觅史料以成其信，不断创新研究方法以成其达，不断展现精准的表现力以成其活，走一条体现微言大义、形象生动和富有表现力的学术发展道路。

生活史在国内外学术界已有相当的研究。西方生活史研究着力于微观史学领域。金兹伯格《乳酪与蛆虫——一个16世纪磨坊主的精神世界》（1976年）善于从民众日常生活的琐事中去把握时代跳动的脉搏，该书已被奉为微观史学的经典著作。法国勒华拉杜里《蒙塔尤：1294—1324年奥克西坦尼的一个山村》则具体细致地表现了微观史学的治学方法。蒙塔尤是法国南部一个小山村，1320年时任帕米埃主教的雅克·富尼埃作为宗教裁判所法官在此办案，他在调查、审理各种案件过程中，将该村所有的秘密，包括居民的日常生活、个人隐私、矛盾冲突等加以详细记录。600年后勒华拉杜里以历史学家特有的敏锐充分利用了这批史料，以历史学、人类学和社会学的方法再现了600多年前该村居民的生活、思想、习俗以及14世纪法国的特点，从一个微观世界映照了宏观世界。这些作品将个人生活经验与宏大历史叙事区分开来，形成了学术研究的新手法。国内学者如王笛的《茶馆：成都的公共生活和微观世界，1900—1950》一书以大量史料，从市民生活的角度表现了100多年前成都人的公共生活世界。它的逼真的场景再现，对于教育生活史的细节表述，具有很好的启迪价值。通过中外生活史研究的比较发现，将自己的主体性放进史料中，通过活动场景进行深入分析，并力求以一种雅俗共赏的语言表现出生活的"现代性"与历史分析的深度，是国内外生活史研究的一大共性。

教育生活中所流淌的人生感悟，历来受到教育亲历者的重视。杨亮功的《早期三十年的教学生活·五四》虽系作者个人叙述，但是却反映出清末民初教育大转型时期那些站在时代潮头的教育者所具备的人生智慧。他们对于教育生活的感知，是新旧教育嬗变非常珍贵的史料。教育生活的丰富多彩在近代大转局的社会里尤为明显，近代学人多有记述。蒋梦麟的《西潮与新潮》、陈鹤琴的《我的半生》、蒋廷黻的《蒋廷黻回忆录》等作品，其略带沧桑而饱含深情的笔触，对于变化中教育生活的认知，的确给人一种耳目一新的感觉，为后人研究教育生活史提供了丰富的第一手史料。

在学术研究方面，近几年来教育生活史的研究逐渐受到学术界的重视。学校教育生活方面，司洪昌的《嵌入村庄的学校——仁村教育的历史人类学探究》通过现实与历史的相互构镜，将研究者"我"自然地带入研究过程中。在采用大量乡土口述史材料的同时，又借用了西方社会学、人类学的理论方法，通过叙理的表现形式，表现了一个村小的世纪变迁。教师生活史方面学者关注较多。刘云杉的《从启蒙者到专业人——中国现代化历程中教师角色演变》一书，站在历史人物的立场，准确把握《退想斋日记》的史料，淋漓尽致地表现了一个读书人的教育生命实践。蒋纯焦的《一个阶层的消失：晚清以降塾师研究》紧扣塾师这一研究对象，以纵向的历史段落表现不同时期塾师的生存面貌。其他的如戴志红的《尽心育人：江西泰和一个乡村老师的教学经历与生活史》、宋大伟的《个人生活史视野下新教师专业自我意识研究》等硕士学位论文，均以教师活动史作为研究对象，在个体方面形成了优秀的研究成果。学生生活史方面，刘训华的博士论文《清末浙江学生群体与近代中国》以区域的学生群体作为研究对象，通过对群体的形成、教育秩序的建构、学生群体活动及革命性的参与，以及进入社会的情况，从学生生活的视角探究一代学生的成长过程。施扣柱的《青春飞扬——近代上海学生生活》以1843年上海开埠至20世纪50年代上海城市社会中的学生群体生活为研究对象，叙述了以高、中等学校为主体的近代新式学堂学生的常态生活，包括以学为主的学业生活、从强迫到比较自觉的体育生活、富于情趣的日常生活等，探讨了乱世背景下平民子弟、外来子弟在上海学校中的生存状态。

在教育生活史的实践应用层面上，刘良华的《教育自传》开启了一种全新的教育尝试。它以第一人称的方式讲述了教育故事，启迪教育者：为什么有的教师被学生仰慕而有的却被学生厌恶？教师将以何种方式成为影响学生一辈子的"重要他人"？同时启迪受教育者：为什么说自学是有效的学习？为什么人的成长需要朋友？该书以问题为导向，通过对"我"的教育生活的自述，将自己的教育理念、主张渗透其中，相较于一般学术研究体现出更高的境界，是着眼于教育生活史对于现实教育的指导。

第四节 教育生活史研究的发展趋势

教育生活史是一个充满生机的研究领域，在短短的几年里，教育史学界已发表了不少研究成果。从其发展趋势看，需要做好下述工作：

一是尽快启动《中国教育生活通史》的编纂工作。作为承接教育活动史的生活性内容，应立足于生活本位，立足于中国视野，全面建构中国特色的教育生活通史。该项工作早在2014年已有设想，并有初步的框架，拟待时机成熟，组织编写团队，形成教育生活通史在学术研究领域的标志性著作。

二是教育生活史研究需要关心现实，不断地进行教育生活史研究的内涵挖掘和外延拓展，特别需要重视对当前教育生活的表述。当前教育状态呈现出许多新的特点，教育生活史研究在理论、方法和内容上都需要全方位地予以关注。作为一个新型研究领域，需要结合时代需求，在总的概念体系下，不断生成新的思想和内容。

三是需要进一步形成教育生活史研究的新范式。在今天，教育生活的表达呈现了多样性的特点，邮件、微信、微博等晒教育生活的方式，使我们更容易收集教育生活材料，也能更深刻地了解这些方面的内容。比如在教育生活史的表现形式上衍生出教育生活叙事，那么在内容和方法上可以进行充分的完善和提高。

四是提倡实证研究理念，将自然科学引入教育生活史领域。适当通过定量的方式，进一步建构人类的教育生活，使其更能够从科学的角度解释和完善我们的教育生活问题。通过建构量表、模型等方式，进一步将教育生活阐释得更加合理、科学，用数据分析、案例研究替代传统的理论建构，从现实生活出发，挖掘教育生活史的当代学术使命，促进教育生活史研究向纵深发展。

五是研究思维和方法的深刻变革。需要指出的是，不同代际的学者的知识结构差异显著。恢复高考后最初成长起来的学者，其知识结构和学术素养偏重人文概念，由于历史等因素，比较缺少自然科学的理论、方法与思维，从纵向比较来看，容易形成理论分析多而实证研究少的先天缺陷。而当今社会发展迅速，学术也在不断发展，学科的体系结构和知识结构也在飞快更新。未来教育生活史研究者，应注意解决因时代局限而导致的研究内容、思维和理念误差的问题。新的学科领域需要年轻学者迅速成长起来。

（周洪宇　刘训华）

附录：相关文献

1. ［美］艾恺:《最后的儒家》，王宗昱、冀建中译，江苏人民出版社2011年版。

2. ［英］彼得·伯克:《法国史学革命：年鉴学派，1929—1989》，刘永华译，北京大学出版社2006年版。

3. 丁钢:《声音与经验：教育叙事探究》，教育科学出版社2008年版。

4. ［法］弗朗索瓦·多斯:《碎片化的历史学：从〈年鉴〉到"新史学"》，马胜利译，北京大学出版社2008年版。

5. ［法］古斯塔夫·勒庞:《乌合之众：大众心理研究》，戴光年译，新世界出版社2010年版。

6. ［法］J.勒高夫等主编:《新史学》，姚蒙编译，上海译文出版社1989年版。

7. ［英］柯林武德著，扬·冯·德·杜森编:《历史的观念（增补版）》，何兆武、张文杰、陈新译，北京大学出版社2010年版。

8. 刘训华:《困厄的美丽：大转局中的近代学生生活（1901—1949）》，华中科技大学出版社2014年版。

9. 刘训华：《学业、革命与前程：大转局中的清末浙江学生（1901—1911）》，中华书局2018年版。

10. 李艳莉：《崇高与平凡：民国时期大学教师日常生活研究（1912—1937）》，福建教育出版社2017年版。

11. 李泽厚：《中国现代思想史论》，生活·读书·新知三联书店2008年版。

12. 李兆忠：《喧闹的骡子：留学生与中国现代文化》，生活·读书·新知三联书店2019年版。

13. ［美］欧文·戈夫曼：《日常生活中的自我呈现》，冯钢译，北京大学出版社2008年版。

14. 彭刚：《叙事的转向：当代西方史学理论的考察》，北京大学出版社2009年版。

15. 邱茂泽：《中国叙事通义》，中山大学出版社2013年版。

16. 司洪昌：《嵌入村庄的学校：仁村教育的历史人类学探究》，教育科学出版社2008年版。

17. 舒新城：《三十五年教育生活史（1893—1928）》，浙江大学出版社2018年版。

18. 熊和平：《学生身体与教育真相》，浙江大学出版社2014年版。

19. 周洪宇：《学术新域与范式转换——教育活动史研究引论》，华中科技大学出版社2011年版。

20. 周洪宇、刘训华：《多样的世界：教育生活史研究引论》，福建教育出版社2014年版。

21. 周洪宇：《平凡的伟大——教育家陶行知、杨东莼、牧口常三郎的生活史》，福建教育出版社2016年版。

22. 周洪宇、刘训华：《图说教育生活史》，福建教育出版社2018年版。

第四章
教育身体史研究

　　身体是生理存在与历史、文化、社会、教育所构建的意义存在的共同体，它成为人自我感知和理解存在的起点和中介点。要认识人，认识人的生成和存在，就必须研究身体。当前，身体已经引发哲学、历史学、社会学、人类学等学科的高度重视，深刻影响了人文社会科学。我国教育学界一些研究者对此也进行了探讨，指出教育学的身体转向有助于回到人的感觉和体验，体现完整有尊严的生命存在，最终实现对人的生命关怀。[①]在此形势下，教育史研究有必要以教育参与者的身体这一全新视角对教育历史变迁进行重新梳理，

---

　　① 具体参见孙元涛：《身体问题的教育学思考》，载《教育理论与实践》2006年第10期；李政涛：《身体的"教育学意味"——兼论教育学研究的身体转向》，载《教育理论与实践》2006年第11期；李冲锋：《学校里的身体——学生的身体遭遇》，载《教育理论与实践》2006年第12期；闫旭蕾：《身体：透视教育的视角》，载《教育理论与实践》2007年第4期；闫旭蕾：《谈"隐身"与"显身"的教育研究》，载《华东师范大学学报》（教育科学版）2007年第3期；邱昆树、闫亚军：《教育中的身体与身体教育》，载《教育学术月刊》2010年第11期；闫旭蕾：《"身体—主体教育"之探》，载《教育研究与实验》2014年第2期；李柯柯、扈中平：《教育中"身体"的解放与自由》，载《教育研究与实验》2015年第1期；等等。

考察身体演变对其的意义，开拓教育身体史研究领域。教育身体史研究是教育史学的新生长点，是一扇洞开教育史，特别是教育活动史、教育生活史研究的门窗，因为"回归身体，就是回归教育生活"。回归教育生活，就是回到以身体为核心的生命、生活体验，故教育身体史又是教育活动史、教育生活史的深化和延伸。教育身体史从教育场域中教育参与者的身体入手，通过与其相关的时空、服饰、发型、疾病等，呈现特殊历史、社会、文化环境下教育参与者的身体变化情况，突出对其的生命关怀，体现马克思主义对人本、实践、生存的重视。该研究对完善教育史，尤其是教育活动史、教育生活史，顺应人文社会科学，尤其是历史学和国际教育史研究发展趋势，服务和启示当代教育改革，都具有重要的学术价值和现实意义。

第一节　教育身体史研究的兴起与发展

为何要研究教育身体史？教育身体史缘何会成为教育史学的新生长点？这是研究教育身体史需要考虑的首要问题。教育身体史研究兴起的原因主要有以下几个方面：一是马克思身体思想的发现和阐释；二是对百年教育史学科发展的反思；三是回到教育活动的起点和教育学科逻辑起点；四是身体研究尤其是身体史的出现；五是国外教育身体史研究的凸显。

一、马克思身体思想的发现和阐释

20世纪80年代"回归马克思"的学术活动，促使马克思实践唯物主义不再因循苏联模式或从已经加工翻译的资料去二次理解马克思，而是从原著出发重新解读，即由历史的、辩证的唯物主义发展为历史的、辩证的、实践的三位一体的唯物主义，①且从单纯的阶级斗争模式的阐释走出来，承认历史是人的活动，要从主体、实践、生存、生活几个维度去理解。这里值得注意的是，谈及前述主体、实践、生存、生活几个关键词时，马克思关于身体的思想不容忽视。绕过人的身体来谈其生存和实践，相当于无源之水、无本之木。身体解放才是阶级解放、人类解放以及人实践—生存的前提和根本。对此，马克思看到了身体的物质性和根本欲求，肯定了人的自然属性，提出"人们为了能够'创造历史'，必须能够生活。但是为了生活，首先就需要衣、食、住以及其他东西"②。人要生存、存在和实践，首先必须满足身体的基本物质需求。当然，马克思还指出人具有社会属性，这又使得人的物质身体依托于其所在的社会和阶级而获得社会性进而成为存在主体。在此，马克思呈现了"自然化身体"和"社会化身体"，也"赋予了身体更多的内涵和丰富性，身体终究成为解放的历史主体"③，成为鲜活的生命存在。虽然马克思身体思想并不像尼采、梅洛-庞蒂等身体哲学思想那样受到重视，但是其"唯物史观接近于身体哲学"，凸显了人的身体在历史发展和人的实践的主体生成过程中的作用。

　　毫无疑问，马克思主义哲学是我国教育史研究的理论基础和灵魂，是对其发展起指导和决定作用的思想理论因素，决定着其发展方向和生命活力。马克思主义哲学主要包括马克思辩证唯物主义、历史唯物主义和唯物辩证法与认识论。"与此前所有哲学家的志向不同，马克思的志业不是建构抽象的理论，而是捍卫人的现实生命。"④因此，在对马克思主义哲学重新解读和阐释的过程中，马克思关注人的现实生活的追求，其身体思想"浮出水面"，研究者也看

　　① 周洪宇：《学术新域与范式转换——教育活动史研究引论》，华中科技大学出版社2011年版，第415页。

　　② 中共中央马克思恩格斯列宁斯大林著作编译局编：《马克思恩格斯选集》（第1卷），人民出版社1972年版，第58页。

　　③ 邹诗鹏：《转化之路——生存论续探》，中国社会科学出版社2013年版，第199页。

　　④ 郭春明：《捍卫人的现实生命是马克思哲学的志业》，载《中国社会科学报》2015年11月26日。

到了马克思身体思想对尼采、梅洛-庞蒂等身体转向思想的影响。教育史研究中，应及时把握和关注马克思主义哲学，在注重历史的、辩证的唯物主义的同时，还要积极汲取和借鉴其对"身体"的阐释、"身体"的作用等相关身体思想，进而捍卫人的生命，关注人的生存。在关注历史上教育活动主体，关注其生命、生存和实践的基础上，真正把握历史教育活动主体的"身体"，以"身体"透视其生命、生存和实践，进而通过"身体—主体""身体—生命""身体—生存""身体—实践"等几个维度，凸显和总结教育史研究中活动主体的"身体状态""生存状态"，并最终实现通过教育使教育活动主体由身体的"简单存在"向"活得更好"转变。

二、百年教育史学科发展的反思

教育身体史作为教育史学的拓展和新生长点，其提出必然与教育史学科反思密切相关。自1904年中国教育史学诞生以来，至今已经走过一百余年的历程。在研究者的辛勤努力和耕耘下，教育史研究取得了可喜成绩，学科地位也已经确立。在肯定以往成绩的同时，我们必须看到20世纪90年代以来中国教育史学研究正处于发展困境之中。如何摆脱发展困境、赢得学科的生存与发展，解决路径之一就是不断更新思维进行学科反思，以求学科建设更加完善。在对学科建设进行探究和反思时，我们无法绕过教育史学应研究什么这一起点命题。厘清并不断拓宽教育史学的研究对象，对于开展和充实教育史学研究意义重大，一定程度上决定着教育史学研究内容的确定和体系的组织。[①]搜寻中国教育史学的各种权威著述，可以发现其研究对象"主要集中于教育人物思想与教育制度变迁，教育人物思想研究也仅仅是就教育史上的精英人物进行研究，教育制度也偏向宏观制度变迁概览"，而忽视了教育思想和教育制度发生和发展中极为重要的前提——教育活动。因此，研究教育史，必须研究和重视教育

---

① 杜成宪、崔运武、王伦信：《中国教育史学九十年》，华东师范大学出版社1998年版，第115页。

活动史。^①

当前，教育活动史研究正在循序渐进地开展。事实上，仅仅停留和满足于教育活动史研究还远远不够，故而教育生活史研究亦随之跟进，拓展和升华了教育活动史研究。^②毋庸置疑的是，教育活动主体的教育活动、教育生活"是社会及其全部价值存在与发展的本原，是人的生命以及作为个性的发展与形成的源泉"^③，但是教育活动、教育生活的前提又必须是教育者和受教育者两大教育活动主体是有"生命—实践存在"的，而他们的"生命—实践存在"又以在世存在的身体为前提。由此出发，揭示和再现教育者的身体、凸显对其的生命关怀，是教育史、教育活动史、教育生活史研究的题中之意。不仅如此，教育思想史和教育制度史也无法绕过"身体"这一命题。无论是儒家、道家还是法家，其教育思想或涉及"修身""身正"等命题，或掺杂了对教育主体"身体"规训的思想，或是对教育主体的"生命关怀"等。因此，教育身体史研究的提出，直面教育活动主体的鲜活身体的存在，原先教育思想和教育制度体系下苍白无力的教育主体获得了生机与活力，身体已成为教育史、教育活动史回归教育活动主体的根基。

三、回归教育活动的起点和教育学科逻辑起点

人的活动是社会及其全部价值存在与发展的本原，通过人的活动不断生成现实的世界。其中，教育活动又是影响人的活动的关键性因素，也是人生成和发展的重要关键性因素。这就在于教育活动既是处理社会关系的活动，也是改造主观世界的活动，是人类活动的重要形式之一。无论是人的活动还

---

① 周洪宇：《学术新域与范式转换——教育活动史研究引论》，华中科技大学出版社2011年版，引论第2—6页。

② 周洪宇、刘训华：《多样的世界：教育生活史研究引论》，福建教育出版社2014年版，第3页。

③ 瞿葆奎主编，吴慧珠、蒋晓选编：《教育学文集·课外校外活动》，人民教育出版社1991年版，第15页。

是人的教育活动，均是人的"身体""教育身体"参与其中的活动。没有人的"身体""教育身体"参与其中，人的活动、人的教育活动便不复存在。因此，在关注人的活动、人的教育活动时，一定要回到活动、教育活动的起点——"身体""教育身体"，这样才能真正体现关注人的活动、人的教育活动以及真正关注人及其生命。人们无法想象，人的活动、人的教育活动离开"身体""教育身体"如何去找寻其发力主体等。因此，教育身体史研究的提出，正是体现了回归教育活动的起点，也是把人的教育活动起点——"教育身体"放在极其重要位置的本真追求，也才能更好地关注教育活动在"教育身体"的发力下的生成、演变以及教育活动与"教育身体"间的互相作用关系。故而，教育身体史的提出，首先体现了找寻人的教育活动发力主体的本源、本体的学术追求。

不仅如此，一门学科，其研究过程中首先应该确定自己的逻辑起点。一般而言，逻辑起点被认为是一门学科最常见、最简单、最抽象的范畴，也是学科研究对象系统中的核心要素。具体来说，逻辑起点具有如下几个特点：逻辑起点应与研究对象相互制约；逻辑起点是一切矛盾的"胚芽"，是事物全部发展的雏形；逻辑起点应当是以物或其他直接存在承担的社会关系；逻辑的起点同时也是历史的起点。[①]毋庸置疑，教育学作为一门学科，教育史作为教育学和历史学的一门交叉学科，在开展研究前也应该先确定自己的逻辑起点，如此才能更好地找寻和确定自己独特的研究对象，追寻教育活动发生的起点和雏形，以此推动学科研究在回归逻辑起点的基础上进一步发展。因为"教育身体"是教育活动的发力主体，是教育现象、教育问题等产生的主体，而人的教育活动、教育现象、教育问题等恰恰是教育学的研究对象，教育学、教育史研究关注教育活动、教育现象、教育问题等，无疑必须关注产生教育活动、教育现象和教育问题的"教育身体"。"教育身体"的基本性、主体性、基础性、动

---

① 瞿葆奎：《教育学的探究》，人民教育出版社2004年版，第353—355页。

态性、生成性等，决定了"教育身体"才是教育学、教育史研究真正的逻辑起点；因而，教育身体史研究的提出，也体现了教育学研究、教育史研究要回归教育学真正逻辑起点的追求。

四、身体研究尤其是身体史的出现

毫无疑问，每个人都有身体，身体对每个人而言"既是最私密的存在，又是最公共的符号"①，是其生存、存在和实践的基础。早在古希腊时，苏格拉底、柏拉图等先哲就探讨了身体和身心关系，逐步明确了扬心抑身的思想倾向，强调灵魂高于身体，"我思故我在"。近代，尼采则开启了身体复活的时代，呼吁以身体为准绳。②身体研究随着西方哲学的转向开始兴起，身体问题也成为20世纪哲学的最主要论题之一，如萨特、梅洛-庞蒂等部分或完整地开启了身体主体理论。③受身体哲学、福柯、梅洛-庞蒂等理论以及资本主义消费文化等影响，身体研究于20世纪80年代蓬勃兴起。奥尼尔、阿姆斯强、特纳等的《现代社会中的五种身体》《身体的政治解剖学》《身体与社会》及《身体的历史》等著作纷纷出现，进一步推动了身体由原来隐含的研究对象变成研究热点以及全新研究视角。④此后，社会学、人类学、美学、历史学、教育学等相关学科均以身体为切入点和交叉点，涌现了身体社会学、身体美学、身体人类学、身体叙事学、身体史学、身体教育学等。在我国，受西方身体研究、传统身体理论资源的发掘以及消费社会的兴起等的影响，杨大春、彭富春、张再林、刘小枫、汪民安、侯杰等来自哲学、历史学等学科的学者开始关注和推动身体研究，相关研究成果纷纷涌现，身体哲学、身体政治学、身体美学、身体

---

① 杨念群等：《新史学：多学科对话的图景》（下），中国人民大学出版社2003年版，第689页。

② 杨莹慧：《"身体"研究综述》，载《青年时代》2015年第13期。

③ 杨大春：《身体的神秘——20世纪法国哲学论丛》，人民出版社2013年版，前言。

④ 欧阳灿灿：《当代欧美身体研究批评》，中国社会科学出版社2015年版，第1页。英国社会学家特纳（Bryan S. Turner）为代表的学者一般认为20世纪80年代身体研究在社会科学领域大规模兴起。

史学等交叉学科开始出现和不断发展。

教育身体史作为教育学和历史学的交叉学科，与身体史的关系最为密切，身体史的相关研究成果可以为教育身体史研究提供参鉴。在西方，费侠莉总结身体史朝着再现和感知两条路径进行。①在我国大陆地区，杨念群、李喜所、侯杰、余新忠等对服装、头发、瘟疫等进行了研究，侯杰、杜丽红、刘宗灵等或介绍西方身体史学理论、研究进展情况，或构建身体史学理论。在我国台湾地区，黄金麟、杨儒宾、黄俊杰等学者分别研究了身体观、身体生成史等。鉴于身体史研究的不断发展和强大生命力，历史学家冯尔康将身体史列为社会史研究的第九大发展趋势，且称其或许会改变人类历史。②面对其他学科身体研究蓬勃兴起、身体交叉学科纷纷出现以及身体史研究不断发展的形势，教育史研究不能再一味"熟视无睹"。③我们通过教育史看到了历代教育逐步演变、发展和成形的历史，就应该追究一个教育主体及其身体是怎样形成的。事实上，学制的改变、各种兴学等，无非是希望通过一些落实到身体改造的活动来达到振衰起弊的效果。④因此，我们在研究教育史时，必须明确提出教育身体史研究，且应将教育者和受教育者的身体放置到研究核心地位，展现对身体和生存的关注，审视其生成和变化，凸显生命关怀，并以身体为焦点审视教育变迁。

---

① ［美］费侠莉：《再现与感知：身体史研究的两种取向》，蒋竹山译，载《新史学》（台北）1999第4期。

② 冯尔康：《近年大陆中国社会史的研究趋势——以明清时期的研究为例》，载《明代研究通讯》（台北）2000年第5期。

③ 参见周洪宇、李艳莉：《论教育活动史研究的多维视野》，载《江汉论坛》2013年第7期；周洪宇、李艳莉：《论教育活动史多维视野的实现途径》，载《湖北大学学报》（哲学社会科学版）2014年第2期。两篇文章提出了身体史是教育活动史多维视野实现途径之一，已经意识到身体史研究对教育活动史研究的意义，但尚未明确提出教育身体史研究。随着认识逐步深化，教育身体史研究被明确提出。

④ 姚霏：《近代中国女子剪发运动初探（1903—1927）——以"身体"为视角的分析》，载《史林》2009年第2期。

五、国外"身体与教育"史的凸显①

如果我们将视线投向国外教育史界，会发现国外同行已经开始研究教育者和受教育者的身体。以两德统一以来德国教育史学会唯一的会刊《教育史年刊》为例，该刊物每年一个主题，其中2005年主题为"健康、身体、教育"，2012年的主题为"教育史中的'情绪'"。②在教育史国际常设会议（ISCHE）2015年第37届会议上，来自德国、巴西、美国、葡萄牙、智利、中国等国家的研究者交流了从不同维度撰写的相关论文，推动了教育身体史研究。围绕"身体与教育"这一主题，研究者研究了童子军及身体展现、学生身体、学校空间与学生身体锻炼、宗教符号与学生身体构建等，还涉及身体感官功能的嗅觉、恐惧和悲伤等情绪史。以教育史国际常设会议常设工作组（SWG）议题四为例，其论文主题见下表：

表4-1　第37届教育史国际常设会议"学校里的身体接触"常设工作组论文主题

研究者国别	论文主题
巴西	为个人适应的教育：巴西学校防治精神障碍的建议
巴西	巴西童子军及身体展现（1910—1941）
土耳其	教育仪式突变：土耳其的例子
智利	表达国家情绪的身体——智利中等教育中学生身体的连续性和关键细节及其民族主义
葡萄牙	医生和学生的身体
德国	在校期间和学校后的身体接触：1800—1815年前后早期劝告教育学中自我克制的动力

---

① 国外史学界没有明确提出教育身体史，因其研究成果多是教育者和受教育者身体的历史，故暂且定为"身体与教育"史。

② 孙益、张乐、罗小连：《20世纪90年代以来的德国教育史研究——以德国教育史学会和〈教育史年刊〉为核心的考察》，载《外国教育研究》2014年第8期。

研究者国别	论文主题
墨西哥	公共和私人接触空间的学校浴室：身体接触的学校设计和技术的历史（1870—1940）
巴西	适当的身体接触：学校的性行为和性取向（里约热内卢，1930）
中国	中国女童教育（1840—1912）：福柯方法对女童身体教育的启示

国外教育史在新史学、新文化史和现代社会科学等的影响下，研究范围与主题不断扩大。除注重在传统史学引导下的教育制度和教育政策研究外，教育与身体、女性主义教育史、教育情感史等均逐步出现。2016年8月17～20日于芝加哥罗耀拉大学召开的第38届教育史国际常设会议（ISCHE），其主题是"Education and the body"，相关论文关注了女性身体、学校课桌的变迁、帝国化身体等。① 有鉴于国外"身体与教育"史的研究进展，我国教育史学界更需要以敏锐的触角去把握和关注教育活动主体的"身体"并进行相关研究，以相关理论探索和研究成果实现与国外同行的对话和交流。尽管国外相关研究还处于起步和探索期，但是这并不妨碍教育身体史研究的提出和开展。

第二节　教育身体史研究的理论与方法

任何一个全新研究领域的建立与发展，总是从本体论、认识论、方法论以及价值论几方面着手的，它有助于人们更好地了解并认可该项研究。教育身体

---

① 教育史国际常设会议第38届年会摘要，见http://www.ische.org/wp-content/uploads/2016/09/ISCHE-38-Program-Book.pdf。

史研究亦如此，它首先必须回答教育身体史是什么、重点探讨哪些问题、如何研究以及研究意义等问题。

一、教育身体史是什么

在对"身体""身体史"相关概念进行梳理和界定后，教育身体史是什么在此基础上已逐步明晰。可以说，教育身体史是专门研究和重点考量历史上教育参与者在教育乃至时代、社会环境影响下身体的生成与变化，以及他们的身体变化对教育、社会、时代产生何种影响的研究领域。因教育参与者身体的在场，教育身体史特别突出对教育参与者的生命关怀这一精神内核，紧扣教育参与者的生命、生存、生活的研究诉求和主旨。

教育身体史的提出并非是无源之水，由于身体哲学、身体史等学科已先行起步并不断发展，因而教育身体史是这些学科在教育史研究中的综合性应用和发展，体现了教育身体史研究借鉴相关学科充实教育史研究，并将身体哲学、身体史、身体社会学等作为教育身体史研究的重要学理支撑。当然，任何一项研究不可能也不能完全照搬其他学科的相关理论，教育身体史研究亦如此。它不是教育身体史研究者对身体史、身体哲学、身体社会学等学科相关概念、研究范式等的简单套用，而是研究者根据身体哲学、身体史、身体社会学等相关学科对身体概念的理解、对身体类型的分析及研究框架等，加之自己对教育参与者的独有特点、教育史研究的独有特性等的理解，着力突出教育场域内教育参与者的身体，而非其他活动场域中非教育活动主体的身体，最终形成教育身体史研究所应有的言之有理、持之有据的身体概念、研究范式等。

因研究对象的独特性，教育身体史研究有别于身体史、身体哲学等研究。还必须指出的是，由于身体史、教育身体史、身体教育史在国际上还刚刚兴起，国内外学界也尚未对教育身体史研究做出成熟且权威的概念界定[1]，因

---

[1] 2016年8月17—20日芝加哥罗耀拉大学举办的第38届教育史国际常设会议的主题为"教育与身体"（Education and the Body），尚未对教育身体史做出权威且成熟的界定。

而，非常有必要分析教育身体史、身体教育史、教育史、身体史四者之间的相互关系。

首先，就教育史和身体史的关系来看，二者均是教育身体史、身体教育史的上位概念，且二者之间是平行交叉关系。教育史中一旦涉及研究教育参与者身体时，无疑会与身体史的相关研究内容相交叉；而身体史研究中一旦选定学生、教师等教育参与者作为研究对象时，无疑又会与教育史相交叉。其次，就教育身体史、身体教育史之间的关系来看，两者均是教育史、身体史的下位概念，且均是因教育史和身体史交叉而形成的研究领域，二者之间是并行关系。同时，教育身体史和身体教育史之间也有一定的交叉。教育身体史是教育参与者身体通过教育的"化""育"而促成的生成和变化，凸显了对教育参与者群体的身体关注和生命关怀，会涉及"身体教育"的历史；而身体教育史从"身体教育"出发，更为强调通过身体教育，实际上更多的是通过体育强健身体，提升其内在素质，从这个意义上说，身体教育史相当于体育史。教育身体史会涉及身体教育史，其研究范围一定程度上大于身体教育史研究范围，身体教育史也会与教育身体史中部分研究内容相重合；因此，教育身体史和身体教育史二者之间是并行交叉关系。最后，就教育史、身体史和教育身体史、身体教育史之间的关系来看，教育史、身体史是教育身体史、身体教育史的上位概念，涵盖教育身体史、身体教育史的相关研究内容，教育身体史、身体教育史是教育史、身体史的下位概念，相关研究也会涉及教育史、身体史，四者可能会有重合和交叉。与此同时，教育身体史、身体教育史因针对独有的研究对象"教育身体""身体教育"，具有自己的研究特色，也会因此而有部分研究内容保留在教育史、身体史研究之外。因此，在研究教育身体史时不能完全割裂其与教育史、身体史、身体教育史的关系，应注重吸收后三者的研究成果，在比较和借鉴中更好地充实和完善教育身体史研究。

二、教育身体史的研究内容

教育身体史有广义和狭义之分。从广义上看，教育身体史研究一切教育参与者"身体"的历史，根据教育参与者所处的教育场域，可以分为学校教育身体史、家庭教育身体史、社会教育身体史三大类，它们均可以与特定时间段组合；从狭义上讲，教育身体史主要研究学校场域内的教育者与受教育者"身体"的历史，研究对象主要集中于各类学生、教师、教育行政人员等。同时，无论广义还是狭义的教育身体史研究，按照研究对象的年龄、性别、所处时代等，又可以细分为某一时期某一类型教育参与者的教育身体史，如民国时期大学教师的身体、男女大学生的身体等。在此，需要指出的是，狭义的教育身体史研究是研究重点，但是广义的研究亦需要齐头并进，这既是构建完整系统的教育身体史研究的需要，也可对当前各类型的教育参与者形成借鉴。

从身体史视角出发，教育身体史研究内容还会有所变化，并在上述广义、狭义之分的基础上加以细分，进行更为详细的研究。前文曾提到身体史研究范围可划分为五个层次，即身体器官史研究、器官功能史研究、生命关怀史研究、身体视角史研究、综合身体史研究。如此划分虽未必完整、准确，仅是"根据研究经验所做的研究前瞻"[①]，但毕竟可以为教育身体史研究范畴细化提供参考标准。据此，教育身体史研究可以还原历史上教育参与者的器官史、器官功能史、生命关怀史等研究内容。这些研究内容与广义、狭义教育身体史研究相组合，可以形成特定历史时期某类教育参与者的器官史、器官功能史、生命关怀史、身体视角史、综合身体史研究。

就教育身体器官史来看，可以研究教育参与者的头发、脚、身材等的变化以及服饰、文身等，并探寻其教育影响、蕴含的文化观念等。以研究女学生的发型为例，此研究能够深入发现女性进入学堂后的观念变化，及当时女性的觉醒和与家庭的抗争等；研究女学生、女教员的着装及高跟鞋等，又能发现

---

① 侯杰、姜海龙：《身体史研究刍议》，载《文史哲》2005年第2期。

追求美和时尚等观念、女明星示范等驱使下女学生对身体的形塑情况；就教育器官功能史来说，可以尝试研究教育参与者的饮食、恐惧、性等。这一部分在身体史研究中还未展开，但值得注意的是，情感史已经引发国际历史学界的关注。①教育身体史必须"未雨绸缪"，对教育参与者的触觉、听觉、嗅觉、味觉等感觉以及恐惧、哭泣、悲伤等各种情绪进行研究，如研究大学教师时，查阅其留存日记，整理身体疼痛等对日常教学的影响。《朱希祖日记》等大学教师日记便记录了此类情形，可以此透视身体因素对个人抉择的影响。在教育生命关怀史部分，可以结合教育参与者留存的疾病体检资料等，研究其疾病医疗史、卫生保健史、体育强身史等。如研究新式学堂兴起和西方体育运动观念传入后，当时学生对体育运动的认识、学校对学生作息时间的安排、学校各种场地和设施、体育课程和体育运动项目竞赛的安排、饮水和食物的搭配、学生身体锻炼和养护的意识，进而分析自强自立的决心和勇气。从教育身体视角史，则可以身体为媒介，透视教育身体经历何种历史变迁、教育身体的时空化等。此处的"身体"仅为"象征性的观念产物"。这类研究中，并不研究教育参与者的实在身体，更多研究特定时期教育参与者身体与空间、社会公共领域的关系，力图总结他们身体内涵的丰富性和象征性，在综合教育身体史研究中，凸显教育身体史与其他学术领域的交叉、综合研究，以身体为核心形成教育史研究的多维视野。②以教育身体史与政治史的综合研究为例，近代大学教师在国破家亡而无力拯救民族危亡的情境下，作为时代精英的他们是如何认识自己的身体、以何种身体特征呼唤民众意识等，而这种认识又是如何影响宏大历史的。

---

① 2015年8月24日第22届国际历史科学大会会议主题为"书写情感的历史"。第一场会议围绕"情感、资本主义和市场"的主题进行；第二场会议的主题为"情感和'他者'的塑造"；第三场会议的主题为"身体和空间中的情感"。人的身体是情感的载体，情感需要身体表现，因身体所处时空不同情感有异，这对教育身体史研究有所启示，且部分成果可以借鉴吸收以推动教育身体器官功能史研究。

② 具体可参见周洪宇、李艳莉：《论教育活动史研究的多维视野》，载《江汉论坛》2013年第7期；周洪宇、李艳莉：《论教育活动史多维视野的实现途径》，载《湖北大学学报》（哲学社会科学版）2014年第2期。

当然，教育身体史的研究内容并不局限于上述内容。按照多种身体理论，我们还可以进行划分，如依据约翰·奥尼尔区分的"世界身体、社会身体、政治身体、消费身体、医学身体"①，或依据教育身体观念、教育身体保养、教育身体形象、教育身体规训和解放、教育身体的时空变化等，或根据黄金麟研究近代中国身体划分的国家化身体、法权化身体、时间化身体、空间化身体，进行相应的教育身体史研究。如此划分研究内容，都是为了把握和强调以身体史视角审视教育活动场域中的教育参与者在教育等因素影响下身体的生成与变化情况，亦强调作为主体的教育参与者的身体对教育乃至社会、文化等的影响，更多表达作为教育活动主体的人的声音。②

三、教育身体史的多学科性

如上所述，教育身体史的研究具有综合性。事实上，无论是综合研究，还是前四种研究类型，均需要交叉相关学科的知识，做到以历史学、教育学为主，广泛学习和采用其他学科的知识、理论、技术和方法。这就在于"身体的主题总是处于历史、医学、人类学、艺术、哲学、宗教、政治、种族、性别和经济的交汇处"③。因此，教育身体史研究必然具有跨学科特色，比如哲学中身心观的变迁、关注人的生存与解放、马克思主义等对身体史研究的启示等。

从历史学来看，教育身体史呈现过去教育参与者在教育活动中的身体，直接刻画特定时空中教育参与者的器官、疾病、服饰、发型以及喜怒哀乐等细微之处，使教育历史场域中的人生动立体，避免"只看见了历史遗骸，却不见了历史灵魂"④。可以说，教育身体史研究中身体的进入，促使史学研究出现人本走向，揭示历史主体身体生成的奥秘，进一步推动学术变革和研究方法更新。

---

① ［美］约翰·奥尼尔：《身体形态》，张旭春译，春风文艺出版社2000年版，"编者的话"第1页。

② 章立明：《中国身体研究及其人类学转向》，载《广西民族研究》2008年第2期。

③ 杜丽红：《西方身体史研究述评》，载《史学理论研究》2009年第3期。

④ 钱穆：《中国史学名著》，生活·读书·新知三联书店2005年版，第12页。

从心理学来看，"认知与身体、与身体的构造与功能、与身体的感觉运动系统紧密交织在一起。身体是一个具体的身体，是一个活生生的、与自然环境和文化环境交互作用的有机体"①。教育身体史中的身体同样如此，它突出历史上教育参与者身体的构造、功能等物理属性和感知觉系统与心理体验紧密联系、互相影响。通过对历史上教育参与者身体的物理感受、感觉运动图式等的再现及其与认知的紧密关系，分析他们表达的抽象思想和复杂感情，力图勾勒一定历史情境下教育参与者的身心互动情况。

从生理学来看，教育参与者的身体是一种生理存在，教育身体史研究势必需要融合人体生理解剖学等相关知识以更好地了解教育参与者身体的构造，也会在此路径下注重展现某一时期教育参与者的生命活动特征以及细胞、神经、内分泌等身体调节系统的特点，还会在与考古实物资料、体检资料等的对比中，突出不同时期、不同地区教育参与者生理体征的变迁情况。这是当时教育活动开展的最基本前提，可借此理解当时采取此种教育活动的初衷，展现不同教育活动的实效。

从人类学来看，教育身体史研究的所有成果都与教育参与者的身体发生关系，紧扣与其身体相关的民俗和禁忌、象征意义及如何互相影响等，本身与人类学、教育人类学②不谋而合。教育身体史研究者利用人类学的深度访谈、参与观察、口述史等扎实的田野工作进行研究时，既保证其"在场"从教育参与者的口述、感受中获得更为可信的资料，又使其在以身体的文化建构为研究对象时，几乎"成为不折不扣的人类学家"③，力求真实、动态还原当时不同文化情境下教育参与者身体变化和生命、生活体验，文化和身体间的塑造、影响

①叶浩生：《西方心理学中的具身认知研究思潮》，载《华中师范大学学报》（人文社会科学版）2011年第4期。

②［德］克里斯托弗·乌尔夫：《教育的历史人类学：问题与方法》，载《北京大学教育评论》2007年第4期。此处他指出教育人类学的许多新近研究成果都涉及身体，《身体的复出》一书的出版对历史人类学意义重大，也使得身体成为人类学研究的中心对象。

③［美］费侠莉：《再现与感知——身体史研究的两种取向》，蒋竹山译，载《新史学》（台北）1999年第4期。

等，实现了对教育参与者生命关怀的最终诉求。

从社会学来看，教育参与者的身体不仅是"自然存在的产物，它受到社会规范和社会经验的影响"①，也是一种公共符号系统。社会形塑、规训教育参与者的身体，由他们身体串联的诸如服饰、发型、性别、美容等蕴含的各种复杂象征意义，就可以体现教育参与者的社会身份、社会分层和各种社会关系，所处的时空位置也可以揭示当时宏观社会结构的风貌、观念以及分层、流动和变迁等情况；同时，教育参与者围绕身体的主动设计和开发等，传达了他们在特定社会时空背景下个体社会化及主动施力于社会变革的状况。

从政治学来看，我国古代政治学乃是一种根植于身体的身体政治学，强调身国合一，因而教育参与者的身体与政治学间的密切关系也值得研究。②无论是儒家提倡的修身治家，还是朝代更替中的剪发易服等，都离不开身体这一核心以实现重塑身体政治。同理，教育场域中的各类教育参与者不可避免地受到国家权力推广与影响而重新认识自己的身体和被重塑身体政治。就教育生态圈来说，师生、教育管理者与被管理者如何认识自己的身体，这些都会影响其对教育管理、教育活动的认识和行为等。通过教育身体史与政治学的研究，可以更好地透视政治折射下的教育参与者身体重塑，亦可以身体这一全新视角重新理解传统的教育管理思想和制度。

四、教育身体史的史料来源、研究方法及表现形态

教育身体史研究具有如此重要的学术价值和现实意义，那么如何研究教育身体史呢？教育身体史研究的开展，需要扎实丰富的史料支撑、酌情而定的研究方法以及研究的整体构架，这是研究顺利进行的基础。除此之外，还需要精彩的内容展现，"内容是根本，表现力是检验研究方法的重要参照"③。因此，

---

① 连新、胡晓红：《身体：社会学的新视域》，载《山西师大学报》（社会科学版）2015年第1期。
② 张再林：《中国古代身体政治学发微》，载《学术月刊》2008年第4期。
③ 周洪宇：《教育生活史：教育史学研究新视域》，载《教育研究》2015年第6期。

教育身体史研究还需要着眼于学术表现力。

在史料上，要树立多维史料观。著名史学家陈寅恪曾言："一时代之学术，必有其新材料与新问题。取用此材料，以研求问题，则为此时代之新潮流。"①因此，挖掘新史料或重新精读旧史料，是史学、教育史学研究革新的途径之一。多维史料观就是"要突破以往教育史学研究中只重视地上史料、正史史料以及文字记录即文献史料的狭隘史料观，拓宽史料的来源"，力图"地上史料与地下史料并重、正史史料与笔记小说史料并行、文字记录或文献史料与口述史料并举"。②目前，史学研究、身体史研究、教育史研究等已经注重采取新史料，如形象史学注重运用传世的岩画、造像、铭刻、器具、书画、服饰等一切实物作为证据，结合文献来考察史实，③有些身体史研究则利用地方志、出土文献④等进行。除已有文献资料外，教育身体史研究还要充分利用与教育参与者相关的教具、留存的教育建筑物、服饰等实物资料，且需要拓展医学体检和诊病记录资料、"民间宗教材料、礼俗资料、笔记文集、报刊、政府档案乃至于田野考察与口述史料等等"以及"小说、散文、歌谣、词曲等文学资料"⑤。通过形象直观且真实、原汁原味的史料，清晰再现教育参与者的身体生成情况。

在研究方法上，坚持多维理论与研究方法。教育身体史是教育史和身体史交叉形成的新的研究领域，从诞生之日起就深受交叉学科丰厚养分的滋润。当然，教育身体史的发展不能仅仅依赖于教育学和历史学，还需要其他学科为其

---

① 陈寅恪：《陈寅恪集·金明馆丛稿二编》，生活·读书·新知三联书店2001年版，第266页。

② 周洪宇：《学术新域与范式转换——教育活动史研究引论》，华中科技大学出版社2011年版，第9页。

③ 中国社会科学院历史研究所文化史研究室编：《形象史学研究2011》，人民出版社2012年版，"前言"。

④ 刘孝圣：《医疗与身体》，台湾大学文学院中国文学研究所硕士学位论文，2009年。该硕士论文借助湖南长沙马王堆等出土的先秦两汉医疗文献，对古代与身体相关的脉学、养生方法、诊病等进行研究。

⑤ 刘宗灵：《身体史与近代中国研究——兼评黄金麟的身体史论著》，载《史学月刊》2009年第3期。

奠定基础。这一意识自清末黄绍箕提出设想、柳诒徵撰成的第一本《中国教育史》出版时即已明确，全书"涉及哲学、历史学、社会学、人类学、民俗学、民族学、教育学、教育心理学、教育病理学等学科"[①]。因此，教育身体史应重视跨学科的理论研究，具备多维视野，坚持多维理论与研究方法，可以借鉴和吸收历史学、教育学、社会学、人类学、政治学、经济学等社会科学乃至数学、统计学、生态学、系统论等自然科学的理论、方法，打破学科壁垒，充分吸收各学科理论的优点和长处。[②]就教育身体史的具体研究而言，则包括研究的理论基础、一般研究方法、具体研究方法三个层次。就研究方法的理论基础而言，一方面指马克思主义的唯物史观、经济决定理论、人民群众创造历史等史学理论，一方面指兰克、斯宾格勒、布罗代尔等史学理论中值得借鉴之处。就一般研究方法而言，主要是哲学思维方法在社会历史研究中的应用，如历史分析法、阶级分析法、比较分析法等。就具体研究方法而言，则可分为两部分：一是历史学科一般使用的历史考证法、文献分析法、口述历史法等；二是跨学科的田野调查法、个案分析法、心理分析法、计量分析法等。[③]教育身体史研究首先注重坚持马克思主义唯物史观作为理论基础，强调教育参与者的主体性和社会对其的影响。在此基础上，可根据研究群体的身体的不同特点采取比较法，也可因再现某一群体的身体发展趋势使用计量分析法，研究某一个体的身体采用个案研究法，或倾听过去教育参与者身体的真实故事采用口述历史法，或为再现教育参与者身心统一等而采用心理分析法。在具体研究中，教育身体史并不刻意追求堆砌研究方法，而是秉持尊重研究内容所需的原则，采取合适合理的研究方法。

在学术表现力上，坚持善叙事理和逻辑分析并行，注重研究成果的多元

---

① 杜成宪、崔运武、王伦信：《中国教育史学九十年》，华东师范大学出版社1998年版，第8页。
② 周洪宇、李艳莉：《论教育活动史研究的多维视野》，载《江汉论坛》2013年第7期。
③ 周洪宇：《学术新域与范式转换——教育活动史研究引论》，华中科技大学出版社2011年版，第36页。

化。教育身体史研究首先要尊重史料，如实展现教育参与者"身体"的历史，同时还要注重融合如下两点：第一，教育身体史研究要重视教育叙事的表现形式。教育参与者的"身体"与个人生活密切相关，在翻阅他们留存的日记、回忆录等或采取口述史的形式对健在的教育参与者进行研究时，不难发现身体的舒适与否直接影响日常生活；因此，教育身体史应与教育生活史一致，要采用叙事的手法，应用文学语言生动描述教育参与者身体的生成等，使读者能够身临其境，能在较强的可读性中感知历史上教育参与者身体的"遭遇"。第二，教育身体史研究还需要深化逻辑分析。教育参与者的"身体"是一个复杂的构成，集生理和社会存在于一体，在对教育身体进行如实、生动再现时，还需要融合其他学科的相关理论进行深刻分析，为读者建构哲学、社会学、政治学等思考提供方便，以提升研究的理论性。第三，教育身体史研究成果要注重多元化。教育身体史研究成果主要为学术论文、专著，但也不能局限于学术论文、学术专著。在此，我们必须肯定的是，教育身体史研究成果的表现形态除前述最常见的两种之外，报告、小说、电影、电视剧、照片等都应是教育身体史研究成果的表现形态。

第三节　教育身体史研究的发展趋势

教育身体史作为教育史研究的新生长点，它的提出是教育史研究关注人及其生命体验的需要和追求。当前，教育身体史研究非常有必要展现和整合哲学、历史学、教育学等相关学科与身体相关的研究内容，以求进一步深化教育身体史研究，并为今后从事教育身体史研究的研究者提供相关借鉴和参考。

一、教育身体史研究要挖掘"身体"的象征意义

特纳在《身体问题：社会理论的新近进展》中指出："身体社会学将根本性地讨论人体的社会性，讨论身体的社会生产，身体的社会表征和话语，身体的社会史以及身体、文化和社会的复杂互动。"[①]据此，身体社会学认为走、站、做等身体行为，服装、装饰、发型等身体附属物，仪式、规范等身体管理的各方面均是社会建构。同时，不同群体、不同阶层、不同身份的社会表现者，因为身处社会，其身体与社会密不可分，接受来自社会文化的建构，形成相应的区别。这其中涉及一个问题，即每个人在社会互动中能因身体的象征意义而被区别开来。在教育身体史研究中，除要坚持前述身体是肉体性身体，研究其感官、疾病等与肉体性身体关系最为密切的方面外，还要注重挖掘社会性身体的象征意义。以研究民国时期大学教师的身体为例，呈现其肉体性存在、身体附属物是一个方面，还要讨论身体的社会生产、社会象征及其与文化的复杂互动关系。就其或是中式服装或是西装来看，要进一步挖掘当时穿着不同服装的社会象征意义等，这样才能更为深入地剖析、解读某类群体的身体。

二、教育身体史研究的"身体"身心、时空合一

身体哲学认为身体不仅是物质性、生理性肉体，还是身心合一体。身体是肉体和心灵的统一，二者同等重要。因此，教育身体史研究中的身体首先有遗传意义上的、生理学意义上的身体之说，这是教育者和受教育者从事教育活动的前提。教育身体史研究对历史上教育者和受教育者生理学意义上身体的剖析，有助于明晰教育者、受教育者生理性身体的变迁，有助于明确当时如何改进身体以及当时相关教育政策出台的原因等。当然，教育身体史研究还必须认识到教育者和受教育者都是身心合一体，也就是他们既有生理性身体，也有其

---

① 汪民安、陈永国编：《后身体：文化、权力和生命政治学》，吉林人民出版社2011年版，第7页。

精神、思想，生理性身体是精神存在的基础，精神提升和思考有助于生理性身体的改变。教育者和受教育者的生理性身体会接受社会、文化的影响，因为其具有精神、思维以及主观能动性。

此外，身体哲学认为身体总是处于特定时空之中，因此教育身体史研究首先要分析特定空间内的教育者和受教育者的身体，如幼儿园、中小学、大学等学校空间内的教育者或受教育者的身体，学校空间里有教室、宿舍、食堂、图书馆以及操场等不同空间内的身体，还有非学校空间内的身体。非学校空间包括田野、街道、商店等。教育身体史研究者应当关注，教育者和受教育者在学校空间内，如在教室、宿舍等不同场所身体是如何统一和疏离的，在图书馆内是如何管理自己身体的等。①人的存在和体验是按照顺序排列的，"主体是时间的"②，二者有必然关系。教育者和受教育者"身体"存在于特定时期，也在特定时间内存在。时间赋予当时的教育参与者以身体，时间可能也会规定和约束教育者和受教育者的身体，教育者和受教育者也会根据时间分配和管理自己的身体。就此而言，教育身体史研究者要注重把握特定时空或是时空合一的教育者和受教育者的身体。

当然，身体哲学还探讨了表达和语言的身体、身体的感知、身体观等。教育身体史研究要注重分析语言和身体的关系和某一群体的身体语言，了解其传达的意义，强调剖析身体感知等，从教育的角度分析不同历史时期的教育身体观。可以说，身体哲学涉及的身体找回、身心合一、空间和时间下的身体、身体语言以及身体感觉、身体观等，为教育身体史研究提供了哲学思考的依据。

---

① ［德］海德格尔：《存在与时间》，陈嘉映、王庆节译，生活·读书·新知三联书店2006年版，第377页。

② ［法］梅洛-庞蒂：《知觉现象学》，姜志辉译，商务印书馆2001年版，第469页。

三、教育身体史研究中"规训""反抗"共生

身体社会学研究对身体的含义进行了阐释，与前述哲学、历史学、教育学三个学科观点基本相似，即身体是肉体的存在，也是社会组织和权力关系的表现，并探究身体如何体现出这种社会权力关系。在教育身体史研究中，首先要汲取身体具有社会象征意义这一观点，挖掘教育者和受教育者身体承载的社会文化意义。此外，社会学家在解读社会学意义层面的身体时，更多侧重于身体被规训、被惩罚、被管制，这与受福柯观点影响颇深有关。当然，在后期的研究成果中，也注重社会中身体对社会组织和制度管理呈现的主动反应。无论是从福柯、韦伯侧重阐释的社会组织利用身体、身体被驯服的观点来看，还是从身体的主动性、主体性来看，这些观点对教育身体史研究的启示在于，教育者和受教育者会受到教育活动的"规训"，但其作为主体也会"觉醒"和"反抗"。因此，我们可以将教育参与者的身体首先视为存在主体，然后从教育参与者身体处于学校教育环境乃至社会大环境的视角出发，剖析其身体在此环境中被视为一种符号、象征，也会被学校教育、社会所建构，被学校时间、空间、仪式和制度等规训。当然，剖析教育参与者身体被建构、规训的同时，也要凸显具有主观能动性的教育参与者的身体意识、身体体验。

四、教育身体史研究中汲取"身体"分类成果

无论是哲学、教育学还是历史学对"身体"的研究，一定程度上都注重身体的分类。由于研究视域不同等，身体分类有所差异。当然，这些学科的身体划分多言之成理，有其划分的依据和标准，且都可以成为研究者在具体研究中的框架划分依据。与其他学科相比，身体社会学从社会学视角出发，考虑了多重因素，划分了不同身体形态，如奥尼尔的世界身体、社会身体、政治身体、消费身体以及医学身体，弗兰克的《重返身体视角：十年回顾》划分的医学的身体、性的身体、规训的身体、说话的身体，特纳把身体视为社会实践的结

合、象征的系统、权利的反思三者结合①，也有消费态身体、医疗态身体、技术态身体、性别态身体及规训态身体等。身体人类学在关注人体生理、生物学特征时，更多关注具体文化情境下身体蕴藏的文化和社会意义。人类学者N. 舍佩尔-休斯和洛克提出了"三重身体"的概念：第一重是个人的身体，涉及身体本身的生活经历；第二重是社会的身体，它是作为一个自然、社会和文化象征意义的身体；第三重是身体政治，那意味着必须遵守规则并控制身体。无论是身体人类学的研究诉求还是身体划分，均说明身体存在于具体文化情境中。身体也受一个大环境影响，国家化和地方化身体有所不同，国家化在一定程度上会影响地方化，但是有时力量也未必明显，地方身体有时保留了当地特色。历史学家王笛在《茶馆：成都的公共生活和微观世界，1900—1950》中指出："茶馆讲理这个实践显示了市民的相对自治状态，他们试图在没有官方介入的情况下解决冲突，说明一种国家之外社会力量的存在，这种力量是基于调解人的社会声望。"②因此，教育身体史研究在具体开展时，要注重关注教育者和受教育者的不同身体形态，这些有助于为教育身体史具体研究确定研究框架提供参考依据。

五、教育身体史研究应注重田野调查、深描等

毋庸置疑，教育史研究需要一种"静坐书斋"的本领，原因就在于卷帙浩繁的文献资料需要研究者去查阅和书写。可是，历史文献资料无论多么丰富，也可能存在因不了解文献资料的具体情境而解读有误或解读片面等问题。身体人类学研究中，除注重阅读文献资料外，研究者还必须深入少数民族地区等具体身体所在地进行田野调查，以获取第一手资料，并进一步有效、深刻地解读文献资料。田野调查可以让学者们"努力从乡民的情感和立场出发去理解所见

---

① ［英］克里斯·希林：《身体和社会理论》，李康译，北京大学出版社2010年版，第15页。

② 王笛：《茶馆：成都的公共生活和微观世界，1900—1950》，社会科学文献出版社2010年版，第345页。

所闻的种种事件和现象，常常会有一种只可意会的文化体验，而这种体验又往往能带来新的学术思想的灵感"①。身体人类学提示教育身体史研究应着力注意的是，要不断查阅和整理与教育者和受教育者"身体"相关的文献资料，还要尽可能回到教育者和受教育者"身体"存在的生态环境中，重返和重建历史现场，设身处地地去体会当事人的想法和做法。这样，教育身体史研究既可以通过当事人"身体"及其"身体"所处文化有根据地说话，也有助于加深对文献资料的解读，以防止误读等。

不仅如此，就身体写作来看，教育身体史研究者首先可以个人或他人为模型，通过访谈、调查等书写教育身体自传和传记史，使读者体验鲜活的教育身体史。在再现历史上教育参与者身体生成和改变时，则可以自身的切身体验和已有史料与教育参与者"视域融合"，真切表现教育参与者的身体。当然，在表现教育参与者身体时，应秉持的原则是：跨越性别界限，重视表现独特身体感受但不刻意迎合消费文化，注重在作品中超越生理身体，多考虑身体与具体社会历史背景的关系，以身体凸显人性、道德提升和人文关怀。不仅如此，教育身体史研究者在借鉴"身体写作"的同时，也要注意把握一定的度，不能为吸引读者的眼球、追求一举成名或销量等，而肆意宣泄本能欲望或毫无顾忌地暴露自己的隐私及进行夸张的性描写，使"身体写作"这个词语蒙尘。整体来看，教育身体史研究在借鉴"身体写作"时应注重"身体"，应在正确的态度和方式以及尊重史料基础上抓住真实性，突出教育性、启发性，再现真正、真实的"教育身体"，最终使当前教育者和受教育者受到启发。

（周洪宇　李艳莉）

附录：相关文献

1. 冯智明：《广西红瑶——身体象征与生命体系》，生活·读书·新知三联

---

① 陈春声：《中国社会史研究必须重视田野调查》，载《历史研究》1993年第2期。

书店2015年版。

2. 黄金麟：《历史·身体·国家：近代中国的身体形成（1895—1937）》，新星出版社2006年版。

3. 黄金麟：《战争·身体·现代性：近代台湾的军事治理与身体（1895—2005）》，联经出版事业股份有限公司2009年版。

4. 黄金麟：《政体与身体：苏维埃的革命与身体（1928—1937）》，联经出版事业股份有限公司2005年版。

5. 汪民安、陈永国编：《后身体：文化、权力和生命政治学》，吉林人民出版社2011年版。

6. 汪民安：《身体、空间与后现代性》，江苏人民出版社2015年版。

7. 谢妮：《教育与身体：学校日常生活中的身体》，贵州人民出版社2010年版。

8. 熊和平：《学生身体与教育真相》，浙江大学出版社2014年版。

9. 闫旭蕾：《教育中的灵与肉——身体社会学研究》，南京师范大学出版社2007年版。

10. 杨儒宾：《中国古代思想中的气论及身体观》，巨流图书有限公司1993年版。

11. 杨兴梅：《身体之争：近代中国反缠足的历程》，社会科学文献出版社2012年版。

12. 游鉴明：《超越性别身体：近代华东地区的女子体育》，北京大学出版社2012年版。

13. 余新忠：《清代江南的瘟疫与社会——一项医疗社会史的研究》，中国人民大学出版社2003年版。

14. 曾越：《社会·身体·性别：近代中国女性图像身体的解放与禁锢》，广西师范大学出版社2014年版。

15. 张德安：《身体教育的历史（1368—1919）——关于近世中国教育的身体社会史研究》，南开大学博士论文，2014年。

16. 周娜：《臣属与自决：近代中国女学生身体生成趋向探析》，华中师范大学博士论文，2017年。

　　17. 魏珂：《归属与自主——近代大学生教育身体史研究》，华中师范大学博士论文，2017年。

　　18. 陈乐乐：《具身研究的兴起及其教育学意义》，载《苏州大学学报》（教育科学版）2016年第3期。

　　19. 杜丽红：《西方身体史研究述评》，载《史学理论研究》2009年第3期。

　　20. 冯合国：《现代教育中的"身体"关怀——基于梅洛–庞蒂身体现象学的视角》，载《现代大学教育》2015年第6期。

　　21. 李柯柯、扈中平：《教育中"身体"的解放与自由》，载《教育研究与实验》2015年第1期。

　　22. 张曙光：《身体哲学：反身性、超越性和亲在性》，载《学术月刊》2010年第10期。

　　23.［美］费侠莉：《再现与感知：身体史研究的两种取向》，蒋竹山译，载《新史学》1999年第4期。

第五章

教育情感史研究

　　教育情感史作为教育史研究的一个新兴领域，专门研究历史上人们教育情感的变化和规律，及其对个人行为与社会历史进程所起的作用及影响。当代史学的"情感转向"，使情感史研究逐渐成为国际史学界的一个新潮流。在这一背景下，开拓国内的教育情感史研究意义重大，它有助于拓展教育史学研究领域，坚守和弘扬马克思主义人本立场，顺应国际史学和教育史学发展趋势，同时也能从情感的视角更好地参与并服务于现实的教育改革与发展。教育情感史是多学科交叉而形成的研究领域，具有跨学科性。在开展教育情感史研究时，应特别注意借鉴情感史的研究成果，并在史料、研究方法和成果表现形式上有所继承和突破，以真正体现出教育的情感世界。

第一节 教育情感史研究的缘起

近些年来，随着"情感"与"情感转向"问题被反复谈及，关于"情感"的研究工作在社会学、哲学、心理学、历史学、文学、人类学、政治学、经济学等人文社会学科领域渐次展开，并呈现出勃兴之势，以至于受到了各国学者的热切关注。令人耳目一新的"情感"研究，为各领域的研究工作带来了全新的视野，同时也成为各学科的前沿研究领域。

而在史学界，开展"情感史"研究已然成为国际史学的一个新潮流。而"情感"成为史学的研究对象，却是经历了一个过程。以往心理学、人类学、神经科学等对"情感"的研究无法延伸出"情感有自己的历史"这一结论，因而史学迟迟未真正踏足"情感"这一研究领域。情感史研究的佼佼者——美国历史学家威廉·M. 雷迪（William M. Reddy），其情感史研究的代表著作是《情感研究指南：情感史的框架》（*The Navigation of Feeling：A Framework for the History of Emotions*）①。他认为"情感有自身的历史"，"不同时代人们的情感表达是不同的，不同社会秩序在鼓励和限制人们的情感生活方面千差万别，情感对一切具体的历史进程均有影响，这些都是情感史的研究对象"②，并且他还试图构建自己的情感理论，尝试将情感理论运用于法国大革命等具体的研究领域。

---

① William M. Reddy，*The Navigation of Feeling*：A Framework for the History of Emotions（Cambridge：Cambridge University Press，2001）.

② 孙一萍：《情感有没有历史？——略论威廉·雷迪对建构主义情感研究的批判》，载《史学理论研究》2017年第4期。

各国研究者对"情感史"开展研究的基础是认识到情感不是一成不变的，而是有着自己的历史及变迁。从情感史的角度，研究者们展现出了一幅全新的历史图景，认识到历史上人类社会不仅有理性的一面，情感的一面也占有一席之地，情感因素对推进历史的进程起着十分重要的作用。如果忽视历史上的情感，就无法真正理解整个人类社会的实际情况。

2015年8月23—29日，在中国山东济南召开的第22届国际历史科学大会，将"书写情感的历史（Historicizing Emotions）"①作为大会四大主题之一。各国与会代表就"书写历史上的情感：理论和方法论""情感与'他者'的塑造""身体和空间中的情感"等分议题，分享、汇报了各自的研究和成果，探讨了历史上"情感"发挥的作用。在这次会议上，对"情感"研究的重要意义，国际史学界开始达成共识。一场史学变革正悄悄地发生着，让人眼前一亮的"情感史"研究遂渐次开展起来。

回首往昔，传统的史学研究，过于注重研究历史人物的理性思考和行为，而对行为背后的感性和情感因素视而不见，更别提去认识并关注"情感"可以转化成或是推动行为的发生这一现象；因而也带来了一些问题，譬如，历史解释的片面和不完整性、"情感"的缺失，也易造成历史活动主体"完整的人"缺位。在历史中，发现"情感"，使史学研究从理性转向感性、情感的层面，出现了史学的所谓"情感转向"②，确实可以为史学研究打开另一番天地。正如澳大利亚情感史研究者查理斯·齐卡（Charles Zika）指出的那样，"情感史"应

---

① 王晴佳在《当代史学的"情感转向"：第22届国际历史科学大会和情感史研究》一文中将此翻译为"历史上的情感"；［澳］查理斯·齐卡在《当代西方关于情感史的研究：概念与理论》一文中将此翻译为"历史化的情感"。

② Jan Plamper, "The History of Emotions: An Interview with William Reddy, Barbara Rosenwein, and Peter Stearns", *History and Theory*, vol.49, no.2（May 2010）, 237—265；王晴佳：《当代史学的"情感转向"：第22届国际历史科学大会和情感史研究》，载《史学理论研究》2015年第4期。

发展成为重要的历史学科，这同时也是对人类理性行为研究的有力补充。①

教育史学视历史学为"母体"学科，史学的"情感转向"则为教育史研究指引了新的方向。②教育是培养人的活动，教育的每一个环节、每一个构成因素，都离不开人的参与，而人都是有情感的；因此，教育活动自然也离不开人的情感活动。历史上感性的、实在的、具体的教育活动，教育参与者的微观的、具体的、日常的活动，里面包含着大量的情感，进行教育人物、教育活动的研究，就必然会深入教育参与者的情感领域。因此，在教育史中进行"情感史"研究显得自然而然而又非常必要。从"情感"的角度，可以看到教育历史世界的另一番面貌，也可以拓展和深化对"教育活动史"的研究。"教育情感史"是一个值得教育史学研究者驻足的新领域。那么，教育史中"情感"有着怎样的历史？它在历史上扮演了什么样的角色？有着怎样的变迁？这些都亟待教育史学研究者去发现和探索。

第二节　教育情感史研究的理论与方法

情感是人类与生俱来的现象，人的行为也往往折射出理性与感性的共同影响，但传统学术研究似乎更加侧重于"理性"系统的思想史、制度史研究，而对情感史研究关注不够。情感史研究旨在揭示人类情感对个人行为与社会历史进程所起的作用及影响的历史，它的开展将有助于打破理性史研究一统天下

---

① ［澳］查理斯·齐卡：《当代西方关于情感史的研究：概念与理论》，载《社会科学战线》2017年第10期。

② ［美］诺亚·索贝：《教育史中的情感与情绪研究》，载《华东师范大学学报》（教育科学版）2016年第4期。

的局面。当前，国际史学界情感史的勃兴，反映了当代史学的"情感转向"，并引起了教育史学界的密切关注。美国芝加哥罗耀拉大学（Loyola University Chicago）教授诺亚·W. 索贝（Noah W. Sobe）指出应该有更多的教育史学家加入到情感史研究的队伍，并在早期情感史研究的基础上，以情感为核心概念，发展出不同于情感史的"教育情感史"研究。[1]笔者认为，为了更好地开展教育情感史研究，当务之急是要尽快厘清其概念、属性，了解其价值与意义，以便更好地来探索其开展的具体路径。

一、情感史、情感教育史与教育情感史

"一旦用文字来描述情感，便会陷入困境"[2]，这是情感研究者面临的一个挑战。"情感是什么？答案众说纷纭；存在一些什么样的情感？答案同样莫衷一是。"[3]这同样也给情感研究增添了一定的难度。但人人皆有情感，"情感处于社会生活所有层次即微观的、宏观的、个人的、组织的、政治的、经济的、文化的以及宗教等等的中心"[4]。

那么，情感是什么呢？在《辞海》中，"情感"亦称"感情"，指人的喜、怒、哀、乐等心理表现，是人在社会实践中，在认识世界和改造世界的过程中产生和发展的。[5]《教育大辞典》中称："情感，心理过程之一，是对客观事物的态度体验，包括人的喜、怒、哀、乐、爱、恶、欲等各种体验。广义与情绪相通，但两者又有区别。与机体需要相联系的体验为情感，是人所特有的。从

---

① Noah W. Sobe, "Researching Emotion and Affect in the History of Education", *History of Education*, vol. 41（2012），689.

② ［德］赫尔曼·施密茨：《身体与情感》，庞学铨、冯芳译，浙江大学出版社2012年版，第7页。

③ ［美］乔恩·埃尔斯特：《心灵的炼金术：理性与情感》，郭忠华、潘华凌译，中国人民大学出版社2009年版，第278页。

④ ［美］诺尔曼·丹森：《情感论》，魏中军、孙安迹译，辽宁人民出版社1989年版，"序言"第1页。

⑤ 辞海编辑委员会编：《辞海》，上海辞书出版社1979年版，第1992页。

个体发展来说，情绪发生得较早；情感发生得较晚，是在人类个体社会化过程中逐渐产生的。从稳定性来说，情绪一般带有情景性，持续时期不长，较不稳定；情感虽然也受情景的影响，但较稳定而持久。情感在情绪的基础上形成后，总是相互影响，相互交织在一起的。"①研究身体、情感的法国学者大卫·勒布雷东认为："情绪反映出暂时的情感状态，以及独立于外部环境的、具有独特感情色彩的个人看法。感情是对客观的一种情感表现，有时间限度，在内容甚至是形式上都是一致的。情感是'身体感觉、动作、通过社会关系学到的文化内涵的结合'，它是在世界与个人的交流中，对过去、现在或将来的真实或假想事件特有的共鸣，这是因一个具体原因而产生的一段暂时性时光，感情在这段时间内特别强烈地积聚起来。"②国内研究情感的社会学学者郭景萍指出，情感"与社会需要相联系，为人类所特有，如集体感、荣誉感、责任感、羞耻感等，都是人们在社会生活条件下所形成的高级情感"③。

综上所述，笔者认为，情感是一种内在的心理状态、态度和体验，可分为自然性情感和社会性情感两大类。自然性情感包括人类天然的喜怒哀乐等的情绪、情感反应，是人类本身的能力，具有短暂、激烈、不稳定等特性。社会性情感则与社会相联系，有个形成过程，是一种人类社会所特有的建立在自然性情感基础之上的高级的具有相对稳定持久性的情感。它的对象都是人类社会才有的，如民族、国家、宗教、政治、文化、教育等，我们称为民族情感、国家情感、宗教情感、政治情感、文化情感、教育情感等，这些都是社会的产物。（如下图所示）教育情感作为一种社会性情感，包括人们一般的非职业性的"对教育的情感"，即人们对于教育的情感表达，如非教育者和教育者中非教师对教育都有的普遍性、非职业的一般情感表达，主要体现为其道德感和

---

① 顾明远主编：《教育大辞典》（增订合编本下），上海教育出版社1998年版，第1227页。

② ［法］大卫·勒布雷东：《日常激情》，白睿、马小彦、王蓓丽译，上海文艺出版社2014年版，第87页。

③ 郭景萍：《情感社会学：理论·历史·现实》，上海三联书店2008年版，第43页。

价值感，以及专门的职业性的"教育情感"，即教师的高级的、专门的职业情感——教育情感。以上所有这些情感皆是情感史研究所关注的内容。

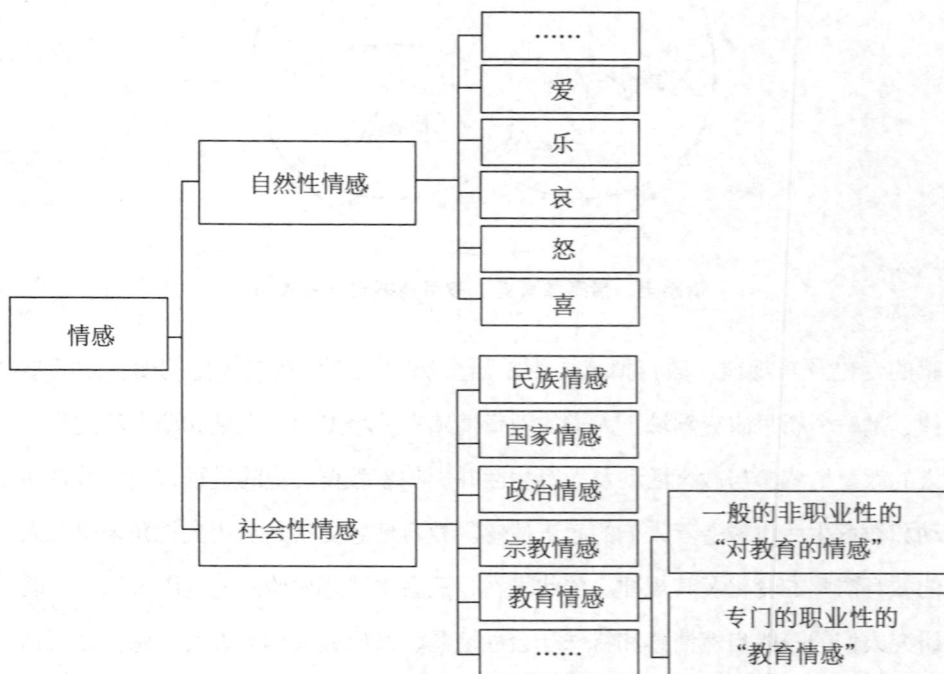

```
                          ┌──────────┐
                          │  ……      │
                          ├──────────┤
                          │  爱      │
              ┌────────┐  ├──────────┤
              │自然性情感│──│  乐      │
              └────────┘  ├──────────┤
                          │  哀      │
                          ├──────────┤
                          │  怒      │
                          ├──────────┤
                          │  喜      │
                          └──────────┘
  ┌────┐
  │情感│
  └────┘
                          ┌──────────┐
                          │  民族情感 │
                          ├──────────┤
                          │  国家情感 │
                          ├──────────┤                ┌────────────┐
              ┌────────┐  │  政治情感 │                │一般的非职业性的│
              │社会性情感│──├──────────┤                │"对教育的情感"│
              └────────┘  │  宗教情感 │                └────────────┘
                          ├──────────┤──────┐
                          │  教育情感 │      │        ┌────────────┐
                          ├──────────┤      └────────│专门的职业性的│
                          │  ……      │                │"教育情感"  │
                          └──────────┘                └────────────┘
```

情感与教育情感

教育情感史作为一个新兴领域，国内外学者对其概念目前尚未达成共识。明确"情感史""情感教育史"与"教育情感史"三者之间的关系（如下图所示），将是一条更加清晰地认识教育情感史的途径。就情感史而言，它是一门研究历史上人们的情感变迁及其规律的学问。凡是关于人的"情感"的产生、发展、变迁以及表现、作用、影响等都是其研究的范畴，它是历史学新兴的一个分支研究领域。就情感教育史而言，它是研究历史上人们的情感如何在教育的影响下不断产生新质、走向新的高度的专门领域。情感教育从培养人的情感层面出发，认为人的情感不是自然成熟，而是在教育的影响下不断发展成熟的，是促进人的全面发展的教育的组成部分。情感教育史就是从历史角度来研究情

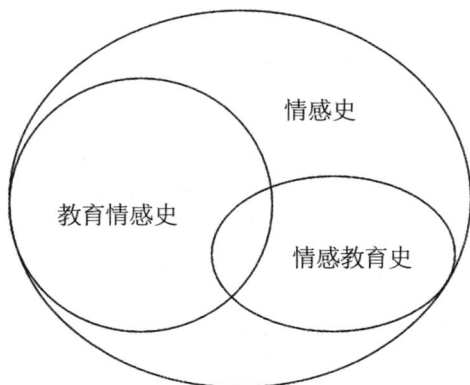

情感史、情感教育史、教育情感史三者关系

感的变化及其规律。教育情感史则是研究历史上人们教育情感的变化及其规律，是一个新兴研究领域。人们的教育情感有一个发生、发展和演变的过程。人的教育情感参与教育活动及教育生活并影响着教育历史的进程，同时教育活动和教育生活也塑造着人们的教育情感。教育情感史就是从历史视角来研究人的教育情感的变化及其规律。依此来看，三者中情感史研究的范围最广，它既研究人们的一般自然情感和特殊社会性情感，又研究人们的教育情感。教育情感史则只研究人们的教育情感的历史。情感教育史与教育情感史相较，其研究的范围较窄，二者并列交叉又皆隶属于情感史。因此，我们在研究教育情感史时也要注意吸收情感史与情感教育史的研究成果，注意它们之间的联系与区别，并在比较与借鉴中开展教育情感史研究。

明确了"教育情感"的内涵后，我们便可从广义与狭义上进一步明晰教育情感史的研究内容和范围。从广义上说，教育情感史泛指一切人的教育情感（包括一般的非职业性的"对教育的情感"和专门的职业性的"教育情感"）的历史，包括教育参与者教师、学生以及教育管理者，学校、家庭、社会教育者，以及非教育参与者的教育情感的历史。从狭义上说，教育情感史专指教师的职业性的教育情感的历史，研究其如何产生和变迁，如何影响人的行为、心理以及人类历史的进程，是将教育情感视为一个考察教育历史变迁的变量和因

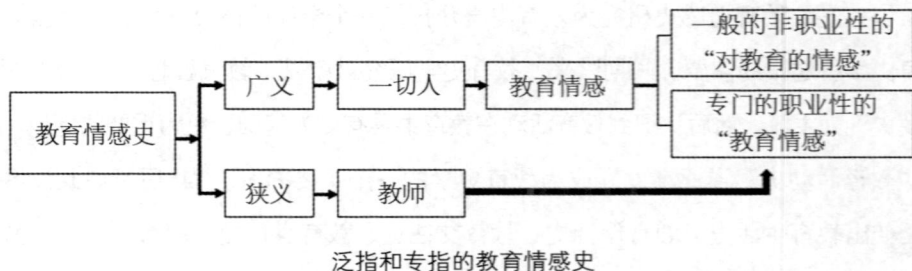

泛指和专指的教育情感史

素。（如上图所示）教师不仅有对教育的一般情感，更主要的是有一种高级的职业性的教育情感，它是教师对教育事业、对学生、对所教授知识等所表现出的一种爱，这是一种立足于人类一般自然性情感基础之上的，而又不同于人类一般自然情感的更加稳定、高级的具有社会性、职业性的情感。通过以上分析可知，教育情感史就是历史上人的教育情感的变迁史，是对人们教育情感历史的专门研究。教育情感史涵盖面广，在理论上广义与狭义上的教育情感史都需要开展研究；但为了避免研究的泛化，在实际操作层面我们应集中研究对象，重点开展狭义上教师的高级的专门的职业性教育情感（如爱好感、关爱感、责任感、道德感、成就感、归属感等）的历史研究。

二、教育情感史研究的理论价值和意义

教育情感史作为教育史、情感史的延伸，对完善学科建设具有重要的学术价值。人的"情感"既是"身体"的，又存在于"生活"中，还活跃于人的一切"活动"中，所以，教育情感史研究对推动教育身体史、教育生活史、教育活动史的研究也具有非常重要的意义。从"情感"的视角关注教育中人的身体、生活、实践活动，日常的、琐碎的、短暂的、偶然的经历、事件、感受等都将纳入研究的范围，为教育史学研究提供了更为广阔的视域。此外，随着国际史学界和教育史学界对情感史研究的密切关注，开展教育情感史研究将顺应国际潮流，推动我国教育史学研究与国际的接轨和对话。现实层面上，教育情感史研究的开展也有助于教育史学从情感的视角参与并服务于现实的教育改革。

首先，教育情感史研究为教育史学开拓了一个全新的研究领域，是完善教育史学科建设的需要。长期以来，教育史学研究对象以"教育思想史""教育制度史"为主流，而后认识到教育活动在教育中具有更为基础、更为重要的地位，"教育活动史"遂逐渐发展成为教育史学的一个重要内容。[①]其后又由此发展延伸出教育生活史、教育旅行史、教育交往史、教育身体史、教育口述史、教育记忆史等，这些新的研究领域的开展进一步拓展了教育史学的研究空间。而在这些研究开展的同时，情感也进入人们的视域，教育参与者的活动、生活、身体、交往、记忆中都充满了情感的影子。教育中具体、鲜活的感觉领域，是真实存在的领域，以往却没有受到研究者的关注。教育史中的"情感"也如史学领域一样，"情感常被等同于思想成为叙述的内容，而不是被视为改变历史进程的力量"[②]。历史上感性的、实在的、具体的教育活动，教育者微观的、具体的、日常的活动，都有教育情感的参与。教育情感史研究的提出和开展，将开拓一个新的研究领域，同时也是对教育史学科建设的进一步完善。

其次，教育情感史研究聚焦人的情感，是坚守和弘扬马克思主义人本立场的体现。教育情感史研究集中体现了研究对象的"人的"特性和"人本"思想，是对人的本质的一种发掘。马克思的历史唯物主义的前提就是承认人的存在，他指出"全部人类历史的第一个前提无疑是有生命的个人的存在"[③]。马克思实践唯物主义则认为"真正人的活动"不仅仅只有"理论的活动"，还有"感性的人的活动"。[④]他指出："费尔巴哈与'纯粹的'唯物主义者相比有很大的优点：他承认人也是'感性对象'。但是，他把人只看作是'感性对象'，而不是'感性活动'，因为他在这里仍然停留在理论领域……他还从来没有看到现实存在着的、活动的人，而是停留于抽象的'人'，并且仅仅限于在感情范围内

①　周洪宇：《创新与建设——教育史学科的重建》，华中科技大学出版社2016年版，第85页。

②　[澳]查理斯·齐卡：《当代西方关于情感史的研究：概念与理论》，张广翔、周嘉滢译，载《社会科学战线》2017年第10期。

③④　中共中央马克思恩格斯列宁斯大林著作编译局编：《马克思恩格斯选集》（第一卷），人民出版社2012年版，第146、133页。

承认'现实的、单个的、肉体的人'……他从来没有把感性世界理解为构成这一世界的个人的全部活生生的感性活动。"①教育历史活动的主体人兼具理性与感性两面，教育史不是只有由传统意义上的"思想史""制度史"组成的"理性史"，还应有"情感史"的存在。"情感"的缺失，势必破坏教育历史活动主体——人的完整性。对历史上人的教育情感进行研究和剖析，以揭示过去那些深藏不露、隐藏在群体记忆深处、不为人知而客观存在的、与教育相关涉的个体或集体的情感的真实面貌，可以帮助我们认识到一个个鲜活的人，以及他们丰富多样的活动着的教育情感世界，也有助于我们学习如何去理解和尊重人，这就是对马克思主义人本立场的坚守和弘扬。

再次，教育情感史研究顺应了国际史学和教育史学界开展情感史研究的趋势。21世纪"是一个国际化的时代，教育史学界如何加强与国际学术界的对话，使学科建设真正与国际接轨，这是广大教育史工作者共同关注和思考的课题"②。中国教育史学科的进一步发展需要关注世界史学和教育史学的研究趋势。从2015年山东济南第22届国际历史科学大会和土耳其伊斯坦布尔第37届教育史国际常设会议，可以看到"情感史"都是大会关注和讨论的重要内容之一。开展教育情感史研究，不仅能够拓展情感史研究的领域、方法和成果，也是对这一国际研究趋势的顺应和对话。"中国教育史学要想得到更大发展和更大繁荣，也迫切需要走向世界，走向历史学，在与历史学特别是国际历史学和教育史学界的互动中，了解对方，并展示自身实力与风采。"③

最后，教育情感史研究有益于当代教育改革和教育发展。"历史研究的最终目的显然在于增进人类的利益"④，开展教育史研究的出发点便是满足当代

① 中共中央马克思恩格斯列宁斯大林著作编译局编：《马克思恩格斯选集》（第一卷），人民出版社2012年版，第157—158页。

② 田正平、肖朗：《教育史学科建设的回顾与前瞻》，载《教育研究》2003年第1期。

③ 张斌贤、杜成宪、肖朗、周洪宇、陈露茜、周采：《教育史学科建设六人谈》，载《华东师范大学学报》（教育科学版）2016年第4期。

④〔法〕马克·布洛赫：《历史学家的技艺》，张和声、程郁译，上海社会科学院出版社1992年版，第12页。

教育发展的现实需要。一方面，现实的教育改革需要具体鲜活、丰富多样的历史资料。"人类不仅在思考世界，而且在感受世界。"[①]教育历史上个体的或集体的、普遍的或特殊的、日常生活中的或重大事件中的教育情感真实存在，它反映的是人们教育情感的领域，是教育历史上人所经历的教育政策的制定和实施、教育实践活动开展的真实鲜活领域。教育情感史研究有利于保存这些与教育相关的资料。另一方面，教育情感是促进学生以及教育事业发展的一个重要因素。教育的发展离不开人们对教育的热爱、理解、关心、支持等情感，特别是教师的教育情感对学生和教育事业的影响不容小视。教育取得成功的关键因素之一在于教师，而教师应具有怎样的教育情感？如何培养教师具备一种有利于教育发展的高级的职业性教育情感呢？现实中教师积极的教育情感能促进学生的发展，消极的教育情感则会造成学生片面的发展。历史上具有教育情怀、热爱教育事业并持之以恒奉献一生的教师，他们在教育中所表现出的关爱感、同情感、责任感、道德感、归属感等高级的职业性教育情感，他们对学生的关爱、启蒙、同情、解放等教育情感，是当代教师学习的榜样，能够激励当代教师成长。当代教育改革事业需要具有教育情感的教师。

第三节　教育情感史研究的主要进展

情感史，确切地说就是过去的情感，而不是当前的情感的历史。教育情感史则是指在教育史中研究人的情感史。情感史研究是向内关注历史上人的情感、心灵，关注人的主观感受、体验和时代精神。"人的存在是实实在在的具体

---

① ［加］郝拓德、［美］安德鲁·罗斯：《情感转向：情感的类型及其国际关系影响》，柳思思译，载《外交评论》2011年第4期。

的情感活动而不是抽象的理性思维。"① "情感是人类行为的调整器","人类的理性,更具体地讲,人类的决策依靠情感","没有情感,人们不能把握选择的效价或效用"。②从情感史视角分析,开展教育活动(这其中就包括情感活动)研究,是将教育史研究的视角从制度、思想转到教育活动中人自身,是从"理性"的教育思想、教育制度转到"感性"的教育活动行为人。

教育史学与其"母体"学科历史学都是"人的研究",关注人的命运和人的内心成长。而情感是人存在的重要标志,且对人的各种活动都有重要影响和作用,有时甚至起决定性作用。③所以,研究教育史应去深入理解人的内心情感世界,理解教育活动中的人在重大事件以及日常生活中,经历成功或是失败后内心的情感是怎样变化的,以及情感在人的行为中扮演着什么样的角色,从而去理解教育参与者的情感在教育历史进程的走向上到底起着什么样的作用(是阻碍还是促进,是消极还是积极……)。这样,就需要我们对教育历史上人的情感进行研究和剖析,以揭示过去那些深藏不露、埋藏在人物记忆深处、不为人知而客观存在的情感的真实面貌。了解教育史中人的情感,可以帮助我们认识到一个丰满、真实的教育历史世界,也有助于我们学习如何去理解、尊重人。

顾名思义,情感史是指情感的历史。那么,情感有其独特的发展史吗?在很长时间内,该问题在学界处于争论不休的状态。④西方的情感史研究先驱曾试图回答这个问题,并为此做出了大量的努力。

21世纪以前西方学界的情感史研究已经开展。荷兰历史学家约翰·赫伊津哈(Johan Huizinga,1872—1945)是史学界最早注意到情感研究的学者之一,其代表作《中世纪的秋天》(1919年第一个荷兰文版出版)的研究主题是

---

①③ 蒙培元:《情感与理性》,中国人民大学出版社2009年版,第21、19页。

② [美]乔纳森·特纳、简·斯戴兹:《情感社会学》,上海人民出版社2007年版,第18—19页。

④ Susan J. Matt and Peter N. Stearns, *Doing Emotions History*(Urbana-Champaign:University of Illinois Press,2014),2.

14—15世纪处于历史大变动时期的欧洲文化史。在该著作中，他描绘了激荡的中世纪社会多彩的生活画卷，如中世纪的宗教礼仪、骑士精神、世俗习惯、文学艺术等方面，能让人非常深刻地感受到那个时代人们十分直接的激情、情感和情绪宣泄。如在"生活的激情"一章中作者写道：人们"日常生活接受着各种各样的冲动和富有激情的暗示，显示大起大落的情绪，不加修饰的热情、突发的残忍和温柔的情感，中世纪城市的生活就是停留在这样的氛围中"。生活中的"钟声""游行""行刑仪式""布道""葬礼""节日"等方面都透露出人们诸多富有特色的情感、情绪。著者还几次解释为什么中世纪的人容易动感情，进而指出"中世纪人的情绪容易泛滥，也容易点燃"，"王公和平民都富有激情和粗鲁的一面"，从而在政治中，"在15世纪，直接表达情绪的方式常常会冲破效用和精心思考的堤防，倘若强烈的情绪与权力优越携手并进，情感的冲击力还会倍增"。可见，如作者所说，"生活激情在中世纪的每一个生活领域里燃烧"①。

吕西安·费弗尔（Lucien Febvre，1878—1956）是法国历史学家，年鉴学派的创始人之一。在研究"总体史"的思想引领下，他与马克·布洛赫（Marc Bloch，1886—1944）等为新史学开辟了一个新的研究领域，称为"心态史"，研究历史上人的心态（其中包括情感）的变化，将心态当作历史的衡量标准之一。费弗尔当属真正意义上提出"情感史"研究的史学家。他在1941年发表的《情感史：如何重建过去的情感生活》一文中，开篇即说"情感史，一个新的主题"②，号召史学界对人类的基本情感及其表达形式进行大范围的深入调查

---

① ［荷］约翰·赫伊津哈：《中世纪的秋天：14世纪和15世纪法国与荷兰的生活、思想与艺术》，广西师范大学出版社2008年版，第120页。

② "Sensibility and history-a new subject" in Lucien Febvre，"Sensibility and History：How to Reconstitute the Emotional Life of the Past"，in Peter Burke，*A New Kind of History：From the Writings of Febvre*，trans. K. Folca（London：Routledge & Kegan Paul Ltd，1973），12.

研究。①在此文中，他还谈及"情感"的词义（definition）及其发展演变，申明情感不能等同于有机体受到外部刺激后无意识的反应，情感具有可以蔓延的特性（Emotions are contagious），情感的复杂性与发生的事件和个人的感受相关，揭示出虽然智力活动是社会生活的前提，但一旦情感出现便会改变智力活动，重建过去的情感生活是有困难的，但历史学家没有权利放弃。他指出进行情感研究时我们可以借鉴使用语言学、哲学、图像学的研究成果，但是必须抱着审慎的态度使用这些"外借的资料"（borrowed sources），处理文字文献（literary texts）和图像材料（pictorial materials）同样需要持批判的审慎的态度。历史上情感活动的角色不容忽视。历史上的情感对有兴趣爱好的研究者是一个好题材，"情感史"也是"总体史"的一部分，"历史上的情感"（sensibility in history）也是值得历史学家去进行广泛的、大量的、集中的关注和研究的。在费弗尔的指导下，意大利史学家阿尔贝托·特南蒂对人面对死亡的情感进行了研究。后继者也继续在这一领域探索，并在"新史学"研究中占有了一定地位，从而为整个史学研究带来了新鲜的空气。②

社会学家似乎比历史学家更早注意到对情感的研究，这可能与社会史研究更加关注与权力无缘的社会大众、受制于权力之下的底层人群研究有关，人的情感就自然而然地进入其研究的视域。德国社会学家诺贝特·埃利亚斯（Norbert Elias，1897—1990），不仅重视重大事件，也注重从小处着手，探讨人的行为举止和日常生活，开拓了日常生活史的研究。在其代表作《文明的进程》（初版于1939年，1969年再版后才产生较大影响）中通过考察人的日常生活行为举止的演变来描述人的情感在文明进程中的变迁和作用。他认为文明是

---

① "I am asking for a vast collective investigation to be opened on the fundamental sentiments of man and the forms they take." in Lucien Febvre. "Sensibility and History：How to Reconstitute the Emotional Life of the Past." in Peter Burke. *A New Kind of History：From the Writings of Febvre*, trans. K. Folca（London：Routledge & Kegan Paul Ltd，1973），24.

② ［法］J. 勒高夫、P. 诺拉、R. 夏蒂埃等主编：《新史学》，姚蒙译，上海译文出版社1989年版，第31页。

一种过程，社会文明的发展始于人们对情绪、情感的控制，从而使冲动、本能、情绪化的行为举止逐步符合文明的准则。情感的文明化过程，也是人的文明进程。他阐述了人的"就餐""擤鼻涕""吐痰""卧室中的行为""男女关系""攻击欲"等行为举止在社会发展中的变化，变化的结果便是冲动、本能、情绪化的行为逐步被经过调控的、自我强制的习惯所取代。情感控制的不断强化和情感的细腻化，推动了文明的进程朝更高的阶段发展。他认为在文明的进程中，不仅仅只有宏观的社会，还有微观的个人及其情感，两相碰撞，互相激荡，才形成了文明的整个轨迹。①

在上述情感史研究成果的影响和历史学家（如费弗尔）的呼吁下，情感史研究引起学界的关注。可是，依然没有迅速成为历史学研究的热点。在经历了一段沉寂之后，20世纪七八十年代，随着历史研究视野的下移，由关注精英人物转到研究底层人民群众，家庭史、日常生活史、性别史、妇女史、儿童史、心理历史学等崛起，各学科之间相互借鉴学习，随之出现史学研究的"跨学科"趋势，"情感史"作为史学新的分支学科积极吸收社会学、心理学、人类学的研究方法和理论而获得迅速发展。法国史学研究者让·德吕莫（Jean Delumeau）关于情感的专著的出现，被视为情感史研究出现转机的一个节点。②

这个阶段比较有代表性的情感史研究者是美国社会史家彼得·N. 斯特恩斯（Peter N. Stearns），他是1967年《社会史杂志》（*Journal of Social History*）的创始主编。1985年，他与妻子卡萝尔·Z. 斯特恩斯（Carol Z. Stearns）在《美国历史评论》（*American Historical Review*）上发表了《情感学：阐明情感的历史和情感的标准》③一文，提出术语"情感学"，号召进行情感史研究，并充分讨论

---

① ［德］诺贝特·埃利亚斯：《文明的进程：文明的社会起源和心理起源的研究》，上海译文出版社2009年版，第87页。

② ［澳］查理斯·齐卡：《当代西方关于情感史的研究：概念与理论》，载《社会科学战线》2017年第10期。

③ Peter N. Stearns and Carol Z. Stearns，"Emotionology: Clarifying the History of Emotions and Emotional Standards"，*American Historical Review*，vol. 90，no. 4（Oct. 1985），813—836.

了情感研究对于了解历史的重大意义。此后，斯特恩斯长期致力于情感史的研究至今，陆续出版和发表了一批关于情感史的著作和文章。1986年，他们夫妇合著的《愤怒：美国历史上对情感控制的斗争》[1]，在芝加哥大学出版社出版。1989年出版《嫉妒：美国历史上一种情感的演变》[2]，1994年出版《美国人的"酷"：构建20世纪的情感风格》[3]，2006年出版《美国人的恐惧：高度焦虑的原因和后果》[4]。2014年，斯特恩斯与韦伯州立大学（Weber State University）历史系教授苏珊·马特（Susan Matt）主编《情感史研究》[5]一书，其中收录了情感史研究的最新研究成果。2017年，出版了《羞愧：一个简短的历史》[6]。此外，还发表了情感史研究的学术论文。1986年发表《情感研究的历史分析》[7]一文，以后又陆续发表了《恐惧的角色》[8]《女孩、男孩和情感：重新定义和历史变化》[9]《二十世纪美国的情感变化与政治脱离：情感史的个案研究》[10]《顺从

[1] Carol Z. Stearns and Peter N. Stearns, *Anger: The Struggle for Emotional Control in America's History*（Chicago: University of Chicago Press, 1986）.

[2] Peter N. Stearns, *Jealousy: The Evolution of An Emotion in American History*（New York: New York University Press, 1989）.

[3] Peter N. Stearns, *American Cool: Constructing A Twentieth-Century Emotional Style*（New York: New York University Press, 1994）.

[4] Peter N. Stearns, *American Fear: The Causes and Consequences of High Anxiety*（London and New York: Routledge, 2006）.

[5] Susan J. Matt and Peter N. Stearns, *Doing Emotions History*（Urbana-Champaign: University of Illinois Press, 2014）.

[6] Peter N. Stearns, *Shame: A Brief History*（Urbana-Champaign: University of Illinois Press, 2017）.

[7] Peter N. Stearns, "Historical Analysis in the Study of Emotion", *Motivation and Emotion*, 10（2）, 1986.

[8] Peter N. Stearns and Timothy Haggerty, "The Role of Fear: Transitions in American Emotional Standards for Children, 1850—1950", *The American Historical Review*, vol. 96, no.1（Feb. 1991）, 63—94.

[9] Peter N. Stearns, "Girls, Boys, and Emotions: Redefinitions and Historical Change", *Journal of American History*, vol. 80, no. 1（Jun. 1993）, 36—74.

[10] Peter N. Stearns, "Emotional Change and Political Disengagement in the Twentieth-Century United States: A Case Study in Emotions History", *Innovation: The European Journal of Social Sciences*, vol. 10, no. 4（1997）, 361—380.

与情感：童年情感史上的一个挑战》①等。这些研究成果虽然存在某些不完善之处，但仍给后续研究者留下了可资借鉴的研究理论和研究方法，为21世纪情感史研究的发展奠定了基础。

进入21世纪，史学发生了"情感转向"，情感研究吸引了更多史学研究者的目光，情感史发展成为一个新兴的国际史学流派。国际上出现了一些专门的情感史研究中心②、学术机构③、期刊④、博客⑤，出版了情感史研究系列丛书⑥，情感史研究获得了重要历史学杂志⑦的持续关注。2015年，在中国山东济南召开的国际历史科学大会上，"书写情感的历史"（Historicizing Emotions）成

---

① Peter N. Stearns, "Obedience and Emotion：A Challenge in the Emotional History of Childhood", *Journal of Social History*, vol. 47, no. 3（Spring 2014）, 593—611.

② 德国柏林马克斯·普朗克人类发展研究所情感史研究中心（Max Planck Institute for Human Development/ Research/ History of Emotions）, https：//www.mpib-berlin.mpg.de/en/research/history-of-emotions, 2018-4-10；英国伦敦大学玛丽女王学院情感史研究中心（Centre for the History of the Emotions）, https：//projects.history.qmul.ac.uk/emotions/, 2018-4-10；澳大利亚研究理事会情感史高级研究中心（Australian Research Council Centre of Excellence for the History of Emotions）, http：//www.historyofemotions.org.au/, 2018-4-10。

③ 情感史学会（Society for the History of Emotions）, http：//www.historyofemotions.org.au/society-for-the-history-of-emotions/, 2018-4-10。

④ 情感：历史、文化与社会（Emotions：History, Culture, Society）, http：//www.historyofemotions.org.au/society-for-the-history-of-emotions/emotions-journal/, 2018-4-10。

⑤ 情感史：从中世纪的欧洲到当代的澳洲（Histories of Emotions：From Medieval Europe to Contemporary Australia）, https：//historiesofemotion.com/, 2018-4-10；情感史：深入研究（History of Emotions：Insights into Research）, https：//www.history-of-emotions.mpg.de/en/texts, 2018-4-10；情感史博客（The History of Emotions Blog）, https：//emotionsblog.history.qmul.ac.uk/, 2018-4-10。

⑥ 牛津大学出版社（Oxford University Press）拟出版关于情感史（Emotions in History）研究专题丛书, https：//global.oup.com/academic/content/series/e/emotions-in-history-eih/?cc=cn&lang=en&, 2018-4-10；伊利诺伊大学出版社（University of Illinois Press）拟出版关于情感史（History of Emotions）研究专题丛书, https：//www.press.uillinois.edu/books/find_books.php?type=series&search=HOE, 2018-4-17；帕尔格雷夫麦克米伦出版社（Palgrave Macmillan）, 拟出版关于情感史（History of Emotions）研究专题丛书, https：//www.palgrave.com/us/series/14584?facet-type=type_book, 2018-4-17。

⑦ Nicole Eustace, Eugenia Lean, Julie Livingston, Jan Plamper, William M. Reddy, Barbara H. Rosenwein, "AHR Conversation：The Historical Study of Emotions", *The American Historical Review*, vol. 117, no. 5（Dec. 2012）, 1486-1531；Frank Biess, "Forum：History of Emotions", *German History*, vol. 28, no. 1（2010）, 67—80.

为大会四大议题之一，重视情感在历史上的作用成为共识。受此影响，中国史学界也开始关注并进行情感史的研究。

目前比较有代表性的情感史研究者是美国杜克大学的历史学教授威廉·M.雷迪（William M. Reddy，又被译成"瑞迪"）。他是21世纪情感史研究的开拓者之一，其代表成果《情感研究指南：情感史的框架》[①]出版于2001年，是情感史研究的代表性成果之一。他将心理学、人类学、历史学的方法进行整合并应用于情感史研究，提出了自己的情感史研究理论——"情感表达"（emotives）理论。他还将情感理论运用于法国大革命史研究之中，为情感史研究做出了可贵的尝试和探索。其实，在20世纪八九十年代，威廉·雷迪就已经进入情感史研究领域并取得一些研究成果。如，1987年出版的《现代欧洲的金钱与自由：从历史角度的反思》[②]开始注意到对历史上的具体个体及其情感的研究。1997年出版的《看不见的法典：革命后法国的荣誉和情感（1814—1848）》[③]，认为"忽视情感因素，单纯依靠法律条文根本无法了解整个社会的实际情况"，荣誉感的作用在这一历史时期作用非常大，他因此称其为"看不见的法典"。[④]2012年，他还出版了《浪漫爱情史》[⑤]。此外，还发表了一些

[①] William M. Reddy，*The Navigation of Feeling：A Framework for The History of Emotions*（Cambridge：Cambridge University Press，2001）.

[②] William M. Reddy，*Money and Liberty in Modern Europe：A Critique of Historical Understanding*（Cambridge：Cambridge University Press，1987）.

[③] William M. Reddy，*The Invisible Code：Honor and Sentiment in Postrevolutionary France*，1814—1848（University of California Press，1997）.

[④] 孙一萍：《情感有没有历史？——略论威廉·雷迪对建构主义情感研究的批判》，载《史学理论研究》2017年第4期。

[⑤] William M. Reddy，*The Making of Romantic Love：Longing and Sexuality in Europe，South Asia，and Japan*，900—1200 *CE*（Chicago：University of Chicago Press，2012）.

情感研究的学术论文①，接受访谈发表了关于情感史研究的看法②。

美国芝加哥罗耀拉大学历史学教授芭芭拉·H. 罗森维思（Barbara H. Rosenwein）是中世纪史研究者，她也是研究情感史的先锋史家之一。20世纪90年代，芭芭拉·罗森维思着手研究"愤怒"（anger）的情感，并出版了论文集《愤怒史》。③2002年《美国历史评论》发表了芭芭拉·罗森维思的论文《为历史上的情感担忧》④，文章开篇即指出她并不是担忧情感本身，而是担忧史学家怎样对待历史上的情感。她回述了前辈史学家如费弗尔、赫伊津哈、伊利亚斯、斯特恩斯、雷迪等人关于情感研究的主要观点，并提出了自己情感史研究理论的核心观点"情感共同体"（emotional communities⑤），认为每个人都生活在不同的情感共同体之中，并且在不同的共同体之间转换，如家庭、社区、议会、行会、修道院、教区教堂等，情感史研究者的目的就是在这些共同体中

---

① William M. Reddy, "Against Constructionism: The Historical Ethnography of Emotions", *Current Anthropology*, vol. 38, no. 3（June 1997）, 327—351; "Emotional Liberty: Politics and History in the Anthropology of Emotions", *Cultural Anthropology*, vol. 14, no. 2（May 1999）, 256—288; "Sentimentalism and Its Erasure: The Role of Emotions in the Era of the French Revolution", *The Journal of Modern History*, vol. 72, no. 1（March 2000）, 109—152; "The Logic of Action: Indeterminacy, Emotion, and Historical Narrative", *History and Theory*, vol. 40, no. 4（Dec. 2001）, 10—33; "Emotional Turn? Feelings in Russian History and Culture: Comment", *Slavic Review*, vol. 68, no. 2（Summer 2009）, 329—334.

② Jan Plamper, "The History of Emotions: An Interview with William Reddy, Barbara Rosenwein, and Peter Stearns", *History and Theory*, vol. 49, no. 2（May 2010）, 237—265; Nicole Eustace, Eugenia Lean, Julie Livingston, Jan Plamper, William M. Reddy, Barbara H. Rosenwein, "AHR Conversation: The Historical Study of Emotions", *The American Historical Review*, vol. 117, no. 5（Dec. 2012）, 1486—1531.

③ 转引自［澳］查理斯·齐卡:《当代西方关于情感史的研究: 概念与理论》, 载《社会科学战线》2017年第10期。

④ Barbara H. Rosenwein, "Worrying about Emotions in History", *The American Historical Review*, vol. 107, no. 3（June 2002）, 821—845.

⑤ "Briefly: social groups whose members adhere to the same valuations of emotions and their expression." in Barbara H. Rosenwein, "Problems and Methods in the History of Emotions", *Passions in Context*, vol. 53, no. 1（2014）.

去关注人的情感表现并且去发现"情感的体系"（systems of feeling）。[1]在2006年出版的《中世纪早期的情感共同体》[2]一书中，芭芭拉·罗森维思进一步考察了中世纪早期6至8世纪"情感共同体"的情况。2015年刊行的《情感世代：情感史（600—1700）》[3]则向读者全面呈现了从中世纪至17世纪跨越11个世纪的西欧的情感历史变迁，探究了不同"情感共同体"在不同历史时期的"情感表达"及其影响，如12世纪英国里沃兹修道院、15世纪法国勃艮第的公爵法庭的情感规范和表达方式对社会、宗教、意识形态和文化环境的影响。

最后，必须介绍的一位情感史研究者是简·普兰佩尔（Jan Plamper），现为英国伦敦大学历史学教授。在2008至2012年间，简·普兰佩尔在德国柏林马克斯·普朗克人类发展研究所情感史研究中心从事情感史的研究工作。2010年，他在《历史与理论》上整理发表了其对情感史研究专家威廉·雷迪、芭芭拉·罗森维思、彼得·斯特恩斯的访谈录，初步描绘了情感史研究的发展历程（情感史研究可追溯至20世纪70年代对"女性史"的研究），介绍了各位史学家是如何进入情感史研究领域的，进一步阐释了各个情感史专家关于情感史理论的核心概念以及后续的情感史研究，并对国际史学界出现的"情感转向"达成一个共识。[4]2012年，简·普兰佩尔参与了由《美国历史评论》主持的以"情

---

① "People lived—and live—in what I propose to call 'emotional communities' ...families, neighborhoods, parliaments, guilds, monasteries, parish church memberships ...the researcher looking at them seeks above all to uncover systems of feeling ...I further propose that people move（and moved）continually from one such community to another." in Barbara H. Rosenwein, "Worrying about Emotions in History", *The American Historical Review*, vol. 107, no. 3（June 2002）, 842.

② Barbara H. Rosenwein, *Emotional Communities in The Early Middle Ages*（Ithaca, New York: Cornell University Press, 2006）.

③ Barbara H. Rosenwein, *Generations of Feeling: A History of Emotions*, 600—1700（Cambridge: Cambridge University Press, 2015）.

④ Jan Plamper, "The History of Emotions: An Interview with William Reddy, Barbara Rosenwein, and Peter Stearns", *History and Theory*, vol. 49, no. 2（May 2010）, 237—265.

感的历史研究"为主题的会谈[①]。2015年，他的代表作《情感史：导论》[②]一书出版，对史学界情感史研究产生了很大影响。

此外，国外还有一批情感史学者和最新的研究成果。如德国历史学家乌尔特·弗雷弗特（Ute Frevert）作为德国柏林马克斯·普朗克人类发展研究所情感史研究中心的成员，出版了关于情感史研究的著作[③]。历史人类学家莫妮可·舍尔（Monique Scheer）的"情感实践"论认为，情感不是人与生俱来的行为，而是人经过不断重复实践而获得的自发行为，情感也受历史文化的影响，是兼具生理性和社会性的行为。[④]除此之外，莫妮可·舍尔还研究了宗教情感。[⑤]美国加利福尼亚大学（University of California）荣休教授蒂莫西·塔可特（Timothy Tackett，中文笔名谭旋）研究了法国大革命时期的"恐怖"。[⑥]对于这些成果，限于篇幅，不再赘述。

国内的情感史研究正呈现方兴未艾之势。2015年之前，国内出现了译介的

---

① Nicole Eustace, Eugenia Lean, Julie Livingston, Jan Plamper, William M. Reddy, Barbara H. Rosenwein, "AHR Conversation: The Historical Study of Emotions", *The American Historical Review*, vol. 117, no. 5（Dec. 2012）, 1486—1531.

② Jan Plamper, *The History of Emotions: An Introduction*, Translated by Keith Tribe（Oxford/ New York: Oxford University Press, 2015）.

③ Ute Frevert, *Emotions in History: Lost and Found*, Budapest: Central European University Press, 2011; Ute Frevert, Monique Scheer, Anne Schmidt et al., *Emotional Lexicons: Continuity and Change in the Vocabulary of Feeling* 1700—2000（Oxford: Oxford University Press, 2014）; Ute Frevert, Pascal Eitler, Stephanie Olsen et al., *Learning How to Feel: Children's Literature and Emotional Socialization*, 1870—1970（Oxford/ New York: Oxford University Press, 2014）.

④ Monique Scheer, "Are Emotions A Kind of Practice（and Is That What Makes Them Have A History）? A Bourdieuian Approach to Understanding Emotion", *History and Theory*, vol. 51, no. 2（May 2012）, 193—220.

⑤ Pascal Eitler, Bettina Hitzer and Monique Scheer, "Feeling and Faith—Religious Emotions in German History", *German History*, vol. 32, no. 3（Sept. 2014）, 343—352.

⑥ Timothy Tackett, "Conspiracy Obsession in a Time of Revolution: French Elites and the Origins of the Terror, 1789—1792", *The American Historical Review*, vol. 105, no. 3（Jun. 2000）, 691—713; *The Coming of the Terror in the French Revolution*（Cambridge, Mass.: The Belknap Press of Harvard University Press, 2015）.

国外情感研究成果①。济南国际历史科学大会之后，国内研究者开始开展情感史研究。2015年，美国罗文大学华人学者王晴佳在《光明日报》上发表《当代史学的"情感转折"》②一文，指出当代国际史学的情感史研究趋势。接着，《史学理论研究》又刊发了王晴佳教授的《当代史学的"情感转向"：第22届国际历史科学大会和情感史研究》③，进一步介绍了情感史学前沿动态。2016年，《世界历史》刊发笔谈《第22届国际历史科学大会述评》，德国学者乌尔特·弗雷弗特（Ute Frevert）的研究成果《书写情感的历史》④被翻译。同一年，《世界历史》还刊发蒂莫西·塔可特的海外专稿《情感史视野下的法国大革命》⑤一文。

教育史研究人员对情感史研究亦有所关注。教育学博士周娜译介了《教育史中的情感与情绪研究》，探讨了如何开展教育情感史研究，为教育史学研究者进行情感史研究提供了参照。⑥国外的教育情感史研究尚处于起步阶段，但也出现了一些可资借鉴的研究成果。在学校教育情感史方面，梅根·波勒（Megan Boler）的《感受到力量/感情的力量：情感与教育》，试图将情感从其被贬低和模糊的政治地位中解救出来，并为此进行了广泛的跨学科探索，认为情感既是社会控制的场所，也是政治反抗的场所。在教育的背景下，她深信课堂，尤其是高等教育的课堂，是社会和政治斗争的重要场所，并且阐释了情感如何在教育中得到明显或无形的处理，以及情感如何反映特定的历史、文化和社会安排等。⑦彼得·斯特恩斯（Peter Stearns）的《美国学校与羞耻的使用：一段模糊

---

① ［加］郝拓德、［美］安德鲁·罗斯：《情感转向：情感的类型及其国际关系影响》，载《外交评论》2011年第4期。

② 王晴佳：《当代史学的"情感转折"》，载《光明日报》2015年8月23日。

③ 王晴佳：《当代史学的"情感转向"：第22届国际历史科学大会和情感史研究》，载《史学理论研究》2015年第4期。

④ ［德］乌尔特·弗雷弗特：《书写情感的历史》，载《世界历史》2016年第1期。

⑤ ［美］谭旋：《情感史视野下的法国大革命》，载《世界历史》2016年第4期。

⑥ ［美］诺亚·索贝：《教育史中的情感与情绪研究》，载《华东师范大学学报》（教育科学版）2016年第4期。

⑦ Megan Boler，*Feeling Power：Emotions and Education*（New York：Routledge，1999）.

的历史》一文追溯了从19世纪到现在耻感在美国课堂纪律中的使用和受到的攻击。① 还有的研究将学校视为情感培养的场所，探讨学校如何灌输并培养学生的爱国情感。② 在家庭教育情感史方面，彼得·斯特恩斯的《焦虑的父母：美国现代育儿史》展现了父母教养方式的演变过程。③ 萨拉·艾哈迈德（Sara Ahmed）在"快乐"研究中指出，父母在家庭教养中话语流露的情感影响教育方法。④ 身体视角的情感史研究，将情感视为研究身体的一种方法，认为情感是塑造与被塑造的身体能力，是身体活动、参与和连接能力的增强或减弱。⑤

在中国的情感史研究方面，李海燕（Haiyan Lee）的《心灵的革命：中国的爱情谱系，1900—1950》勾勒了爱情在中国近现代史上的种种变化。⑥ 林郁沁（Eugenia Lean）的《公众激情：施剑翘案和同情在民国时期的兴起》探讨了公众同情在中国近代政治、社会生活中扮演的角色对历史进程的影响。⑦ 意大利汉学家史华罗（Paolo Santangelo）的《中国历史中的情感文化：对明清文献的跨学科文本研究》通过研究明清文学作品，展现了不同于西方的中国情感文化。⑧ 这些都为教育情感史研究的开展提供了借鉴。

---

① Peter N. Stearns and Clio Stearns, "American schools and the uses of shame: an ambiguous history", *History of Education*, vol. 26, no. 1 (2017), 58—75.

② Kira Mahamud, "Emotional Indoctrination Through Sentimental Narrative in Spanish Primary Education Textbooks During the Franco Dictatorship (1939—1959)", *History of Education*, vol. 45, no. 5 (2016), 653—678.

③ Peter N. Stearns, *Anxious Parents: A History of Modern Childrearing in America* (New York and London: New York University Press, 2003).

④ Sara Ahmed, *Happy Objects. In Melissa Gregg, Gregory J. Seigworth. The Affect Theory Reader* (Durham and London: Duke University Press, 2010), 29—51.

⑤ Patricia Ticineto Clough and Jean Halley, *The Affective Turn: Theorizing the Social* (Durham and London: Duke University Press, 2007), 2.

⑥ Haiyan Lee, *Revolution of the Heart: A Genealogy of Love in China*, 1900—1950 (Stanford, California: Stanford University Press, 2007).

⑦ Eugenia Lean, *Public Passions: The Trial of Shi Jianqiao and the Rise of Popular Sympathy in Republican China* (Berkeley: University of California Press, 2007).

⑧ ［意］史华罗：《中国历史中的情感文化：对明清文献的跨学科文本研究》，林舒俐、谢琰、孟琢译，商务印书馆2009年版。

2017年，澳大利亚墨尔本大学历史教授查理斯·齐卡（Charles Zika）的论文《当代西方关于情感史的研究：概念与理论》梳理了当代西方情感史研究的发展和成果，指出情感史研究的理论和视野还有待进一步完善和发展，只有这样才能使情感史发展成为更有影响的历史学科。①同年，《史学理论研究》还刊发了山东大学孙一萍教授的《情感有没有历史？——略论威廉·雷迪对建构主义情感研究的批判》一文。该文深入分析了威廉·雷迪的情感理论，为国内情感史研究的开展奠定了基础。②

2018年，《史学月刊》刊发了一组由王晴佳教授组织的笔谈《情感史研究和当代史学的新走向》，其中包括王晴佳的《为什么情感史研究是当代史学的一个新方向？》③，台湾黄克武研究员的《情感史研究的一些想法》④，社科院李志毓博士的《情感史视野与二十世纪中国革命史研究》⑤，台湾张寿安研究员的《明清情欲论与新情理观的出现》⑥，山东大学历史文化学院孙一萍教授的《情感表达：情感史的主要研究面向》⑦等。这些文章的发表，增加了国内研究者对情感史研究的现状及其发展趋势的认识度，从而吸引更多的人员参与其中。照目前国内外发展的势头，有理由相信不久的将来会涌现出更多情感史的研究成果。

由以上分析可知，当代史学的"情感转向"使情感史研究成为国际史学界的一个新潮流，然相较于史学界涌现的研究成果，教育史学界的情感史研究在国外刚刚兴起，在国内还尚未开拓。教育情感史是专门研究历史上教育参与者

---

① ［澳］查理斯·齐卡：《当代西方关于情感史的研究：概念与理论》，载《社会科学战线》2017年第10期。

② 孙一萍：《情感有没有历史？——略论威廉·雷迪对建构主义情感研究的批判》，载《史学理论研究》2017年第4期。

③ 王晴佳：《为什么情感史研究是当代史学的一个新方向？》，载《史学月刊》2018年第4期。

④ 黄克武：《情感史研究的一些想法》，载《史学月刊》2018年第4期。

⑤ 李志毓：《情感史视野与二十世纪中国革命史研究》，载《史学月刊》2018年第4期。

⑥ 张寿安：《明清情欲论与新情理观的出现》，载《史学月刊》2018年第4期。

⑦ 孙一萍：《情感表达：情感史的主要研究面向》，载《史学月刊》2018年第4期。

"情感"的产生、流变及其对教育、社会、时代产生影响的新领域。教育情感史聚焦"情感"的研究，是适应和引领国际研究趋势的表现，是拓宽教育史学研究领域的努力，是对人生命的深层次关怀，是满足教育改革需要和人们日益增长的情感需要的探索。在教育史学领域开展情感史的研究，将是教育史学研究的一个新方向。

第四节　教育情感史研究的发展趋势

教育是有意识地培养人的活动，但凡人类有意识的活动，总能牵动人的情绪、情感的变化，如喜怒哀乐等基本情绪以及更加高级稳定的社会性情感。不得不承认，教育活动、教育情境中也会出现情绪的失控、沮丧、无奈以及高兴、愉悦等短暂的自然性的情感反应，这是广义上的教育情感史研究需要关注的内容。教育活动中还存在不同于人类自然情绪、情感的更加稳定高级的教育情感。刘庆昌认为教育情感"是教育者在教育生活中，由于个人信仰和社会要求共同作用而形成的职业性情感"[1]，"它的基本成分有关怀、同情、启蒙、解放、成全"[2]。殷晓静认为教育情感是一种教育智慧，是指向学生的多种正面的、积极的心理倾向的反映，包括教育道德感，教育责任心，对儿童真挚的喜爱感情和保护其个性成长，避免其受到伤害的同情心，以及教师乐观、幽默、坦诚、公正、开放、自信、富有朝气和活力的个性品质。[3]熊川武认为教育感

---

[1] 刘庆昌：《论教育情感》，载《山西大学师范学院学报》2000年第1期。

[2] 刘庆昌：《教育是一种情感实践》，载《河南师范大学学报》（哲学社会科学版）2017年第4期。

[3] 殷晓静：《论教育智慧》，载《教书育人》2003年第20期。

情是教育世界的活动者对教育人事的好恶体验，具有职业性、教育性与表演性。[①]李红恩与靳玉乐认为，教师的教育情感包括教师的道德感、教师的理智感和教师的审美感等。[②]上述教育情感的一个共性便是教育情感的职业性，意味着它是一种高级的社会的职业性情感，不是人人都具有，也不是每个教育者生来就有的。一方面，它不同于人类自然的情绪、情感的反应；另一方面，它不同于民族情感、国家情感、宗教情感、政治情感等人类其他的社会性情感。教育情感的产生需要一定条件，形成于长期的教育活动生活中。它有一些基本的稳定的成分，如爱好感、关爱感、同情感、责任感、道德感、成就感、归属感等，这是狭义上的教育情感史研究需要重点关注的内容。

教育是人的活动，情感是人存在的重要标志，因而教育活动中情感便时时在场并发挥着作用。所以，教育情感史研究本质上是关于"人的研究"，关注人的内心成长和人的命运，其特别突出"向内"关注历史上人在教育活动和教育生活中的情感、心灵，以及主观感受、体验和时代精神。情感看似无形，实则无处不在。哲学、心理学、神经科学、社会学、历史学等注重"人的研究"的学科先行进入"情感"研究领域，并发展出情感哲学、情感心理学、情感社会学、情感史学等分支学科，其成果可供教育情感史研究者学习和借鉴。同时，情感哲学、情感社会学、情感史等也将为教育情感史研究的开展提供深厚的理论支撑。

这些渐趋成熟的情感研究理论和方法，教育情感史研究者可以借鉴和吸收，但却不能完全照搬过来。因为"任何理论既有普适性的一面，又有特殊性的一面"[③]。情感哲学、情感社会学、情感史等学科关于"情感"的相关概念内涵和界定以及研究范式，教育情感史研究者不能直接简单套用，而应去学习

---

① 熊川武：《教育感情论》，载《教育研究》2009年第12期。

② 李红恩、靳玉乐：《教师的教育情感：内涵、构成与启示》，载《现代教育管理》2011年第10期。

③ 刘献君主编：《教育研究方法高级讲座》，华中科技大学出版社2010年版，第10页。

理解各学科对"情感"的界定、分类、延伸以及研究体系和范式等，从而明确教育情感史研究具有不同于其他学科的独特性。明确了教育史学中所进行的情感研究的独特性，教育情感史研究才能有别于情感史、情感社会学、情感哲学等的研究，才能使"教育情感史"成为一个专门的研究领域，拥有自身的概念、内涵、体系与研究范式等。

教育情感史研究的开展，还需要注意它的一个重要特性——"跨学科"性。一方面是"跨学科研究已经成为各个学科发展的主要趋势"[1]，跨学科的研究方法促进了情感史研究的兴起和迅速发展；另一方面则是情感本身具有的多学科属性，它"是文化、社会结构、认知和生物力量复杂交互作用的结果"[2]，关于它的研究"涵盖各个领域，从人类学到政治学，从宗教到艺术，从社会结构到经济体系"[3]。情感所具有的生物性、时代性、情境性、空间性、文化性等，使教育情感史研究成为教育学、历史学、社会学、心理学、人类学、生物学等学科内容相互交叉的"跨学科"研究领域。在情感史学潮流的引领下，教育情感史作为教育史研究的一个新方向，需要研究者去进行重点突破。开展教育情感史研究时应广泛吸收和应用各学科的理论和方法，以真正反映教育情感史的多学科属性以及通过"情感"将各学科融为一体的特性。从情感史视角开展教育史研究，也是将教育史研究的视角从制度、思想转到教育活动中的人自身，是从"理性"的教育思想、教育制度转向"感性"的教育活动行为人。教育情感史研究视野宏大，应充分融合国内外其他学科的情感研究成果，形成具有自身特色的研究内容。

此外，开展教育情感史研究，在史料上呈现出运用多种来源的丰富史料的趋势。一些情感史研究的学者利用多种来源的史料为我们打开了一扇通向过

---

① 王晴佳：《为什么情感史研究是当代史学的一个新方向？》，载《史学月刊》2018年第4期。

② ［美］乔纳森·特纳、简·斯戴兹：《情感社会学》，孙俊才、文军译，上海人民出版社2007年版，第7页。

③ ［德］乌尔特·弗雷弗特：《书写情感的历史》，田庆强译，载《世界历史》2016年第1期。

去情感的窗口。如约翰·赫伊津哈和诺贝特·埃利亚斯，用挂毯、坟墓艺术、绘画、家书、礼仪书籍、建议手册、布道书和育儿文学等来理解中世纪的美学和情感。①威廉·雷迪用伏尔泰的散文和巴尔扎克的小说来衡量法国情感的变化。②朱莉·利文斯顿（Julie Livingston）指出，重视口述史料的非洲史研究者在进行口述采访时往往被叙述者的情感所感染，但将录音转换成文字后，情感便很苍白。③因此，教育情感史的研究，应思考如何利用多种来源的新史料，如图像、影音、教学器具、学校建筑物、服饰等，而不再以文字史料作为唯一的资料来源。

在研究方法上，当情感史学家确定一种情感并打算去研究它的历史时，这种情感以及具有这种情感的人早已消逝，所以他们面临着一系列困难和挑战。要重建情感史的研究方法，需要处理好情感与语言、情感规则与情感体验的关系以及利用多种来源的情感史料。④教育情感史研究要借助跨学科的力量，充分吸收历史学、人类学、社会学、心理学、哲学、文学、艺术学等人文社会学科的理论方法，在具体研究方法的选择上视情而定。"没有最好的方法，只有最适切的方法。……究竟应用何种方法则视具体研究问题的性质而定。"⑤教育情感史隶属情感史，首先应注意运用历史学的研究方法，如文献法、考证法、口述历史法等，来发现教育历史文本中所体现的情感及其变化，考辨情感的真

①〔荷〕约翰·赫伊津哈：《中世纪的秋天：14世纪和15世纪法国与荷兰的生活、思想与艺术》，何道宽译，广西师范大学出版社2008年版；〔德〕诺贝特·埃利亚斯：《文明的进程：文明的社会起源和心理起源的研究》，王佩莉、袁志英译，上海译文出版社2009年版。

② William M. Reddy，*The Navigation of Feeling：A Framework for The History of Emotions*，（Cambridge：Cambridge University Press，2001），242—249.

③ Nicole Eustace，Eugenia Lean，Julie Livingston，Jan Plamper，William M. Reddy，Barbara H. Rosenwein，"AHR Conversation：The Historical Study of Emotions"，*The American Historical Review*，vol. 117，no. 5（Dec. 2012），1486—1531.

④ Susan J. Matt，"Recovering the Invisible：Methods for the Historical Study of the Emotions"，in *Doing Emotions History*，Susan J. Matt and Peter N. Stearns（Urbana-Champaign：University of Illinois Press，2014），41.

⑤ 刘献君主编：《教育研究方法高级讲座》，华中科技大学出版社2010年版，第13页。

实性等。其次，教育情感史研究应学习人类学的调查法、田野考察法、个案分析法等，深入某种文化内部进行"深描"，以考察情感形成的背景和环境。此外，情感与身体、生理、心理的关系密切，教育情感史研究还应借鉴心理分析法、脑神经科学方法，从更科学的角度分析教育情感的大脑机制、神经机制、身体机制以及表现出来的状态。教育情感史研究方法的选取应依据具体的研究对象和内容，不必刻意追求研究方法的堆砌和新颖。

在学术表现形式上，教育情感史研究兼具事理逻辑性和生动可读性。情感客观存在，可以获得解读，有自己的逻辑，与理性同属于个人的逻辑范畴。[①]教育情感史研究应深化对教育情感的逻辑分析。因情感是身体的、心理的、文化的，又表现在思想、语言和行动中，是一个复杂的构成；所以教育情感史研究应立足史料如实展现教育情感产生、塑造、表现及发展影响的历史，还应注意融合其他学科的相关理论进行进一步深化研究，以提升研究的理论性。因情感本身具有生动性、鲜活性，教育情感史研究应借助教育叙事的表现手法，运用文学的语言，情境再现教育情感世界的形象生动性。通过通俗的叙述语言来呈现研究成果，更能使读者感知到历史上教育活动和教育生活中人的情感变化和规律，更能增强作品的可读性。

（周洪宇　王　配）

附录：相关文献

1.［法］大卫·勒布雷东：《日常激情》，白睿、马小彦、王蓓丽译，上海文艺出版社2014年版。

2.［澳］查理斯·齐卡：《当代西方关于情感史的研究：概念与理论》，张广翔、周嘉滢译，载《社会科学战线》2017年第10期。

3.黄克武：《情感史研究的一些想法》，载《史学月刊》2018年第4期。

[①] ［法］大卫·勒布雷东：《日常激情》，白睿、马小彦、王蓓丽译，上海文艺出版社2014年版，第86页。

4. ［美］诺亚·索贝：《教育史中的情感与情绪研究》，周娜译，载《华东师范大学学报》（教育科学版）2016年第4期。

5. 王晴佳：《当代史学的"情感转向"：第22届国际历史科学大会和情感史研究》，载《史学理论研究》2015年第4期。

6. 王晴佳：《为什么情感史研究是当代史学的一个新方向？》，载《史学月刊》2018年第4期。

7. 周洪宇、王配：《教育情感史：一个久被忽视、亟待探寻的隐秘世界》，载《安徽师范大学学报》（人文社会科学版）2019年2期。

8. Barbara H. Rosenwein, "Worrying about Emotions in History", *The American Historical Review*, vol. 107, no. 3（June 2002）, 821—845.

9. Barbara Rosenwein and Riccardo Cristiani, *What Is the History of Emotions*?（London：Polity, 2018）.

10. Frank Biess, "Forum：History of Emotions", *German History*, vol. 28, no. 1（2010）, 67—80.

11. Jan Plamper, "The History of Emotions：An Interview with William Reddy, Barbara Rosenwein, and Peter Stearns", *History and Theory*, vol. 49, no. 2（May 2010）, 237—265.

12. Jan Plamper, *The History of Emotions：An Introduction*, trans. Keith Tribe（Oxford：Oxford University Press, 2015）.

13. Megan Boler, *Feeling Power：Emotions and Education*（New York：Routledge, 1999）.

14. Nicole Eustace, Eugenia Lean, Julie Livingston, Jan Plamper, William M. Reddy, Barbara H. Rosenwein, "AHR Conversation：The Historical Study of Emotions", *The American Historical Review*, vol. 117, no. 5（Dec. 2012）, 1486—1531.

15. Noah W. Sobe, "Researching Emotion and Affect in The History of

Education", History of Education, vol. 41, no. 5（2012）, 689—695.

16. Peter N. Stearns and Carol Z. Stearns, Emotionology: Clarifying the History of Emotions and Emotional Standards", *American Historical Review*, vol. 90, no. 4（Oct. 1985）, 813—836.

17. Ruth Leys, "The Turn to Affect: A Critique", *Critical Inquiry*, vol. 37, no. 3（Spring 2011）, 434—472.

18. Susan J. Matt and Peter N. Stearns, *Doing Emotions History*（Urbana-Champaign: University of Illinois Press, 2014）.

19. Timothy Tackett, *The Coming of the Terror in the French Revolution*（Cambridge, Mass: The Belknap Press of Harvard University Press, 2015）.

20. Ute Frevert, *Emotions in History: Lost and Found*（Budapest: Central European University Press, 2011）.

21. William M. Reddy, *The Navigation of Feeling: A Framework for The History of Emotions*（Cambridge: Cambridge University Press, 2001）.

第六章
教育口述史研究

　　教育口述史是口述史与教育史结盟的产物。在文字出现之前，人类基本使用口述的形式记忆、讲述和传承历史。即便是文本历史出现之后，口述史仍然是历史研究的重要方式，直到德国兰克学派建立起科学、严谨的历史学之后，这种口述的研究方式才逐渐边缘化。在学校产生之前，教育活动主要是在社会生产、生活当中对经验与知识的口耳相传。学校教育出现之后，教育具有了等级性，教育史就成了书写贵族的、精英的教育史。科学的教育史研究确立之后，教育史又成了思想的、制度的教育史，而缺失大众的、活动的、生活的教育史。在"关注当代"与"回归生活"的呼唤之下，口述史与教育史的结盟，有着十分重要的当代意义，它甚至在教育史学学科发展中扮演着关键角色，将为当代教育史研究带来生活的气息，从而最大限度地发挥教育史学的学科功能。

第一节　教育口述史研究的基本概念

教育口述史作为一项颇受追捧的学术实践的兴起，与当代哲学发生的实践转向以及日常生活逐渐被纳入研究视野有关。作为一种质性研究方法，口述史在传统的以文献分析为主要方法的教育史研究之外，焕发出强烈的生命力并有迅速生长之势。教育口述史已然在很多族群、阶层和领域中呈现相当可观的成果，诸多现实表明，教育口述史正逐渐成长为一个专门的学术领域并有成为一门学科的趋势。在此背景下，教育口述史不仅仅只是一种学术现象，还要成为一个被审视的对象，即应放置在元研究的视野之下加以考察。那么，首先要弄清楚一个基本问题：什么是教育口述史？

口述史（Oral History）亦称口碑史学，这个术语最初由美国学者约瑟夫·古尔德（Joseph Gould）于1942年提出，之后被美国现代口述史学的奠基人、哥伦比亚大学的阿兰·内文斯（Allan Nevins）加以运用并推广。经过半个多世纪的发展，口述史在国际上已是一个专门学科，即以搜集和使用口头史料来研究历史的一种方法，或由此形成的一种历史研究方法的学科分支。在当代，国际著名的口述史学者是英国的保尔·汤普逊（Paul Thompson）和美国学者唐纳德·里奇（Donald Richie）。他们分别撰写的《过去的声音——口述史》《大家来做口述历史》在全球范围内有着显著的影响力，是当代中国口述史工作者的主要阅读书籍。保尔·汤普逊认为："口述历史是关于人们生活的询问和调查，包含着对他们口头故事的记录。"①唐纳德·里奇指出："口述历史是以录

---

① Yang Li-Wen, "Oral History in China", *Oral History Society*, vol. 15, no. 1（1987）, 22.

音访谈的方式搜集口传记忆以及具有历史意义的个人观点。口述历史访谈指的是一位准备完善的访谈者，向受访者提出问题，并且以录音或录影方式记录下彼此的问与答。访谈的录音（影）带经过制作抄本、摘要、列出索引这些程序后，储存在图书馆或档案馆。这些访谈记录可用于研究、摘节出版、广播或录影纪录片、博物馆展览、戏剧表演以及其他公开展示。记录、抄本、目录、图片和相关的纪录片资料也可以传到网上发表。口述历史不包括无特殊目的的随意录音，也不涵盖演讲录音、秘密窃听录音、个人录音日记。"[①]北京大学杨立文认为："口述历史最基本的含意，是相对于文字资料而言的，就是收集当事人或知情人的口头资料。它的基本方法就是调查访问，采用口述手记的方式收集资料，经与文字档案核实，整理成文字稿。"[②]中国社会科学院朱佳木指出："从广义上讲，所谓口述历史应当是指历史工作者利用人们对往事的口头回忆而写成的历史。在这个意义上，中国可以说是一个有着悠久口述史传统的国家。"[③]中外学者有关口述史学内涵的阐述已经不胜枚举，上述观点均是从不同角度所做的、得到业界普遍认同的观点。

上述观点为我们理解与阐述教育口述史提供了基本参照。毋庸置疑，教育口述史是口述史家族中的成员，特指口述内容与行为均发生在教育领域之内。教育口述史是通过自述、笔录、录音和录影等现代技术手段，记录教育历史事件当事人或者目击者的回忆而保存的史料。教育口述史不是简单的口述者与访谈人之间的对话，而是一种将自述、记录、整理和分析验证相结合的教育史研究方法——通过事先做好充分准备的访谈，用录音设备收集当事人或知情者的口头资料，可以是个人的教育生活经历、学术成长历程、教育管理与改革实践，也可以是对他人、教育史的记忆以及个人理解，然后与文字档案相印证，整理成口述史文字稿。

---

① ［美］唐纳德·里奇：《大家来做口述历史：实务指南》，王芝芝、姚力译，当代中国出版社2006年版，第2页。

② 北京大学历史系编：《北大史学》，北京大学出版社1993年版，第120页。

③ 王俊义、丁东：《口述历史》（第4辑），中国社会科学出版社2006年版，第3页。

第二节　教育口述史研究的主要进展

教育口述史的实践与教育活动一样源远流长，从长时段来看，它主要有自然形态的教育口述史、自为形态的教育口述史和自觉形态的教育口述史。

一、自然形态的教育口述史

马克思将劳动视为人的本质，是人猿揖别的象征。然而，仅仅有劳动并不能保证人能战胜其他生物种族，直到教育实践行为的产生，人才真正成为人。"要改变一般的人的本性使它获得一定的劳动技能和技巧，成为发达的和专门的劳动力，就要有一定的教育或训练。"[①]在古老的先民生活中，围坐在一团篝火旁听长者讲述祖辈流传下来的故事，应是一个社群接受集体教育的时刻：从哪里来？遭遇怎样的族群变迁？积累了哪些生存技能和智慧？有哪些优秀的族群代表人物？面对天灾人祸应该如何有效地规避并战胜对手？诸如此类的经验传递构成教育的最初内容，也是教育口述史的自然形态，它伴随着人类学会用语言来沟通与交流的实践而产生。

自然形态的教育口述史尽管形式非常简单，但在文字产生之前一直承担着保存与记忆历史的功能，在人类社会的教育生活中扮演着极其重要的角色。口耳相传构成了自然形态教育口述史的基本形式，即使在文字产生之后，人类对于先民的历史仍然以历代先贤留下的口训为主要参考，彼时并无确切的历史概念，往往对于历史与神话、传说无法做到明晰的切割。教育口述史不仅存在于

[①] 中共中央马克思恩格斯列宁斯大林著作编译局编：《马克思恩格斯全集》（第23卷），人民出版社1972年版，第195页。

史前时代，而且广泛存在于人类自古及今的漫长历史生活进程中。只要有人类集体生活的地方，无论是帝王将相之家，还是市井阡陌之所，都能发现其存在的踪迹。在今天，围炉夜话的场景依然是家庭、族群以及团体间传递家风、族史和组织文化的重要途径，有关历史、人物、故事、事件、经验等在言语交流中慢慢聚合、扩散、升腾，这就是教育口述史。在每个人的日常生活中，教育无处无时不在，人人可以口述历史。

自然形态的教育口述史，是族群、代际间教育经验、知识与文化传递的重要手段，它承载了一个人、一个家庭、一个族群甚至一个国家有关教育活动的记忆。教育口述史启蒙了个体成长，培养了一个族群的文化基因，凝聚了一个国家的核心价值，是最基本、最自然也是最为丰富的精神资源。也正是因为它是自然形态的口述史，大多数情况下并未受到重视，在口述之后没有及时转化为文字保存，以至于书写的历史只是日常生活史中极其微小的构成，作为主体的人民的历史消逝在岁月的长河中。在人们乐于倾听而惰于记述的司空见惯中，自然形态的教育口述史往往随着讲述者的故去而被历史湮没。

二、自为形态的教育口述史

自为形态的教育口述史，是指人们有意识地从事教育口述史的采撷和记录活动。与自然形态的教育口述史相比，自为形态的教育口述史将叙述的权利交给了叙述者本人，并有了访谈、记录、整理的程序，完成了从讲述与倾听到对话与记录、整理、出版的流程，对于历史记忆与保存、承传有重要意义。

中华民族早在三千多年前便有了口述历史创作的实践。西周时期学校使用的教材在创作的过程中便采用了口述史的方法，如《诗经》作为中国第一部诗歌总集，其中"国风"中的大部分诗歌都是用诗歌形式唱诵和记录的口述历史。《礼记》也是如此，古籍曾言"礼失而求诸野"，说明周代有去民间采集人们言谈和前代礼俗记忆的有意识采风活动。《礼记·玉藻》也有记载："动则左使书之，言则右使书之。"可见对君王的言行举止记录，也是中国历代帝王日常生活史的记述方式。到了春秋时期，孔子办学行不言之教，多以问答的方式开展教学活动。孔子去世后，孔门弟子通过采访、整理的方式将孔子生前的教育理念以及与弟子们的对话结集出版，是为《论语》，堪称中国历史上第一部自为形态的教育口述史。

20世纪初，西方史学思潮与东方史学传统的汇合使得实证主义史学、相对主义史学、唯物主义史学先后成为中国史学界的潮流。传记式回忆录出现并日益流行地拓展了史学范围，它是传统的口述历史向现代意义口述史学过渡的中间地带，尤其是委托他人撰写的、叙述他人历史的更接近口述历史作品。梁启超和胡适在此期间有引领风尚之功，"梁、胡二君对传记以及自述均有极大的兴趣，且互相启迪。新型传记的鉴赏及写作，梁曾为胡引路；年谱体例的革新，胡则走在梁前头"[1]。自定年谱和自传的风行丰富了史学作品的阵容，并使普通人有了发声的机会。浏览民国时期的期刊报纸和著作，自述类的论著比比皆是，但真正流行与传播广泛的多是社会名流，这与社会对自传人物的价值认可有关。胡适奉劝写作自传的，都是"做过一番事业的人"，梁启超则言明"自撰谱谱中主人若果属伟大人物，则其价值诚不可量"[2]。在梁启超和胡适等人的推动下，20世纪二三十年代，访谈和自述性质的传记式口述史已呈井喷之势。在教育史领域，代表性著作如教育史学家舒新城的自传体教育史《我和教育：三十五年教育生活史（1893—1928）》，展示了自传体教育记忆史的风格。道德学社1917年创办杂志《道德学志》，刊登自成立以来各界人士来道德学社晤谈实录，以"访谈摘要"形式公开发表。从《道德学志》公开发表的众多采访稿中可以窥见，这种具有口述性质的教育访谈早在20世纪初便在中国产生，只不过由于技术的不发达，并未有留声机之类的访谈记录工具，仍以笔记为主。口述与教育访谈的兴起，作为一种新的研究方法开始关注教育活动中的人的主体性，利于发挥教育活动中有影响力的知名人物在整个社会中的教育引领作

---

① ② 陈平原：《中国现代学术之建立》，北京大学出版社1998年版，第407页。

用。民国时期的一些报纸刊物，对于教育访谈专栏的开辟，一方面在某种程度上说是以名人作为卖点，另一方面也说明该时期的中国教育学已经具有独立的自我发展意识，不再只是对外国教育的翻译与介绍，教育学人已经开始注意借助媒介发出自己的声音。

三、自觉形态的教育口述史

现代意义上的口述史是伴随着录音设备的出现正式诞生的，录音设备为自觉形态的教育口述史的诞生提供了技术的支持。自觉形态的教育口述史，是指人们借助于多媒体声像设备有意识地从事教育口述史的采撷和记录活动。马克思将实践主体即人的本质特性确定为"自由自觉的活动"，人的这种"自觉"或"有意识"的特性，表现为人的活动是有目的和意义追求的，是富于创造性和建设性的。借助于多媒体声像设备，人的活动能得以长时间的保存，这就为甄别口述史留下了空间，克服了以往口述历史因为口述者记忆与叙述的不客观而造成历史非客观性的缺点。

当代中国较早采用口述史研究教育问题的，是20世纪80年代北京大学张寄谦对西南联大的口述史工作。尽管由于缺少经费的支持，本次口述工作没有取得预期的效果，但是张寄谦先后完成多部西南联大研究著作，如1999年北京大学出版社出版的《中国教育史上的一次创举：西南联合大学湘黔滇旅行团记实》、2010年新星出版社出版的《联大往事》等。1992年，北京大学中外妇女儿童问题研究中心承担国家"八五"哲学社会科学规划重点课题"农村女童教育现状、问题及对策研究"，对我国甘肃、宁夏、青海三省女童教育现状展开调查，形成代表性作品《创造平等：中国西北女童教育口述史》。齐红深在开展日本侵华教育史研究的过程中，发起并主持了日本侵华殖民地教育亲历者调查，并开展"日本侵华殖民地教育口述历史调查与研究"。该口述调查一共搜集到1200件日本侵华教育亲历者的口述历史，先后形成的成果有《见证日本侵华殖民教育》《流亡：抗战期间东北流亡学生口述历史》等，成为研究日本侵华教育的重要材料。21世纪以降，教育口述史的实践方兴未艾。不仅出版了系列的教育口述史研究丛书，还有专门的集刊论文、教育口述史理论研究成果问世，使得自觉形态的教育口述史得以确立。2007年北京师范大学出版社开始陆续出版教育口述史丛书，该丛书汇集了国内不同教育学科有显著影响力学者的口述历史，现已出版了顾明远、潘懋元、王炳照、黄济、卢乐山、吴式颖、林崇德、朴永馨等先生的口述史。与此相类似的还有《叶瑞祥教育口述史》《鲁洁教育口述史》等。于述胜2013、2015年度分别组织出版了《中国教育口述史》辑刊，刊载了郭齐家、田正平、傅统先、陈信泰、陶愚川的口述史。华东师范大学组织出版的《丽娃记忆：华东师大口述实录》（第一辑）选取27位学者作为口述对象，也是高等学校学者教育口述访谈的作品。该时期具有教育口述史性质的主要代表著作还有：《西安交通大学西迁亲历者口述史》《季羡林口述史》《学路回眸：河南大学外语学院学科发展口述史》《金女大校友口述史》《清华记忆：清华大学老校友口述历史》《清华口述史》《我的教师之路：中日中小学教师口述史》《西北地区少数民族教育发展口述史研究》《舞蹈旅程的记忆：一位中国民族民间舞教育者的口述史》《讲述：北京师范大学大师名家口述史》《记忆：北大考古口述史》等。2014年，我们开始启动《当代中国高等教育改革口述史丛书》的出版工作，在与国内多所高校联系的过程中得到了这些学校和已经退下领导岗位的校长们的大力支持，第一辑的口述传主分别是朱九思（先生于2015年6月13日辞世）、章开沅、潘懋元、张楚廷、王义遒、史维祥、杨福家等先生。我们在编撰的过程中，深感口述史的必要性、紧迫性，它们为当代中国教育史研究提供了丰富的一手资料。

教育口述史作为一种学术实践的出现并广泛应用，源于教育史学从抽象的教育思想史、教育制度史的现代化叙事向具体的、鲜活的日常教育生活史叙述的学术转向。人们更加关注教育场域中所发生教育行为的过程、教育活动中的人的具体实践与日常生活，这是属于基层的历史，真正属于人民的教育史。无论是自为形态的还是自觉形态的教育口述史，都是当代教育史的重要组成部分，它们打破了以往只是由历史学者书写历史的窠臼。让教育历史的参与者们一起发出声音，提供不同教育历史参与者的视角，共同呈现不同时期的教育变革过程与日常教育生活，是教育口述史的基本意蕴。

第三节　教育口述史研究的信度与伦理

西方教育叙事研究将口述史作为其中的一种形式加以讨论，包括自传和传记的收集分析、生活写作、个人叙事、叙事访谈、生活文献、生活故事、生活史、口述历史、民族史、民族传记、民族心理学、以人为本的民族志、流行记忆等均是叙事家族中的成员。不同的学者对"叙事"表达了不同的理解："个人经历的叙述，在日常生活中无处不在，讲述过去事件的故事似乎是一种普遍的人类活动"；"我们必须以叙事的形式理解我们的生活"；"叙事是人类经验变得有意义的主要形式"。[①]然而，教育口述史在实践中饱受叙事真实性、可靠性的质疑，这与口述者在口述过程中或多或少地存在叙述信息不真实、不准确有关。叙述主体的人是对过去的记忆叙述，其中叙述者的记忆、立场、理解等在讲述过程中的表现均是不可控制的变量，是口述整理者们所要面对的最为棘手的问题。也正是这一点，传统的教育史学者对口述历史采取轻视甚至排斥的态度，口述历史工作者应有勇气来面对这一问题，应将口述历史作为质性研究方法之一讨论它的信度与伦理问题。

---

① Kathleen Casey，"The New Narrative Research in Education"，*Review of Research in Education*，vol.21（1995），211—253.

一、教育口述史研究的信度

（一）口述历史叙述的有效性

口述史作为一种方法的运用，是作为定性纵向研究（Qualitative Longitudinal Research）中的一个重要构成而被广泛讨论的。定性纵向研究又称为田野研究或实地研究，常使用的主要方法有访谈法、观察法、档案记录法、口述历史法、焦点团体法、视觉影像资料、个人经验体悟资料等。定性研究的对象是文件资料，分析与诠释构成其基本方法，正如英国社会学家肯·普卢默（Ken Plummer）所指出的："世界上挤满了人类的个人文件。人们在日常生活中会写日记、收发信件、摘录文字、拍照、制作备忘录、撰写自传、建设个人网站、信手涂鸦、出版回忆录、撰写个人生平、留下自杀笔记、拍摄视频日记、在墓碑上写下纪念文字、拍摄电影、画画、制作录像带并尝试记录他们的个人梦想。数以百万计的人将所有这些个人生活的表达抛向了世界，任何关心寻求它们的人都会对此感兴趣。"[①]这些有关生活的文件正展现出无与伦比的价值，它为理解这个世界提供了更加细微、具体的材料。社会传记作者和口述历史学家擅长挖掘上述各种文件证据，将生活和时代的图像复合拼凑起来。文件如何被搜集、分析和应用，已经超越了作为研究的信度本身，还将伦理这一维度带入其中。

信度（reliability），又称可靠性，通常与效度（validity）一起作为衡量研究质量的两项重要指标。与量化研究可以通过采取同样的方法对同一对象重复进行测量、通过对比测量结果的一致性与稳定性来获得信度不同，口述历史中的信度与记忆有关。从心理学的专业视角来看，讨论记忆有两点必须考虑：首先，人类的记忆有多可靠？其次，它有多有效？此处，可靠性可以被定义为一个人在多个不同场合讲同一个故事的一致性。另一方面，有效性是指一个人对

---

① Ken Plummer, *Documents of Life* 2: *An Invitation to A Critical Humanism*（SAGE Publications，2000），17.

该事件的叙述与其他来源材料（如档案、日记、信件或其他人的口头报告）对该事件叙述之间的一致性程度。为了证明记忆的可靠性，曾任美国口述历史协会主席的艾莉丝·M.霍夫曼（Alice M. Hoffman）用十年的时间对她的丈夫霍华德·S.霍夫曼（Howard S. Hoffman）（二战士兵，心理学家）进行追踪研究，他们在1990年出版研究论著《记忆档案：一名士兵对第二次世界大战的回忆》堪称记忆史、口述史研究的经典之作。在艾莉丝与其丈夫的研究中，他们得出结论：在人类记忆的范围内，可以可靠且准确地回复过去的事件，并放大和扩大现有的书面记录。在人的记忆中有一部分记忆被称为自传体记忆，它非常稳定、永久，在很大程度上是不可变的，因而可以称为"档案"。[①]类似的研究证明了记忆的可靠性，为口述历史的开展提供了科学的基础。然而，口述历史中存在不真实的信息也是不可否认的。即使如艾莉丝·霍夫曼所言及的记忆可以归为档案，那么这种"自传体记忆"的形成本身是怎样的过程？其中是否存在"虚假记忆"或"不可靠的叙述"？又是如何鉴别与规避虚假信息与不可靠叙述的？

（二）不可靠叙述与信度提升策略

首先，虚假记忆是信息在自动组合时产生的不真实的回忆。古希腊哲学家柏拉图将记忆比喻为一块蜡版，上面可以留下印记或者编码，随后存储下来，以便我们今后提取这些印记。编码、存储与提取构成了今天人们有关记忆的基本构成。现代心理学的研究者认为，记忆是一个选择性、解释性的过程。记忆不仅仅是被动地储存信息，在学习和存储新的信息后，会对其进行选择、解释，并将不同的信息互相整合，从而更好地学习和记住这些信息。"个体的记忆是自己的建构或是对所发生的事情的重构。"[②]那么，记忆的形成过程反映出叙

---

① A. M. Hoffman and H. S. Hoffman, "Reliability and Validity in Oral History: The Case for Memory", in *Memory and History: Essays on Recalling and Interpreting Experience*, ed. J. Jeffrey and G. Edwal (Lanham, MD: University Press of America, 1994), 107—135.

② 黄希庭：《心理学导论》，人民教育出版社2007年版，第369页。

述者不可能是全息成像式的回忆过去，而是编码再加工的过程，此间容易产生不真实的信息，甚至是虚假信息。需要说明的是，不是口述者有意制造不真实的信息，而是"受访人的生理机能衰退、记忆受损、自我保护本能、心理无意识、社会公众记忆、社会意识形态、理解能力与理解方法、表述能力及表述方法等导致的"①。

既然虚假信息产生的原因极其多样，那么在教育口述工作开展的过程中，当受访者出现机能性的言不由衷时，应予以充分的理解。采访者应通过后期查阅相关资料去确认每一次口述中出现的人物名称、时间和地方，因为记忆可能对于这些细节并不能予以足够的重视，多只是关注事件本身。口述者自我保护的本能也能对叙述信息的真实性产生干扰，陈述时会对某些在他看来不利的信息选择性地予以遗忘，而把对他有利的事情予以放大，这就是回忆录、自传多是对个人光辉一生的总结而少有坦诚交代个人过失的原因。教育口述史在整理的过程中要采取审慎态度对待此类事件，如采访某些有过失的教育事件时，既需要口述人还原历史的真相，同时又要考虑到口述人的感受。

其次，不可靠的叙述来自于不可靠的叙事者。不可靠的叙事者是指在文学、电影、戏剧等作品中，可信度受到质疑的叙述者。韦恩·C. 布思（Wayne C. Booth）是最早以读者为中心去界定不可靠叙事者的，他以叙事者的言论是否符合或违反常规为依据来界定叙事者是否可靠。他在论著中指出："当叙事者按照作品的规范（即作者的规范）行动时，我称之为可靠的叙事者，反之，为不可靠的叙事者。"②然而，这种过分依赖规范与伦理的概念界定受到后来者的质疑与批评。彼得·J. 拉宾诺维茨（Peter J. Rabinowitz）认为，不可靠的叙事者不仅仅是一个"不说真话"的叙事者，相反，一个不可靠叙事者是一个口出谎言、隐藏讯息、对叙事对象下了错误判断的人。也就是说，他们的言论可能是

---

① 陈墨：《口述历史门径（实务手册）》，人民出版社2013年版，第261页。

② Wayne C. Booth, *The Rhetoric of Fiction*（Chicago：University of Chicago Press，1961），158—159.

真实的，但并不是依据现实世界或原始观众的标准，而是依据他自己的叙述标准。①

尽管不可靠的叙事者是作为分析的对象出现在文学等作品中的，但为口述史的开展提供了重要参考，即当教育口述史的过程中遭遇不可靠的叙事者时，同样对口述史的信度产生负面影响。从现实来看，那些具有一定叙事技巧的人可能更善于叙述，也许不是谎言，或许故意隐藏信息，也有可能会歪曲捏造事实。那么，怎样才能获得可靠的叙述呢？按照布思的界定，当叙事功能独立于人物功能运作时，叙述是权威而可靠的，也就是需要隐去作者，确保叙述的独立性。然而这一点对于教育口述史来说有一定的难度，因为口述史正是以第一人称为主的叙述方式，叙述者便是历史当事人、参与者。从这个层面来说，第三人称的口述历史作品借助整理者之口，以及整理者在对叙述进行鉴别、勘误工作之后，可以在一定程度上保障叙述的可靠性。

无论是虚假记忆还是不可靠的叙述，都对教育口述史的信度产生影响。口述史料是作为理解历史的证据，且不是传统的文字证据，而是实施者或知情人提供的口头证据。这与法庭要求证人提供证词具有一定的相似性，然而我们不可能像法官那样要求证人在陈述前宣誓所提供的每一句证词都是事实，没有任何的遗漏、偏袒。口述历史的过程是一种记忆的唤醒与陈述，是借助当事人、参与者帮助我们更好地了解过去。我们需要尊重口述者，也需要尊重历史。

对于保证教育口述史的信度而言，需要做好几项基本工作：第一，做好口述前后的准备工作。不要害怕不真实信息，要有教育史学专业工作者的基本功，即做好相关史料的阅读工作，了解口述者生活的社会背景、同时代其他人的口述材料，尽可能地占有材料，并做好比对工作。第二，增加口述访谈的问题密度与细节。这样做可能会打破某些可能存在的口述者自己创造的事实，要求对细节的展示不仅会唤醒口述者对历史细节的追忆，也可能会打破口述者原

---

① Peter J. Rabinowitz, "Truth in Fiction: A Reexamination of Audiences", *Critical Inquiry*, vol.4, no.1 (1977), 121—141.

有的记忆保护壁垒，得到更加真实的记忆。第三，设置一些重复性的问题。测试信度的基本方法就是让口述者对同一事件在不同时间、地点进行重复。谎言或不真实的信息在重复解答时会因答案的不一致而不攻自破。

二、教育口述史研究的伦理

（一）教育口述史研究的伦理与法律

明确伦理道德与法律责任是确保教育口述史走向规范的基本保障。口述历史作为一种方法、一门技艺，是人与人之间的一场对话。它强调的是作为叙述者的主体人在教育历史叙事中的个体性、主观性、生动性，所以口述历史作品的可读性很强，但也正是由于突出这种个体性、主观性、可读性，教育口述史从制作到出版以及出版后可能会出现一些伦理与法律问题。当口述者在谈论他本人的教育生平与经历时，忠实地呈现是没有问题的，而一旦涉及对他人、教育事件的论述时，即使是很小的事情，也可能会出现极大的反弹。明确教育口述史工作中的伦理与法律问题，有助于更好地保护口述者、涉事者和口述作品。

何为教育口述史的伦理与法律？口述史研究已经将此作为专题加以讨论。杨祥银在《美国现代口述史学研究》中专章论述了美国在口述史学的伦理与法律这一领域所做的工作，并指出当代中国口述史学要充分考虑到口述史学的规范建设。他认为，口述史学的伦理问题主要指口述历史访谈与记录、整理与编辑、保存与传播以及解释与应用等过程中不同关系体之间的一系列权利与责任。口述史学的法律问题主要包括著作权、诽谤、隐私权侵犯、法律授权协议书、对于口述历史资料设限的法律挑战、伦理审查委员会审查机制、口述历史资料网络传播与使用的法律风险，以及口述历史资料能否作为法院审理相关案件的合法证据等。①具体而言，它主要包括：（1）研究者（访谈者）与主办（赞助、保存）机构对受访者（叙述者）的责任；（2）研究者（访谈者）与主

---

① 燕舞：《"记忆的不可靠性"可能是一种财富》，载《经济观察报》2014年10月18日。

办（赞助、保存）机构之间的相互责任；（3）研究者（访谈者）与主办（赞助、保存）机构对专业本身的责任；（4）研究者（访谈者）与主办（赞助、保存）机构对公众的责任。有学者将这些责任进一步具体化为一系列伦理议题，比如知情同意、匿名与保密承诺、对关系与名誉的可能性伤害、对叙述者与其他人的有害信息的公布、对研究成果的诚实呈现以及在委托服务中对于访谈者的保护等。①

从美国口述史有关伦理与法律建设的进程来看，随着口述历史工作的深入，不可避免地要涉及对口述作品及其相关人员的限制与保护。从本质上看，这是公共史学对个人空间的进入。也就是说，一方面公众对历史的需求日益增长，个体的日常生活成为公众满足历史好奇心的关注点；另一方面，个体通过口述历史将个体的经历与观感呈现在公众面前，完成了个体在社会记忆保存中的职能，同时也冒有将私人空间放在公共场域中让读者加以评判的风险。记忆的不可靠性、叙述的不客观性是这种风险存在的根本原因，可以说是无法规避的。因而，建立一种公众与个人都能接受的伦理道德准则与法律规范体系，对于口述历史工作的开展是极其必要的。

（二）教育口述史研究的规范

当代著名史学家章开沅在谈到中国史学的前途时指出："现在有的人把口述历史捧得很高。不重视口述历史是不对的，但是将其功能无限夸大甚至于超过文献，我看也未必正确。不要说研究别人的历史、研究前人的历史，就是研究自己的历史，你自己的回忆也不完全可靠。季羡林老先生就曾闹了个大笑话，他回忆北京快解放的时候胡适在大会上讲过什么话，其实那时胡适根本就不在北京。后来他承认是记错了。所以，历史确实是不容易讲清楚的，但是如果太容易说得清楚，又何必这么多人来研究它。不过，我认为总还有个比较客观

---

① 杨祥银：《口述历史发展，组织化与制度化建设最重要》，载澎湃新闻网，2017年5月26日。

的事实。"①

无论是以文献还是以口述为基础而形成的历史作品，都无法保证绝对的客观，但"总还有个比较客观的事实"，这也是史学的基本底色与吸引力之所在，正是章开沅所言及的"历史是已经画上句号的过去，史学是永无止境的远航"。口述历史是赋予历史当事人自己言说客观历史的机会，至于究竟客观到怎样的程度，待其作为史料进入档案馆之后留待历史研究者去多方求证。因而，对待口述历史应有一个平和的态度，既不应过分拔高，也不应视若洪水猛兽，它们只是为历史贡献了可供研究的文本。随着口述历史日益受到学术界和大众媒体的关注，多种形式的口述历史作品不断产生，要求出台口述历史工作规范的呼声一直很高。中华口述历史研究会秘书长左玉河指出："特别是中国大陆地区口述历史存在的最大问题，就是口述历史研究各自为战、杂乱无章。不仅缺乏一套关于口述历史采访、出版、研究的规范、章程和工作规程，而且从事口述历史访谈及整理者缺乏必要的口述历史常识及基本技能培训。制定口述工作的规范，是做好口述历史研究的基础和保障。从口述历史访谈对象的确定，到访谈问题的设计，再到访谈过程及访谈记录的整理和发表，都要有严格的学术规程。"②尽管中华口述历史研究会在2004年成立之初，便已经有意识地集中力量制定相关章程、规则与工作手册，然至今仍未有公开出版的较为全面的口述历史工作规范。

结合我们在编撰"当代中国高等教育改革口述史丛书"的过程中形成的经验，以及其他口述历史工作者提出的基本原则，教育口述史的实践规范原则主要是：（1）主题收集原则。教育口述史项目的实施应在鲜明的主题下开展整体性的工作，追求整个结构的完整，通过完整的学术单元呈现某个主题的教育历史更具有历史意义。（2）充分准备原则。作为口述历史的采访者，事先与口

---

① 章开沅：《走自己的路——中国史学的前途》，载《暨南学报》（哲学社会科学版）2005年第3期。

② 左玉河：《口述历史急需规范操作》，载《中国科学报》2016年12月22日。

述当事人进行良好的沟通是前提，并能确保这种沟通贯穿口述作品的选题与策划、整理与撰写、出版与销售的整个过程。（3）尊重受访者意愿和隐私原则。口述历史的开展必须以尊重受访者意愿为前提。在邀请受访者接受口述访谈工作时，要充分听取受访者的意见，不能强人所难。同时要将尊重受访者意愿贯穿于口述史活动的全过程。（4）忠实于口述记录原则。口述历史是口述者与访谈者共同完成的结果，口述者是口述历史的第一主体，没有口述者的叙述便没有口述史，忠实地记录口述者所讲述的历史是访谈者的基本任务。（5）口述历史档案整体性收藏原则。首先，教育口述史作为一种档案反映的是个体记忆，能够为集体记忆、社会记忆提供参考；其次，教育口述史作为档案有录音、录像还有与之内容相匹配的照片、文字等多种形式，这些都可以数字化处理，存储与传播比纸质版的档案更便捷。

第四节　教育口述史研究的发展趋势

信息化已经成为当今社会发展不可逆转的趋势，也日益成为学术研究、学科发展不可忽视的因素。信息化带给口述历史的东风，可以概括为理念与实效。首先信息化改变了传统口述历史研究的理念，以往的口述历史往往是小规模化的、立足于地方需要的，信息化导致数据激增，使研究者必须从大数据的角度去探讨口述历史的发展问题。信息化更是口述历史发展的重要外部条件。由于口述历史涉及人的口述，如果仅仅依靠人的记录，难免效率低下。访谈者或忙于记录，不能了解口述者话语之后的真意；或快速记录而导致信息遗失，不能够完整地表述口述者的话语，有损口述历史贴近生活的优势。信息技术在保证口述历史完整性的同时，也可提高口述历史的传播效率。我们一方面要借助信息化自由、快速、便捷的优势，打破口述历史的时空限制，扩展访谈对象，灵活选取访谈时间，提高口述历史的采访效率、转录效率与传播速度；另一方面，通过不断克服信息化所带来的弊端，实现口述历史的良好、健康发展。

信息化背景下交流沟通的方式将会在很大程度上摆脱地理的限制，特别是网络视频语音技术的发展，使口述历史研究者对口述对象、口述场所的选择更加灵活。未来在教育口述历史采集中，口述者与访谈者即使相隔千里，也能够通过屏幕进行实时交流，受访者能够进行自然的情感反应，进行更加真实的回忆。语音降噪等技术的发展，极大地降低了对口述历史物理空间环境的要求，使口述历史的采访更能够接近口述者生活的真实场景，并通过感知受访者的语调变化，了解受访者的真实意图。在征得口述者同意的情况下，可利用现有技术永久保存口述者的视频音频资料，极大地丰富口述历史的呈现方式，这对后续理解、分析口述者语言背后的故事以及在此语境中语言的真正含义具有重要的价值。同时对经典的口述历史资料进行整理，使其不仅具有学术研究价值，也具有广泛的教育价值，甚至对个体家庭而言还具有收藏价值。

信息化背景下，口述历史的访谈资料已经能够通过相关技术实现语言与文字的同步转化，但是对于非标准语言（如方言）的识别技术还有待于提升。口述历史工作者的工作重心将转移到对口述者背景资料的详细了解上，以便于提出适合的问题；提升口述历史访谈的语言沟通能力与沟通技巧，以便于营造舒适、融洽的沟通氛围，推动访谈的进行并为后续口述历史的修订工作奠定良好基础；改善口述历史访谈中对问题的敏感性与洞察力，提出有创建性的问题，进行适时追问。

信息化背景下，口述历史的管理将会建立完整体系，口述历史的存储工作将会移交专门的研究机构或储存机构，进行科学妥善的保管。依据国外的经验，口述历史将作为另一种形式的史料，被储存在档案馆、图书馆中。与传统的史料不同，口述历史需要更加科学的管理，如定期进行调试并将音频形式与转录后的形式一并保存，以保证数据不会在自然条件下遗失或损毁。在使用中，相关机构通过不断优化口述历史的检索方式，提高使用效率，促进相关研究的发展。

信息化背景下，个人对口述历史的所有权将会通过相关立法工作得以保护。口述历史将会依据口述者的个人要求、口述内容的重要程度，进行全部公布、部分公布或延迟公布。至于如何接受口述者的合理要求，如何确定口述历史的重要程度，需要制定相应的标准。在口述历史的后续管理中，将会结合信息化社会的特征以及网络的复杂性，对口述历史硬件设施不断维护，确保访问者使用。具体的维护包括重视安全维护，避免恶意入侵、病毒感染导致资源无法访问或内容被篡改；对收录的口述历史资料，按照一定标准进行编码、排序，建立基本的索引，便于访问者选择需要的资源；做好备份工作，定期坚持资料的完整性，出现缺失要及时补上，以免影响后续使用。

信息化背景下，更加需要口述历史研究的协商合作，建立完整的口述历史资源库。信息化导致数据大量产生，出现了大数据的概念。大数据的归属之一就是建立相应的数据库，以容纳和扩充数据，这显然不是个人所能够完成的事业，需要研究者通力合作。唯有如此，才能使口述历史走上信息技术的高速路，实现快速发展。借助信息技术的便利条件，教育口述史研究主题也发生转向，即关注群体口述历史访谈，这就更需要研究者、研究机构之间通力合作，以完成研究任务。

（周洪宇　刘来兵）

附录：相关文献

1.［英］保尔·汤普逊：《过去的声音——口述史》，覃方明等译，辽宁教育出版社2000年版。

2.［法］皮埃尔·诺拉：《记忆之场：法国国民意识的文化社会史》，黄艳红译，南京大学出版社2015年版。

3.［美］唐纳德·里奇：《大家来做口述历史：实务指南》，王芝芝、姚力译，当代中国出版社2006年版。

4. 杨祥银：《美国现代口述史学研究》，中国社会科学出版社2016年版。

5. 周洪宇、刘来兵：《教育口述史研究引论》，华中科技大学出版社2019年版。

6. 周洪宇、刘来兵：《教育口述史研究：内涵、形态与价值》，载《现代教育管理》2018年第11期。

7. 刘来兵、周洪宇：《教育口述史：功能、信度与伦理》，载《南京师大学报》（社会科学版）2019年第1期。

8. 刘大伟、周洪宇：《教育记忆史：教育史研究的新领域》，载《现代大学教育》2018年第1期。

9. 于书娟：《教育口述史研究初探》，载《上海教育科研》2009年第4期。

10. 郑刚、余子侠：《高等教育口述史研究的实践与发展路向》，载《高等教育研究》2015年第8期。

11. 张俊华：《社会记忆研究的发展趋势及探讨》，载《北京大学学报》（哲学社会科学版）2014年第5期。

12. 左玉河：《中国口述史研究现状与口述历史学科建设》，载《史学理论研究》2014年第4期。

13. Paula Hamilton and Linda Shopes, *Oral History and Public Memories* （Philadelphia：Temple university press, 2008）.

14.Robert Perks and Alistair Thomson, *The Oral History Reader Introduction* （London：Routledge, 2016）.

15.Valerie J. Janesick, *Oral History for the Qualitative Researcher：Choreographing the Story*（New York：Guilford Publications, 2010）.

第七章

教育记忆史研究

　　历史研究对记忆的关注早期是源于战争的影响，世界大战带来的巨大创伤引发了西方学者对战争创伤记忆的思考。20世纪七八十年代，随着西方史学的文化史、社会史转向，学者对"记忆"的兴趣日益浓厚，形成了一股研究热潮。这一股热潮蔓延到教育史领域，也引发了西方教育史的"记忆转向"，学校记忆等教育记忆成为教育史研究新的关注点，教育记忆史由此成为教育史研究又一亟待开辟的新领域。

第一节 教育记忆史研究的提出

教育记忆史兴起于21世纪初，这既与研究记忆的整体潮流趋势相关，也与自身内部需求有关。从20世纪70年代开始，人们似乎进入了一个反思记忆的时代，人文社会科学领域都逐渐表现出对记忆的兴趣，尤以历史学和社会学为代表。

一、历史学的记忆之潮

20世纪70年代，西方历史学家提出了"新文化史"这一概念，在史料和史观两个层面极大地拓展了历史研究的内涵和外延。这一领域的代表人物彼得·伯克（Peter Burke）将新文化史的研究主题分为五个层面："一、物质文化的研究，如食物、服装等；二、身体、性别研究；三、记忆、语言的社会历史；四、形象的历史；五、政治文化史。"①其中，记忆史近年来开始成为研究的热点，在历史学界受到了广泛的关注。

"记忆"本属心理学范畴的概念，强调的是心理活动与过程，其最早与历史研究相结合可追溯到20世纪20年代法国社会学家莫里斯·哈布瓦赫（Maurice Halbwachs）。哈布瓦赫对记忆研究的创造性贡献，在于他没有束缚于当时已有的心理学研究对记忆的解释，而是看到了记忆无法局限于个体来理解的层面。他注意到"人们通常正是在社会中才获得了他们的记忆的。也正是在社会中，

---

① 杨豫、李霞、舒小昀：《新文化史学的兴起——与剑桥大学彼得·伯克教授座谈侧记》，载《史学理论研究》2000年第1期。

他们才能进行回忆、识别和对记忆加以定位"①。所以他认为记忆虽然是发生在个体身上，但却是和群体相关并受群体影响的。由此他提出了两个重要的概念，即"集体记忆"和"记忆的社会框架"，指明了记忆的发生不再仅仅只关乎生理机制的运作，也关乎社会的运作。基于这样一种认识，人们发现可以通过记忆来理解社会发展。时隔半个世纪，到20世纪70年代后期，受到"经济快速增长的终结，戴高乐主义、共产主义和革命观念的消退，国外压力的强烈感受"②三大因素的刺激，法国急需国民意识的再度形塑，在此背景下"记忆"成为书写新法国史的切入点，哈布瓦赫的理论在历史学中再度受到正视。20世纪80年代中期，法国历史学家皮埃尔·诺拉（Pierre Nora）组织百余人的作者队伍，花费十年之久编写出版了三部七卷本的《记忆之场：法国国民意识的文化社会史》，挖掘探讨了法国国民意识形成之中的记忆之场，可谓是"集体记忆史研究成果的大检阅"③。诺拉的一大贡献是创造了"记忆之场"一词，他认为教科书、档案馆、老兵协会、遗嘱等都因为承载了某种记忆而成为记忆的载体，也就是所谓的"记忆之场"。它们又不仅仅只是记忆的载体，他认为："记忆之场只能来自它们在持续的意义变动和不可预见的枝蔓衍生中的变形能力。"④那些东西之所以可以成为记忆之场，正是因为它们见证了附着于其自身的历史意义发生变化的过程。通过对这些记忆之场所承载的记忆的考察，历史的研究视角发生了一个重大转移，即从关注过去的本身转为关注当下对过去的理解、制作、利用与赋予的意义等。此后记忆一直作为史学界的一个热门话题为学者们所关注和研究。

历史学作为教育史学的母体学科，对教育史学的发展一直发挥着引领和启

① ［法］莫里斯·哈布瓦赫：《论集体记忆》，毕然、郭金华译，上海人民出版社2002年版，第68页。

② 沈坚：《记忆与历史的博弈：法国记忆史的建构》，载《中国社会科学》2010年第3期。

③ 沈坚：《法国史学的新发展》，载《史学理论研究》2000年第3期。

④ ［法］皮埃尔·诺拉：《记忆之场：法国国民意识的文化社会史》，黄艳红等译，南京大学出版社2015年版，第21页。

发的作用。可以说教育记忆史的兴起也是对历史学"记忆潮流"的一种跟随，但除此之外，教育史学自身的发展需求也驱使着它的记忆转向。

二、教育史研究的发展需要

在西方，由于认识论基础的革新和研究目标的转移，教育史学家也开始关注近现代的记忆政治和历史的公共用途，并开始将学校记忆作为教育史的研究对象。西班牙的科研团体在这个编史进程中扮演了领头羊的角色，他们开展了一项研究以探讨"学校记忆"和"学校文化"之间的复杂关系[①]，由此拉开了西方教育记忆史的研究序幕。而在国内，教育记忆史的兴起虽晚于西方，却有自己的轨迹。一方面这是我国教育史学科建设向外拓展体系的结果；另一方面这也是我国教育史对学术视野下移的一种尝试。

在20世纪，我国教育史的知识图谱主要分为教育制度史和教育思想史。随着"以人为本"观念的不断深化，"人"及"人的活动"开始成为教育史研究关注的重心。将"人"这一历史的主体，历史的创造者、实践者及其活动放在教育史研究的聚光灯下，可以让读者更多地感受到教育史研究的鲜活感和生动感。在这一背景下，教育史研究的学科主干开始进一步分化为教育思想史、教育制度史、教育活动史三足鼎立的研究态势，并形成"教育活动史是起源、前提和基础，教育思想史和教育制度史是结果和派生物"[②]的状态。随后教育活动史在研究推进中又进一步细分出了教育生活史、教育身体史、教育旅行史、教育情感史等研究领域。在这个学科不断分化的总体进程中，我国学者通过不断地向外学习和向内反思，在拓展新领域时将目光投向了教育记忆。

提出教育记忆史这一研究领域，首先是因为在人类的记忆当中，教育或与其相关的事件、活动占据了记忆中的很大一部分比重。就目前的学制而言，我

---

① Cristina Yanes-Cabrera, Juri Meda and Antonio Viñao, *School Memories: New Trends in the History of Education* (Springer International Publishing Switzerland, 2017), 2.

② 周洪宇、申国昌：《教育活动史：视野下移的学术实践》，载《教育研究》2010年第10期。

们至少要接受长达20年的教育，这就让我们的记忆始终绕不开教育的影子。例如小到对某一位老师授课风格的记忆，对某节课堂趣事的记忆，大到对重要教育事件如中考、高考的记忆。换句话说，教育记忆已经成为我们国民意识当中的重要一环，如影随形。通过记忆梳理历史上真实的教育事件，重塑鲜活的教育场景，有助于广大民众了解教育历史，而非集体记忆中偏颇的教育印象。特别是在当下的互联网时代，掌握集体记忆形塑权的官方机构已经无法控制网络对大众集体记忆的影响，所以提出教育记忆史的研究，正可以用真实的教育历史纠正有偏颇导向的集体记忆，如对于民国教育的集体记忆、对于"文革"时期教育的集体记忆、对于高考发展变化的集体记忆等，从而借助教育记忆的凝聚力"维系着社会、群体和个人的身份认同"①。

其次，20世纪中叶以来，许多社会科学研究领域先后开始视野下移，将研究关注点聚焦在下层和民间。我国教育史顺应发展趋势"将研究的视线逐步向下移动并对外扩散，实现教育史研究从精英向民众、从高层向基层、从中心向边缘、从经典向世俗的过渡。通过转向研究历史当中的日常教育问题，来真正展示生动鲜活的教育史学科特色"②。教育记忆作为人们教育经验的承载体，包含着人们对过去教育事实的认识和理解，构成了人自我教育的一部分，也影响着人对他人施加教育的观念和行为。把教育记忆纳入教育史研究之中，也能把大众对教育历史的认识和理解纳入研究视野，它不仅能看到民间的历史，还能看到民间是如何记忆这些历史的。正如美国教育心理学教授萨姆·温伯格所言："迄今为止，大家还很少努力关注普通人生活中的历史回忆过程：以某种方式代表（或不代表）着集体记忆的普通人，是怎样回忆历史的？若是没有这样的视角，我们就会把文化产品的生产同文化产品的消费混淆起来。"③文化产品

---

① 邱昆树：《形塑"文化记忆"：当代教育的文化使命》，载《教育发展研究》2017年第3期。
② 周洪宇、申国昌：《教育活动史：视野下移的学术实践》，载《教育研究》2010年第10期。
③ ［德］哈尔拉德·韦尔策主编：《社会记忆：历史、回忆、传承》，季斌、王立君、白锡堃译，北京大学出版社2007年版，第140、87页。

的消费是我们理解历史文化的另一种途径，所以我们需要大众的视角，需要记忆的视角。由此可见，教育记忆史研究对教育史学学术视野下移实践具有重要意义，同时也是这种实践的重要一步。

总体而言，整个社会科学领域对记忆的认识的转变为各领域形成记忆研究热潮做了铺垫，而历史学在记忆史上的大胆尝试和经典成果的产生，直接影响了教育史对记忆的关注。教育史自身内部的发展需求最终驱动了其对教育记忆史展开研究的实践。

第二节　教育记忆史研究的体系与特点

教育记忆史的考察对象是记忆。与历史事实不同，记忆从一开始就摆明了其主观特性，所以教育记忆史也正是要把人的主观性纳入研究之中，通过记忆考察人对历史的理解。教育记忆史的研究，记忆的真实性问题退居其次，而关注的重点放在了人对记忆的态度、讲述方式、赋予记忆的意义以及记忆是如何被形塑的等方面，透过这种理解的视角，来丰富我们对历史的认识。由此，教育记忆史研究有自己的体系和特点。

一、教育记忆史的三大基础性问题

从研究逻辑上来说，教育记忆史需要明确三个基本问题：一是谁的记忆；二是记忆什么；三是如何记忆。要知道这三个问题应该如何理解、如何回答以及它们如何重要，首先就要理解教育记忆史的研究性质。

教育记忆作为教育史研究新的研究对象，与教育制度、教育思想以及教育活动有所不同，或者说它们并不是处于同一层面的对象。与记忆相对的应该是事实本身，所以教育记忆史关注的重点也并非教育历史事实的原貌而是教育历史事实的表征。一切历史叙述、历史回忆都是有选择性和倾向性的，所以历史记忆与历史事实必然是有差异的，但这种差异并不意味着我们永远无法认识历史，相反，这种差异本身也是有意义的，可以帮助我们反思自己对历史的认识，推动我们认识的进步。要理解这种差异形成的原因，就需要对教育记忆史的三个基本问题做出分析。

首先，就"谁的记忆"这个问题而言，是谁不是最重要的，他代表了谁、代表了哪个群体才是最重要的。并且，最为核心的不是人在回忆的事件里是什么身份，而是人在回忆时是以怎样的身份和角色来回忆的。这些回忆的主体并不是完全平等的，身处高位势的人可以利用历史、操控记忆，而身处低位势的人可能只能不加批判地接受别人传递出来的记忆，或者只能有限地反抗他人强加的记忆。人们的回忆实践也会由于阶层的不同、时代背景不同而展现出各不相同的形态。作为受教育者来回忆和作为教育者来回忆，产生的意义也可能是不同的。当回忆历史的人成为教育记忆史研究的主体对象时，他们就不再是作为历史的见证者而存在，而是作为历史的行动者而存在，他们的行动不发生于他们所回忆的教育事件之中，而发生在他们进行回忆的过程之中。历史就在各种角色的回忆人的回忆实践中被形塑。只有理解回忆的主体，才能更好地理解被回忆、被叙述出来的历史。

其次，就"记忆什么"这个问题而言，记忆的事实内容是基础，而指向事实的认知与态度才是这个问题的核心。就像关注回忆历史的人代表了什么利益群体一样，这个问题也企图通过分析人们回忆教育的视角和记忆中的教育内容，来探寻这背后隐匿了怎样的利益诉求、传达了怎样的教育观念。也就是说，它企图回答的是回忆这样的内容对回忆的人来说到底意味着什么。它并不是一个独立的问题，而是与上一个问题紧密相关的。

焦万尼·巴蒂斯达·维柯（Giovanni Battista Vico）曾提出一种使用传说的新方法：办法是并不把它当作逐字逐句都是真实的，而是当作对经过一种媒介而被歪曲了的事实之杂乱无章的回忆，而它们的折射指数我们在一定程度上是可以确定的。①这种理解和我们借以考察教育记忆的基础是具有内在一致性的。上述两个问题所关心的，用他的话来说就是："所有的传说都是真的，但其中没有一种是意味着他们所说的事情的；为了发现它们意味着什么，我们就必须知道什么样的人创造了它们，而这样一种人说那样一种事又意味着什么。"②只是我们所讨论的不单是传说，而是会包含着某些传说的教育记忆。

最后，就"如何记忆"这个问题而言，是要去问一问人们是如何利用或者制作历史的，要回答这些各不相同的教育记忆是如何产生的，它们本身有没有带有什么目的，人们运用了哪些技巧、手法以便于记忆的传播或施加影响，这些记忆是如何从边缘到中心，或者从中心到边缘就此固定下来的……在当下历史学和教育史学都开始重视历史解释而非"剪刀加糨糊"的历史拼贴的情形下，历史学正在发生语言学转向，让人更加重视解释的力量，让人在书写历史时注意"文本如何表现与自身不同的实在以及文本与实在的关系"③，要求史学家对文本建构与文本事实之间的关系进行考察，而教育记忆史对"如何记忆"的追问，也是对这种要求的回应。此外，正因为记忆和记忆所发生的当下有着密切的关联，"回忆实践总是在生产着一种超越个人的、文化的当今"④，所以在分析记忆史料的时候，才不能脱离史料产生的当时而单独分析史料的内部叙述，要对文本叙述与产生文本的当下之间的关系进行考察。

二、教育记忆史的时间与空间

马克·布洛克（Marc Bloch）认为历史是"关于时间中的人"的科学。与其他学科仅仅将时间作为一种尺度不同，他认为"历史中的时间是个具体鲜

---

①② ［英］柯林伍德：《历史的观念》，何兆武、张文杰等译，北京大学出版社2010年版，第71页。

③ ［荷兰］F. R. 安克斯密特：《历史表现》，周建漳译，北京大学出版社2011年版，第71页。

④ ［德］哈尔拉德·韦尔策：《社会记忆：历史、回忆、传承》，季斌、王立君、白锡堃译，北京大学出版社2007年版，第87页。

活且不可逆转的事实，它就是孕育历史现象的原生质，是理解这些现象的场域"①。在教育记忆史中，时间不仅具备如此重要的意义，而且还具有两个方面的范畴。教育记忆史涉及两种时间，一个是记忆发生的时间，另一个是记忆中的历史事实发生的时间。这两个时间是存在距离的，而这种距离之中也暗含着丰富的信息。由于教育记忆史的研究对象是教育记忆，所以记忆发生的时间是研究考察的主要场域。

我们可以考察历史中一个点的教育记忆，也可以考察一条线上的教育记忆。前者是考察历史进程中某时的教育记忆，即在何时回忆的何事。这类研究限定在特定的历史时空背景之中，可以对当时的教育记忆进行一个全方位的考察，包括其表现、特征、意义等。那些在特定时间内完成的回忆录、访谈记录、口述史都是这类研究的重要研究文本。这个时间点，即回忆发生的时间位置，是理解记忆的关键坐标。关于记忆所处的历史位置包含两种考虑：首先是这段记忆所发生的时间在整个人类历史长河中的位置，是战争年代还是和平年代，是古代还是近现代，是教育普及的年代还是唯官有学的年代。因为人总是通过当下去理解过去的，所以记忆所发生的时代包含了我们如何理解过去的信息。其次是这段记忆发生的时间在个体的一生中所处的位置。他是孩童，是青少年，是壮年抑或是垂暮之年；他是在接受学校教育，还是已经从学校毕业；他是刚刚辍学还是准备辍学；他是重返学校的老人还是多年不曾学习的老人。人在不同的年龄段有着不同的教育经历，也总是持有不同的心态，这种心态也会影响他们的记忆。

而考察一条线上的教育记忆，关注的则是一段记忆随时间迁移的变化，即关于何事的记忆在过去不同时间是何面貌。它涉及一段教育记忆是如何形成的，如何被塑造的，如何被遗忘或是被加强的，它是如何被歪曲的又是如何被纠偏的等等问题。这个时候对时间的把握不仅仅在点，更在于一条连续或有断

---

① ［法］马克·布洛克：《历史学家的技艺》，黄艳红译，中国人民大学出版社2011年版，第48页。

裂的线，记忆被放置在一段更长的时间段中理解。随着教育经历的变化，个人的教育记忆发生了怎样的变化；随着教育制度的变迁，集体记忆发生了怎样的变化。在考察变化的时候，记忆中事件发生的时间和记忆发生的时间都是可供参照的背景板，记忆往往也随着这两种时间的距离的改变而改变。

需要注意的是，记忆发生的时间和事件发生的时间虽然有距离，但是也不能忽视这两个时间也可以在象征意义上发生重合。纪念日就是一个典型的表现。当时间在这种象征意义上发生重合时，记忆就被重新唤起，历史在这种节点上得到复活和延续。

在空间上，记忆产生的空间可以和历史事实发生的空间不同，但也可以是一致的。而那些和历史保持一致的空间，尤为受到记忆史研究的关注，因为这类空间场所，就相当于外化了的记忆媒介。"地点可以超越集体遗忘的时段证明和保存一个记忆。"[①]比如文庙的"左学右庙"或者"左庙右学"的空间布局，一下就建立起了人们关于古代学校的回忆，那种在我们当下学校里不再存在的祭祀仪式，通过大成殿的孔子雕像和东西两庑的配享，重新进入人们的记忆之中。在这样一种存储历史记忆的空间之中，人们甚至还会举行一些和古人相同的仪式，他们点起香，朝拜孔子，但是在此过程中仪式之中的道德意义已经随着时过境迁而消逝，他们可能仅仅只是想为自己或者家人求得一个学业顺利、前程可期。当这个空间里曾经发生的事已经完全成为过去时，其中发生的崇拜与神圣在当下已经不再在场，人们凭借自己的记忆在其中自由联想，自由活动。这样的空间就提供了这样一个场域，供人们回忆和回应记忆，人们对某段历史的各种态度就在各不相同的行为之中得以彰显。所以，空间一方面作为一种记忆媒介向公众传达着记忆，另一方面又作为一种场域容纳和刺激着各种关于记忆的自由联想与行动。空间之于记忆就宛若三棱镜之于光，反映着光又分解了光的形态。

---

① ［德］阿莱达·阿斯曼：《回忆空间：文化记忆的形式和变迁》，潘璐译，北京大学出版社2016年版，第13页。

正因为时空对于记忆而言有着特殊的作用和意义，所以教育记忆史的研究要注意对时间和空间的分析。

第三节　教育记忆史研究的现状与趋势

一、教育记忆史研究的现状

国内外的教育记忆史皆处于新兴阶段，有研究进展，但成果不多。国外的教育记忆史研究稍早于国内，这主要以西班牙的研究团体为代表。他们在2017年出版了一本研究学校记忆史的论文集，名为《学校记忆：教育史研究的新趋势》（*School Memories：New Trends in the History of Education*）。这算是一部国外的学校记忆史研究先锋著作。这本书中汇编的论文涉及的内容非常丰富，从图像记忆到文字记忆再到影视化记忆，多样地再现了人们对学校教育的记忆以及人们的教育生活，非常具有启发性。但同时，早期的这些研究也暴露了一些不成熟之处。

一种较为典型的对概念的误用是没有区分关于教育的记忆以及通过教育传递的记忆。正如安东尼奥（Antonio）和朱里（Juri）在这本书的开篇所言："当我们谈论'学校记忆'的时候我们并不是在指涉学校所传递的记忆，而是指和学校、学校时光以及教学相关的记忆，亦即个人、社团、社会建构起来的关于学校世界和教育过程的记忆。"[1]作为一种文化手段的教育的确是可以传递和形塑人们的历史记忆的，但是教育记忆史所要研究的并非是作为记忆手段

---

[1] Cristina Yanes-Cabrera，Juri Meda and Antonio Viñao，*School Memories：New Trends in the History of Education*（Springer International Publishing Switzerland，2017），2.

的教育，而是作为记忆内容的教育。对前者感兴趣的往往并不是教育史领域的研究者，而是那些研究文化学习过程或者研究学校的社会再生产作用的研究者们。①简言之，若把教育记忆理解为教育传递的记忆，那它更适合作为教育学原理或者课程与教学论的研究对象，而非教育史。

在对史料的处理和运用上，一些研究也没有把握住记忆史的特点和追求。当学者们刚开始关注记忆时，他们做的第一件事就是拓展了史料的来源，那些但凡能够定格过去抑或唤起记忆的材料都进入到研究者的视野之中。广泛传播的版画、漫画、明信片等与照片一样受到了关注，口述史料与文字证言一样被挖掘，各种影像资料，严肃的如纪录片，娱乐的如电影、电视、广告节目，皆能成为研究材料。尽管材料得到了丰富，早期的研究者在描绘教育记忆时还是很大程度上受到了限制。他们所做的工作仍然与以往的教育史学家一样，只是对这些材料所呈现的内容做分析。如果仅仅是做这样的工作，那么教育记忆史完全没有理由宣称自己是一个独立的、有所不同的研究方向。教育记忆史所要研究的教育记忆，并非指一种历史的证言，而是一种历史过程。它不是以这些材料作为证据、作为历史的来源来说明过去的教育是什么样，而是要看到这些记忆材料的产生过程，从中发现人们对过去的教育是如何认识的。史学家通过记忆不是仅仅"从内"（学校是什么样子，或者学校是怎样描绘它自己的）研究，也"从外"（精英和社会公民是如何认识它的）研究以获得社会总体对教育系统的看法。②

国外的教育史学者们带着他们各不相同的对记忆的理解，在教育记忆史方向进行了许多尝试和探索。但教育记忆的历史应当如何去理解，又当如何去分析、研究，还存在许多有疑问和争议的地方，需要继续反思和讨论。

而国内的教育记忆史研究，成果相对而言更为稀少，且以探讨"什么是教育记忆史"的理论性文章为主。这其中，还有一些研究，虽然作者并未宣称

①② Cristina Yanes-Cabrera，Juri Meda and Antonio Viñao，*School Memories：New Trends in the History of Education*（Springer International Publishing Switzerland，2017），2，5.

过这是教育记忆史的研究，但是其内容却是指向"记忆"的，比如田正平和潘文鸯的《教育史研究中的"神话"现象——以蔡元培和国立西南联合大学为个案的考察》以及胡金平的《民国教育热的背后——一种想象性的社会记忆》。这些文章都关注了一个典型的记忆现象，即历史在不断被叙述的过程中，由普通的日常事件上升为神话想象的现象。这为人们继续深入拓展教育记忆史的研究，提供了一个很好的引子。

总体而言，教育记忆史是一个亟待开拓的领域，其研究成果虽然不多，但是已经展示出了该方向研究的价值和其研究生长的肥沃土壤。

二、教育记忆史研究的趋势

教育记忆史给教育史研究者带来了许多新的挑战和机遇。在未来若想深化拓展教育记忆史研究，需要注意以下几个方面：

其一是研究问题的民间化。问题的民间化是指问题从民间生活中来，解决问题的目的是要回到民间去。这既是学术视野下移整体趋势下所产生的研究要求，也是教育记忆史自身特性所决定的追求。记忆是一个与大众联系非常紧密的话题，可以说，公众对教育的观念很多都来自于他们的记忆，来自于他们对自己的教育经历的认识。所以，要找出有现实价值和意义的好选题，就要保持对日常生活的敏感，关心看似普通的日常，发现大众最为关注的议题和关于教育的常民信仰、常民观点。还需要多问一问：那些没有接受过教育理论知识学习的大众是如何具备他们自己的教育观念的？历史在其中是如何发挥作用的？历史又是以哪种形态发挥作用的？只有问题民间化了，才能了解到公众把自己摆进历史记忆空间的方式，才能更广泛地去探寻历史记忆与现实之间的关系。

其二是研究主体的团队化。由于教育记忆史是一片非常广阔的研究领域，其中有很多值得深入研究的大问题，所以需要更多的人参与和投入进来；这些问题彼此相关，因此也需要研究者们相互协同。其次，由于记忆具有广泛的载体和表现形式，需要我们研究的时候树立大史料观。既然要广泛地搜集史料，势必要投入充足的人力。个人的资源是有限的，在团体中个体资源可以进行整合，从而扩大资源的限度，实现资源的共享、研究的共进。此外，教育记忆史和教育口述史要协同合作，因为我们既要为现有的研究搜集资料，还要为以后可能进行的记忆史研究搜集口述资料。再次，教育记忆史因涉及人的意识而具有复杂性，这种复杂性体现为主体的多样性、多变性、多重性，也体现为记忆的不确定性、易变性和潜在性等。所以，研究教育记忆史无疑会涉及人的心理、人与社会、人与文化等问题，其跨学科研究的属性由此显现。该研究也需要跨学科的人才，运用跨学科的方法来助力教育记忆史的研究。简言之，无论是从教育记忆史的目标、内容来看，还是从方法来看，都需要团队协作来开辟这片领域。

其三是研究活动的国际化。首先，在研究过程中需要不断引进国外的教育记忆史研究的经验。既然在这块领域，国外的学者走在了前面，我们自然应当及时去关注和学习。把国外的研究推介进来，可以快速地让国内的学者认识教育记忆史这片新的研究领域。此外，这也可以给国内的学者提供借鉴，让国内学者了解国外的教育记忆史研究最关切什么问题，他们是用什么方法来做研究的，他们如何定义教育记忆史……最后我们也能知道国外的教育记忆史走到了什么程度。其次，要加强我们自身的对外交流，将我们的研究成果向国外输出。这些研究要专题化、系列化地进行和展示，让教育记忆史研究渐成体系，并受到学者们广泛关注。要在未来的研究过程中，举办教育记忆史的国际会议，进行国际交流，把我们的研究推向国际。需要注意的是，学习国外的经验，归根结底还是为了服务自身，所以关键还是要做好自己的研究。一方面要学习国外好的经验并加以本土化；另一方面我们需要直接从本土出发，发展我们自己的研究。

其四是研究成果的理论化。当人们回忆和叙述过去的时候，都会对当时杂乱无序的情况进行梳理、精简和赋予意义。尽管普通人和史学家处理历史的方式不同，但都会对历史进行解释。所以关于历史的解释总是多样的，而教育记忆史在研究记忆的过程中，需要直面这些各不相同的解释，直面人们对历史纷繁的理解以及他们各自守护的意义。教育记忆史的研究者，并不是要在这些解释中选出一种最合理或者最接近"真实"的，因为他们还有别的任务。众所周知，历史书写和历史的真正面貌之间始终存在距离，所以，教育记忆史要承担起来的责任就是去理解这种距离。自历史学诞生起，人们就没有停止过思考"历史"（即史学家写出来的历史）同"真实"（即人们直接经历过的历史）之间的关系。这个问题，在教育记忆史的视野下，或许能得到新的答案。研究教育记忆的历史，最终要从中提炼，形成理论，回答这些困惑着诸多史学研究者的基本问题。

（周洪宇　刘大伟　陈　诗）

附录：相关文献

1. ［德］阿莱达·阿斯曼：《记忆中的历史》，袁斯乔译，南京大学出版社2016年版。

2. ［法］保罗·利科：《记忆，历史，遗忘》，李彦岑、陈颖译，华东师范大学出版社2018年版。

3. ［荷兰］F. R. 安克斯密特：《历史表现》，周建漳译，北京大学出版社2011年版。

4. ［美］海登·怀特：《形式的内容：叙事话语与历史再现》，董立河译，北京出版社2005年版。

5. ［美］海登·怀特：《话语的转义：文化批评文集》，董立河泽，大象出版社2011年版。

6. ［丹麦］科斯汀·海斯翠普：《他者的历史——社会人类学与历史制作》，贾士蘅译，中国人民大学出版社2010年版。

7. ［美］柯文：《历史三调：作为事件、经历和神话的义和团》，杜继东译，社会科学文献出版社2015年版。

8. ［英］罗伯特·M.伯恩斯、［英］休·雷蒙·皮卡德:《历史哲学:从启蒙到后现代性》,张羽佳译,北京师范大学出版社2008年版。

9. ［美］马克尔·S.马龙:《万物守护者:记忆的历史》,程微译,重庆出版社2017年版。

10. ［美］帕特里克·格里:《历史、记忆与书写》,罗新译,北京大学出版社2018年版。

11. 孙江主编:《历史与记忆》(新史学第八卷),中华书局2014年版。

12. ［英］沃尔什:《历史哲学导论》,何兆武译,广西师范大学出版社2001年版。

13. ［意］维柯:《新科学》,朱光潜译,商务印书馆2009年版。

第八章
教育图像史研究

　　史学或教育史学研究自然离不开对历史文本资料的分析，这也是传统史学所极力倡导的一种治史理念和方法。然限于正史的一元化史料体系多以政治为核心，统治者把握着话语权，以其意志和意图为是非，故而难以从文本中全面、客观、系统地阐释历史，甚至是"在理性分析、考据、论证与结构化的写作模式中，历史失去了它固有的鲜活内容"①，无法呈现本真的历史或历史的"原生态"。教育史学研究也是如此，唯有拓展史料来源，将以往被忽略的图像、考古发掘、口述资料、日记、小说等纳入研究者的视野，用多元史料体系来聚焦教育，才能弥补以往研究的缺陷，回归教育历史的本真。在此谨以图像史料为例，探究图像史料及其对教育史学研究的价值，进而论及图像史料对各类教育活动的别样诠释以及图像教育史研究的现状及走向。

---

　　① 丁钢：《叙事范式与历史感知：教育史研究的一种方法维度》，载《教育研究》2009年第5期。

第一节　图像史料的教育价值

　　既然图像史料在一定程度上是社会生活现实的真实写照，那么教育活动作为社会生活的一个重要组成部分在图像中同样也能得以真实呈现。近年来，笔者在参与秦汉及魏晋南北朝教育活动史研究时，曾搜集到一部分相关图像资料，深感其中有诸多文本资料所不曾触及的信息和历史的真实，但始终没有厘清思路，没有找到一个合适的切入点来深入地思考下去。幸在2014年海峡两岸暨香港、澳门地区教育史论坛上，学者丁钢的一场主题报告《村童与塾师：一种风俗画的教育诠释》不仅让人耳目一新，再细读其文收获颇多。他在2012年发表的《教育史研究的知识图景》一文中就提出："历史的遗物、图像，乃至近代以来的影像，都将给教育史研究开启新的纪元。"[①]

　　进而，丁钢以《宋人画册》中的一幅《村童闹学图》为例，以教育风俗为研究视角，比对明清时期的各种摹本和民国时的木版年画，认为画面中展现的种种情节，"既非全是出自想象，也非出于礼法文化的调剂而呈现的寓言，而是具有实在的社会历史依据"[②]，其背后所隐藏的是一个鲜活的"教育生活事件和历史真相"。也就是说，画面中展现的塾师和儿童的生活比文本资料所载更为"逼近教育的实相"，毕竟儿童的天性是活泼好奇好动的，自古亦然，只是活动的方式和内容随着时代的变化有所改变而已。因此，丁钢强调研究者要用跨学科的研究视野，"去发现美术图像所呈现出来的教育历史，进而揭示教育风俗图像所具有的'成教化，助人伦'的视觉教育特质，及其'明劝诫，著升沉'或'善以示后'的视觉教育功能"。如果能做到这一点，那么从图像所呈

---

① 丁钢：《教育史研究的知识图景》，载《河北师范大学学报》（教育科学版）2012年第11期。

② 丁钢：《村童与塾师：一种风俗画的教育诠释》，载《社会科学战线》2015年第2期。

现的教育活动中"去逼近教育实相的目的，便成为可能"①。

随着教育活动、教育思想、教育制度"三分教育史观"日益为学术界所认同，图像史料及图像中的教育世界也自然成为教育活动史研究的重要指向；因为原生态的教育活动不只存于文本当中，更多的是在文本之外，尤其是在图像史料之中。对此，周洪宇等认为，研究者如果"把注意力投射到来自民间留存的各种形式的可视艺术品，既可以达到史料充实之目的，又可以捕捉图像中蕴含着的'运动的生命'，辅以自己的史识细致分析其深藏的各种丰富的信息，进行直观和生动的解读，以达还原生动的教育活动场景之目的"②。由此看来，教育史学研究应该着重发掘新的研究史料，尤其是图像史料，这或许是走出教育史研究"高原化"的一条重要路径。

第二节　教育图像史研究的理论支撑

教育图像史研究是基于对"新史学"理论的汲取，教育史研究亦需一场"史料革命"。

20世纪80年代，法国年鉴派学者雅克·勒高夫指出，历史学正在经历一场"资料革命"或称"史料革命"，即从传统史学以一元的书面文献为主向新史学提倡的构建多元史料体系转向，包括各类文字、图像、考古发掘、口头资料等，甚至"一个统计数字、一条价格曲线、一张照片或一部电影、一块化石、一件工具或一个教堂还愿物，对于新史学而言都是第一层的史料"③。面

---

① 丁钢：《村童与塾师：一种风俗画的教育诠释》，载《社会科学战线》2015年第2期。
② 周洪宇、李艳莉：《论教育活动史研究的多维视野》，载《江汉论坛》2013年第7期。
③ ［法］雅克·勒高夫等：《新史学》，姚蒙译，上海译文出版社1989年版，第6—7页。

对图像带来的史料和视觉冲击，英国新文化史学者彼得·伯克推出首部《图像证史》，对图像所指进一步确认。在他看来，所谓图像"不仅包括各种画像、素描、写生、水彩画、油画、版画、广告画、宣传画和漫画等，还包括雕塑、摄影照片、电影和电视画面、时装玩偶等工艺品、奖章和纪念章上的图像等所有可视艺术品，甚至包括地图和建筑在内"①。可见，凡是有形的、可视的，无论是地上还是地下的，无论是黑白还是彩色的画面，都应视为图像史料。于是，图像史料开始进入人们的视野，诸多学者产生了研究兴趣，并试图以图像史料比对文本资料，来探究图像中鲜为人知的人的观念和行为。如美籍华裔学者巫鸿，曾用画像石、画像砖来探讨汉朝的文化和思想观念。②中国学者葛兆光通过古代地图的比例、方位、色彩等绘制方法，来探讨国人"天下""四夷"等观念的变化。③

相比较而言，图像与文本属于两种截然不同的话语系统及叙事方式，且文本史料在将历史事实转换成文字符号的过程中，业已加进时代元素及学者个人所见。这样，一些图像等史料"会对传统纸质文本资料产生颠覆性影响"④。诸如河南浚县文庙棂星门西侧墙外有一块石碑，上书"一应文武官员军民人等至此下马"，与县志中所载"一应文武官员至此下马"不同。既然是孔门圣地，文武官员要下马恭敬步行，普通百姓亦应对圣贤有敬畏之心。显然碑文所载在先，毫无疑问是真实的，而县志文本所载自然有误，或者是排版时文字上的遗漏，或者是比照其他志书表述方式而有意将"军民人等"字样删去。当然，图像史料也不完全都是真实的，甚至"可能带有偏见，但作为证据它们恰恰证明了偏见的存在，这本身就是一件再好不过的事情"⑤。可见，图像等史

---

①⑤ ［英］彼得·伯克：《图像证史》，杨豫译，北京大学出版社2008年版，第3、266页。

② 巫鸿：《武梁祠：中国古代画像艺术的思想性》，生活·读书·新知三联书店1989年版，第154页。

③ 葛兆光：《思想史研究课堂讲录：视野、角度和方法》，生活·读书·新知三联书店2005年版，第136页。

④ 张晓校：《影像史料重塑史学叙事模式》，载《中国社会科学报》2013年10月30日。

料与文本史料之间不是截然对立的，或非此即彼的，二者之间应该是一种"相互弥补、相互支持的关系"。诚如彼得·伯克所言："图像所提供的有关过去的证词有真正的价值，可以与文字档案提供的证词相互补充和印证。事实的确如此，特别是有关事件史的图像。"①可以说在一定程度上，书写历史的不只是史学家，还有诸如画师、建筑师、工匠等。他们的作品也是历史的见证，甚至是历史更真实的反映。陈寅恪早就说过，理解古人最好的办法是"神游冥想，与立说之古人，处于同一境界"②。而各种图像也是最能激发研究者想象力的史料，研究者完全可以置身于内，去体验作品创造者的原发动机和所要表达的真实信念及内心世界。这样，在诸多学者的倡导和尝试下，运用图像史料来研究历史便成为"一种新的史学研究模式"③。

问题的关键是，如何利用有形的图像史料来丰富史学研究的内容，并弥补纸质文本的不足，以建构新的历史叙事，这的确是每位史学研究者不容回避的现实问题。④至少有两个方面的问题值得我们重视：

一是研究者的问题意识。图像史料本身毫无疑问是有价值的，也是客观大量存在的，但能否进入研究者的视野，关键是看研究者是否有意识地去关注它，是否以其来解决新的问题或对历史进行新的阐释；因为"历史学的进步，不仅是由于新史料的发现，在很多情况下，更是因为史学家提出了新问题而将新的视角投射到原本就存在的史料当中，从而得出了改变人们旧有观念的新的历史图景"⑤。如果研究者一味地看重文本史料，就会忽略图像史料的存在，那么再有价值的图像史料也体现不出其史学研究的价值所在。因此，德国学者卡西尔奉告史学研究者"必须学会阅读和解释他的各种文献和遗迹，不是把它

① ［英］彼得·伯克：《图像证史》，杨豫译，北京大学出版社2008年版，第266页。
② 陈寅恪：《金明馆丛稿二编》，生活·读书·新知三联书店2001年版，第279页。
③ 中国社会科学院历史研究所文化史研究室编：《形象史学研究2011》，人民出版社2012年版，第1页。
④ 张晓校：《影像史料重塑史学叙事模式》，载《中国社会科学报》2013年10月30日。
⑤ 彭刚：《叙事的转向：当今西方史学理论的考察》，北京大学出版社2009年版，第125页。

们仅仅当作过去的死东西，而是看作来自以往的活生生的信息"①。

二是研究者的研究意图。葛兆光曾言："很多研究图像的，常常有一个致命的盲点，这就是他们常常忽略图像是'图'。他们往往把图像转换成内容，又把内容转换为文字叙述，常常是看图说话，把图像资料看成文字资料的辅助说明性资料。所以，要么是拿图像当插图，是文字的辅助；要么是解释图像的内容，是把图像和文字一样处理。"②可见，在研究意图尚未明了的情况下，是很难发掘出图像史料价值的，研究的成果也自然不会有多大的价值。因为，研究者没有注意到"图像所表现出来的文字文献所没有的东西"，而使用图像史料研究就是要寻找出"文字文献所没有的东西"。

三是研究者的选取标准。通常情况下，研究者会依据研究的意图眷顾那些权威的、典型的、有代表性的图像史料，但同时还要注意那些"看上去没有水平的图像"。这是因为，"当一种图像成了一种惯用的套数，像贺寿、喜庆、辟邪、冲喜等场合用的图像，很多人都不自觉地这样画和安排的时候，背后就有了一个普遍的习惯的观念"③。而这种让人习以为常的观念或行为，也正是史学或教育史学所需要深入研究的东西。

---

① ［德］卡西尔：《人论》，甘阳译，上海译文出版社1986年版，第224页。
②③ 葛兆光：《思想史研究课堂讲录：视野、角度和方法》，生活·读书·新知三联书店2005年版，第138、142页。

第三节　教育图像史研究的现状与趋势

截至目前，用图像来解读教育史的研究成果并不多，比较有代表性的书籍有：

一是教育家画传系列。2012年，四川教育出版社组织出版了一套"20世纪中国教育家画传"（共10册），包括《蔡元培画传》《胡适画传》《黄炎培画传》《梅贻琦画传》《徐特立画传》《晏阳初画传》《张伯苓画传》《王国维画传》《陶行知画传》和《陈鹤琴画传》。该套丛书采用图文并茂的形式，以文释图，以图补文，真实再现了十位教育家的成长历程和所取得的杰出成就，凸显出教育家的教育精神与人格魅力。2015—2018年，山东教育出版社组织出版了一套"中外著名教育家画传系列"（共10册），其中中国教育家有《孔子画传》《陶行知画传》《蔡元培画传》《胡适画传》《郭秉文画传》和《晏阳初画传》，外国教育家有《杜威画传》《裴斯泰洛齐画传》《苏霍姆林斯基画传》和《牧口常三郎画传》，同样采取画传这一新颖生动、直观可见的形式，配有大量珍贵的历史图片，对传主的日常生活、教育及社会活动、教育贡献、思想传播、历史影响及评价等进行系统阐述。

二是2017年山东教育出版社出版的、周洪宇任总主编的《中国教育活动通史》（共8卷）。鉴于"教育活动史研究的重点在于人的微观、具体和日常活动"，仅仅依靠文本史料是不足以支撑的，因此本丛书编写秉承了"大史料"观，如作者所言："不管是文集、家谱、族谱、年谱、方志、实录、纪事、报刊、回忆录、传说、歌谣等口碑史料，还是各种文物、图片、绘画、教具、学具等地上实物史料，还是碑文、石刻、墓壁画、出土礼器等地下史料，都是我们研究教育活动史的重要史料。"书中采用大量的历史图片，包括画像石、画像砖、壁画、绘画、图片等，内容包括学校教育、家庭教育、社会教化、女子教育、少数民族教育、科举考试等方方面面，既是对文本史料的重要补充，同时又深入挖掘图片中的教育信息，力求呈现出一幅逼近历史真实的教育活动场景。

三是2018年福建教育出版社出版的、周洪宇和刘训华编著的《图说教育生活史》。该书以唯物史观为引领，依据"活动—实践"中层史观，基于"全球视野、中国立场、专业视角、形象表述"原则，从中外不同典籍中选取图片近200张，通过教育生活叙事的表现手法，多角度、全方位呈现人类历史中的教育生活。该书作者主张以轴心时代作为划分人类教育生活发展演变的依据，以"四分期五阶段"的历史描述，表现人类社会从前轴心时代到新轴心时代的不同历史阶段的教育生活：一是前轴心时代（原始时代末期和农耕时代）的教育生活；二是轴心时代（古典时代）的教育生活；三是轴心后时代前一阶段（帝国时代）的教育生活；四是轴心后时代第二阶段（工业时代）的教育生活；五是新轴心时代（信息时代）的教育生活。这种划分也体现了由农耕时代到古典时代再到帝国时代、工业时代直至今日信息时代的人类生活的总体历程。

相对于已有图书而言，见于期刊的学术论文所研究的图像中的教育问题则更为集中，所呈现的是一个局部的微观的教育世界。继《村童与塾师：一种风俗画的教育诠释》一文后，丁钢将研究视野转向画有《勘书图》《孝经图》《十八学士图》等图案的家用屏风上。在《转向屏风：空间、图像及其叙事中的教化》一文中，丁钢说："屏风及其屏风绘画作为一种传统器物文化存在的意义，从其发生发展来看，其内含的教化功能已经溢出了屏风本身。从屏风空间与礼仪规制、屏风图像与欲望意图，以及屏风叙事性绘画的转向等方面考察，可以揭示在中国古代社会生活中屏风及其绘画的教化寓意，提供教育史探究的另一种视域。"[1]李靓、康瑞军从宋代的婴戏图来考察儿童的音乐教育活动。在《宋代婴戏图像中的儿童早期音乐教育活动考》一文中，作者将婴戏图大致划

---

[1] 丁钢：《转向屏风：空间、图像及其叙事中的教化》，载《湖南师范大学教育科学学报》2017年第4期。

分为两种类型：一是表现孩童游戏和生活情节的画作，如《杂伎孩戏》《荷亭戏婴图》等；二是具有象征寓意的婴孩图像，从中发现"婴戏图中儿童之间、儿童与成年人之间的音乐互动场面，与他们同时接受的经学与文学教育大异其趣，其过程充满了愉悦轻松的氛围"①。徐沛的《清末民初画报中的体育图像及其教育功能》一文，则是从《点石斋画报》《良友》《世界》等杂志中选取部分体育图像，分为叙事性和展示性两种，认为"在各种近代出版物中，以刊登图像（图画或者照片）为主要内容的画报，因为其自身形式的特性与优势，在体育的推广与普及过程中产生了不容忽视的作用"，这些出版物正是通过图像的展示与扩散，来"实现对民族身份的想象与国民意识的培养"②。张礼永在《教育与体罚的关系究竟怎样——跨越东西方社会之历史的、比较的、民族志及图象学的考察》一文中，从中外比较的角度，将古代罗马庞贝壁画所描绘的学校体罚时的场景、17世纪俄罗斯学校注重体罚的绘画、欧洲教师体罚学生的场景、18世纪欧洲乡村学校体罚的场景，与中国清末风俗画家吴友如绘《扑作教刑》、清末《点石斋画报》中载塾师体罚图、清末民初新式学堂体罚学生的场景做对比，认为"东西方社会风俗、习惯、历史、文化等各方面都有不同，但在教育上有一点却出奇地一致，即借助体罚的方式，无论是家庭教育，抑或学校教育，都是如此"③。

赵国权在《图像史料：教育活动场景的别样诠释——以两汉图像为例》④一文中，对两汉及与两汉教育有关的图像史料予以全面解读。该文涉及的两汉图像史料甚是丰富，就其发生的时间而言，大致可以分为两大类：一是当世遗留的，主要是地下墓室及祠堂墙壁上的画像石、画像砖和壁画，亦即学术界所

---

① 李靓、康瑞军：《宋代婴戏图像中的儿童早期音乐教育活动考》，载《西安音乐学院学报》2017年第4期。

② 徐沛：《清末民初画报中的体育图像及其教育功能》，载《体育科学》2008年第5期。

③ 张礼永：《教育与体罚的关系究竟怎样——跨越东西方社会之历史的、比较的、民族志及图像学的考察》，载《中国教育科学》2017年第2辑。

④ 赵国权：《图像史料：教育活动场景的别样诠释——以两汉图像为例》，载《河南大学学报》（社会科学版）2016年第5期。

谓的"汉画"。其分布甚广，题材及呈现的内容涉及两汉社会的政治制度、观念信仰、礼乐教化、日常习俗、劳作养生等方方面面。可以说，汉画既是时人"实践活动留下的花纹、符号"①，又是当时民众"生活与观念的载体"②，更是两汉文化传承的一个重要特点和路径。二是后世的绘画。自南北朝至明清的学者，以史书所载及传说为题材，用绘画的形式来描绘两汉的社会生活现实。然无论是汉画抑或是后世的绘画，都足以对两汉教育活动场景做一番别样的呈现与诠释，从中可以看到来自官学、私学及社会等更为逼真的教育活动场景。

就两汉官学来说，教育活动画面庄重而有序。图像对两汉官学活动的呈现，主要是博士（即太学教师）讲经、饮酒礼及乡射礼等场面。两汉开创以儒治国的政治态势，经学教育便一统官学，讲经的画面便出现在画像石上。在汉墓出土的一块画像石上，所描绘的是一个博士讲经的场面。从讲堂空间上看，显然是长方形的，与史书所载相符。博士抚台而坐，前面有一位侍者或类似于助教角色的高足弟子，左手持便面或称之为"户扇"，必定是为先生降温所用，既显示对先生的敬重，也说明室内有些闷热或是在夏天授课。右手所拿显然是木棒之类的器物，毫无疑问是对不用心听讲的弟子进行惩罚的器械。然后就是象征性地有七位弟子一字排开地列跪奉牍，听博士教诲。从侍者恪尽职守的架势、生徒毕恭毕敬的跪姿、经师高高在上的威严有加，可见画像呈现的显然是非常正规的严肃的教学场景。无独有偶，地方官学的教学场景也是井然有序的。汉初蜀郡太守文翁，不仅兴学，且在政务之余还不时地登堂为诸生授课。成都文翁石室墙壁上的画像砖拓片，生动地再现了文翁在室内的讲学活动情景。其教学空间显然没有太学讲堂那么大，左方坐于榻上的是文翁，高冠长服，环坐在下面席上的门生都身着冠服。当时师徒席间相距仅容一丈，故门生称老师为"函丈"。文翁在榻上讲述，又似乎在与两个正面形象突出的高足弟

---

① 刘克：《汉画图像叙事中的民俗功能和人文精神考察》，载《西北民族大学学报》（哲学社会科学版）2007年第5期。

② 陈江风：《汉画研究的历史回顾》，载《周口师范学院学报》2006年第1期。

子对话，其他几位弟子则端坐于席上，手捧简册，凝神静听。其中有一人腰悬书刀，该是刮改竹简上的错别字用的。还有一位学生颏下有胡须，显然年纪较大，但仍端坐讲堂专心听讲，可知当时地方官学生的年龄没有严格的限制。①

当然，两汉官学的活动场景不仅是课堂上，还有课外常规的礼仪演习，主要是奏乐、歌诗、习礼和习射，尤其是每年度的重要礼仪活动即春秋乡饮酒礼及乡射礼都是在官学中举办的，因而对提升官学生的礼仪素养颇为重要，自然也是汉画所要着力表现的重要内容。史书中所载仪节甚详，而画像砖石所描绘的则更为直观生动。如四川德阳出土的一块汉画像砖上，左侧一位射手戴冠，身着长袍，腰间束带，背在身后的箭袋中插有三支箭，他右手执弓，左手搭于箭弦之上，身体微倾，跃跃欲试做准备发射状；右侧射手戴着圆顶冠，亦身着长袍，侧身回首，亦右手执弓，左手搭箭做射箭状。该画像砖将两位射士的形象刻绘得栩栩如生，其场面似乎正在进行射箭比赛，但又有诸多礼仪元素在内。事实上，在官学中举办乡饮酒礼及乡射礼的主要目的就在于崇德重行、明晓人伦大义，故"将乡饮酒礼和乡射礼以图的形式相示于砖石，具有铺渲民俗、启人省思、擢拔世道人心的作用"②。

就两汉私学来说，教育活动画面自然而自在。两汉私学甚是发达，塾师弟子少者数百，多者上万，史书记载及情景描述比较简略，教学方式主要是次第相传或一对一授徒等。这在后世的绘画中多有再现，如曾为秦博士、汉初授徒于齐鲁大地的知名学者伏生，史书载其："秦时焚书，伏生壁藏之。其后兵大起，流亡。汉定，伏生求其书，亡数十篇，独得二十九篇，即以教于齐鲁之间。齐学者由此颇能言《尚书》，山东大师亡不涉《尚书》以教。"③据此，南北朝至隋朝之际画家展子虔创作一幅《伏生授经图》，刻画的是伏生给弟子讲

① 刘志远等：《四川汉代画象砖与汉代社会》，文物出版社1983年版，第100页。
② 刘克：《汉画图像叙事中的民俗功能和人文精神考察》，载《西北民族大学学报》（哲学社会科学版）2007年第5期。
③ ［汉］班固：《汉书》。

授《尚书》时的情景，授课地点显然是在室外山水之间。伏生席地而坐，面带微笑，手握经卷，侧身在与一位弟子讲着什么，该是一对一地解答问题，故而提出问题的弟子必须站着凝听伏生的讲解。另一位弟子坐在伏生的左后边，似是在认真地阅读和思考。身边的一位侍童也是站立姿势，左手拿着经卷，右手拿着书写工具，随时准备着听伏生的使唤。师生彼此之间没有过多的约束，穿戴上也没有贵贱之分，且人物神态刻画得十分生动逼真，给人一种脱离人间世俗之感。

私学中的拜师场景也大量出现在墓室的墙壁上，主要以孔子拜师老子的壁画为主。两汉时期虽以儒治国，但又崇尚黄老之术，孔子与老子不仅分别是儒、道之祖，还有特殊的"师生"关系。孔子入周向老子等学者问礼乐一事在《史记》《礼记》《孔子家语》《庄子》《吕氏春秋》《白虎通义》等史籍中均有记载，尽管只是寥寥数语。而如此将孔子拜师老子的画面融入地下墓室的壁画上，至少说明三个问题：一是为迎合统治者极力提倡的以儒为主、兼用黄老的主流文化所需而为之；二是说明孔、老思想对民众心理结构的影响是根深蒂固的，既然生前学而知之、知而行之，死后也要将此志趣带入另外一个世界去继续受用；三是孔子谦恭的拜师行为，说明"圣人无常师"，作为普通人更要不断地拜师求学。也有学者从宗教角度加以解读，认为"对汉人而言，儒学的创始人孔子都可以向老子问道，进入仙界，他们也希望能如孔子一样，死后得以升仙"[1]，或"暗示墓主人亦将师法孔子往拜老君而得道受书"[2]等，似可以商榷。总之，应该是基于一种文化信仰在社会生活中的真实再现，哪怕是死后也要将这种信仰在阴间延续下去。于是，孔子拜师老子的壁画在全国30多处汉朝墓室中均有发现，以山东地区为最多，可占到此类壁画总量的80%。[3]

墓室壁画制作者，对孔子拜师老子的场景进行超越文本的多角度的描绘、

---

[1] 刘湘兰：《汉画孔子见老子的图像解析及宗教指归》，载《学术研究》2014年第6期。
[2] 姜生：《汉画孔子见老子与汉代道教仪式》，载《文史哲》2011年第2期。
[3] 李强：《汉画像石"孔子见老子图"考述》，载《华夏考古》2009年第2期。

演绎和元素追加：一是孔子见老子时姿态的谦卑恭敬。如山东齐山汉墓壁画上，孔子与老子相向站立，恭恭敬敬地给老子施礼，老子也以礼相还。山东武氏祠内一幅问礼壁画，孔子在向老子行礼时，之所以比其他人低了许多，是因为他在虔诚地行跪拜礼。四川新津汉墓壁画中的孔子，从其身体的倾斜度可以看出，他更是恭敬有加地给老子施拜师礼，而老子则泰然自若地接受孔子的拜见。2007年在山东东平一座汉墓中出土的彩色壁画《孔子见老子问礼图》，图中孔子、老子二人相对，身着绿色袍服的老子双目微垂，身着黑色袍服的孔子双手拢于胸前，首微扬，面向老子躬身作问礼状。由此来看，孔子拜见的姿态均不一样，但其肢体语言都显示出作为"问礼者"的谦卑和对老子的敬重，这一切都比较符合两汉时期士人拜师求学的心态和拜师的社会风尚。二是孔子和老子随身所带弟子人数不一。如齐山汉墓壁画中，孔子身后列有20位弟子，榜题曰"颜回""子路"等字样；山东东阿汉墓壁画中，孔子身后跟随18位弟子，榜题曰"七十二人"；山东平阴汉墓壁画中，孔子身后列有11位弟子，榜题"颜渊""闵子"等。三是孔子所拜人物除老子外还有项橐。据《淮南子·修务训》《战国策·秦策五》所载，项橐七岁时"为孔子师"。与史载年龄相符的是壁画中呈现的一个推着独轮车或双轮车的顽童形象，项橐就出现在孔子和老子之间[①]，他一手推着独轮车，一手俏皮地指着孔子，带着顽童般的稚气。可见，图像中相关私学的教学场景是自由宽松的，没有那么多的繁文缛节，当是私学活动的真实体现，与官学的有序和庄重相比较来说反差还是比较大的。至于拜师，自然应该带着一颗虔诚的心而一心敬师向学，而这一旦成为时人的一种习惯或观念，那么也就越"逼近教育的本真"。

就日常生活中的礼仪教化来说，图像中处处彰显着对儒家伦理之道的推崇与践行。如家庭中的孝老教化，两汉时"孝亲观念深入人心，孝行在社会上受到尊崇，出现了众多孝子贤孙，人们遵循儒家的孝亲思想实施孝道，使老人生

---

① 姜生：《汉画孔子见老子与汉代道教仪式》，载《文史哲》2011年第2期。

有所养、死有所葬"①。这种对孝道的推崇在两汉图像中也有突出表现，主要是刻绘先秦及两汉时的孝子形象。郦道元在《水经注》卷八中曾提到汉司隶校尉鲁峻墓前石祠、石庙内的石刻画像中，绘有"忠臣、孝子、贞妇、孔子及弟子七十二人形像"等。而在各地出土的砖石画像及壁画中，对孝子形象的刻画更为丰富。武梁祠西壁画像中的第三层人物中，刻绘有丁兰刻木、老莱子娱亲等孝子形象；东壁画像中第三层则对应地刻画着孝孙原毂、孝子魏汤、三州孝人等孝子故事。四川成都出土的画像石中有《邢渠哺父图》，邢父坐在榻上，右手支撑着身子，左手伸出，似是想自己亲自取食，邢渠则跪在地上，右手拿着食具，左手似是用筷子夹着食物，恭敬地微笑着往父亲嘴里送，邢渠后面站立者应该是他的妻子，手里端着的似是汤碗，整个画面甚是感人。这些孝子事迹与史书所载基本吻合，只是呈现方式更易为普通民众所接纳、所效仿。再如学业中的尊敬老者及师长教化，其实这也是"孝"文化的一种延伸，也是儒家"老吾老以及人之老"理念在现实生活中的写照。在汉墓的壁画中，体现这种敬老的题材确实不少。如《四川汉代画像砖》中收有《养老图》画像砖一幅，图像中有一老人持鸠杖跪在地上，直视眼前的容器，另一人拿着一量器往容器中注粟，该是地方政府按月分给持杖老者米谷时的情景。另外，尊敬师长也如同尊敬老者，壁画中孔子拜见老子时的情景很能说明问题，孔子除了谦卑外还带着特别的厚礼禽类以示敬意。壁画中显示除空中两只、地上站立一只外，孔子的袖筒内还露出一个鸟头，至少袖筒内的一只应该是专门为老子准备的。文献资料中从没有关于孔子带给老子什么礼物的记载，图像中的鸟具体是何种禽类，说法不一：《仪礼·士相见礼》中说是"雁"，毕沅在《山左金石志》中则认为是"雉"等。也许制作图像者是一种揣测，因为无史载可依。其实送什么礼物并不重要，重要的是图像背后所隐藏的两汉社会对师长的敬重，无论生前抑或死后，都应感恩师长的教诲。

---

① 刘建：《汉画中的孝亲伦理及其成因》，载《理论学刊》2008年第6期。

总之，将图像史料及其考证引入教育史研究，在与文本资料相互印证的同时，又能发现文本中不曾记载的以及图像背后又有所隐藏的教育信息。也许正是这些信息才显示出教育的"原生态"，也只有走进"原生态"的教育，才能最大限度地寻找教育的本真。当然，或许图像中这些信息是零碎的，彼此之间是断裂的，却"不能认为历史本身就是一堆杂乱无章的碎片"，历史本身就是"由成千上万的细节组成的，或许可以说无细节即无历史"①。问题的关键是，如何借助科学合理的方法，用一根主线将图像中无数个细节或碎片，犹如串缀成珍珠项链一样，再生性地建构起一幅真实、鲜活的教育活动图景，这是今后图像教育史研究应该注意的问题。

（赵国权）

附录：相关文献

1. ［英］彼得·伯克：《图像证史》，杨豫译，北京大学出版社2008年版。

2. 储朝晖主编：《20世纪中国教育家画传》（10册），四川教育出版社2012年版。

3. 韩丛耀：《中华图像文化史·图像论》，中国摄影出版社2017年版。

4. 刘志远等：《四川汉代画像砖与汉代社会》，文物出版社1983年版。

5. 彭刚：《叙事的转向：当今西方史学理论的考察》，北京大学出版社2009年版。

6. 巫鸿、武梁祠：《中国古代画像艺术的思想性》，生活·读书·新知三联书店1989年版。

7. ［法］雅克·勒高夫等：《新史学》，姚蒙译，上海译文出版社1989年版。

8. 中国社会科学院历史研究所编：《形象史学研究2011》，人民出版社2012年版。

---

① 章开沅：《重视细节，拒绝"碎片化"》，载《近代史研究》2012年第4期。

9. 张海林：《中西文化交流图像史》，南京大学出版社2015年版。

10. 周洪宇主编：《中外著名教育家画传系列》（10册），山东教育出版社2015、2018年版。

11. 周洪宇总主编：《中国教育活动通史》（8卷），山东教育出版社2017年版。

12. 周洪宇、刘训华编著：《图说教育生活史》，福建教育出版社2018年版。

13. 周赟：《中华图像文化史·儒学图像卷》，中国摄影出版社2018年版。

14. 陈仲丹：《对图像史学的界定和思考》，载《光明日报》2014年4月23日。

15. 丁钢：《叙事范式与历史感知：教育史研究的一种方法维度》，载《教育研究》2009年第5期。

16. 丁钢：《教育史研究的知识图景》，载《河北师范大学学报》（教育科学版）2012年第11期。

17. 丁钢：《村童与塾师：一种风俗画的教育诠释》，载《社会科学战线》2015年第2期。

18. 丁钢：《转向屏风：空间、图像及其叙事中的教化》，载《湖南师范大学教育科学学报》2017年第4期。

19. 姜生：《汉画孔子见老子与汉代道教仪式》，载《文史哲》2011年第2期。

20. 刘克：《汉画图像叙事中的民俗功能和人文精神考察》，载《西北民族大学学报》（哲学社会科学版）2007年第5期。

21. 李靓、康瑞军：《宋代婴戏图像中的儿童早期音乐教育活动考》，载《西安音乐学院学报》2017年第4期。

22. 刘湘兰：《汉画孔子见老子的图像解析及宗教指归》，载《学术研究》2014年第6期。

23. 蓝勇：《中国图像史学的理论建构略论》，载《光明日报》2016年5月21日。

24. 徐沛：《清末民初画报中的体育图像及其教育功能》，载《体育科学》

2008年第5期。

25. 于颖：《图像史学：学科建立的可能性》，载《文汇报》2016年8月5日。

26. 张春海：《推进中国图像史学理论构建》，载《中国社会科学报》2015年12月2日。

27. 张弓：《形象史学：从图像中发现历史》，载《中国社会科学报》2014年9月12日。

28. 赵国权：《图像史料：教育活动场景的别样诠释——以两汉图像为例》，载《河南大学学报》（社会科学版）2016年第5期。

29. 周洪宇、李艳莉：《论教育活动史研究的多维视野》，载《江汉论坛》2013年第7期。

30. 张礼永：《教育与体罚的关系究竟怎样——跨越东西方社会之历史的、比较的、民族志及图像学的考察》，载《中国教育科学》2017年第2期。

31. 张晓校：《影像史料重塑史学叙事模式》，载《中国社会科学报》2013年10月30日。

第九章
教育计量史研究

　　教育史学属于历史学的分支学科，是教育学的基础学科，也是历史学与教育学的交叉学科。受经济史研究的影响，20世纪60年代以来计量史学开启了史学的量化研究领域，这一研究趋势也在教育史研究中扩散开来。教育计量史是教育史研究者针对研究问题，以史料为基础构建数据库，探究教育在历史中的制度变迁、结构转型等。作为教育史学研究新视域，教育计量史既源于计量史学，也是历史学、社会学、教育学等学科交叉融合的结果。再者，近年教育学实证主义研究受到重视，为了突显教育学科的科学化，计量方法逐步在教育学科中得到应用。在计量史学与教育研究实证化思潮的影响下，教育计量史逐渐成为有待开辟的新领域，其兴起、理论与方法、研究进展与发展趋势是亟待回答的问题。教育计量史与教育史研究是否存在契合性与可行性，有必要明确计量方法在教育史研究中的有限性，审视教育计量史研究的学术价值。对教育计量史采用计量方法的态度或者对其作用的探讨，都有助于厘清教育计量史应用计量方法的

"利"，也能明晰开展教育计量史研究的"困"，继而审视教育计量史的未来走向，基于问题导向和实证思维展开教育计量史研究，以丰富教育史学科建设。

第一节　教育计量史研究的缘起

一、源自计量史学的教育计量史

说到教育计量史，就回避不了计量史学，正是计量史学将量化方法率先应用于历史研究中。从一般意义上讲，"计量史学（Quantitative History）是对所有有意识地、有系统地采用数学方法和统计方法从事历史研究工作的总称，其主要特征为定量分析"①。"计量史学"（或称"新经济史学"）兴起于20世纪50年代的美国。1958年，哈佛大学经济学家康拉德和迈耶发表了《南北战争前南部奴隶制经济》一文。该文运用大量的计量分析方法对南北战争前南部奴隶制经济的收益问题做了新解读，开启了量化史学研究的先河。20世纪六七十年代扩展至西欧、拉美。20世纪70年代至今的计量史学"以问题为导向实现与新制度经济学结合"②，尤以诺斯、麦迪森、西波拉等历史学家为代表。计量史学于20世纪70年代末80年代初传入中国，中国史学界的吴承明、赵冈、郭松义、李伯重、彭凯翔、李稻葵等都是这一领域的开拓者，涉及估算GDP、识字率、经济规模、耕地面积、家庭数据等问题。"计量史学"由美国迅速传播到法国、

---

① ［英］罗德里克·费拉德：《计量史学方法导论》，王小宽译，上海译文出版社1991年版，第1、3、4页。

② 孙圣民：《历史计量学五十年——经济学和史学范式的冲突、融合与发展》，载《中国社会科学》2009年第4期。

德国、英国等一些西方国家，继而形成一股新思潮。自20世纪以来，随着国内"创新史学"和科学主义思潮的兴起，甲骨文、敦煌文书、故宫档案等新史料呈现在世人眼前。此外，考证法被引入国内，利用语言学考释新史料，使得20世纪80年代后实证主义史学取得了长足发展。史学量化数据库的建设与应用，展现了计量方法在史学领域中的应用前景。以国际五大量化历史数据库[①]为例，2006—2010年间新发表的学术论文中运用这些数据库的就达2360余篇[②]。历史现象按其表述形式、事物的特征可划分为数量特征和属性特征两类，数量特征表示某些性质的强度，属性特征表示这些性质的存在及其比较强度。举个例子来说，"通常""一般""大多"等具有数量概念的词汇已成为一种习惯上的表述，原则上这些词是要经过计量方法来明确其量的程度的。计量史学所倡导的计量证据也很难给出一个全面且肯定的答案，但是可以提供部分或者说是有限的答案，如果把这部分答案视若无睹地丢弃，既浪费也不可取。"虽然运用计量方法必陷入过分简单化，丢失有关过去的信息，将个人强行纳入各种类别，以及随之而引起历史的非人性化，但计量历史学的优点在于它的分类的体系和方法，它所用的假设和所立的类型都是被宣明而清楚的。"[③]

计量史学主要是利用数学手段来研究历史社会中的数量及数量关系，试图从数量的角度来揭示历史现象和历史过程的深层次本质。其在历史研究中的应用一般可分为如下几个步骤：首先，根据一定的理论模式和逻辑关系提出问题或假设，并把与所研究对象有关的各种历史因素尽可能地量化；其次，对已经量化了

---

① 这五大数据库分别是美国整合公共微观数据库（Integrated Public Microdata Series）、加拿大巴尔扎克人口数据库（BALSA Population Database）、荷兰历史人口样本数据库（Historical Sample of the Netherlands）、瑞典斯堪的纳维亚经济人口数据库（Scandinavian Economic Demographic Database）和美国犹他人口数据库（Utah Population Database）。参见梁晨、董浩、李中清《量化数据库与历史研究》（载《历史研究》2015年第2期）一文。这些历史数据库是在网上公开的，在社会史、人口史的量化研究中得到了充分使用。对于教育史领域来说，应当从中找出与教育史的关联性，妥善加以应用。

② 梁晨、董浩、李中清：《量化数据库与历史研究》，载《历史研究》2015年第2期。

③ ［英］罗德里克·费拉德：《计量史学方法导论》，王小宽译，上海译文出版社1991年版，第1、3、4页。

的历史资料进行初步整理或简单分析；再次，依据所研究问题的性质采用合适的计量方法进行定量描述或定量分析；最后，阐释定量分析结果所包含的实质性结论或验证假设。①在此过程中，还要对其中一些数据进行提取、整理和加工，形成新的数据，以便进行更深入的分析。计量史学方法不是指运用简单的数字作为论据说明历史现象，而是指运用数学方法、统计学方法和电子计算机技术，通过各种数据关系和创建数学模型来论证说明历史现象并揭示其内在联系。②从某种程度上说，计量史学是一种高层次的研究，是在更高层次上探寻历史现象和历史过程的本质特征。③这是对传统描述性历史分析法的一种补充。杰弗里·巴勒克拉夫（Geoffrey Barraclough）认为，利用社会科学理论和方法"就是为历史学提供了纠正准确性不足的工具和技术，使历史学家可以用准确的、结构严谨的假设去取代一厢情愿的推测"④。由计量史学的概念出发，史学家们阐发出多样的分析框架，有的注重历史资料的收集与量化，有的注重数据处理的数学方法，有的则注重开发多元的研究领域。⑤教育史的史学属性，同样有着进行计量研究的条件和需求，计量史学为教育史研究带来了一次学术更新。计量史学法适用于历史上有关教育现象的规模、程度以及范围的研究，适用于历史上有关教育结构的分析与研究，适用于历史上各现象之间的相关性研究。⑥

在社会经济研究领域，人口数量、土地数量、赋税数量等皆是数据。教育计量史是对教育史研究的一种补充，搜集史料、考证史料、积累文献仍是教育史学科的重中之重，这是进行量化方法的前提。若不是建立在真实可靠史料

① 蒋大椿、陈启能：《史学理论大辞典》，安徽教育出版社2000年版，第354—355页。
② 王爱云：《计量史学方法在当代中国史研究中的运用》，载《当代中国史研究》2013年第11期。
③ 雷俊江：《计量史学研究入门》，北京大学出版社2013年版，第10页。
④ ［英］杰弗里·巴勒克拉夫：《当代史学的主要趋势》，杨豫译，上海译文出版社1987年版，第91页。
⑤ 许甜：《高等教育史研究的计量方法探讨：以区域分布史为例》，载《清华大学教育研究》2011年第4期。
⑥ 侯艳：《浅谈计量史学法在教育史研究中的运用》，载《教育探索》2011年第2期。

基础上获得的数据，即使用量化方法得出所谓的"结论"，也只是沙上之塔，随时会坍塌。教育计量史研究不是简单地用数据说话，数据是教育计量史的基础。数据是整个教育史量化研究的关键，从研究问题中尽可能地找到直接变量或代理变量①。教育史研究可从其他领域借鉴关于教育计量史研究的经验和理论，为计量方法应用于教育史开辟道路。

二、教育计量史研究的初起

我国二十四史中《选举志》对学校数量、科举考试有所记载，可以对其中的数据进行搜集、整理，生成数据库，借助统计软件进行模型分析，通过研究问题变量之间的关系再现教育历史和解读教育历史，打破单靠史料文字来佐证教育史研究并得出结论的单一范式。民众识字问题是古代中国乃至近代中国都在解决的问题，而民众的识字率对当时的政治、经济、文化、教育等有着"四两拨千斤"的影响。通过对历代官学生员、学校数量、家族教育规模等进行梳理，我们发现这些方面已有人做了相关研究，如美国日裔学者罗友枝（Evelyn Rawski）等学者通过考察科举制度、教育制度、书籍出版等来间接推断清代的民众识字率。刘永华认为，微观层面的识字率研究尽管无法与基于英法两国的系统识字证据进行的研究相提并论，却是面对识字的直接证据（花押）、正面讨论识字率的新开端。②定量研究（Quantitative Research）与定性研究（Qualitative Research）是学术研究的两种基本方法。就教育计量史来说，实证导向是定量研究与定性研究的内在逻辑。

教育计量史旨在改变过分倚重定性分析的传统，积极汲取计量史学在史学

---

① "代理变量"指的是历史研究中，很多历史问题和现象很难直接量化，需要依据史料，通过创新思维和想象力找到能够反映研究问题的代理变量。例如，香港科技大学龚启圣和山东大学马驰骋尝试找了两个代理变量来化"儒家文化影响的强弱"，即用各县文庙或孔庙数量和一个县的烈女数量测度儒家文化的影响强弱。"代理变量"一词参见陈志武《量化历史研究的过去与未来》（载《清史研究》2016年第4期）一文。

② 刘永华：《清代民众识字问题的再认识》，载《中国社会科学评价》2017年第2期。

研究中的经验，将计量方法融入教育史研究中，如对古代中国民众识字率的探讨，分析特定历史时代的教育参与者的男女比例、学生的身高和体重、教育参与者的死亡率等，也可以统计中外教育史上教授的薪酬、学生的学费等数据信息，并进行比较分析。通过具体而真实的数据（直接变量或是代理变量）统计图，辅之定性分析，展现这些教育历史问题的实然状况，并做出教育价值的应然判断，拉近教育历史与教育现实之间的距离。教育史是一部关于人成长的实践史，应尽可能通过恰当的方式再现培养人的教育活动历程，并得出教育史的实然与应然之间存在的"阈值"，为当下的教育发展提供经验，为教育史研究开拓新领域。

中国教育有着漫长的历史，从时空上，可以通过进行长时段历史的研究，审视中国教育历史中的诸多方面，比如宏观层面的中国古代教育规模、发展水平等，微观层面的民众识字率等，借助计量方法将教育历史的一般特征简洁直观地呈现出来。教育史研究者应当从计量史学中看到长时段理论以及以问题为导向的史学研究重点，为己所用。近年来，梁晨、李中清以1949—2001年间北京大学、苏州大学的学籍卡为依据，对学生学籍信息进行编码入库，建立大数据库，进行数据分析并以此延伸出诸多研究成果，成为近年进行教育计量史研究的可贵的探索者。[①]由此将计量方法带入教育史研究中，随后教育计量史研究有所发展，但还只是零星的研究，并未真正形成一门新领域。

教育计量史研究的兴起不是教育史研究在新领域探索的休止符，而是新乐章。教育计量史源自计量史学，兼具历史学与教育学两种学科属性，是教育史研究亟待开辟的新领域。教育计量史作为一种新领域，其概念、理论与方法是值得深究和探讨的。

---

① 梁晨、李中清：《大数据、新史实与理论演进——以学籍卡材料的史料价值与研究方法为中心的讨论》，载《清华大学教育学报》（哲学社会科学版）2014年第5期。

第二节 教育计量史研究的理论与方法

一、教育计量史的概念界定

教育计量史以可计量的历史现象为研究对象，以计量方法为主要研究方法。从量化工具和显性表征来看，计量方法是基于理性和逻辑分析，借助数学工具，通过测量、统计分析等手段来对事物量的方面进行分析和研究，结果以数字呈现。[①]广义上看，教育计量史是教育从业者考察和研究教育史上存在的"量"，用数学的工具对教育制度、教育思想、教育活动进行数量的分析，确定各历史主体间的关系。狭义上看，教育计量史是教育学科研究者运用计量史学的方法分析过去的教育问题，将"数"带入教育史研究中，用"数"的语言解释历史上的教育现象和教育问题。从教育史研究领域看，教育计量史具有教育史特征的专属意义，是教育史研究者针对研究问题，以史料为基础，构建数据库，以此探究教育在历史中的兴衰起落、制度变迁、结构转型等。与教育计量史相关的概念是教育统计，教育统计的主要任务是通过教育调查和教育实验等途径搜集数据并对其进行整理分析。教育计量史包含教育统计方法的应用，两者在时空和侧重点上存在差异。从教育计量史属性上看，它偏重于历史学。无论中西，最早的教育史学都是从历史学分化而来的，也是在历史学母体的丰厚营养滋润下成长壮大起来的。[②]教育计量史使得新史料、新方法、新观点成为教育史学领域的新鲜血液，成为教育史研究亟待开辟的新领域。

---

① 张丽华：《定性与定量研究在教育研究过程中的整合》，载《教育科学》2008年第12期。
② 周洪宇：《偏离了主体和主流的中国教育史学》，载《华东师范大学学报》（教育科学版）2016年第4期。

二、教育计量史的理论基础

唯物史观认为任何历史事件有着两方面特征：一是历史事件本身的特殊性和不可重复性；二是历史事件与历史发展存在规律性。正是这两种特征为计量方法在历史学中的应用提供了哲学基础。苏联历史学家科瓦利琴科认为："从理论上讲，计量方法可以在研究客观实际的（包括历史的）任何现象和过程中加以使用，因为任何一种质量都具有某种数量……只是在可以获得从数量上描述所研究现象的资料时，才能使用这种方法。"[①]教育计量史能够为教育史研究提供新信息，但并非是为了计量而计量，"数"是为了揭示历史现象的准确度。包括教育史在内的历史追溯是动态变化的，虽然历史同哲学、科学一样都是追寻一种本原性的东西，但两者之间既有区别又有重叠。教育计量史的理论基础包括实证理论、数学理论、统计理论等，长时段理论则是对这些理论的应用体现。

过去的教育从何而来，现在的教育与其有何关系，未来的教育又往何处去，这是对教育发展历程的确定性与不确定性的追问。马克思唯物史观认为历史事物是量与质的规定性的统一，历史现象之间是相互联系的，历史发展因素之间是相互影响或相互转化的。教育历史的数量特征通过直接变量或代理变量体现出来。"数量"也许是多方面多维度的，所揭示的结论也可能是"一对多"的关系，即历史数据在不同的层次上会得出不同的结论。"质量"是对教育历史"数量"的升华，在史学中"质"可能不与"量"的大小多少直接对等，而是涉及教育历史事件或教育历史人物的权重。若将定量和定性对接数量和质量，则马克思唯物史观的"质量互证"可视为教育计量史研究的实证理论基础。计量是对教育研究问题的数字层面的考证，其本身也是对教育事实的一种呈现。教育计量史遵循计量史学使用数学方法的基本原则："它确实能提供新的信息，

---

① ［苏联］科瓦利琴科：《计量历史学》，闻一、肖吟译，四川人民出版社1987年版，第10页。

并能加深了解，而不是把已经了解的信息简单地表现成另一种，即数学的形式。"①所以，数学理论是教育计量不可忽视的理论基石，包括变量之间的关系、时间数列的分析、算法、计算复杂性理论、可计算性理论等。从数学层面对教育史进行考证与辨析不会妨碍对其进行质的探究，相反，两者可以相辅相成。马克思曾说："一种科学只有成功地运用数学时，才算达到了真正完善的地步。"②在实际研究中，要尽可能获得可靠的、有深度的数据资料或能够找出数据的史料，运用计量方法加以分析，廓清教育史"可信、可用"的形象。教育计量史研究离不开统计理论的支持，如定名分类、定性分类、频率、均值、标准差、方差等，应从数据中查找教育历史的蛛丝马迹，做出合理的判断。统计理论使得教育计量史研究更具信度和效度，符合量化史学总体研究趋势。

布罗代尔提出的"长时段理论"是教育计量史运用上述理论分析教育历史的体现。布罗代尔认为，历史时间可分为"短时段""中时段"和"长时段"。③长时段理论认为只有通过"长时段"来研究历史现象才能从根本上把握历史，"长时段是社会科学在整个时间长河中共同从事观察和思考的最有用的河道"。"结构"是长时段理论的重要概念。布罗代尔认为："结构是指社会上现实和群众之间形成的一种有机的、严密的和相当固定的关系。对我们历史学家来说，结构无疑是建筑构件，但更是十分耐久的实在……所有的结构全都具有

---

① ［苏联］科瓦利琴科：《计量历史学》，闻一、肖吟译，四川人民出版社1987年版，第41页。

② ［法］保尔·拉法格：《摩尔和将军——回忆马克思和恩格斯》，中共中央马克思恩格斯列宁斯大林著作编译局编译，人民出版社1982年版，第95页。

③ 布罗代尔三种时段的理解如下："短时段"即"事件"或者政治时间，主要指突发的历史现象，如革命、战争、地震等。"中时段"即"局势"或社会时间，是在一定时期内形成的一定周期和结构的现象，如人口的消长、物价的升降、生产的增减等。长时段即"结构"或自然时间，主要指历史上在几个世纪中长期不变和变化极慢的现象，如地理气候、生态环境、社会组织、思想传统等。参见马华、冀鹏《"长时段理论"视阈下资源型地区政治生态的生成机理研究》，载《河南大学学报》（社会科学版）2017年第4期；孙晶《布罗代尔的长时段理论及其评价》，载《广西大学学报》（哲学社会科学版）2002年第3期。

促进和阻碍社会发展的作用。"①教育结构的形成是长期的历史沉淀，教育结构本身规定和制约着教育历史发展走向，故而用长时段理论能较为准确地解释教育历史现象。年鉴学派的弗朗索瓦·菲雷（Francois Furet）将计量方法引进长时段史学，指出"计量史学最一般的和最基本的愿望是将历史事实组成均匀的可进行比较的单位所构成的时间系列，同时能够通过特定的时间间隔——通常以年为单位——来衡量这些历史事实的演进"②。从长时段理论出发，基于研究问题去搜集教育史料，用数学方法加工数据资料，整理出大容量、大样本数据，再根据数据建立各种教育历史现象和过程的反映计量模拟。

三、教育计量史研究的方法应用与技术支撑

跨学科研究已成为教育史研究的趋势，华中师范大学周洪宇主张利用人文社会科学乃至自然科学的认识方法与技术手段来研究教育历史，主要包括田野调查法、个案分析法、心理分析法、计量分析法等。③教育计量史主要运用计量分析法。1882年，德国学者K. T. 伊纳马-施泰尔奈格的《历史学与统计学》一书的出版，标志着探讨计量分析法理论的开始。自此以后，计量分析法被史学研究广泛重视和使用。"计量方法是以可计量的自然现象和社会现象为研究对象，它是一种运用数学方法或数学模型探索、认识自然现象和社会现象，揭示事物变化中的定量关系，为预测和规划事物的发展提供科学依据的方法。"④计量方法主要包含调查法、相关法、实验法、数学方法和统计法等，要求"对历史过程或个别历史现象做出定量分析，并且通过定量分析，准确地确定历史过程或个别历史现象的性质与发展趋势，以论证或说明该历史过程或个别历史现

---

① ［法］费尔南·布罗代尔：《历史和社会科学：长时段》，承中译，载《史学理论》1987年第3期。

② 转引自［法］勒高夫等：《新史学》，姚蒙译，上海译文出版社1989年，第112页。

③ 周洪宇：《对教育史学若干基本问题的看法》，载《河北师范大学学报》（教育科学版）2009年第1期。

④ 石磊、崔晓天、王忠：《哲学新概念词典》，黑龙江人民出版社1988年版，第53页。

象具有或不具有某种性质或特点"①。计量方法旨在建立以数量作为媒介来分析客体、对象、过程的质量系统，研究方法是为研究内容或研究问题服务的。教育计量史离不开史料数据，广义地讲，任何可供研究的素材，包括文字、图表、数据、符号等，都可以成为可供研究的数据。狭义地讲，只有可供研究的数字资料才能称为数据。数据为教育计量史研究论点的实证证据，"实证证据是对研究结果的不同解释进行正确排除的基础，也是得出合理推论从而积累新知识的基础"②。教育计量史中的数据特指教育史料中的数据记录或相关变量的数据记载。在对教育计量史数据进行处理、分析时，需要明确这些信息资料是依据何种尺度（名义尺度、顺序尺度、间距尺度和比例尺度）进行测定、加工的，进而利用统计方法得出频数分布图、算术平均数、标准差、中位数、众数等。另外，教育计量史所采用的方法很多来自社会学，而社会学发展的历史进程表明，学科的发展与成熟很难离开量化研究。社会学有着扩大教育史研究范围和加强教育史学科内容的作用。③费孝通通过实地调查江村的生活方式、谋生之道，以小见大，把中国的乡村社会问题融入世界背景中，对全面调查所搜集的资料进行深入分析，生动形象地展现了当时中国农村的社会风貌，值得教育计量史研究加以借鉴。

信息技术与互联网技术的高速发展为教育计量史研究带来了新机遇。教育计量史中的定量分析、数据库建立、数据处理方法对处理群体性、连续性材料是有益的，弥补了教育史学定量不足的缺陷，加速推动了信息化科研的进程。信息化科研注重"信息技术对研究过程与研究活动的支持，以及信息技术为科学研究所提供的新的可能性及方法"④。教育史料可以以代理变量的方式进行

---

① 姜义华、瞿林东、赵吉惠：《史学导论》，复旦大学出版社2003年版，第131页。

② ［美］理查德·沙沃森、丽萨·汤：《教育的科学研究》，曹晓南等译，教育科学出版社2006年版，第2页。

③ ［法］安多旺·莱昂：《当代教育史》，樊慧英、张斌贤译，光明日报出版社1989年版，第57页。

④ 魏顺平：《技术支持的文献研究法》，载《现代教育技术》2010年第6期。

数字化编码（Digital Coding），由史料转变为可由数据处理软件进行分析的数据信息，找出隐藏在历史表象中的深层关系，也是对传统教育历史分析法、考证法的有益补充。这需要深入挖掘教育文献和史料，构建大样本、长时段的教育史数据库。这一点美国学者李中清已经做了很多实践，他从看似杂乱无章的历史数据中得到了常规研究方法很难发现的结论。李中清与康文林从20世纪80年代起花费了20多年时间建立的中国历代人口数据库（CMGPD），金观涛构建了跨越100年（1830—1930）的中国近现代思想史专业数据库，华中师范大学中国农村研究院建设的农村文献数据库和中国地方志数据库等，这些数据库在历史研究中发挥了突破性作用。当前大数据技术有了长足发展，对每个学科来说都是不得不正视的存在，这与传统的学科研究有了技术条件和思维方式上的区别。大数据技术与教育计量史研究结合是未来教育计量史研究的必然选择。教育历史数据整理虽是技术性工作，但想要深度挖掘数据背后的信息，必须将数据分析后的结论放置到当时的历史背景中加以考量，理解和阐释史实，继而丰富原有的教育知识图谱。

量化历史方法不是要取代传统历史研究方法，而是对后者的一种补充，是把科学研究方法的全过程带入历史领域。[1]教育计量史的开辟既有多学科研究的影响，也是教育史自身发展的需要。教育史学科的可持续发展应当兼备"数"与"理"。计量方法使得教育史研究更趋向科学化，可从新旧史料中发现新结论，弥补教育史定性有余而定量不足的缺陷。从已有的教育计量史研究实践中，厘清教育计量史研究的"利"，也要清楚教育计量史面临的现实之"困"，如此教育计量史才能促进教育史学科的建设与发展。

① 陈志武：《量化历史研究的过去与未来》，载《清史研究》2016年第4期。

第三节 教育计量史研究的主要进展情况

一、教育计量史研究进展情况

计量史学既推动了史学研究的精确化和科学化，同时将诸如人口出生和死亡数量、《食货志》中的经济数量等史料加以全方位应用，使得各阶层的主体被囊括进史学研究中，突显了史学研究的"下位化"、"微观化"和"整体化"。历史研究所遵循的基本研究法是一种实证研究，史学家也将其奉为圭臬，史料的"增量"与"提质"是史学家一直在推进的任务。20世纪以来，史学研究出现下移趋势，带来史料从地上到地下、从官方记载到民间记录、从文本信息到图像展示的转变。周洪宇认为："要想得到更多、更全面的教育民间史料，教育史学研究者必须注重实地考察，以便真正了解教育历史的实况。比如为了搞清楚距今久远的教育事件、教育设施或人物的真实情况，有必要开展对某些教育遗迹的田野调查。"[1]教育计量史研究的开展加快了教育史学研究重心的下移，越来越多的教育史学者开始关注古往今来的民间教育，如家族教育、启蒙教育等，史料与方法的交叉性日益明显。

国内研究者已注重教育计量史研究，通过计量方法来探究当代私立中学学费、民国时期教育发展指标、我国古代教育发展周期等问题，并得出了较为客观真实的结论。教育计量史利用量化分析，通过对教育历史发展中的人财物等各项数据进行统计，生成分门别类的数据统计图，如教师薪酬、工作量、生活

---

[1] 周洪宇：《对教育史学若干基本问题的看法》，载《河北师范大学学报》（教育科学版）2009年第1期。

支出、校舍资源等，学生上课量、上课时间、所交学费、识字率等，各项教育支出及占国民生产总值的比例等，全国及各地各级各类学校布局数及分布比例等；通过微观具体的教育活动的最真实数据，辅以价值中立的数据展现，让人清晰地把握教育历史发展的"数量脉络"，继而探明深层次的"质量脉络"。王笛是对清末兴办新式学堂进行量化分析的中国学者，他以清末《第一次教育统计图表》（1907年）、《第二次教育统计图表》（1908年）和《第三次教育统计图表》（1909年）为主要依据，结合其他的统计资料（如中华教育改进社1924年刊行的《中国教育统计概览》《东方杂志》等），对晚清十年的办学情况进行细致的考释。①还有学者根据晚清其他教育统计数据的记载，对晚清新式学堂的师资问题和经费问题进行了直观呈现。从已有的一些教育计量史研究可以总结出教育计量史的目的、条件、过程、功能等，即用"数"的语言阐释过去教育的深层次本质，从中窥探可供当下教育发展借鉴的经验。

包括前文所述的梁晨和李中清两位学者基于北大、苏大学籍卡数据进行的教育计量史研究，对教育史研究者来说，这些研究范例值得思考的是他们如何使用这些学籍卡数据并发挥出其独特的学术价值。社会科学一般将数据挖掘（Data Mining）作为分析大规模数据库的基本方法是值得教育计量史研究借鉴的。数据挖掘肇始于计算科学，从大量的数据资料中，搜索、研究出其中隐藏的有着特殊关联性或规律性的研究方法，是数据库知识发现（Knowledge Discovery in Databases）工作中的重要环节。②此外，康文林也对清代《缙绅录》资料进行了数据库化和量化分析。姜国钧根据《历代教育名人志》所记载的私学教育名人，运用计量史学的方法统计得出一个中央官学、地方官学、私学教育名人增长势态曲线图。据此他将中国古代私人讲学活动分为四个周期：第一个周期从春秋末年到三国时期，第二个周期从西晋到五代，第三个周期从

---

① 纪立新：《计量方法与中国近代教育史研究》，载《经济发展与社会》2005年第5期。
② ［美］韩家炜等：《数据挖掘：概念与技术》，范明、孟小峰译，机械工业出版社2007年版。

北宋到明朝中叶，第四个周期从明朝中叶到清朝中叶。①20世纪以来关于教育统计的史料积累，尤其是教育财政统计性史料为教育计量史研究增添了可能性。这些教育统计类史料是较为完整齐全的，例如，民国时期第一次至第三次的教育年鉴。国外学者也有对教育计量史进行探索的，例如，罗友枝等对清代的民众识字率的研究，W. F. 康内尔在《二十世纪世界教育史》一书中对日本20世纪20年代的中和大学的入学人数进行了量化分析。

通过对史料进行信息再编码，建立关于研究问题变量的数据库，为教育史研究开辟了新方向。数据库所得数据和大数据曲线图较例证法更有效地呈现了教育历史发展的整体状况，但只是描绘了某些现象的一般特征，因剥离了大量教育历史事实，难以从表象中窥见教育历史本质，因而适合作为教育计量史研究的辅助手段。若想了解古代中国教育规模，适合用统计法做直观而简洁的描述，不过，由于这方面历史文献的缺失以及史料整理、搜集、编码、建库的工作量巨大，有关教育史研究只能尽可能缩小误差，而不可能做到精确无误。在此情况下，可以用描述法和例证法作为补充论证。不论是定量分析还是定性分析都是基于教育史问题的研究，终归还是要对教育历史做出客观论述和定位。

二、教育计量史研究的优点

第一，将计量方法引入教育史研究领域的教育计量史，提高了教育史研究结论的准确性。当下计量史学以现代计算机技术和统计学知识为主要研究手段，这一研究方法亟待在教育史领域"开荒拓土"。教育计量史研究既能帮助教育史研究者掌握普通民众的教育历史活动及其发展脉络与动向，还能帮助研究者找出教育与政治、经济、文化的演变关系，如此使得教育史研究更具科学性。以往教育史研究大多采用历史分析法、考证法（内证与外证）、例证法

---

① 姜国钧：《中国教育周期论》，北京大学出版社2005年版，第39页。

等，这些姑且视为质化方法。在大量的史料面前，定性分析难以从整体进行恰如其分的把握，适合对教育历史进行或然性分析，很难用充分的论据获得必然性的结论。计量方法用"数"的语言对教育史问题进行理性分析和宏观把控，提高了研究方法对教育史研究的精确性，并能够从纷繁复杂的史料中抽离出可以进行创造性的教育史研究，拓宽研究领域和研究思路，能够推动教育史研究的实证化、科学化。

第二，教育计量史所采用的计量方法为教育史研究提供了一个新视角。大样本、大数据、长时段是进行教育计量史研究的前提，这要突破传统教育史研究将上层人物和精英阶层作为研究重点的做法。教育计量史将研究对象下移到平民阶层，关注民间教育活动的发展，如家族学校的办学形式与规模、蒙学与社学的变迁等问题，探讨中国近代教育的办学规模、师资需求、教育结构近代化等，探讨19世纪英国工人阶层的教育活动（工人学校规模、形式等）。计量方法在教育史研究中适用于教育发展规模、水平等有关"度"的研究，这些研究需要通过相对精细的数据加以佐证，提高教育史研究的信度。计量方法还适用于教育历史中有关教育结构的研究，比如官学教育与私学教育的层次与结构、官学或私学办学形式及管理体制的结构、中国教育经济史等。计量方法还适用于历史上各类教育现象之间的相关性研究，涉及两个或两个以上教育现象之间的关系，即教育现象Y与教育现象X之间是否存在Y因X的变化而变化的问题。

第三，教育计量史顺应了当前教育学与教育史研究领域的实证趋势。近年来教育学科中关于教育实证化的要求，学者们逐步达成了共识，开始与国际教育研究接轨。当前教育学力图用量化分析直观展现教育学的实证研究成果。"实证研究是教育走向科学的必要途径，是以理性为基础的包括怀疑、独立、公益、变革等内涵的精神体现和思想要求。"[①]教育史作为教育学的基础学科，

---

① 袁振国：《实证研究是教育学走向科学的必要途径》，载《华东师范大学学报》（教育科学版）2017年第3期。

两者有契合性，教育计量史须顺应教育学的发展趋势。教育实证研究大体历经了三大发展阶段：纯定量的实证研究阶段（19世纪末至20世纪30年代）、定量为主的实证研究阶段（20世纪30—80年代）、定量与定性并存的实证研究阶段（20世纪90年代以来）。①量化分析研究在教育史学科中有着客观性、现实性等特点，而教育计量史中所要探讨的一些问题也是当下教育现实问题的再现，例如师生比问题、教师薪酬问题、学校资源问题等。不能说定量研究就一定能让教育史研究完全科学化，但可以说是对教育史定性研究局限的补充，加速了定量研究与定性研究在教育史研究领域的融合。

第四，教育计量史研究能够发掘出以往被忽视的边缘史料。当然，这些边缘史料其本身很难获得或被发现，史料编码难度不小，所以往往少有人问津。中国古代地方志中有一些量化资料——学校数量、师生人数等信息，各朝礼部文献中有关于校舍、师生等的量化史料（大多需要进行二次整理）。教育计量史研究强化了教育史研究者对这些史料刻意的发掘和使用，让这些零碎散乱的史料成为教育史学研究新的材料，如同计量史学所做的工作一样，继而提高教育新旧史料的利用率。

从对教育史学科的建设来看，教育计量史为教育史研究打开了新视域，注入了新内容。在方法论层面，教育计量史丰富了教育史研究的具体方法，为研究更多的教育史问题提供了可用工具。当然，由于教育史本身的时空性、复杂性，教育计量史研究步履维艰。

三、教育计量史研究的困难

教育计量史作为亟待开辟的新领域，有着诸多优点，但也面临着诸多困难。具体来说：第一，教育史方面的数据史料相对于历史学史料而言存量太少，需要从大量的史料中通过代理变量整理出相关数据，而这本身就是极具挑

---

① 程建坤、陈婧:《教育实证研究：历程、现状和走向》，载《华东师范大学学报》（教育科学版）2017年第3期。

战性的工作。梁晨、李中清两位学者在建立民国时期全国大学生学籍卡数据库时，曾为此类史料档案的获取花费了很大功夫，有些资料尚未对外开放，获取难度更大。第二，获取史料后进行数据信息整理并建成数据库，这是一项长时间的工作，且需要一个有效的团队、一个有效的组织协调者，而既精通史学专业知识和技能，又会数学、统计学以及数据处理软件的研究者很少，即人才匮乏。大数据量大丰富，但也带来程序烦琐、易出错误的缺点。梁晨和李中清在研究北大和苏大学籍卡数据库时，前后花了五年时间。可见从资料搜集到查阅，再到数据编码、入库、数据处理与应用，中间所耗费的人力、物力、财力可想而知。第三，教育计量史研究能够发现新的教育历史史实、明晰教育价值所在，但并非有了数据就一定能说明研究问题，存在数据与问题脱节的情况。加上历史本身的局限性，这些数据在不同的条件下分析会得出不同的结论，单凭数据无法对研究问题和研究结论做出合理的解释，这会导致数据只是流于表面，难以解读深层次的问题。例如，梁晨和李中清两位学者在对北大、苏大学籍卡数据库进行统计分析时，发现改革开放后"两校的专业技术人员子女的比例在20世纪90年代以来都出现了持续下降，农民子女的比例在恢复高考后没有大规模下降甚至在苏大还有所上升等现象，这与当时的政治、经济与社会等时代背景有着紧密联系，单靠数据本身无法对结果做出合理的解释"[1]。

在了解教育计量史的研究进展情况和所面临的利困交织的局面后，我们应思索未来教育计量史的发展趋势。教育计量史作为教育史学研究的新视域，开启了新的学术研究领域，应从认识论和方法论层面对教育计量史加以审视，合理看待其在教育史研究中的作用及其未来发展趋势。

---

[1] 梁晨、李中清：《大数据、新史实与理论演进——以学籍卡材料的史料价值与研究方法为中心的讨论》，载《清华大学教育学报》（哲学社会科学版）2014年第5期。

第四节　教育计量史的发展趋势

一、教育计量史运用计量方法的"度"

在了解教育计量史面临的困局后，应审慎思考教育计量史采用计量方法的"度"。与计量方法相对的是质化方法，两种方法之间的争论在20世纪80年代后逐渐成为整个社会科学领域中一道令人瞩目的学术景观。其实，就方法论意义的争论而言，它可以追溯至更远，甚至从17世纪西方自然科学崛起之日起，两相争锋就已经显山露水。[1]两者在研究对象、目标上有所侧重，单从量化方法的角度考量这个问题，其实质是量化方法的边界问题。

对教育计量史采用计量方法的态度，大体可分为三种——计量万能论、计量无效论、计量有限论，这三种观点在其他社会科学领域中也有体现。计量万能论者认为计量方法必须应用于教育史研究中，只有采用计量方法进行的教育史研究才是科学的、可信的。计量无效论者认为教育关乎的是人，人带有情感、价值观念，数据是冷冰冰的，报告统计数字或相关计算是无法有效诠释教育历史真相的。计量有限论者认为量化方法可以且应当应用于教育史研究中，但不是绝对的，是有条件、有限的。如果数据不满足量化方法的假设，结果就会出现偏差，甚至与实事相背离。"囿于研究方法与研究对象之间的适合度，定量方法在教育研究中的使用又受到很多局限，表现在教育测量法、教育统计法、教育评价法都存在不同的缺憾。"[2]教育史既跨了人文学科，也有社会科学

---

① 闫广才：《教育研究中量化与质性方法之争的当下语境分析》，载《教育研究》2006年第2期。

② 郅庭瑾：《论定量方法在教育研究中的有限性》，载《河南大学学报》（社会科学版）2001年第5期。

的属性。人文学科可能无法计量，但作为社会科学属性的层面，带有自然科学的意味，很多问题比较适用计量方法加以研究。相较而言，计量有限论较为客观合理，应在教育史研究中规避计量方法的应用限制，尽可能发挥计量方法在教育史研究中的价值。

在教育研究中，研究问题才是本，研究方法是末，故而在研究过程中要有主次，分清本末，否则本末倒置，会遮蔽研究思路。教育研究方法是教育研究更好地达成研究目标的手段，而不是为方法而方法。教育研究方法主要是根据研究主体、研究问题、研究目标而定，研究方法总的来说涉及科学方法、哲学方法、历史方法三大类。在一项研究中，不会只有一种研究方法，往往是多种方法的混合，这也是当下学术研究的趋势。定量与定性的关系不限于教育史研究中，甚至适用于整个人文社会科学。方法整合并不意味着方法地位同等，在研究中，方法可以多样，但根据研究主体、研究问题、研究目标可以分出主次，正像矛盾中有主要方面和次要方面那样。问题与方法处于一种动态思维之下，问题与方法的适切性才是关键，这既是量化方法的边界，也是计量有限论的佐证。正是计量方法的有限性，才使得计量方法应用于教育史研究存在"利"与"困"并存的状况。同时，计量有限论告诫教育史研究者，教育计量史研究在教育史研究中并非一枝独秀，就方法论层面来说，定量与定性是混合进行的。那么，定量研究与定性研究可以结合吗？这一问题关涉认识论、理论视角、方法论、具体方法这四个层面。风笑天认为："越是抽象层面（比如认识论和理论视角）的差别，越是根源性的或本质性的差别，二者的结合就越不可能；而越是具体层面（比如方法论，特别是方法层面）的差别，越是操作性的或工具性的差别，二者的结合就越是相对可能。"[1]换言之，定性或定量都是有限的，要根据具体问题具体层面将两者结合起来。

---

① 风笑天：《定性研究与定量研究的差别及其结合》，载《江苏行政学院学报》2017年第2期。

二、教育计量史的未来走向

在明白计量方法在教育史研究中的有限性、"利"与"困"之后，就要探讨教育计量史的未来发展趋势，进行教育计量史研究应根据具体问题"有所为有所不为"。教育计量史从自身科学发展到学术大环境都已成为亟待开辟的新领域，其未来走向可能是：在研究方法、教育历史数据库、研究范式上会有新的进展。

研究方法从单一走向混合是发展趋势之一，在教育计量史研究中会将定量与定性有机结合起来。美国学者约翰·W. 克雷斯威尔（John W. Creswell）认为："在当下的学术研究中，单独使用定性或定量方法都存在明显不足，21世纪应该是使用定量与定性相结合的研究方法的时代。"[①]在具体运用时，应当把定量研究和定性研究有机地结合起来，而绝不能主观割裂"量"与"质"的关系，应避免孤立地、片面地和静止地分析和研究问题，切勿唯"量"是举。历史资料和数据是需要进行阐释的。历史学中的统计例证法将计量方法与例证法结合起来，并基于统计分析加以佐证，不失为一种将定量与定性结合的方法范例。在教育史研究过程中，要避免计量方法的两种认识误区：一是计量分析的绝对化与异化，即唯"量"是举，忽视研究问题的针对性；二是计量分析的无界化与泛化，即认为所有的教育史问题都可以量化，将其作为方法论的基调，使得量化分析失去特殊性。这两种误区都存在一种"工具理性"偏倚问题，使得其与"价值理性"失衡，是教育计量史在教育史研究中的"有所不为"。

从散点式教育计量史研究走向集中式教育计量史研究的时候，应逐步建成正规、合理、科学、有效的教育史数据库。教育计量史研究要在探索中前进、在反思中完善、在全局中突破，虽利弊交织，但前景光明。教育史作为一门交叉学科，运用量化方法进行问题研究时，要遵循历史研究原则，还要保持教育

---

① ［美］克雷斯威尔：《研究设计与写作指导：定性、定量与混合研究的路径》，崔延强译，重庆大学出版社2007年版。

的相对独立性。在承认历史继承性和发展不平衡性成立的前提下，应通过计量方法疏通历史前后的逻辑，延续或是断裂不是突然的历史存在，运用计量方法要考虑这一层关系。在与其他学科进行交往合作时，任何一门科学都有可能面临涵化（acculturation）与同化（assimilation）两种情况。涵化亦称"文化摄入"，一般指不同文化传统的社会互相接触而导致手工制品、习俗和信仰的改变过程，常有三种形式：接受、适应、反抗。同化是指对所获得的信息进行编码、转换，以使它符合现有的认知方式，尽管这种转换可能会使信息受到一定程度的扭曲。对于教育史研究者来说，采用大数据这样的新方法可能不容易但又不得不正视。尤其是在当下，学科交叉趋势明显，计算机技术与互联网技术发展迅猛，技术日臻成熟，教育史学科建设与方法创新都要顺应这一趋势。利用已有官方与民间史料构建大型数据库，已成为当前信息采集与编码，进而对史料做进一步客观分析的国际教育科学研究的大趋势。20世纪90年代初，科学家们已经完成了以计算机为工具进行数据库分析和知识发现（Knowledge Discovery）的基础技术工作，证明该技术方法对多个学科的研究都非常有效，他们相信21世纪会是这种研究方法大爆发的时代。[1]当前教育计量史研究恰逢其时。基于研究问题找出直接的研究"变量"或是间接的"代理变量"，对史料进行数据整理并建立数据库，这是教育史研究者（包含于史学研究者内）应当积极筹备和展开的工作。

利用统计知识强化教育计量史研究，并在继承传统教育史研究范式的基础上，拓展新的研究范式。加拉汉（Garahan）认为，"任何将大量数据组成前后一致、清楚明白的叙述的努力，都要求持续运用推理的能力，特别以某种逻辑证明的形式"，其中包括类别（analogy）、概括（generalization）、假设（hypothesis）、沉默推论和演绎论证（argument a priori）。[2]教育计量史研究

---

[1] William J.Frawley，Gregory Piatetsky-Shapiro and Christopher J.Matheus，"Knowledge Discovery in Databases：An Overview"，*AI Magazine*，vol.13，no.3（1992），57.

[2] ［美］威廉·W. 布里克曼：《教育史学：传统、理论和方法》，许建美译，山东教育出版社2013年版，第206页。

也应秉持这一态度，即要扩大史料搜集范围，提高史料利用率，"大胆假设，小心求证"。通过统计软件对从史料中所得的数据进行描述统计分析（包括直方图、平均值、标准差等）和推断统计分析（包括平均数差异性的检验、方差的差异性检验等），可找出数据之间的外在联系，而且可以发现隐藏在大量数据中的规律性联系。教育计量史研究依靠大样本量的可靠数据库，正如梁晨、李中清进行的大学生学籍卡等数据库研究正在被越来越多的史学研究者所重视。未来想要建立教育史数据库的史料得具备三个条件：第一，史料要达到一定的量，且时间上是延续的，以确保史料的信度和效度；第二，史料的指向性相对来说是一致的，以保证长时段、多样化的史料的"同质性"；第三，史料的典型性是保证研究深度与广度的前提。换言之，在相当长时期内，教育史研究者在进行教育计量史研究时要建设数据库，需要投入相当的人力、物力和财力。当然，在教育史学科建设与研究中强调大数据与量化方法，不是对过往教育史研究传统的绝对抛弃。计量分析固然是教育史迎来的新契机，传统教育史所体现的中国史学"论从史出、史论结合"的定性分析亦是弥足珍贵的，断不可与之背离。教育计量史研究的多元性、领域的跨界性，要求其研究者必须利用社会科学研究方法、长时段理论对教育史进行新探索，以获得新认知。

教育计量史是教育史研究不可忽略的机遇，也是艰难的挑战，有其存在的实际需要与经验依据，优势与困境并存。教育计量史是教育史研究亟待开辟的一门新领域，而量化分析水平的高低对一个学科发展来说，标志着这门学科成熟度的高低。从微观到宏观、从定量与定性的二元对立到两相结合，这是一个长期的实践过程，而不只是抽象概念，需要对具体教育史研究问题及问题层次进行探究，从理论应答走向实践探索。

（周洪宇　胡佳新）

附录：相关文献

1. 陈志武、龙登高、马德斌：《量化历史研究》（第1辑），浙江大学出版社2014年版。

2. 陈志武、龙登高、马德斌：《量化历史研究》（第2辑），浙江大学出版社2015年版。

3. 陈志武、龙登高、马德斌：《量化历史研究》（第3/4合辑），科学出版社2018年版。

4. ［澳］W. F. 康内尔：《二十世纪世界教育史》，张法琨、方能达等译，人民教育出版社1990年版。

5. 梁晨等：《无声的革命：北京大学、苏州大学学生社会来源研究（1949—2002）》，生活·读书·新知三联书店2013年版。

6. 刘献君：《教育研究方法高级讲座》，华中科技大学出版社2010年版。

7. ［苏联］米罗诺夫、斯捷潘诺夫：《历史学家与数学——历史研究中的数学方法》，黄立茀、夏安平、苏戎安译，华夏出版社1990年版。

8. 金观涛、刘青峰：《历史的真实性：试论数据库新方法在历史研究中的应用》，载《清史研究》2008年第1期。

9. 李伯重：《史料与量化——量化方法在史学研究中的运用讨论之一》，载《清华大学学报》（社会科学版）2015年第4期。

10. 梁晨、董浩：《必要与如何：基于历史资料的量化数据库构建与分析——以大学生学籍卡片资料为中心的讨论》，载《社会》2015年第2期。

11. 梁晨等：《民国上海地区高校生源量化刍议》，载《历史研究》2017年第3期。

12. 梁晨：《清华教职员群体规模与流动研究（1925—1952）》，载《教育学报》2018年第5期。

13. 梁晨：《从教育选拔到教育分层：民国大学院校的招生与门槛》，载《近代史研究》2018年第6期。

14. 张斌贤、王晨：《教育史研究："学科危机"抑或"学术危机"》，载《教育研究》2012年第12期。

15. 周洪宇：《对教育史学若干基本问题的看法》，载《河北师范大学学报》（教育科学版）2009年第1期。

第十章
教育环境史研究

环境是人类和非人类物种赖以生存和发展的共同基础和家园。环境为生存于其中的所有物种提供能量，同时也受到这些物种的影响，譬如人类开荒种地和海狸建坝筑巢。人类的活动，不但影响环境，使其面貌发生变化，而且通过进入政治、经济、文化等领域，改变或形塑着人类历史进程。在长期以人类为中心的历史编纂中，对环境以及其他物种的关注都"微乎其微"，直到环境史学的出现，才第一次把环境的历史和人的历史系统地结合起来。教育作为人类社会的重要活动和人类文化的主要组成部分，不可避免地与环境发生着千丝万缕的联系。人们不禁要问：环境的变迁、技术的变革、人与其他生物的关系，对教育思想、活动以及制度产生了什么样的影响？历史上的人如何通过教育将其对环境的感知传递给后代，进而反过来影响后代人对环境的适应与利用？面对环境问题，历史上的教育给出了怎样的应对之策？它们对当今环境教育、可持续发展教育有无警示和借鉴作用？这些问题都值得做一番学术探究。将环境纳入教育史的考察范围，关注历史上教育与环境的互动关系，研究教育环境史，无论是从拓展学科领域来看还是从现实指导来看，不但是必要的，而且是紧迫的。

第一节　环境史与教育史研究

一、环境史的兴起与发展

环境史（Environmental History）兴起于20世纪70年代，以历史上的人类及其社会与自然环境互动为研究旨趣。环境史既是史学的一门分支学科，也是一个"新型的融自然科学和社会科学于一体的交叉学科"[①]；既受到其自身学术发展逻辑的影响，也反映出二战后欧美社会乃至全球环境运动演变的历程。

20世纪下半叶是西方史学急剧变革的时代，尤其是70年代以来，在社会科学、后现代主义等因素的影响下，涌现出一批观点各异、纷繁复杂的史学流派，诸如新叙事史、新社会史、计量史学、比较史学、心理史学、西方马克思主义史学和环境史，等等。在这场变革中，环境史以其所具有的生态思维，在历史研究中掀起了一场不同于其他分支流派的概念革命，成为改变历史科学思维方式的强大力量。[②]这种力量打破了以往研究中将人与自然主客体二元对立的"人类中心"的观念，把环境或者说自然从舞台的"布景"变成舞台上的"演员"，强调其作为"历史主体"之一在历史解释中发挥的作用。正如美国著名环境史学家威廉·克罗农（William Cronon）在《环境史的用途》一文中所言："大多数环境史学家都认为，人类并不是创造历史的唯一演员，其他生物以

---

① 侯文蕙：《美国环境史观的演变》，载《美国研究》1987年第3期。

② 徐浩、侯建新：《当代西方史学流派》，陕西师范大学出版社2009年版，第370页。

及自然发展进程同样创造了历史，因此，任何忽视这些影响的历史书写都可能是极不完整的。"①当然，将环境或自然纳入研究范围并非环境史的首创。早在"史学之父"古希腊历史学家希罗多德那里，就表现出了对自然的重视。他将埃及视为"尼罗河的赠礼"，充分肯定了尼罗河及其周边地理环境对当地农业发展乃至古埃及文明形成的重要作用。近一点说，美国边疆史学学派，法国年鉴学派，英国的历史地理学、人类生态学、环境科学等学科流派都从各自研究视角对环境的历史变迁、人类活动对环境的影响进行了考察，并为环境史的诞生奠定了知识基础。

另一方面，环境史也是其所属社会和时代的产物，是对现实问题的学术回应和关切。二战后至今是人类发展史上进步巨大但又危机四伏、命运未卜的时代。自然环境遭到持续破坏、生物多样性不断消失、全球自然灾害频发以及生存环境恶化，导致了全球范围的环境主义或环境保护运动，在欧美社会尤为显著。对人类生存危机的担忧要求历史学参与其中，突破单纯的生态环境保护的伦理诉求和道德色彩，为环境问题、人类命运和地球危机提供历史解释和智慧。1970年春，长期研究美国历史的罗德里克·纳什（Rodrick Nash）在美国加利福尼亚大学历史系开设了一门名为"美国环境史"的课程，初衷之一便是对当时社会已达到高潮的环境责任呼声的回应，而且也是帮助大学，尤其是历史系更加重视社会问题。②

关于环境史的内涵和外延问题，尽管已有众多研究成果，但这一概念目前仍然处在变化发展之中。正式提出环境史概念的罗德里克·纳什认为，环境史是"历史上人类与其栖息地的关系"，这种定义代表了一种超越人类范畴，

---

① W. Cronon, "The Uses of Environmental History", *Environmental History Review*, vol.17, no.3（Autumn, 1993）, 1—22.

② R. Nash, "American Environmental History: A New Teaching Frontier", *Pacific Historical Review*, vol.41, no.3（1972）, 362.

并将其他所有生物乃至环境包含在内的最广泛的概念。①因此，环境史学家需要像生态学家一样整体、全面地考虑问题。美国第一代环境史学家代表唐纳德·沃斯特（Donald Worster）在为《地球的终结：现代环境史的观念》（*The Ends of the Earth：Perspectives on Modern Environmental History*）一书撰写的长跋中，认为环境史研究主题关注的是自然（"非人类世界"）在人类生活中扮演的角色和所处的位置的历史，把人类之间在"社会环境"（无自然环境参与）的状态排除在外，因为这些人工建造的社会环境是"极富表现力的文化"，在城市史、技术史或建筑史中已经得到了呈现。沃斯特进而指出，总体意义上的环境史可以从三个层面且运用不同的方法进行研究：一是对自然在历史上如何组织运作的理解，重构过去的景观。这需要运用生态学和气象学、土壤学、化学等自然科学方法。二是考察与环境相关的社会经济领域，涉及工具、技术、劳动、生产方式和生产关系，人类学及其与生态学结合延伸出来的人类生态学、文化生态学将有助于对这一层面问题的研究。三是人类在精神和思想层面通过"概念、道德、法律、神话及其他意义的各种结构"与自然之间的对话，即人类对非人类环境的概念、意识形态和价值观。②在卡罗琳·麦茜特（Carolyn Merchant）看来，环境史给人们提供了一个历史观察地球的视野，探讨在历史长河中人与自然互动的多种方式。③美国丹佛大学约翰·埃文斯历史学教授J. 唐纳德·休斯（J. Donald Hughes）通过"自然和文化""历史的、科学的方法""时空的范围"三个维度分别探讨了环境史的研究对象、方法论和研究范围，特别强调每一个维度都是两个术语的"统一体"，不偏向任何一端。④

① R. Nash, "American Environmental History：A New Teaching Frontier", *Pacific Historical Review*, vol.41, no.3（1972），363.

② ［美］唐纳德·沃斯特：《环境史研究的三个层面》，侯文蕙译，载《世界历史》2011年第4期。

③ 包茂红：《环境史学的起源和发展》，北京大学出版社2012年版，第6—9页。

④ ［美］J. 唐纳德·休斯：《环境史的三个维度》，梅雪芹译，载《学术研究》2009年第6期。

界定一门学科除了要看它是什么，还要辨析它不是什么。纳什在开设"美国环境史"课程时声称，不会像地质学家那样去讲述环境的历史，而是采用历史的态度去描述环境的变化，关注人类对待环境变化时反映出来的价值、理想、野心或者恐惧。①这或许可以看作是环境史与地质学在研究对象上的差异。我国学者侯文蕙仔细考察比较了环境史与地理学、生态学及人类生态学和环境科学在探讨人与自然关系方面的差异。她认为，就地理学而言，它研究人地关系时重视的是人类生存环境在时间序列中所表现出的空间组织问题，包括空间结构、空间分异、空间耦合、空间运动等，以地域为基础。生态学以及随后发展起来的人类生态学，虽然研究主体从生物转向人类，虽然关注的是生物之间、人类与环境之间辩证统一的关系，主要研究的还是人的生物生态适应和社会生态适应问题。环境科学的基点则是环境质量、人类活动如何影响环境以及环境质量如何影响人类可持续发展。②沃斯特肯定了人类学为历史学家研究人类关于环境的思想、文化和宗教提供了借鉴的方法，还或许可以解释某种文化在某一特定环境下的存在与和谐状态，同时他又用十分诙谐的语调表达出前者的某些"局限性"——无法回答为什么这种文化会从生态系统的和谐中游离出来，又为何现代宗教不能约束人类对环境的影响。当这些问题出现的时候，"人类学家们退出了，退回到那遥远的绿色山谷，而让历史学家们去单独面对在磨砺中嘶叫着的不和谐的现代性"③。概言之，"自然的存在""人类（文化）的存在"以及"两者间的互动"成为鉴别环境史与其他学科异同的主要切入点。

经过40余年的发展，特别是世纪之交以来，环境史在研究领域、研究范式、研究方法等方面也发生了深刻的变化。传统领域的新探索和新研究领域的开辟齐头并进，环境问题、环境污染仍是环境史学家关注的重要现实问题，同

---

① R. Nash, "American Environmental History: A New Teaching Frontier", *Pacific Historical Review*, vol.41, no.3（1972），362—372.

② 梅雪芹：《马克思主义环境史学论纲》，载《史学月刊》2004年第3期。

③ ［美］唐纳德·沃斯特：《环境史研究的三个层面》，侯文蕙译，载《世界历史》2011年第4期。

时，环境变迁、疾病、气候、土壤等传统领域研究继续推进，包括军事环境史、海洋环境史、极地环境史、奥斯曼帝国环境史、世界体系环境史等在内的新研究领域被不断开拓出来。

在研究范式方面，美国斯坦福大学历史系教授理查德·怀特（Richard White）总结了20世纪90年代末期至新世纪初期西方环境史研究出现的一些转向，其中较为显著的一个变化是，环境史研究对象由传统的荒原、农业、水利、森林等拓展到城市、郊区、城市公共设施。例如，马丁·麦乐西（Martin Melosi）和乔尔·塔尔（Joel Tarr）关于城市环境史的研究，克罗农的《自然的大都市：芝加哥与大西部》对1833年至1893年间芝加哥与美国西部之间的城乡关系研究，以及安德鲁·赫尔利研究环境史与社会史的代表作《环境的不公：印第安纳州加里的阶级、种族和工业污染》（1995）。另外一种较为隐形的变化就是"文化的转向"（A Cultural Turn）和对自然和社会的混合景观（Hybrid Landscapes）的重视。[1]对此，我国学者高国荣概括为从"生态分析"到"文化分析"的转变，环境史的研究范式出现了对社会文化层面，运用种族、阶级和性别等分析工具，以及对不同社会群体与自然交往的强调，涌现出了包括劳工环境史、黑人环境史、妇女环境史在内的一批研究成果。[2]

除与社会文化史的融合，近年来环境史研究领域也呈现出与其他学科跨界合作的趋向。例如，从人类听觉、视觉、味觉等感官的角度去考察环境史，与心理学的跨学科研究（麦克马斯特大学迈克尔·依根《1980年代几乎杀死我：作为心理定时炸弹的有毒物质恐惧》、弗吉尼亚大学列夫·弗理德科森的《环境知识：噪音、铅和城市环境中的知识习得》）等[3]，这些跨学科的创新和尝试对丰富环境史的研究视角、拓宽其研究领域和研究方法很有启示。

---

[1] R. White, "From Wilderness to Hybrid Landscapes: The Cultural Turn in Environmental History", *The Historian*, vol.66, no.3（2004）, 557—564.

[2] 高国荣：《近二十年来美国环境史研究的文化转向》，载《历史研究》2013年第2期。

[3] 刘向阳：《中美环境史研究对话的可能性——反思2016年美国环境史学会年会》，载《郑州大学学报》（哲学社会科学版）2016年第5期。

"天地人生"是我国学者梅雪芹对环境史叙述模式的抽象概括，其意为天、地、人、生物等各种要素都应包括在环境史叙述的范围内。[①]另一历史学者王利华也认为，凡是人类与环境彼此发生过历史关联的方面和问题，都值得立项进行探讨。[②]由克雷奇三世（Stephen Krech Ⅲ）、麦克尼尔（J. R. McNeill）和麦茜特（Carolyn Merchant）等人主编的《世界环境教育史百科全书》概括了环境史研究的17大主题，内容涉及从古至今人类与环境互动的方方面面，包括自然资源、自然史、人物事件、人类文化等。

在梳理已有研究的基础上，我们认为环境史研究具有跨学科的旺盛生命力，无论是荒原、城市还是社会事件，是"生态分析"还是"文化分析"，都包含着自然和人及其社会这两个核心要素，两者在不同程度上互相制约、互相影响。我们尝试以两个要素为基准，绘制出环境史的研究图谱（见下图），凡是涵盖在此图中的元素都可以成为环境史研究的切入点，使环境史与其他学科之间源源不断地擦出智慧的火花，从而帮助人们更好地认识和理解人与自然的过去、现在和未来。

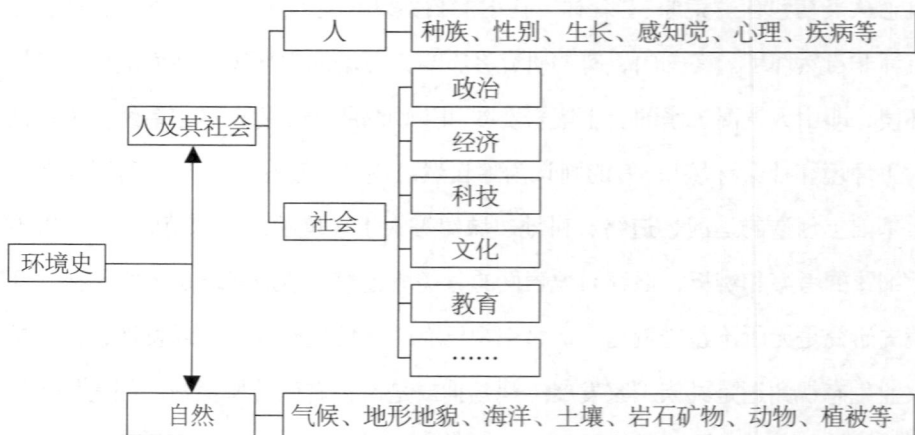

环境史研究图谱

① 梅雪芹：《关于环境史研究意义的思考》，载《学术研究》2007年第8期。
② 王利华：《生态环境史的学术界域与学科定位》，载《学术研究》2006年第9期。

二、环境史视域下的教育史研究

就教育领域而言，将环境史与教育史结合，从环境视角去审视教育的历史，不仅可以将教育史与国际史学发展前沿相结合，进一步扩大教育史、教育活动史研究领域，还可以从历史上教育与环境的互动中更好地理解两者的变迁，了解教育在环境变迁中受到了哪些影响，发挥了什么作用，从而为当下人类所遭遇的各种持续不断的环境问题提供教育的反思并探寻解决之道。因此，厘清教育环境史的基本概念和内容、探索其研究路径与方法是首要任务之一。

讨论教育环境史，首先需要回答的一个问题是如何定义"环境"。一般来说，环境往往体现为一个集合概念，对环境的研究也多采取两分法，即外部环境和内部环境、自然环境和社会环境，或者三分法，即自然环境、社会环境和文化环境，等等。如果遵循这一思路，我们在研究教育环境史时就应尽可能全面涵盖教育所有的环境，例如教育内部环境——教育者、受教育者等，教育外部环境——自然、社会、政治、经济、文化，等等。中外环境史学者对"环境"的界定看上去也遵循着同样的路径。譬如，欧美环境史学家对"环境"的概念从最初包含"荒原""森林"在内的自然环境逐步扩大到农业、农村、城市等非自然环境。在国内，有的研究者将与人互动的"环境"视为地球的自然环境，即由大气圈、水圈、土壤岩石圈和生物圈所构成的自然子系统，不包括人工环境和社会环境[1]；有的则认为除自然环境外，还应将人类在利用改造自然基础上创造的运河、道路、耕地、城镇等人工环境纳入研究范围[2]。如果不做细致的考察和辨析，很容易被表面的分类所迷惑，造成环境是无所不在、环境史研究是无所不包的偏见。认真审视已有的环境史研究，可以发现，无论是农业生态视角还是民族国家发展的视角抑或是社会文化转型视角，都是从自然（包括人的自然属性）这个最基本的因子出发的，继而创造出人的各种活动及

---

① 梅雪芹：《中国环境史研究的过去、现在和未来》，载《史学月刊》2009年第6期。
② 景爱：《环境史续论》，载《中国历史地理论丛》2005年第4期。

人类社会方方面面。因此,教育环境史研究也应当在遵循环境史研究的本质特征——以自然为基准的前提下,考察教育与自然环境的互动,既体现出与环境史研究的一脉相承,也呈现出不同于国家环境史、性别环境史、军事环境史等的独特气质。

第二个需要厘清的问题是如何看待环境史、教育环境史与环境教育史等相关概念的关系与区别(见下图),这对把握教育环境史的基本内涵和研究内容大有裨益。从前文提及的环境史研究图谱来看,人及其社会与自然环境的互动不是空中楼阁,也不是停留在抽象层面的理论论述,而必然是体现在具体的人和社会活动的方方面面,教育就是其中之一。对历史上的人类教育与自然环境互动关系的探讨便成为教育环境史研究的使命所在。因此,我们认为,教育环境史是环境史研究的一个领域,是环境史研究在教育领域的具体表现。它以自然环境作为研究教育起源、发展和变革的参考点或语境,将教育置于人类与自然互动的整体背景中,关注不同时空中人们的教育活动、教育思想和教育制度与其所处环境之间的互动关系的演进,发现其背后普遍的、逻辑的因果关系。

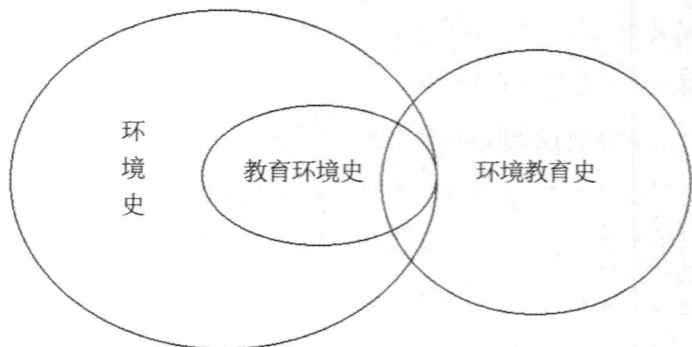

环境史、教育环境史与环境教育史关系示意图

教育环境史不等同于教育的环境的历史,不是单纯地描述历史上教育所处的自然环境是怎么样的,也不是完全以教育为中心,而是以人类教育活动与其外部自然环境的相互作用为焦点。教育环境史又不完全同于环境教育史,虽然

两者都涉及"人—自然—社会"三者关系，都关注教育所处自然环境的变迁状况，但后者以环境及环境问题为主体，研究的是历史上的人们是如何通过各种环境专业教育或非环境专业教育赋予人们关于环境的知识、技能、态度和价值观等方面的素质，从而改善人与环境关系，解决环境问题，最终实现环境、社会和人的可持续发展。

因此，教育环境史是在人与自然环境互相作用的框架下，把教育历史研究中"缺少的自然部分补回来"[①]。在已有的教育历史书写中，社会结构、政治进程、经济发展往往成为教育史家着墨较多的地方，自然环境常常是作为"背景的背景"一笔带过。诚然，教育作为人类社会的一项专门实践，它与政治经济文化的关联无疑要密切得多，远超过教育与自然环境的关系，然而这并不能成为忽视甚至轻视自然的理由。教育是在什么样的环境中孕育诞生的？教育出现后对人类适应和改变自然产生了怎样的影响？这种影响是通过怎样的方式和途径实现的？不同地理空间中的教育的形式、发展程度及教育参与者有何不同？为什么某一区域的教育较另一区域看上去更开放（封闭）、更包容（排外）？与环境有关系吗？环境变迁在多大程度上与人类教育活动相关？环境又是在什么程度上、经由何种方式促进或制约着教育的演进？诸如此类的问题在以往的教育史研究中并未能给予很好的回答。

由此，可大致概括出教育环境史的研究内容：（1）教育所处自然环境的状况及变迁过程。（2）教育与自然环境发生关系和相互作用的方式、途径和特点。一方面，不同时空背景下的环境为教育提供着不同的空间场域和物质资源，或促进或制约教育的形态、规模及质量；另一方面，教育也通过自身特有的方式对环境进行着改造。（3）教育对自然环境的感知及这种感知在代际间的传递对环境产生的影响，包括对人与自然关系的认识、环境观念等。当然，考察历史上的教育与其外部环境的互相作用，需要为教育这个最为抽象的概念

---

① 包茂红：《环境史学的起源和发展》，北京大学出版社2012年版，第6页。

寻找适当的下位概念来进行描述，在具体研究时，教育场所、教育书写工具、教育内容、教育方法、教育思想等都可以成为考察的切入点。2018年国际教育史常设会议（International Standing Conference for the History of Education）第40届年会以"教育与自然"为主题，首次将自然（自然界）纳入教育史学研究观察范围，吸引了多国教育史学工作者从不同角度——教科书中的自然（动植物形象）、学校教育的户外活动、田园生活与寄宿学校、自然研究（Nature Study）、殖民地教育对自然的影响等——探讨历史上的教育活动、事件、机构与自然环境之间发生的种种联系。这些研究虽然不属于严格意义上的环境史研究，但为开拓教育环境史研究领域提供了很好的借鉴和启示。

第二节　教育环境史研究的理论与方法

教育环境史是教育史与环境史的交叉研究领域，主要考察历史上教育与其外部环境的互动关系，因而开展教育环境史研究应当在马克思主义唯物史观的理论指导下，借鉴环境史研究理论，秉持大史料观和跨学科的基本研究方法。

马克思主义唯物史观关于人和环境的辩证关系为教育环境史研究提供了思想基础和理论指导。作为马克思主义哲学的重要组成部分，历史唯物主义从开始批判旧的德国哲学的第一天起，就牢牢抓住了人与环境（自然界）的辩证关系这一历史的"现实的提前"，从而与过去的那种"从天上降到地上"、忽视了"人对自然界的关系"的历史观分道扬镳。一方面，人本身是自然界的产物，是自然界的一部分。马克思和恩格斯在《德意志意识形态》里开宗明义："全部人类历史的第一个前提无疑是有生命的个人的存在。因此第一个需要确定的具体事实就是这些个人的肉体组织，以及受肉体组织制约的他们与自然界的关系"①，其中既包括人的生理特性，也包括各种自然条件——地质条件、地理条件、气候条件以及人们所遇到的其他条件；而"迄今为止的一切历史观不是完全忽视了这一现实基础，就是把它仅仅看成与历史过程没有任何联系的附带因素。根据这种观点，历史总是遵照在它之外的某种史度来编写……把人对自然界的关系从历史中排除出去了，因而造成自然界与历史之间的对立"②。另一方面，不同于机械唯物主义和自然主义历史观，在唯物史观那里，人在自然面前并非无能为力，他通过劳动使自然界为自己服务，给自然界打上自己的印记，而且"人离开动物愈远，对自然界的作用就愈带有经过思考的、有计划的、向着一定的和事先知道的目标前进的特征"③。因此，"人创造环境，同样环境也创造人"④，这是唯物主义历史观对人与环境关系的明确立场，也是对历史书写的基本态度，即"任何历史记载都应当从这些自然基础以及它们在历史进程中由于人们的活动而发生的变更出发"⑤。教育环境史研究正是在马克思主义唯物史观的理论思想指导下，对人类教育实践与其所处的外部环境之间的历史进行动态考察。

研究教育环境史还需要在积极研习、借鉴环境史等相关学科理论的基础上建构自身的基本理论框架和分析工具。环境史研究视角丰富多样，环境史学家们从各自的历史经验出发逐渐形成了对人与环境关系进行初步组织和分析的、基本得到认可的历史理论。例如，美国史学家阿尔弗雷德·W. 克罗斯比（Alfred W. Crosby）提出的"生物旅行箱"理论，沃尔特·P. 韦布（Wolter P.

① 中共中央马克思恩格斯列宁斯大林著作编译局编译：《德意志意识形态》（节选本），人民出版社2003年版，第11页。

② 中共中央马克思恩格斯列宁斯大林著作编译局编译：《德意志意识形态》（节选本），人民出版社2003年版，第37页。

③ 中共中央马克思恩格斯列宁斯大林著作编译局编译：《自然说辩证法》，人民出版社2015年版，第312页。

④ 中共中央马克思恩格斯列宁斯大林著作编译局编译：《德意志意识形态》（节选本），人民出版社2003年版，第37页。

⑤ 中共中央马克思恩格斯列宁斯大林著作编译局编译：《德意志意识形态》（节选本），人民出版社2003年版，第11页。

Webb）关于生产技术与环境适应的研究以及麦茜特从生态女性主义视角对环境史理论的进一步发展，等等。美国环境史学家唐纳德·沃斯特对环境史的三个层面研究路径的描述被广泛引用：第一层面是对自然本身的理解；第二层面进入与环境相关联的社会经济学领域，包括工具、劳动、社会关系以及种种将自然资源加工成商品的方式等；第三层面涵盖概念、道德、法律等智力和思想层面的内容。三个层面共同构成完整的环境史研究体系。另一美国史学家J. 唐纳德·休斯则试图通过建构环境史研究的三个维度来推动环境史理论建设。不论是环境史研究的三个层面还是三个维度，其合理成分都可以为教育环境史所借鉴。譬如，对某一历史时期某一区域教育与环境的互动研究，就可以从自然地理环境的变迁、自然进入或影响教育的途径和特点以及教育对自然环境观念的塑造和对环境的反作用等层面进行探索。

对史学研究而言，史料是根本和基底。教育环境史不仅研究教育自身的变迁、教育外部自然环境和社会环境的变迁，还要聚焦二者的互动关系。教育环境史并非只是停留在抽象意义上的学理性探讨，而是深入特定时空，深入特定教育活动、教育思想和教育制度中，去探究教育与环境的关系，既包括对长时段中的教育环境演变和教育自身发展的考量，也包括从微观层面去分析诸如某一地区的教育甚至某一教育机构的兴衰演化历程。因此，在史料搜集、整理、鉴别和吸收上，应树立大史料观。这种大史料观，既包括教育史料，也充分涵盖与之相关的自然环境、生态资源、人口种族、政治经济、技术革新等方面的历史资料，并且在注重挖掘新史料的同时，加强对已有史料的研究。就教育史料来说，既要充分借鉴文字形态史料，如经史子集部书、公私档案、类书、金石铭文、方志中记述的教育史事史迹，教育活动变革，教育家、教育流派及其教育思想的史料，又要高度重视包括实物、口碑、风俗等在内的非文字形态教育史料，尤其是历史演进过程中保留或遗留下来的化石、遗址和遗物。其中，方志对教育环境史研究尤为重要。文化教育一直是方志的重要内容，我国古代地方志也大都设有"学校""书院"的专篇或专章，记载了该地区学校、书院、社学等的修建，以及教学制度、学生人数、教学经费等情况。①方志还包含了丰富的地理信息、物候知识，为了解古代某一地区的环境保存了重要的资料基础。非文字形态的教育史料也为教育环境史研究提供了独特的视角。例如，可以通过追溯笔墨纸砚等教育书写工具的起源、原材料、生产工艺、流通使用等情况，考察当时的教育活动状况、过程和水平，以及与之联系的自然环境、社会生产状况。此外，教育环境史研究还应广泛吸收借鉴自然科学领域关于环境变迁的研究成果、知识和史料，譬如历史上的气候演变、森林和草原等植被的变迁、野生动植物的分布与数量、江河湖泊的变迁、人口增减及农林牧业对环境的影响等，在"原生态"环境中考察人类教育活动与环境的动态关系。

在研究方法上，教育环境史应在遵循教育史学研究"三维系统方法论"的框架下，根据具体研究问题去选择适当的研究方法。就理论基础而言，包括以马克思主义唯物史观为指导的史学研究宏观理论，以及诸如年鉴学派与布罗代尔长时段理论在内的史学理论流派的合理因素和环境史的理论研究成果。就一般方法和具体方法而言，主要包括历史分析法、比较分析法、系统分析法、结构分析法和历史考证、文献分析、口述历史法等。作为一种学科交叉研究领域，教育环境史在具体方法层面应具备跨学科的特点。教育环境史是一个"跨界"较大的领域，不但要有历史学、教育史学的基本训练，要与人类学、社会学、政治学等人文社会科学融合互动，还需要学习借鉴包括生态学、气象学、考古学、地理学、科技史、环境史等学科在内的自然科学研究方法。例如当从教育环境史视角考察边疆或民族地区的教育演变情况时，应超越教育自身范畴，将其置于广阔宏大的时空背景下，通过文献分析、历史考证、计量法甚至实地考察的方式去呈现当地的地理环境、气候、交通、生态、社会结构、经济状况，在这种整体意识和生态意识指导下更全面深刻地认识教育发生发展过程。当然，教育环境史跨学科研究的落脚点一定是教育史，从史料出发来获取

---

① 周洪宇主编：《教育史学通论》（上卷），人民教育出版社2018年版，第352页。

教育历史认识，强调历时性和空间方位，进而分析和解释教育历史变迁过程中各因素之间的相互作用，揭示教育历史本质和规律。

国内外已有的教育史、环境史研究成果为教育环境史的学术表现形式提供了较好的借鉴和范例。法国学者加斯东·米亚拉雷和让·维亚尔主编的《世界教育史（1945年至今）》就试图结合教育史与历史地理学，将地理学和历史学、经济学、社会学等一并作为教育史的基础学科，考察学校教育质量差异与不同城市的人文地理和人文历史之间的关联。在环境史研究方面，英国环境史学家伊懋可（Mark Elvin）的《大象的退却：一部中国环境史》通过讲述人类与野生动物大象在地理空间和种群数量上进退与消长的故事，勾勒出中国四千余年里人类与自然关系变化的基本历程，揭示中国经济发展和环境变迁的具体表现形式和内在规律。美国环境史学家马立博（Robert B. Marks）的《中国环境史：从史前到现代》在对环境变迁的阐释中引入"文化"的因素，认为不同族群的思想和信仰决定了其具有的"态度、价值观、偏好、感知和身份认知"，进而塑造了他们利用或滥用自然的方式。两部著作均在广泛吸收海内外关于中国各历史时期各地区自然环境及其与人类社会关系研究的成果基础上，对中国的长时段人与环境互动关系进行了全景式的动态考察，同时还将研究触角伸向了地形植被、河流走向、农田种植、城镇道路、政治事件、历史人物等具体微观层面，史实和故事在宏观和微观两个层面得到有机结合，为教育环境史研究提供了很好的借鉴。一部合格的教育环境史学术成果应该是在坚持教育史学叙述基本特点的基础上，宏观和微观相结合，教育史实和教育故事相结合。如国内环境史学者包茂红所言，用这种忠于史实的生动形象的故事或寓言，而不是学院式论文或政策建议的方式呈现历史（包括教育历史）的智慧，进而不断推进教育环境史学术研究跨入新境界的步伐。

第三节　教育环境史研究的学术价值与现实意义

教育环境史作为教育史与环境史的一个交叉研究领域，作为教育史的细化或分支，对完善学科建设具有重要意义。一方面，对历史上教育环境的重视，通过记录、叙述和解释人类教育历史和环境的互动关系，既拓展了已有教育史的研究范围、丰富了教育史的研究方法，也为教育史提供了一种新的解释；另一方面，教育环境史研究体现了对马克思主义唯物史观关于人与环境辩证关系的坚守和弘扬，体现出历史与现实的一脉相承性，具有观照环境问题和人类前途命运的社会功能和现实意义。

第一，教育环境史研究对扩大教育史研究视野、丰富教育史研究内容、完善教育史学科建设具有重要意义。任何一种教育活动、思想和制度都不可能脱离其外在环境而单独存在。教育环境史以历史上的教育与其外部环境的互动关系为研究对象，将以往教育史研究中忽视的环境尤其是自然环境纳入观察范围，在很大程度上突破了只在社会关系——政治、家庭、性别、伦理等范围内的教育史研究范式，丰富了教育史研究的视野和方法，为教育历史提供了一种新的解释。与此同时，教育环境史将人类教育活动放在自然及其变迁过程中来观察，超越了传统的民族国家的空间地理界限，在更广阔的背景下对教育自身发展演变及其与自然、社会、政治、经济、文化的互动关系给予新的认识和想象，为教育史开辟了一个新的研究领域，会进一步推动教育史学科建设和发展。

第二，教育环境史研究的环境视角和生态意识是对马克思主义唯物历史观及环境观的体现和坚守。首先，"人本身是自然界的产物，是在他们的环境中并且和这个环境一起发展起来的"①。教育环境史研究对教育外部环境的强调正是基于"人连同其教育是整个环境（包括自然环境）的一部分"这一根本前提，教育既不是诞生于真空中，也不能脱离"环境"而单独存活。其次，人能够适应和改变环境，使其为己服务。教育作为人类适应和改变环境的一种重要方式，与政治、经济、技术等与环境的互相作用相比更具隐蔽性；因此，教育环境史致力于揭示历史长河中隐藏的教育与环境的关系，是对教育历史中人与环境（自然界）关系的恢复，缺少环境的教育史是不完整的。

第三，教育环境史研究顺应国际史学发展前沿和教育史学跨学科研究的趋势。当代国际史学发展大致经历了两次转向，先是从追求客观性与科学性的新社会史转向关注主观性与哲学性的新文化史，后又进入强调客观性与主观性、科学性与哲学性相结合的全球史。②在这种具备"整体意识"的全球史或者说世界史转向中，环境史逐渐成为史学的一支"新秀"，"重新发现"历史中的"环境因子"和人类社会与环境的互动关系。与此相应，国际教育史研究也注意到环境与教育的关系。2018年，在德国柏林召开的第40届国际教育史常设会议年会以"教育与自然"为主题，就体现了国际教育史领域对环境（自然环境）的重视和努力。然而，真正意义上开展教育史和环境史的跨学科研究，从环境史视角去系统考察教育的历史，却鲜有出现。因此，研究教育环境史是对国际史学发展潮流的适应，也是教育史学跨学科研究的一个新方向。

第四，教育环境史研究是教育史学研究主体对当前世界面临的环境问题以及人类前途命运的学术回应和责任担当。当今世界日新月异又动荡不安，地球环境资源的承载力在不断增加的人口和无限攀升的人类欲望面前显得不堪重负，人类活动导致的气候异常、空气污染、水土流失、动植物灭绝等后果也威胁着人类自身的安全和生存。面对这些威胁，英国教育史学家理查德·奥尔德

---

① 中共中央马克思恩格斯列宁斯大林著作编译局编译：《马克思恩格斯全集》（第20卷），人民出版社1988年版。

② 周采等：《当代西方教育史学流派研究》，上海交通大学出版社2018年版，第241页。

里奇（Richard Aldrich）提出了一个值得所有教育研究工作者认真对待的问题：这些威胁对人类的教育意义是什么？[①]带着现实的教育及社会环境问题，教育环境史深入到历史的最深处，挖掘历史长河中教育与环境之间存在的种种蛛丝马迹，通过对教育史实、教育环境的复原、解释和分析，帮助人们更加深刻地理解环境对教育的影响和教育对环境的反作用，理解教育对推动环境保护、达成可持续发展目标的历史意义。从这一点来说，教育环境史是自带温度且与现实紧密关联的。

（周洪宇　刘　佳）

附录：相关文献

1. ［英］阿诺德·汤因比：《人类与大地母亲》，徐波等译，上海人民出版社2001年版。

2. 包茂红：《环境史学的起源和发展》，北京大学出版社2012年版。

3. 侯文蕙：《征服的挽歌——美国环境意识的变迁》，东方出版社1995年版。

4. ［美］J. R. 麦克尼尔：《阳光下的新事物：20世纪世界环境史》，韩莉、韩晓雯译，商务印书馆2013年版。

5. ［英］基思·托马斯：《人类与自然世界》，宋丽丽译，译林出版社2009年版。

6. ［美］J. 唐纳德·休斯：《什么是环境史》，梅学芹译，北京大学出版社2008年版。

7. ［美］J. 唐纳德·休斯：《世界环境史——人类在地球生命中的角色转变》，赵长凤、王宁、张爱萍译，电子工业出版社2014年版。

8. ［英］克莱夫·庞廷：《绿色世界史：环境与伟大文明的衰落》，王毅译，

---

① R. Aldrich, "Education for Survival：An Historical Perspective", *History of Education*, no.1（2010）, 1—14.

中国政法大学出版社2015年版。

9. 刘翠溶主编：《自然与人为互动：环境史研究的视角》，台湾联经出版事业股份有限公司2008年版。

10. 李旭明、田丰主编：《环境史：从人与自然的关系叙述历史》，商务印书馆2011年版。

11.［美］马立博：《中国环境史：从史前到现代》，关永强、高丽洁译，中国人民大学出版社2015年版。

12. 梅雪芹：《环境史学与环境问题》，人民出版社2004年版。

13. 梅雪芹：《环境史研究叙论》，中国环境科学出版社2011年版。

14.［美］濮德培：《万物并作——中西方环境史的起源与展望》，韩昭庆译，生活·读书·新知三联书店2018年版。

15.［美］唐纳德·沃斯特：《自然的经济体系》，侯文蕙译，商务印书馆1999年版。

16.［德］约阿希姆·拉德卡：《自然与权力：世界环境史》，王国豫、付天海译，河北大学出版社2004年版。

17.［英］伊懋可：《大象的退却：一部中国环境史》，梅雪芹等译，江苏人民出版社2014年版。

18. 包茂红：《国际环境史研究的新动向——第一届世界环境史大会俯瞰》，载《南开学报》（哲学社会科学版）2010年第1期。

19. 房小捷：《马克思"人与自然对象性关系"概念对环境史研究的意义》，载《史学理论研究》2016年第4期。

20. 葛剑雄：《全面正确地认识地理环境对历史和文化的影响》，载《复旦学报》（社会科学版）1992年第6期。

21. 高国荣：《年鉴学派与环境史学》，载《史学理论研究》2005年第3期。

22. 高国荣：《环境史学与跨学科研究》，载《世界历史》2005年第5期。

23. 高国荣：《环境史在欧洲的缘起、发展及其特点》，载《史学理论研究》

2011年第3期。

24. 高国荣：《近二十年来美国环境史研究的文化转向》，载《历史研究》2013年第2期。

25. 侯文蕙：《美国环境史观的演变》，载《美国研究》1987年第3期。

26. 韩昭庆：《历史地理学与环境史研究》，载《江汉论坛》2014年第5期。

27. 刘向阳：《中美环境史研究对话的可能性——反思2016年美国环境史学会年会》，载《郑州大学学报》（哲学社会科学版）2016年第5期。

28. 穆盛博：《中国环境史研究的新趋势》，载《江汉论坛》2014年第5期。

29. 梅雪芹：《从关注"一条鱼"谈环境史的创新》，载《史学月刊》2018年第3期。

30. 濮德培：《中国环境史研究现状及趋势》，载《江汉论坛》2014年第5期。

31. 王利华：《生态环境史的学术界域与学科定位》，载《学术研究》2006年第9期。

32. 王利华：《作为一种新史学的环境史》，载《清华大学学报》（哲学社会科学版）2008年第1期。

33. 张程娟、张权：《环境史的研究及反思——马立博教授学术访谈录》，载《史学月刊》2017年第7期。

34. C. Merchant, "The Theoretical Structure of Ecological Revolutions", *Environmental Review*, vol.11, no.4（Winter 1987）, 265—274.

35. D. Worster, "World without Borders: The Internationalizing of Environmental History", *Environmental Review*, vol.6, no.2（Autumn 1982）, 8—13.

36. D. Worster, "History as Natural History: An Essay on Theory and Method", *Pacific Historical Review*, vol.53, no.1（Feb. 1984）, 1—19.

37. J.R. McNeill, "Observations on the Nature and Culture of Environmental History", *History and Theory*, vol.42, no.4（2003）, 5—43.

38. R. Nash，"American Environmental History：A New Teaching Frontier"，*Pacific Historical Review*，vol.41，no.3（1972），362—372.

39. R. White，"American Environmental History：The Development of a New Historical Field"，*Pacific Historical Review*，vol.54，no.3（Aug.1985），297—335.

40. R. White，"Afterword Environmental History：Watching a Historical Field Mature"，*Pacific Historical Review*，vol.70，no.1（Feb. 2001），103—111.

41. R. White，"From Wilderness to Hybrid Landscapes：The Cultural Turn in Environmental History"，*The Historian*，vol.66，no.3（2004），557—564.

42. W. Cronon，"The Uses of Environmental History"，*Environmental History Review*，vol.17，no.3（Autumn 1993），1—22.

第十一章
教育器物史研究

　　20世纪70年代，英国历史学家彼得·伯克（Peter Burke）将新文化史的研究主题分为五个层面：一、物质文化的研究，如器物、食物、服装等；二、身体、性别研究；三、记忆、语言的社会历史；四、形象的历史；五、政治文化史。其中以器物观历史的器物史研究日益成为人们研究的热点。器物史从客观的、具体的器物出发，综合考察其所蕴藏的文化意义，不但能以小见大，更能牵涉宏大。季羡林在《糖史》中通过梳理糖的学习、制造与传播的过程来探索人类文化交流的轨迹。《大英博物馆世界简史》以100件代表性的器物来讲述人类200万年文明史，以器物为历史基点，通过全方位、多角度地解读器物来还原历史真相。近年来，我国的器物史研究角度愈加丰富，以器物观教育开始受到学界的关注。

第一节　教育器物史的研究缘起

北京师范大学出版社2012年出版的《蕴藏在文物中的教育》（作者刘晓）与中国社会科学出版社2018年出版的《教育文物——书写在大地上的教育史》（作者王雷）等著作都是从教育文物出发把握教育历史的脉络，为教育历史寻根。器物史特别是教育文物史的研究成果为教育器物史研究的开展提供了借鉴，在一定程度上激发了学者们对于教育器物史的研究热情。除此之外，作为人类教育史的一部分，教育器物史研究的兴起亦是教育史研究的趋势所在。

首先，教育器物史是人类教育史的有机组成部分。教育器物史是人类教育史不可分割、不可忽视的一部分，这是教育器物史研究兴起的根本原因。从教育器物与教育活动的关系来看，教育器物与人类教育活动密不可分，教育器物与人类教育活动相伴而生，如与教学活动相关的教材、教案、教具、作业、书桌、椅子、戒尺，与学习活动相关的毛笔、砚台、书包、服饰、餐盒，与考试活动相关的参考书目、试卷、成绩单、奖状、排行榜、录取通知、毕业证等。"对于不同时代教育器物的研究可展现时代变迁脉络中的教育器物变迁史，同时还可以深度挖掘某一或某类教育器物与教育活动间的相互关系、教育器物如何随着时代变化和改造、教育活动主体更偏好何种教育器物等史实，发挥教育器物证史的作用。"①

从教育器物与教育文化的关系来看，教育器物属于教育文化的物质层面。任何文化文明都是通过人类的历史活动实践产生器物（物质层）、观念（精神

---

① 周洪宇：《创新与建设——教育史学科的重建》，华中科技大学出版社2016年版，第179页。

层）、制度（制度层）的结果，教育文化自然亦符合题中应有之义。"教育文化是人类教育活动物质成果与精神成果的总和，是教育有机体的理论形态，其理论特质表现为：精神层面的教育文化是全部教育活动的灵魂，制度层面的教育文化是教育活动运行的轨道，器物层面的教育文化是教育活动的硬质资源，行为层面的教育文化具有目标终端达成的功能。"①由此可见，教育器物是教育文化固有的一部分，研究教育器物能够充分调动已有的教育物质资源，使器物与思想、制度、行为更好地统一起来，丰富教育文化体系。

从教育器物史与教育史的关系来看，教育器物史是教育史学新的研究点，是教育史研究的有机组成部分。教育器物是客观且可观的，它是一定时期人类教育活动的载体和产物，代表了不同时期教育生产力的发展水平。教育器物不仅是教育史研究的史料和史证，其本身就是教育历史的"经历者"，它是教育史研究的本源对象。通过对不同历史时期教育器物的观察、考证、分类与研究，让教育器物自己说话，可弥补教育史研究中"重文轻物"的薄弱环节。教育器物史研究对于教育史学而言是一扇洞开教育史特别是教育活动史、教育形象史研究的门窗。教育器物史与教育思想史、教育制度史、教育活动史相结合才能科学完整地呈现真正而丰富的教育生活，构成一幅生动而全面的教育史研究图景。

其次，当下教育史研究只重观念思想、制度政策，忽视教育器物。时至今日，教育器物史研究仍然较为薄弱，存在很大的研究空间。以"教育思想""教育制度""教育器物"三者为主题分别在中国知网数据库（CNKI）进行检索，检索出相关的学术论文依次为145582篇、14804篇、2篇。尽管直接以"教育思想""教育制度""教育器物"为主题进行检索显得宽泛且不够严谨、具体，但这在一定程度上反映了教育学者对于"教育器物"这一研究主题关注不够。从公开发表的教育史研究学术论文来看，有关教育器物史的论文数量和质量依然

---

① 宋志臣：《教育文化论》，载《教育研究》2012年第10期。

远逊于教育思想史和教育制度史。

"回望中国教育史学，不难发现，研究者多少偏离了国际历史学和教育史学主流，长期关注的仍是传统的教育思想史和教育制度史，忽视了更为本源、更为基础的教育活动史，忽视了教育者、受教育者的日常生活史，忽视了一个个真实、具体、过去曾经发生至今仍在发生的教育问题"①，同时也忽视了日常教育活动中客观存在的教育器物。"教育史学依据的还是以历史学科实证为主的研究规范，而不是教育学科以思辨为主的研究规范。"②重思想、制度轻器物的研究趋向，使得教育史研究思辨有余而实证不足，既不符合教育史学的研究规范，也不利于教育史学研究体系的完善，同时这也是近年来教育器物史研究备受关注的现实原因。

最后，大量教育器物的收藏与保护为教育器物史研究创造了条件。教育器物是教育器物史研究的基础，我国丰富的教育器物资源为教育器物史研究的深入开展提供了深厚的史料支撑。历史教育活动中出现的教育器物并不如教育思想、教育制度那般易随时空变幻而流传，诸多教育器物因材质易损毁、经济价值低等各种原因而逐渐消失。近年来，随着社会各界对于教育器物的关注和重视，全国各地纷纷行动起来收集与挽救代表当地教育文化的教育器物，一时间大量珍贵的教育器物被收藏和保护起来。目前，我国收藏教育器物的场所主要有文庙旧址、书院旧址、科举贡院旧址、科举文化博物馆、教育博物馆等。

文庙作为我国古代官方教育的施教场所，其旧址中的碑墙、石刻、匾额、对联、藏书等是了解当时官学校园文化、教学内容、教学目的的重要教育器物。书院是我国古代集祭祀、藏书、教学为一体的民间教育场所，其旧址一般都具有教室、教材、学规、教具、学生用品、书院布局图、学田图等教育器

---

① 张斌贤等：《教育史学科建设六人谈》，载《华东师范大学学报》（教育科学版）2016年第4期。

② 周洪宇：《对教育史学若干基本问题的看法》，载《河北师范大学学报》（教育科学版）2009年第1期。

物，反映了当时私学的教学制度、教学安排、教学内容、教学条件、师生生活、教育经费来源等教育情况。科举贡院旧址和科举文化博物馆主要收藏的是与科举考试相关的教育器物，涉及科举制度的方方面面，包括乡试、会试、殿试的时间安排、报考资格、参考书目、考场安排、考场环境、考场规则、考官遴选、考试试卷、批改过程、录取名额、发榜等，甚至还包含考试的作弊方式与防范措施。"教育博物馆是集收藏、展览教育文物，传承、体验教师文化，研究、创新教育文化传统为一体的综合性教育展馆，主要展示具体的教育实物、教育文献、教育证章、教育艺术品。"[①]我国具有代表性的教育博物馆有苏州教育博物馆、宁波教育博物馆、陕西师范大学教育博物馆、温州教育史馆等。

第二节　教育器物史的基本内涵

何谓器物？《易·系辞上》说："是故形而上者谓之道，形而下者谓之器。"[②]这里的"器"指的是有形的具体实物，与无形的抽象精神相对应。《说文解字》释"器"为"皿也。象器之口，犬所守之"[③]，指的亦是客观存在的容器。器物是指人类在历史实践活动中改造或创造并使用的具体物品，涵盖衣食住行等方方面面，如汽车、眼镜、茶具、灯泡等。器物的形成与发展受到人类政治、经济、文化、生活方式的影响和制约，同时也在一定程度上推动了人类政治、经济、文化和生活方式的变革。而教育器物，顾名思义，即是一切与

① 王雷：《教育文物——书写在大地上的教育史》，中国社会科学出版社2018年版，第225—238页。

② ［清］阮元：《十三经注疏》。

③ ［东汉］许慎：《说文解字》。

教育有关、服务于培养人才的教育活动的器物，包括历史上各种教育设备设施、实物用具等，如用于教育教学的文房四宝、图书教材、书桌书架乃至戒尺戒条等，即便是当代最具现代化的互联网教育技术设施也属于教育器物。

教育器物史是专门研究和重点考量历史教育活动中，因受教育乃至时代、社会环境的影响教育器物的形成与发展及教育器物的变化对教育活动产生何种影响的研究领域。教育器物史的研究范围主要包括以下四个方面：其一，考察时代变迁中教育器物的变迁脉络；其二，分析教育器物与教育思想、教育制度的关系；其三，研究教育器物在教育活动中的功能与作用；其四，研究教育活动主体对于教育器物的选择与偏好。教育器物史研究一切与教育有关、服务于培养人才的教育活动的器物历史，根据教育器物所处的教育活动大致可分为教学器物史、学习器物史和考试器物史三类。

教育器物与教育文物既有区别又有联系。从划分范围来看，教育文物含义更广，教育器物只是其中一个方面，但是其核心内容。王雷在《教育文物——书写在大地上的教育史》一书中把教育文物分为五类：第一，教育遗迹、遗址类；第二，教育实物类；第三，教育文献类；第四，教育证章类；第五，教育艺术品。[①]这五类教育器物与《中华人民共和国文物保护法》中受国家保护的文物分类大体一致。教育器物则主要包括教育参与者在教育活动中使用的教育实物、书写的教育文献、制造的教育证章，不包括教育遗迹、建筑与教育艺术品。教育建筑是承载教育活动的教育空间，并非教育参与者直接在教育活动中使用或创造的具体实物，因而教育建筑不属于教育器物。教育艺术品主要指艺术家的教育作品和教育家的艺术作品，与教育参与者进行的教育活动关系不大，因而也不属于教育器物。从价值属性来看，教育文物除文物所具备的历史、艺术、科学价值之外，还须具有教育价值，而教育器物除教育价值外不一定完全具备历史、艺术、科学价值。从物质特性来看，教育文物具有时代性、

---

① 王雷：《教育文物——书写在大地上的教育史》，中国社会科学出版社2018年版，第4—5页。

不可再生性和不可替代性，教育器物同样具有时代性，而具有文物价值的教育器物亦不可再生和替代，当代的教育器物则可以进行批量生产和替代。

第三节 教育器物史的研究进展情况

近年来，各地纷纷成立主题多样的科举文化博物馆和教育博物馆，数千年流传下来的珍贵的教育器物得到了发掘和保护，丰富了教育器物史研究的史料支撑。我国目前的教育器物史研究成果不多，对于教育器物史的研究范围、研究对象、研究取向、研究方法、叙述方式等亦处于摸索阶段。可以说教育器物史研究尚为学术空白点，值得深度发掘和开拓。

一是器物史研究在国内外学术界已经有较好的发展。国内器物史研究大致可以分为两个方面：其一，从整体器物层面出发揭橥中华文化的发展脉络，如孙庆的《看得见的中国史》（中华书局，2011年）、吕少民的《中国器物简史》（人民出版社，2017年）、童超的《看得见的中国史》（北京联合出版公司，2017年）等都是综合各类器物纵观几千年中国历史。其二，以某类器物为载体侧面呈现历史的面貌，如童超的《货币里的中国史》（世界图书出版公司，2018年）便是从货币发展的历史沿革揭示朝代兴衰的奥秘，仲伟民的《茶叶与鸦片：19世纪经济全球化中的中国》（生活·读书·新知三联书店，2007年）是在分析茶叶与鸦片发展史的同时考察其背后所蕴含的19世纪中国经济社会的发展情况。西方器物史研究视野更加广阔，如贾雷德·戴蒙德的《枪炮、病菌与钢铁：人类社会的命运》（上海译文出版社，2006年）从器物出发阐述了环境对于社会发展过程的作用，英国DK出版社的《从地图看世界地图的历史》（2018年）以140多张地图详细讲述了世界历史的关键时期，还有一些学者从武器、汽车等角度进行器物史研究。

二是近年来教育器物史的研究逐渐受到学术界的重视。部分学者从教育文物、教育器物出发进行了有益的探索，取得了一些成果。刘晓在《蕴藏在文物中的教育——状元文化与中国教育的历史变革》（北京师范大学出版社，2012年）中把教育文物视作教育文化的一部分，用大量教育器物来呈现古代学子参加科举考试的生动场景，对于考试活动的立体描绘近乎再现。王雷在《教育文物——书写在大地上的教育史》（中国社会科学出版社，2018年）一书中主要对教育建筑类文物进行了描述及价值研究，对孔庙旧址、书院旧址、科举贡院旧址、高等学校旧址、革命与军事学校旧址、教会大学旧址、教育家故居等都有所涉及。以教育器物观教育则最早体现在于洋的博士学位论文《自由与个性解放的诉求——〈红楼梦〉的教育世界》中。该文"从器物层面看明清与贾府的教育，通过教学设施和学习器物展现明清时期私塾的教学内容与教育环境，通过教学管理和后勤保障器物集中反映明清义塾的管理规制及其公益性的特点"[①]。此外，周洪宇、刘训华编著的《图说教育生活史》（福建教育出版社，2018年）以"人类文明四轴心论"为理论骨架，借助教育器物图片直观地展示了轴心时代教育生活的样态及变革。以教育器物观教育文化、教育内容、教育制度、教育生活对于教育器物史研究是一次有益的尝试，但应看到已有的研究成果中教育器物只是载体而非立足点。教育器物史研究对象是教育器物，其研究重点应是考察教育器物的变迁脉络；因而可以看出当下的教育器物史研究体系尚未形成，教育器物史研究依然处于初始阶段。

三是教育博物馆对教育器物的收藏、分类与研究。香港教育大学于2009年5月成立了香港教育博物馆，旨在收藏、保存、展示及研究有关香港教育历史、文化及发展的产物，这也是我国最早的以教育为主题的博物馆。香港教育博物馆通过举办主题展览和活动，以教学用具、校服、课本奖杯、证书、文献

---

① 于洋：《自由与个性解放的诉求——〈红楼梦〉的教育世界》，华中师范大学博士学位论文，2014年。

及照片等教育器物的展示试图唤醒香港人的集体教育记忆。例如，2018年11月28日，香港教育博物馆举办了"香港校服今昔"展览活动，制作了《香港校服今昔》小册子，介绍了香港校服的演变及不同年代的主流校服、经典校服的款式，校服的功能及校服文化的形成情况。同时，香港教育博物馆还精心挑选了150余幅关于幼儿园教育生活的图片，编著了《香港幼儿教育今昔》，图文并茂地展示了香港幼儿园教育的历史变迁。

1870年赴美国留学生合照
香港教育博物馆藏

1921年圣保罗女书院毕业合照
香港教育博物馆藏

1940年志强中学附小毕业照
香港教育博物馆藏

1970年伊利沙伯中学女学生合影
香港教育博物馆藏

宁波教育博物馆是全国第一家市级教育博物馆，2015年5月16日正式开馆，其馆藏实物藏品3600余件，基本陈列分为：文教之邦——宁波古代教育演变，

展示宁波古代教育的发展轨迹与特点；甬上先风——宁波近代教育之路，展示
宁波近代教育的历史演变与成就；杏坛沐春——宁波现代教育历程，展示新中
国成立之后宁波教育的变革与贡献。

宁波教育博物馆

宁波教育博物馆宁波近代教育展厅

　　宁波教育起源于七千余年前的余姚河姆渡文化，唐设州学，宋置书院，明清时期浙东、姚江学派兴起，再到近代创女学、兴学堂，宁波古代教育展厅馆藏教育器物充分展示了自先秦到晚清的宁波教育的历史演变。宁波古代教育器物种类繁多，较有代表性的如汉代的长方砖砚、明代赵秉忠的状元试卷、明代小书案、清代的蓝布书包、清代的教材、晚清慈湖书院的月课试卷等。诸多教育器物真实还原了宁波古代教育生活的真实面貌。

明代小书案　宁波教育博物馆藏

清代蓝布书包　宁波教育博物馆藏

明代赵秉忠状元试卷　宁波教育博物馆藏

宁波教育博物馆第二展厅为宁波近代教育，历史跨度为1844年到1949年，主要介绍宁波开埠至新中国成立前宁波传统教育的剧变和新式教育兴起的情况。1842年8月29日《南京条约》的签订标志着第一次鸦片战争的结束。《南京条约》规定广州、福州、厦门、宁波、上海五处为通商口岸，允许英人居住并设派领事。随着我国近代第一个不平等条约的施行，宁波于1844年1月1日正式开埠。西方文化的涌入使得宁波传统教育逐渐解体，新式教育开始萌芽。宁波近代教育发展迅速、成果颇丰，其馆藏教育器物可以证明学校德育、智育、美育、体育均有所涉及。

民国时期宁波中学学生体育成绩报告单
宁波教育博物馆藏

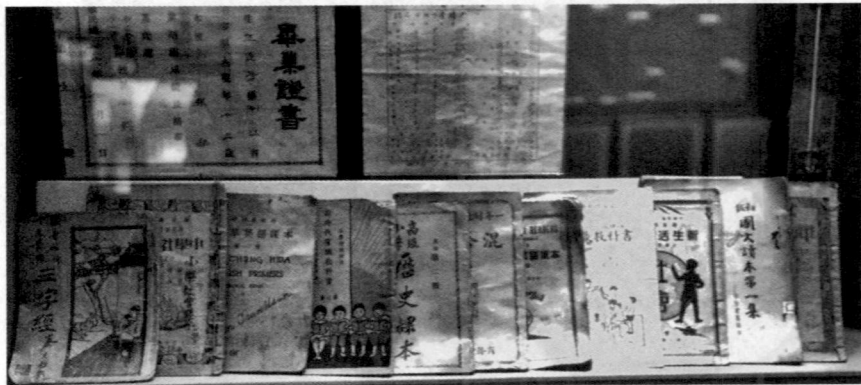

民国期间宁波各科教科书　宁波教育博物馆藏

新中国成立以来，宁波教育迎来了新的发展机遇，教学体系和教育制度基本完善，逐步走上现代化教育之路。宁波现代教育展厅主要展示了新中国成立之后丰富的教育成果，展出的教学用具、教科书、证书、奖章等器物充分展现了不同年代宁波学校师生多姿多彩的教育生活。

20世纪70年代宁波校园生活　宁波教育博物馆藏

20世纪80年代宁波校园生活　宁波教育博物馆藏

2017年11月1日，位于陕西师范大学长安校区的陕西师范大学教育博物馆正式开馆，内设中国教育馆、妇女文化馆、书画艺术馆、历史文化馆、校史展览馆等五个展区，展藏物品逾万件。陕西师范大学教育博物馆是国内首座综合性教育博物馆，其中国教育馆包含一个中国学校教育展（基本陈列：从庠序之学到现代学校）和三个专题展（陕甘宁边区教育史料展、港澳台地区教育史料展和教育教学用具专题展），展示了中华民族几千年的教育发展史。

清末颁行的《钦定学堂章程》
陕西师范大学教育博物馆藏

陕甘宁边区教室布局
陕西师范大学教育博物馆藏

教学用具 陕西师范大学教育博物馆藏

除综合性教育博物馆外，我国还出现了一些专题性的教育博物馆。中国珠算博物馆位于江苏省南通市，由南通市人民政府和中国珠算协会共同兴建，馆藏珠算文物史料万余件，是目前世界上最大的珠算专题博物馆。中国民办教育博物馆位于河南省郑州市，由中国民办教育协会和黄河科技学院合作共建，馆藏民办教育史料2800多件，反映了中国民办教育的发展历程。中国课本博物馆位于山东省淄博市，以1862年至今各个历史时期的中小学课本为主要藏品，分"办新学""上学堂""大后方""新中国""公社好""数理化""学工农""拼高考""新世纪""新课本"等10个板块，展现了自1862年京师同文馆成立后教科书的发展历程。

四是科举文化博物馆对于教育器物的收藏、分类与研究。北京国子监是中国元、明、清三代国家设立的最高学府和管理教育的行政机构，是中国唯一保存完整的古代最高学府校址。2008年，北京国子监博物馆挂牌并正式对外开放，内设"金榜题名——中国古代科举展"，通过教育器物展示了1300余年科举制度的发展轨迹，同时还介绍了古代科举从童试、乡试、会试到殿试的完整过程。

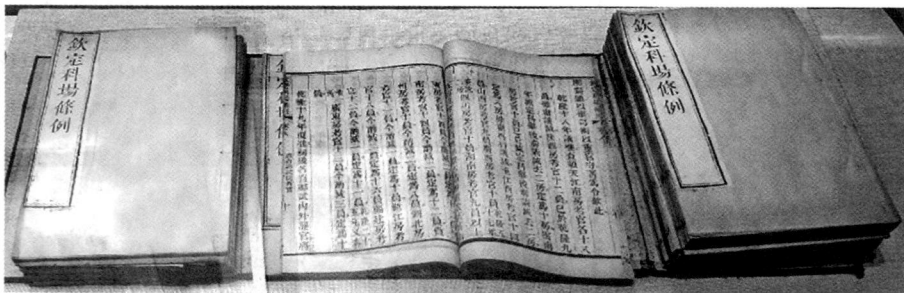

顺治二年（1645年）颁行的《钦定科场条例》　北京国子监博物馆藏

康熙御笔满汉考题　北京国子监博物馆藏

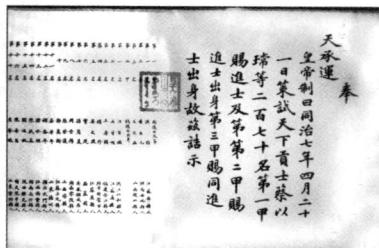

同治七年（1868年）大金榜（部分）
北京国子监博物馆藏

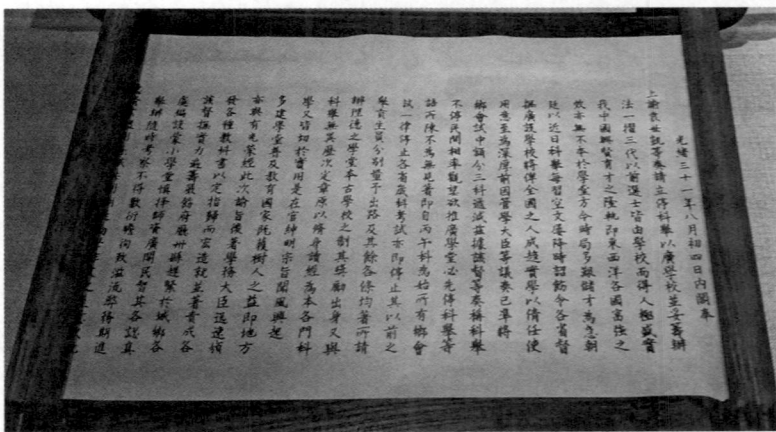

光绪三十一年（1905年）颁行的《停科举上谕》　北京国子监博物馆藏

河南大学科举文化博物馆位于河南大学明伦校区，由河南大学与聚协昌博物馆联合创建，馆内陈列主题主要包括科举文化展览与书院文化展览，通过大量珍贵的科举考卷、学生作业及科举实物，再现了古代科举考试的真实面貌。同时，河南大学明伦校区更是百年前河南贡院的所在地，1903—1904年中国科举会试便在此地进行。1905年，清政府废除科举制，河南贡院成为中国科举制度的终结地。河南大学见证了中国科举制度终结的历史时刻，传承了中国科举的历史文化，同时也积累了一大批珍贵的教育器物，如明伦校区内的两通贡院碑被认定为国家重点文物。

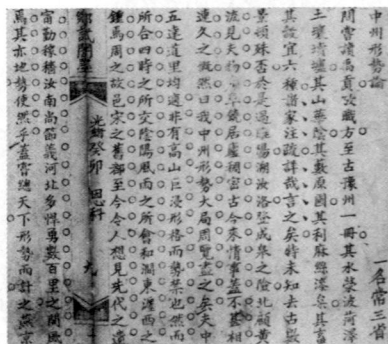

会试闹墨　河南大学科举文化博物馆藏

戒尺　河南大学科举文化博物馆藏

光绪三十二年（1906年）颁行的《河南省废除科举诏书》 新乡平原博物馆藏

中国状元文化博物馆位于山东省曲阜市，由"梅花香自苦寒来"厅、"一日看尽长安花"厅、"孔圣千秋状元师"厅、"飞入寻常百姓家"厅四个展厅组成，陈列珍贵教育器物千余件，详细展示了状元文化的形成和发展情况。《蕴藏在文物中的教育——状元文化与中国教育的历史变革》一书正是由中国状元文化博物馆创始人刘晓编著的。该书依托中国状元文化博物馆陈列的教育器物，借助丰富的器物全方位地介绍了状元群体接受的学校教育、科举考试与生活教育，描绘了古代学生从识字到高中状元所经历的各种教育活动。

写满小抄的靴子 中国状元文化博物馆藏

科场士兵制服 中国状元文化博物馆藏

南京夫子庙中国科举博物馆（江南贡院）、北京高碑店励志堂科举匾额博物馆、徐州圣旨博物馆、余姚科举文化博物馆、苏州状元文化博物馆、休宁状元博物馆等也有大量与科举有关的教育器物，这些丰富的教育器物都可为教育器物史研究提供资鉴。

第四节　教育器物史的发展趋势

从教育器物史的研究缘起、内涵、现状来看，教育器物史研究空间广阔，前景光明，值得教育史研究者深入挖掘。教育器物史急需加强理论研究，构建教育器物史研究体系，从研究视角、史料、研究方法、研究成果表现形式等各方面形成教育器物史研究规范。

从研究视角来看，教育器物史应坚持整体研究与分类研究相结合。一方面，研究者在收集教育器物资料、图片和研究时应树立整体观念，从整个人类文化文明的基本构成（器物层、思想层、制度层、行为层）层面来分析其相互关系、研究教育器物史的重大意义与价值。教育器物史可以把世界文明理论作为其理论基础，同时也可参考《图说教育生活史》中所提出的"人类文明四轴心论"，借助整体框架体系，综合考察教育器物在人类文明进程中的特点、作用及演变。在中国教育器物史的研究过程中亦可按照传统的朝代进行分期，比较教育器物在不同朝代教育活动中的传承与发展；此外，教育器物史还可以按不同的教育活动进行分类研究，如教学器物史、学习器物史、考试器物史、入学器物史、毕业器物史、奖励器物史、惩罚器物史等，深入考察不同类型的教育器物的历史演变。

从史料来看，教育器物史应"拓宽史料的来源，树立地上史料与地下史料并重、正史史料与笔记小说史料并行、文字记录或文献史料与口述史料并举的大史料观"①。王国维曾说过:"古来新学问之起,大都由于新发现。有孔子壁中书出,而后有汉以来古文家之学;有赵宋古器出,而后有宋以来古器物、古文字之学。"②教育器物史作为新兴的教育史研究领域应全面收集教育器物资料和图片,无论是文庙旧址、书院旧址、高等学校旧址、教育家故居中的教育器物,还是各类博物馆、校史馆、档案馆中的教育器物,只要遇到教育设施设备、公告文书、入学登记、学规等规程、礼仪制度、入学庆典、习字字帖、图书等教材、课程作业、各类试卷、教具文具、毕业证书、奖励牌匾等教育器物都需教育器物史研究者进行拍摄、鉴别、考证、分析、整理和运用。

从研究方法来看,教育器物史应借助历史学、教育学、社会学、人类学、政治学、经济学、文化学、器物学、图像学等跨学科研究方法。具体而言,历史学的研究方法是教育器物史研究的主要依凭,尤其是图像史学和形象史学关于器物图片解释与分析的方法对于教育器物史研究的开展大有裨益。教育器物史可结合人类学、文化学等学科方法从整体视角出发考察器物与思想、制度、行为的内在联系。教育器物史亦可利用科学技术学相关研究方法,从技术层面去分析教育器物所蕴含的科技水平和科学生产力。当然,教育器物史选择研究方法既不能刻意地"为新而新",也不能随意地"囫囵吞枣",应视情而定,根据研究需要选择合适的研究方法并扎实地掌握之、运用之。

从研究成果表现形式来看,教育器物史研究成果应以图片为主、文字为辅,图文结合。教育器物史注重成果的直观性、情境性与客观性。教育器物本身就是教育历史的见证,这一特性决定了教育器物史研究成果必须以直观的方式来呈现教育器物,保证教育器物史研究成果的客观性,因而,教育器物史最佳的研究成果表现形式便是借助教育器物图片来诉说教育历史,伴以微观、通

① 周洪宇:《学术新域与范式转换——教育活动史研究引论》,华中科技大学出版社2011年版,第10页。

② 王国维:《古史新证》,湖南人民出版社2010年版,第59页。

俗的文字来辅助读者更清楚地了解教育器物的发展过程。图文结合可以使读者直接观察到教育器物的具体面貌，产生仿佛置身教育现场的效果。

综上所述，教育器物史作为人类教育史的重要部分，其兴起与发展不仅是完善教育史学科建设的需要，也是解决教育史研究格局不均衡的关键之一。不同主题的教育博物馆与科举文化博物馆收集和保护了大量的教育器物，并对教育器物史进行了颇富价值的研究。已有的教育器物史研究虽成果显著，不足之处却也明显，科学而完整的教育器物史研究体系尚未建立。面向未来，教育器物史研究既要顺应中国教育史学研究发展的趋势，也要符合全球视野下教育史学的新走向。

（周洪宇　齐彦磊）

附录：相关文献

1. ［英］彼得·伯克：《什么是文化史》，蔡玉辉译，北京大学出版社2009年版。

2. 吕少民主编：《中国器物简史》，人民出版社、研究出版社2017年版。

3. 刘晓：《蕴藏在文物中的教育——状元文化与中国教育的历史变革》，北京师范大学出版社2012年版。

4. ［英］尼尔·麦格雷戈：《大英博物馆世界简史》，余燕译，新星出版社2013年版。

5. 童超主编：《看得见的中国史》，北京联合出版社2017年版。

6. 任双伟：《货币里的中国史》，世界图书出版公司2018年版。

7. 王雷：《教育文物——书写在大地上的教育史》，中国社会科学出版社2018年版。

8. 周洪宇：《学术新域与范式转换——教育活动史研究引论》，华中科技大学出版社2011年版。

9. 周洪宇：《创新与建设——教育史学科的重建》，华中科技大学出版社

2016年版。

10. 周洪宇、刘训华著：《图说教育生活史》，福建教育出版社2018年版。

11. 郭辉：《对清末天津教育品陈列馆的历史考察》，载《博物馆研究》2018年第3期。

12. 李飞：《何谓教育博物馆：一个值得澄清的历史概念》，载《中国博物馆》2018年第3期。

13. 明海英：《教育活动史研究走向成熟》，载《中国社会科学报》2019年6月10日。

14. 宋志臣：《教育文化论》，载《教育研究》2012年第10期。

15. 王雷：《中国教育文物：内涵、分类与收藏》，载《河北师范大学学报》（教育科学版）2009年第7期。

16. 王雷：《教育文物：内涵、价值及历史借鉴》，载《辽宁教育》2013年第1期。

17. 王雷：《教科书的文物价值与教育传承——以非物质文化遗产为视角》，载《河北师范大学学报》（教育科学版）2014年第6期。

18. 文博：《复制古代器物　明示为政之道》，载《中国文物报》2014年3月19日。

19. 于洋：《自由与个性解放的诉求——〈红楼梦〉的教育世界》，华中师范大学博士学位论文，2014年。

20. 张斌贤等：《教育史学科建设六人谈》，载《华东师范大学学报》（教育科学版）2016年第4期。

21. 周洪宇：《对教育史学若干基本问题的看法》，载《河北师范大学学报》（教育科学版）2009年第1期。

22. 张志强：《湖南省教育博物馆早期史料》，载《中国博物馆》1995年第1期。

第十二章
文庙、学庙与庙学研究

　　庙在中国作为礼制性建筑已有定制，或称"明堂"，或称"太庙"。然何谓庙，或设庙何用，许慎在《说文解字》中称："庙，尊先祖貌也。"郑玄在注《诗经·周颂》时称："庙之言貌也，死者精神不可得而见，但以生时之居立宫室，相貌为之耳。"《康熙字典》亦引古代字书《古今注》《释名》《玉篇》等对庙加以解释，或言"仿佛先人之形容"，或称"先祖形貌"，或曰"宗庙"等。可见，"庙"即为宗庙或家庙，设庙目的主要在于祭祀先祖先贤，以缅怀他们的恩德、遵循他们的教诲、传承他们的基业，尤其是帝王庙祀先祖在国家政治生活中还扮演着非常重要的角色，所谓"国之大事，在祀与戎"①。

　　依据礼制，夏商周时上至天子下至士人皆可建庙，故孔子卒后，"后世因庙藏孔子衣冠琴车书"②，此便是历史上

---

① 〔唐〕李鼎祚：《周易集解》。
② 〔汉〕司马迁：《史记》。

第一座主祀孔子的庙宇①，被称为"孔庙"，明清以后多以"文庙"称之。自两汉以后，伴随统治者对孔子及儒学的尊崇，主祀孔子的庙宇与官学及宋元以后的部分书院渐渐融为一体，成为学校教育活动的主要内容，也形成颇具特色的"庙学合一"景观。我们称此类礼制性建筑为"庙学"，也有称之为"学庙"的。自有文庙、学庙、庙学以来，如同书院、贡院、祠堂一样，成为各个学科普遍关注的一个文化及教育领域的"活化石"，以至于相关史料及研究成果颇为丰厚，有必要将"文庙学""庙学学"作为一门专学来探究。在此基础上我们提出要建立一门新的"学问"即"庙学学"、一个新的研究领域即"庙学史"，以此来推动文庙、庙学研究，让中国的文庙、庙学文化走向世界，让世界了解中国的文庙、庙学文化。

第一节　文庙、学庙与庙学的研究缘起

一、文庙、学庙、庙学文化内涵丰富

文庙、学庙、庙学三者，在一定程度上所指都是庙与学的结合体，或者说是依学而建、主祀孔子的礼制性建筑。唐玄宗时孔子被封为"文宣王"，孔子庙开始有"文庙"之称，明清尤甚。宋元之际多以"庙学"称之。虽所指相同，但内涵相异，史料所载及后世表述又往往将三者混用或通用，从日常用语习惯上讲无可厚非，但在学术上则需要一番考证，以便更加准确地来使用这些概念。

———————

① 具体设庙时间：一说是孔子卒后第二年，即前478年；一说是子思卒后，即前402年。无论何种说法，都不影响其最早孔子庙的地位。

（一）文庙：与武庙相对、主祀孔子的礼制性建筑

如果说"文"与"武"是相对的一个概念，那么"文庙"与"武庙"也是相对的一个概念。按三代礼制，凡有功于社稷的文臣、武官，均可设庙、祠以祀，诸如主祀姬旦的周公庙、主祀孔子的孔庙、主祀孟子的孟庙、主祀颜回的颜庙，以及子贡祠、武侯祠、包公祠等都属于文庙；主祀姜子牙的武成庙、主祀岳飞的岳飞庙、主祀关羽的关帝庙等都属于武庙。而且文庙与武庙各有其配享及乐舞礼制，如曹魏时期"制《武始》舞武庙，制《咸熙》舞文庙"①。而"文庙"一语的出现要早于曹魏，如《新唐书》中有"汉孝惠、孝景、孝宣令郡国诸侯立高祖、文、武庙"②的记载。《郑志》中载，赵商向老师郑玄请教时间："说者谓天子庙制如明堂，是为明堂即文庙邪？"③可见，在西汉初年就有"文庙"这一称呼，只是与孔子及其被封为"文宣王"没有必然的联系。因此，从广义上讲，文庙是一种与武庙相对的、主祀先儒先贤或有功文臣的礼制性建筑，体现出历朝历代"文治"的政治意图，负载有"价值判断和意识形态韵味"。④

狭义上的文庙，则专指主祀孔子的礼制性建筑，亦即本章所论及的"文庙"。自唐朝国学专祀孔子及孔子被封为"文宣王"后，"文庙"便成为孔庙的别称或统称，又因与官学结缘形成"庙学合一"之制，文庙之设则遍布京师及全国各地，虽称呼不尽一致，然最普遍、最常用的就是文庙和孔庙。基于对主祀孔子这一基本历史事实的认同，学术界也多将孔庙称为文庙。《教育大辞书》中"孔子庙"条称"明清统称文庙"，"文庙"条称"明永乐八年（1410年），改称先师庙为文庙，清沿之"⑤。《辞海》中"孔庙"条称"纪念和祭祀孔子的祠庙"，"文庙"条称"唐玄宗开元二十七年封孔子为文宣王，因称孔庙为文

---

① ［南朝］沈约：《宋书》。
② ［北宋］欧阳修、宋祁：《新唐书》。
③ ［南朝］萧子显：《南齐书》。
④ ［英］海伍德：《政治学核心概念》，吴勇译，天津人民出版社2008年版，第4页。
⑤ 唐钺、朱经农、高觉敷主编：《教育大辞书》，商务印书馆1933年版，第164、188页。

宣王庙，明以后称为文庙"。①《教育大辞典》中"孔庙"条"亦称文庙"，"文庙"条称"即孔庙……元以后多称文庙"等。②

依照文庙（孔庙）所承载的功能及管理主体，可以分为如下四类：一是国庙，即由帝王代表国家祭拜孔子的礼制性建筑，主要是各朝设于京师的孔庙。在京师未置孔庙前，曲阜孔庙亦曾发挥过国庙的作用。二是家庙，即孔子家族的宗庙，如山东曲阜孔庙、浙江衢州孔庙等。三是村庙，即地方官员为推崇弘扬儒学、满足民众对圣人孔子崇拜和对儒家文化信仰的需求，在人口聚集的村镇设孔庙奉祀孔子，或在孔子圣迹所到之处而建的纪念性孔庙，如河南永城的芒砀山夫子庙及河南淮阳的弦歌台等。村庙数量不多，规模大小与建制不一。四是学庙，即因学设庙，数量庞大。除屈指可数的国庙、家庙及村庙外，其余均为学庙。

（二）学庙：有别于国庙、家庙、村庙的礼制性建筑

学庙是相对于国庙、家庙、村庙而言的主祀孔子的礼制性建筑，或者说是依学而建、有独立的祭祀空间、主祀孔子且有配享的礼制性建筑，其实就是"学"与"庙"的结合体。史书中很少使用"学庙"这个概念，较早见于《旧唐书》所载，称国子监内设"庙干"这一职位，所谓"庙干掌洒扫学庙"③。《宋史》有"自国子监及天下学庙，皆塑邹国公像，冠服同充国公"④一语。《元史》亦载有怀孟路总管杨果上任后"大修学庙"⑤一事。近人从学庙角度的研究成果屈指可数，对学庙的认知则大致相同，且都基于与"学"的关系，将"学庙"等同于"庙学"。不同的是，"学庙"乃"学"在先，使"庙"有别于国庙、家庙和村庙，所描述的主体是"庙"而不是"学"，研究"学庙"重在"庙"而不在"学"。

---

① 夏征农主编：《辞海》，上海辞书出版社1979年版，中册第2563页，下册第3512页。
② 顾明远主编：《教育大辞典》（第8卷），上海教育出版社1991年版，第152页。
③ ［五代］刘昫等：《旧唐书》。
④ ［元］脱脱等：《宋史》。
⑤ ［明］宋濂等：《元史》。

鉴于"学"对"庙"的限定，依据"学"的性质，可以将学庙分为三种情况：一是官学类学庙。无论是中央官学还是地方府州县学，均按照国家定制来设置学庙，其空间布局多是左庙右学或左学右庙，也有前庙后学、前学后庙、学中有庙、庙中有学的情况。二是私学类学庙。个别规模较大的私学也会依制建庙，如元朝安福州的安田义塾"构礼殿奉先圣先师，设堂立斋舍，门庑庖廪悉具"①。三是书院类学庙。自宋代开始有不少的书院依制设庙主祀孔子，如宋初的应天府书院，"前庙后堂，旁列斋舍，凡百余区"②。元初所建的伊川书院"先圣先贤之像设，传道诸儒之位序，门庑、庖厨、讲室、库庾，举皆如制"③。明清时则"天下郡县莫不有书院，亦莫不有崇祀之典"④。

（三）庙学：有别于寺学、道学的儒教机构

在儒释道三大教中，佛教重阵在佛寺，道教重阵在道观，儒教重阵在儒庙即文庙，且分别通过办学即寺学、道学和庙学，来传播教义和培育后学。从这个意义上讲，庙学在表述上"庙"先而"学"后，"庙"是来限定"学"的，使之既有别于佛教的"寺学"和道教的"道学"，也体现出统治者儒教治国的政治意图；同时，庙学亦有别于那些没有庙宇性建筑的书院、私学、族学、义学、家学等教育机构，落脚点在"学"而不在"庙"。这样，"庙学"就是对各级官学的通称，也包括部分书院和私塾。研究庙学既要研究"庙"更要研究"学"，这样，一部"庙学史"就近乎一部"中国学校史"，一部中国教育史就是由"学"到"庙学"发展的历史。⑤

"庙学"一语较早出现于北魏时期，郦道元在考证河南淮阳郡一方《汉相王君造四县邸碑》时，曾说："时人不复寻其碑证，云孔子庙学，非也。"⑥北

---

① ［元］吴澄：《吴文正公集》（卷41）《安福州安田里塾记》。
② ［宋］徐度：《曹诚捐建应天府书院》。
③ ［元］赵孟頫：《书薛友谅伊川书院碑记》。
④ 戴钧衡：《书院杂议四首祀乡贤》，载《中国历代书院志》（第9册），江苏教育出版社1995年版，第766页。
⑤ 高明士：《中国教育制度史论》，台湾联经出版事业股份有限公司1999年版，第46页。
⑥ ［北魏］郦道元著，陈桥驿校证：《水经注校证》。

魏司空、清河王元怿上表要"修明堂辟雍"，召臣僚商议，国子博士封轨议有"明堂者，布政之宫，在国之阳。……至如庙学之嫌……"一语。[1]此后的辽金元时期，史书中频繁使用"庙学"这一概念来描述地方官学的发展情形，如《元史》所载："成宗即位，诏曲阜林庙，上都、大都诸路府州县邑庙学、书院，赡学土地及贡士庄田，以供春秋二丁、朔望祭祀，修完庙宇。自是天下郡邑庙学，无不完葺，释奠悉如旧仪。"[2]学术界也普遍将国子学、太学及地方府州县学称为庙学，如《中国教育通史》在谈到金元之际的庙学时，认为广义的庙学"是指各级各类的儒学"[3]。日本学者牧野修二在探讨元朝庙学时，认为"庙学即郡县学，它是以文庙为精神中枢，并依附于文庙而设置的儒学"[4]。

既然庙学是指各级各类学校，那么依据学校创办的主体可以将庙学分为三类：一是官立庙学，即中央和地方两级官学，完全是按照国家礼制所建的"庙学合一"性质的学校，此类"庙学"规模最大；二是私立庙学，由私人或士绅捐款、仿效国家礼制而建的学校，如元朝安福州的安田义塾等；三是半官半私立庙学，即部分由民间或私人办理，却得到帝王赐予及官方人力、物力、财力支持的书院，其庙学规模远大于私立庙学。

二、文庙、学庙、庙学具有多元功能及价值

文庙或学庙、庙学以其自身独特的精神内核和方式对中国的政治、社会生态及民众心理结构的形成发挥了积极的重要的影响和作用，而且还影响到周边诸多国家和地区，学术界称之为"儒学文化圈"或"孔子文化圈"。其所发挥的教化功能主要体现在以下几个方面：

---

① ［北齐］魏收：《魏书》。
② ［明］宋濂等：《元史》。
③ 毛礼锐、沈灌群主编：《中国教育通史》（第3卷），山东教育出版社1987年版，第296页。
④ ［日］牧野修二：《元代庙学和书院的规模》，载《齐齐哈尔师院学报》1988年第4期。

（一）祭祀重地与政治一统

依照礼制所建的主祀孔子的文庙，起初为家祭孔子之地，自两汉以后渐渐成为举国祭祀之重地，上至帝王下至普通士子及民众，从官学、私学到书院，从学校到社会无不尊孔、祭孔、拜孔。文庙的这种强势缘于与政治生活的结缘。自西汉"独尊儒术"后，历代统治者包括入主中原的少数民族政权，不断提高孔子及儒学的地位，称孔子为"人伦之表"，称儒学为"帝道之纲"，还不断完善庙祀孔子的礼制和礼仪，以表达对孔子及其儒家思想意识形态的尊重，以取得其政治上统治的合法性，更起到维系中国政治和疆域统一的作用。另外，通过对孔子及颜、孟等圣人的祭拜，还体现了一种对中华民族"文化英雄"及其精神价值的尊崇，由此也创造出一种由"血缘性祭祀"到"非血缘性祭祀"的新的祭祀文化。

早在西汉初年，汉高祖刘邦路过曲阜时，使用当时最高祭祀等级"太牢"来祭孔，所谓"以太牢祠焉"，开帝王祭孔之先例。而后，诸侯卿相官至鲁地，都要先拜孔子然后问政。不仅如此，还要求各级官学设庙祭祀孔子。到唐朝，将祭祀孔子正式纳入国家祀典，与祀天神、祭地祇、享人鬼并列为四大祭祀礼制，逐渐形成了一套相对固定的献祭人群、独特的配祀从祀模式、非常程式化的祭祀程序、大致匹配的祭品样式及乐舞表演形式。

祭孔的主要形式是"释奠"，从最初的简单仪式发展到后来的迎神、初献、亚献、终献、送神等礼仪，历代帝王都会到国子学里观释奠，仪式非常隆重。北齐时制春秋二仲释奠先圣先师，然未定具体何日。隋文帝开皇初，开始上丁日祀孔。之所以固定在每年的春秋仲月（二月和八月），盖因仲春、仲秋两月，取其为时之中正，丙丁二日属火，取其文明之义。又因丙日刚而丁日柔，外事用刚，内事用柔，故用丁日祭孔。20世纪初的清朝灭亡、"打倒孔家店"及六七十年代的"破四旧""批孔"运动等，期间虽然文庙远离政治生活或被毁严重，但祭祀活动却持续不断。自国民政府将9月28日孔子诞辰日定为教师节和祭孔日后，春秋二丁释奠便成为历史。1984年恢复民间祭孔，不久各地政府组织文庙祭孔活动，充分说明文庙祭祀在中国社会发展及文化传承中扮演着其他祭祀所不可替代的角色。

（二）信仰之所与文化认同

一个人没有信仰是非常可怕的，如捷克思想家哈维尔所言："没有信仰是不可想象的，没有信仰的人只关心尽可能舒适、尽可能无痛苦地过日子，除此之外，他们对一切都麻木不仁。"①因此，自两汉以后统治者非常重视政治与文化的认同。在确立以儒治国后，如何引导民众对儒学的认同与信仰便成为历代王朝执政的头等大事。

信仰的产生往往需要一定的场合与情景来支撑，那么要让没有信仰的人有信仰，没有敬畏感的人有敬畏感，有信仰的人更加坚定信仰，就需要打造一个如同教堂一般的场所。对此，文庙、学庙及庙学等无疑是最合适的选择。这是因为，文庙内的祭祀活动能够"制造一定的情境、氛围，引发士人对儒学的信仰"②，尤其是儒教所宣扬的是"人教"，即教人如何入世如何做人，如做"大丈夫"、做"君子"、做"成人"，乃至做"止于至善"的"圣人"等。可以说，做人之教无论是对个人成长抑或是对社会的和谐稳定，都是"大成"之教，都是不可或缺的。

纵观儒教及文庙发展史，可以明显感受到：与印度传来的佛教和中国本土生长起来的道教，以及西方的犹太教、基督教（含天主教、基督新教、东正教）、伊斯兰教等相比较而言，儒教不是宗教，却有着宗教的程序；儒家学说亦非教义，却如同宗教教义一样深入人心，教人如何过好入世生活；孔子亦非神主，却像神一样被祭拜；文庙亦非教堂，王侯将相、庶民百姓都要到这里接

① 转引自汤一介：《瞩望新轴心时代：在新世纪的哲学思考》，中央编译出版社2014年版，第6—7页。

② 肖永明等：《书院祭祀的教育及社会教化功能》，载《湖南大学学报》（社会科学版）2005年第3期。

受洗礼。可以说，儒教及文庙扮演着一种准宗教的角色，起到一种宗教信仰寄托的作用，既能部分满足并体现中国人特有的宗教和信仰追求，又成为古代中国知识分子和社会大众的共同的精神家园，极有助于塑造中国人的深层文化心理结构。

（三）精神殿堂与心灵安顿

佛教徒的精神殿堂在佛寺，道教徒的精神殿堂在道观，基督教徒的精神殿堂在教堂，而儒家的精神殿堂自然在文庙。

文庙在中国不仅仅是一种物化建筑，更是一种历史文化符号。从牌坊、棂星门、泮池到大成门，从大成殿到明伦堂，从尊经阁到东西两庑，无论是建筑物形制、建筑布局、匾额楹联抑或是建筑物内部展示等，都充分彰显以儒家文化为核心的政治伦理文化，对于士人、游人而言，置身其中能神定心静，能寻找到心灵的安顿处。难怪史学大家司马迁那么虔诚地仰望孔子，称："高山仰止，景行行止。虽不能至，然心乡往之。余读孔氏书，想见其为人。适鲁，观仲尼庙堂、车服、礼器，诸生以时习礼其家。余低回留之，不能去云。天下君王，至于贤人，众矣。当时则荣，殁时已焉。孔子布衣，传十余世，学者宗之。自天子王侯，中国言六艺者，折中于夫子，可谓至圣矣！"①司马迁之所以有如此感慨，是因为祭祀对象"自从被推上受人顶礼膜拜的圣坛之后，无论是圣人还是贤者，都已经不再是简单的血肉之躯，而是道德的载体，道统的象征和文化的符号"②。其实孔子被推向众人膜拜的圣坛，更多的是因为他代表着一种文化，诚如明朝刑部侍郎、尚书程徐所说："孔子以道设教，天下祀之，非祀其人，祀其教也，祀其道也。"③对于读书人来说，除在"四书五经"中寻找精神食粮外，文庙更成为他们寻找精神寄托的殿堂。

---

① ［汉］司马迁：《史记》。
② 徐梓：《书院祭祀的意义》，载《寻根》2006年第2期。
③ ［清］张廷玉等：《明史》。

（四）教化场所与人才培养

学校自产生后，一直承载着学校教育和社会教化的双重使命，尤其是设庙祀孔"庙学合一"后，各级官学又都称为文庙、学庙或庙学，同时又都充分利用庙的资源与优势对学生展开多种形式的教育教学活动，使得文庙设施又有"风励士子"的强大功能，足以让在读学子形成对师道和学业的敬畏感。这是因为：

一方面，养成学子敬畏感的最佳路径不是空洞的理论说教，也不是摇头晃脑式的诵读圣贤之书，而是在学校内设祠奉祀，以此"使天下之士观感奋兴，肃然生其敬畏之心，油然动其效法之念"[1]，亦即通过"营造出一种庄严肃穆的场景，使人们对先圣先师先贤等供祀对象的崇敬之情升华为一种神圣的体验"[2]。正是这种庄严肃穆的文化场景，使得岳麓书院诸生在先圣先贤像前"穆然而志专，徘徊乐之，不忍去也"[3]。从"穆然"到"乐之"再到"不忍去"，足见谒祠之举对在院生徒的感染力是巨大的。这种感染力也使得白鹿洞书院诸生"莫不求之以诚，守之以敬，惴惴栗栗，如薄冰深渊之在前，而唯恐失步。皇皇汲汲，如驹隙桑荫之易徙，而唯恐失时"[4]。只有对圣贤之道心存敬畏，才会有如临深渊、如履薄冰之感。如此，一代代学子带着对师道和学业的敬畏，去追逐"希圣希贤"的人生理想，最终实现"传道济民"的处世目的。

另一方面，在文庙所奉祀的人物中，除至高无上的先圣孔子外，既有先哲孔门弟子，又有先贤周、程、张、朱等硕儒；既有德高望重、教化一方的乡贤，又有为政清廉、造福一方的名宦。有的文庙还供奉有保家卫国的忠烈将

---

① ［清］庞钟璐：《文庙祀典考五十卷缮写成帙恭呈御览仰祈》。

② 肖永明等：《书院祭祀的教育及社会教化功能》，载《湖南大学学报》（社会科学版）2005年第3期。

③ ［南宋］陈傅良：《潭州重修岳麓书院记》。

④ ［南宋］曹彦约：《白鹿书院重建书阁记》。

士，以及名闻乡里的孝子贤妇等。每一位受祀者身上都凝聚着诸多传统伦理的高尚品质，彰显着人格的光辉。其在庙中的塑像、画像、木主或祠宇等，具有明显的价值导向作用。尤其是，文庙中所奉祀的人物，都是层层严格筛选出来并经最高层研究裁决的，其言行举止具有典型性及代表性，或者说具有层次性和针对性，为社会各界、各层民众及学生群体树立了可供学习效仿的标杆，其实际效应要远高于理论说教。对求学士子而言，"庙学合一"的空间布局使其有"侍夫子于左右"的感觉。正因为文庙将人生坐标加以具象化，所以学子置身其内，与人生偶像长相伴，必然日渐月磨，"观感奋兴，肃然生其敬畏之心，油然动其效法之念"①。如宋朝的文天祥，他尚为童子时亦能从学宫所奉祀的先圣先贤身上感受到家国之重，发誓要忠心报国，血食文庙。《宋史》本传称其："自为童子时，见学宫所祠乡先生欧阳修、杨邦乂、胡铨像，皆谥'忠'，即欣然慕之，曰：没不俎豆其间，非夫也。"在他死后，妻子欧阳氏在其衣带中发现一张纸条，上面写道："孔曰成仁，孟曰取义，惟其义尽，所以仁至。读圣贤书，所学何事？而今而后，庶几无愧。"②可见，正是文天祥从所供奉的先贤身上找到了自己的人生坐标，所以才会有"人生自古谁无死，留取丹心照汗青"的豪言壮语和名传千古的爱国情怀。

可以说，通过学庙与庙学教育功能的发挥，以孔子为代表的儒家思想学说和意识形态得到广泛传播，培养了一大批认同并忠诚于国家和民族的儒士，又通过与之"同质异构"、相辅相成的科举制度，产生出一支庞大的官僚队伍，为统治者源源不断地提供了合格吏员，建立了更加坚固的政治统治基础。据统计，曾在泉州文庙受教后高中进士的，唐朝有16人，宋朝有872人，元朝有3人，明朝有684人，清朝不完全统计有248人。③又如福建莆田的黄石文庙，在此受教而出类拔萃者有状元吴叔告、丞相黄镛、理学家林光

① ［清］庞钟璐：《文庙祀典考》。

② ［元］脱脱等：《宋史》。

③ 黄新宪：《福建庙学探讨》，载《福州大学学报》（哲学社会科学版）2009年第5期。

朝、礼部尚书周如磐和朱继祚、户部尚书翁世贤、兵部尚书郭应聘、吏部尚书彭韶和杨瓚、书法家洪珠和程子亦、诗人余怀和林佳玑等。仅明朝时的清江、横塘、定庄、沙堤四村，中进士为官者达数百名，其中定庄林姓就有126人。①

不仅如此，文庙、学庙、庙学也是历代统治者推行社会教化的最重要、最得力的机构，通过濡化民众、化民成俗来建立更加广泛的社会统治基础，所以，地方官员上任后的第一件事，往往是查看文庙，如发现文庙有毁坏、废弃等情况，便以兴学教化为己任，筹集资金加以修葺，将文庙作为社会教化的一个重要场所对民众开放，借以达到劝学重教、移风易俗的教化效果。如元朝一名印度籍进士蒲理翰，到郑州任知州后，先是拜谒郑州文庙。当时他所看到的情况是"神宇像设多损，问礼器服，则以假用对"，于是筹资制备齐当，"庙貌一加绘饰"②。在山西阳城县郭峪村及沁水县的西文兴村、浙江永嘉县的芙蓉村等，都建有村级文庙，由地方乡绅公议而成。如建于明成化六年（1470年）的郭峪村文庙，"选老人以掌乡之政令教化"，配殿内立有乡贤牌位100多个，明贤碑7座，其中两座刻有本地考取功名的88位学子的名字，文庙的乡村教化特色异常明显。③这些文庙的受众在接受儒学洗礼后，又在不断地再造着新的乡邦文化。

（五）文管机构与社会治理

既然古代学校具有行使双重教化的使命和责任，那么对于中央官学中的国子监（国子学）来说，既是全国最高学府，又是掌管其他中央官学的最高行政机构。对于地方官学而言，除为当地最高学府外，又负有发展地方文教事业的使命和责任，因而官学类文庙、学庙或庙学在一定程度上讲也是地方上的文管机构，类似于"文化教育委员会"。庙学内也都设置学官的办公场所及住所，

---

①　宋国强：《莆田黄石文庙的启示与思考》，载《莆田学院学报》2012年第1期。
②　刘光祖：《同知郑州事蒲理翰政绩碑》，载《嘉靖郑州志》（卷6）《艺文志》。
③　李秋香主编：《文教建筑》，生活·读书·新知三联书店2007年版，第44—46页。

以方便其开展各项管理工作，如长沙府学官，中间为学庙，西面为训导署、名宦祠、乡贤祠、射圃等，东面为教授署、明伦堂、文昌阁、屈子祠等，东南角上则高耸魁星楼。

文庙、学庙、庙学的主要工作职责有：

一是协助地方官宣讲儒学及"劝学""劝教"。如汉初文翁兴学时创办的、被视为"庙学合一"最早范本的文翁石室，文翁"常选学官僮子，使在便坐受事。每出行县，益从学官诸生明经饬行者与俱，使传教令，出入闺阁。县邑吏民见而荣之，数年，争欲为学官弟子，富人至出钱以求之。由是大化，蜀地学于京师者比齐鲁焉"[①]。

二是按照国家礼制和祀制，在文庙组织每年的春秋上丁日祭孔活动。

三是在文庙组织每年一度的乡饮酒礼和乡射礼，其程序仿效帝王在太学行使"三老五更"之礼，先祭拜已经逝去的先圣先老，然后宴请健在的众老。此礼节始于周朝，后融入儒家的尊贤养老的思想，目的在于序长幼、别贵贱，以一种大众化的道德实践活动，来成就孝悌、尊贤、敬长、养老的道德风尚，达到德治教化、社会稳定、家庭和谐的目的。

四是负责推举乡贡（入太学深造的地方生员）及参加科举考试的乡试人员，以及初入学的谒孔、拜师礼和科举中榜后的题名刻碑活动等。

地方文庙、学庙、庙学的这些文教职责，正是古代学校政教合一、官师合一、庙学合一的真实体现。

（六）建筑之巅与凝固的音乐

自德国哲学家谢林在其《艺术哲学》一书中提出"建筑是凝固的音乐"这一命题后，歌德、雨果、贝多芬诸多哲人将建筑比作"凝固的音乐"。因而，日本画家东山魁夷在所著《唐招提寺之路》一书中，谈及自己站在唐招提寺大殿前时大发感慨："人们说建筑具有音乐要素。面对正殿，我仿佛从波澜壮阔的

---

① ［汉］班固：《汉书》。

交响乐第一乐章听到第一主题果敢而强劲的奏鸣。"看来，建筑的艺术形式对人视觉的冲击力是巨大的，足以让人产生一种如同观赏一场高雅交响乐那样的情感体验。唐招提寺又恰恰是唐朝高僧鉴真和尚设计建造的，完全是中国唐朝时的建筑风格，表明中国古建筑具有独特的艺术特色。在当今保存相对完好的中国传统建筑群中，最能体现建筑艺术的多功能性建筑，除皇家建筑外就是文庙或学庙、庙学。其建筑从自然到人文，从选址到布局，从筑基到架构，从门坊到殿堂，从雕刻到描绘，从匾额到楹联，从主殿到廊舍，从祭祀空间、教学空间到生活空间，从三进院落到五、七、九进院落等，集中凝聚和体现了中国传统的、地域性的建筑特色和艺术，无不是一曲曲凝固的音乐。

三、文庙、学庙、庙学研究的现实需求

文庙、学庙、庙学研究是新时代中国特色社会主义社会弘扬传统文化的迫切需要，也是解决文庙、学庙、庙学研究与复兴中诸多难题的必然诉求。

进入21世纪，中国政府更加重视文化建设，党的"十八大"报告不仅明确指出"文化是民族的血脉，是人民的精神家园"，更基于对传统文化营养的汲取而提出了国家、社会、个人三个层面"二十四字"的社会主义核心价值观。2014年五四青年节当日，习近平总书记在与北京大学师生座谈时，将《大学》中的八个条目与社会主义核心价值观联系在一起，指出："中国古代历来讲格物致知、诚意正心、修身齐家、治国平天下。从某种角度看，格物致知、诚意正心、修身是个人层面的要求，齐家是社会层面的要求，治国平天下是国家层面的要求。我们提出的社会主义核心价值观，把涉及国家、社会、公民的价值要求融为一体，既体现了社会主义本质要求，继承了中华优秀传统文化，也吸收了世界文明有益成果，体现了时代精神。"由于中华优秀传统文化已经成为中华民族的基因，植根在中国人的内心，潜移默化地影响着中国人的思维方式和行为方式，因此"提倡和弘扬社会主义核心价值观，必须从中汲取丰富营养，否

则就不会有生命力和影响力"①。

儒家文化是中华优秀传统文化的重要组成部分，如何弘扬儒家文化便成为新时代社会科学研究的一个重要课题。2016年国家文物局专门下发《关于开展文庙、书院等儒家文化遗产基本情况调查的通知》，明确指出以文庙、书院等为代表的儒家文化遗产"是中华优秀传统文化的珍贵物质载体，也是我国独具特色的文物类型"，为使其充分发挥"公众文化服务和教育功能"，便将"儒家文化遗产保护利用工程"纳入"十三五"规划。2017年初，中共中央办公厅、国务院办公厅又联合印发《关于实施中华优秀传统文化传承发展工程的意见》，将实施"中华优秀传统文化传承发展工程"纳入到国家战略发展层面，并进行总体规划和长远部署。文庙、学庙、庙学作为儒学传播的主阵地及重要的教育文化遗产，对其研究、保护和利用也自然被推向学术前沿。我们曾撰文提出要"以祭祀活动打造民众的精神守望地"，"以传承国学来打造社会主义核心价值观培育地"，"以所奉祀人物来打造人生坐标地"，"以人生节点打造生命体验地"。②

但在现实中，文庙、学庙、庙学遗存的保护和利用还面临诸多问题：有的遗存没有严格按照《文物保护法》及有关规定加以修复和保护，任其自毁自灭；部分得到修复的文庙，未能发挥其公众文化服务和教育功能，存在过于功利化倾向；部分文庙设施及祭祀活动不合礼制，甚至是乱象丛生。还有一些值得进一步探讨的问题：祭祀时间应该是在生日还是在卒日？公祭孔子时其他配享者如何受祀？祭文是每年都写还是规范为一？在尊重已往配享制度的前提下是否可以续增一些新儒学代表人物？在文庙内如何举办弘扬优秀传统文化及儒学传播方面的活动？

无论是弘扬优秀传统文化的需要，还是解决文庙、学庙、庙学保护与利用

① 习近平：《青年要自觉践行社会主义核心价值观》，载《人民日报》2014年5月5日。
② 赵国权、周洪宇：《游走于传统与现代之间：对文庙再定位的几点思考》，载《河南大学学报》（社会科学版）2017年第5期。

中存在的诸多问题，都需要对文庙、学庙、庙学加以深入探究，以学科理论来引领文庙遗存的保护和利用，以充分发挥文庙、学庙、庙学在社会主义核心价值观培育中的助推作用。

第二节　文庙、学庙与庙学研究回顾

对文庙、学庙、庙学的研究，从学术史的角度加以梳理，可以分为四个时期。

一、原始资料积累期（先秦至宋元）

自统治者定儒术于一尊后，文庙、学庙、庙学在中国大地上遍地开花，也就开始了文庙、学庙、庙学原始资料积累的历程。见于史书所载的，当始于司马迁撰写的《史记》，尔后的正史如《汉书》《晋书》《魏书》《宋书》《新唐书》《旧唐书》《宋史》《元史》《明史》《清史稿》等均有不同程度的记载。《大唐开元礼》《大金集礼》《明集礼》《大清通礼》等仪制类史书，以及《通典》《唐会要》《宋会要》《明会典》《大清会典》《文献通考》《续文献通考》等通制类史书，都含有丰富的庙学祀典、释奠资料。自宋以后有案可查的地方志中，对文庙建制包括修建文庙的各种碑文以及文庙平面布局图等，几乎都有详细的记载。还有，在各种学术著作中还保存有大量的学者为文庙（或孔庙、学庙、庙学）所撰写的碑文，如朱熹《晦庵集》卷80所载《信州州学大成殿记》及《白鹿洞成告先圣文》，清朝毛奇龄的《西河集》卷70所载《重修萧山县儒学文庙碑记》等。这些碑文的石刻，有相当一部分被当地文庙所保留，可以与志书文本记载相互印证和补充，如河南浚县文庙棂星门外的下马碑上写有"一应文武官员军民人等至此下马",而县志所载则为"一应文武官员至此下马"。于此可见碑刻为实,县志所载有误,可知下马规训涉及所有人等,这更显示出文庙的神圣和不可冒犯。这类文庙资料虽然较为零散,不成体系,但以其原始和分量以及融入诸多文人学者的思考,都是研究文庙、学庙、庙学不可多得的第一手史料。

二、研究初始期(明清至民国)

自明朝,在举国编著大型丛书类书的驱动下,有学者开始对文庙等的各种资料进行梳理、研究和汇编。《明史》卷96《艺文》部分载有:潘峦的《文庙乐编》2卷、何栋如的《文庙雅乐考》2卷、黄居中的《文庙礼乐志》10卷、瞿九思的《孔庙礼乐考》5卷。《清史稿》卷146《艺文》部分载有:阎若璩的《孔庙从祀末议》1卷、庞钟璐的《文庙祀典考》50卷、蓝锡瑞的《醴陵县文庙丁祭谱》4卷、郎廷极的《文庙从祀先贤先儒考》1卷。据其他史料所载,还有清朝陈锦的《文庙从祀位次考》、张侯的《文庙贤儒功德录》、金之植的《文庙礼乐考》、牛树梅的《文庙通考》以及民国时期孙树义的《文庙续通考》等。这些文献对文庙、学庙、庙学的发展流变、建筑形制、祭祀礼仪及从祀制度等做了系统考辨。

三、研究低谷期(1949—1995年)

受政治运动的影响,从"破四旧"到"文革",包括文庙在内的几乎所有的文化遗存均受到不同程度的破坏,尤其是"批孔"运动,使得孔子及儒家文化遗存雪上加霜。虽然1961年有四处祀孔遗存被列入第一批全国重点文物保护单位,但其情况都比较特殊,有的为地位显赫的国庙或京师文庙,有的为红色遗存。对其他文庙而言,生存环境还是异常艰难的,对文庙、学庙、庙学的研究和保护几乎是处于停滞状态。"文革"后,随着各地文物保护意识的增强,文庙保护开始受到关注。主要表现或成绩如:1988年公布的第三批全国重点文物保护单位中，又增加了北京孔庙、名异实同的湖南岳麓书院文庙和四川红四军总指挥部旧址所含通江文庙；各地知名孔庙纷纷举办学术文化活动，如四川德阳文庙1990年举办"孔子孔庙学术讨论会"，1994年举办"孔子文化节"等；在文庙、学庙、庙学研究上，发表较多地方上文庙历史、建筑及保护方面的文章，显示出良好的发展态势。

四、研究繁荣期（1995年至今）

自1995年以来，与文庙、学庙、庙学相关的标志性保护作用进展或研究成果主要是：

一是成立"中国孔庙保护协会"。1995年9月，曲阜孔庙、北京孔庙、衢州孔子家庙、哈尔滨文庙、苏州文庙、四川德阳文庙等多家孔庙（或文庙）共同发起成立"中国孔庙保护协会"。该协会至今已经举办多次年会，参会者多为一线的文庙工作者及部分高校学者，不仅形成一支规模较大的研究队伍，还编辑出版了多部会议论文集。

二是入选全国及省级重点文物保护单位的文庙遗存数量剧增。据国家文物局委托项目工作组提交的《文庙、书院等儒家遗产保护利用现状调研报告》，截至2016年底，除内蒙古、西藏、宁夏及港澳台地区外，各地省级以上文保文庙共327处，包括国保文庙108处、省保文庙219处，其中省保以上文庙最多的是山西省和河南省，均为31处，其他省份如四川28处、陕西25处、云南25处、山东19处、福建18处、湖南17处等。单就国保文庙来说，除山西多达20处外，四川、云南、福建、湖南均为8处，河南有7处。值得一提的是，西南边陲的云南省、西北边远的甘肃省（省保以上14处，其中国保3处）都有不少文庙遗存得以较好保存下来。何况项目组所统计的不包括市县级文保文庙，如果把市县级及其以下的文保文庙与台湾地区现存孔子庙（有48处）加在一起，文庙、学庙、庙学遗存至少在500处以上。

三是文庙、学庙、庙学研究成果倍增，接连推出有代表性的学术著作。范小平的《中国孔庙》（2004年）、陈传平主编的《世界孔庙》（2004年）、刘亚伟的《远去的历史场景：祀孔大典与孔庙》（2009年）、孔祥林等著的《世界孔子庙研究》（2011年）、彭蓉的《中国孔庙建筑与环境》（2011年）、董喜宁的《孔庙祭祀研究》（2014年）、朱鸿林的《孔庙从祀与乡约》（2015年）、刘绪义等的《文庙释奠礼仪研究》（2017年）等，从历史学、建筑学、考古学、美学等多角度多维度地对文庙、学庙、庙学进行了系统性、综合性研究。高明士的《中国教育制度史论》（1999年）是针对"庙学"的研究，他在"自序"中指出，民国以来因受日本和西方教育史研究取向的影响，学术界只重视"学"的研究，而忽略"庙"的研究，事实上"一部中国教育史，本来是'学祭'合一的教育史，也就是'学庙'合一的历史"。与此同时，还有大量的学术论文发表，诸如：高明士的《庙学教育制度在朝鲜地区的发展——中国文化圈存在的历史见证》（1995年）、黄新宪的《福建庙学探讨》《台湾庙学探讨》（2009年）、刘振佳的《孔庙学刍议》（2010年）、舒大刚等的《庙学合一：成都汉文翁石室"周公礼殿"考》（2014年）、周洪宇和赵国权的《文庙学：一门值得深入探究的新兴"学问"》（2016年）及《游走于传统与现代之间：对文庙再定位的几点思考》（2017年）、广少奎的《斯文在兹，教化之要——论文庙的历史沿革、功能梳辨及复兴之思》（2017年）、邓凌雁的《空间与教化：文庙空间现象及其教育意蕴的生成》（2017年）、蓝日模和周洪宇的《学庙：地域文化交互中的特殊媒介——以桂越两地文庙为例》（2017年）、王慎和王配的《文庙：儒家文化的象征——以宁远文庙为考察对象》（2017年）等。

四是开始文庙、学庙、庙学史料的搜集与整理。耿素丽、陈其泰编撰的《历代文庙研究资料汇编》（2012年），收录清至民国时期的文庙、庙学研究资料共21种，包括《文庙贤儒功德录》《钦颁文庙乐谱》《文庙从祀弟子赞》《文庙史典》《文庙丁祭谱》《文庙大成祀谱》《文庙礼器图式》《文庙丁祭谱》《文庙祀位》《文庙上丁礼乐备考》《文庙通考》《文庙祀典考》《文庙新辑》《文庙贤儒景行录》《文庙从祀位次考》《文庙思源录考》《文庙祀典》《文庙纪略》《文庙从祀先览先儒考》《文庙续通考》《文庙备考》等。成一农编著的《〈古今图书集成〉庙学资料汇编》（2016年）和《地方志庙学资料汇编》（2016年），其中《〈古今图书集成〉庙学资料汇编》收录当时京畿、盛京、山东、山西、河南、陕西、四川、江南、江西、浙江、福建、湖广、广东、广西、云南、贵州等16个总部179个府（州）下属各级官学或儒学、庙学设置的基本沿革情况，既是庙学资料汇编，也是地方官学资料汇编，《地方志庙学资料汇编》是对489种地方志所载庙学史料加以汇编而成。

五是有一批硕博生开始围绕文庙、学庙、庙学来做学位论文，如柳雯的博士论文《中国文庙文化遗产价值及利用研究》（2008年）、田增志的博士论文《文化传承中的教育空间与教育仪式——中国庙学教育之文化阐释与概念拓展》（2010年）、董喜宁的博士论文《孔庙祭祀研究》（2011年）、田志馥的博士论文《宋代福建庙学的历史地理学分析》（2013年）等。

六是开始有学者从学科建设的角度来关注文庙、庙学问题。刘振佳的《孔庙学刍议》（2010年）、周洪宇和赵国权的《文庙学：一门值得深入探究的新兴"学问"》（2016年）等，分别提出要建立"孔庙学"和"文庙学"。

从学术研究角度上讲，基础性研究大有进展，但还远远不够，与文庙、学庙、庙学的历史地位及影响还不相称。诸如：没有历代文庙、学庙、庙学史料集成，成一农的《〈古今图书集成〉庙学资料汇编》和《地方志庙学资料汇编》只是对地方官学"沿革"资料的汇编，没有记文、碑刻、舆图、诗词、人物等资料；综合研究比较薄弱，现有论著多侧重于建筑、祭祀及辽金元之际庙学研究，从政治、文化、教化、民俗、艺术、生态、科举、地方治理等角度研究的不多，尤其是对个体文庙的个案研究也比较薄弱，尚未有文庙史、庙学史等通史类书籍的出现；从"专学"角度进行文庙、学庙及庙学研究的只是刚刚起步，只有两篇学术论文，即《孔庙学刍议》《文庙学：一门值得深入探究的新兴"学问"》。

第三节 文庙、学庙与庙学研究趋势

针对文庙、学庙、庙学研究中的短板问题，学术界将在史料梳理、系统研究及"专学"建构三个方面来加强对文庙、学庙、庙学的研究。

一、史料搜集与整理

史料是研究的基础，只有具备足够的史料，"从最顽强的历史事实出发，摒弃任何先入为主的主观偏见，才有可能反映和揭示历史的真相"[①]。史料也是文庙、学庙、庙学得以保护利用的依据，而不能凭空想象去重建或修复文庙、学庙、庙学，史料更是文庙或学庙、庙学研究必备的第一手资料。

搜集和整理历代文庙或学庙、庙学资料，主要包括六个方面的内容：一是历代文庙规制，包括政府所颁布或定制的有关诏令、奏折、奉祀、礼制、祭文、乐舞、祭品、费用等方面的史料；二是历代文庙舆图，即史志中所载有关各地文庙或学宫、儒学、庙学的空间布局图；三是历代文庙记文，包括史志及碑刻中所载有关各地文庙或庙学、孔庙、大成殿、先贤祠、名宦祠、启圣祠、儒学（府学、州学、县学）的记文等；四是历代文庙诗联，即史志及现存建筑物所载的各地文庙的楹联、匾额以及诗、词、赋、赞等；五是历代文庙人物，即史志所载与各地文庙创建或重修相关的主要人物的事迹文献；六是国外文庙史料等。只有将历代文庙、学庙、庙学史料搜集到位，才能对全国各地文庙等的发展、沿革情况有充分的把握，也才能将文庙、学庙、庙学研究推向深入。

---

① 李振宏、刘克辉：《历史学的理论与方法》，河南大学出版社2010年版，第304页。

二、系统研究

对文庙、学庙、庙学的系统研究，包括个案研究、专题研究和综合研究三个方面。

首先是个案研究。现有的文庙、学庙、庙学个案研究主要是介绍性的、普及性的，对文庙等所蕴含的多元文化及地域特色挖掘不够，需要加强对个体文庙的学术性研究。可选取在历朝历代有影响力的、足以代表地域文化特色的，尤其是目前还依然存在并被纳入国保或省保文物单位的文庙、学庙、庙学做个案研究。

其次是专题研究。从各个学科的角度来深挖文庙等所蕴藏的文化资源，诸如文庙建筑与空间、文庙选址与生态、文庙祭祀与礼制、文庙教化与教学、文庙与书院、文庙与科举、文庙楹联与诗词、文庙藏书与刻书、文庙与地域文化、文庙与地方治理、文庙与寺观、海外文庙研究等。

再就是文庙综合研究。需要在史料搜集整理以及个案研究、专题研究的基础上，进行文庙通史及庙学通史研究。

三、"专学"建构

目前，学术界对与孔子庙有关的学理性探讨主要有两种意见：一是提出要建立"孔庙学"，将"孔庙学"界定为"以祭祀孔子的庙宇及相关文化为研究对象的一门学科"，并视之为一门新的"学科"。[1]二是提出要建立"文庙学"，即"以文庙及与文庙相关的教育文化设施、制度、理论和活动为研究对象的专门'学问'"，并视之为一门"专学"。[2]对于庙学，高明士只是对庙学发展的历史做过系统研究，至今学界尚未提出要建构"庙学学"问题。对此，我们既重提建构"文庙学"，又提出建立一门新的"专学"即"庙学学"。

---

① 刘振佳：《孔庙学刍议》，载《济宁学院学报》2009年第4期。

② 周洪宇、赵国权：《文庙学：一门值得深入探究的新兴"学问"》，载《江汉论坛》2016年第5期。

（一）"文庙学""庙学学"及其学科归属

在《文庙学：一门值得深入探究的新兴"学问"》一文中，基于对文庙的实质性理解，我们曾就"文庙学"的内涵及学科属性予以界定，认为"文庙学"就是研究文庙的、文化视域中的一门"专学"。同样，基于对"庙学"的实质性理解，我们认为，"庙学学"是指以庙学及与庙学相关教育文化为研究对象的、教育视域中的一门"专学"。或者说，"文庙学""庙学学"如同书院学、科举学一样是一门新兴的"学问"，而非严格意义上的"学科"。这是因为，学术界对"学科"的界定是非常明确的，无论从知识维度上还是社会维度上，"文庙学""庙学学"尚不具备成为一门新兴学科的基本条件。也许若干年后，当"文庙学""庙学学"具备一门新兴学科的条件时，则可从真正"学科"的意义上进行"文庙学""庙学学"学科再建构。

（二）"文庙学""庙学学"建构的原则和方法

"文庙学""庙学学"体系建构要坚持三项基本原则：一是历史与逻辑相一致原则。恩格斯曾指出："历史从哪里开始，思想进程也应当从哪里开始。而思想进程的进一步发展不过是历史过程在抽象的、理论上前后一贯的形式上的反映。"[①]因而，在文庙、庙学"专学"建构上，既要客观再现文庙、庙学发展的历史进程，又要科学揭示其发展的一般规律；既要施与真实的历史叙述，又要坚持深度的逻辑分析。二是宏观与微观相统一原则。既要以全球视野做宏观把握和研究，将文庙、庙学置于世界文化史的背景中去考察，对文庙、庙学文化予以准确定位与合理解读，还要坚守中国立场，避免用"西方文化中心论"来决断中国的文庙、庙学文化，以坚定我们的文化自信。同时，又要对不同地区文庙、庙学之间的个别差异做具体的分析与比较，以再现各地文庙、庙学的文化特色。三是理论与实践相结合原则。研究文庙、庙学不单是学科发展的基本诉求，也是基于对现实问题的思考，因此既要以问题为引领，不断地从文本、

① ［德］马克思、恩格斯：《马克思恩格斯全集》（第13卷），人民出版社1962年版，第532页。

实物及图像中发现问题，带着问题将文庙、庙学研究推向深入，又要坚持以实践为导向，紧紧围绕国家政策及社会需求，针对文庙或庙学遗存保护和资源利用中存在的诸多问题展开深入探讨。

在研究方法上，要坚持以唯物主义历史观为指导，同时借鉴兰克、斯宾格勒、汤因比、布洛克、费弗尔、布罗代尔、勒高夫和勒韦尔等学者史学理论中的合理因素，采用社会科学研究中的文献法、历史法和比较法等一般研究方法，以及图像、计量、叙事、考察、个案等具体的研究方法，从历史、教育、政治、经济、哲学、建筑、文物、民俗、伦理、艺术、宗教、图书、生态等多个角度或维度，全面系统而又立体地探讨和展现文庙、庙学的历史与文化。只有坚持正确的价值取向，并以科学的方法论为指导，文庙、庙学研究才能充满活力和生命力，也才能构建起科学系统的"文庙学""庙学学"理论。

（三）"文庙学""庙学学"框架

"文庙学""庙学学"的理论体系主要涵盖学科属性、研究对象、研究内容等方面。

首先是，"文庙学""庙学学"的学科属性。学科属性决定着一门"专学"研究的学科倾向或着力点。"文庙学""庙学学"作为新兴的"专学"，虽然需要多个学科介入研究，但就其所承载的基本功能而言，需要将"文庙学""庙学学"的学科属性予以准确界定："文庙学"属于文化史中的一门"专学"，"庙学学"则是教育史中的一门"专学"。

其次是，"文庙学""庙学学"的研究对象。文庙、庙学既是儒学的物质载体，又是"文庙学""庙学学"的核心概念，自然也是"文庙学""庙学学"的研究对象。

再就是，"文庙学""庙学学"的研究内容。文庙、庙学现象是非常复杂的，所承载的文化及功能也是非常丰富的。其研究内容可归纳为以下几个方面：

一是文庙、庙学的沿革及现状。文庙、庙学有着悠久的历史，需要对其发展的历史进行回顾和系统梳理，对文庙、庙学的现状予以准确把握和描述。

二是文庙、庙学与政治。文庙、庙学承载着传播儒学的政治使命，两汉以后历代统治者无不重学修庙，各级官员也无不以兴修庙学为己任，竭力使之成为"弘扬王道的政治场所"[①]，故要探讨文庙、庙学与政治认同、地方治理之间的关系。

三是文庙、庙学与经济。文庙或庙学一般都以稳定的田产及政府拨款为常年办理经费，需要大修时还会多方筹措经费，因此需要探讨其田产来源、经营方式、费用走向以及经费对文庙发展的影响或制约等。

四是文庙、庙学与建筑。文庙、庙学是一种物化的礼制性建筑，其选址迁址、建筑布局、建筑空间、建筑礼制以及建筑物自身的石雕、砖雕、木雕、漆雕、绘画等蕴含着丰富的政治伦理、生态文化及美学价值等。故从建筑学和建筑现象学角度解读文庙、庙学建筑空间，解构文庙、庙学建筑的教化旨趣和教育意蕴，是文庙、庙学研究的一个新课题。

五是文庙、庙学与祭祀。儒教非宗教却人人都要接受"洗礼"，文庙、庙学非宗教活动场所却具备宗教活动的形式，孔子非神却像神一样被祭拜，学子非教徒却有着教徒般的虔诚，最终促成士人及普通民众对儒家文化的认同与信仰；因此需要探讨文庙或庙学的配享制度、祭祀礼仪与学人文化信仰、价值认同之间的关系。

六是文庙、庙学与教化。清代学者庞钟璐在《文庙祀典考》中说道："夫欲敦教化、厚人伦、美风俗，必自学校始。学校崇祀孔子，附以先贤先儒，使天下之士观感奋兴，肃然生其敬畏之心，油然动其效法之念。其典至巨，其意甚深。"[①]高明士亦曾指出："传统的教育平时要求学生希圣希贤，尊师重道，终极目标便是成圣成贤。文庙、先贤祠建立于学校，具体告诉学生，成圣成贤不但

---

① 耿素丽、陈其泰编：《历代文庙研究资料汇编》（第8册），国家图书馆出版社2012年版，第9页。

是理论而且事实俱在。"①可见，在"学"是文本化的儒教，在"庙"是具象化的儒教，需要研究"学"与"庙"是如何"合一"又是如何相互促进的，对学子的世界观、人生观、价值观是如何产生影响的，以及对民众的伦理、风俗教化的影响等问题。

七是文庙、庙学与科举。文庙、庙学是培养人才的，科举是选拔人才的。在"学而优则仕""达则兼济天下"观念影响下，文庙、庙学与科举之间便有着一种不解之缘。文庙或庙学都建有棂星门、泮池或状元桥，有的文庙或庙学会被当作考棚，有的文庙或庙学旁边还有魁星阁、文昌阁等设施。考生考前考后总会到文庙或庙学内拜谒先圣先师或魁星，中榜后还会在文庙、庙学内"金榜题名"，并刻碑以纪等。因此需要研究文庙、庙学与科举之间的互动，以及文庙、庙学与科举文化传承及区域文化发展之间的关系与规律。

八是文庙、庙学与藏书。大凡文庙、庙学都有藏书阁或藏经楼等设施，以珍藏儒家先贤先儒的书籍。我们应对其藏书的来源，书籍的利用，藏书、刻书活动对学校教学和古籍保存的促动做系统研究。

九是文庙、庙学与艺术。文庙、庙学内处处充斥着美的元素，如建筑风格与院落布局艺术，木雕、砖雕等各种雕塑艺术，碑刻、匾额、楹联中的书法艺术，彩绘、壁画以及祭祀活动中的音乐、舞蹈、服饰艺术等。每一种艺术都充满着政治色彩和伦理说教，因此要研究这些艺术作品的伦理教化内涵，对学子审美及民众生活的影响，以及对传统文化的传承功能等。

十是文庙、庙学与寺观。儒教下的文庙及庙学与佛教下的寺学、道教下的道学有诸多相通之处，但也有质的不同，需要从比较的角度加以分析归纳，探讨彼此之间的交互影响，借以凸显文庙及庙学文化的特质。

十一是文庙、庙学与儒学文化圈。自两汉以后，儒学开始影响中国周边一些国家和地区，形成一个独特的文化景观——"儒学文化圈"。伴随中国文

---

① 高明士：《韩国朝鲜王朝的庙学与书院》，载《湖南大学学报》（社会科学版）2006年第6期。

庙、庙学制度的定型和发展，日本、越南、缅甸、印度尼西亚、新加坡、马来西亚、泰国等国也开始复制文庙、庙学制度，需要研究文庙或庙学如何被复制，对当地华裔民族心理的维系以及对海外儒学文化传承带来怎样的影响等。

十二是文庙、庙学与现时代。文庙、庙学既是一种历史符号，其文化遗存又是一种重要的文化载体，在举国弘扬优秀传统文化的背景下，一方面需要针对文庙、庙学遗存保护中存在的问题加以研究；另一方面需要深挖并充分利用文庙、庙学遗存所隐藏的文化资源，使其在社会主义核心价值观培育、国学教育与普及中继续发挥强大的教育和文化传承功能。

诚然，随着史料的不断挖掘及学术研究的不断深入，以及社会需求的不断更新，"文庙学""庙学学"体系还会进一步拓展和完善。

总之，文庙、学庙、庙学作为儒学及教育文化的物质载体，如同书院、贡院一样，不仅在中国文化及教育发展史上扮演着不可替代的角色，对东亚及东南亚国家的政治与社会生活也发生过重要影响，已成为国内外学术界日益关注的一种文化现象和研究课题，建构一门新兴学问"文庙学""庙学学"恰逢其时。期待在不久的将来，伴随研究队伍的日益壮大、研究成果的日益丰富，"文庙学""庙学学"成为21世纪儒学研究中的一门"专学"与"显学"。

（周洪宇　赵国权）

附录：相关文献

1. 陈传平主编：《世界孔庙》，文物出版社2004年版。

2. 成一农：《〈古今图书集成〉庙学资料汇编》，中国社会科学出版社2016年版。

3. 成一农：《地方志庙学资料汇编》，中国社会科学出版社2016年版。

4. 崔永泉、刘红宇：《中国文庙未来之梦》，吉林文史出版社2013年版。

5. 董喜宁：《孔庙祭祀研究》，中国社会科学出版社2014年版。

6. 范小平：《中国孔庙》，四川文艺出版社2004年版。

7. 付远：《儒家思想与建筑文化100讲》，中国建筑工业出版社2015年版。

8. 高明士：《中国教育制度史论》，联经出版事业公司1999年版。

9. 耿素丽、陈其泰编：《历代文庙研究资料汇编》，国家图书馆出版社2012年版。

10. 孔祥林等：《世界孔子庙研究》，中央编译出版社2011年版。

11. 李秋香主编：《文教建筑》，生活·读书·新知三联书店2007年版。

12. 李文主编：《孔庙文化功能的当代价值》，广西人民出版社2014年版。

13. 刘新：《儒家建筑：文庙》，中国建筑工业出版社2013年版。

14. 刘绪兵、房伟：《文庙释奠礼仪研究》，中华书局2017年版。

15. 刘亚伟：《远去的历史场景：祀孔大典与孔庙》，山东文艺出版社2009年版。

16. 彭蓉：《中国孔庙建筑与环境》，中州古籍出版社2011年版。

17. 朱鸿林：《孔庙从祀与乡约》，生活·读书·新知三联书店2015年版。

18. 邓凌雁：《空间与教化：文庙空间现象及其教育意蕴的生成》，载《河南大学学报》（社会科学版）2017年第5期。

19. 高明士：《韩国朝鲜王朝的庙学与书院》，载《湖南大学学报》（社会科学版）2006年第5期。

20. 广少奎：《斯文在兹，教化之要——论文庙的历史沿革、功能梳辨及复兴之思》，载《河南大学学报》（社会科学版）2017年第5期。

21. 黄新宪：《福建庙学探讨》，载《福州大学学报》（哲学社会科学版）2009年第5期。

22. 蓝日模、周洪宇：《学庙：地域文化交互中的特殊媒介——以桂越两地文庙为例》，载《教育科学》2017年第3期。

23. 柳雯：《中国文庙文化遗产价值及利用研究》，山东大学博士学位论文，2008年。

24. 刘振佳：《孔庙学刍议》，载《济宁学院学报》2009年第4期。

25. ［日］牧野修二：《元代庙学和书院的规模》，载《齐齐哈尔师院学报》1988年第4期。

26. 舒大刚、任利荣：《庙学合一：成都汉文翁石室"周公礼殿"考》，载《四川大学学报》（哲学社会科学版）2014年第5期。

27. 田志馥：《宋代福建庙学的历史地理学分析》，福建师范大学博士学位论文，2013年。

28. 田增志：《文化传承中的教育空间与教育仪式——中国庙学教育之文化阐释与概念拓展》，中央民族大学博士学位论文，2010年。

29. 王慎、王配：《文庙：儒家文化的象征——以宁远文庙为考察对象》，载《中华文化论坛》2017年第10期。

30. 赵国权、周洪宇：《游走于传统与现代之间：对文庙再定位的几点思考》，载《河南大学学报》（社会科学版）2017年第5期。

31. 周洪宇、赵国权：《文庙学：一门值得深入探究的新兴"学问"》，载《江汉论坛》2016年第5期。

32. 周洪宇：《千年文脉一线牵——实施文庙等"儒学文化遗产保护利用工程"意义重大》，载《中国文物报》2017年5月16日。

33. 周洪宇：《实施儒家文化遗产保护利用工程，推动优秀传统文化传承发展》，载《人民政协报》2017年6月28日。

34. 张鸣岐：《金元之际的庙学考论》，载《北京师范大学学报》（社会科学版）1990年第6期。

第十三章
科举史研究

　　科举制是继世卿世禄制、察举制、九品中正制之后出现的中国古代文官选拔制度，从隋炀帝大业元年（605年）进士科的创设到清光绪三十一年（1905年）废科举兴学堂，科举制在中国历史上整整存在了1300年之久。[1]它对中国古代的政治、经济、教育、文化、社会生活等方面都产生了重要影响。科举制推行的"公开、竞争、择优"的人才选拔原则在一定程度上打破了士族阶层对权力的垄断，促进了社会阶层的流动。科举制倡导的勤学价值观念促进了中国社会尊重知识、称颂刻苦勤劳等优良传统文化的形成。科举制营造的重视教育的社会风气极大地促进了中国古代教育事业的发展。科举制对于考生文化素养的考查促进了古代诗词歌赋以及书法等文学艺术的繁荣。科举制的东传与西渐不仅促进了中国古代国际化的发展，同时也是中国对世界制度文明贡献的重要体现。

---

[1] 刘海峰：《"科举"含义与科举制的起始年份》，载《厦门大学学报》（哲学社会科学版）2008年第5期。

可以说，科举制对中国乃至世界的影响是广泛、深远与深刻的。科举制虽已成古制，但科举遗产对后世依然具有重要意义。当前，结合时代发展，深入研究科举史同样具有多重价值。一是有利于客观地认识科举制。自科举制废除以来，相当多的人把科举制当作封建社会的重要附庸，对科举制持全盘否定的态度，未能全面、客观地评价科举制，而科举史研究有助于纠正传统的对科举制的片面认识。二是有利于挖掘科举的学术价值。科举制度经历了漫长的岁月，其积累的文献资料浩如烟海，产生的历史人物数不胜数。通过研究科举与社会政治、经济、文化、教育间的关系，可以进一步挖掘科举的学术价值。如古代乡绅社会形成的背后逻辑、唐代诗歌繁荣的基础等诸多问题。三是有利于指导当今的教育考试改革。科举制经过历朝历代的改革完善，形成了一套严密的考试管理制度。通过研究科举史，探求考试发展的规律，可以史为鉴，总结经验教训，汲取科举智慧，给当代考试制度改革提供思考与借鉴。

第一节　科举史研究的兴起

古代科举研究主要有两个目的：一是备考之用，即通过对科举考试方式、内容、评判标准等的研究，学子能更好地应对科举考试；二是修复缺陷，完善科举制度。纵观科举发展的历史，每一朝代都呈现出不同的特点，如对科举考试中防作弊方法、考官回避等制度的改进，都离不开古代官员等相关人士对科举的研究。古代学者还留下了许多研究科举的专著，如陈彭年的《贡举叙略》、冯梦祯的《历代贡举志》、董其昌的《学科考略》、黄崇兰的《明贡举考略》和《国朝贡举考略》、阮元的《四书文话》、梁章矩的《制义丛话》和《试律丛话》、徐松的《登科记考》、法式善的《清秘述闻》和《槐厅载笔》，以及李调元的《制义科琐记》和《淡墨集》等。①总体而言，古代的科举研究更倾向于应试研究与历史记叙，而现代的科举研究则更倾向于正本清源以及古为今用的学术探索。

一、现代科举史研究的发端

孙中山在《五权宪法》中指出："现在欧美各国的考试制度，差不多都是学英国的。穷流溯源，英国的考试制度原来还是从中国学过去的。所以，中国的考试制度，就是世界各国中最古最好的制度。"这里"中国的考试制度"就是指科举制度。由此可见，科举制对于世界考试制度影响之深远。我国的科举制度在给各国考试制度以启示的同时，也使国外学者对科举产生了浓厚的兴趣，引发了国外学者对于科举制度的研究。而现代科举研究的发端事实上与国外的研究紧密相关。如法国人艾特尼·资于1894年和1896年在上海出版了法文著作《中国的文科举制度》和《中国的武科举制度》，这可以说是现代科举史研究的真正发端。②这些身处于科举运行时代的研究也能够更全面、客观地记录科举制度的具体施行。1905年废止科举，对中国社会产生了巨大冲击，中国社会的官员选拔制度变得混乱，为科举苦读的应举士人也陷入迷茫。此后十余年，学界关心的是科举停罢的善后事宜和建立新法考试问题，对于科举很少有专门的研究。③值得一提的是，科举废除之后，曾经经历过科举的人们的回忆也为科举史研究留下了宝贵的一手资料，如商衍鎏的《清代科举考试述录》、钟毓龙的《科场回忆录》、齐如山的《中国的科名》，这些也是现代科举史研究的重要组成部分。

---

① 刘海峰：《"科举学"刍议》，载《厦门大学学报》（哲学社会科学版）1992年第4期。
② 刘海峰：《科举学的形成与发展》，载《湖南大学学报》（社会科学版）2007年第4期。
③ 刘海峰：《科举学的形成与发展》，载《湖南大学学报》（社会科学版）2007年第4期。

二、作为专门领域的科举史研究

20世纪20年代以后，学者们逐渐用现代的眼光来审视科举，用科学的方法来研究科举。1978年以后，随着解放思想与改革开放的深入，对科举史的研究开始兴盛起来，研究内容不断拓展，研究队伍不断壮大，研究态度也逐渐归于客观理性。如厦门大学刘海峰于1992年发表《"科举学"刍议》一文，提出"为了进一步深入研究科举这一内容广博的专门领域并使之系统化，很有必要建立一门'科举考试学'，简称'科举学'"①。这也是首次提出具有现代意义的"科举学"，标志着科举成为一个专门的研究领域，科举史研究成为一门专学。

在《"科举学"刍议》一文中，刘海峰详细论述了科举对于学校教育、中国官僚政治、中国古代文化、中国社会心理和传统观念、国外文官考试制度等的重要影响，同时指出科举并非全是糟粕，要客观理性地对待科举，研究科举对当代招生考试制度等还具有一定的借鉴意义。此外，刘海峰还从科举史研究的历史轨迹出发，梳理了从古代到现代科举研究的历史与主要成果，并总结提出建立科举学的目的在于将科举研究纳入一个新的学科体系，使科举研究走向理论化和系统化，使原来各学科的独立研究更加全面、更为深化，使国际上的科举研究进一步得到拓展，并为现实考试改革提供历史借鉴。②

---

① 刘海峰：《"科举学"刍议》，载《厦门大学学报》（哲学社会科学版）1992年第4期。
② 刘海峰：《"科举学"刍议》，载《厦门大学学报》（哲学社会科学版）1992年第4期。

第二节　科举史研究的理论与方法

科举制跨越了隋唐到清末的悠久历史，与中国古代社会各方面有着千丝万缕的联系。到了现代，从1992年科举学正式被提出算起，虽然科举学的历史很短，只能算是一门新兴学科，但是在具体的研究实践中，科举研究却自成一套理论与方法体系。

一、科举史研究理论

研究理论既是过去研究的成果积累，又是未来研究赖以发展的重要基础。科举的复杂与广博，使它具有多重性质，而具体到科举研究中，又发展出科举教育论、科举文化论、科举考试论、科举制度论等多种研究理论。

（一）科举教育论

在古代，科举是我国社会阶层流动的重要渠道。为了考取功名，无数学子埋头苦读，甚至终身向学，皓首穷经，在社会中逐渐形成了浓厚的"学而优则仕"的教育文化传统，以至于学校教育转向以科举为中心。《明史·选举志》在叙述明代选举方法时说："学校以教育之，科目以登进之。""科举必由学校，而学校起家可不由科举。"[①]这些都说明了学校在科举取士方面的重要地位。因此，科举史研究的学者特别注意科举与教育的关系。总的来说，科举与教育的研究主要集中在三个方面。一是科举与古代学校教育的关系研究。刘海峰认为中国封建社会学校教育的作用在于培养统治人才，而科举考试的作

---

① 王凯旋：《明代科举制度研究》，吉林大学博士学位论文，2005年。

用则在于选拔统治人才，其关系即养士与取士的关系。①郑若玲在《科举启示录——考试与教育的关系》一文中指出，各朝学校教育与科举制之间的轻重存废，总是遵循着重学校轻科举—科举与学校并重—重科举轻学校的一般规律。在这种矛盾互动中，科举与学校看似势均力敌，实则有其轻重，结果是科举制取得了决定性中心地位。②李兵在《书院与科举关系研究》中详细梳理了从晚唐五代书院萌芽时期到清末科举废止这一时期书院与科举的关系，认为书院因科举而兴，又因科举而亡，并且认为书院对于其所在地的科举风气也起到了推动作用。③二是科举对古代学校教育发展的利弊分析。虽然学校的产生早于科举，但在科举时代，学校办学的主要目的为"储才以应科目"。"学而优则仕"的巨大诱惑吸引了大批学子投身学习，在一定程度上促进了学校的繁荣；但日趋僵硬的科举考试内容与形式，如"八股取士"，使得教学内容与方式模式化，也危害了学校的多元化发展。三是科举对当代学校教育发展的启示。虽然科举已于1905年废止，但比较可知，现代教育和考试制度深受科举传统的影响，包括教育与考试价值观、考试目的、考试形式等。

（二）科举文化论

科举作为一个延续了1300年的制度，贯穿于中国古代历史发展进程中，而其形成的传统考试文化、儒学文化和民族语言等文化早已成为中国传统文化的重要组成部分。刘海峰认为，科举文化有狭义与广义两种文化概念。狭义文化，指的是精神文明领域中相对于政治、经济方面的文化概念，包括与科举相关的文学、史学、哲学、教育、艺术、社会习俗、社会心理和价值观念。而广义文化，则是"科举时代的整个民族文化"④。王慧姝、吴祖鲲认为，传统科举文化嬗变强化了社会价值统一，实现了社会整合，具有联动社会教育、促进

① 刘海峰：《"科举学"刍议》，载《厦门大学学报》（哲学社会科学版）1992年第4期。
② 郑若玲：《科举启示录——考试与教育的关系》，载《清华大学教育研究》1999年第2期。
③ 李兵：《书院与科举关系研究》，厦门大学博士学位论文，2004年。
④ 刘海峰：《中国科举文化》，辽宁教育出版社2010年版，第2页。

文化传承，推动文化交流、促进民族融合的社会功能。在当今时代要继续发扬科举打破门阀权贵垄断，推行社会公平理念，主推道德教化，塑造精神信仰，强化内心归属，提升民族凝聚力等正面的文化价值。张亚群从科举文化遗产的角度出发，论述科举文化遗产的三大特点——历史性、传承性与多功能性，并论证保护科举文化遗产的必要性和重要性，指出应加强科举文化遗产的教育及宣传工作，提高文物管理部门、教育工作者和社会大众对于保护科举文物之重要性、紧迫性的认识，增强科举文物保护意识与自觉性。①

（三）科举考试论

科举是通过考试这一活动方式来选拔人才的，因此围绕着科举考试的性质、功能、内容、形式、考务管理等具体方面，学者们展开了一系列研究。有的学者认为科举考试具有四种性质：一是科举考生和及第者多为成年人，考试内容更倾向于高级教育或专业教育，具有高等教育考试性质；二是秀才、举人、进士这些科名是一种学位，科举考试具有学位考试性质；三是科举时代存在国家考试、个人自学、社会助学三个方面的配合，科举具有自学考试性质；四是历代进士之间存在的血缘关系，表明科举考试有可能将智商较高者选拔出来，因而具有智力测验性质。②还有学者认为，科举考试具有教育功能、文化功能和政治功能。教育功能主要体现在牵制教育目的、引导教育过程和评价教育结果等方面；文化功能主要表现为选择文化和提升文化；政治功能主要体现在影响社会地位结构、稳定社会秩序、提高行政绩效等方面。③在具体的考试内容、形式、考务管理等方面，由于不同的朝代有不同的设置，所以学者们多采用断代史的研究。如胡平在《清代科举考试的考务管理制度研究》一书中就详细论述了清代科举考试的形式、内容、流程、考场制度、阅卷、揭晓、违纪

---

① 张亚群：《论科举文化遗产》，载《厦门大学学报》（哲学社会科学版）2006年第2期。

② 刘海峰：《科举考试的教育视角》，湖北教育出版社1996年版，第208、217、231、239页。

③ 郑若玲：《科举考试的功能与科举社会的形成》，载《厦门大学学报》（哲学社会科学版）2005年第2期。

处罚、作弊处治等多个方面的管理制度。王兆鹏在《唐代科举考试诗赋用韵研究》一书中把唐代科举考试的科目分为常科、制科和武科三大类，并分析了唐代历年科举考试诗赋用韵的具体情况。还有一些宋、元、明等朝代的科举考试研究，也对考试内容、形式、组织管理等做了说明和分析。

（四）科举制度论

根据道·诺斯的说法，制度是社会游戏的规则，是人们创造的用以限制人们相互交流行为的框架。[①]作为世卿世禄制、察举制和九品中正制之后发展出来的一种新的选官制度，可以说，科举制度是中国科举史架构的基础。因此，科举史研究中对于科举制度的研究较多。张希清、毛佩琦、李世愉主编的《中国科举制度通史》，分隋唐五代卷、宋代卷、辽金元代卷、明代卷和清代卷五卷，详细论述了各个朝代科举制度的定制、发展和变化。王炳照、徐勇主编的《中国科举制度研究》一书，详细论述了科举制度与封建中央集权政治、文化、官私学教育、社会风气等的关系。张希清的《中国科举考试制度》一书从科举制的创立开始论述，厘清了贡举考试科目、应举人资格、考试内容、考试机构与考官、及第与授官等具体规定，总结了科举考试的废除及其在历史上的地位与作用。李世愉的《清代科举制度考辩》一书着眼于审音制度、搜落卷制度、复试制度、朝考制度等具体制度进行考证与辨析，并论述了这些制度建立的原因以及与当时社会政治、经济、文化之间的关系。

二、 科举史研究方法

一般认为，每个学科都有自己独特的方法体系，科举研究也不例外。随着科举自身特性研究的推进，科举史研究发展出了诸如地域分析法、量化历史研究法、全方位研究法、跨学科研究法等多种研究方法。

---

① ［美］道·诺斯：《制度变迁理论纲要》，载《改革》1995年第3期。

（一） 地域分析法

中国是一个地大物博的国度，作为全国统一考试、统一选拔人才的科举制度，在不同地区也会呈现出不同的效果。如两宋时期，温州文科进士多达1300余人，仅南宋就有1191人，位列全国第二。①围绕这一现象，我们可以提出"温州文科进士为何如此之多？与经济发展有关吗？""温州学校教育是否优于其他地区？""文科进士数量多为温州发展带来了哪些影响？"等问题。由此可见，地区之间的差异性就使得地域分析法在科举史研究中的作用突显出来。地域分析法主要体现在两个方面：一是立足于地方，研究地方科举活动、科举人物、科举文学、科举教育机构、科举民俗及相关文物遗存等内容，以反映某一时期科举的特征以及该区域的历史文化特性。例如，陈永霖的《宋代温州科举研究》，陈笃彬、苏黎明的《泉州古代科举》，杨丰、汪致敏的《学政考棚：滇南科举历史的记忆》都属于这类研究。二是通过对比不同地区的差异，来论证科举与政治、经济、文化、教育间的关系。如李润强在《清代进士的时空分布研究》一文中指出，由于历史、经济及文化原因，清代进士的地域分布呈现持续不平衡状态，清中期以后，江南沿海地区高、内地边远地区低的分布状况有所改观，这是实施全国的科考政策的结果，也说明内地文化教育水平在逐步提高。②

（二） 量化历史研究法

量化历史研究法即用量化方法研究历史，应用到科举研究之中，即用量化方法研究科举史问题。其主要有三个特点：一是强调史料中数据的重要性。不同于主观描述，数据统计更具有客观性，也更能真实客观地呈现历史事实。科举史中的科举参加人数、考试科目数量、进士数量、书院数量等数据，在一定程度上反映了科举的真实情况，对于进一步深入研究作用巨大。二是注重研究问题与已有数据之间的转化。毕竟有很多历史研究问题难以量化，这个时候就

---

① 陈永霖：《宋代温州科举研究》，浙江大学硕士学位论文，2011年。
② 李润强：《清代进士的时空分布研究》，载《西北师大学报》（社会科学版）2005年第1期。

要将所研究的问题转化为可以统计的数据，这在实际研究中已被广泛使用。如研究哪一地区科举风气更好的问题，"风气"为一个虚指，难以进行直接比较，就可以转化为进士数量、考场作弊次数等的统计再进行比较。三是通过数据发现问题，寻求原因，即通过数据的对比发现差异，找出产生这些差异的原因。如李琳琦的《明清徽州进士数量、分布特点及其原因分析》一文，通过数据统计发现，徽州明清文进士数占全国2.2%，明清徽州进士不但总数位居全国各府前列，而且状元人数更为显赫，但进一步统计发现，歙县、休宁两县明清时期的文进士数就占到全府的70%，武进士数占全府的76.65%，内部分布极不平衡，再深入研究可知商业发展的不平衡导致了进士数量的巨大差异。[①]

（三）全方位研究法

列宁说："要真正认识事物，就必须把握、研究它的一切方面、一切联系和'中介'。"因为科举制度所涉范围甚广，且对中国封建社会的教育、政治、文化乃至社会风俗都产生了巨大影响，所以许多学者在进行科举史研究时就采用全方位研究法。全方位研究法主要在于"全"字，即研究内容的广而博，这与科举制的内外部复杂性相契合，更有利于把握科举制的全貌。当然，全方位研究法也并不是把所有的信息都加以分析，它也会界定某个研究范围，如某一朝代、某一地区科举制中的某一特定制度，在这个界定范围中注重研究的全面性。总的来说，全方位研究法主要有两个特点：一是注重研究对象的全面性，以全面考察某个问题或某段历史。如毛晓阳所著《清代科举宾兴史》，研究内容全面，对于清代科举宾兴的产生原因、时空分布、级别类型、教育与社会影响、存废以及现实关照等都做了详细分析。二是全方位研究法所反映的内容具有较强联系性，各部分相辅相成。如吴宗国的《唐代科举制度研究》，其所涉内容具有较强的联系性，对唐代科举的地位及变化、考试科目、录取标准、违规行为、发展趋势以及与社会等级的关系等方面进行了系统研究。

---

① 李琳琦：《明清徽州进士数量、分布特点及其原因分析》，载《安徽师范大学学报》（人文社会科学版）2001年第1期。

（四）跨学科研究法

跨学科研究法是一种倡导打破学科间的壁垒，强调各学科交流合作的研究方法。科举史研究采用跨学科研究法，一方面是由科举本身的特点决定的。科举学是历史学与教育学、政治学、文学、社会学、地理学、民俗学等等学科相互渗透、高度综合的一门专学。[①]基于此，欲全面考察科举的起源、发展、变革及其影响，就必须运用多种学科的研究方法。另一方面是由跨学科研究法所具备的独特优势所决定的。跨学科研究通过不同学科间的交流合作，能使我们更全面、更深入地认识科举，避免出现片面看待科举的问题。当前的科举研究中，如朱开宇的《科举社会、地域秩序与宗族发展——宋明间的徽州，1100—1644》、王红春的《明代进士家状研究——以56种会试录和57种进士登科录为中心》等都采用了跨学科的研究方法。

第三节　科举史研究的进展情况

科举学研究，主要历经了文献整理与资料编纂、制度研究与事实描述、理论形成与专学构建这三个阶段。[②]目前正处于"理论形成与专学构建"这一发展阶段。而随着学者对科举史研究的深入，除了科举制度史、科举思想史这些传统研究领域，也出现了科举家族史、科举地方史、科举活动史等新的研究领域。

---

① 刘海峰：《科举学的形成与发展》，载《湖南大学学报》（社会科学版）2007年第4期。
② 刘海峰：《科举学的形成与发展》，载《湖南大学学报》（社会科学版）2007年第4期。

一、 科举制度史研究

科举作为古代文官选拔的制度，经历了不断改革完善的历史过程。虽然科举已被废除，但科举所留下的制度文明已成为中国传统文化的重要组成部分，又因为其文献资料宏富，且多见于官方记载中，故科举制度史研究一直是科举史研究的重要方向。当前关于科举制度史的研究，可主要划分为三个方面：一是关于科举制度起源的研究。一直以来，学者们对科举制度的起源持有不同的观点，包括"始汉说""始南北朝说""始隋说""始唐说""兼顾始汉始隋说"五种，如果具体细分，还可分成十余种。①二是关于各朝代科举制度的研究。大体来看，既有断代史研究，如吴宗国的《唐代科举制度研究》、王凯旋的《明代科举制度考论》、李世愉的《清代科举制度考辩》等著作，也有通史研究，如王炳照、徐勇主编的《中国科举制度研究》，张希清的《中国科举考试制度》，张晋藩、邱远猷主编的《科举制度史话》等著作都是从整体上对科举制度进行研究的。但不管是整体研究还是单独朝代研究，主要对科举考试制度的组织形式、考试方法、考试科目、考试内容、发展轨迹等进行分析。三是关于科举制度评价的研究，主要为科举制度的功过研究。20世纪80年代以前，对于科举制度的评价多是揭露其弊病，如商衍鎏在《清代科举考试述录》中所言："科举仅余糟粕在。"②20世纪80年代以后，对于科举制度的评价逐渐回归理性，如刘海峰在《为科举制平反》一文中澄清了科举无法选拔真才、科举造成中国科技落后、考试作弊说明科举制黑暗、科举考试不公平、科举造成官本位体制等科举评价误区。

二、科举思想史研究

由于科举在本质上是一种文官选拔制度，因此，在很大程度上科举思想

---

① 刘海峰：《科举制的起源与进士科的起始》，载《历史研究》2000年第6期。
② 商衍鎏：《清代科举考试述录》，北京三联书店1983年版，第352页。

其实是取士思想的具体化。通常来讲，科举思想包括任贤取士的方式、科举改革的主张、科举革新的办法、科举存废的争论等诸多问题。透过科举思想可以一窥古代各式人物对于科举的看法以及科举改革所遵循的理念原则，加深我们对科举制度的理解，并为当今教育考试改革提供经验借鉴。当前科举思想史研究主要集中在以下三个方面：一是人物科举思想研究，主要分析一些代表人物对于科举的看法及改革建议。陈元、欧阳勇的《欧阳修科举考选思想及其启示》，苑书义的《李鸿章科举改革思想刍议》，朱义禄的《黄宗羲对科举制度的批判——兼论黄宗羲的学术民主思想》，马川菌的《论梁启超科举观中的"变"与"不变"》等论文皆是此类研究。二是各朝代科举思想研究。刘海峰的《高考存废与科举存废》，分析了历史上的六次科举存废之争。田建荣的《中国考试思想史研究》，分朝代对隋唐、宋元、明清时期的科举思想进行了梳理分析。三是科举思想与诸事物关系研究。如范晔的《先秦儒学与科举思想关系论略》，认为先秦儒学中的"道""贤""公""君子""闻达"等内容，对"求至公""举贤才""尚君权""重声名"等科举思想的形成和发展产生了较大影响。[1]黄妍的《语言测试的工具理性思想研究——基于中国古代科举考试和西方测试体系的探讨》，通过对中西方考试制度的比较，认为工具理性思想是中西测试的共性。

三、科举家族史研究

小说《范进中举》中，范进前后考了二十多次，五十四岁才中举。虽然《范进中举》是文学创作，有一定的夸张成分，但依然可以反映出在古代考取科举功名并非一件易事。有学者认为，科举家族是指世代聚族而居，从事举业人数众多，至少有三代连续多人取得科举功名，在地方乃至全国产生重要影

---

① 范晔：《先秦儒学与科举思想关系论略》，载《山东青年政治学院学报》2013年第2期。

响的家族。①科举考试竞争大，考取功名难度高，但科举家族可以有较多的族员考取功名，其背后的原因是什么？科举家族对地区以及社会发展又产生了哪些影响？这些问题引起了科举研究者的强烈兴趣。当前我国关于科举家族史的研究，主要集中于科举家族的定义、科举家族的时空分布、科举家族的形成原因、科举家族的在地影响和科举家族个案研究等方面。②如张杰在《清代科举家族》一书中提出，科举家族是指清朝世代聚族而居、从事举业人数众多、至少取得举人或五贡以上功名、在全国或地方产生重要影响的家族。③方芳认为，清代科举家族体现出多分布于省府治所及自然条件、交通和经济均较为发达的平原和盆地的特点。④许友根分别对唐代韦氏、李氏、郑氏、杨氏、柳氏等科举家族做了个案研究，对家族中科举及第者生平事迹进行整理，并总结了科举制对家族生存发展的影响以及科举制的发展轨迹。

四、 科举地方史研究

科举虽然是古代社会全国统一的制度，却同时与地方区域文化、区域官私学发展、地方社会形态等联系密切。科举考试组织中的解送制，即后来在元代发展为乡试的制度，主要在各地方进行，由国子学及各州府按照分配下来的名额，通过考试选拔相应数量的士子，再推荐到朝廷参加尚书省的考试。⑤由此可见，地方组织在科举考试中也发挥着重要作用。另外，地方科举文献资料丰富、地方科举人物众多、不同地域间科举及第人数存在差异等因素都为科举地方史研究创造了条件。科举对地域文化具有塑造作用，地方科举也反映着某一

---

① 许友根：《唐代李氏科举家族的初步考察》，载《江南大学学报》（人文社会科学版）2014年第5期。

② 刘海峰、韦骅峰：《科举家族研究：科举学的一个增长点》，载《河北师范大学学报》（教育科学版）2019年第3期。

③ 张杰：《清代科举家族》，社会科学文献出版社2003年版，第1页。

④ 方芳：《清代科举家族地理分布的特点及原因》，载《济南大学学报》（社会科学版）2009年第5期。

⑤ 王炳照、徐勇：《中国科举制度研究》，河北人民出版社2002年版，第181页。

朝代某一时期科举制度的特点。对科举地方史进行研究，有助于我们更深入地把握科举的全貌。当前我国关于科举地方史的研究，主要集中于地方科举文献搜集与整理、地方进士研究、科举与地方学校间的关系研究、科举与地方"士绅"社会的关系研究等方面。如范金民通过对比江南进士占全国比例及其盛衰变化，发现江南士子的政治前途与国家的命运、江南经济的兴衰紧密相联，侧面表现了科举与经济的关系。[1]李琳琦认为，课艺、应举成了清代书院的最主要的教学活动，书院特有的讲学与研究风气几至无存，但也提到徽州书院并未完全变成"猎取科名"的场所，亦并未完全变成科举的附庸，而是在课举子业的同时，仍然坚守着传统的讲会制度，将讲会与课艺统一于书院的教学活动之中，揭示了科举与书院的关系。[2]

五、 科举活动史研究

从整个国家来看，科举影响着国家的人才选拔和官员布局，但从微观来看，科举影响甚至决定着应举者的一生。每一场科举活动背后都有着无数的个体，而个体的行为方式遵循着哪些逻辑？科举是如何介入其中的？科举对于个体的思维方式、人生价值观、生活态度等产生了哪些影响？这些问题指向更为微观的、具体的科举研究。另外，随着后现代思想的传播，过去注重宏大叙事的研究范式正逐渐被打破，注重微观、注重细节、注重意义的各类研究正在日益成为主流，传统史学市场逐渐让位于现代新史学。[3]因此，研究者逐渐将目光转向科举活动史，对于具体的科举活动展开了探索性研究。通过应举人具体的日常教育活动来考察科举的本质，并从古人的经验与智慧中为当今的教育考试改革提供一定的借鉴与思考。关于科举活动史研究，李木洲认为科举活

---

① 范金民：《明清江南进士数量、地域分布及其特色分析》，载《南京大学学报》（哲学·人文科学·社会科学版）1997年第2期。

② 李琳琦：《明清徽州书院的官学化与科举化》，载《历史研究》2001年第6期。

③ 吴昌磊：《教育活动史视域下南宋蒙学教育研究》，上海师范大学硕士学位论文，2017年。

动史研究强调将历史上发生过的以科举取士为中心的、以合理促进社会流动为直接目的的、微观的、个体的、具体的、生活的事件及事迹作为研究对象，从实践、主体、生活三个层面去探究科举时代的士人生活与考试活动。①总的来说，科举活动史研究是一个新兴的研究领域，还有待科举研究者开发。

第四节　科举史研究的发展趋势

纵观1905年科举废止以来科举史研究的发展历程，由最初的"文献整理与资料编纂"阶段到"制度研究与事实描述"阶段，再到"理论形成与专学构建"阶段，科举研究的主题不断丰富，科举研究的内容不断深化。而厘清科举史研究的发展趋势，有利于把握科举研究的发展方向，进一步促进科举学的发展。总体而言，科举史研究有以下五大发展趋势：

一是研究从分散走向综合。科举制度虽然是一种选官制度，但在其1300年的发展历程中已经成为影响社会各个层面的制度，与科举有关的价值观念、习俗、文学作品等也应运而生。科举学是历史学与教育学、政治学、文学、社会学、地理学、民俗学等学科相互渗透、高度综合的一门专学。既然是研究同一种制度，那么借鉴各学科的观点和方法、从分散走向综合是科举研究的必然发展趋势。②另外，先前历史学、教育学、社会学、地理学、文学、政治学等科举研究领域缺少交流沟通机制，各自为营，研究主要从自己的学科入手，所关注和了解的也只是自己学科的内容，研究较为分散。而随着科举研究平台的拓

---

① 李木洲：《科举活动史：科举学研究的新维度》，载《湖北大学学报》（哲学社会科学版）2016年第6期。

② 刘海峰：《科举学的形成与发展》，载《湖南大学学报》（社会科学版）2007年第4期。

展、科举研究人员的增加，特别是随着现代信息技术的发展，人与人之间的交流沟通更为方便，科举文献资料的搜集和传送更为便捷，科举研究随之也打破了不同学科间的壁垒，从分散走向综合。

二是研究视角多元化。科举学研究的发展过程就是一个研究视角不断扩大化、多元化的过程。科举史的研究视角决定了科举史研究的重点以及如何看待科举等问题。同样是某一地区进士数量多于另一地区的现象，教育学研究者着重于探究两地的学校等教育发展情况，经济学研究者侧重于对比两地的经济发展状况，政治学研究者注重两地的科举政策颁布以及是否存在名额分配等差异，地理学研究者从两地所处的位置出发探究地理方位对地方科举的影响，社会学研究者则从两地社会风气和社会关系的角度进行研究，还有人口学、文学等领域的研究者又会有不同的视角。由此可见，面对同一现象，不同的研究视角会产生不同的化学效应，多元化的研究视角使我们可以更全面地认识科举。近年来，除了从思想、制度方面研究科举史，许多学者也开始关注科举地方史、科举家族史、科举活动史等研究领域。这些多元视角的加入，使得科举史研究不断吸收新的研究方法，不断迸发新的活力。另外，还有学者提出"新科举学"，即以跨学科研究为方法论探析科举人物事件及其要素运行规律的新兴边缘交叉学科，这也是一门处于学科制度化、范畴体系化、方法科学化进程中的专学。[①]这些新的研究视角使得科举史研究更加全面、深入。

三是研究方法不断更新。科举研究方法的更新主要来自两个方面：一方面是不同学科进入科举研究领域所带来的各自学科的研究方法。如人口学采用人口统计方法对各朝代进士数量进行统计分析，地理学采用空间科学的研究方法对科举地方的空间和空间相互作用进行研究，心理学采用作品分析法、情景分析法等方法，通过应试士子的作品及其本人所处的时代背景来分

---

① 冯用军：《科举学作为一门学科——兼论新科举学的判别标准、逻辑架构与发展前景》，载《中国考试》2013年第5期。

析科举与科场所造就的考试心态。①另一方面是新技术的提升给科举研究注入
新活力。当今时代已进入大数据时代，大数据泛指巨量的数据集，因可从中
挖掘出有价值的信息而受到重视。②悠久的科举史留下了丰富的研究文献资料
和海量数据，借用新的数据处理技术，建立科举信息库，科举研究又会进入
新阶段。值得一提的是，随着基本古籍数据库、明清人物传记资料库、中国
历史地理信息系统等数据库的问世，越来越多的古籍、资料被数字化、可检
索化，历史学研究更是焕发出新的活力。③而这些数据库中的信息与科举研究
所需的文献资料是相通的，科举研究也可借鉴数据库建构的模式和方法，建
立自己的科举信息数据库。

四是研究平台不断拓展。学术研究平台既是学术研究者沟通交流的平台，
又是学术进展发声、学术成果展现的平台。科举学研究平台建设对于科举研究
广泛化、专业化、科学化意义深远。随着科举研究人员的增多以及社会对科举
文化兴趣的增加，科举研究的平台也不断拓展。2017年1月28日，南京中国科
举博物馆开馆，既为广大群众了解、体验科举文化提供了机会，又为科举制度
的研究提供了更为丰富的史料。另外，《科举学论丛》学术辑刊、一年一度的
"科举制与科举学学术研讨会"等科举研究平台也为科举研究的学者提供了共
同切磋琢磨、相互交流的机会。

五是研究内容观照社会现实。科举作为中国古代的文官考试选拔制度，与
当今时代的公务员考试、自学考试、高校招生考试等考试制度有一脉相承的地
方。同时，科举经历了多个朝代的改革更新，已经形成了包含考试内容、考试
形式、考务组织办法等在内的独特的管理体系。虽然科举制已被废除，但它所
承载的教育考试观念依然发挥着作用。"以史为镜，可以知兴替。"许多学者通

---

① 刘亮：《科场与人心：士子科举心理研究发微》，载《大学教育科学》2015年第6期。
② 邬贺铨：《大数据时代的机遇与挑战》，载《求是》2013年第4期。
③ 李中清：《国家·社会·人口——大数据时代的中国人口史研究》，载《量化历史研究》
2014年第1期。

过科举与高考制度的比较，吸取科举失败的教训，寻求科举智慧，推进高考改革，体现了较强的社会观照意识。另外，科举研究除了体现出对当前考试制度的观照，其对于应举士人生活方式、考试心理、人生价值观的研究，也体现出对当今考试制度中考生的现实观照。

（李木洲　李晴雯）

附录：相关文献

1. 黄明光：《明代科举制度研究》，广西师范大学出版社2000年版。

2. 胡平：《清代科举考试的考务管理制度研究》，中国社会科学出版社2012年版。

3. 刘海峰、李兵：《中国科举史》，东方出版中心2004年版。

4. 刘海峰、李兵：《学优则仕——教育与科举制度》，长春出版社2004年版。

5. 刘海峰：《中国科举文化》，辽宁教育出版社2010年版。

6. 李树：《中国科举史话》，齐鲁书社2004年版。

7. 李双璧：《入仕之途——中外选官制度比较研究》，贵州人民出版社2000年版。

8. 李世愉：《清代科举制度考辩》，中央广播电视大学出版社1999年版。

9. 李世愉、胡平：《中国科举制度通史·清代卷》，上海人民出版社2015年版。

10. 商衍鎏：《清代科举考试述录及有关著作》，百花文艺出版社2004年版。

11. 王炳照、徐勇：《中国科举制度研究》，河北人民出版社2002年版。

12. 王鸿鹏、王凯贤、肖佐刚、张荫堂：《中国历代武状元》，中国人民解放军出版社2002年版。

13. 王凯符：《八股文概说》，中华书局2002年版。

14. 许友根：《武举制度史略》，苏州大学出版社1997年版。

15. 钟毓龙：《科场回忆录》，浙江古籍出版社1987年版。

16. 都兴智：《金代科举的女真进士科》，载《黑龙江民族丛刊》2004年第6期。

17. 范金民：《明清江南进士数量、地域分布及其特色分析》，载《南京大学学报》（哲学·人文科学·社会科学版）1997年第2期。

18. 房宁：《科举制与现代文官制度——科举制的现代政治学诠释》，载《战略与管理》1996年第6期。

19. 干春松：《科举制的衰落和制度化儒家的解体》，载《中国社会科学》2002年第2期。

20. 郭培贵：《明代科举的发展特征与启示》，载《清华大学学报》（哲学社会科学版）2006年第6期。

21. 郭培贵：《明代科举各级考试的规模及其录取率》，载《史学月刊》2006年第12期。

22. 郭培贵：《二十世纪以来明代科举研究述评》，载《中国文化研究》2007年第3期。

23. 关晓红：《科举停废与清末政情》，载《中国社会科学》2004年第3期。

24. 关晓红：《科举停废与近代乡村士子——以刘大鹏、朱峙三日记为视角的比较考察》，载《历史研究》2005年第5期。

25. 龚延明、高明扬：《清代科举八股文的衡文标准》，载《中国社会科学》2005年第4期。

26. 韩茂莉、胡兆量：《中国古代状元分布的文化背景》，载《地理学报》1998年第6期。

27. 韩昇：《南北朝隋唐士族向城市的迁徙与社会变迁》，载《历史研究》2003年第4期。

28. 黄志繁：《明代赣南的风水、科举与乡村社会"士绅化"》，载《史学月刊》2005年第11期。

29. 何忠礼：《科举制度与宋代文化》，载《历史研究》1990年第5期。

30. 何忠礼：《二十世纪的中国科举制度史研究》，载《历史研究》2000年第6期。

31. 蒋寅：《科举阴影中的明清文学生态》，载《文学遗产》2004年第1期。

32. 刘海峰：《"科举学"刍议》，载《厦门大学学报》（哲学社会科学版）1992年第4期。

33. 刘海峰：《论书院与科举的关系》，载《厦门大学学报》（哲学社会科学版）1995年第3期。

34. 刘海峰：《科举制——中国的"第五大发明"》，载《探索与争鸣》1995年第8期。

35. 刘海峰：《科举取才中的南北地域之争》，载《中国历史地理论丛》1997年第1期。

36. 刘海峰：《科举制长期存在原因析论》，载《厦门大学学报》（哲学社会科学版）1997年第4期。

37. 刘海峰：《"科举学"——21世纪的显学》，载《厦门大学学报》（哲学社会科学版）1998年第4期。

38. 刘海峰：《"科举学"的世纪回顾》，载《厦门大学学报》（哲学社会科学版）1999年第3期。

39. 刘海峰：《高考存废与科举存废》，载《高等教育研究》2000年第2期。

40. 刘海峰：《科举制的起源与进士科的起始》，载《历史研究》2000年第6期。

41. 刘海峰：《八股文百年祭》，载《厦门大学学报》（哲学社会科学版）2001年第4期。

42. 刘海峰：《科举制对西方考试制度影响新探》，载《中国社会科学》2001年第5期。

43. 刘海峰：《为科举制平反》，载《书屋》2005年第1期。

44. 刘海峰：《科举停废与文明冲突》，载《厦门大学学报》（哲学社会科学版）2006年第4期。

45. 刘海峰：《科举研究与高考改革》，载《厦门大学学报》（哲学社会科学版）2007年第5期。

46. 刘海峰：《"科举"含义与科举制的起始年份》，载《厦门大学学报》（哲学社会科学版）2008年第5期。

47. 李琳琦：《明清徽州进士数量、分布特点及其原因分析》，载《安徽师范大学学报》（人文社会科学版）2001年第1期。

48. 李木洲：《科举活动史：科举学研究的新维度》，载《湖北大学学报》（哲学社会科学版）2016年第6期。

49. 李木洲、唐宇聪：《科举制兴废的人学视角》，载《教育与实践》2017年第4期。

50. 李润强：《清代进士的时空分布研究》，载《西北师大学报》（社会科学版）2005年第1期。

51. 刘晓东：《科举危机与晚明士人社会的分化》，载《山东大学学报》（人文社会科学版）2002年第2期。

52. 吕肖奂、张剑：《两宋科举与家族文学》，载《西北师大学报》（社会科学版）2008年第4期。

53. 刘希伟：《清代教育考试中的几个概念辩正》，载《教育研究》2019年第4期。

54. 罗志田：《清季科举制改革的社会影响》，载《中国社会科学》1998年第4期。

55. 罗志田：《科举制废除在乡村中的社会后果》，载《中国社会科学》2006年第1期。

56. 马明达：《清代的武举制度》，载《西北第二民族学院学报》（哲学社会科学版）1999年第4期。

57. 裴淑姬：《论宋代科举解额的实施与地区分配》，载《浙江学刊》2000年第3期。

58. 秦晖：《科举官僚制的技术、制度与政治哲学涵义——兼论科举制与现代文官制度的根本差异》，载《战略与管理》1996年第6期。

59. 沈登苗：《明清全国进士与人才的时空分布及其相互关系》，载《中国文化研究》1999年第4期。

60. 沈洁：《废科举后清末乡村学务中的权势转移》，载《史学月刊》2004年第9期。

61. 田澍：《科举的利弊及清朝废除科举的教训》，载《西北师大学报》（社会科学版）2005年第1期。

62. 翁俊雄：《唐代科举制度及其运作的演变》，载《中国史研究》1998年第1期。

63. 吴宣德：《明代地方教育建设与进士的地理分布》，载《教育学报》2005年第1期。

64. 王先明：《中国近代绅士阶层的社会流动》，载《历史研究》1993年第2期。

65. 王跃生：《清代科举人口研究》，载《人口研究》1989年第3期。

66. 吴宗国：《科举制与唐代高级官吏的选拔》，载《北京大学学报》（哲学社会科学版）1982年第1期。

67. 萧功秦：《从科举制度的废除看近代以来的文化断裂》，载《战略与管理》1996年第4期。

68. 徐辉：《废除科举制与中国社会的现代转型》，载《厦门大学学报》（哲学社会科学版）2003年第5期。

69. 谢俊贵：《中国绅士研究述评》，载《史学月刊》2002年第7期。

70. 应星：《废科举、兴学堂与中国近代社会的转型》，载《战略与管理》1997年第2期。

71. 杨学为：《中国需要"科举学"》，载《厦门大学学报》（哲学社会科学版）1999年第4期。

72. 杨西云：《唐代门荫制与科举制的消长关系》，载《南开学报》1997年第1期。

73. 中国第一历史档案馆编：《乾嘉时期科举冒籍史料》，载《历史档案》2000年第4期。

74. 郑若玲：《科举启示录——考试与教育的关系》，载《清华大学教育研究》1999年第2期。

75. 郑若玲：《科举考试的功能与科举社会的形成》，载《厦门大学学报》（哲学社会科学版）2005年第2期。

76. 张希清：《论宋代科举取士之多与冗官问题》，载《北京大学学报》（哲学社会科学版）1987年第5期。

77. 张希清：《科举制度的定义与起源申论》，载《河南大学学报》（社会科学版）2007年第5期。

78. 张亚群：《科举学的文化视角》，载《厦门大学学报》（哲学社会科学版）2002年第6期。

79. 张亚群：《从考"官"到考"学"——废科举后考试文化的变革与传承》，载《书屋》2005年第1期。

第十四章
书院史研究

　　书院源于唐代私人治学的书斋和官府整理典籍的衙门，是中国古代士人享受新的印刷技术，在儒、佛、道融合的文化背景之下，围绕着书，开展包括藏书、读书、教书、讲书、修书、著书、刻书等各种活动，进行文化积累、研究、创造与传播的文化教育组织。由唐而历五代、宋、元、明、清，经过1200余年的发展，书院得以遍布除今西藏之外的全国所有省级行政区，数量至少有7500所以上，成为读书人文化教育生活不可或缺的组成部分。遍布各地的书院，为中国教育、学术、文化、出版、藏书等事业的发展，对学风士气、民俗风情的培植，国民思维习惯、伦常观念的养成等都做出了重大贡献。自明代开始，它又走出国门，传到朝鲜、日本、印度尼西亚、新加坡、马来西亚等东亚、东南亚国家，甚至意大利那不勒斯、美国旧金山等欧美地区，为中华文明的传播和当地文化的发展做出了贡献。近代以来，因为新学、西学的加盟，它又成为沟通中西文化的桥梁。而1901年光绪皇帝的一纸诏令，将全国书院改制为大、中、小三级学堂，更使它由古代迈向近现代，得以贯通中国文化教育的血脉。

书院改制甫20年，有识之士如学术大师蔡元培、胡适及青年毛泽东等，以自己的亲身体验，就现代学校的短处，反观传统书院的长处，进而发起了20世纪的第一次书院研究与实践运动。由此开始，书院研究走过了近百年的历程。据不完全统计，自1923年青年毛泽东《湖南自修大学创立宣言》、胡适《书院的历史与精神》发表，到2017年底，中国学者发表有关书院的论文、资料5958篇，出版专著、论文集、资料集280余部，可谓成绩显著。兹将这些论文分年（代）统计如下，于此可见书院研究本身之发展轨迹，亦可感知其日益受到学术界重视的情形。

1923—2017年书院研究论文分年（代）统计表

时代	20世纪20年代	20世纪30年代	20世纪40年代	20世纪50年代	20世纪60年代	20世纪70年代					未详	小计
论文数	7	42	27	19	12	22					17	146
年份	1980	1981	1982	1983	1984	1985	1986	1987	1988	1989		小计
论文数	9	8	22	21	39	60	90	64	94	49		456
年份	1990	1991	1992	1993	1994	1995	1996	1997	1998	1999		小计
论文数	21	31	19	41	32	46	53	79	80	48	10	460
年份	2000	2001	2002	2003	2004	2005	2006	2007	2008	2009		小计
论文数	85	90	108	149	144	208	257	199	320	291		1851
年份	2010	2011	2012	2013	2014	2015	2016	2017			小计	总计
论文数	286	249	368	398	455	366	456	467			2578	5958

本章仍以书院改制后之书院研究为起点，始于1923年，止于2017年底（部分内容酌情延至2019年），综合已有的研究成果，关注时代特色、理论方法与研究动向，介绍主要成果，以期促进书院研究的全面发展。

第一节　书院史研究的兴起

1901年清廷下达书院改学堂诏令，全国的改制工作绝大部分在清朝灭亡前完成，也有极少数延至民国初年。据不完全统计，当时全国至少有1606余所书院改为各级各类学堂。① 自此，书院作为一种全国性制度，被迫退出了教育、学术舞台。而近百年的中国书院研究史，也随着书院转变为中国传统文化遗产的一个有机组成部分而正式拉开帷幕。

中国书院研究史始于1923年4月青年毛泽东在《新时代》上发表《湖南自修大学创立宣言》。当时，西方的学校制度在中国已施行有年，这种先前被认为是"先进"的制度在实际运行过程中显现出一定的弊端，促使人们再次反思教育改革问题，书院因此再次出现在时人的视野。毛泽东认为，书院和学校"各有其可毁，也各有其可誉"，而不应该不加分析地"争毁书院，争誉学校"。书院应毁者是其"'八股'等干禄之具"的僵死的内容，并不意味着其办学形式都应否定。学校之誉则为"专用科学，或把科学的方法去研究哲学和文学"，但亦不意味着它就没有瑕处。因而，毛泽东主张"取古代书院的形式，纳入现代学校的内容"，创办吸取二者所长的教育模式，即"适合人性便利研究"的自修大学，提出了教育改革的初步设想。这无疑为书院史研究提出了正确方向，受到了著名学者蔡元培等人的重视和褒奖。

1923年12月及次年2月，学者胡适连续发表《书院的历史与精神》②、《书院制史略》③两篇文章（演讲），认为"在一千年以来，书院，实在占教育上一

---

① 邓洪波：《中国书院史》，武汉大学出版社2012年版，第644页。
② 胡适：《书院的历史与精神》，载《教育与人生》1923年第9期。
③ 胡适：《书院制史略》，载《东方杂志》1924年第21卷第3号。

个重要位置，国内的最高学府和思想的渊源，惟书院是赖。盖书院为我国古时最高的教育机关。所可惜的，就是光绪变政，把一千年来书院制完全推翻，而以形式一律的学堂代替教育"①。他将书院与当时教育界所倡导的"道尔顿制"（导师制）对比研究，认为两者之"精神大概相同"②。因此，为了改革教育就"不得不讲这个书院制度的略史了"③，号召研究已经废弃了的书院制度。

自此，书院史的研究渐渐受到人们注意，报刊上不断有研究文章发表。到抗日战争前后，在民族危亡之际，研究者认为"书院之创立，是学者对于国家社会有一种抱负，借着书院来讲明义理，共同去努力国家社会的事业"④。为了"复兴民族"和建设民族文化，人们不断地谈到书院，研究书院制度，甚至建立学海、复性、民族等新的书院，书院史研究形成了一个高潮期。20世纪40年代后期，社会处于极度的动乱之中，民不聊生，书院研究的课题同其他一切学术工作一样都暂时中断了。以此为界，20世纪20年代至40年代可视为书院研究的兴起阶段。

早期书院研究的最大特点是从反省自西方引入的学校教育入手，总结并肯定书院的经验，作为建设现代教育制度的借鉴。虽然免不了怀旧的情绪，但终属理性而严肃的思考，在书院教育制度、书院与学术学风建设、书院与政治文化等方面形成了不少精彩的观点，其中关于书院精神的论述尤值得记述。书院之区别于官学，是因为它具有新的精神风貌。胡适最先指出书院的三种精神，即代表时代精神、讲学与议政、自修与研究。他认为书院之祭祀是民意之所寄托，代表时代的精神，书院代行古代民意机关的职责，它之研究是自由和自动的。陈东原提出，"自动讲学，不受政府干涉"与"反科举的精神是书院不朽的灵魂，如果失去了这两种精神，而仅保有书院的制度，那也不配算作书院"。⑤在军阀专制主义的年代，学者们强调书院"自动""自由"的民主精神，并将其

---

① 胡适：《书院制史略》，载《东方杂志》1921年第21卷第3号。
② 胡适：《书院制史略》，载《东方杂志》1921年第21卷第3号。
③ 胡适：《书院制史略》，载《东方杂志》1921年第21卷第3号。
④ 张君劢：《书院制度之精神与学海书院之创立》，载《新民》（月刊）1935年第1卷第7—8期。
⑤ 陈东原：《书院史略》，载《学风》1931年第1卷第9期。

定作书院的标志，是顺乎自然的事。到1937年，傅顺时在《两宋书院制度》①一文中，将书院精神概括为六点：时代思潮、怀疑态度、科学方法、人格精神、自动学习、反对科举。后来的研究者们都特别强调书院反科举的精神，但在科举成为读书人唯一的进身之阶的时代，书院是否能够真正与科举处于一种对立状态，是有待深入研究的问题。还有学者指出，书院的精神就是"讲学自由与经济独立"，且这两项正是"今日学者所渴慕者"。②

值得注意的是，抗日战争前后，在如何战胜日本军国主义、摆脱民族危机、复兴民族文化的思考中，以新儒家学者梁漱溟、熊十力、马一浮、张君劢为代表的现代思想家创建了勉仁、复性、学海、民族、天目等一批新型书院。将抗日救国和弘扬民族精神连结在一起，将研究儒家学术为主体的国学与培养爱国情怀紧密结合，是这批新式书院的共同主题。1949年，钱穆、唐君毅在香港创建新亚书院。将宋明书院传统和新的亚洲建设联系到一起，将人格教育、知识教育、文化教育融为一体，是现代社会实践儒家教育理念的典范。如何正确评价这些书院的地位、作用和影响，也是我们研究书院历史的任务之一。

第二节　书院史研究的进展情况

一、20世纪后半叶的书院研究情况

1950年至1979年，由于特殊的历史原因，两岸学者基本不相往来，学术交流近乎隔绝。20世纪50年代，中国大陆基本照搬苏联的教育模式，书院史研

① 傅顺时：《两宋书院制度》，载《之江期刊》1937年第1卷第7期。
② 盛朗西：《宋元书院讲学制》，载《民铎杂志》1925年第6卷第1期。

究受到冷落。到1966年，除各地《文史资料》方面的刊物刊登17篇书院资料之外，只发表了3篇论文。"文化大革命"时期，则完全是一段空白期。至1979年，《华南师院学报》第1期发表了杨荣春《中国古代书院的学风》，方重启了研究书院的工作。这一年发表的另一篇文章是周力成的《漫话东林书院》[①]。当大陆的研究停滞不前时，台湾、香港学者则于20世纪50年代、60年代、70年代分别发表16篇、11篇、15篇书院研究的文章。所有这些努力，志在保有书院研究这一学术园地不致荒芜。港台地区研究不仅仍沿袭了20世纪三四十年代中国大陆的传统，还开拓了不少新的领域。教育史学家王凤喈指导韩国留学生金相根完成硕士学位论文《韩国书院制度之研究》[②]，更将书院研究领域拓展至海外。这些皆成为20世纪八九十年代书院研究大发展的基础。

统计数据表明，20世纪最后20年是中国书院研究的兴盛期。需要说明的是，20世纪80年代、90年代各自有一个从初期向中后期攀升的轨迹，在1986—1988年、1996—1998年形成两个高峰期。从某种程度上讲，这是由岳麓书院、白鹿洞书院举行创立1010周年、1020周年庆典暨学术研讨会造成的集约效应，初期的低落可以看作中后期冲刺的准备，这是"中国庆典式"学术活动在书院研究领域的反映。

1981年，陈元晖、尹德新、王炳照的《中国古代的书院制度》[③]，章柳泉的《中国书院史话——宋元明清书院的演变及其内容》[④]，张正藩的《中国书院制度考》[⑤]三本著作分别在上海、北京、台北出版，这预示着中国书院研究第二个高潮的到来。1985年这一年，全国发表关于书院的论文60篇，首次超过20世纪20年代以来任何一个十年的总和。从此，中国书院研究进入一个持续高

---

① 周力成：《漫话东林书院》，载《群众》1979年第6期。

② 金相根：《韩国书院制度之研究》，台湾嘉新水泥公司文化基金会1966年版。

③ 陈元晖、尹德新、王炳照：《中国古代的书院制度》，上海教育出版社1981年版。

④ 章柳泉：《中国书院史话——宋元明清书院的演变及其内容》，教育科学出版社1981年版。

⑤ 张正藩：《中国书院制度考》，台湾中华书局1981年版。张正藩：《中国书院制度考》（简体本），江苏人民出版社1986年版。

涨期。之所以如此，与20世纪80年代的"文化热"不无关系。受其影响，研究文化史、教育史、思想史、学术史、社会史的学者皆涉足书院文化，使其研究进一步深化、细化、系统化，取得了长足的进步。

20世纪八九十年代的书院研究至少有四个特点：

第一，成立专门的研究机构或组织，开辟学术园地，形成比较稳定的专业研究队伍。1982年3月，随着千年学府岳麓书院修复工作的进行，湖南大学成立岳麓书院研究室。1984年，岳麓书院研究室扩大为岳麓书院文化研究所，下设书院、理学等研究室。同年6月，该所邀请各地三十多位学者召开全国首次书院学术座谈会。①会后，江西教育学院书院史研究室也宣告成立。这是两个在全国高校中成立最早也最著名的书院研究机构。1986年6月，湖南省书院研究会在岳麓书院成立。1993年，江西省书院研究会成立于庐山白鹿洞书院。这是全国两个省级的书院研究学术团体。

最早的书院学术园地是《岳麓书院通讯》，创刊于1982年，1986年年底停办，共出11期。《白鹿洞书院通讯》创刊于1989年，1993年改名为《白鹿洞书院学报》，1998年停刊，共出14期。1988年、1989年湖南省书院研究会等集结三次年会论文，出版两集《书院研究》②。1997年岳麓书院刊印中、美、日、韩学者组成的编委会组编的国际学术丛刊《中国书院》，至今已出版8辑，每辑35—40万字。受其影响，白鹿洞书院和赣省书院研究会于2000年开始刊印《中国书院论坛》，已出版8辑，每辑30万字左右。除了以上专刊之外，一些综合性刊物还开辟书院专栏，如《湖南大学学报》（社会科学版）自20世纪80年代设"岳麓书院与传统文化"栏目坚持至今，已经入选教育部全国高校哲学社会科学学报"名栏工程"。其他经常不定期刊载书院研究文章的刊物就更多了，涉及教育、史学、哲学、政治、建筑、图书情报、文献、档案、文物等学科。

---

① 朱汉民：《书院研究座谈会纪要》，载《岳麓书院通讯》1984年第2期。

② 湖南省书院研究会、衡阳市博物馆编：《书院研究》，湖南大学出版社1988年版。湖南省书院研究会编：《书院研究》（第二集），1989年版。

举办学术活动，开展学术交流是书院研究机构和组织推进学术事业的又一有力手段。常见的做法是定期召开年会，或开展重要的纪念性活动。如湘、赣两省书院研究会就曾召开过十余次学术年会。1986年正值白鹿洞、岳麓两大书院创立1010周年大典，湘、赣两省相关单位分别组织了盛大的学术讨论会。尤其是岳麓庆典，有全国20个省市及美国、日本学者147人参加，收到论文139篇，除由湖南人民出版社和湖南大学出版社分别出版文集①外，《岳麓书院通讯》《湖南大学学报》亦各出一期专辑，有力地推动了全国书院研究工作的开展。1994年，东林书院召开东林党学术研讨会，纪念东林书院重建390周年，收到全国各地学者20篇论文。1996年，岳麓书院1020周年庆典时，书院邀请百余名学者举办"儒家教育理念与人类文明国际研讨会"，收到论文80余篇。1999年，香港中文大学新亚书院以"中国文化的检讨与前瞻"为题，举办金禧纪念国际学术会议，有来自美国、加拿大、丹麦、韩国、澳大利亚及中国的29位学者发表论文。②

上述这些机构与组织成为书院研究的中坚力量，其学术活动将分散于各地各学科的研究人员逐步团结到一起，从而形成了一支比较广泛而稳定的专门研究队伍，有利于书院研究向纵深发展。

第二，深化原有议题，开拓新的领域。书院作为读书人经营的文化教育组织，和宋元以来的教育、文化、学术、思想、政治乃至军事、经济等密切相关，是当时社会生活中不可或缺的组成部分。这些年的研究注意到了这种联系，除了深化拓展原有的教育、文化、学术、思想、宗教、图书馆、建筑等议题之外，还新开辟自然科学、语言文字、军事、经济、出版等诸多新领域的议题。

---

① 湖南大学岳麓书院文化研究所编：《岳麓书院一千零一十周年纪念文集》，湖南人民出版社1986年版。湖南大学岳麓书院文化研究所编：《书院文化史研究文集》，湖南大学出版社1988年版。
② 刘述先：《中国文化的检讨与前瞻——新亚书院五十周年金禧纪念学术论文集》，香港八方文化企业公司2001年版。

　　原有课题的深化是多方面的，如宗教的议题，历来认为书院受佛、道二教的影响，却没有真正具体而充分的论证，只是泛泛而言。为弥补这一缺憾，程舜英《佛教对中国教育和书院制度的影响》①、刘国梁《道教对宋明时期书院教育的影响》②、胡青《家族经济、道教与华林书院》③，这三项成果做了有益的尝试。与宗教议题相关联，涉及教会书院的文章有：邓洪波的《教会书院及其文化功效》④、黄新宪的《教会书院演变的阶段性特征》⑤等讨论教会书院的文章，由宗教议题转化深入，开拓出新的研究领域。又如书院与政治、学术的关系，过去注意的目标是理学、心学、宋学、汉学、伪学案与东林党等；随着改革开放的实施，学人开始关注社会大变革时代的清末书院研究，对其社会政治功用进行探究，涉及新学、西学、洋务自强、托古改制、变法维新的问题，提出了一些新观点。

　　其他如书院与自然科学、语言文字，书院刻书等议题，亦在这一阶段开始兴起。

　　第三，开始与外界展开学术交往。书院学术自由，讲究师生之间、不同地域与学派之间的切磋论辩，但自20世纪20年代开始的书院研究却没有注意开展同域外学术界的联系，这不能不说是一大憾事。东邻的韩国、日本差不多与中国同时开始对中国书院的研究，几十年来发表了很多论文，出版了一些专著，尤其是当我们自20世纪50年代起，中断工作近30年的时候，他们则取得了较大的成绩，以至于有人发出了书院在中国、书院研究在国外的慨叹。国门开放之

---

　　① 程舜英：《佛教对中国教育和书院制度的影响》，见湖南大学岳麓书院文化研究所编《岳麓书院一千零一十周年纪念文集》，湖南人民出版社1986年版，第214—224页。

　　② 刘国梁：《道教对宋明时期书院教育的影响》，见湖南大学岳麓书院文化研究所编《书院文化史研究文集》，湖南大学出版社1988年版，第153—158页。

　　③ 胡青：《家族经济、道教与华林书院》，载《宜春师专学报》1994年第3期。

　　④ 邓洪波：《教会书院及其文化功效》，载《贵州教育学院学报》（社会科学版）1993年第3期。

　　⑤ 黄新宪：《教会书院演变的阶段性特征》，载《湘潭大学学报》（哲学社会科学版）1996年第3期。

后，中外书院研究同仁有了交往。大久保英子的《明清时代书院之研究》①、丁淳睦的《中国书院制度》②等已为中国学人熟知。金相根的《韩国书院制度之研究》已被很多学术论文所引用，而金相根本人则在韩国著文介绍中国书院研究的成果。③韩、日学者的有关论文也常见于报刊。邓洪波发表《朱熹与朝鲜的书院》④，说明中国学人已注意到书院这一文化组织远输域外的现象。李弘祺在日本发表中国书院研究综述的文章，推动了中日学术信息的交流。白鹿洞书院、岳麓书院、保定莲池书院等与日本同仁实现了互访交流，而随着李弘祺的《朱熹、书院与私人讲学的传统》（*Chu Hsi, Academies and Tradition of Private Chiang-hsüeh*）⑤的翻译与发表，我们对国外的中国书院研究也不再完全陌生。与此同时，1982年，对书院多有研究的张正藩从台湾返居江苏故里，在《岳麓书院通讯》上发表了几篇旧作，江苏人民出版社也再版了他的《中国书院制度考略》。从此，隔绝已久的中国台湾地区学者的研究成果也开始传于大陆书院研究者之中。所有这些都标志着书院研究已打破闭门造车的局面，外界信息开始了有意义的输入。大陆与港台地区学者之间的切磋，中国与外国同行的交流，必将提升书院研究的整体水平。

20世纪最后20年的书院研究有900余篇论文发表，出版著作40余部，标志性成果很多。分而言之，基础资料方面的有：陈谷嘉、邓洪波主编的《中国书院史资料》（全三册）⑥，赵所生、薛正兴主编的《中国历代书院志》⑦，邓洪波主编的《中国书院文化丛书》⑧，朱瑞熙、孙家骅主持整理的《白鹿洞书院古

---

① ［日］大久保英子：《明清时代书院之研究》，日本东京图书刊行会1976年版。
② ［韩］丁淳睦：《中国书院制度》，韩国文音社1990年版。
③ ［韩］金相根：《评中国书院制度研究》，载《中国学研究》（第14辑）1998年。
④ 邓洪波：《朱熹与朝鲜的书院》，载《贵州教育学院学报》1989年第1期。
⑤ ［美］李弘祺：《朱熹、书院与私人讲学的传统》，邓洪波、潘建译，载《江西教育科研》1988年第2期。
⑥ 陈谷嘉、邓洪波：《中国书院史资料》（全三册），浙江教育出版社1998年版。
⑦ 赵所生、薛正兴主编：《中国历代书院志》，江苏教育出版社1995年版。
⑧ 邓洪波主编：《中国书院文化丛书》，湖南大学出版社1999—2002年版。

志五种》①，陈连生主编的《鹅湖书院志》②，孙家骅、李科友的《白鹿洞书摩崖碑刻选集》③等。如此大规模的文献整理为书院研究的繁盛提供了坚实的资料基础。在综合性研究方面，出版有三部标志性著作，即李国钧主编的《中国书院史》④，季啸风主编、岳麓书院组织全国十余所高校学者完成的《中国书院辞典》⑤，陈谷嘉、邓洪波的《中国书院制度研究》⑥。另外，白新良《中国古代书院发展史》⑦，大量采用地方志，已经被越来越多的学者引用。其他专题性研究亦有不少佳作，如李才栋的《江西古代书院研究》⑧，朱汉民的《岳麓书院与湖湘学派》⑨，丁钢、刘琪的《书院与中国文化》⑩等。凡此种种，皆值得重视。

二、新世纪的书院研究

20世纪的书院研究大致经历了由初起而兴（1923—1949）、坠而不绝（1950—1979）到勃然兴盛（1980—2000）三个阶段，逐渐理论化、系统化。有学者根据书院研究的"独特性、广博性、重要性和现实性"，在20世纪90年代就提出了建立"书院学"的呼声。⑪步入新世纪以后，书院研究进入新的发展阶段，2001年一年就发表论文90篇。随后研究热情持续走高，在2002年发表论文突破百篇大关，2005年再破200篇大关，2008年突破300篇大关，2014年更

① 朱瑞熙、孙家骅：《白鹿洞书院古志五种》，中华书局1995年版。
② 陈连生主编：《鹅湖书院志》，黄山书社1994年版。
③ 孙家骅、李科友主编：《白鹿洞书院摩崖碑刻选集》，燕山出版社1994年版。
④ 李国钧主编：《中国书院史》，湖南教育出版社1994年版。
⑤ 季啸风主编：《中国书院辞典》，浙江教育出版社1996年版。
⑥ 陈谷嘉、邓洪波：《中国书院制度研究》，浙江教育出版社1997年版。
⑦ 白新良：《中国古代书院发展史》，天津大学出版社1995年版。
⑧ 李才栋：《江西古代书院研究》，江西教育出版社1993年版。
⑨ 朱汉民：《岳麓书院与湖湘学派》，教育科学出版社1991年版。
⑩ 丁钢、刘琪：《书院与中国文化》，上海教育出版社1992年版。
⑪ 刘海峰：《"书院学"引论》，载《教育评论》1994年第5期。

是强势突破400篇大关，至今仍然强势不减，呈现出一派繁盛景象。①纵观新世纪以来的研究，有以下三个新特点：

第一，更加重视书院文献的整理工作。书院文献是书院在发展过程中形成的各类记载书院活动的文献，是构成中国古代思想、教育、学术的重要内容之一。自民国以来，学界即开始有意识地整理书院文献。如柳诒徵的《江苏书院志初稿》、王兰荫《河北省书院志初稿》、吴景贤《安徽书院志》等，皆是带有资料性质的书院志书。20世纪八九十年代以后，学界对于书院文献愈来愈重视，尤其是2015年国家社会科学基金重大项目"中国书院文献整理与研究"成功立项，相信以后会有更多的书院文献整理成果问世。以下为2001—2019年间有关书院文献整理的著作篇目表。

2001—2019年书院文献整理著作篇目表

年代	数量	篇目	整理者	整理方式	书院所在地区
2002年	1	中国书院诗词	邓洪波	辑录、点校	
2003年	1	嵩阳书院志	李远	点校	河南
2004年	1	东林书院志	《东林书院志》整理委员会	点校	江苏
2007年	2	中国牌坊书院楹联	解维汉	辑录	
		石鼓书院诗词选	戴述秋	辑录、点校	湖南
2008年	2	白鹭洲书院志	高立人	点校	江西
		白鹿洞书院艺文新志	李宁宁、高峰	辑录、点校	江西

---

① 论文增加与量化指标考核成风有关，不能排除虚假成分，但还不至于从根本上影响我们的判断。

续表

年代	数量	篇目	整理者	整理方式	书院所在地区
2009年	3	石鼓书院志	邓洪波、刘文莉	点校	湖南
		民国史料丛刊·东亚同文书院纪念志（创立四十周年纪念）	张研、孙燕京	影印	上海
		民国史料丛刊·河北省书院志初稿	张研、孙燕京	影印	河北
2010年	4	紫阳书院志	陈联、胡中生	点校	安徽
		信江书院志	徐公喜、林方明	点校	江西
		新修岳麓书院志		影印	湖南
		中国历代书院学记	王涵	辑录、点校	
2011年	2	东林书院重整规条录等		影印	江苏
		中国书院学规集成（全三册）	邓洪波	辑录、点校	
2012年	5	岳麓书院志	邓洪波、杨代春、谢丰等	点校	湖南
		景德镇新安书院契录	郑乃章	影印	江西
		复性书院讲录	马一浮	辑录	四川
		东亚同文书院中国调查资料选译（全三册）	冯天瑜、刘柏林、李少军	翻译	上海
		城南书院志·校经书院志略	邓洪波等	点校	湖南

续表

年代	数量	篇目	整理者	整理方式	书院所在地区
2013年	4	起凤书院答问——外一种《左传义法》	郭康松、王璐、林久贵	校注	广东
		钟山书院志	濮小南	点校	江苏
		东林书院匾额楹联	荣骏炎	辑录	江苏
		四川尊经书院举贡题名碑	党跃武	影印、点校、研究	四川
2014年	4	保定莲池书院善本图录（全二册）	高玉、王大琳	影印	河北
		重修岳麓书院图志	邓洪波	影印、校补	湖南
		河东地区书院碑刻辑考	李文、李爽	辑录	山西
		鳌峰书院志校注两种	许维勤	校注	福建
2015年	2	端溪书院志二种	赵克生、宋继刚	点校	广东
		南菁书院志	赵统、杨培明	辑录、点校	江苏
2016年	4	格致书院课艺（全四册）	上海图书馆	影印	上海
		西湖文献集成续辑·西湖书院史料	魏得良、徐吉军	点校	浙江
		东亚同文书院中国调查手稿丛刊（全二百册）	国家图书馆	影印	上海
		张之洞与梁鼎芬两湖书院手札	武汉市档案馆、武汉博物馆	影印	湖北
2017年	2	象山书院志	王立斌、吴国富、金来恩	辑录、点校	江西
		中国历代书院学记	王涵	辑录、点校	

续表

年代	数量	篇目	整理者	整理方式	书院所在地区
2018年	1	中国书院文献丛刊·第一辑（全一百册）	邓洪波	影印	
2019年	1	中国书院文献丛刊·第二辑（全一百册）	邓洪波	影印	

这些成果以书院志等文献为主，其整理方式多为辑录、点校。书院志本身内容丰富而篇幅适中，加之学界对书院志价值的日益肯定，因而有热情去完成相对烦琐的辑录、点校工作。那些史料与版本价值都较高的文献（如《景德镇新安书院契录》《保定莲池书院善本图录》），以及篇幅过大的文献（如《格致书院课艺》《东亚同文书院中国调查手稿丛刊》），则多以影印的形式整理出版，这即可保存文献的原始面貌，也提高了文献传播效率。这些文献所指的书院，其所在的地区以湘赣、江浙（包括上海）地区为主，这些地区在古代亦是书院大省，反映出当地的书院传统在当代仍有一定程度的延续，其文献正在被有序整理、利用，不失为学界幸事。

《中国书院学规集成》是专题性的书院资料集。书中对"书院那可称'永恒'的精神及维持其精神的制度保证"[①]——学规做了专门整理。全书按省份编排，将书院单独列条，每一条目之下对书院本身的历史及学规、章程等资料做了专门记述，其文献主要来源于书院志、方志、文集、近代报刊、碑刻、笔记等。此外，书中还以附录的形式对东亚地区的朝鲜、日本书院资料做了专门整理，足见其"搜罗求广，意在集成"之目的。由邓洪波主编的《中国书院文献丛刊》第一、二辑由国家图书馆出版社与上海科学技术文献出版社联合影印

---

① 邓洪波：《中国书院学规集成》（第一卷），中西书局2011年版，第22页。

出版。两辑丛刊收录了来自国家图书馆、上海图书馆、首都图书馆、天津图书馆、美国哈佛燕京图书馆等馆藏单位的书院文献合计265种，涉及全国20余个省份的书院，是目前最大规模的书院文献丛书。这些文献以明清两代居多，有书院志、课艺、试卷、学规、章程、同门录、讲语等种类，有稿钞本、石印本、木刻本、活字本、铅印本等类型。每种文献均撰有提要，介绍作者、版本、内容、藏馆及其所属书院等信息。该丛刊提供了有关书院的大量基础性文献，对书院学、目录学、教育学等学科的研究具有重要的学术价值。

第二，对书院研究的学术史总结常态化。自20世纪80年代以来，对书院研究的学术史总结工作就已经开展。1986年，邓洪波就开始搜辑1923—1986年的书院研究论文索引，并发表《解放前中国书院史研究述评》[①]。此后，邓洪波又相继完成《中国书院研究十年（1979—1988）》[②]《中国书院研究综述（1923—2003）》[③]《八十三年来的中国书院研究》[④]等论文，续写书院研究史。同时，李弘祺、王炳照、蒋建国又分别完成《中国书院史研究——研究成果现状与展望》[⑤]《书院研究的回顾与瞻望》[⑥]《20世纪中国书院学研究》[⑦]，对书院研究史提出了自己的看法。这一时期的书院研究史总结工作开展得较为零散。首先表现在研究队伍上，研究者的机构散布数地，其学科背景也涉及历史学、教育学等不同学科。其次表现在发布总结成果的年份不固定，未形成制度性的工作开展机制。尽管如此，也不能否认这些工作的价值。这一时期形成的许多研究范式与结论得到了学界的认可，为后来者所沿袭。

① 邓洪波：《解放前中国书院史研究述评》，载《岳麓书院通讯》1986年第1期。
② 邓洪波：《中国书院研究十年（1979—1988）》，载《教育学术月刊》1990年第1期。
③ 邓洪波：《中国书院研究综述（1923—2003）》，见高明士著《东亚教育史研究的回顾与展望》，台湾大学出版中心2005年版。
④ 邓洪波：《八十三年来的中国书院研究》，载《湖南大学学报》（社会科学版）2007年第3期。
⑤ 李弘祺：《中国书院史研究——研究成果现状与展望》，载《中国——社会与文化》1990年第5号。
⑥ 王炳照：《书院研究的回顾与瞻望》，见《中国书院》（第一辑），湖南教育出版社1997年版。
⑦ 蒋建国：《20世纪中国书院学研究》，载《湖南大学学报》（社会科学版）2003年第4期。

2006年以来，随着邓洪波《八十三年来的中国书院研究》的发表，学界对于总结书院研究史的价值给予充分认可。在此之后，考虑到书院在当今社会逐渐复兴的现实需求，以及学界长久以来对书院的热切关注，不少学者也加入到撰写书院研究综述及报告的工作当中。陈潘在《近三十年来中国书院研究综述》①中对20世纪80年代以来至2010年的书院研究做了总体叙述，其统计数据与邓洪波略有不同，可互相参照；庞亚妮的《近三十年清代书院研究综述》②，周艳红、陈浩的《清代广东书院研究综述》③是分省份、分朝代撰写书院研究史的成果；崔海浪的《我国高校书院制建设研究综述》④则是对当前方兴未艾的高校书院制改革研究进行总结的开山之作。这些综述多是针对某一具体的问题或领域而展开的。以邓洪波为核心的研究团队从2006年开始，每年提供书院研究的年度报告，对各个领域、各个学科参与书院研究的所有成果做较为全面的总结，使得学界对于日新月异的书院研究有一个较为充分的把握。从2006年至2017年，已完成12篇年度研究综述论文，先后在各类刊物上发表。

这一研究队伍目前已形成常态化的撰写书院研究年度综述的机制，在长期的工作过程中形成一套独特的研究方法体系——重视统计数据，按事实说话；重视过往研究史，把握书院研究的前世今生；重视研究机构、人物、观点，把握学界新动态；拓展研究范围，包容古、今、中、外的各式书院；寻找当前书院研究的不足，展望未来发展方向。该团队未来将继续开展年度研究综述的撰写工作，为学界贡献绵薄之力。

综合来看，目前的书院研究界已形成固定的书院研究队伍，也带来了常态化的书院研究学术史总结工作，这既体现了当前书院研究领域的繁盛局面，也是"书院学"走向成熟的反映。

---

① 陈潘：《近三十年来中国书院研究综述》，载《皖西学院学报》2011年第4期。
② 庞亚妮：《近三十年清代书院研究综述》，载《沧州师范学院学报》2012年第4期。
③ 周艳红、陈浩：《清代广东书院研究综述》，载《韩山师范学院学报》2015年第4期。
④ 崔海浪：《我国高校书院制建设研究综述》，载《山西师大学报》（社会科学版）2015年第2期。

第三，书院研究更加组织化。自20世纪80年代中国大陆地区的书院研究重新起步以后，各地接连成立书院研究组织或机构，并开展相应的学术活动。详情前文已有叙及，此处不再赘述。

在地区性的书院学术、组织活动发展到一定程度时，开展全国性的大型交流活动也就成为一种趋势。2009年11月，厦门筼筜书院与厦门大学国学研究院联合台湾地区研究院、中国文哲研究所等相关单位合办"海峡两岸国学论坛"，此论坛经国务院台湾事务办公室核准，成为海峡两岸国学领域高端学术交流的重点活动项目，每年举办一届，书院即是这一论坛的重要议题（到2016年，筼筜书院又开展专门的"中华书院教育发展论坛"）。2011年8月，由七宝阁书院举办的首届"书院传统与未来发展论坛"在北京召开。该论坛每年举行一届，旨在通过观察国家、社会乃至世界格局中存在的问题和机遇，开阔视野，探索新的教育模式。这一论坛由学术界、传统书院、现代书院以及相关文化机构共同参与，基本涵盖了当前参与书院研究、书院实践的各方人士。同年9月，香港中文大学新亚书院和尼山圣源书院联合召开的"钱穆与新亚——当代书院建设研讨会"在山东尼山圣源书院举行。该会议旨在增进各书院之间的经验交流，有效吸收中国古代书院和新亚书院的宝贵经验，促进当代书院的健康发展。这些时常举办的书院研究盛会，一方面增强了书院研究各界之间的交流，另一方面也使得各成员越来越感到成立一个全国性的书院研究组织的必要性。

2014年9月29日，来自白鹿洞书院、嵩阳书院、东林书院、鹅湖书院、石鼓书院、山东尼山圣源书院、贵州大学中国文化书院等全国数十家各类书院的55名代表齐聚长沙岳麓书院，共同宣告"中国书院学会"成立。经大会推选，岳麓书院朱汉民当选为中国书院学会会长，刘海峰等15人为副会长，李兵为秘书长，宋毛平等20余人为学会理事。中国书院学会目前挂靠在中国朱子学会之下，其成员来自高校书院界、文保界、民间新书院界等各方面，旨在团结全国学术界与社会界同仁，促进海内外的学术交流，研究书院的发展历史，保护、继承和发扬书院传统，推动当代书院建设及书院活动，促进文化的大发展、大繁荣和社会的文明进步。2015年9月5日，由上海国学院主办，九州书院、上海友朋会、同济大学人文通识教育中心承办的"二十一世纪中国书院发展模式研讨会暨中国民间书院首届高峰论坛"在上海九州书院召开，同时宣布成立"中国书院联盟"。这是民间书院界联合高校书院界共同组织的全国性团体。次年，该论坛又在武汉经心书院召开，通过了昭示当代书院办学理念的《东湖宣言》。

这些全国性的学会与联盟成立后，每年于不同的会员单位召开会议，使得书院界形成了常态性的组织、交流机制，打破了早期书院研究"单兵作战"的劣势，从而有机会进行更宏观、更系统的研究工作。

第三节　书院史研究的理论与方法

书院研究的兴起源自晚近学人对中国大学教育面临的现实困境的反思，因此书院研究从一开始就有强烈的现实关怀。学人引进并利用西方教育学理论，总结书院的教育制度、教育精神，形成了教育史领域的众多成果。早期的中国教育史研究成果如陈青之的《中国教育史》、陈东原的《中国教育史》等，都将书院置于中国教育发展史的长河之中，利用《文献通考》《续文献通考》以及方志、文集等史料综合考察书院的源流、制度、精神等，以期为社会现实服务。这些通论性著作虽然简要，但提出的诸如书院"官学化"等命题至今仍被学界广泛认可。刘月生在《宋元明清书院教育概况》①一文中论述了书院教育的起源、特点和责任，提出书院教育负有藏书、供祀和讲学三大事业。作者虽

① 刘月生：《宋元明清书院教育概况》，载《云南省立东陆大学校刊》（毕业纪念号）1934年。

然未能详细展开论说，但这一结论已大致形成书院专题研究的框架。

较早从历史学的角度进行研究的，是1929—1930年间曹松叶发表的一组研究宋、元、明、清书院发展状况的论文①。曹氏首次引入数据统计与分析方法，并且采用百分率，不仅绘制了书院创设和修复图表，还制作了书院建设力量和书院损毁情况对比图表，以直观的方式，利用具体数据，从时间和空间两个方面分析了书院在发展历程中呈现出来的不同状态。20世纪30年代班书阁进行的书院专题研究极具特色，如《明季毁书院考》②《书院掌教考》③《书院兴废考》④《书院生徒考》⑤等，以细致的考证功夫对书院发展史中重要的议题进行了研究。1934年，盛朗西的《中国书院制度》⑥是第一部正式出版的书院研究专著。其最大特点在于史料的搜集和运用达到了一个新的高度，如论及明代书院时，大量引用了《明史》《明儒学案》《万历野获编》《续通考》《碑传集》等史料，足见其扎实的史料功底。此外，盛朗西还将《明史》和《明儒学案》中所提及的书院悉数整理，供学界参考。1939年，刘伯骥的《广东书院制度沿革》⑦又是一个标志性的成果。该书从书院的起源与变迁、分布形态、院舍、行政组织、经费、师生、课程与训导、社会地位和书院制的兴替等部分论述了广东地区书院制度从宋至清的历史变革。刘氏吸收了曹松叶、梁瓯第等前期研究成果，在书中运用了大量更加细化的图表来呈现不同时期书院的发展状态，认为广东书院制度的精神在于政教合一。其研究不再完全聚焦于学术和政治上，已经扩展到社会和经济方面，再次提出了新的议题，如书院与学术互为表里的关系、书院分布的历史地理形态受学术和政治的双重影响、书院讲学可

　　① 曹松叶：《宋元明清书院概况（续）》，载《国立中山大学语言历史学研究所周刊》1930年第113期。

　　② 班书阁：《明季毁书院考》，载《睿湖》1930年第2期。

　　③ 班书阁：《书院掌教考》，载《女师学院期刊》1933年第1卷第2期。

　　④ 班书阁：《书院兴废考》，载《女师学院期刊》1933年第2卷第1期。

　　⑤ 班书阁：《书院生徒考》，载《女师学院期刊》1935年第4卷第1期。

　　⑥ 盛朗西：《中国书院制度》，中华书局1934年版。

　　⑦ 刘伯骥：《广东书院制度沿革》，商务印书馆1939年版。

以探测社会心理趋向、书院制度本身既决定又可以影响政治经济背景等。刘伯骥的这些论述都具有开拓性的意义，更加丰富了后世书院研究的视野。

民国时期的书院研究虽涉及社会经济史领域，但主要还是聚焦于教育史，尤其是在制度层面。进入20世纪70年代以后，书院研究有了新的推进。1976年，大久保英子出版《明清时代书院之研究》①，从社会史角度探讨书院与庶民的关系，提出庶民阶层在明代兴起是缘由在于工商业的发展，体现了书院教育的平民化特点。1982年，偏重明代书院研究的穆四基（John Meskill）出版《明代书院：一篇历史论文》②，从社会史的角度考察了书院与科举、士人和政治之间的复杂关系。穆四基依照时间顺序，论述了明前期书院的复兴、建构与活动，明中期书院的变革和明末书院的衰落，并以此为基础将明代书院与政治背景、官学教育、精英活动结合起来，勾勒出一个庞大的书院士人网络。穆四基并不是西方明代书院研究的开创者，早在50年代，卜恩礼和林懋就对明末东林书院和书院禁毁有过论述③，穆四基受此二人影响，发表论文《明代书院与政治》④，然而，这些都不妨碍本书成为明代书院研究的奠基之作，并影响了万安玲、麦哲维、秦博理等西方汉学家的书院研究。⑤

20世纪80年代拨乱反正后的国内学界，最先重燃书院研究的仍旧是教育学科。以李才栋和王炳照为代表，相继发表多篇学术论文，前者的研究主要围绕白鹿洞书院展开，而后者则注重教育制度的探析。此时的国内教育史学科逐

① ［日］大久保英子：《明清时代书院之研究》，日本东京图书刊行会1976年版。

② John Thomas Meskill, *Academies in Ming China：A Historical Essay*（Tucson：The University of Arizona Press，1982）.

③ H. Busch, "The Tung-Lin Academy and Its Political and Philosophical Significance", *Monumenta Serica*, no.14（1955），1—163；T. Grimm, "Academies and Urban Systems in Kwangtung", in *The City in Late Imperial China*, ed. Skinner G W. Calif（Stanford University Press，1977），475—498. 转引自陈仙：《英语世界的书院研究》，湖南大学博士学位论文，2016年。

④ John Thomas Meskill, "Academies and politics in the Ming Dynasty", in *Chinese Government in Ming Times：Seven Studies*, ed. Hucker C. O.（New York：Columbia University Press，1969），149—174.

⑤ 陈仙：《英语世界的书院研究》，湖南大学博士学位论文，2016年。

步走上正轨，并且形成了成熟的学科结构和研究范式。当时中国教育史学科
的发展正在经历由通史研究到"教育思想史—教育制度史"两分法的转变，这
一研究模式在1994年由李国均、李才栋、王炳照等18位学者编写的《中国书院
史》①中体现得淋漓尽致。该书以时间顺序对书院由唐至清的发展历程进行了
详细梳理，旨在从教育学角度探究学术流派与书院之间的关系，是集当时书院
研究界众家之所长而成的上乘之作。

书院研究转入历史学领域，最突出的代表是邓洪波。邓洪波自20世纪80
年代开始从事书院研究工作，90年代参与编写《中国书院辞典》《中国书院
制度研究》《中国书院史资料》②等多部书院学著作，将各大地方志中零散的
书院资料搜集整理、点校出版，并将历代书院分省份编纂词条，详录其历史沿
革、建筑形式和学术特色等，给日后的书院研究提供了极大的便利。在对书
院历史、制度、学派充分研究的基础上，邓洪波于2004年出版了《中国书院
史》③。该著作引入曹松叶的统计法，不再只关注书院教育，而是从学术、政
治、社会等多个领域详细论述了书院自唐至清的发展历程及其每个时期的特
色。其统计数据远远超过曹氏，不仅延续学界前辈的议题，重新讨论了书院与
学术的共同辉煌、平民化趋势，以及书院制度向海外移植的新动向，也注意到
了军事、社团、王府等新型书院的出现，丰富了书院研究的内容。另外，邓洪
波还著有《明代书院讲会研究》④，从书院史、学术思想史和社会政治史等研
究视角论述了书院讲会运动的发展和组织形式。文章将书院讲会分为学术型、
教学型和教化型三种类型的同时，还探讨了讲会的地域性特点以及社团书院的
特征，并在此基础上提出书院讲会的形式为"以讲为学、以会为学"，其组织

---

① 李国均主编：《中国书院史》，湖南教育出版社1994年版。
② 季啸风主编：《中国书院辞典》，浙江教育出版社1996年版；陈谷嘉、邓洪波主编：《中国书院制度研究》，浙江教育出版社1997年版；陈谷嘉、邓洪波主编：《中国书院史资料》，浙江教育出版社1998年版。
③ 邓洪波：《中国书院史》（增订版），武汉大学出版社2012年版。
④ 邓洪波：《明代书院讲会研究》，湖南大学博士学位论文，2007年。

方式则是"轮流主会、联属大会"。

2000年前后，书院研究体现出更加多元化的特点。樊树志的《东林书院时态分析——"东林党"论质疑》①从个案出发，提出东林书院只是一个弘扬程朱理学、纠正王学弊端的讲学场所，并非一个讽议朝政的政治团体，重在探讨晚明的政治文化。陈时龙延续了樊树志社会政治史的研究方法，以明代中晚期的讲学运动为关注重点，探究了政治与讲学的冲突。②此外，陈时龙在书院文献研究领域的贡献也非常突出，他通过大量的文献搜集和整理工作考证了明代的96种书院志书，对其记载对象、作者、卷数、编纂时间、体例等均进行了详尽考察，呈现了一个较为完备的明代书院志专题目录。③

思想史与哲学史研究者的视角也从未远离过书院。在宋明理学领域，书院逐渐被视为学术思想的载体和联接社会各阶层的纽带，对书院与学术思想之间关系的探讨也受到了重视。吴震的《明代知识界讲学活动系年：1522—1602》④立足于阳明心学的研究，又以年表方式记录了明代书院的讲学情形，揭示了明中期知识界的思想动向以及社会文化特征。肖永明的《儒学·书院·社会——社会文化视野中的书院》⑤关注到了书院与儒学的互动关系，从社会文化史的角度考察书院兴起的文化环境、社会动力和祭祀文化等等，认为书院作为一种文化教育组织，是儒家文化的重要象征，其作用在于将儒学传播渗透到民间社会各个阶层。肖氏在对宋明思想史长期研究的基础上，充分吸收海外学者之长处，使书院研究从思想史向社会文化史领域的推进更深入了一步。

---

① 樊树志：《东林书院的实态分析——"东林党"论质疑》，载《中国社会科学》2001年第2期。

② 陈时龙：《明代中晚期讲学运动：1526—1626》，复旦大学博士学位论文，2004年。

③ 陈时龙：《明代书院志考》，见《中国社科院历史研究所学刊》（第六辑），商务印书馆2010年版，第433—502页；陈时龙：《明代书院志续考》，见《明清书院文献与书院研究学术研讨会论文集》（未刊稿），2017年，第49—53页。

④ 吴震：《明代知识界讲学活动系年：1522—1602》，学林出版社2003年版。

⑤ 肖永明：《儒学·书院·社会——社会文化视野中的书院》，商务印书馆2012年版。

　　此外，在书院研究领域还有两位不得不提的学者，即美国的万安玲（Linda A. Walton）和中国台湾地区的陈雯怡。万安玲的《南宋的书院和社会》①以"书院运动"为中心，从社会文化史的角度探讨书院形成的原因及其与政治、学术、宗教、经济、宗族、士人的交互关系，还原了南宋书院在发展过程中所呈现出来的复杂的社会经济与政治文化情境。陈雯怡的《由官学到书院——从制度与理念的互动看宋代教育的演变》②将书院视作中国教育史上最具代表性的"私学"制度，并以此为基础探讨宋代书院的发展。陈氏认为，两宋教育发展的大趋势就是由官学到书院的转变，因而宋代书院的发展体现了政治、社会与文化三方面的交集，是私学理想在历史现实中的开展过程。通过对此过程的考察，此书呈现了宋代书院的丰富面貌。再者，陈氏在论及南宋书院部分时提出了"书院复兴运动"概念，并且从北宋旧书院的兴复、旧传统与新典范、官学制度与私学理想三个方面论证了这种复兴运动的过程。二氏皆即将眼光向下，打破孤立的"以书院论书院"的局限，通过联系与书院构成相对关系的其他场域，更加具体而全面地展现了书院的特质及其所处的社会情景，代表了书院史研究新的推进方向。二者所运用的一系列分析工具及其关注问题的独特视角，对学界进一步探讨书院在社会中的不同面相具有重要启示作用。

---

　　① Linda A. Walton, *Academies and Society in Southern Sung China*（University of Hawai'i Press, 1999）.

　　② 陈雯怡：《由官学到书院——从制度与理念的互动看宋代教育的演变》，台湾联经出版社事业股份有限公司2004年版。

第四节　书院史研究的发展趋势

一、学科视角多元化

当前的书院研究，已逐渐改变教育史、制度史、思想史、建筑史几家独大的局面，拥有经济学、传播学、社会学、人类学等学科背景的学者相继进入书院研究领域，使得书院研究日益成为多学科交叉研究的对象。例如，刘钰晓在《白鹿洞书院经费报表分析》[1]中即引入会计学领域的知识，制作了年度会计表格，直观反映了白鹿洞书院在一个会计年度内的收入和支出情况，并给出了利润表。蒋建国的《公共交往、学术传承与社会教化——传播史视域下的书院性质研究》[2]从传播空间、传播层次和传播理念上分析了书院传播活动的特征，认为书院传播活动的发展是其立足于地方社会和获得制度化赓续的重要原因。在旅游文化资源及文创产品设计方面，王宁《岳麓书院文化创意产品设计研究》[3]基于产品语意学、设计符号学理论，结合创意产业市场概念，对岳麓书院文化产品设计现状以及岳麓书院文化设计元素进行研究分析，提出了岳麓书院文化创意产品开发的方法。鞠晨梦的《庐山"教育名山之旅"特色旅游产品开发设计》[4]，对最能体现庐山"教育名山"特征的几个旅游景点，如白鹿

---

[1] 刘钰晓：《白鹿洞书院经费报表分析》，载《知识经济》2010年第5期。

[2] 蒋建国：《公共交往、学术传承与社会教化——传播史视域下的书院性质研究》，载《天津社会科学》2010年第5期。

[3] 王宁：《岳麓书院文化创意产品设计研究》，湖南大学硕士学位论文，2015年。

[4] 鞠晨梦：《庐山"教育名山之旅"特色旅游产品开发设计》，载《商场现代化》2016年第2期。

洞书院，展开教育旅游产品的开发与设计研究。在翻译学方面，沈雨的《嵩阳书院随行解说口译报告》①、任佳的《导游口译实践报告——以2014年岳麓书院导游口译为例》②和周思阳的《〈中国书院史〉节选文化负载词翻译实践报告》③等皆是相关的研究。

　　从社会文化史的视野进行书院研究是当前书院研究领域逐渐兴起且极具活力的一大方向。前文叙及的肖永明《儒学·书院·社会——社会文化史视野中的书院》是一部以社会文化史的角度完成的力作。陈时龙的《论天真书院的禁毁与重建》④对天真书院在万历初年的禁毁及重建做了研究。作者分析认为，天真书院的禁毁与重建有着各种不同的力量在博弈，既有代表国家权力的中央与地方官员，又有代表社会力量的士绅，以及僧侣与大众，且有同情士绅而又不敢与国家权力对抗的一些在京官员。梳理天真书院的禁毁与重建情况，不仅有助于理解万历初年张居正前后的书院政策的变化，而且也能为理解明朝国家与社会之间的互动提供一个有趣的案例。赵连稳在《清代北京社会和书院互动关系研究》⑤一文中认为，清代北京社会各个阶层，上至总督，中到顺天府尹，下至知县和乡绅，都对书院的发展持鼓励、支持态度，使北京书院在清代发展到鼎盛时期，而书院也很好地回报了社会，发挥了培养人才、教化乡里、传播知识的作用。实践证明，社会和书院良性互动，对社会是福，否则书院将会走向政府的对立面。姚婷婷的《宗教社会学视域下的儒教研究——以当代曲阜书院为扩展个案》⑥以宗教社会学的新范式来探索

---

① 沈雨：《嵩阳书院随行解说口译报告》，河南大学硕士学位论文，2015年。

② 任佳：《导游口译实践报告——以2014年岳麓书院导游口译为例》，湖南大学硕士学位论文，2015年。

③ 周思阳：《〈中国书院史〉节选文化负载词翻译实践报告》，湖南大学硕士学位论文，2015年。

④ 陈时龙：《论天真书院的禁毁与重建》，载《明史研究论丛》（第十一辑）2013年。

⑤ 赵连稳：《清代北京社会和书院互动关系研究》，载《江汉论坛》2013年11期。

⑥ 姚婷婷：《宗教社会学视域下的儒教研究——以当代曲阜书院为扩展个案》，山东大学硕士学位论文，2016年。

当代儒教的真实样态。作者以近年在曲阜兴起的各式书院为具体案例，发现以书院为载体的当代儒教处于法律的模糊地带——"灰市"，面向的群体较为有限，市场前景亦不广阔。由于受到国家政策的支持，短期之内发展状况良好，但未来尚难以确定。曲阜书院因独特的资源和条件形成了独特的模式，这些条件无法被其他地区复制或仿效，因此曲阜模式也不会扩展到全国其他地区。该文用全新视角来研究现实问题，值得留意。

书院研究本身涉及的学科众多，多学科视角的引入为书院研究领域带来新的方法，逐渐还原了书院的本来面目，使得当前的书院研究逐渐突破选题重复、文章泛滥的局面，相信这也将成为今后书院研究的一大趋向。

二、传统书院研究与当代书院研究双峰并峙

书院在清末被改制为学堂并未宣告书院生命的终结，相反，清末与民国又接连有零星的新书院创建，这些书院亦是书院史研究的对象。新书院中最有代表性的是钱穆、唐君毅等人在香港创建的新亚书院，其教育宗旨在于"上溯宋明书院讲学精神，旁采西欧大学导师制度，以人文主义之教育宗旨，沟通世界中西文化，为人类和平，社会幸福谋前途"。新亚书院在1963年与崇基学院、联合书院合并组成香港中文大学，成为现代书院成功与大学教育体制对接的典范。

中国大陆地区近年来在官方和民间的推动下，书院又以不同的形式走向复兴，展现出强大的生命力。学界在这一现象的影响下，开辟出当代书院研究领域，对新修复的传统书院和新办书院进行专门研究。如王小荣、任福全的《保定莲池书院的文化发展研究》①是对近年河北省首家复建的大型书院，也是重点扶持的文化复兴项目——保定莲池书院进行的有关文化发展方面问题的研究。该文从"发挥莲池书院的文化教育与引领作用，树立莲池书院的国学园地形象，完善莲池书院的设施建设，推动区域经济的发展及开发莲池书院的文化

---

① 王小荣、任福全：《保定莲池书院的文化发展研究》，载《兰台世界》2016年第11期。

产品，促进书院文化产业的发展"等方面加以探析，以期推动莲池书院文化的传承与发展。戴美玲、王元珍的《传承与创新——以厦门篔筜书院为例探索当代书院的建设与发展》①一文以厦门篔筜书院为例，分析了当代书院文化传播中的若干关键问题，力求找到当代书院在国学传播、新知培养以及中华优秀传统文化的传承与发展中可以借鉴的规律与经验。

这股兴起于民间的书院复兴运动逐渐扩大影响，不少大学开始推行书院特色教育。如湖南大学在1984年成立岳麓书院文化研究所，从1986年开始招收本、硕、博学生，包含哲学、历史学两大学科门类，尝试将古代书院融入大学体制的新型教育模式。到2005年，复旦大学和西安交通大学又率先实行书院制改革，使得"大学书院制"成为一大热点问题。

所谓"大学书院制"，是一种融合了中国传统的书院制和西方寄宿学院制的新型学生管理模式。此前，学界对当前大学制度的弊病多有讨论，同时对古代书院的当代价值及启示的研究也屡见不鲜，然而都未上升至实践层面。目前开展的大学书院制改革，既是高等教育界"千呼万唤始出来"的改革方案，也是中国传承千年的书院制度在官方层面重焕生机的体现。此后，国内许多高校也陆续跟进，形成一股书院制改革热潮。

然而在另一方面，学界对于这股潮流的反应略显后知后觉，迟至2008年，才有相关的研究成果问世，如孟勤的《多元治理视角下的我国研究型大学现代管理创新体制研究——"书院制"学生管理创新模式研究与实践》②。该文总结和比较分析了我国"书院制"与西方中世纪大学的起源与发展情况，以西安交通大学"书院制"学生管理创新模式为案例，从多元治理的视角研究、探索和总结了研究型大学学生管理的创新模式和运行机制。在2011年以前，学界一

---

① 戴美玲、王元珍：《传承与创新——以厦门篔筜书院为例探索当代书院的建设与发展》，载《教育现代化》2016年第25期。

② 孟勤：《多元治理视角下的我国研究型大学现代管理创新体制研究——"书院制"学生管理创新模式研究与实践》，西北大学硕士学位论文，2008年。

直未有过多的讨论。详细统计数据见下表。

2008—2017年当代大学书院制研究论文、著作统计表

时间	期刊论文数量	学位论文数量	相关著作数量
2008	0	2	0
2009	8	1	0
2010	6	0	0
2011	22	0	0
2012	17	3	0
2013	43	3	4
2014	45	5	0
2015	72	6	1
2016	98	7	1
2017	198	2	0

据上表可见，在2011年以后，随着越来越多的高校加入书院制改革浪潮，学界的讨论渐渐成为"潮流"，相关研究的数量节节攀升，这也是助推书院研究成果的数量迅速突破400大关的一大动力。

到2014年前后，推行书院制改革的诸多高校之间开始展开一系列的对话、交流活动，接连举办了相关会议，并成立联合团体，共同提升了相关研究的热度。如2014年7月，来自海峡两岸暨港澳地区的7所高校在北京航空航天大学以"书院特色与文化育人"为主题，举办了"首届高校现代书院制教育论坛"，会上成立了高校书院联盟，旨在实现交流合作、资源共享、优势互补、整体提升，共同探索书院制教育模式改革与发展规律，在世界高等教育舞台上传播中国大学书院制教育的好声音。[1]同年12月，由中国高等教育学会院校研究分会和肇庆学院共同举办的"全国第一届现代大学书院制改革研讨会"在肇庆召

---

[1]《高校书院联盟简介》，高校书院联盟官方网站，http://sylm.buaa.edu.cn/lmgk1.htm。

开。2015年11月，南京审计大学亦举办首届"南京审计大学书院论坛"。这些会议或隔一年，或隔两年，连续举办，形成一种经常性的交流机制。这些会议在会后往往会出版论文集，如高校现代书院制教育论坛在第一、第二次会议后出版《现代高校书院制教育研究》，收录了数十篇有关书院教育价值的评估、书院与学院间的合作、书院通识教育、书院社区建设与学生发展等方面的研究论文，足见高教研究者参与讨论这场教育改革的积极性。

从上述分析不难发现，有关大学书院制改革的讨论经历了一个由冷到热的过程，并且经历了由提出设想到介绍经验到冷静反思的层层递进的研究阶段，说明大学书院制讨论虽历时未久，但发展迅速，且很快趋于成熟。虽然如此，但目前相关的讨论对于中国古代书院传统的挖掘与利用还略显不足，这是传统书院史领域和当代书院领域两相割裂、鲜有联系的体现，两者皆有自说自话的倾向，应引起注意。

总而言之，对当代书院的研究主要体现在对新复、新办书院的研究和对大学书院制改革的研究两方面。当代书院研究领域具有紧密的现实性，不难预见，这一领域将随着当前轰轰烈烈的书院复兴运动而迅速崛起，成为与传统书院史研究领域并驾齐驱的一大热点论题。

三、国际合作研究成为一种方向

书院是东亚儒家文化圈共有的一种文化教育组织，除了中国有7500余所书院之外，李氏朝鲜有书院900余所，而在日本，学校性质的书院有100余所，作为出版机构的书院也有不少，而且至今还在活动。经过多年推动，近年来各国各自研究书院的格局开始改变，寻求国际合作成为一种共识。2006年和2016年，借助岳麓书院创建1030周年和1040周年庆典，湖南大学岳麓书院主持召开了盛大的国际学术会议，来自中、美、日、韩的学者齐聚一堂，就书院、儒学等话题各抒己见。2006年，在韩国举办了首届"东亚书院与儒学"学术研讨会，来自东亚文化圈内的中、日、韩等地的学者围绕相关问题开展了讨论。

会议主要由湖南大学岳麓书院与韩国国民大学韩国学研究所共同举办。2008年1月，东亚书院传统的再思考国际会议在日本大阪关西大学东亚文化交涉学中心开幕。2011年11月，在湖南大学岳麓书院举办的以"书院文化的传承与开拓——纪念中国书院改制110周年暨岳麓书院创建1035周年"为主题的国际学术会议，邀请来自美国、日本、韩国以及国内各地的50余名专家学者，就书院改制与现代教育、书院与儒学、韩国书院与国际儒学三个方面议题展开了广泛的学术交流。2013年3月，美国亚洲学会在加利福尼亚州圣地亚哥召开年会，其中就有中国书院的专题小组讨论。如此交流研讨，为书院研究领域带来了新的学术风气，开辟了新的研究领域。如岳麓书院目前正在进行的"中国书院数据库"计划，即是借鉴"中国历代人物传记资料库"（CBDB）的理论与方法，将信息技术与书院研究相结合，力图将书院资料进行电子化处理，为学界提供新的研究工具。

我们完全有理由相信，未来国际合作研究将迎来新局面，在更大的格局之下书院研究必将走向深入、全面的发展之路。

（邓洪波　肖　啸　赵　伟）

附录：相关文献

1. 白新良：《中国古代书院发展史》，天津大学出版社1995年版。2012年故宫出版社再版，改名为《明清书院研究》。

2. 陈谷嘉、邓洪波：《中国书院制度研究》，浙江教育出版社1997年版。

3. 陈谷嘉、邓洪波：《中国书院史资料》，浙江教育出版社1998年版。

4. 陈雯怡：《由官学到书院——从制度与理念的互动看宋代教育的演变》，台湾联经出版社事业股份有限公司2004年版。

5. 邓洪波：《中国书院史》，东方出版中心2004年初版，2006年第二版，2012年武汉大学出版社出"增订版"。

6. 邓洪波：《中国书院学规集成》，中西书局2011年版。

7. 邓洪波：《中国书院文献丛刊》（第一辑），国家图书馆出版社、上海科学技术文献出版社2018年版。

8. 邓洪波：《中国书院文献丛刊》（第二辑），上海科学技术文献出版社、国家图书馆出版社2019年版。

9. 季啸风：《中国书院辞典》，浙江教育出版社1996年出版。

10. 李兵：《书院与科举关系研究》，华中师范大学出版社出版。

11. 刘伯骥：《广东书院制度沿革》，商务印书馆1939年版。

12. 李才栋：《中国书院研究》，江西高校出版社2005年版。

13. 李国均主编，李才栋、王炳照副主编：《中国书院史》，湖南教育出版社1994年出版，1998年再版。

14. 盛朗西：《中国书院制度》，中华书局1934年版，台湾华世出版社1979年第二版。

15. 徐梓：《元代书院研究》，社会科学文献出版社2000年版。

16. 肖永明：《儒学·书院·社会——社会文化史视野中的书院》，商务印书馆2012年版。

17. 徐雁平：《清代东南书院与学术及文学》，安徽教育出版社2007年版。

18. 朱汉民：《湖湘学派与岳麓书院》，教育科学出版社1991年版。

19. 张军、武立勋：《现代高校书院制教育研究》，北京航空航天大学出版社2015年版。

20. 赵所生、薛正兴：《中国历代书院志》，江苏教育出版社1995年出版。

第十五章
中国教育史学史研究

　　教育史学史是关于教育史研究的历史。如果说教育史可以分为客观发生的教育历史、记录的教育历史与研究的教育历史的话，教育史学史就是对教育历史的再研究、再反思与再认识。因此，教育史学史是与教育史研究有着密切关联却又取向不同的学术研究。教育史学史关注的主要不是具体的教育思想、制度、事件或活动，也不是对教育史研究的简单回顾，而是以教育史的研究成果为考察对象，通过对教育史研究历程的分析，重新审视教育史的研究对象、性质和功能定位、体系和范围、发展方向、教育史家史评等，指向教育史的本体论、认识论、方法论、价值论等与教育史观密切相关的基本问题。因此，教育史学史不仅为人们提供教育史研究发展演变的系统认识，而且为人们揭示教育史研究中存在局限性和不确定性的问题。

第一节　教育史研究的兴起

教育—教育史—教育史研究—教育史学史是教育史学史形成的基本路径，也是教育史学史研究的基本路径。就此而言，教育史学史的研究建立在教育史、教育史研究基础之上。与客观发生的教育历史相比，记录的教育史要晚很多，对记录的教育史进行的研究更晚一些，对教育史研究成果的研究则是晚近的事。但是，与西方教育史研究相比，中国的教育史研究又有其特性。首先，就教育史研究的时间而言，西方早于中国。其次，就教育史研究的取向而言，西方首先是学术取向与职业取向，但中国的教育史研究是教学科目取向，即因要设置教育史教学科目，才出现教育史研究成果。再次，就教育史研究的本源性而言，西方的教育史研究是原创性的，中国的教育史研究则经历从移植、模仿再到自主研究的变迁过程。

一、教育史研究概览

教育活动虽然与人类社会共始终，但是对教育历史进行研究的时间却相当晚。就西方而言，虽然古希腊时期的《雄辩术原理》《论创作》中就有关于教育历史的记载，但是，直到文艺复兴时期，教育史研究才得以起步，而且是以校史为研究对象。[①]近代意义的西方教育史研究首先出现在18世纪后期的德国，

[①] 有学者将15世纪意大利作家比昂多对维多利诺和盖利诺两所学校的讨论作为教育史研究的缘起著作之一，将1571年出版的戈莱探讨巴黎大学起源的小册子作为意大利以外第一本教育史著作。1695年出版的法国人费洛尔的《论学习的选择和方法》一书，因批判考察了从古希腊到作者生活时代的教育原理、方法论和课程等内容，被视为"在一般意义上也许是最早的一部教育史"。见杜成宪、邓明言：《教育史学》，人民教育出版社2014年版，第313页。

并逐渐向欧美其他国家拓展。研究成果显示，近代教育史研究缘于以下原因：其一，抵制教育变革，如曼格尔斯多夫的《教育制度的历史研究》被视为抵消巴泽多的新教育思想和泛爱主义教育运动影响的产物，威尔曼的《历史的教育学》则是批判与抵制新教育运动的产物。其二，哲学与方法论的影响。布鲁莱伯尔将科学教育史的研究归因于19世纪浪漫主义和黑格尔历史哲学的影响，孟禄与坎德尔则认为近代教育史的研究缘于发生论思想方法的流行。其三，以过去的教育事件印证当时教育的进步。其四，解决当时教育面临的问题。1813年出版的施瓦茨的《教育原理》，将认识教育历史作为解决当代教育问题的前提条件，并将教育史作为文明发展史的组成部分。施瓦茨也被学者视为教育史学的奠基人。①这种情况表明，越来越多的人开始关注教育史研究并出现大批研究成果。

与西方教育史研究相比，中国教育史的研究不仅出现时间更晚，而且呈现自己的特点。虽然早在西周时期，中国就形成系统的学校教育制度，出现《礼记》《论语》《孟子》等记录教育历史的著作，并有《学记》等专门论述教育教学思想的论著，随后还出现诸如《大唐六典》《册府元龟》《文献通考》等关于国子监、"学校""选举""学校考""选举考"等相关记载，并有《宋元学案》等分析学术和教育流派的著作，表明中国不仅有记述的教育历史，而且有研究性质的教育史论述。但是，作为独立的教育史研究成果则迟至20世纪初才出现。这与西学东渐有着密切关联，并且是作为教学人才培养的目的。也就是说，中国教育史的研究成果首先不是学者学术兴趣与职业兴趣的产物，而是用于满足师范学校的人才培养，是在翻译、模仿西方教育史研究成果的基础上开始起步和形成的。

---

① 杜成宪、邓明言：《教育史学》，人民教育出版社2014年版，第317—318页。

二、中国教育史研究的起步

中国教育史研究与教育史教学科目几乎同时起步。与西方学者将教育史首先作为学术研究需要继而作为教师培训内容而形成建置不同，中国教育史研究的出现是基于教学需要。1904年1月，清政府颁布的"癸卯学制"规定，大学堂、进士馆和师范学堂必须开设"教育史"科目；《奏定初级师范学堂章程》进一步规定，师范学堂须"先讲教育史，当讲明中国外国教育之源流，及中国教育家之绪论，外国著名纯正教育家之传记，使识其取义立法之要略。但外国历代教育家立说亦颇不同，如有持论偏谬易滋流弊者，万万不可涉及"①。由于教育史成为学校教学科目，学者开始关注教育史并逐渐形成教育史研究群体；但是，由于中国没有研究教育史的传统，早期的教育史著作多在翻译、借鉴日本教育史著作基础上形成。

首先，以罗振玉为中心的学术团队对教育史的开拓性探究。1901年，罗振玉创办《教育世界》杂志，形成了以罗振玉为中心、以《教育世界》为平台，以王国维、樊炳清、沈纮、蒋黼等为核心成员的研究团队，拉开了探究教育史的帷幕。1901年6月，《教育世界》刊出陈毅翻译日本的《师范学校学科及程度》介绍一文。教育史是日本师范学校的应学科目，教育史专注于"内外国教育之沿革，及著名教育家之传记主义方案之要略"。1903年罗振玉撰写并发表的《与友人论中国古代教育史》，被视为中国第一篇以"教育史"为主题的论文。从1905年开始，蒋黼的《中国教育史料》开始在《教育世界》（第15期至第22期）上连载。随后，罗振玉以教育制度史研究为对象，先后发表《周官教育制度》（上下）、《秦教育考略》等论文；王国维以教育思想史为研究对象，发表诸如《孔子之美育主义》《周秦诸子名学》《孔子之学说》《子思之学说》《孟子之学说》《荀子之学说》等研究成果。1908年，清学部出版蒋黼的《中国教育史》。该书按照学校时期、选举时期、科举时期将中国教育史划分为三个

---

① 舒新城：《中国近代教育史资料》（下册），人民教育出版社1961年版，第670页。

阶段，对周朝至清代的学校制度、选举制度、学风以及教育家的教育思想做出分析，使带有明显的通史性质。

其次，以黄绍箕、柳诒徵为代表的学者对教育史研究的深化。几乎与蒋黼撰写《中国教育史》同时，由黄绍箕草创、柳诒徵辑补的《中国教育史》也在进行。黄、柳二人所撰教育史同样受日本教育史的影响。在《采辑中国教育史长编略例》中，黄绍箕言及编纂教育史的动机："近年东西各国讲究教育，皆有专史，为各教科中最重要之书。日本长谷川乙彦氏《教育制度论》谓：'欲定教育制度，当先研究教育史。'今拟仿其例，纂《中国教育史》，先辑长编，以资甄择。"在其所编《中国教育史》中，主要讨论了战国前的中国教育史，将教育史的范畴划分为"教育之制度事实"与"教育之议论理想"，内容则区分为思想与制度两个方面，其中虽援引诸如黑格尔、康德、斯宾塞、赫尔巴特等人的哲学、历史学、社会学、教育学等研究成果，目的却在于阐发中国教育精神，以"抗衡泰西，使中国数千年已坠之绪业，抽萌擢颖，重见振兴"。[①]因此，黄绍箕的《中国教育史》被学者视为中国人自己编的第一本教育史著作。[②]

三、起步阶段的中国教育史研究的特点

教育史研究者以及教育史研究成果的出现，标志着中国教育史开始起步。起步阶段的教育史研究形成以下鲜明特点：

其一，教育史的研究源自教育现实的需要，尤其是师范教育实践的需要。中国教育史研究成果的出现不是源自学者研究的兴趣或职业兴趣，而是迫于教育现实的要求，是因为要开设教育史课程，才有教育史的研究成果。

其二，教育史研究成果带有浓厚的翻译痕迹和移植色彩。由于当时的社会

---

① 叶尔恺：《中国教育史·序》，见政协瑞安文史资料委员会编《瑞安文史资料·黄绍箕集》，1998年版，第159、186页。

② 杜成宪：《关于中国第一部〈中国教育史〉的几个问题》，载《华东师范大学学报》（教育科学版）1996年第1期。

氛围是"以日为师"，借鉴乃至模仿日本学者的教育史著作也就成为自然。以蒋黼的《中国教育史》为例，其叙述体系与日本学者狩野良知的《支那教育史略》极为接近，不仅所述时段相近，所涉内容也大致类似。

其三，教育史著作秉持"中体西用"的价值观。"中体西用"是维新运动与清末新政时期教育改革的指导思想，也是学者研究教育史的指导思想。以黄绍箕为例，他与张之洞过从甚密，出任过湖北乡试官，并以翰林院侍读学士身份将张之洞的《劝学篇》进呈光绪皇帝，是张之洞与张百熙的得力助手。有人说："学务萌芽，科举未废，士夫或茫昧莫知其原，绍箕本中国教法，参考东西洋学制，手定管理教授规则，是为中国有学堂之始。""今日海内学校如林，教科成立，皆绍箕首先提倡之力。"①服膺"中体西用"的黄绍箕以其研究教育史也就成为自然，其他学者也多秉"中体西用"价值观念从事教育史研究。

其四，教育史研究对象被限定在"教育制度"与"教育思想或学说"两个方面。中国学制系统初创阶段，教育史不仅要提供制度经验，而且要提供思想资源，加之日本与西方的教育史研究对象主要集中在思想与制度两个方面；因而，无论是蒋黼的《中国教育史》还是黄绍箕的《中国教育史》，都将研究对象集中在思想与制度两个方面。

其五，教育史研究资料多元，研究方法侧重实证。传统的经史子集是主要史料来源，其他如《淮南子》《吕氏春秋》《大戴记》等作为辅助史料，一些国外学者的教育学说也被融入教育史研究中，体现出史料来源的丰富性和互证性。由于这些学者多受传统考据、训诂等方法的训练，其研究侧重考据、训诂等传统实证方法在教育史研究中的使用。

---

① 引自洪震寰：《黄绍箕的生平及其教育事业》，载《温州师专学报》1993年第3期。

第二节　教育史研究的发展与教育史学史的兴起

在西方学说、"新史学"以及学校设置教育史科目的综合作用下，一批学者参与到教育史研究之中，教育史研究成果遂大幅增长，研究取向也趋于多元。有学者统计，1922—1937年，仅中国教育史研究著作就超过60部，形成中国教育史研究的第一次高潮。[①]中华人民共和国成立初期，对原有的教育史研究成果展开全面研究，中国教育史学史研究由此兴起。但是，由于这种研究主要是在政治意识形态主导下进行的，政治意向主导了学术探究，政治话语置换了学术话语，使得教育史学史研究游离于学术研究之外。

一、教育史研究的发展

20世纪初，伴随民族危机的加深，中国在被迫接受西方器物文明与政教学术的同时，开始反思自己的文化学术。史学被认为是"学问之最博大而最切要者"，自然受到学者的高度重视。梁启超指出："吾国史学，外貌虽极发达"，却是"遍览亿库中数十万卷之著录，其资格可以养吾所欲、给吾所求者，殆无一焉"。[②]由此，改变传统的"重君而轻民"，以帝王中心、政治为主的"新史学"开始兴起。这种观念由于西方政治学、社会学、教育学等学说的传入得到强化并被运于研究之中。所谓"新史学"，是一种将西方史学观与中国史学观结合用以研究中国问题的史学。这种思想被教育史学者接受并应用到教育史研究之中，同时形成实用主义、实证主义、问题、历史唯物主义等不同取向的教育史研究取向。

---

① 杜成宪等：《中国教育史学九十年》，华东师范大学出版社1998年版，第15页。
②《梁启超文集》，燕山出版社2009年版，第232页。

　　首先，实用主义教育取向的教育史研究。实用主义教育强调教育与生活、学校与社会之间的关联，对20世纪上半叶的中国教育产生了深刻影响。1913年，黄炎培著文主张中国学校教育宜采用实用主义，并将其用于《中国教育史要》的撰写中。在该著作中，黄炎培强调教育与社会的关系，认为"社会是个整体的，从无数生活工作中间单提到一部分教育工作至少也须用全社会的眼光，来看教育，讲教育……不明了全人类进化史，而想讲教育史，或一国的教育史，是万万不行的"①。郭秉文所著中国第一本教育制度史著作，极力批评中国教育远离生活、学校脱离社会之弊。"学生之抛弃社会而求学于学校，毕业后既不为农，又不能为工商，教育之本旨安在哉？"②实用主义教育将教育视为改造社会的主要途径，切合当时中国教育学者的教育追求，将实用主义教育观点融入教育史研究被广泛认同并被普遍采用。

　　其次，实证主义取向的教育史研究。研究是求真的，中国有训诂、考据的传统。伴随西学传入的实证主义史学，被中国学者吸收并用于教育史研究之中。实证主义重视从事实中寻求事物之间的因果关系，这种观点又因实用主义教育学说强调科学实验得以强化。这一时期，不仅出现以注重事实、严密论证见长的陈东原的《中国教育史》，而且出现以史料说话的盛朗西的《中国书院制度》。舒新城的《近代中国教育思想史》虽以"教育思想"为研究对象，却认为"研究思想史不可丢掉事实空为玄谈"，研究目的也在于从"历史的实证中求出近代中国教育思想的因果，供给一点创造中国新（适宜之意）教育的资料"。③周予同则将教育史研究与教育的调查、统计、分析等教育科学研究并列，认为"教育史实是教育研究之重要的工作"④。鉴于史学的求真性质，大批教育史研究者在研究中注重事实、强调实证。

① 黄炎培编：《中国教育史要·序言》，商务印书馆1931年版，第1页。
② 郭秉文：《中国教育制度沿革史》，商务印书馆1916年版，第146页。
③ 舒新城：《近代中国教育思想史》，福建教育出版社2007年版，第6页。
④ 周予同编：《中国现代教育史》，福建教育出版社2007年版，第4页。

再次，问题取向的教育史研究。研究是围绕问题展开的，由此出现问题取向的教育史研究。问题取向的教育史研究旨在通过研究教育的历史，为解决教育问题提供镜鉴。姜琦指出：教育史研究"宁可先以现在问题为出发点，然后再从年代记的顺序去研究的。因为历史之中心原理……是现在问题"；教育史研究"不但是'实事求是'之学，并且是'实事之中求其所以是'之学"。①周焕文等亦指出，"吾人研究教育史，既得明今日教育所由成立，且得预定将来改良之方针。盖教育史者，就教育之过去说明之，同时又必就现在说明之，既明现在，更必推测未来"，②将教育史作为研究过去教育问题、解决当前问题、预测未来问题的有效方式。将解决教育问题作为研究的基本出发点，凸显出教育史研究的价值和意义。

最后，唯物史观取向的教育史研究。伴随马克思主义的传入，一些学者开始借助唯物史观分析教育历史现象。杨贤江的《教育史ABC》是这一时段以唯物史观分析教育历史的典范，不仅以历史唯物主义观点考察教育的起源，划分社会历史阶段，并以阶级分析法分析教育史。陈青之亦认为，一切意识形态莫不以经济为基础，教育是意识形态的一种，同样将阶级分析法应用于教育史研究。"自统治阶级发生以后，教育与政治即连合为一，且成为政治之一部分。统治者一方为政治首领，一方为教育长官，他们以特殊地位制定教育，以政治力量推行教育，故教育不过为施行政治之一种手段，即为统治国家之一种手段。"③周予同也将教育当作社会上层建筑，并以经济基础与上层建筑的关系分析教育问题，认为要了解教育的演变必须先明了经济、政治及其他社会现象的演变。

在四种研究取向中，实用主义教育取向的教育史研究立足于教育理论，即将教育理论作为研究教育史的依据；实证主义取向的教育史研究则属于方法范

---

① 姜琦主编：《教育史》，商务印书馆1932年版，第2、3页。
② ［日］中岛半次郎：《中外教育史·绪论》，周焕文、韩定生译，商务印书馆1914年版，第2页。
③ 陈青之：《中国教育史·前言》，东方出版社2008年版，第2页。

畴，即将方法作为研究教育史的依据；问题取向的教育史研究立足于教育现实问题，即将解决现实问题作为教育史研究的依据；唯物史观取向的教育史研究则立足于哲学，即将马克思主义哲学作为教育史研究的依据。同其他教育学说一样，20世纪上半叶的中国教育史学是学习西方与苏俄的结果。这种学习虽然带有模仿的特点，却由于研究者多受中国传统文化影响并直面中国教育问题，在研究中努力将西方的理论与方法同中国固有的学术思想相结合用以分析中国教育历史，为教育现实服务。多元取向的教育史研究体现出研究者具有相当的自由度、自觉意识，在互相借鉴中开始相互融合，出现大批研究成果，形成后世所谓中国教育史研究的"第一次高潮"。

二、教育史学史的兴起

教育史研究为教育史学史的兴起创造了条件。"我们要研究教育史，则不可不将它看作一种批判之学。详言之，我们不可不将教育事象看作人类社会进化发展上的一个过程，并根据某种根本假定或根本主义去解释它的缘起、变化与趋势。"①正如有学者所言：研究教育史，"有广大而活泼教育思想，对于各种教育学说及理论，能加以正当之批判，而无偏见、固执、躁进、盲从之弊"。对教育史研究成果的研究方法有比较——以辨别其异同得失，贯通——对比较所得融汇综合以发现其共通之处，验证——以所得之原理证诸现有状况，验其是否适用。②当时学者虽然有这种表述，相关研究却未展开。新中国成立后，对以往教育史研究成果予以重新评判，教育史学史的研究得以兴起，"革命史观"是研究的基本依据，并呈现以下特点：

（一）以革命的政治立场作为评价教育史研究成果的基本依据

近代中国出现"教育救国"者，所著教育史著作中或多或少带有"教育救国论"痕迹。但是，在革命者看来，这是改良；加之，这些"教育救国论

---

① 姜琦主编：《教育史》，商务印书馆1934年版，第7页。
② 王炽昌：《新师范教育史》，中华书局1932年版，第2页。

者"多受西方非马克思主义学说的影响，必须对其思想及其研究成果进行革命式的批判。从1951年批判武训开始，革命者展开对旧中国资产阶级与小资产阶级改良主义派教育学说的批判，认为"改良主义就是和革命的民主主义相对立的思想、路线，改良主义就是主张在原有的腐朽了的反动政治经济的基础上进行某些社会的改革，而不是去从根本上推翻其原有的反动经济基础及其上层建筑"①。所以，"改良主义与投降主义的思想基础和本质是同一的，都是站在维护反动统治阶级的立场上，不同点只是他们的表现形式和思想的深度有所差别而已"②——将是否革命作为分析与评价的基本指标。

（二）以阶级分析法作为研究的基本方法

阶级分析法首先被苏联学者作为历史唯物主义应用到教育理论分析之中。受苏联学者影响，教育史被视为具有阶级性与党性的一门科学。"在阶级社会中它是一部教育的阶级斗争史，是一部教育的解放斗争史。因此，一部教育史，必须阐明在教育理论与实践中两条路线的斗争——人民路线与反人民路线的斗争。"③在阶级分析框架内，开始对古今中外的教育做出分析。不仅要以阶级社会关系的变化来划分历史时期，而且要从阶级关系中来寻找每个历史时期的各种教育历史现象，要"特别重视教育理论领域中的唯物主义与唯心主义的斗争，和教育实践领域中代表统治阶级利益的与代表劳动人民利益的两条路线的斗争"。对中国古代教育，要批判其教育的阶级性、封建性，吸收教育家在教育及教学理论上的贡献，尤其是"历代农民思想家在教育上的杰出主张"；对近现代中国教育，则要"揭发近百年来，中国教育的历史性和阶级性"。④

---

① 上海师范大学教育系《外国教育发展史资料》编译组编：《外国教育发展史资料》，上海人民出版社1976年版，第207页。

② 王焕勋：《对于师范学院施行教育系教学计划中几个问题的认识》，载《人民教育》1954年第4期。

③ 张国安主编：《教育史》，教育行政学院翻印1956年版，第2、4页。

④ 沈灌群：《教育论稿》，华东师范大学出版社1993年版，第237页。

（三）以学校教育理论作为教育史研究的基本理论架构

出于政治要求，新中国成立初期到20世纪80年代的教育学建设以批判与学习的方式展开。由于以杜威为代表的"实用主义"教育学说对20世纪上半叶的中国教育影响颇大，首先成为批判的对象，并由此延伸到整个资产阶级教育学说。"资产阶级教育思想从产生、发展到反动、腐朽，前后经历了几个世纪之久……19世纪末20世纪初以来，以杜威为代表的'现代教育'思想和形形色色的'传统教育'思想，则是帝国主义在教育阵地疯狂挣扎的主要思想武器。"[①]批判资产阶级教育学说是为了更好地学习苏联教育学。从1949年11月14日开始，《人民日报》翻译了部分苏联学者的教育学。随后，大批苏联教育学尤其是凯洛夫《教育学》被译介到中国并得到广泛传播。凯洛夫《教育学》是学校教育理论，成为教育史研究的基本理论架构。

革命史观下的教育史学史研究引起一些学者的异议。1957年，曹孚著文反对模式化、僵化、孤立化和简单化的分析，反对把马克思主义教育理论教条化，对教育史研究方法论发展提出建议。陈友松亦撰文指出，"过去几年，我们惯于对一切资本主义国家的学术扣上唯心主义的帽子，惯于骂街或断章取义地引用经典著作来代替我们的独立思考"，并提出应认真对待资产阶级的教育思想，注重教育的科学研究并恢复教育学的分支学科。[②]然而，这些观点随即受到批判，曹孚被冠以"反动学术权威"的名号，陈友松的观点则被当作企图恢复实用主义教育学说而受到严厉批判。

革命史观的教育史学史以政治目的为学术目的，以学校教育理论作为研究的基本架构，以阶级分析法作为主要研究方法，以对革命的态度作为评价的基本指标。虽然付出艰苦努力，却少有学术积淀。学校教育是教育的一种，以学校教育理论分析纷繁复杂的教育历史现象，非其能力所及；阶级分析法在讨论

---

① 凯旂：《从讨论武训思想谈到批评旧教育思想》，载《人民教育》1951年第7页。

② 曹孚：《教育学研究中的若干问题》，载《新建设》1957年第6期；陈友松：《教育工作中的教条主义和官僚主义》，载《文汇报》1957年4月30日。

问题的差异性方面具有相当解释力，却难以解释问题的联系性及相互转化。而且，如果"人们的思想和行动一律是阶级利益的反映，照此推论，那么人类变成了一群木偶，历史则成为一场盛大的木偶戏"①。革命史的判断标准，凸出革命的正面作用而遮蔽其负作用。革命史观下的教育史学史由于政治重心的转移和革命领袖对革命负面作用的澄清开始发生变化。"我们都是搞革命的，搞革命的人最容易犯急性病。我们的用心是好的，想早一点进入共产主义，这往往使我们不能冷静地分析主客观方面的情况，从而违反客观世界发展规律。中国过去就是犯了性急的错误。"②

第三节　教育史研究的拓展与教育史学史的回归

在"革命史观"主导下，新中国成立初期的教育史研究虽有发展，却偏向一隅；研究成果虽有教育史学史的性质，却充满政治意识形态，学术逻辑被严重扭曲。期间的教育史研究除对先前成果进行非学术的批判外，多集中在对记录的教育历史进行整理与汇总，如顾树森的《中国古代教育家语录》及邱椿的《古代教育思想论丛》等。这些著作虽属资料性质且不居主流，作者还是成为被"革命"的对象。"文革"结束以及改革开放国策的确定，以往机械、教条的唯物史观开始向经典唯物史观回归，并尝试将唯物史观与新的人类文化成果结合起来，重新展开中国教育史研究，教育史学史也得以回归到学术轨道。

---

① 柯文：《在传统与现代性之间：王韬与晚清社会》，江苏人民出版社2003年版，第118页。
② 《邓小平文选》（第三卷），人民出版社1993年版，第140页。

一、教育史研究的恢复与发展

20世纪80年代，是教育史研究的恢复时期。以毛礼锐、沈灌群、张瑞璠、王炳照、孙培青、李国钧、阎国华等为代表的学者，对中国教育史研究的恢复重建付出了艰苦努力，三部通史性质的教育史研究成果可谓这种努力的结晶。《中国教育通史》在"前言"中指出，"就中国教育发展史的总体来看，仍然是精华胜过糟粕，光明大于阴暗，进步多于落后"。这种评价，与之前的评价形成显著差异，并显示出回归经典唯物史观的努力。"以马列主义、毛泽东思想为指导，坚持历史唯物主义的基本原理和实事求是的精神，全面系统地研究中国教育发展史……是我们编写这部《中国教育通史》的指导原则和根本出发点。"①随后的《中国教育思想通史》《中国教育制度通史》不仅是在这一总则指导下编写而成的，同时强化了教育史研究对象的"二分"，即教育思想史与教育制度史。在这方面，《中国教育制度通史》的研究带有明显突破经典束缚的痕迹，"在教育制度史的研究上，任何预定的假设和狭隘的功利追求，以及单纯对号入座的牵强附会，都将会影响我们解释记录制度的史料的真实性和准确性，从而导致对制度提出者的实际意图的扭曲"②，成为开启新研究范式的必要环节。

教育史研究的恢复重建，为随后的研究奠定了良好基础。在学者的艰苦努力下，逐渐形成了几种新的研究取向，其中，现代化取向将现代化理论纳入唯物史观以发展唯物史观；叙事取向则从方法论的角度对教育史研究的方法，进而对研究对象、研究视野做出探索，将研究视角从宏观、上层、精英转入微观、底层与民间；活动取向则将教育内部的日常行为作为研究对象，尝试打通宏观与微观之间的壁垒，将两者联系起来形成中观取向。由此，出现了唯物史观主导下的一元多线的教育史研究。

① 毛礼锐、沈灌群主编：《中国教育通史》（第三卷），山东教育出版社1989年版，第2页。
② 李国钧、王炳照主编：《中国教育制度通史》（第五卷），山东教育出版社2000年版，第17页。

现代化①取向的教育史研究是将现代化理论融入唯物史观用于考察中国近代教育变迁的一种研究取向。这种取向出现于20世纪80年代并持续到今天。以现代化为中心来研究中国近现代史，"必须建立一个包括革命在内而不是排斥革命的新的综合分析框架，必须以现代生产力、经济发展、政治民主、社会进步、国际性整合等为综合标志对近一个半世纪的中国大变革给予新的客观的历史定位"②。现代化取向将中国教育放在资本主义迅速扩张的国际大环境和中国社会发展剧烈变化的国内环境中加以考察，在研究视野上有巨大突破，"力求处理近代化与传统、向西方学习与本土化、近代西方文化教育的正面影响与殖民主义者的文化侵略等重大问题的关系；力求把握好教育近代化与社会近代化的互动关系；力求从理论与现实相结合的高度展现近代以来传统教育在各个层面发生的深刻而广泛的变革轨迹"③。现代化取向的教育史研究尝试借鉴其他人文社会学科的研究方法，形成多角度、多侧面、多层次的精细化分析特点，研究中充满理性色彩，标志着研究者主体意识的增强和研究范式的回归。

在现代化取向兴起不久，伴随"文化热"出现叙事取向的教育史研究。在20世纪90年代初，有学者即指出，"如果我们想仅从学校教育中寻找中国传统文化的传播途径，那就根本无法解释何以旧的文化思想会那样广泛地影响着人们的社会生活及精神观念"④。加之，教育经验的复杂性、丰富性与多样性决定了任何一种预先设定的理论框架都会陷入叙述紧张，以叙事的方式回归时空中各种具体的人物、机构及事件，揭示各种教育存在方式或行为关系，以及当事人在此行为关系中的处境与感受，构成教育文本所要表达的"意义"。由此，教育经验的叙事探究便不仅仅为经验的呈现方法，也成为了教育意义的承载体，更

① 在中国学术语境中，现代化有"近代化""早期现代化"等称谓，仔细考察这些概念的内涵则没有发现显著差异，本章将其统一为"现代化"。

② 《中国教育近代化研究》课题组编：《"中国教育近代化研究"总结报告》，载《教育研究》1997年第12期。

③ 田正平主编：《中国教育史研究（近代部分）》，华东师范大学出版社2001年版，第2—3页。

④ 丁钢：《文化的传递与嬗变：中国文化与教育》，上海教育出版社1990年版，第5—7页。

构成了一种开放性意义诠释的理论方式。①叙事研究的重心在于把人的活动置于教育史研究的中心地位，尊重每个个体的生活意义，并以此强调教育史的历史感知及其人文蕴意。由此，历史叙事便成为一种值得关注的研究取向。②叙事研究不仅是历史研究的一种，更是实践研究的一种。叙事研究关注的是微观层面的个体人，追求的是真实反映教育实践经验的复杂性、丰富性与多样性。

活动（实践）取向的教育史研究源自学术界对马克思实践唯物主义的重新发现。将研究对象确定为思想与实际的观点盛行于20世纪20—30年代，这种蕴含着思想、制度、实践的主张在改革开放后教育史研究恢复重建中被限定在思想与制度两个方面。由于教育活动是教育现象得以存在的基本形式，是影响人的发展的决定性因素，教育思想与制度只有在教育活动中才能形成和体现，因此教育活动史是教育史研究必须关注的内容。③教育活动史以历史上直观的、实在的、具体的教育活动的发展历史为研究对象，重点研究人类历史上各种直接以促进人的有价值发展为目的的具体活动以及教育者与受教育者参与教育过程，进行互动的各种方式的发展、演变的历史，实现教育史研究从宏观向中观微观、从精英向民众、从高层向基层、从经典向世俗、从中心向边缘的转移，是研究重心下移的结果，亦是研究取向转变的一种路径。④教育活动史追求的是生动鲜活、充满生机活力的教育史，尝试形成打通宏观与微观、具有总体型与全景式的教育史图景。周洪宇任总主编、山东教育出版社2017年出版的《中国教育活动通史》（八卷本）是此方面的代表作。

新时期的教育史研究已然形成了涉及宏观的现代化、涉及中观的活动与涉及微观的叙事为代表的一元三线取向。三种取向的教育史研究各有优劣，相辅相

---

① 丁钢：《教育理论的经验方式》，载《教育研究》2003年第2期。

② 丁钢：《叙事范式与历史感知：教育史研究的一种方法维度》，载《教育研究》2005年第5期。

③ 周洪宇：《对教育史学若干基本问题的看法》，载《河北师范大学学报》（教育科学版）2009年第1期。

④ 周洪宇、申国昌：《教育活动史：视野下移的学术实践》，载《教育研究》2010年第10期。

成，共同构成当今中国教育史学研究的三种学术思潮，在相互争论、互相借鉴与补充的基础上，服务于构建符合历史的、属于中国的教育史学科体系的目的。

二、教育史学史的回归

在教育史研究恢复与发展的同时，教育史学史的研究也得以有序展开。由于中国教育史研究起步时就与教学科目联系在一起，形成以教材建设为核心的教育史学科史。换句话说，教育史学史被裹挟在教育史学科建设中加以讨论。在对教育史学科的反思与研究中，与教育史学史密切相关的教育史学受到学者的重视。由此拉开了以教育史学、教育史学科为内容的教育史学史的研究。以田正平、丁钢、张斌贤、周洪宇、杜成宪、贺国庆、张传燧、邓明言、于述胜、郭法奇等为代表的学者对教育史学研究以及教育史学科建设做出积极探索，形成丰硕的研究成果。教育史学史研究开始走出政治意识形态的窠臼，按照学术自身逻辑向前发展。

（一）教育史学的探索

教育史学的理论水平，直接影响到教育史学科建设水平。与充满政治意识形态的"革命史观"主导下的教育史学史研究不同，这一时期学者遵循学术自身发展逻辑展开对教育史学史的研究。1984年，吴小平在《西方教育史学的形成与发展》中，以了解西方教育史学为目的，分阶段地对西方教育史学的代表人物、代表性著作以及不同阶段教育史学的特点做出分析。但是，如同作者所言，文章"试图对西方教育史学的形成与发展略作阐述，旨在希望能对我们研究外国教育史的工作有所启示"，属介绍性质。[①]1987年，张斌贤在《关于"教育史学"的构想》中，首次就"教育史学"展开具有反思性的研究，标志着教育史学研究开始从自发进入自觉阶段。

教育史学虽然与教育史研究有着密切关联，研究重心却存在显著差异。张

---

① 吴小平：《西方教育史学的形成与发展》，载《外国教育动态》1984年第1期。

斌贤研究指出：教育史学是教育史学科的基本理论，是针对教育史研究的理论研究，如教育史研究的社会功能、内在逻辑、基本方法、评价原则以及研究者的学术素养等，而非具体的教育历史问题或宏观的教育现象；研究教育史学的目的在于提升教育史研究水平，深化对教育的历史认识，而非解答当前的教育问题；教育史学主要使用哲学的方法，遵循从抽象到具体的研究路径，而非从具体到抽象的历史方法。教育史学研究坚持以"整体史观"来构建，并从十个方面展开分析，成为国内学者首次对教育史学的理论探究。[①]1988年，蔡振生从教育史学科建设的角度探讨了教育史学。在他看来，教育史学理论是对教育史学的反思，至少包括教育史的本体论，即教育史的研究对象和体系，教育史的认识论，即教育史的认识过程和特点，教育史研究的方法论和价值论，即教育史的社会功用，教育史的学科性质、分支结构及其与其他学科之间的关系，教育史研究的变迁、趋势及国际比较，教育史学研究者的基本素养等问题。[②]周洪宇则认为教育史学研究范式是提升教育史研究水平的关键，在1997年的全国教育史年会上明确指出"教育史学研究范式的陈旧是教育史学科的最大危机"，倡导从教育史学理论或研究范式的角度去探求教育史的发展。杜成宪则从学术史的角度对教育史学做出系统研究，涵盖教育史学理论与方法、教育史学史、中国教育史学科史以及教育史哲学的研究等，又以教育史学科建设为研究的出发点与落脚点。[③]经过学者的集体努力，以教育史学为内容的教育史学史开始初具形态，对教育史学的认识得以深化。

（二）教育史学科史研究

教育史学科被视为教育史研究、教育史学研究以及提升人才质量的核心，受到研究者的重视，一批关于教育史学科建设的论著得以出现。1984年赵详麟

---

① 张斌贤：《关于〈教育史学〉的构想》，载《教育研究与实验》1987年第3期。
② 蔡振生：《中国教育史研究的历史回顾与反思》，载《北京师范大学学报》1988年第3期。
③ 杜成宪：《关于教育史学评论的理论思考》，载《华东师范大学学报》（教育科学版）2001年第4期。

发表《关于外国教育史学科体系的几个问题》，以教材建设为中心，论及外国教育史学科体系建设中的古与今、欧洲中心、教育思想与教育制度、教育现代化与现代科学技术、传统教育与进步教育、教育史教材编写等诸问题。[①]1989年，田正平发表《关于中国近代教育史学科体系的几点思考》一文，提出近代中国教育史学科建设体系建设的设想。[②]以此为契机，大批学者加入到以教育史学科建设为目的的研究之中。

就教育史学科史研究的系统性与代表性而言，杜成宪等人的研究颇具代表性。他们不仅出版了国内第一部中国教育史学科史专著《中国教育史学九十年》[③]，而且出版了第一部融合中外教育史学科史的专著《教育史学》[④]。两部著作虽以"教育史学"为题，却以服务教育史学科建设为旨归。《中国教育史学九十年》对中国有教育史研究成果以来的学科史做了系统分析，涉及教育史观，教育史研究的目的与任务、对象与范围、指导思想、发展阶段与历史分期、史与论的关系以及教育史学科体系。从性质看，该著作是对教育史研究成果的再研究；从内容看，该著作几乎涉及当时教育史研究的各个方面与层面；从目的看，该论著服务于教育史学科建设，是教育史学科建设下的教育史学史研究。《教育史学》则是对《中国教育史研究九十年》的拓展与深化。就拓展而言，该著作不仅包含中国教育史学科，而且包含外国教育史学科。就深化而言，以中国教育史学科为例，著作从基本概念入手，对教育史学科史、教育史学科体系、教育史学科的基本理论问题、教育史料和史料学、教育史学科与相关学科关系、教育史学评论等教育史学科建设的基本问题，从理论上给予厘清。另有研究者以历史变迁为主轴，以知识传授与学术探究为两翼，以学科建

① 赵详麟：《关于外国教育史学科体系的几个问题》，载《华东师范大学学报》（教育科学版）1984年第2期。

② 杜成宪：《关于中国近代教育史学科体系的几点思考》，载《华东师范大学学报》（教育科学版）1989年第2期；

③ 杜成宪、崔运武、王伦信：《中国教育史学九十年》，华东师范大学出版社1998年版。

④ 杜成宪、邓明言：《教育史学》，人民教育出版社2004年版。

设为目的，尝试转化研究视角并促进教育史学科的发展，使其成为以"人"的培养为中心的教育史学科建设史。[①]

第四节　中国教育史学史研究的新进展及其发展趋势

21世纪以来，以反思为特征的教育史学研究受到学者的重视。这种反思建立在学科危机的基础之上，形成一批反思性研究成果。2004年的全国教育史年会以"我国教育史学科建设百年回顾与反思"为主题，直面学科自身建设问题以及面临的环境，成为对"'全面危机'时代"[②]的一次全面反思。正是在这种"危机"意识的主导下，教育史学史的研究得以深入。这种深入延续了对教育史学理论与方法探究的传统，并开始对教育史本身进行探究，形成一批关于教育史的本体论、价值论、认识论、方法论的反思性研究成果。

一、教育史学史研究的新进展

在学者的辛勤耕耘下，新世纪的教育史学史沿着教育史学理论与方法、教育史学的元研究、什么是教育史等与教育史本体论密切相关的内容展开。教育史研究在范围拓展的同时，开始向纵深方向发展，研究的反思意识大大加强，以提升教育史研究水平为目标的教育史学史开始成为研究者的自觉追求。

首先，教育史学理论与方法受到学者的普遍重视。理论在研究中形成，

---

① 易琴：《知识传授与学术探究：中国教育史学科的发展图景》，华东师范大学博士学位论文，2010年。

② 洪明、黄仁贤：《"危机时代"的教育史学建设——中国教育学会教育史分会第9届学术年会暨第6届会员代表大会综述》，载《教育评论》2004年第6期。

进而成为解决问题的工具和方法，直接影响到研究成果的水平。理论的滞后与方法的单一，始终是教育史研究的薄弱环节，一批学者有意识地在此方面做出尝试。前文所述的现代化取向、叙事取向、活动取向的教育史研究，都涉及教育史学理论与方法的探索，还有学者专门就教育史学理论问题做出探究。周洪宇持之以恒地强调研究范式与教育史学的相互关系，呼吁通过研究范式的转换实现教育史学理论水平的提高，并对教育史学研究范式转化提出具体设想。在2008年的全国教育史年会上，周洪宇在《对教育史学若干基本问题的思考》中指出，教育史学研究应该按照"教育史学科性质史学论、研究对象三分论、研究重心下移论、理论方法现代论、学术传统继承论、学者素养要素论、未来发展多元论"等路径展开，对教育史学研究的方法论做出分析。他在对问题持续关注的基础上，形成以问题意识为导向、本土原创为特色、范式转换为宗旨、学术增加为目标的《教育史学通论》。2018年，该书由人民教育出版社出版，成为新时期教育史学方法论探究的重要成果。[1]

其次，教育史的元研究。20世纪90年代，在"元教育学"的反思中，学者提出"元教育史学"的概念。所谓"元教育史学"是对教育历史的"元"研究，是"关于教育历史陈述（即'教育史'学科本身）为问题领域"的研究。[2]这一概念引起教育史研究者的重视。有研究者认为，"元教育史研究"主要关注的是研究者怎样研究历史、书写历史，教育史学的结构与功能以及对教育史学的态度，等等。"元教育史学"研究需要诸多条件，在条件不具备的情况下，可以将其称为"教育史学的元研究"。[3]另有研究者认为，教育史学可划分为元教育史学、教育史学理论与方法、教育历史哲学三个层次，研究内容主要包括教育史学的本体论、认识论、方法论及其与其他学科之间的关系等方面。

---

[1] 周洪宇主编：《教育史学通论》，人民教育出版社2018年版。

[2] 陈桂生：《"教育学"辨："元教育学"的探索》，福建教育出版社1998年版，第202页。

[3] 徐中仁：《困境中的探索：中国教育史学元研究管窥》，载《西南师范大学学报》（人文社科版）2004年第3期。

但是，在条件不充分的情况下，将其称为教育史学的元研究。这种情况，直接反映到随后的具体研究中。[1]

最后，什么是教育史、什么是教育是教育史研究的元问题。一种观点认为："教育史是现在的人们对教育过去认识的主观与客观的统一；教育史研究不仅需要注重教育史料和史实，更需要关注与教育史相关的史学和历史哲学，以及教育史学研究的动态。"[2]这也代表了多数学者的观点，这种观点的前提是要对教育有准确的界定。如果教育被理解为教育思想、教育制度或学校教育，其结果可能出现对教育理解的偏离导致教育史研究出现偏差的问题。另一种观点认为教育史是客观发生的教育历史、记录的教育历史、研究与书写的教育历史和反思的教育历史的综合。[3]在论者看来，反思的教育历史主要涉及教育史学的评论，要求有坚实的客观基础与明晰的社会标准、学术标准，因而对教育史学科建设具有实质性的价值和意义。[4]另有研究者认为，无论是何种教育历史，都是人的实践结果。因此，从实践角度考察教育史，不仅是教育史面向自身的哲学反思，而且是教育史学研究方法论的转换。[5]

二、教育史学史研究的发展趋势

从教育史一词的出现到教育史学史研究的展开，已有百余年的历史。教育史研究经历从移植、模仿、借鉴、曲折发展到重构与反思的过程，无论在广度方面还是深度方面，都获得相当程度的发展，教育史学史在教育史研究中得以

---

① 如有研究者曾以"元教育史学研究"为博士毕业论文选题，但在随后的修改完善过程中，将其改为"教育史学元研究"，"元教育史学研究"的相应内容也改为"教育史学元研究"。见郭娅：《反思与探索：教育史学元研究》，山东教育出版社2010年版。

② 郭法奇：《再论什么是教育史研究》，载《教育学报》2009年第4期。

③ 杜成宪：《对中国教育史几层含义及其相互关系的辨析》，载《教育史研究》1996年第2期。

④ 杜成宪：《关于教育史学评论的理论思考》，载《华东师范大学学报》（教育科学版）2001年第4期。

⑤ 刘来兵：《什么是教育史》，华中师范大学博士学位论文，2011年。

明晰和深化。以下问题，依然需要研究者给予足够的重视：

首先，概念厘定以及概念体系的建立。概念是理论建设的基础，概念不清的情况却普遍存在于目前的研究之中。以教育为例，因受学校教育理论束缚，研究中普遍存在将教育理解为学校教育的问题，教育史则成为学校教育史。其他如将教育史学科的研究对象视为学科的属性，将教育历史的演变视为教育历史进步，将教育制度化以及线性发展视为教育进步的标识等，普遍存在于研究中。[①]这种概念上存在的问题，使教育史学理论建构的基础很不稳当，成为制约教育史研究水平及教育史学理论发展的重要因素。未来的教育史研究，需要给概念以及概念体系建设以足够的重视。

其次，回归主题，关注主流。概念问题的存在，不仅容易使研究内容游移，还容易导致研究偏离主题，难以形成自己的学术话语体系。研究者虽然认为教育史是史学与教育学的交叉学科，但是，在实际研究中，既没有关注到教育史是史学的分支学科，其主体上是历史学，忽视历史的主流研究也没有关注到教育史主要是研究教育活动，结果使得教育史研究在偏离主题与主流的轨道上渐行渐远。有学者鉴于教育史研究游离于主题和主流之外的情况，呼吁开展教育活动史研究，推动教育生活史、教育身体史、教育情感史、大数据与教育史学变革等研究，以使中国的教育史学回归历史学特别是国际历史学和教育史学主流。只有汇入主流，才能融入主流并在世界教育史学界赢得自己的一席之地，建立起自己的学术话语权。[②]

最后，强化以教育史观为核心的教育史学研究。教育史观是人们对教育历史总体运动的理论概括，旨在解答教育史研究的对象、目的以及教育史学的

---

① 张斌贤：《什么是教育史》，载《华东师范大学学报》（教育科学版）2016年第4期。

② 周洪宇：《偏离了主体与主流的教育史学科》，载《华东师范大学学报》（教育科学版）2016年第4期。

使命、地位等基本理论问题。^①教育史观不仅要解答"什么是教育史"的教育
史本体论问题，而且要解答教育史的"认识论"问题，即如何认识教育史，包
括认识和理解教育历史的视角、规范、概念、框架等。教育史观还要解答如何
研究、解释教育历史的方法论问题以及为什么研究教育史的"价值论"问题，
对教育史研究的功能价值进行评价。^②有学者认为，教育史研究的价值论，"是
一种理论的或科学的价值，它的作用在于认识，在于发现，在于训练人的思
维"^③。另有学者认为，教育史研究的主要价值在于自由价值。"教育史研究增
扩人类思维与整体利益的自由价值便达成了，这也才有可能真正实现教育史研
究对现实的教育行动的指导意义。"^④

　　成果丰硕却不够成熟，可能是中国教育史学史目前的基本状态。未来的教
育史研究将沿着实践与哲理两个路径发展，在服务实践发展与学术探究的过程
中，统一于人的内心满足。只有当教育史学史成为人们的内在心理需要时，对
教育史学史的研究才可能引起学者的真正重视。当然，人的内在心理需要的满
足需要建立在真实且有学理支撑的基础之上。这种建立在真实且有学理支撑基
础上的教育史学史，又服务于教育史学科建设以及人才培养，才能实现教育史
学史的价值存在。正如研究者所言，教育史研究的自由价值，出于纯粹的学术
兴趣，能够在所处的"情境"中发现教育的真实问题和价值，深入且真实地了
解本土与异域的历史文化，更好地认识自己、认识他人，能够愉悦身心、充实

---

　　① 肖朗：《史学方法论与教育史研究刍议》，载《华东师范大学学报》（教育科学版）2016年第
4期。

　　② 张斌贤：《教育是历史的存在》，安徽教育出版社2007年版；张斌贤：《重构教育史观：
1929—2009》，载《高等教育研究》2011年第11期。

　　③ 杜成宪：《教育史研究有什么用？》，载《华东师范大学学报》（教育科学版）2016年第
4期。

　　④ 陈露茜：《教育史研究的价值论问题》，载《华东师范大学学报》（教育科学版）2016年
第4期。

生活。①未来的教育史学史研究，需要在继续深化教育史研究的基础上，强化对教育史学的哲理反思，给教育史研究的本体论、价值论、知识论与方法论足够的重视，实现教育史研究水平提升的同时，服务于教育史学科建设，使中国教育史学史焕发出勃勃生机。

（李　忠）

附录：相关文献

1. 杜成宪、崔运武、王伦信：《中国教育史学九十年》，华东师范大学出版社1998年版。

2. 杜成宪、邓明言：《教育史学》，人民教育出版社2004年版。

3. 郭娅：《反思与探索教育史学元研究》，山东教育出版社2010年版。

4. 史静寰：《西方教育史学百年史论》，人民教育出版社2014年版。

5. 周采：《美国教育史学嬗变与超越》，人民教育出版社2006年版。

6. 周洪宇主编：《教育史学通论》，人民教育出版社2018年版。

7. 丁钢：《教育研究的叙事转向》，载《现代大学教育》2008年第1期。

8. 刘来兵：《学术史与学科史：教育史学史研究的两个维度》，载《教育学术月刊》2013年第9期。

9. 田正平、肖朗：《教育史学科建设的回顾与前瞻》，载《教育研究》2003年第1期。

10. 张斌贤：《关于〈教育史学〉的构想》，载《教育研究与实验》1987年第3期。

11. 周采：《西方教育史学研究综述（2000—2015）》，载《河北师范大学学报》（教育科学版）2015年第6期。

---

① ［德］布雷岑卡：《元教育理论：教育科学、教育哲学、实践教育学基础导论·序》（英文版），见陈桂生《"教育学"辨："元教育学"的探索》，福建教育出版社1998年版，第1页。

12. 周洪宇、申国昌:《新世纪教育史学的发展趋势》,载《华东师范大学学报》(教育科学版)2007年第3期。

13. 周洪宇:《对教育史学若干基本问题的看法》,载《河北师范大学学报》(教育科学版)2009年第1期。

14. 周洪宇:《重论教育史学的科学体系》,载《中国教育科学》2013年第2期。

第十六章

改革开放40年中国教育史学理论研究的回顾与反思

　　教育史学科作为教育学与历史学的交叉学科，肩负总结与反思教育发展历史的学术责任。本章以改革开放40年来我国教育史学理论研究发展为主题，运用文献可视化分析软件（CiteSpace5.1. R1. SE），制成相关科学知识图谱，直观呈现教育史学理论研究的发展阶段、研究群体、研究前沿等，在此基础上对教育史理论研究发展进行可视化分析，以总结改革开放40年来我国教育史学理论发展概况，为当代教育史学科建设提供参考。

一、问题提出与研究设计

（一）问题的提出

在几代教育史学人的共同努力下，40年来我国教育史学科建设取得了长足进步，不仅呈现了丰富的高质量的研究成果，还形成了多种有影响力的研究范式，涌现了多个研究群体，逐渐融入到世界教育史研究组织之中并开展国际学术交流。在高举习近平中国特色社会主义旗帜的新时代，如何在继承过去40年来优秀研究成果基础上开展理论创新，是新时代我国教育史理论研究者思考的命题。40年来我国教育史理论研究呈现出怎样的发展脉络？不同时期教育史学理论研究的问题源自何处？新的教育史学理论发生机制如何以及对教育史学实践产生怎样的影响？教育史学理论研究的群体有哪些以及他们如何引导教育史学理论的发展？当前教育史学的困境与出路何在？这些是本章在梳理40年以来我国教育史理论研究进展的过程中所思考并力图呈现的问题。

（二）研究设计

1. 研究工具

本研究采用CiteSpace5.1. R1. SE作为研究工具。CiteSpace是一款由美裔博士陈超美基于JAVA程序设计开发的一款可视化的文献分析软件，可用来绘制某个学科或知识领域的科学知识图谱，可以较为直观地展现一个领域的知识特征，并识别研究热点和前沿方向。[1]运用其可视化的文献分析功能，我们可以得到关于研究主题、关键词、作者、机构、时间线、时域图等各类形象的文献分析图谱，既能对相关研究进行直观概括，又能在图谱基础上得到相关研究更为深入的科学分析。

---

① C.M. Chen, "CiteSpace II: Detecting and Visualizing Emerging Trends and Transient Patterns in Scientific Literature", *Journal of the American Society for Information Science and Technology*, no.3（2006）.

2. 数据来源

本研究的数据来自于中国知网，将搜索范围定位为"期刊"，以"年between1978，2017 and 主题=教育史学 or 主题=教育史研究 or 题名=教育史学 or 题名=教育史研究 or 题名=教育史 and 题名=教育史学 and（精确匹配）"为检索条件，构成教育史学理论研究主题词群，经过检索与剔除无关文献后，共得到有效文献757篇。本文所有统计数据检索时间截止日期为2018年10月1日。

3. 研究方法

将有效文献转换格式后导入到CiteSpace5. 1. R1. SE中，设置时间跨度为1978—2017，将CiteSpace的阈值c、cc、ccc设为（4，4，21）、（4，4，21）（4，4，21），c为最低的被引次数。文献满足上述条件即可参与软件的运算。主题检索形成若干知识图谱，采用质性研究分析40年来我国教育史学理论发展阶段、研究群体与学术谱系。

二、发展阶段与研究机构分析

（一）我国教育史学理论研究的发展阶段分析

由40年来教育史学理论研究的文献数量统计图，可以看出我国教育史学理论研究呈三个主要阶段的稳定递增形态，说明教育史学理论研究学者参与度不断提高，学科自省能力逐渐增强，学科建设的理论品性稳步提升。从所呈现的研究成果的数量来看，1978年至1994年，教育史学理论研究的成果相对较少，均在10篇以下，表明只有极少数学者研究教育史学科发展问题。1995年至2008年，这一阶段的发文数量从10篇逐渐增加到近40篇，表明教育史研究的自我反思行为呈现集体化特征。2009年至2017年，教育史学理论的研究成果年均发文数量达50余篇，教育史学科建设的理论反思已然成为教育史研究中的常态，朝着专业化、规范化、精细化、国际化的方向迈进。现将每个阶段的发展概述如下：

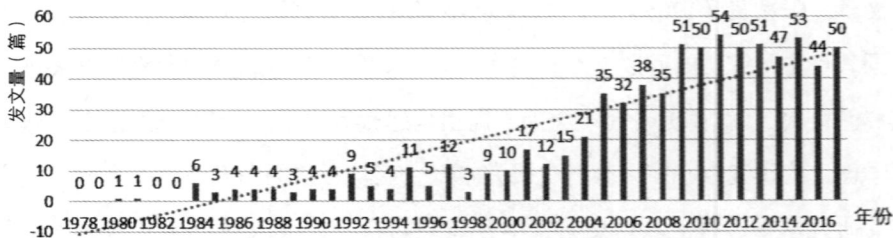

40年来教育史学理论研究的文献数量统计图

1. 解放思想后的教育史学自觉意识觉醒（1978—1994年）

1978年4月，广东教育会组织了一批高等师范院校包含教育史研究者在内的教育学家，举行对孔子教育思想再评价的座谈会，为改革开放以来我国教育史学研究的思想解放吹响了号角。1979年12月，全国教育史研究会（1996年更名为"中国教育学会教育史专业委员会"，2004年更名为"中国教育学会教育史分会"）的成立在教育史学科建设中具有里程碑意义。在杭州召开的第一届年会上，纠正了"厚今薄古""以论代史"的错误倾向，理顺了批判与继承的关系，重新确立了以马克思主义的立场、观点和方法指导教育史研究，明确了拓展教育史研究范式是促进教育史科学发展的重要动力，探讨了教育思想与教育制度的关系，提出加强教育制度史的研究。这次会议奠定了20世纪80—90年代我国教育史研究以教育思想史、教育制度史为主要研究范围的基调。1980年和1983年全国教育史研究会分别以"中国教育史学科体系""外国教育史学科体系"为主题召开年会，引发关于教育史学科体系的大讨论，表明从教育史学科重建工作一开始便注重学科体系与理论建设。高时良、孙培青、金锵、吴式颖、滕大春、赵祥麟等老一辈学者分别就中外教育史研究与学科建设发表专论，对改革开放初期教育史学科建设与理论研究的兴起具有指导意义。如高时良认为，教育史学科包含三个层次的学科体系：① 低层次教育史（教育史学内部各种教育史）；② 中层次教育史（教育史与其他学科的交叉学科）；③ 高层次教育史（教育史学理论与方法）。

在教育史学理论研究方面，已有数位中生代的中青年学者开始发表高质量的文章。张斌贤于1986年至1989年连续四年在《教育研究》等刊物上发表专论外国教育史研究中的问题文章，论述"教育史学"与"教育史研究"的关系，在"教育史""教育史研究"之外，提出构建教育史学的设想。他提出："教育史学理论的研究中心在于教育史研究本身，应从哲学的角度探讨提高教育史学科的研究水平，解决教育史研究中存在的问题。"①该文确立了"教育史学"作为一种从教育史研究中分立出来的新的概念与体系。1989年，田正平撰文指出，"在中国近代教育史的教学和研究工作中，一种被史学界称作是'危机感'的'幽灵'时隐时现"②，率先在学界反思教育史学"危机"。尽管该研究主要以中国近代教育发展历史为分析对象，却是学界迈出传统教育史研究范式做出变革的第一步，是开创教育近代化研究的思想先导。同年，周洪宇撰文指出，任何一门学科或学问都有它自己的方法论，每个研究者都受一定的方法论的指导，但是有不少研究者在庸俗社会学方法论的影响下发生方法论的偏差，导致在学术实践中产生"分割研究""注经疏义""假设推理""添冠加冕""循环论证"的不良表现，应该坚决地摈弃这种庸俗社会学方法论，回归到以马克思主义为指导的方法论体系中来，形成多角度、多层次、相互联系并互为补充的立体网络结构方法论。该时期还有学者开始以新中国成立40年、改革开放10年为发展阶段反思中国教育史研究，如《对四十年中国教育史研究的几点反思》（李军，1991）、《中国教育史十年研究的统计分析》（王心田，1992），他们对教育史研究缺乏生机与活力、方法陈旧与"学科自囚综合征"提出了批评。另外，1993年开始兴起东北教育史、教会大学史、高等教育史等新领域，代表性的有齐红深的东北教育史研究、潘懋元与刘海峰的高等教育史学科建设等理论文章。该阶段并未出版专门的教育史理论研究著作，但教育思想史、教育制度史的研究范式已经逐步得到确立并在20世纪90年代相继完成《中国教育思想通

---

① 张斌贤：《关于〈教育史学〉的构想》，载《教育研究与实验》1987年第3期。

② 田正平：《关于中国近代教育史学科体系的几点思考》，载《华东师范大学学报》（教育科学版）1989年第2期。

史》（王炳照、阎国华总主编）和《中国教育制度通史》（李国均、王炳照总主编）的出版工作。该时期我国教育史研究以重新评价孔子教育思想为起点，以研究中外古代教育制度变革及教育家思想为主要内容，以研究中国近代日本侵华教育、教会势力在华办教育为新的生长点，尽管教育史学理论研究文章并不多，但张斌贤、田正平、周洪宇、杜成宪、刘海峰、贺国庆等中青年学者已经发表高质量的理论文章，并把教育史学作为一种亟待加强研究的领域抛入学界讨论之中，从研究历史到反思自我的转变呈星火燎原之势，为教育史学理论研究的兴起集聚力量。

2. 全面危机中的教育史学理论体系构建（1995—2008年）

该阶段我国教育史学理论研究的发文量已经有了显著提升，教育史研究不再局限于对教育史实的回溯，而是更加注重教育史学的学科建设与实践应用。1996年，杜成宪在《中国教育史学科能不能分享"科学"的美名》一文中直陈："中国教育史学科能不能成为科学，关键在于有无对本学科的自我反思，是否形成关于学科自身的系统理论，也即中国教育史学理论。"[①]杜成宪以"中国教育史学"为反思对象发表系列论文，对提升教育史学理论品性发挥了重要引领作用。1996年底，中断了十年的教育史研究会年会在桂林召开，会议以"中外教育史研究的回顾与展望"为议题讨论了中外教育史研究与学科建设的问题。1998、2000年的年会延续了这一教育史学理论研究的主题。

新旧世纪之交，教育史学"危机"的声音已经充斥在整个学术界。2000年，张斌贤在《全面危机中的外国教育史学科研究》中指出，"摆脱外国教育史学科研究的危机，注重学科的自我反思、加强研究者主体的学术自律、科学确立学科定位，是外国教育史学科克服危机的基本途径"[②]。2001年，张传燧发文指出："说教育史学的危机，绝不是危言耸听。近年，教育史的几次全国学

---

① 杜成宪：《中国教育史学科能不能分享"科学"的美名》，载《教育评论》1996年第6期。
② 张斌贤：《全面危机中的外国教育史学科研究》，载《高等师范教育研究》2000年第4期。

术会议和一些学者的研究已经指出了这一点。"①他认为教育史学危机主要是理论危机、现实危机和队伍危机，必须重构教育史学。同年，贺国庆在文章中同样论及："从某种意义上说，八九十年代的第二次高峰期只是二三十年代第一次高峰期的复兴。由于学科本身没有多少变革和创新，经过短暂的繁荣，不可避免地陷入危机和困境。世纪之交的今天，正是此次危机的关口。"②2003年，田正平、肖朗在《教育史学科建设的回顾与前瞻》中指出，教育史学科在新世纪应继续深入开展专题性和实证性研究，倡导多学科的交叉型和综合性研究，提高教育史研究的理论水平和国际化。③2004年，中国教育学会教育史分会选举产生以田正平为理事长的新一届理事会，标志着在20世纪八九十年代活跃于教育史学理论研究领域的中生代学者正式从老一辈教育史学者手中接过了旗帜，迎来了教育史学理论研究的新高峰，2005—2008年教育史学理论研究的论文保持年均35篇。2008年，田正平在《老学科新气象——改革开放30年教育史学科建设述评》一文中对教育史学科建设做了全面综述与发展展望。该时期田正平运用现代化范式开展教育史研究已经发展成熟，其指导的博士生多在此范式下开展研究，带动教育史学界围绕近代教育史研究形成系列成果。丁钢倡导的叙事范式教育史研究已经起步，指导多位博士生完成相关研究。这种历史叙事研究与教育研究中的叙事研究相结合，在教育研究领域形成一种新的研究风向，推动了教育史研究方法的更新与研究视野的下移。周洪宇在1996、2000、2004和2008年的教育史年会上分别提交教育史学理论文章《教育史学的创新》《范式转换与新世纪教育史学的发展》《论教育史学的两个基本问题》《我对教育史学若干基本问题的看法》，持续开展教育史学基本问题与范式转换的研究。这一时期，教育史学科在"危机"中前行，学者们临危思变，通过持续的学科建

---

① 张传燧：《〈教育史学〉的反思与重构》，载《华东师范大学学报》（教育科学版）2001年第1期。

② 贺国庆：《外国教育史学科发展的世纪回顾与断想》，载《河北师范大学学报》（教育科学版）2001年第3期。

③ 田正平、肖朗：《教育史学科建设的回顾与前瞻》，载《教育研究》2003年第1期。

设讨论，变危机为机遇。无论是中国教育史还是外国教育史学科，都将"教育史""教育史研究""教育史学""教育史学科""教育史学史"作为研究对象，成为教育史学理论研究基本完成从教育史研究中的分立、形成教育史实证研究与教育史理论研究两大领域的标志。刘立德从教育史教材发展史的角度对不同历史时期的教育史教材建设工作做了研究，对教育史学科建设的历史回顾提供了新的视角。该时期出版了《中国教育史学九十年》（杜成宪、崔运武、王伦信，1998）、《教育史学》（杜成宪、邓名言，2004）、《美国教育史学：嬗变与超越》（周采，2006）等理论著作。几所教育部直属师范院校相继建立教育史博士点，开始培养新一代教育史学理论研究青年学者。在此背景下，教育史学理论研究范围不断扩大，哲学、历史学、文化学、社会学等领域的理论成果开始进入教育史领域，并催化教育史学理论打破学科壁垒，教育史学理论研究呈现出生机与活力。

3. 范式转换下的教育史学理论多元并立（2009—2017年）

在完成教育史学理论体系的构建之后，2009年起教育史学理论研究逐步走向新范式、新理论、新方法、新视域的阶段，元教育史学研究的出现推动教育史学朝着教育史哲学方向迈进。2009年，丁钢的《叙事范式与历史感知：教育史研究的一种方法维度》备受关注，叙事范式的教育史学理论与实践最终得以确立，推动了教育史研究从现代化宏大叙述向微观、具体的教育史研究转向。同年，周洪宇在《对教育史学若干基本问题的看法》中指出，最能体现教育本质的是人的"教育活动"，教育活动史应该成为教育史研究的一个基本内容。[①]以教育活动史作为新的学术领域推动教育史研究的范式转换，相继出版《教育史研究新视野丛书》（10册）、《教育活动史专题研究丛书》（20册）、《中国教育活动通史》（8卷），确立了教育史研究的活动史范式。2010年，张斌贤提出以整体史观重构教育史，认为教育史的研究被切割为具体和专门领域，这种

----

① 周洪宇：《对教育史学若干基本问题的看法》，载《河北师范大学学报》（教育科学版）2009年第1期。

"原子论"的教育史观和研究范式损害了教育史研究的科学性甚至学术性，主张以"整体史观"书写世界教育史，在外国教育史研究实践中确立整体史研究范式。①周采专注于外国教育史学理论流派的研究，对美、英、法等国教育史学均有专门研究，形成西方教育史学理论研究体系。该时期的教育史学理论研究呈现多元化之势，诸如实证史学、微观史学、计量史学、心态史学、比较史学、新史学、新文化史学、口述史学、年鉴学派史学、实践唯物主义教育史学、全球史观教育史学、元教育史学、后现代教育史学、女性主义教育史学、多元文化主义教育史学等均有出现，同时还开辟出教育影像、教育文物、科举、书院、文庙、教育生活史、教育身体史、教育记忆史、教育情感史、教育旅行史等新领域。这些新范式、新理论、新视域极大地促进了教育史学理论研究的繁荣。该时期出版的理论著作有：《探索外国教育史研究的新领域与新方法》（张斌贤、孙益，2009）、《中国教育史专题研究》（王炳照，2010）、《反思与探索：教育史学元研究》（郭娅，2010）、《学术新域与范式转换：教育活动史研究引论》（周洪宇，2011）、《教育活动史研究与教育史学科建设》（周洪宇，2011）、《教育史研究：寻求一种更好的解释》（郭法奇，2012）、《视域融合与历史构境：中国教育史学实践范式研究》（刘来兵，2013）、《史学转型视野中的"中国教育史"学科研究》（郑刚，2013）、《多样的世界：教育生活史研究引论》（周洪宇、刘训华，2014）、《张斌贤教育史研究文集》（张斌贤，2014）、《西方教育史学百年史论》（史静寰，2014）、《英国教育史学：创立与变革》（武翠红，2015）、《创新与建设：教育史学科的重建》（周洪宇，2016）、《教育史学通论》（周洪宇，2018）。另外，2008、2010、2012、2017年的中国教育学会教育史分会年会主题均以教育史学科建设为主题，密度之频繁也是该时期教育史学理论多元发展的重要推动力。2014年开始由教育史研究会编辑出版《教育史研究与评论》，总结近两年来的教育史

---

① 张斌贤、王晨：《整体史观：重构教育史的可能性》，载《清华大学教育研究》2010年第1期。

研究最新成果与动态。这些举措都是对教育史学理论研究精细化、科学化与国际化的促进。

（二）我国教育史学理论研究的机构分析

在CiteSpace工具中设置相应参数，时间切片（time slice）设定为1，节点类型分别定为作者（author）、机构（institution），并分别提取每一时间切片发文量在前50的作者或机构，得到关于核心作者及核心机构的知识图谱。将知识图谱中节点（代表发文频次）大小排在前10位的研究作者、机构整理出来。根据知识图谱统计得到下列表格。

教育史学理论研究核心作者及其机构统计表

发文量/篇	作者	作者单位	发文量/篇	作者	作者单位
31	周洪宇	华中师范大学	8	侯怀银	山西大学
30	周采	南京师范大学	7	丁钢	华东师范大学
20	张斌贤	北京师范大学	7	洪明	福建师范大学
16	申国昌	华中师范大学	7	李忠	陕西师范大学
11	田正平	浙江大学	7	林伟	北京师范大学
10	杜成宪	华东师范大学	7	刘海峰	厦门大学
10	武翠红	江苏大学	7	刘来兵	华中师范大学
9	贺国庆	宁波大学	6	肖朗	浙江大学
9	郭法奇	北京师范大学	6	郑刚	华中师范大学
8	王保星	华东师范大学	6	李艳莉	山西大学

教育史学理论研究发文数量前十位机构统计表

排位	机构	发文量	排位	机构	发文量
1	北京师范大学	86	6	河北大学	18
2	华中师范大学	81	7	厦门大学	15
3	南京师范大学	51	7	山西大学	15
4	华东师范大学	34	9	宁波大学	14
5	浙江大学	21	10	福建师范大学	11

　　表格显示，发文数量前六位的学者来自五所高等学校，形成我国教育史学理论研究的五个主要学术团队。周洪宇及其学术团队在教育史学理论研究方面以体系构建与开拓新域为主，产生"教育活动史""教育生活史""教育身体史""文庙学""教育记忆史""教育口述史"等标志性成果。周采及其团队的教育史学理论研究集中在外国教育史学史领域，确立"战后西方教育史学""新教育史学"等核心成果。张斌贤及其学术团队的教育史学理论研究以理论自觉与学科反思为核心特色，致力于"整体史学""西方大学史""西方教育思想史"的研究。就研究者之间的合作程度而言，教育史学理论研究节点较多且较分散，但三位核心作者及其学术团队间的合作相对较多，形成学术梯队，研究整体呈集中趋势。1978—2017年，教育史学理论研究前五位机构分别是北京师范大学、华中师范大学、南京师范大学、华东师范大学以及浙江大学。再分别对上述五所机构的作者群体与研究内容通过CiteSpace软件主题词聚类，得出各机构的教育史学理论研究群体与特色关键词。北京师范大学在中外教育史理论研究领域的核心特色关键词有"教育史学""外国教育史""教育史学科""教育史观""比较教育""美国""改革开放""思想政治教育"等。华中师范大学在教育史学理论研究领域的核心特色关键词有"教育活动史""教育史学""教育史研究""教育生活史""教育身体史""陶行知"等。南京师范大学教育史学理论研究的核心特色关键词为"美国教育史学""战后西方教育史学""新教育史学""新文化史""劳伦斯·克雷明"等。华东师范大学教育史学理论研

究的核心特色关键词有"教育史研究""研究范式""全球史观""孟宪承""杜威""民族性""中华人民共和国""上海"等。浙江大学教育史学理论研究的核心特色关键词有"近代中国""边疆教育""教育交流""大学""教育界""蔡元培""西方"等。

三、前沿分析与研究反思

（一）我国教育史学理论研究的前沿分析

CiteSpace软件开发者陈超美认为某个学科的前沿研究，可通过一组突现的研究概念和潜在研究概念来进行解释。突现词（Burst detection）表示频次出现增长快速的研究前沿术语。由突现词的词频分布、时间分布和动态变化特性，可以更准确地揭示与反映其所研究前沿领域。[①]选择CiteSpace的突现度选项，得到关于40年来教育史学理论研究排在前五位的突现词，分别是教育史研究、教育史学科、外国教育史、教育活动史、中国教育史研究。（见下表）。运行CiteSpace，利用突现词检测法，节点类型设为"keywords"，并以"timezone"即时区可视化分析教育史学理论研究的关键词演进变化（见下图）。结合下列表与图，对1978—2017年间我国教育史学理论的前沿研究分析如下：

教育史学理论研究前五位关键词突现度统计表

序号	频次	关键词	突现度	首次突现年份
1	161	教育史研究	9.83	1984
2	71	教育史学科	4.36	1984
3	28	外国教育史	4.15	1984
4	26	教育活动史	4.82	2010
5	19	中国教育史研究	5.04	1988

① C.M. Chen，"CiteSpace II：Detecting and Visualizing Emerging Trends and Transient Patterns in Scientific Literature"，*Journal of the American Society for Information Science and Technology*，no.3（2006）.

40年来教育史学理论研究关键词时间线图谱

1. 自省性前沿与传统教育史研究的变革

上表显示教育史学理论研究突现度最高的五个关键词中有四个都是在20世纪80年代出现的，表明教育史学科从改革开放初期便注重学科自省，以"教育史研究""教育史学科""教育史学"为主，在中国教育史与外国教育史两个研究方向思考教育史研究该如何推进。然而，该时期我国教育史学界以历史研究为主，学者多沉浸在具体的研究之中而无暇做更多的理论思考。具体来说，主要有两大现实问题亟待解决：一是如何处理中国的教育遗产，如何批判与吸收西方文化教育的问题；二是民国时期形成的教育思想史、教育制度史研究的两种基本研究取向如何继承发展的问题。自省的结果是，该时期中外教育史学者关于历代教育家教育思想、教育实践的重新发现与当代解读占据了主体地位，教育思想史、教育制度史成为该时期教育史的代名词。据王心田对1980—1990年间1991篇教育史论文的统计发现，该区间的研究内容主要集中在教育家的生平事迹、教育思想和某一朝代的教育制度及政策，发文总数1575篇，占总数的79%；研究时段集中在先秦、近现代，发文总数1218篇，占1575总数的77.33%；研究孔子的文章占据先秦教育家研究总数的84.9%；研究陶行知的占据现代教育人物研究总数的36.65%。[1]此种严重失衡的教育史研究必然引起学者的忧思。尽管有学者呼吁加强教育史学理论研究与学科反思，然应者

---

[1] 王心田：《中国教育史十年研究的统计分析》，载《教育科学》1992年第3期。

寥寥，直至现代化范式教育史学研究的出现才打破了学术僵局，在思想史与制度史之外，以现代化的视野来审视中国近现代教育变革。正如美国学者德里克（Arif Dirilik）在文章中指出的，"范式危机"并不是一种"范式"取代另一种"范式"，而是说"现代化范式"的出现使"革命范式"支配中国近代史研究的局面为之改变。①20世纪90年代初兴起的教育近（现）代化研究使学术界认识到了范式革命的重要性。此时美国科学史家托马斯·塞缪尔·库恩（Thomas Sammual Kuhn）在《科学革命的结构》中所提出的"范式"概念被学界所接受并受到追捧，产生了关于范式变革的大讨论，继而引发关于学术危机的自省声音不绝于耳，认为建立新的研究范式才是走出教育史学"危机"、保持教育史学科生机的前提。

2. 建设性前沿与教育史研究的繁荣

新旧世纪相交之际，教育史学理论研究以"教育史"作为最大的突现关键词出现，表明学界开始注重对研究对象的反思，"教育史是什么"这一学科基本问题被学术界广泛讨论，围绕"教育史"产生很多卫星关键词。2000年，张斌贤指出："学科研究范围的扩展，固然是衡量一个学科发展的重要标志，但从本质上讲，一个学科发展的根本在于对学科研究对象认识的不断更新和为此而进行的研究方法与'范式'的不断变革。"②这是一种"面向事情本身"的思考，是学科建设的必然结果。马丁·海德格尔（Martin Heidegger）曾指出："一门科学在何种程度上能够承受其基本概念的危机，这一点规定着这门科学的水平。"③年鉴学派给我国教育史学理论提供了诸多理论参考。马克·布洛赫（Marc Bloch）也指出，"为了阐明历史，史学家往往得将研究课题与现实挂钩"，"只有置身现实，我们才能马上感受到生活的旋律，而古代文献所记载的

---

① 董正华：《从历史发展多线性到史学范式多样化》，载《史学月刊》2004年第5期。
② 张斌贤：《全面危机中的外国教育史学科研究》，载《高等师范教育研究》2000年第4期。
③ ［德］马丁·海德格尔：《存在与时间》，陈嘉映、王庆节译，生活·读书·新知三联书店1987年版，第12页。

情景，要依靠想象力才能拼接成形"。①教育史学者主体意识与现实关怀空前增强，"建构"成为该时期建设教育史学科的重要标识。"教育史研究不是发思古之幽情，而是通过研究阐发中外民族教育经验与智慧，使过去、现在、未来的教育生命之流连绵接续，推陈出新，以便更好地为当代火热的教育改革与实践服务。"②在此背景下的中国教育史研究在新世纪迎来了快速发展，教育史研究进入了"割据"时代，人人皆可书写自己所理解的教育史。教育思想史、教育制度史、教育近（现）代化研究被专题史、专门史研究所取代，教育史研究体现出浓厚的当代印象。凡是当前教育中存在的教育类型、实践基本都被以历史的视角去审视，中外古代、近现代所可能产生的萌芽及发生发展的过程，诸如学前教育、儿童教育、女子教育、科举（考试）、书院教育、义务教育、师范教育、职业教育、高等教育、少数民族教育、边疆教育、区域教育、留学教育、教会教育、华文教育、中外教育交流等，同时有关各学科、课程、教材、学校、校长、学生、教师、教育管理、教育督导、教育行政等领域不断被开辟。研究范围的不断拓展虽然带来了教育史的繁荣，却并没有带来教育史学科建设的整体性突破。正如田正平在改革开放30年教育史学科建设述评的文中所指出的："在学科建设上，尚缺乏高屋建瓴、统筹全局、周密系统的长远规划；在部分研究成果中存在着低水平重复或简单堆积史料的现象，造成了人力、物力的浪费；在教育史研究队伍中还不同程度地存在着基本功训练欠缺、知识结构比较单一、研究方法僵化、视野不够开阔的问题，同时也存在着浮躁和急功近利的倾向。"③可见，教育史学科建设任重而道远。

3. 突破性前沿与教育史研究领域的拓展

2010年"教育活动史"作为突现关键词的出现，是40年来第三个阶段最

---

① ［法］马克·布洛赫：《为历史学辩护》，张和声译，中国人民大学出版社2006年版，第38—39页。

② 黄书光：《教育史学科发展的自我意识及其思考》，载《当代教育论坛》2005年第17期。

③ 田正平：《老学科 新气象——改革开放30年教育史学科建设述评》，载《教育研究》2008年第9期。

大的关键词，而此阶段出现的卫星关键词数量也超过了以往任何一个时期。我们认为，教育活动史研究是教育史理论与实证研究中的一个重要突破。首先，教育活动史是回归教育史本源的思考，是教育史认识论的突破。教育活动史与教育思想史、教育制度史构成教育史的三位一体，是完整的教育历史呈现。其次，教育活动史以马克思实践唯物主义为指导，是对历史唯物主义在教育史领域的探索性运用。再次，教育活动史聚焦于各类教育的日常活动，以历史上感性的、实在的、具体的教育活动的发展及演变为研究对象，是研究视域的突破。2012年，国务院学位委员会教育学科评议组和全国教育科学规划办公室将"教育活动史"作为一级教育学科下二级教育史学科里与教育思想史研究、教育制度史研究并列的三级研究领域，正式列入国家课题申报指南。这意味着"教育活动史研究"已经进入国家学术体制，是改革开放后我国中生代教育史学研究者开拓出的第一个教育史学二级学术领域，对重构教育史学研究格局、完善教育史学研究体系、促进教育史学学科建设、开拓更多新兴研究领域，起到了极为重要的作用。周洪宇在此领域的开拓性专著《学术新域与范式转换——教育活动史研究引论》获得2016年第五届全国教育科学研究成果一等奖，2018年入选国家社科图书外译出版资助项目并由国际知名出版社出版英文版。教育活动史将是中国教育史学研究者向世界贡献出的一个带有原创性的研究领域。2017年，周洪宇总主编的《中国教育活动通史》由山东教育出版社出版，我国教育史研究进入《中国教育思想通史》《中国教育制度通史》《中国教育活动通史》三种教育通史并立的时代。熊贤君认为，教育活动研究领域的开辟、对教育活动史的研究，其功效与教育制度研究、教育思想研究不同。从《中国教育活动通史》来看，它展示给人们的是教育制度和教育思想形成的过程，是全景式的展示，它将过去被置之幕后或藏匿着的"过程"与"细节"搬到台前。①教育活动史作为新的学术范畴确立以来，周洪宇引领的学术团队通

---

① 熊贤君：《别开生面 独辟蹊径——评周洪宇主编的〈中国教育活动通史〉》，载《教育研究》2018年第2期。

过整体协同、各有侧重，不断丰富教育活动史研究的具体内容与研究路径，如话语权分析、心理史学分析、制度主义理论分析、元教育史学分析、学术谱系分析，形成区域教育史、教育口述史、教育生活史、教育身体史、教育记忆史、教育情感史研究，体现出该团队对中国教育史理论研究的全方位与整体性突破。在"教育活动史"之外，我们对2010年后出现的两次以上关键词进行统计，发现首次出现的有"教育思想史""制度史""通史""学科史""中国音乐教育史""教育生活史""思想政治教育史""民族教育史""语文教育史""历史教育史""中国广告设计教育史""舒新城""王炳照""研究对象""研究视角""研究方法""战后西方教育史学""新教育史学""计量史学""身体""实践""本土化""国际化""整合研究""年鉴学派""学科属性"等。上述关键词显示只有频次，没有突现度，碎片化的研究并未带来教育史研究的突发式增长；但前文所述教育史学理论多元并立时期的新理论正在孕育之中，未来或有爆发成为新的理论体系的可能。

通过对40年来教育史学理论研究关键词时间线图谱的分析，笔者认为，教育史学理论研究的立足点从20世纪80年代即已产生关于教育史学科、教育史研究、教育史学、外国教育史研究、中国教育史研究这五个基本领域的反思，后面所有出现的新关键词都是从这里生发出来的。不同的发展阶段需要产生具有整体影响力的学术增长点才能推动教育史理论研究的发展，如1999年首次出现的"教育史"、2010年出现的"教育活动史"。

（二）我国教育史学理论研究的反思

1. 教育史学理论研究的困境

纵观40年来的教育史学理论研究，创新性的理论成果屈指可数，源自于教育史学科内部的"原生"理论更是乏善可陈。依托跨学科的借鉴尽管可以完成"再造"，但缺乏学科话语体系的理论始终走不出"学术危机"的阴影。教育史学理论的突现显示出一定的周期性，从当前所处的阶段来看已经属于波谷阶段。在过去，每十年基本上就会出现一个大的研究范式推动教育史学实践的发展。如今旧的十年即将过去，然而"学科危机"的声音没有先前高涨，"范式变革"也没有之前讨论得那么热烈，新的理论或范式不知是否已在孕育之中？我们认为，当前教育史学理论研究的困境可能有：一是理论与实践分离的困境。教育是促进人的全面而个性化发展的实践活动，教育史学理论创新并非解释而是解决问题，应该来自于对育人实践中提出的重大问题的总结提炼，必须依托于丰富的现实素材与坚实的实践基础。二是理论创造的投入困境。理论创造相比实证研究显效更慢，它并不是高投入就能带来高回报的工作，一项新的理论的提出并得到学界的认可需要漫长的时间。与其去创造一种理论不如去开展具体的研究，这种心态极其不利于理论创新。三是立足学科本源问题提出整体构想的研究人才断层的困境。青年学者中有关教育史学理论的研究不乏有应用新概念、新史观、新方法的，但对教育史学科基本问题提出创见的并不多见。在人文社科研究领域，从来都不缺少新概念和新理论的制造者，但是那种从其他学科套用过来的概念和理论并不会产生巨大的学术影响力，更不会对学科建设产生决定性的影响。20世纪80年代初期那种新生代青年学者敢于直面教育史研究问题并提出宏观设想与学科建设的学术实践，在当前的教育史研究新生代群体中鲜有出现。

2. 教育史学理论研究的出路

教育史学理论研究走出困境，需要围绕教育史学科的本源问题"向后看"与"向前看"。任何一门学科的进步都是在对学科基本问题的批判性反思中完成的。40年来我国教育史学理论研究，每一个时期均有学者做阶段性的回顾与反思，有些文章在今天仍具有极强的生命力，对今天的教育史学仍具有很强的指导意义。这是教育史学理论研究的张力，它面对的始终是教育史学的本源问题，却有着开放式的解答方式。教育史学者的责任就在于不断地对本源问题保持发问并尽可能地提供个体的理解，只有这样才能不断探究教育史学的新出路。如现代化范式教育史实践的产生，离不开田正平的思考："如何把握中国近代教育发展的总体趋势？中国近代教育发展的基本线索是什么？中国近代新式教育产生发展的阶段性如何体现出来？"①叙事范式的教育史学实践，离不开丁钢的思考："如何实现研究重心的下移，将传统的'思想'和'制度'融合于历史主体即个体与集体经验世界中的发现，从传统教育史研究走向日常生活史和社会文化史研究，体味教育与社会发展、与个人发展的内在联系，探寻教育史研究范式的变革；如何转换教育史研究视角……如何从教育史功用的角度，使读者和学者都有经历历史的感觉，进而从历史感知的角度，进入历史、经历历史，以探索教育历史真相的意义。"②活动史范式的教育史学实践，离不开周洪宇建构的学科性质史学论、研究对象三分论、研究中心下移论、理论方法现代论、学科功能双重论、学术传统继承论、学术表述规范论、教育史分期三段论、学者素养要素论、未来发展多元论。③这些基于对教育史基本问题的理解，寻求全新的解释方式，是教育史学不断发展的必然。正如张斌贤以整体史观重构教育史时所指出的："人类教育历史进程所发生的变化，以及人类思维方式的改变，必然要求教育史观发生相应的更新。而当人们以更新了的教育史观，改变了的思维方式和认识体系，简言之，用一种新的思想工具，重新观察他们过去曾经观察过的世界时，必然在同一个世界找那个发现前所未见或'视而不见'的现象、事实以及事实之间的联系和结构。"④一门学科的建设必然是全体同仁的共同努力，老一代学者无论在学养、视野还是学术话语权上都具有显著优势。在引领教育史学理论研究继续前进的同时，要加强对新一代学人的培养，新一代学人更要奋发有为，敢于承担学科建设重担，在继承教育史学术传统的基础上不断开拓前行。

---

① 田正平：《关于中国近代教育史学科体系的几点思考》，载《华东师范大学学报》（教育科学版）1989年第2期。

② 丁钢：《叙事范式与历史感知：教育史研究的一种方法维度》，载《教育研究》2009年第5期。

③ 周洪宇：《对教育史学若干基本问题的看法》，载《河北师范大学学报》（教育科学版）2009年第1期。

④ 张斌贤、王晨：《整体史观：重构教育史的可能性》，载《清华大学教育研究》2010年第1期。

3. 教育史学理论研究的展望

近40年来我国教育史学理论研究取得的进步是明显的，然而，我们也要看到当前教育史学理论研究虽是"多元并立"却有点"稳定平淡"。笔者认为，当下教育史学理论研究正处于积聚能量时期，会在某一时段通过新的问题探究引爆这种多元并立、稳定平淡的局面，进而推进教育史学朝着教育史哲学层面迈进。正如R. G. 柯林伍德所指出的："对历史科学进行哲学的反思，乃是必要的而又重要的，而且严肃的史学必须使自己经历一番严格的逻辑的与哲学的批判与洗练。"① 何谓教育史哲学？我们认为，"教育史哲学所反思的是教育历史与教育史学的理论问题。教育历史与教育史学共同构成了教育史，而以教育史为认识对象进行哲学思考，便形成了教育史哲学。教育史学的形而上者即为教育史哲学，形而下者即为教育史学理论。"② 就当下教育史学理论研究的发展状况而言，可能存在以下两个问题域亟待加强：

一是提升教育史学理论研究的哲学品质。纵观40年我国教育史学理论研究的演进路径可以发现，过去教育史学理论研究的出发点多是从学科体系建构出发的，其目的是确立教育史作为一门独立的学科存在。在世纪之交有关学科危机的讨论之后，教育史学科的独立性现已完成确立，学科体系的讨论在近十年的理论研究中也趋于减少。提升教育史学理论研究的理论品质，是指教育史学理论研究要告别过去的体系构建时代，转向对教育史学科进行哲学反思，包括对"教育史""教育史学""教育史观"等基本概念的反思，对教育史学史、教育史学科史、教育史学说史、教育史学人史等基本构成的反思，对教育史研究范式、教育史叙述话语、教育史学观念、教育史学实践等具体呈现的哲学反思。

二是形成教育史哲学的知识体系。哲学是"思"的行为，自教育史作为一项学术活动诞生之时，便开始进入哲学反思的视野。至今100余年的教育史学实

---

① ［英］R. G. 柯林伍德：《历史的观念》，何兆武、张文杰译，商务印书馆1997年版，第47页。
② 刘来兵：《视域融合与历史构境：中国教育史学实践范式研究》，华中科技大学出版社2013年版，第27页。

践，已然为教育史哲学反思提供了足够思考的实践对象。郭娅认为："真正意义的教育历史哲学研究取决于教育史学史和教育史学理论与方法的研究程度。"①我们可以看到，无论是教育史学史还是教育史学理论与方法研究，在过去40年的学术实践中均取得了较为丰富的成果。当下我们所要思考的是，教育史学史的研究该如何转型与突破。总而言之，未来教育史学理论研究应该立足于建构教育史哲学的知识体系。从西方哲学史的演进路线来看，近代哲学发生了两次转向：第一次从本体论哲学到认识论哲学的转向；第二次是从认识论哲学到语言学哲学和实践哲学的转向。这与40年来我国教育史学理论研究基本一致，本体论的教育史哲学、认识论的教育史哲学、叙事学的教育史哲学、实践论的教育史哲学应成为未来教育史哲学反思的领域。

（刘来兵　杨　熔）

---

① 郭娅：《反思与探索：教育史学元研究》，山东教育出版社2010年版，第108页。

责任编辑／周红心　孙文飞
责任校对／舒　心
装帧设计／尹元元

当代教育史学前沿研究丛书

周洪宇/总主编

JIAOYUSHIXUE
QIANYAN YANJIU

教育史学前沿研究

下卷

周洪宇　周采/主编

山东教育出版社

内容简介

本书立足于国际视野、中国立场、问题意识、实践导向，选题新颖，内容丰富，篇幅宏大，具有前沿性、开拓性、引领性和实用性。作者将教育史学研究的历史进程、前沿问题研究现状、研究前景及作者的研究新见呈现在教育史学研究者面前，为教育史学研究开荒拓土，并对教育史学者认清教育史学发展的主要趋势及深入创新研究给予理念的提升、方法的启示。

当代教育史学前沿研究丛书

周洪宇/总主编

周洪宇 周采/主编

JIAOYUSHIXUE

QIANYAN YANJIU

教育史学前沿研究

QIANYAN YANJIU

下卷

山东教育出版社

图书在版编目（CIP）数据

教育史学前沿研究．下卷 / 周洪宇，周采主编．— 济南：
山东教育出版社，2019.11
（当代教育史学前沿研究丛书）
ISBN 978 - 7 - 5701 - 0811 - 4

Ⅰ．①教…　Ⅱ．①周…　②周…　Ⅲ．①教育史 - 史学
- 研究　Ⅳ．①G519

中国版本图书馆 CIP 数据核字（2019）第 225074 号

目　录

第十七章
西方教育史学研究综述

西方教育史学史是教育史学科中的一个重要分支，作为一个基础性的学科，该研究是对西方教育史著述的一种反思。西方教育史学史的研究价值在于为我们认识当代西方教育史学的发展提供一个认识的基础和参照标准，有助于我国新时期在西方教育史学研究所面临的各种挑战中获得新的发展。本章主要从西方教育史学的理论依据、西方教育史学的发展格局、西方国别教育史学研究和西方教育史学流派研究几个方面介绍了南京师范大学教科院西方教育史学研究团队十余年的主要研究成果，有助于相关学者从一个侧面了解当代中国的西方教育史学史研究发展态势。

第一节　西方教育史学研究的理论思考

要从事西方教育史学领域的研究，首先必须关注研究的对象是什么。笔者研究了外国教育史学史研究的理论价值和现实意义，区分了教育史和教育史学史在研究对象上的差异，认为教育史的研究对象是教育发展的客观历史进程，"教育史学史则是对教育历史认识的再认识，反思的再反思"①。大多数教育史研究者主要致力于从教育历史发展客观进程的研究视角去探究，对于教育史著述本身的研究显得较为薄弱。研究主体对于教育发展的客观历史进程的认识是否科学，在很大程度上有赖于从教育史学史的视角对其进行对反思。其次，笔者探讨了教育史研究的前提假设及其意义，在对美国教育史学史上的两位著名代表人物E. P. 卡伯莱（E. P. Cubberley）和劳伦斯·克雷明（Lawrence Cremin）的教育史学思想进行深入研究和比较的基础上认为，"单单史实本身不可能自发地或自动地形成教育史学，最后赋予史料以生命的或者使史料成为教育史学的，是要靠教育史家的思想"②。再次，从教育史研究前提假设的意义出发，探讨了马克思主义史学理论对于教育史研究的重要意义，认为在运用唯物史观进行教育史研究时，应关注我国研究马克思主义史学理论的最新动态和成果；了解和研究马克思主义史学理论还有助于研究二战后西方教育史学史，因为马克思主义曾对西方教育史学研究的发展产生过重要的影响。③最后，笔者探讨了民族主义与西方教育史学研究之间关系的重要理论意义，从民族主义视角关注近代西方民族国家史学的兴起及其当代转型，以及民族主义对西方教

---

① 周采：《关于外国教育史学史研究的思考》，载《教育研究与实验》2002年第2期。
② 周采：《教育史研究的前提假设及其意义》，载《河北大学学报》2008年第1期。
③ 周采：《马克思主义史学理论与教育史研究》，载《合肥师范学院学报》2009年第4期。

育历史发展的深刻影响，进而反思近代以来西方教育史学历史发展的若干问题。①笔者认为，民族国家史学的发生和发展在西方有其一定的历史背景。兰克史学的成功就在于确立了民族国家史学的范式，但民族国家史学也存在一些明显弊端，突出表现在民族国家史学是西方中心论在历史著述上的集中反映，即强势文化或文化霸权的反映。应关注民族主义思潮或思想如何影响了近代以来西方教育史学的发展；从比较的视角研究近代西方各国教育史研究的民族风格；关注民族国家史学的转型对于西方教育史学的影响。

一些研究者从美国和加拿大教育史学研究的案例出发，对西方教育史学研究中的理论问题进行了思考。其一，以美国著名教育史家的教育史编纂为案例，分析了教育史家在教育史编纂中的现实主义和功利主义动机，认为"克雷明教育史编撰之现实主义和功利主义的动机表明，教育史学家的主体性得到了充分发挥，这也从反面证实，我们平常所接受的教育史文本，只是多种可能性中可选择的一种"②。其二，研究了"家庭策略"方法在加拿大教育史研究中的运用，在此基础上展示了家庭史和教育史相结合在方法上的互补优势，思考了其对我国教育史研究的借鉴意义。③其三，回顾了美国教育史学研究在中国30年的发展历程，认为"经历了探索与沉寂、译介与开拓、深化和独创几个阶段，成为近百年来我国外国教育史学研究最为令人注目的一页"④。其四，从后现代主义视角研究了历史的故事性内含了史学的受众维度，认为"史学受众的问题实际上是史学认识论批判的内容。从史学受众视角出发，发现教育史学的危机可以转换成一个受众流失的问题。教育史学可以从内外两方面寻找受众，以摆脱危机走出困境"⑤。

① 周采：《民族主义与西方教育史学》，载《大学教育科学》2012年第1期。
② 武翠红、周采：《教育史学家主体性的发挥》，载《上海教育科研》2009年第4期。
③ 武翠红：《论"家庭策略"方法在教育史研究中的运用》，载《教育学术月刊》2012年第1期。
④ 武翠红、周采：《三十年回眸：美国教育史学研究在中国的发展》，载《教育史研究》2009年第4期。
⑤ 冯强、周采：《史学受众与教育史学》，载《中国人民大学教育学刊》2012年第4期。

第二节　战后西方教育史学发展格局

　　在战后西方教育史学发展格局方面进行了以下几个方面的研究：首先关注了历史研究视角的转移对拓展战后西方教育史学研究领域的影响。传统历史学是"自上而下"的历史学，关注帝王将相和社会精英，主要依据档案进行研究。从传统的西方教育史研究领域看，主要关注政府的学校教育政策或立法，以及大教育家的思想或理论。而二战后"自下而上"的历史学的发展给西方教育史学的发展打上了深刻烙印。历史学界关于"历史研究视角的转移"的含义主要指从工人运动史到劳工史，从女权运动史到妇女史，从心理史到心态史，从思想史到心智史以及口述史。①"自下而上"的历史学的性质和特征在劳工史、妇女史、心态史和心智史等方面取得了很多研究成果，极大地拓展了教育史的研究领域。从美国发端的教育史学的重新定位是一个国际性的过程，几年以后就传到了欧洲大陆，社会科学和社会史导向的研究范式开始挑战传统教育史学模式。在英国、法国、德国、意大利和澳大利亚等国，"自下而上"的教育史学都有不同形式和程度的发展。②

　　其次，对当代西方教育史学发展的一般趋势和特征进行了思考。20世纪的西方史学发生过两次转变，先是从传统史学（the old history）转向新史学（the

---

① 杨豫、胡成：《历史学的思想和方法》，南京大学出版社1999年版，第163—211页。

② David A. Reeder, "History, Education and the City: A Review of Trends in Britain", in *The City and Education in Four Nations*, ed. R. K. Goodenow and W. E. Marsden（CUP, Cambridge, 1992）, 56—67; Christine Heward, "Public School Masculinities: an Essay in Gender and Power", in *Private Schools: Tradition, Change and Diversity*, ed. G. R. Walford（London: Chapman, 1991）, 123—136; Anna Davin, "The Jigsaw Strategy: Sources in the History of Childhood in Nineteenth-Century London", *History of Education Review*, vol.15, no.2（1986）, 156—167.

new history），后出现叙述史学的复兴，逐渐形成传统史学、新史学和新新史学"三足鼎立"的格局。在二战后国际史学转向和师范教育机构转型的双重夹击下，传统西方教育史学模式也发生了相应的嬗变，先是在历史学社会科学化潮流的影响下朝着新社会史的方向发展，后来在新文化史学的影响下出现了新文化教育史学。"进入21世纪，一方面，运用传统教育史学模式研究教育史的仍大有人在，许多教育史家为捍卫教育史学的独立性而努力；另一方面，新文化史取向的教育史学与新社会史学取向的教育史学既相互博弈又取长补短，形成了战后西方教育史学三足鼎立和多元化发展的态势。"①

再次，研究了二战后西方教育史学的多元化发展的趋势。西方传统教育史学模式的基本特点是直线进步史观、自上而下的视角、注重研究制度史和思想史，在历史编纂方面则注重叙述。20世纪50年代以后，西方教育史学在国际史学潮流的影响下倾向于社会科学化的教育史学，借助于各类社会科学的理论视角来研究教育史。此外，在后现代主义历史学和新文化史学的影响下，以往的结构史和宏大叙事逐步让位于对个体教育经验的细致而深入的描述。②上述研究表明，多元化发展成为当代西方教育史学发展的一般特征。流派纷呈和多元阐释的格局逐渐形成。在两次转向之后，各种意识形态影响了二战后西方教育史学流派的发展，马克思主义教育史学、社会性别—女性主义教育史学、多元文化主义教育史学、城市教育史学等都有了长足的发展。多元化发展也带来一些负面影响，如出现了所谓"碎化"危机。"由于碎化的缘故，自下而上的西方教育史学缺乏对国家、民族和教育史演变的综合性研究。此外，后现代主义思潮对教育史学的渗透助长了相对主义，过分强调语言独立性，从而否定了评价教育史学著作的最终的客观标准。"③

---

① 周采：《当代西方教育史学的发展》，载《南京师大学报》2009年第6期。

② 周采：《多元化发展的战后西方教育史学》，载《教育研究与实验》2009年第5期。

③ 周采：《历史研究视角的转移与战后西方教育史学》，载《清华大学教育研究》2010年第1期。

第三节　西方国别教育史学

在西方国别教育史学研究方面，笔者主要对美、英、法、德和澳大利亚等多国的教育史学进行了较为深入的研究。2006年，笔者在《美国教育史学：创立与嬗变》一书中提出了百年美国教育史学史研究的宏观阐释框架①，认为在19世纪形成了美国公立教育史研究的史诗模式，而在20世纪中期以后，这种美国教育史研究的传统模式受到了挑战，并在国际史学发展的影响下发生了深刻的嬗变。美国传统教育史学模式以卡伯莱编写的教材《美国公立教育》为经典代表，在美国教育史学史上有着深远的影响。而美国新教育史学的代表作是劳伦斯·克雷明三卷本的《美国教育》。有学者认为，《美国教育史学：创立与嬗变》一书"展示了上述美国教育史学百年发展历程，成为我国第一部系统研究美国教育史学史的专著，也是我国学者撰写的第一部国别教育史学史"②。

2008年至2011年，有学者陆续发表数篇论文，从教育史观、教育史学认识论和教育史编撰方法等维度较为深入地研究了劳伦斯·克雷明的教育史学思想，认为从总体上看，克雷明的教育史观在很大程度上没有跳出传统的卡伯莱时代的教育史观，但不再是单线进步史观，而是一种立体多元的教育史观。克雷明在教育史料的选择上不再像传统史家那样主要注重档案，也注重其他各种史料，如布道词、个人传记和书信等。在教育史编纂上，克雷明努力综合叙述和分析两种方法，发展了一种面向问题的叙述史学写作模式，有力地推动了美

---

① 周采：《美国教育史学：嬗变与超越》，人民教育出版社2006年版。
② 邹海燕：《美国教育史学百年发展历程回眸——评〈美国教育史学：嬗变与超越〉》，载《全球教育展望》2007年第7期。

国教育史从传统教育史学向新教育史学的变革。①2015年，有学者撰文研究了美国新教育史学转向中的问题意识，认为美国教育史学界"于20世纪50年代后逐渐向新教育史学转向。其中在书写范式上的转向最具有代表性，主要表现为从传统的叙述到以问题意识为基础的叙述"②。

在法国教育史学研究方面，有学者研究了20世纪中期以来法国教育史学的发展情况，认为20世纪60年代以后，法国教育史学在年鉴学派的影响下获得迅速发展。"其发展特点具体表现为跨学科研究方法在教育史研究中的大量应用，研究视角的转换，史料获取方式的多元化和学术成果的不断涌现。"③作者也注意到教育史领域的扩展带来的负面影响，主要表现是教育史学科的特点更加弱化。

在英国教育史学研究方面，2011年至2014年，有学者研究了二战后英国教育史学的发展及趋势，以及在全球化时代背景下英国教育史研究的转向，认为受西方历史学转向和教育理念更新的影响，20世纪中叶以后，英国教育史学研究从传统教育史学模式向新教育史学迈进。到20世纪80年代末，英国教育史研究存在碎化和缺乏实用性等问题，教育史学科面临被撤出师资培训课程的危机。经过多年努力，英国教育史学者日益重视教育史研究的实用性，注意复兴民族国家教育史研究，"促成跨民族跨文化的交流，使英国教育史研究逐渐走出危机，并重新赢得在教育学大家族中备受尊崇的地位"④。2015年，有学者在《英国教育史学：创立与变革》一书中充分肯定了英国的马克思主义教育史学是当代西方教育史学发展中的一个重要流派，并以传统教育史学、新教育史学和全球教育史学三个范型的转换为主线，系统地研究了英国教育史学演变的历

① 武翠红：《劳伦斯·克雷明的教育史学方法论述评》，载《河北师范大学学报》（教育科学版）2011年第1期。

② 王堂堂：《危机中萌发：美国新教育史学转向中的问题意识》，载《中国人民大学教育学刊》2015年第2期。

③ 邹春芹、周采：《20世纪中期以来法国教育史学发展初探》，载《河北师范大学学报》（教育科学版）2011年第1期。

④ 武翠红：《全球化时代下英国教育史研究的转向》，载《学术论坛》2014年第12期。

史进程。^①

在德国教育史学研究方面，笔者研究了19世纪德国经历的深刻思想变迁，揭示了近代德国历史学的民族特征，介绍了1945年以来德国历史学界的反思，并思考了对德国教育史和德国教育史学史研究的启示，尤其重视德国教育史研究的民族传统和政治语境对教育史学发展的影响。^②有学者研究了"二战"后德国新教育史学经历的三个发展阶段，认为新教育史学的发展使德国学界扩大了"教育"概念的内涵，拓展了教育史研究领域，并广泛采用了计量史学方法。当然，"新教育史学也受到诸多批评，如教育史研究具有明显的政治化特色，并且在当今德国的教育史研究中，缺少系统的理论指导"^③。

此外，有学者研究了二战后澳大利亚教育史研究模式发生的主要变化，认为"传统传记和集体传记方法的应用，在一定程度上代表了传统教育史学的势力，和新教育史学家一起推动了澳大利亚教育史学的发展"^④。还有学者研究了21世纪以来加拿大教育史学科的新发展的主要特点："研究主题广泛而有时代特色；注重对本土教育史学、传记研究；不同学科之间的交叉融合趋势日益明显；关注大学史研究以及对女性主义教育史研究的创新；注重加强学生的历史意识和历史思维的培养。"^⑤

---

① 武翠红：《英国教育史学：创立与变革》，中国社会科学出版社2015年版。

② 周采：《论德国教育史学的民族传统》，载《华东师范大学学报》（教育科学版）2011年第1期。

③ 武翠红：《二战后德国新教育史学的发展及政治化特征》，载《大学教育科学》2012年第1期。

④ 武翠红：《战后澳大利亚教育史学的发展》，载《教育学报》2012年第1期。

⑤ 诸园：《21世纪以来加拿大教育史学科新发展》，载《比较教育研究》2014年第1期。

第十七章
西方教育史学研究综述 | 409

第四节　当代西方教育史学流派

　　所谓"学派"是指在学术研究与交流过程中逐渐形成的，在学术价值观念、研究领域和研究方法等方面有共识的群体，有一批代表性人物和被同行认可的学术创新成果。笔者研究了二战后西方教育史学流派的发展状况，认为受各种意识形态的深刻影响，西方主要国家先后出现了修正派教育史学、西方马克思主义教育史学、女性主义教育史学和多元文化主义教育史学等流派。"其发展的一般趋势是：各流派都有自己的特征，同时又存在交叉和相互影响的情形；各流派研究触角不同程度涉及劳工教育史、少数族裔教育史、城市教育史、妇女与性别教育史、婚姻与家庭史、儿童史、青年史和地方教育史等领域；在多元化发展的同时，存在着历史相对主义盛行和'碎化'危机。当代西方教育史学面临的难题是如何在多元发展的基础上进行新的综合。"①

　　笔者研究了美国教育史学中温和修正派出现的背景、温和修正派发展历程及其主要代表和一般特征，认为直至20世纪60年代，在美国教育史学领域占主导地位的是美国公立学校颂歌模式。20世纪50年代末期，受西方历史学转向和教育理念更新的影响，美国教育史学研究模式也发生了嬗变。有学者研究了微观史学思想与美国新教育史学转向之间的关系，认为在"美国新教育史转向过程中，在研究视野上转而用社会群体置换了传统关键性单一个体，研究史料上试图涵盖各种正规和非正规教育实践活动印记，研究方法上演变为以叙述为基础的问题史趋向，这些研究范式的转变让美国教育史学得以摆脱自身的学科危

①　周采：《战后西方教育史学流派的发展》，载《教育学报》2010年第1期。

机的同时还获得了极大的发展空间"①。

研究当代西方史学流派的学者认为："西方妇女史研究自20世纪六七十年代以来发展十分迅速，业已成为当今蓬勃发展的社会史研究中一个令人瞩目的新领域。"②有学者研究了社会性别分析范畴对教育史研究的影响，认为在20世纪60年代，英国教育史学家借鉴妇女—性别史的研究方法扩大了教育史研究的视野、空间和深度。"二战后英国女性主义教育史学的发展经历了从妇女教育史到妇女—社会性别教育史的嬗变过程。教育史学家围绕妇女教育问题及引入社会性别分析范畴展开激烈的争论，涌现出一大批女性教育史研究的作品，修正了传统教育史学，扩大了教育史研究的视野、空间和深度。"③

在美国女性教育史学史研究领域，有学者研究了战后美国女性主义教育史学的发展趋势，认为美国女性主义教育史学经历了从妇女史到妇女教育史、从妇女—社会性别教育史研究到后现代女性主义教育史学研究的转向。④该研究将美国女性教育史学史的发展历程分为传统、现代与后现代三个历史阶段，并对不同历史时期的女性主义理论流派进行了分析，在此基础上，分别选取社会性别、差异和公民身份等分析框架，较为深入地研究了美国女性教育史学历史发展轨迹，认为"后现代视野中的美国女性教育史学具有'普遍史'的特点，在后现代主义女性主义的影响下，尤其强调女性在历史变迁中的双重角色以及女性群体内部的差异性和文化多元性"⑤。

笔者研究了全球史流派的特征，并探讨了在全球史视野下应如何进行教育史研究的问题。在后冷战时代，国际史学界加强了对世界史（world history）和

---

① 王堂堂、周采：《微观史学思想与美国新教育史学转向》，载《中国人民大学教育学刊》2014年第2期。

② 徐浩、侯建新：《当代西方史学流派》，中国人民大学出版社2009年版，第141页。

③ 武翠红：《二战后英国女性主义教育史学的价值诉求及借鉴意义》，载《大学教育科学》2010年第2期。

④ 诸园、周采：《战后美国女性主义教育史学的发展和趋势》，载《清华大学教育研究》2012年第5期。

⑤ 鲍硕来、诸园：《美国女性教育史学三重视野》，载《学术界》2015年第3期。

全球史（global history）的关注，出现了"全球史"新学派，在历史观、历史分期、研究对象和研究方法论等方面都提出了自己的新观点，尤其关注"大范围的互动研究"。"全球史在普世价值观、历史观、研究对象、历史分期、研究方法等方面有许多新观点，对传统的教育史研究提出了诸多挑战和启示。教育史学者应密切关注国际史学发展的这种新趋势，并考虑如何加以应对，我们可以从全球史视野推进教育史研究。"①

有学者对英国马克思主义教育史学流派的发展进行了深入研究，认为20世纪70年代初期，英国学者运用社会总体性观点对教育史研究的目的和功能进行了反思，运用阶级冲突观念批判英国传统教育史学的直线进步史观，推动了英国教育史学转向马克思主义。"英国学者在充分理解马克思主义的理论和方法的基础上重新挖掘新史料，开辟教育史研究的新领域。从而使英国马克思主义教育史学作品继承了传统教育史学的经验主义和实证主义特征，涌现了众多思想性和可读性并重的教育史著作，取得了非常大的教育史学成就。"②

美国城市教育史学以"城市学校教育变革"为研究对象，关注城市公立学校教育的发展及变革历程。有学者较为深入地研究了美国城市教育史学的发展历程，提出了自己对美国城市教育史学发展的历史分期，认为"19世纪末到20世纪50年代初，城市教育史并没有引起教育史学家的重视。1968年凯茨的《对早期学校改革的嘲讽：马萨诸塞州19世纪中期的教育革新》标志着美国城市教育史学的诞生。20世纪70年代到80年代是美国城市教育史学发展的黄金时代"③。

多元文化主义是20世纪90年代西方学术界较有影响力的政治思潮，旨在清除近代以来民族主义所产生的一些伤害。到21世纪初，多元文化主义在自由主

---

① 周采：《论全球史视野下的教育史研究》，载《河北师范大学学报》（教育科学版）2012年第9期。

② 武翠红：《论马克思主义与英国教育史学的博弈与创新》，载《现代大学教育》2013年第2期。

③ 邬春芹：《美国城市教育史学发展历程初探》，载《河北师范大学学报》（教育科学版）2014年第5期。

义国家逐渐式微。多元文化主义并没有成为使美国政治社会统为一体的连接纽带。"对多元文化主义思潮引发的诸多问题的思考有助于我们深入剖析美国教育史学上的名著，进而关注和探讨当代美国教育史研究所面临的挑战与发展趋势。美国教育史家是带着自己的价值判断来书写历史的，中国学者在将其作品作为史料时应当注意其社会政治立场或价值取向。"①笔者从多元文化主义视角研究了美国教育史学编纂的三种模式，即卡伯莱模式（熔炉说或同化说）、克雷明模式（文化拼盘说）和斯普林模式（文化战争说），认为一定时代的美国社会文化历史背景对美国教育史家的著述活动有重要影响。

综上所述，尽管所有新的教育史学潮流都对自19世纪末建立的支配教育史学家的民族国家的中心地位进行了挑战，但民族国家在教育史写作中仍然得以存留，只是以一种新的形式继续发展，传统教育史学在复活。另一方面，新教育史学也发生了变化。在全球化的趋势下，面对后现代主义教育史学带来的碎化，西方教育史学者加强了国际教育史学者交流和合作，进行跨国和跨文化的比较教育史研究，从宏观上考察教育的发展历程，大写教育史再生。在后续研究中，我们将关注新社会史和新文化史对西方教育史学发展的深刻影响。

（周　采）

附录：相关文献

1. 诸园：《美国女性教育史学史研究》，中国社会科学出版社2017年版。

2. 武翠红：《英国教育史学：创立与变革》，中国社会科学出版社2015年版。

3. 徐浩、侯建新：《当代西方史学流派》，中国人民大学出版社2009年版。

4. 周采：《美国教育史学：嬗变与超越》，人民教育出版社2006年版。

5. 周采等：《当代西方教育史学流派研究》，上海交通大学出版社2018年版。

6. 周采：《当代西方教育史学的发展》，载《南京师大学报》2009年第6期。

---

① 周采：《多元文化主义视阈下的美国教育史研究》，载《教育学报》2015年第3期。

7. 周采:《历史研究视角的转移与战后西方教育史学》,载《清华大学教育研究》2010年第1期。

8. 周采:《西方历史观念的变迁与西方教育史研究前景》,载《华东师范大学学报》(教育科学版)2016年4期。

9. 周采:《关于教育史编纂的若干思考》,载《河北师范大学学报》(教育科学版)2017年第6期。

10. 周采:《当代史学发展趋势及其对教育史研究的意义》,载《清华大学教育研究》2018年第3期。

第十八章
西方大学史研究

　　大学作为人类保存、传播、生产知识最为重要的场所，距今已有近千年的历史。鉴于大学在社会中的显赫地位及其悠久传统，大学史研究在数百年来吸引了无数的学者，并日渐发展成为一个专门化的研究领域。我国的大学史研究者来自教育史、高等教育学、历史学、比较教育学等不同学科，且在最近十多年呈现方兴未艾之势。在教育史研究领域，张斌贤等学者倡导对大学史开展专门的研究。[1]历史学界投身大学史研究的学者也越来越多。高等教育学领域的学者则意识到大学史研究对高等教育学学科具有"基础建设"的作用，[2]倡导加强对大学史的研究。

　　本章意在分析大学史研究作为一个学术领域的历史、现状和未来趋势。在分析某一个学术领域的发展史时，学界通常采用的一个分析性概念是制度化（institutionalization）。

---

　　① 张斌贤：《关于大学史研究的基本构想》，载《北京大学教育评论》2005年第3期。
　　② 胡建华：《大学史研究之于高等教育学科的意义——读张斌贤与贺国庆等翻译的〈欧洲大学史〉》，载《高等教育研究》2009年第1期。

根据理查德·惠特利（Richard Whitley）的说法，所谓制度化，包括认知制度化和社会制度化两个层面。前者指的是科学家们对问题领域、该领域的概念和方法产生共识，以及科学家个体认为自己所研究的问题被这一共识框架所容纳的程度；后者指的是一个研究领域内部组织的程度，以及其在大学系统中的整合程度。[1]结合认知制度化与社会制度化两个维度，在分析一个研究领域的制度化水平时，我们通常可以采用以下标准：（1）是否有标志性的成果和独特的研究范式；（2）是否成立了专门的学会；（3）是否有专门的期刊；（4）是否有专门的研究生尤其是博士生培养工作；（5）是否设置了专门的院系或研究所。

本章主要采取上述五项指标分析大学史研究领域的制度化历程，在分析视角的选取方面，将力图结合知识社会学中内在论与外在论的分析框架。从内在论的视角，着重分析不同学术范式的形成及其对学术研究的影响；从外在论的视角，着眼于知识与社会的互动，分析社会的变革如何对大学产生影响，进而要求大学自身进行历史反思，由此推动大学史研究领域的发展。

第一节　研究缘起与早期历史

一、史前史

大学是中世纪的产物，最早的大学可以追溯至11世纪末12世纪初。作为一种组织，大学有着浓厚的历史感。12世纪初刚刚成立的一批大学就开始有意识

---

① R. Whitley, "Cognitive and Social Institutionalization of Scientific Specialties and Research Areas", in *Social Processes of Scientific Development*, ed. R. Whitley（London：Routledge & Kegan Paul，1974），69—95.

地保存本校的资料，形成了丰富的档案。到14世纪，最早的大学史研究形式即对某一所大学的历史研究开始出现。此后几个世纪，院校史研究层出不穷。在18世纪末之前，大学史的著作基本为院校史，代表性的有牛津大学教师布赖思·特韦尼（Brian Twyne）于1608年出版的第一部牛津大学校史《古代牛津的申辩》（*Antiquitatis academiae Oxoniensis apologia*），法国学者塞萨尔–埃加斯·布雷（*Cesar-Egasse Du Boulay*）于1665年至1673年出版的《巴黎大学史》，安东尼·伍德（Antony Wood）于1674年出版的拉丁文著作《牛津大学的历史和古物》（*Historia et antiquitates universitatis Oxoniensis*），德国学者丹尼尔·海因里希·阿诺尔德（Daniel Heinrich Arnoldt）于1746年出版的《柯尼斯堡大学史》，法国学者让·巴普蒂斯特·路易斯·克雷维尔（Jean Baptiste Louis Crevier）于1761年的《巴黎大学史：从起源至1600年》，等等。

以今天的标准看，这一时期的很多大学史著述充满了想象、传奇的成分，不能称之为严格的史学研究。有学者评论说，16至18世纪的英国大学史著作"是好古癖的、眼界狭隘和沙文主义的……常常是为了证明一个大学的历史比其他大学悠久，或者比其他大学辉煌"[①]。尽管如此，这一时期的大学史著述和研究者并非一无是处。这些著作中毕竟包含了一些真实的历史成分，如若没有这些早期研究者，很多大学早期的档案、材料将不复存在。

二、第一波热潮

19世纪是史学研究逐渐迈向科学化、专业化的时期。尤其是在德国，史学研究甚至成为所有人文社会学科研究的基本范式。受史学潮流的影响，一些学者将历史学的方法用于研究大学组织，严格意义、学术取向的大学史研究开始出现。

19世纪是大学史研究的第一个高峰期，诞生了一批具有里程碑意义的经典

[①] D. R. Leader，*History of the University of Cambridge*（vol. 1 The University to 1546）（Cambridge：Cambridge University Press，1988），1.

著作，其中卓有成就的著作包括德国学者德尼福尔于1885年出版的《1400年前的中世纪大学》，英国学者拉什戴尔于1895年出版的《中世纪欧洲大学史》，德国学者鲍尔森于1885年出版的《德国大学与学校的历史》，等等。另外一些著作如维克多·胡伯尔于1840年出版的《英国大学》，罗伯特·威利斯和J. W. 克拉克于1886年合著的《剑桥大学建筑史》等，时至今日仍不失其学术价值。

这一时期德国大学史研究的一个令人瞩目的现象是院校史研究异常发达，既包括由校庆催生的著作，如麦克斯·托本于1844年在柯尼斯堡大学300年校庆之际写作的《柯尼斯堡大学的创建》①，以及鲁道夫·科克在校庆50周年所出版的柏林大学校史②。也有一些非校庆性的历史著作，如埃米尔·罗雪尔于1855年出版的《哥廷根大学的创建》③，乔汉·霍茨于1862年至1864年相继出版的《海德堡大学史》④。

在英国、德国之外，美国、法国、意大利等国家均有一批大学史研究者。19世纪末至20世纪初，美国历史学家赫尔伯特·巴克斯特·亚当斯（Herbert Baxter Adams）主编了一套"美国教育史丛书（1887—1903）"，其中包括多本大学史著作。⑤耶鲁大学学者富兰克·林德克斯特对耶鲁大学的历史进行了多方面的研究，包括1885年的耶鲁大学早期校友传记研究⑥，1887年出版的《耶

---

① Max Töppen. *Die Gründung der Universität zu Königsberg*（Königsberg: Verlag der Universität s-Buchbandlung，1844）.

② Rudolf Kopke，*Die Gründung der Koniglichen Friedrich-Wilhelms-Universität zu Berlin*（Berlin: Fred Dümmler's Verlagsbuchhandlung，1860）

③ Emil Franz Rössler，*Die Gründung der Universität Göttingen*（Göttingen: Verlag Von Vandenhoeck & Ruprecht，1855）.

④ Johann Friedrich Hautz，*Geschichte der Universität Heidelberg*. 2 Bände（Mannheim，1862/64）.

⑤ Herbert Baxter Adams，*The College of William and Mary*: *A Contribution to the History of Higher Education*，*with Suggestions for Its National Promotion*（Washington: Government Printing Office，1887）.

⑥ Franklin Bowditch Dexter，*Biographical Sketches of the Graduates of Yale College*: *With Annals of the College History*（New York: Henry Holt and Company，1885）.

鲁大学简史》[①]，等等。法国著名教育学家布里埃尔·康帕亚的《阿贝拉德与早期大学的起源》一书在法文版付印前就被翻译成英文，并于1893年在美国出版。在意大利，1888年博洛尼亚大学隆重举行了800年校庆典礼，受此刺激，一大批博洛尼亚大学以及其他欧洲大学的历史著作应运而生。[②]

受兰克学派实证史学的影响，当时的大学史研究非常注重原始档案的收集和考证。英国学者约瑟夫·福斯特于1887年至1892年汇编的《牛津校友（1715—1886）》（四卷本）和《牛津校友（1500—1714）》（四卷本）、德国学者德尼福尔于1894年编成的《巴黎大学法令汇编》（*Chartularium Universitatis Parisiensis*）为后世的大学史研究者提供了极大的便利。

值得注意的是，分布在不同国家的大学史研究者已经意识到彼此的存在，甚至出现了一些合作和相互译介，某种意义上的"无形学院"已经初步形成。维克多·胡伯尔的《英国大学》（1984）在出版3年后就被译成英文。拉什戴尔在1895年出版的《欧洲中世纪大学》的前言中指出，大学史研究者中，他受益最多的就是德尼福尔神父的著作。[③]他坦言："在有些情况下，一些次要大学的历史已经被德尼福尔利用梵蒂冈或其他地方的档案第一次发现或重写了。在这种情况下，我所能做的只是对他的研究结论进行概括。"[④]

回到前面提到的知识与社会互动的视角，我们不禁要问，为何大学史研究会在19世纪尤其是19世纪下半叶产生第一波热潮？

首先，19世纪下半叶是欧美大学向研究型大学转型的关键时期，这一波大学史研究热潮相当程度上反映了大学改革对历史反思的诉求。英国大学改革涉及的问题尤其尖锐、复杂，且波及面广，如吸收非英国教徒进入牛津大学和

---

① Franklin Bowditch Dexter, *Sketch of the History of Yale University*（New York：Henry Holt and Company，1887）.

② Peter Denley, "*Recent Studies on Italian Universities of the Middle Ages and Renaissance*", in *History of Universities*（1981），193—205.

③ Hastings Rashdall, *The Universities of Europe in the Middle Ages*（Oxford：The Clarendon Press，1895），ix.

④ Hastings Rashdall, *The Universities of Europe in the Middle Ages*，x.

剑桥大学，引进德国重视科研的教授制度，将现代实验科学引入大学本科课程，废除要求学院导师独身的制度，调整学院和大学的权力关系，等等，这些改革倡议在当时掀起了巨大的波澜。弗朗西斯·威廉·纽曼（Francis William Newman）为维克多·胡伯尔所著《英国大学》一书的英译本写了一篇长达36页的编者前言，谈论了他对英国大学改革的看法，并希望该书能够激发读者对大学价值和尊严的思考。①

其次，正如雅克·韦尔热（Jacques Verger）所分析的，这一波研究热潮从19世纪末持续至1918年前后，它与欧洲民族主义的兴起和大学本身的复兴有关。②

三、教育史学科的制度化和历史领域的相对沉寂

19世纪末20世纪初，在保罗·孟禄、克伯雷、西蒙·劳里（Simon Laurie）等学者的带领下，教育学学科在英国、美国等国家先后实现了制度化。③在新兴的教育学学科中，教育史研究成为一个重要的研究分支。这些研究大部分服务于中小学师资的培养，因此大多局限于中小学教育史，但同时也出现了一部分大学史研究。在孟禄指导或参与指导的学生当中，埃德温·布卢米的博士论文《大学入学要求的批判性分析与历史分析》（1902）、路易斯–斯诺的博士论文《美国的学院课程》（1903），保罗·埃布尔森的博士论文《自由七艺：对中世纪文化的一项研究》（1906）、威廉·福斯特的《美国本科学院课程的管理》（1911）、杰西·西尔斯的博士论文《美国高等教育史中的慈善事业》（1918）均属于大学史研究，并作出了开创性的贡献，启发了很多后来者。另外值得关注的还有唐纳德·托克斯布里于1932年在哥伦比亚大学师范学院完成

---

① V.V. Huber, *The English Universities*（London：W. Pickering, 1843）, ix.

② J. Verger, "Sven Stelling-Michaud and the History of Universities", in *History of Universities*（1989）, 201—21.

③ 沈文钦：《教育史学科在美国的早期制度化历程——以孟禄和哥伦比亚大学师范学院为中心的考察》，载《教育学术月刊》2013年第10期。

的博士论文《美国内战前学院和大学的创建》。这几本著作至今仍然被学界所引用。①其中，《美国高等教育史中的慈善事业》一书在1990年再版，大学史研究的权威学者罗杰·盖格在再版序言中高度肯定该书的学术价值："在两代人以后，读者仍然可以通过阅读本书获得教益。"

但在很多人眼中，大学史研究在教育研究界尚不是一个可以投入终生的事业，埃德温·布卢米、保罗·埃布尔森、路易斯－斯诺和威廉·福斯特以及杰西·西尔斯后来都没有继续从事大学史方面的研究。

与教育史学科在教育院系的初步制度化对大学史研究形成推动相比，20世纪20至40年代，历史院系的研究者对大学史的关注进入一个相对沉寂的阶段，对大学史研究领域作出杰出贡献的历史系教师主要来自中世纪史和科学史研究领域，代表作包括查尔斯·哈斯金斯的《大学的兴起》（1923）和斯蒂芬·德尔塞（Stephen D'Irsay）的《法国与欧洲大学：从起源到当代的历史》（1933）。②在历史研究领域，中世纪史学者最早介入大学史研究，此后大学史研究一直是该领域一个比较专门的研究方向。

为庆祝哈佛大学建校300周年庆典，历史学家莫里森先后写就了《哈佛学院的创建》（1935）和《哈佛大学300（1636—1936）》（1936）两本著作，这代表了当时院校史研究的最高水准。德国学者格茨·冯·赛勒在哥廷根大学200年校庆之际出版的《哥廷根大学史（1737—1937）》③和意大利学者奎多·扎卡尼尼于1930年出版的《文艺复兴时期的博洛尼亚大学》④也是这一时期影响较大的著作。但总体而言，20世纪前40年，大学史研究是一个相对不活跃的领域。

20世纪前40年大学史研究领域之所以进入一个相对沉寂的状态，原因是多

---

① Jesse Sears，*Philanthropy in the History of American Higher Education*（New Jersey：Transaction Publishers，1990），vii.

② Stephen D'Irsay，*Histoire des universiteés françaises et eétrangeères*（Paris：Picard，1933）.

③ Gotz von Selle，*Die Georg-August-universität zu Göttingen*，*1737—1937*（Göttingen：Vandenhoeck & Ruprecht，1937）.

④ Guido Zaccagnini，*Storia dello studio di Bologna durante il Rinascimento*（Geneève：Olschki，1930）.

方面的。从学术劳动力市场的供求关系而言，大学史研究在历史系尚不是一个引人注目的研究分支，博士生选择大学史研究方面的题目会在学术职业发展上冒很大的风险。在保罗·孟禄和劳伦斯·克伯雷等人的引领下，教育史研究在20世纪前30年兴旺一时，但当时的教育史研究主要服务于中小学教师的师资培养，并未重点关注大学史。

第二节 研究现状与主要成就

一、复苏：20世纪50至70年代

在"二战"结束前，除了中世纪史研究者偶尔关注教育史外，历史院系的学者极少涉猎教育史。但随着教育在社会中的地位变得越来越重要，专业的历史学家终于将触角伸到了这个领地。首先是思想史研究者理查德·霍夫斯塔特（Richard Hofstadter）接受美国总统组织的高等教育财政委员会的邀请，在1952年与C. 德威特·哈迪（C. Dewitt Hardy）合著了《美国高等教育的发展与范围》一书。在该书序言中，高等教育财政委员会的执行主任约翰·D. 米勒（John D. Millet）指出，高等教育机构之所以难以从政府和民众手中获得经费，是人们对于何谓高等教育存在广泛的无知，这种无知必须以大学史的知识进行消除。但在当时，除了一些院校史之外，对美国大学历史的全局性考察非常少。[1] 这本著作的出现弥补了这一空缺。紧接着，霍夫斯塔特又在1955年推出《美国学院时代的学术自由史》一书，该书在某种意义上标志着历史学界对

---

[1] Richard Hofstadter and C. DeWitt Hardy, *The Development and Scope of Higher Education in the United States* (New York: Columbia University Press, 1952), vii—viii.

大学史研究兴趣的复苏。除中世纪史领域之外，近现代史的博士生也开始选择大学史的题目，例如1950年获爱荷华大学历史学博士学位的瓦尔特·梅茨格研究的是1880年至1915年大学教授和大商业家之间的关系，[①]1954年在约翰·霍普金斯大学获得博士学位的休·霍金斯研究的是约翰·霍普金斯大学的诞生史，[②]另一位重要的大学史研究者尤根·赫伯斯特则于1958年在哈佛大学获历史学博士学位。这三位博士生后来均成为大学史研究领域的重量级学者。从史学领域的研究范式看，20世纪50年代是思想史的鼎盛时期，思想史研究强调观念是历史发展的主要动因，这一反马克思主义的立场因契合当时冷战的背景而风靡一时。[③]在大学史研究领域，这一范式也占据主导地位，霍夫斯塔特和瓦尔特·梅茨格对学术自由的历史研究就是一个典型的例证。

20世纪60年代大学史研究领域的发展表现在国际学术网络的初步形成、大型研究项目的启动、社会史范式的兴起等方面。

1960年，瑞士的大学史研究者斯文·斯德林-密萨乌（Sven Stelling-Michaud）在斯德哥尔摩创立了国际大学史委员会（International Commission for the History of Universities，简称ICHU）。1964年，该委员会举行第一次正式会议，分布在世界各地的大学史研究者开始形成一个国际性的学术网络。此后至今，该委员会在汇编大学史文献、举行国际学术会议方面做了大量实质性工作。

20世纪60年代，英国正式启动牛津大学史研究项目。1963年，英国发布《罗宾斯报告》，正式启动高等教育大众化改革，该报告同时对英国最古老的学府牛津大学提出了批评。为回应批评，牛津大学在1964年成立委员会展开调查。牛津大学的历史学家艾伦·布洛克（Alan Bullock）在1966年底提出，在大

---

① Walter P. Metzger, *College Professors and Big Business Men：A Study of American Ideologies，1880—1915*（University of Iowa，1950）.

② Hugh Dodge Hawkins, *The Birth of a University：A History of the Johns Hopkins University from the Death of the Founder to the End of the First Year of Academic Work，1873—1877*（Johns Hopkins University，1954）.

③ Laurence Veysey, "The 'New' Social History in the Context of American Historical Writing", in *Reviews in American History*，no.1（1979），1—12.

学进行全方位、大幅度改革之际，有必要全面回顾牛津大学的历史，"将这些改革放到恰当的历史视角当中，将展示我们作为伟大传统继承人的自信"①。1968年10月，牛津大学史项目最终启动。1984年，《牛津大学史》第一卷正式面世。1994年，《牛津大学史》最后一卷即第八卷出版。《牛津大学史》八卷本从启动到完成历经26年，参与撰写者达数十人，成为当时院校史研究中里程碑式的著作。

20世纪60年代，思想史研究范式在史学领域受到广泛的批评，社会史范式异军突起，并开始对大学史研究领域产生重要影响。早在20世纪50年代，人们已经越加认识到必须从大学与社会关系的视角认识大学。1968年，社会史研究者劳伦斯·斯通（Lawrence Stone）在斯坦福创建了戴维斯历史研究中心并担任中心主任。1969年至1973年，该中心的研讨主题为"教育史"，尤其关注西方社会中大学的历史演变，以及大学在社会中的角色。当时很多大学史研究的活跃学者都曾在该中心担任访问研究员，进行学术交流。该中心成为大学史研究的一个重镇，同时扩大了社会史研究范式的影响。由劳伦斯·斯通1974年主编的两卷本《社会中的大学》是多位学者通力合作的结果，也是社会史范式的重要结晶。

20世纪60年代末出版的谢尔顿·罗斯布拉特（Sheldon Rothblatt）所著的《教师的革命：维多利亚时期的剑桥大学与社会》和弗里茨·林格（Fritz Ringer）所著的《德国士大夫的衰落》如今已成为这一领域的经典，它们均体现了社会史范式的影响。

20世纪60年代大学史研究的复苏在美国最为瞩目，劳伦斯·斯通、理查德·霍夫斯塔特这两位领军人物和谢尔顿·罗斯布拉特、弗里茨·林格等学界新秀均为美国学者。从20世纪60年代末70年代初开始，大学史研究的浪潮波及英国、德国、法国等国家。

英国20世纪60年代的高等教育大众化进程带来了诸多问题，也刺激了人

---

① J.I. Catto, *The History of the University of Oxford*（vol. 1：The Early Oxford Schools）（Oxford：Oxford University Press，1984），vii.

们从历史角度思考大学的发展。正是从这个时期开始，大学史研究在英国开始获得真正的发展。迈克尔·桑德森1972年的著作《大学与英国工业界（1850—1970）》成为这一时期大学史研究的代表作之一。哈罗德·珀金等英国学者也在这个时期开始发表大学史研究的著作。①

在德国，诺特克·汉默斯坦恩（Notker Hammerstein）②、汉斯·维纳·普拉尔③等大学史研究者开始著书立说，崭露头角。

1973年，法国学者雅克·韦尔热在而立之年出版了他关于中世纪大学史的经典著作④，在大学史研究相对不发达的法国，他成为这一领域首屈一指的学者。20世纪70年代末，在《社会中的大学》一书出版后不久，法国高等社会科学研究院历史研究所启动了"大学与现代欧洲社会"这一跨国合作研究项目，其研究成果在20世纪80年代中期出版。

整体来看，在历史研究领域，大学史研究作为史学研究的一个分支逐渐获得了合法性。首先，20世纪60年代后，一些顶尖的历史学期刊开始刊登大学史论文。其次，在历史学系，选择以大学史为博士论文选题的学生逐渐增多，这些学生中不少人成为该领域卓有成就的学者，其中包括1961年获加州大学伯克利分校历史学博士学位的劳伦斯·韦塞（Lawrence Veysey），1960年获哈佛大学历史学博士学位的弗里茨·林格，1965年获加州大学伯克利分校历史学博士学位的谢尔顿·罗斯布拉特，1968年在法兰克福大学通过教授资格论文的诺特克·汉默斯坦恩，1972年获密歇根大学历史学博士学位的罗吉尔·盖格（Roger Geiger），1973年获普林斯顿大学历史学博士学位的罗伊·史蒂文·特纳（Roy Steven Turner），1973年获加州大学伯克利分校教育史博士学位的约翰·希林

---

① Harold James Perkin, *Key Profession：The History of the Association of University Teachers* （London：Routledge & K. Paul，1969）.

② Notker Hammerstein, *Jus und Historie：ein Beitr. z. Geschichte d. histor. Denkens an dt. Univ. im späten 17. u. 18. Jahrhundert* （Göttingen：Vandenhoeck und Ruprecht，1972）.

③ H.W. Prahl, *Sozialgeschichte des Hochschulwesens* （München：Kösel，1978）.

④ J. Verger, *Les universités au Moyen Age* （Paris：Quadrige/Presses Universitaires de France，1973）.

（John Thelin），等等。

总而言之，20世纪50年代至70年代，在劳伦斯·斯通、理查德·霍夫斯塔特等学者的引领下，历史学界对于大学史研究的兴趣达到了一个新的高峰。思想史和社会史这两种研究范式先后对大学史研究产生了深刻的影响。

20世纪50至70年代大学史研究的复苏，就宏观的社会结构层面而言，源于多方面因素的刺激，高等教育的大众化使得大学组织和学生生活等发生了急剧变化。20世纪50年代冷战对大学的渗透，20世纪60年代学生运动所导致的大学危机，20世纪70年代经济衰退引发的大学财政危机，这些都促使大学对自我的历史进行反思。从学术界内部而言，劳伦斯·斯通和理查德·霍夫斯塔特等在史学界具有崇高声望的学者加入大学史研究队伍，大大提高了这一研究领域在史学研究中的合法性和地位。从学术劳动力市场的供求关系看，20世纪50年代，密歇根高教所、哥伦比亚大学高教所和加州大学伯克利分校高教所相继成立。此后20年，很多大学建立了高等教育所或类似的组织，客观上为大学史研究队伍创造了一个学术劳动力市场。1958年，布鲁贝克出版了《变迁中的高等教育：美国的历史（1636—1956）》一书，同年离开耶鲁大学，加盟密歇根大学高教所。埃德温·D. 杜伊（Edwin D. Duryea）在斯坦福大学教育学院毕业后长期任职于纽约州立大学布法罗分校的高等教育系，并于1981年创办《高等教育史年报》（*History of Higher Education Annual*）。杰宁斯·凡古纳（Jennings Wagoner）于1969年加入刚刚成立的弗吉尼亚大学高教所，讲授高等教育史课程，并在1975年担任该所所长。罗杰·盖格于1974年至1980年在耶鲁大学高等教育研究组工作，1987年后供职于宾州州立大学高教所。

二、期刊、学会的建立与初步制度化：20世纪80年代

20世纪80年代是大学史领域最关键、最重要的时期，突出地表现在相关刊物的创办、学会的成立、大型研究项目的启动和研究成果的突破等方面。

首先，大学史研究在历史上第一次有了自己专门的学术期刊。1981年，纽

约州立大学布法罗分校教育学院高等教育系主办的《高等教育史年报》创刊。同年，《大学史研究》（*History of Universities*）在英国创刊。

其次，大学史研究的专门组织开始出现。1983年，在近代史研究者威廉·弗里霍夫（Willem Frijhoff）等人的倡导下，荷兰成立了大学史研究小组，并于同年创办了会刊《学术雅加达》（*Batavia Academica*）①。鼎盛时期，该小组有100多名成员。在英国，伦敦的瓦尔堡研究所（Warburg Institute）成为大学史研究的一个重镇，在这期间供职于该所的查尔斯·伯纳特（Charles Burnett）、丽萨·贾迪恩（Lisa Jardine）、查尔斯·斯密特（Charles Schmitt）均从事大学史研究，而查尔斯·斯密特更是《大学史研究》（*History of Universities*）的创刊主编。

第三，1982年，位于日内瓦的欧洲大学校长联席会（后更名为欧洲大学协会）启动了"欧洲大学在社会中的历史"研究项目。参与该项目的学者来自多个国家，由瑞士大学史研究者瓦尔特·鲁格（Walter Rüegg）担任总主编。尽管根据项目最初的设想，四卷本《欧洲大学史》应当在1991年前完成，但由于工程浩大，协调困难，事实上的出版时间却往后延宕不少，前三卷分别在1992年、1996年和2004年出版，第四卷推迟至2011年出版。四卷本《欧洲大学史》是大学史研究领域的扛鼎之作，目前已经被翻译成德文、西班牙文、葡萄牙文、俄文和中文，它是多国学者通力合作的结果，也是跨学科合作的产物。当然，这一项目的启动并非基于纯粹的学术因素，它与当时欧洲的高等教育改革以及整个欧洲化进程密切相关。在谈到启动这一项目的初衷时，时任欧洲大学校长联席会秘书长安德里斯·巴伯兰和丛书主编瓦尔特·鲁格强调了历史视角对于解决当下改革问题的重要性："过去二十年种种改革高等教育部门的失败表明，如果不考虑一些历史的因素，对高等教育问题的长远解决是不可

---

① 该刊物于1995年更名为《大学史通讯》（*Nieuwsbrief Universiteitsgeschiedenis*）。

能的。"①该项目对于大学史研究领域的重要意义不仅在于贡献了《欧洲大学史》，同时将分布在世界不同国家的学者联系起来，极大地刺激了大学史研究的发展。

在博士层次的大学史研究人才培养方面，1981年毕业于哈佛大学教育学院的布鲁斯·金博尔（Bruce Kimball），1986年获加州大学洛杉矶分校历史学博士学位的威廉·克拉克（William Clark），1987年获哈佛大学教育学院教育学博士学位的琳达·艾斯曼（Linda Eisenmann），1987年获哥伦比亚大学博士学位的玛丽·安·茨波克（Mary Ann Dzuback）等人目前都已成为这一领域有影响的学者。

20世纪80年代也是大学史研究经典迭出的一个时期。八卷本《牛津大学史》的第一卷，四卷本《剑桥大学史》的第一卷②，费恩·古德的《数学家的门徒》③，布鲁斯·金博尔的《雄辩家与哲学家：博雅教育的观念史》，海伦·霍洛维茨的《校园生活：18世纪末至今的本科生文化》④等均在这一时期出版。

社会史的研究范式在大学史研究领域仍有很大影响，欧洲大学校长联席会启动的大型项目"欧洲大学在社会中的历史"很好地说明了社会史范式在当时的影响。但同时，这一范式的主导地位逐渐受到挑战，大学史研究呈现出多范式共存的局面。《雄辩家与哲学家：博雅教育的观念史》一书就是观念史范式的代表作。随着文化史范式在历史学界崛起，从文化史角度研究大学史也渐成

① A. Barblan, A. de Puymège Browning, W. Rüegg, "The History of the European University in Society: A Joint University Research Project", in *History of European Ideas*, no.2（1987）, 127—138.

② D.R. Leader, *A History of the University of Cambridge*, Vol. 1 The University to 1546（Cambridge: Cambridge University Press, 1988.）

③ Mordechai. Feingold, *The Mathematicians' Apprenticeship: Science, Universities, and Society in England, 1560—1640*（Cambridge: Cambridge University Press, 1984）.

④ Helen Lefkowitz Horowitz, *Campus Life Undergraduate Cultures from the End of the Eighteenth Century to the Present*（Chicago: University of Chicago Press, 1987）.

气候，比较值得关注的是谢尔顿·罗斯布拉对英国大学生文化的历史研究[1]和海伦·霍洛维茨对美国校园文化的研究。[2]妇女史的研究范式在历史学界兴起并得以制度化，对大学史研究领域也有所触动，哈佛大学历史学家芭芭拉·所罗门于1985年出版的《与有教养的女性同行：美国女性与高等教育的历史》一书是女性高等教育史研究的里程碑式著作。[3]

三、在德国、意大利的制度化及文化史范式的崛起：20世纪90年代

20世纪90年代后，国际学术界对大学史的研究兴趣进一步加大。1993年，挪威学者成立了"大学史论坛"。该论坛在此后10多年间组织了一些有关大学史研究的讨论和会议，有力推动了北欧学者对大学史的研究。

1995年，大学与科学史学会在德国成立，1997年，学会会刊《大学史年鉴》（*Jahrbuch für Universitätsgeschichte*）创刊。1997年，意大利大学史研究者杰安·保罗·比利茨（Gian Paolo Brizzi）发起成立意大利大学史研究中心，同年，《大学史年刊》（*Annali di storia delle Universitài taliane*）在意大利创刊。

同时，大学史研究领域的博士生培养取得新的进展。一方面，在20世纪六七十年代获得博士学位并在教育院系工作的学者如约翰·希林、罗杰·盖格等开始大量培养大学史研究方向的博士生。另一方面，历史学系也继续培养这一领域的博士生，其中一些学者已经成为大学史研究的中坚力量，其中包括1990年获斯坦福大学历史学博士学位的朱莉·A. 鲁本（Julie A. Reuben），1991年获芝加哥大学博士学位的费罗·艾伦·哈奇森（Philo Allen Hutcheson），1998年获布朗大学历史学博士学位的亚当·尼尔森（Adam Nelson）。文化史范

---

[1] Sheldon. Rothblatt, "Failure in Early Nineteenth Century Oxford and Cambridge", in *History of Education*, no.1（1982），1—21.

[2] Helen Lefkowitz Horowitz, *Alma Mater：Design and Experience in the Women's Colleges from their Nineteenth-Century Beginnings to the 1930s*（New York：Knopf，1984）.

[3] Barbara Miller Solomon, *In the Company of Educated Women：A History of Women and Higher Education in America*（New Haven：Yale University Press，1985）.

式的影响进一步增强，保罗·德朗德1996年的博士论文研究了1850年至1920年间牛津、剑桥大学的本科生文化。论文的第一章内容就是"作为文化史的大学史"①。妇女史研究的影响力进一步增强，代表性的有卡罗尔·戴豪斯对1879年至1939年间女性与英国大学的历史研究②，艾米·麦坎德利斯对美国南部学院的女性教育史研究③，卡伦·布雷德利对女性在1950年至1985年融入世界高等教育体系的历史分析④。

第三节　未来趋势与展望

进入21世纪，欧美新一代的大学史研究者如美国的克里斯托弗·P. 洛斯（Christopher P. Loss），安德鲁·杰维特（Andrew Jewett），玛格丽特·奥玛拉（Margaret O'Mara），亚当·尼尔森，玛丽贝斯·盖斯曼（Marybeth Gasman），英国的汤森·皮奇（Tamson Pietsch），文森特·卡本迪尔（Vincent Carpentier），德国的克里斯蒂安·特里奇（Christian Tilitzki），法国的艾曼纽尔·皮卡德（Emmanuelle Picard），比利时的皮特·杜鸿（Pieter Dhondt），荷兰的里恩·多斯曼（Leen Dorsman）开始崭露头角，他们为大学史研究带来了新的风气和活力。新一代大学史研究者的崛起反映出两个事实：第一，历史学

① Paul R Deslandes, *Masculinity, Identity and Culture, Male Undergraduate Life at Oxford and Cambridge, 1850—1920*（University of Toronto, 1996），27—50.

② Carol Dyhouse, *No Distinction of Sex? Women in British Universities, 1870—1939*（London：UCL Press, 1995）.

③ Amy Thompson McCandless, *The Past in the Present Women's Higher Education in the Twentieth-Century American South*（Tuscaloosa：University of Alabama Press, 1999）.

④ Karen Bradley, *The Incorporation of Women into the World's Systems of Higher Education, 1950—1985：Increased Participation with Continued Segregation*（Stanford University, 1994）.

界越来越重视大学史的研究；第二，在教育史研究领域中，以往偏重中小学教育史尤其是公立学校教育史的倾向得到一定程度的纠偏。

在法国，大学历史的断裂和大学权力的弱化导致学者们往往只认同于所在的学科，对所在的大学没有太多身份认同。也正因为如此，一直以来法国学界对法国大学史的研究非常少，大量的研究成果集中在学科史领域。[①]最近十几年来，在克里斯托弗·夏尔勒（Christophe Charle）、艾曼纽尔·皮卡德等学者的带动下，法国学界对大学史研究的兴趣正在上升。

在美国，中小学教育史在教育史中的绝对垄断地位逐渐被打破，大学史研究受到越来越多的重视。2000年至2001年、2011年至2012年，美国教育史学会当选的12位主席当中，有4位大学史研究者。而在之前的30多年中，只有道格拉斯·斯隆（Douglas Sloan）、尤根·赫伯斯特和杰宁斯·凡古纳（Jennings Wagoner）这三位大学史研究者当选过学会主席。

与此同时，在各种力量的推动下，新的研究议程、研究组织、网络逐步形成。2007年，北欧的大学史研究者发起成立了"芬兰大学史与高等教育史研究网络"。在比利时，为庆祝2017年根特大学200年校庆，该大学的公共史学研究所在2010年成立了"根特大学记忆"（UGentMemorie）小组，并于2011年举行"纪念的学术文化"国际会议。在挪威，为2011年奥斯陆大学200年校庆撰写校史的工作推动了该国学者对大学史研究的兴趣，该校的大学史论坛在2011年举办了"重新思考现代大学史"的国际会议。在德国，西维娅·派莱兹恰克（Sylvia Paletschek）正带领其研究团体从事"大学、科学与公众"项目的研究。

在博士生培养方面，这一时期以大学史为博士论文题目，并逐渐成为这一领域学术新秀的有2000年在印第安纳大学教育学院获博士学位的玛丽贝斯·盖斯曼，2005年毕业于密歇根大学高教所的蒂莫西·里斯·该隐（Timothy Reese

---

① Emmanuelle Picard, "Recovering the History of the French University", in *Studium*, no. 3（2012），156—169.

Cain）, 2007年获印第安纳大学博士学位的克里斯托弗·洛斯, 2008年获哈佛大学历史学博士学位的斯哥特·盖尔伯（Scott Gelber）, 等等。

在研究内容与范式方面, 随着全球化、国际化趋势的增强, 全球史的影响也渗透到了大学史研究领域, 表现在越加注重不同国家高等教育体系之间的联系和网络。例如, 法国大学史研究者克里斯托弗·夏尔勒在2004年的文章中研究了1890年至1930年巴黎大学和柏林大学之间的跨国学术网络。[①]英国学者汤森·皮奇研究了1850年至1939年英国大学及其殖民地或附属国大学之间的学术网络。[②]美国学者丹尼尔·列维（Daniel Levy）则研究了美国对拉丁美洲高等教育援助的历史。[③]

另外一个趋势是政策史与政治史研究范式的兴起, 主要表现为从历史的角度审视高等教育政策的发展。英国学者哈罗德·西维尔（Harold Silver）2003年的著作从高等教育价值和国家目的这两个维度分析了20世纪英国高等教育的政策制定史, [④]另一位英国高等教育研究者迈克尔·夏托克（Michael Shattock）于2012年出版的新著《英国高等教育中的政策制定（1945—2011）》, 从高等教育结构、财政驱动力、研究与政策的关系等方面分析了"二战"后的英国高等教育政策史。[⑤]

大学史研究的繁荣部分地是由20世纪50年代之后的西方高等教育大众化所推动的。西方各个国家进入高等教育大众化的时间点不同, 因此大学史研

---

① C. Charle: "The Intellectual Networks of Two Leading Universities: Paris and Berlin, 1890—1930", in *Transnational Intellectual Networks*, ed. C. Charle, J. Schriewer and P. Wagner（Frankfurt: Campus, 2004）, 401—50.

② Tamson Pietsch, *Empire of Scholars Universities*, *Networks and the British Academic World*, *1850—1939*（Manchester: Manchester University Press, 2013）.

③ Daniel C. Levy, *To Export Progress: the Golden Age of University Assistance in the Americas*（Bloomington: Indiana University Press, 2005）.

④ Harold Silver, *Higher Education and Opinion Making in Twentieth-Century England*（London: Woburn Press, 2003）.

⑤ Michael Shattock, *Making Policy in British Higher Education: 1945—2011*（Maidenhead: Open University Press, 2012）.

究也有先后。20世纪80年代后，知识社会话语在欧洲的兴起以及人们对大学在其中所发挥的关键角色的期待，大大推动了该地区学者对大学史研究的兴趣。从地域的视角看，域外大学史研究在美国最为发达，英国、德国次之。在英国，牛津、剑桥两校长期在高等教育体系中处于垄断性地位，绝大部分英国大学成立于20世纪，历史相对较短，因此大多数大学史的经典研究瞄准牛津、剑桥两校，并造成大量大学史研究者出自这两所大学的局面。法国和意大利是中世纪大学的发祥地，因此也聚集了一批专门的大学史研究者，但在法国，大学发展的历史断裂和大学组织的不稳定性阻碍了这一领域的发展。在深受欧洲大学传统影响的荷兰、丹麦和比利时等国，大学史研究也形成了自己的传统，发展迅速。

当然，无论在历史研究领域，还是在高等教育研究领域，大学史研究者都是一个规模较小的学术共同体。大学史研究受到主流史学范式的影响，但有时对主流范式的反应较慢，如妇女史在20世纪60年代即兴起，大学史领域对妇女高等教育的考察到20世纪八九十年代才成为潮流。

经过100多年的发展，大学史研究在美国、英国、德国、意大利和日本都有了专门的学术期刊。不管是国际层面还是国内层面，学者们的交流也都有了稳定的学会组织或学术网络。在历史学博士项目和高等教育学博士项目中，大学史研究都是该学术层次人才培养的方向。可以认为，大学史研究已经成为一个初步制度化的专门性研究领域和人才培养方向。

乐观地看，尽管大学史领域的发展在制度上所获得的支持在历史院系或教育院系都不属于优先序列，但大学史作为学术研究领域已有200多年的历史，积累了相当丰厚的知识基础，形成了特定的研究方法和问题领域，研究范式日渐多元。可以预见，随着大学在社会中的作用愈加重要，学界对大学史研究的兴趣会更加浓厚。

但也应当看到，从世界范围看，大学史作为一个研究领域，其发展面临着几大挑战或困难。首先，很多大学史研究著作都源自校庆庆典尤其是50年庆典或100年庆典，这类研究可以在短期内极大地刺激对大学史研究的兴趣，但无法对这一领域的长远发展提供稳定的、持续的支持；其次，从研究队伍的稳定性来看，情形亦不甚乐观，尤其是在历史院系从事大学史研究的学者，往往只是在某一个特定时期关注大学史研究，在一段时间后学术方向就发生了转移。

回到中国的情境，则挑战尤为严峻。我国最早的现代大学产生于19世纪末，历史较短。学界对本国大学史的研究起步较晚，且大多囿于院校史或通史，缺乏以社会史、思想史或文化史范式为指引的专题性研究。西方大学史研究发展较快，但在原始资料的利用、研究的深入性等方面尚有待提高。就制度化水平而言，尽管教育院系或高等教育研究所多开设了大学史课程，配备有专门的师资力量，但对大学史的研究并没有受到应有的重视，所获得的科研资助也相对较少。此外，我国迄今尚无一份专门性的大学史研究期刊①，这对于推进大学史研究的专门化甚为不利。这些表明，我国大学史研究的制度化水平明显低于西方国家。要推动大学史研究的发展，必须一方面为其创造更加有利的制度环境（如创办专门性的刊物、组建学会），另一方面应突破院校史和通史的传统藩篱，与思想史、社会史、文化史等不同学术范式对话，鼓励学者从事更加具体深入的专题性研究。

（沈文钦）

附录：相关文献

1.［瑞士］瓦尔特·吕埃格总主编，［比］希尔德·德·里德−西蒙斯主编：《欧洲大学史·第一卷：中世纪大学》，张斌贤等译，河北大学出版社2008年版。

2.［瑞士］瓦尔特·吕埃格总主编，［比］希尔德·德·里德−西蒙斯主编：《欧洲大学史·第二卷：近代早期的欧洲大学（1500—1800）》，贺国庆等

---

① 1989年创刊的《教育史研究》是中国大陆唯一一份教育史刊物，但没有自己的刊号。

译，河北大学出版社2008年版。

3. ［瑞士］瓦尔特·吕埃格总主编，［瑞士］瓦尔特·吕埃格主编：《欧洲大学史·第三卷：19世纪和20世纪早期的大学（1800—1945）》，张斌贤等译，河北大学出版社2014年版。

4. ［瑞士］瓦尔特·吕埃格总主编，［瑞士］瓦尔特·吕埃格主编：《欧洲大学史·第四卷：1945年以来的大学》，贺国庆等译，河北大学出版社2019年版。

5. 张斌贤、李子江：《美国高等教育变革》，教育科学出版社2017年版。

6. 张斌贤：《关于大学史研究的基本构想》，载《北京大学教育评论》2005年第3期。

7. ［法］保罗·热尔博、杨克瑞、张斌贤：《欧洲近代大学与政府的关系》，载《河北师范大学学报》（教育科学版）2012年第5期。

8. 贺国庆：《西方大学史上的留学潮》，载《高等教育研究》2017年第2期。

9. 任增元、张丽莎：《现代大学的适应、变革与超越——基于欧美大学史的检视》，载《教育研究》2017年第4期。

10. 沈文钦：《域外大学史研究：制度化历程与学术范式变迁》，载《大学教育科学》2014年第3期。

11. 王璞、于书娟：《历史计量方法在西方大学史研究中的应用——基于〈大学史〉杂志的分析》，载《高等教育研究》2013年第3期。

12. 于书娟：《欧洲大学史的研究史》，载《大学教育科学》2011年第4期。

13. 张弢：《大学之名的中世纪起源与考释》，载《清华大学学报》（哲学社会科学版）2014年第4期。

14. D. R. Leader, *History of the University of Cambridge*（Cambridge：Cambridge University Press，1988）.

15. Franklin Bowditch Dexter, *Biographical Sketches of the Graduates of Yale College*；*With Annals of the College History*（New York：Henry Holt and

Company，1885）.

16. Franklin Bowditch Dexter，*Sketch of the History of Yale University*（New York：Henry Holt and Company，1887）.

17. Hastings Rashdall，*The Universities of Europe in the Middle Ages*（Oxford：The Clarendon Press，1895）

18. J.I. Catto，*The History of the University of Oxford*（Oxford：Oxford University Press，1984），vii.

19. Richard Hofstadter and C. DeWitt Hardy，*The Development and Scope of Higher Education in the United States*（New York：Columbia University Press，1952）.

第十九章
民族主义与西方教育史学研究

　　民族主义（nationalism）是一个释义多元的概念，对于西方教育史学研究有重要的理论价值和现实意义。本章将从民族主义的视角关注当代西方民族国家史学的转型，以及民族主义对西方教育历史发展的深刻影响，进而反思近代以来西方教育史学历史发展的若干问题。英国学者尼克·史蒂文森（Nick Stevenson）在《全球化、民族文化与文化公民身份》一文中认为："在全球化的背景下，民族主义和民族认同并没有终结，真正世界主义的文化只可能借由民族文化的革新而产生，这些民族文化依然是比许多人似乎意识到的更强势的璀璨群星。"①

---

　　① 翟学伟、甘会斌、楮建芳编译：《全球化与民族认同》，南京大学出版社2009年版，第49页。

第一节　民族主义及其对西方教育史学的影响

"民族主义"释义的多元性早已为中外学者所公认，中西方学者的相关研究成果汗牛充栋，但众说纷纭、莫衷一是。以下简要介绍中西方学者的主要相关研究，作为进一步讨论的理论支点。在此基础上，关注近代西方民族国家史学的兴起及其当代转型和民族主义对西方教育历史发展的深刻影响，进而反思近代以来西方教育史学的历史发展的若干问题。

一、民族主义释义的多元性

西方学者关于民族主义的研究成果十分丰富。以赛亚·伯林（Isaiah Berlin）认为，有一个控制了19世纪欧洲的思想和社会运动，这个运动就是民族主义。英国著名左派史学家E. J. 霍布斯鲍姆（E. J. Hobsbawm）在《民族与民族主义》一书中将19世纪的历史诠释为"民族创建的世纪"，认为"最能掌握民族与民族运动及其在历史发展上所扮演角色的著作，当推自1968年至1988年这二十年间所发表的相关文献，这二十年的表现较之之前的任何四十年都来得辉煌"（原文写于1989年）。①他认为，"民族"是通过民族主义想象得来的产物，是一项相当晚近的人类发明。"民族"的建立与当代基于特定领土而创生的主权国家（modern territorial state）息息相关，因此，若不将领土主权国家跟"民族"或"民族性"放在一起讨论，所谓"民族国家"（nation-state）将会变得毫无意义。他和欧内斯特·盖尔纳（Ernest Gellner）都特别强调在民族建立

---

① ［英］埃里克·霍布斯鲍姆：《民族与民族主义》，李金梅译，上海人民出版社2000年版，第3页。

的过程中人为因素的重要性，如激发民族情操的各类宣传与制度设计等。后者著有同名的《民族和民族主义》（1983）一书。霍布斯鲍姆和盖尔纳的同名书在中西方学界有着广泛而深刻的影响。他们都认为民族主义早于民族的建立，不是民族创造了国家和民族主义，而是国家和民族主义创造了民族。

英国牛津大学社会和政治理论教授戴维·米勒（David Miller）在《论民族性》一书中捍卫了民族性原则，主张民族认同是个人认同的合法源泉。他指出，承认民族性的主张并不意味着压制个人认同的其他源泉。基于20世纪晚期民族认同正在消解的政治主张，他及时而富有挑战性地对民族性命运提供了一种最有说服力的辩护。米勒指出："在20世纪最后十年中，民族性诉求逐渐在政治中获得支配地位。……国家信奉自由市场还是计划经济或者某种介于两者之间的东西，似乎不再那么重要。更重要的是将国家的边界划在何处，谁被包括在内，谁被排除在外，使用什么语言，认可什么宗教，提倡什么。"[1]他强调民族性的开放性，即民族认同可以为不同政治纲领服务，民族性观念是一群人有意识的创造。

列宁在《论民族自决权》中表述的观点为许多中西方学者所认同。他认为，民族国家是近代以来开始形成的"典型的正常国家形式"。新兴资产阶级要求扫除封建割据，建立统一的民族市场，打败异族竞争，确保资本主义生产方式的顺利发展。以建立资产阶级民族国家为目标和内容的民族运动，不仅出现在最早由封建社会跨入资本主义社会的西欧，在随后几个世纪先后确立资本主义生产方式的其他欧美地区及亚洲的日本等地，也具有普遍性。列宁指出，在全世界，资本主义战胜封建主义的时代是同民族运动联系在一起的。建立最能满足现代资本主义这些要求的民族国家是一切民族运动的趋势。霍布斯鲍姆在《民族与民族主义》中认为，列宁关于民族主义的论述主导了19世纪末以来的相关论辩。

---

[1] ［英］戴维·米勒：《论民族性》，刘曙辉译，译林出版社2010年版，第1页。

中国学者在民族主义研究方面也有丰富的著述。李宏图在《西欧近代民族主义思潮研究》中系统介绍了从启蒙运动到拿破仑时代西欧民族主义思潮的历史发展状况，研究了近代国家观念的出现、法国启蒙运动时期的民族主义、18世纪法国的世界主义思潮、法国大革命中的民族主义、19世纪初德意志的民族主义。他认为，中世纪西欧社会的主导观念是地方主义和普世主义，而这两种观念极大地压抑和阻碍着民族情感和民族意识的产生。[1]16至17世纪，西欧摧毁瓦解了普世世界国家，建立了以王权为中心的君主国家，但这种君主国家还不是民族国家，只是"王朝国家"，而王权在那时体现着历史的进步，代表着民族与分裂作斗争，从而促进着民族国家的形成。启蒙思想家一致认为，专制之下无祖国，并进一步探讨了近代民族国家的目的和基础。在批判王朝国家过程之中所产生的近代民族主义带有强烈的政治色彩，表现在以人民主权取代王权，并使人民主权成为构建新型民族国家的中心和基石，用民族利益取代王朝利益。总的趋势是从"王朝国家"向"民族国家"转型。

余建华在《民族主义：历史遗产与时代风云的交汇》一书中对百年民族主义基本问题进行了探讨，研究了民族的释义与民族的形成，民族主义的内涵与要素，近代民族主义的渊源、形成与要素，以及20世纪三次民族主义浪潮。"民族主义就其完整含义而言，它是近代社会才开始出现的一种历史现象。近代民族主义首先孕育于最早由封建制度向资本主义制度过渡的西欧诸国，而后经过18世纪北美独立战争和法国大革命的巨大推进，才在欧美地区正式形成。"[2]

徐迅在《民族主义》一书中的观点是富有启发意义的。他在该书的引言中指出，民族主义也许是当今世界最为引人注目的政治和文化现象了，民族主义是社会科学和人文科学的前沿课题。他注意到，近现代的社会科学和人文科学的巨匠如马克思、韦伯和杜尔凯姆等无不注意到民族主义现象的存在，无不注意到民族和民族主义与历史的社会运动的密切关系，并留下了经典性的论述。

---

① 李宏图：《西欧近代民族主义思潮研究》，上海社会科学出版社1997年版，第250页。
② 余建华：《民族主义：历史遗产与时代风云的交汇》，学林出版社1999年版，第3页。

徐迅认为，民族主义是多义的和复杂的概念，并不存在一个统一的关于民族主义的理论，更没有以学术传统为依据的民族主义学流派。要理解"民族主义现象"就要回到历史，而不能把它处理成价值和道德问题。他的研究引进国家问题，给予民族主义以历史的参照，特别强调民族主义的历史起源，指出民族主义现象是在世界历史的特定阶段出现的，与现代民族国家相应而生，并力图在提供历史起源的背景和条件下，勾勒出民族主义与国家问题的主要线索，描述它的主要的社会功能和发展趋势。他的主要观点是：第一，民族主义以及相关的思潮和运动有其历史的起因，它们不是从人性或文化神秘地发生的，而是世界历史发展的独特阶段。把"民族"神话和把"民族主义"当作不证自明的真理，都有其政治上的动机和文化的功能。第二，民族主义是现代现象，反映了现代政治、经济和文化在世界范围的格局。即民族主义是不同的共同体进行文化、政治、和经济关系交换的有效方式。这特别反映在国家关系领域。第三，民族主义问题紧密地和国家问题联系在一起，特别是和国家政治制度和国家权力合法性交织在一起。在此意义上，民族主义是一种意识形态，直接为国家权力服务，或是国家权力的重大功能之一。[①]

二、民族主义对近代西方教育的影响

民族国家教育在早期履行着重要的意识形态功能。霍布斯鲍姆认为，现代性（modernity）是现代民族国家的基本特征。多半人认为民族认同是天生自然的情感，根深蒂固，比人类历史还要久远，但现代意义及政治意义上的民族是相当晚近才出现的。"民族"最重要的涵义是其在政治上所彰显的意义，这是大多数文献所着力探讨的问题。在近代许多西方国家，"民族"往往是国民的总称，国家成为民族政治的精神的展现。无论民族的组成是什么，公民权、大众的普遍参与或选择，都是民族不可或缺的要素。J. S. 穆勒（J. S. Mill）

---

① 徐迅：《民族主义》，中国社会科学出版社2005年版，第6页。

在他那本有关代议政府或民主制度的论著《功利主义、自由与代议制政府》
（*Utilitarianism，Liberty and Representative Government*）中探讨了民族认同问
题，他不仅从民族情感来界定民族定义，还特别强调隶属于同一民族的认同
感。使大众能参与选举一直是教育史学者解释普及教育发展的主要观点之一。
霍布斯鲍姆注意到，"自19世纪80年代以降，'民族问题'便受到愈来愈严肃而热
烈的讨论，尤其是在社会主义阵营里面，因为民族主义口号往往能打动一般大
众，特别可以借此动员广大选民，并把他们吸纳为政党的支持者，这种趋势已
成为当时的政治实况"[①]。这个问题就与教育有密切关联。霍布斯鲍姆强调指
出，只要有可能，国家和政权都应把握每一个机会，利用公民对"想象的共同
体"的情感与象征，通过教育加强爱国主义。

　　民族主义在建设近代民族国家历程中的意识形态的意义显然值得关注，
教育在培养人们的民族认同方面显然具有重要的价值。英国学者安迪·格林
（Andy Green）在《教育、全球化与民族国家》一书中从后现代主义和比较教
育的视角，探讨了西方主要国家的教育和早期民族国家的形成以及教育和二战
后的民族主义等问题。他指出："历史上，教育既是发展中的民族国家的本源，
又是其产儿。民族性国家教育体系是一种普及的、公共的制度，它首先产生于
欧洲革命后期，它是国家形成的一种工具，它提供了建造和统一新民族国家的
强有力的手段，并成为其重要的制度支撑之一。从此以后，很少有国家在没
有依赖于其意识形态的潜在力量时就开始国家独立的进程"[②]。格林认为，民
族性国家体系最早是作为建立现代国家的形成过程的组成部分而创建的。学校
不仅为新兴的科层制、崛起的工业和民用计划方案培养管理者和工程师，在小
学水平上，学校也培养可靠的军队招募新兵和忠诚的庶民。正是在法国大革命

---

　　① ［英］埃里克·霍布斯鲍姆：《民族与民族主义》，李金梅译，上海人民出版社2000年版，第
45页。
　　② ［英］安迪·格林：《教育、全球化与民族国家》，朱旭东等译，教育科学出版社2004年版，
第1页。

以后的民族国家形成时期，民族性国家学校教育规划开始付诸实施，因为正是在这个时期，人民—民族被明确地引入了主权独立和领土完整的国家综合体系中。在他看来，国家通过多种方式创造公民和民族。最重要的是，国家教育公民。通过民族性国家教育体系，国家培养了遵守纪律的工人和忠诚的士兵，创造和颂扬了民族语言文学，普及了国家历史和起源神话，传播了国家法律、习俗和社会公民道德，并对管理人民的方式和人民对国家义务做了一般解释。

　　民族语言教育在近代民族国家建立的过程中也有着异乎寻常的意义。安迪·格林看到一种新型的民族主义于19世纪后期出现在欧洲，它强调语言、传统文化，并且在极端的形式下强调种族。"其意识形态的根源在于费希特和赫尔德的浪漫主义，两者都是日耳曼文化的产物，这种文化长期倾向于强调语言和种族性的确定原则，它反映了日耳曼民族因领地纷争而造成的四分五裂的历史。"[①]霍布斯鲍姆注意到，有关族群差异、共同语言、宗教、领土以及共同的历史记忆等，都是当时民族主义者宣扬建国运动时喜欢谈论的观点。在近代，语言间接影响到一般人对民族性的认定，因此，语言对民族的重要性遂成为大家耳熟能详的事情。尤其是文化民族主义强调民族性和语言是民族认同的基础。在费希特对德意志人的讲演中以及对乌申斯基关于教育的民族性原则的论述中都能看到这个特点。霍布斯鲍姆认为，强调语言与文化群体正是19世纪的发明。他把拥有悠久的精英文化传统和拥有其独特的民族文学与官方语言视为构成民族的要件之一。根据语言民族主义的古典模式，通常都是有一种族群方言被发展成全方位的标准化民族书写语言，然后这种民族语言顺势变成官定语言。"这正是意大利与德国宣称他们是民族国家的依据，虽然他们的民族并无一个固定的国家可资认同。对意大利与德国来说，他们主要便是借共通语文来凝聚其民族认同，虽然他们所宣称的民族语言，其实并非绝大多数平民百姓在日

---

　　① ［英］安迪·格林：《教育、全球化与民族国家》，朱旭东等译，教育科学出版社2004年版，第149页。

常生活中的语言。"①于是，方言会逐渐被国语淘汰，甚至就此消失。最容易受到官方书写语言影响的是社会地位普通但受过教育的中产阶级，受过教育显然是这个阶级的主要特色。"国语"问题很少只被当作实用问题看待，它通常会引发强烈情绪。很多人至今仍无法接受国语乃是人为建构出来的事实，是人们借着附会历史或发明传统所创造出来的。霍布斯鲍姆指出，国家会运用日益强势的政府机器来灌输国民应有的国家意识，特别是通过小学教育，来传播民族的意象与传统，要求人民认同国家、国旗，并将一切奉献给国家、国旗，更经常靠着"发明传统"乃至发明"民族"，以便达到国家整合的目的。

三、反思现代西方教育史学

美国新泽西州罗文大学历史系王晴佳认为，新文化史的兴起代表了当代史学的一个新趋势，挑战了自近代以来民族国家史学主持史坛的局面。"有关民族主义的研究，在当今学界仍然有点热火朝天，但似乎以批判的眼光为主。以此为结果，民族主义史学目前正在经受一场挑战，正在慢慢转型。"②他从全球比较史学的角度考察了民族主义史学的兴起与缺失："民族主义史学是近现代史学的主要潮流。自17世纪从西方兴起以后，随着西方殖民主义的扩张而走向全球，至今不衰。对于非西方地区的史家而言，民族主义史学为他们抵御西方军事和文化的侵略，从事民族国家的建设，起了重要的作用。尽管如此，民族主义本身是西方历史与文化的产物，并不完全适用于解释中国和印度等地区的历史。因此，需要从比较史学的角度，以西方、东亚、伊斯兰和印度等地民族主义史学的发展特点为例，分析民族主义史学的共性，及其在近年所面临的挑战，以展望全球史学在未来的发展走向。"③

---

① ［英］埃里克·霍布斯鲍姆：《民族与民族主义》，李金梅译，上海人民出版社2000年版，第34页。

② 王晴佳：《新史学讲演录》，中国人民大学出版社2010年版，第67页。

③ 王晴佳：《论民族主义史学的兴起与缺失（上）从全球比较史学的角度考察》，载《河北学刊》2004年第4期。

霍布斯鲍姆认为，"民族"创建可以说是19世纪西方国家的历史核心，也是当时人们心中的伟大事业，致力于创造出一种结合"民族国家"与"国民经济"的新"民族"。民族原则曾纵横于1830年后的欧洲政坛，促成一连串新兴国家的建立。这种始自19世纪欧洲的民族意识，原来被安置在由人民—国家—民族—政府（people-state-nation-government）所构成的四角地带之内，但民意调查已证明，这种理所当然的组合对今天那些拥有悠久历史的大型民族国家来说已不再是天经地义。不少老牌民族国家的民族意识开始出现动摇危机。在他看来，"民族"概念脱离了"民族国家"这个实体，就会像软体动物被从其硬壳中扯出来一样，立刻变得歪歪斜斜、软软绵绵。对集体认同的渴望使民族认同一直十分重要，虽然"民族国家"在今天显然失去了其旧有的一项重要功能，亦即组成一个以其领土为范围的"国民经济"。尤其是自20世纪60年代以来，"国民经济"的角色已逐渐隐身，甚至因国际分工这项重大转变而显得令人质疑。"以上所言并不表示民族主义在今日世界政坛上已不再受人关注，或其受关注的程度已稍减。我想强调的毋宁是，虽然民族主义耀眼如昔，但它在20世纪早期的风采，再度化身为全球各地的政治纲领。它至多只能扮演一个使问题复杂化的角色，或充任其他发展的触媒。"①决定今天世界大势的政治冲突其实与民族国家关系不大，因为近半个世纪以来，19世纪那种欧洲模式的国家体系早已不复存在。

在王晴佳看来，西方近代史学的主要特征是民族主义史学。在被称为"历史学的世纪"的19世纪，西方史学家写作了大量国别史。被誉为"科学史学鼻祖"的德国史家兰克的学术生涯也以民族史和国别史的写作为主，于是，民族主义史学成为近代史学的主干。而民族史的写作，往往追随某个民族的最初的历史，具有"发明"的成分，但从史学史的角度来说，民族国家史学并不是想象出来的东西，其发生和发达，在西方有其一定的背景。兰克史学的成功就在

---

① C. Heward，"Public School Masculinities：An Essay in Gender and Power"，in *Private Schools：Tradition，Change and Diversity*，ed. G. R. Walford（London：Chapman，1991），123—136.

于确立了民族国家史学的范式。学界反省了民族国家史学的许多明显弊端：第一，民族国家在欧洲形成，因而只是欧洲历史的产物。其他地区的民族国家的建立都有牵强的地方，其形成是由于抵抗欧洲列强侵略的需要，而不是内在的发展所致。第二，民族国家史学所提倡的历史观念，其根本就是一种目的论，即用现在的目光考察过去，进而塑造过去，使之成为一种理所当然。第三，民族国家史学归根结底就是西方中心论在历史著述上的集中反映，即强势文化的优势或文化的霸权。而当代新文化史的兴起是对民族国家史学的一种扬弃，妇女史和性别史的研究，则往往直接挑战其思维模式。民族革命兴起之时，妇女的形象常常被利用来激励民族精神，而在民族国家建立之后，妇女地位并没有显著改变。[①]王晴佳强调，在注意民族国家史学的暂时性和局限性的同时，也应注意到其历史功用和地位。

20世纪80年代后期以来，西方教育史学界和比较教育史学界的许多学者如帕夫拉·米勒（Pavla Miller）、布鲁斯安·柯蒂斯（Bruce Curtis）、J·梅尔顿（J. Van Horn Melton）、J. 博利（J. Boli）、I. 戴维（I. Davey）等对教育与民族国家的关系进行了深入探讨。[②]安迪·格林在《教育和国家形成的重新思考》一文中探讨了研究教育与民族国家形成的各种视角和方法论问题。他批评了相关研究的旧有范式，如辉格（Whig）理论、工业化理论、新马克思主义的无产阶级和都市化理论，运用了葛兰西的霸权概念解释不同国家与学校教育之间的不同关系。[③]朱旭东在安迪·格林《教育、全球化与民族国家》一书的

[①] 王晴佳：《新史学讲演录》，中国人民大学出版社2010年版，第80—83页。

[②] 参见Pavla Miller, *Long Division: State Schooling in South Australian Society*（Adelaide: Wakefield Press, 1986）; Bruce Curtis, *Building the Educational State, Canada West, 1836—1871*（London: The Althouse Press, 1988）; J. Boli, *New Citizens for a New Society: The Institutional Origins of Mass Schooling in Sweden*（Oxford: Pergamon Press, 1989）; I. Davey and P. Miller, "Family Formation, Schooling and the Patriarchal State", in *Family, School and State in Australian History*, ed. M. Theobald and R. J. W. Selleck（London: Allen and Unwin, 1990）.

[③] Andy Green, "Education and State Formation Revisited", in *History of Education: Major Themes. Volume II, Education in its Social Context*, ed. Roy Lowe（London: Routledge Falmer, 2002）, 303—321.

译者序言中，从西方教育史学史的视角对西方学者在相关领域的研究进行了深入的理论分析。他注意到："民族性国家教育体系的发生学（origins）"一直是西方教育史学主要关注的领域之一。西方学者还运用另一种表述即"大众学校教育（mass schooling，或education）的发生学"。从教育史学流派上看，"国家形成"范式是在历史修正主义（historical revisionism）学派的第二次浪潮中出现的，它继承了美国20世纪六七十年代产生的修正主义史学思想，尤其是米歇尔·凯茨（Michael Katz）的思想。而一直困扰西方教育史学界的另一个重要史学问题是民族性国家教育体系的不平衡的历史发展。①

上述学者的研究对近代西方民族国家史学的深刻反思，无疑对研究西方教育史学史富有启发意义。首先，应从民族主义视角关注近代以来西方各国教育史家的教育史著述中的有关论述，研究民族主义思潮或思想如何影响了近代以来西方教育史学的发展。其次，应从比较教育史学的视角研究西方各国民族主义对教育史研究的民族风格。再次，应关注民族国家史学的转型对于西方教育史学的影响。

第二节　民族国家与美国早期教育史学

民族国家的兴起是持进步史观的史家用来衡量一个文明是否进步的标志之一。19世纪西方历史编纂学的著述重点是西方民族国家的形成及其在历史学上的意义。纵观近代西方各国教育学与教育史学的历史，民族国家以及教育的民族性问题一直是一个重要的话题。美国的民族国家意识不同于欧洲以及其他地

---

① ［英］安迪·格林：《教育、全球化与民族国家》，朱旭东等译，教育科学出版社2004年版，第1—13页。

区的民族国家，因为美国并未因为一场战争建立一个民族国家，它是一个由移民组成的"大杂烩"，"每个时代都有它特殊的环境，都具有一种个别的情况，使它举动行事，不得不全由自己来考虑、自己决定"。历史学家所要做的就是尊重这种个体性，注重从"民族精神"层面上去把握历史的个体性，从经验上去归纳，从历史上去证明"民族精神"的要素。①对于教育史学的研究亦是如此，民族国家与美国早期教育史学的发展有着怎样的关系？从早期教育史学发展的历史环境、教育史家以及写作范式这几个方面去归纳与总结"民族国家"的要素，呈现美国早期教育史学发展的特点。

一、"民族国家"是美国早期教育史学发展的语境

美国作为民族国家的建国史不同于其他国家，从殖民地到一个独立的国家，经历了"从无到有"的过程，并在很短的时间内完成了"几级跳"：北美最初根本不存在现代意义上的政治国家，17世纪初出现了欧洲人的定居点，到1776年13个英属殖民地变成了13个独立的邦国（state），这13个邦国在几年里组成了一个邦联，到1788年邦联又转变成联邦。②美利坚民族的形成是在经历了与母国政治经济上的矛盾，情感上的不断疏离之后才形成的。在短短的两三百年的时间里，美国人不依靠血缘结合，而是靠身份的认同结合在一起。美国经过南北战争后一直到20世纪上半叶，现代资本主义生产方式迅猛发展，美国一跃成为世界经济强国，但其间出现了经济大萧条、社会道德的滑坡等问题，成为美国转型时期复杂的社会环境。进步主义是这一时期的一个重要思潮。进步主义者认为，现代社会要求人们对政治权威的功能进行一次根本性的新思考，无论改革的目的是为了反击巨型公司掌握的权力，还是使市场变得更加文明和人性化，抑或为产业自由提供保障。进步主义者从镀金时代的改革得失及欧洲

---

① ［德］黑格尔：《历史哲学》，王造时译，上海书店出版社1999年版，第66、67、6页。

② 李剑鸣：《美国早期的国家构建及其启示》，摘自http：//www.thepaper.cn/newsDetail_forward_1778301.2017/12/22。

立法实践中汲取经验，寻求建立一种能动主义式的、具有社会良知的政府。从联邦政府到地方政府，都在修正一种观念，不再将政府看成是对个人自由的危险，而是将其视为"解决国家弊病的工具"[①]。这为教育国家化提供了合理的证据。今天无论何地的国家（nations）皆视其人民的教育（the education of their people）与他们的民族的（national）、社会的、经济的、工业的和健康的进步休戚相关，而且推动或促进他们的民族利益和繁荣与控制和指导公共教育的国家制度（state system of public instruction）被看作是不可或缺的国家功能（state functions）。[②]每种民族性国家教育制度都体现创造这种制度的国家特征。对于美国而言，民族性国家教育制度最显著的体现是其公共教育制度的建立。

从目前的资料来看，美国人关于教育史的写作开始于科顿·马瑟（Corton Mather），但直到19世纪中期之前，这个话题并没有引起太多人的注意。美国早期教育史著作大量出现在19世纪末20世纪初，这一时期正是美国作为民族国家迅速发展的关键时间。政治上的独立、经济上的飞速发展使得美国人文化独立意识不断增强。早在1837年，爱默生就发表了被誉为美国思想文化领域的"独立宣言"的讲演《美国学者》。他指出，"我们依赖别人的日子，对于其他国土的学识悠长的学习时期将近结束了"，"我们要用自己的脚走路；我们要用自己的手工作；我们要发表自己的意见"[③]。到了19世纪90年代，这种摆脱对西欧文化的模仿和依附、建立独特的美国文化的意识，进一步深入人心。教育史学也深受这种文化独立意识的影响。第一本美国教育史著作的作者理查德·G. 布恩（Richard G. Boone）在写作目的中强调是为了给美国教师介绍美国教育发展的历史而进行的写作。可见，在19世纪后半期，教育史写作由之前学习欧洲转向研究美国，这种转向体现了美国民族国家对教育史学界的影响。

---

① 张国庆：《进步时代》，中国人民大学出版社2013年版，第142页。

② I. L. Kandel, *Comparative Education*（Houghton Mifflin Company，1933），8.

③ ［美］范道伦编选：《爱默生文选》，张爱玲译，生活·读书·新知三联书店1986年版，第26页。

此外，从教育史学的研究内容而言，民族国家的教育制度成为早期教育史学研究的焦点，探讨教育在美国国家形成中所发挥的作用一直是史学家们研究的重点。教育在美国国家的形成中发挥着极大的作用，同时也受到社会政治、经济文化等因素的影响，教育史家在社会转型时期锐意改革，为美国民族意识的形成肩负起重大的责任。早期服务于国家的美国教育史是如何书写的？这种历史书写带有怎样的史观？关于公共教育制度的历史书写是美国早期教育史学在民族国家语境下最突出的表现。

对于美国而言，探讨教育对国家产生作用的主题离不开公共教育制度。为什么要坚持公共教育，对于美国这样一个崇尚自由和个人主义的国家，用公共经费支持"公共教育"是不是美国教育史学中的一个"悖论"。美国的公共教育正是在分权政治的状况下，"任何发展都源自该团体外在的或前进的力量，而不是在走下坡路的政府"[①]。教育几乎在所有地区都是处在强有力的集权政治的领导之下，国家主义对其发挥了极大的作用，君主和政府也不断地干涉其中，但美国的公共教育却是在一个分权的制度中兴起的。具有讽刺意味的是，发展了典范式的学校公共教育形式的国家也是国家机器干涉最少的国家。这个国家被一台"看不见的机器"操纵着，中央政府的管理非常含蓄。托克维尔（Tocqueville）和随后许多思想家，把这种中央集权的空缺看成是民主思想的广泛传播、一个没有封建历史、拥有无限的土地和机会的国家的宝贵财富。托克维尔讲道："在美国，社会为其自身进行着自我管理……国民参与选择制定法律，也参与选择政府机构来执行这些法律；这几乎可以说是自治。由政府机构管理的环节很薄弱，也很有限。权威们不敢忽视他们的群众基础，因为他们的权力正来源于此"[②]。

---

① Cubberley P. Ellwood, *Public Education in the United States: A Study and Interpretation of American Educational History* (New York: Houghton Mifflin Company, 1919), 212.

② D.Tyack, T. James and A. Benavot, *Law and the Shaping of Public Education*, 1785—1954 (Madison: The University of Wisconsin Press, 1987), 83 (1), 23—58.

从美国教育史的记载看，无论是中央还是各州都在一定程度上参与了教育的发展，人们普遍认识到教育在美利坚民族国家形成过程中的重要性。特别是对美国这样一个由不同语言、不同文化背景的移民组成的国家来说，这片土地在美国独立之前从来没有建立过国家机构，因此教育对于建立这个国家的民族感就显得更为重要了。在美国形成自己意识形态的过程中，教育扮演了一个重要的角色。尽管存在分歧，工人与民主党，辉格党和教育改革者建立广泛的公共教育作为美国民主不可或缺的制度。①

公共学校最强大的支持者主要是处于主流地位的、说英语的社会中上层新教徒。他们把公共学校看成是对社会经济下层进行社会控制的机制，他们希望通过公共学校能实现移民儿童的美国化，实现广大民众的社会化，进而使他们遵循维持现有的社会秩序所必需的价值观念和信仰。杰拉尔德·L. 古特克（Gerald L. Gutek）认为，在这种情境中，社会控制意味着"通过制度化的教育，将主流群体的语言、信念和价值观强加于外来者，尤其是对那些不说英语的移民。公共学校就是要通过强化主流集团的语言和意识形态观点，来创造美国生活的一致性。例如，通过培育一种基于新教教义的普遍价值观，公共学校造就了美国社会同行的道德规范"②。许多社会团体也把公共学校看作钳制犯罪和社会动乱的工具。知识是放纵的解药："正如我们要提升人的存在一样，……这么做，是为了把他们从可耻的恶习和毁灭的罪行的诱惑中解救出来。"③由于公立学校体系的发展同东北部工业化的加速发展、移民和城市人口的激增以及北部城市的确越来越明显的种族和阶级对抗是同时发生的，因此许

① Rush Welter, *Popular Education and Democratic Thought in America*（New York：Columbia University Press，1962），103.

② G. L. Gutek, *Education in the United States：An Historical Perspective*（Upper Saddle River Prentice Hall.1986），87—88.

③ F. M. Binder, *The Age of the Common School*，1830—1865（New York：John Wiley & Sons，1974），32.

多人下结论说这就是导致改革的社会力量。①历史学家普遍同意这一时期公共学校运动改革获得了不同社会阶层的支持这一论断。②反对由州税收支持建立公共学校的人组成了一个极其异质的联合阵线，这个阵线包括：希望保持自身的文化特征，并用他们的母语独立办学的路德派教徒和门诺派教徒；反对清教徒领导也反对爱尔兰人对公共教育问题的偏见的天主教徒；一些人认为分流教育助长了种族主义，降低了公立学校教师对黑人学生的期望；还有一些遵循杰斐逊"最小化政府"传统的人；反对任何集权的民主人士等。尽管他们最终没有阻止公共学校系统的建立，但他们也成功地保住了独立的天主教学校系统，也促使各公立学校保持了文化的多元性。而支持学校改革的则占大多数，他们有比较统一的目的，也有广泛的群众基础，其中包括辉格党、民主党和来自所有社会阶层的支持者。有大量的证据表明，19世纪30年代劳工组织支持扩展公共教育。③总而言之，美国公共教育的形成、发展、影响等问题不仅成为19世纪末20世纪初教育史家们的研究重点，一直到今天仍然能引起学者的关注。

因此，可以说美国19世纪至20世纪初教育史学的兴起是在美国作为新兴民族国家兴起的历史背景下开展的，而这一时期美国教育史上最伟大的成就——公共教育制度的建立，成为早期教育史学者们写作民族国家教育史最主要的内容。

二、美国早期教育史家的民族国家情怀

莱纳斯·布罗克特（Linus Brockett）在《教育的历史与进步》中说道："一

---

① ［英］安迪·格林：《教育与国家形成：英、法、美教育体系起源之比较》，王春华等译，教育科学出版社2004年版，第202页。

② 卡伯莱第一次确认这个观点，后来逐步被教育史家如克雷明、泰亚克和卡斯特所认可。关于这一观点在泰亚克为卡斯特的书所撰写的评论中有所提及，具体参见泰亚克的文章"The Common School and American Society：A Reappraisa"，*History of Education Quarterly*，Vol.26，no.2，Summer 1986，1.

③ C. F. Kaestle，*Pillars of the Republic：Common Schools and American Society*，1780—1860（New York：Hill and Wang，1983），140.

个民族的教育承受着一种恒定的重要的影响关系来自其造诣和卓越——物理、心理和道德。民族教育既是民族性格的事业，又是民族精神的产物，因此，教育史是人类历史和民族的唯一准备和完善的钥匙——根据人类进步的路线估算其前进或后退的可靠标准"[1]。在美国早期教育史学的发展过程中出现了一大批教育史学家，其中亨利·巴纳德（Henry Barnard）、保罗·孟禄（Paul Monroe）以及E. P. 卡伯莱是早期最具民族国家情怀的美国教育史学家。

（一）巴纳德——把德国经验搬回美国

在早期美国的教育史家中，不得不提的著名人物是亨利·巴纳德。巴纳德1811年出生于美国康涅狄格州哈特福德市的一个清教徒家庭，具有生气勃勃而又虔诚的性格。巴纳德是一名辉格党成员，曾担任过州和联邦教育行政长官，他为公共教育事业奉献了自己的一生。美国内战后，民族向心力和国家政府的权力大大增加，美国政府开始正视教育复兴计划。1864年8月18日，A. J. 埃克霍夫（A. J. Eickoff）在全国教师协会成员前发表演说，倡导联邦教育局获取交流信息，政府必须认识到公共教育产生的重要原因。公共教育不能仅仅靠直接的鼓励，而是通过各种各样的影响，使人们能够把与它相关的事情看作最高利益。教育部应当像农业部一样单独设立。正是在巴纳德的推动下，美国于1867年成立了中央教育行政管理机构，即美国联邦教育局。[2]巴纳德担任了美国联邦教育局的第一任行政长官，在他任职期间，为美国各州的公共教育事业作出了杰出的贡献。

作为一名教育史家，1855年5月，巴纳德担任了在他的推动下成立的"美国教育促进会"的主席，开始编辑出版《美国教育杂志》（*American Journal of Education*），在全国范围内收集传播教育信息。在经费十分拮据的情况下，巴纳德投入了自己的全部财产，使该杂志出版了30多年，达32卷之多。

---

[1] Linus Brockett, *History and Progress of Education from the Earliest Times to the Present, Intended as a Manual for Teachers and Students*（New York：A.S. Barnes & Burr，1860）.

[2] 单中惠主编：《西方教育思想史》，科学出版社2007年版，第304页。

在重视教育资料收集和整理的基础上，巴纳德强调对比国外教育状况，着眼于本国教育实际情况进行改革。他认为，教育资料的收集和比较，可以帮助人们以及教育行政人员和学校教师开阔眼界，在比较中区分好坏优劣，有目的地学习和吸收先进的教育理论和教育实际经验，以便适应美国公共教育改革和发展的需要。[①]在巴纳德看来，将欧洲的教育理论和实践介绍给美国可以开阔美国人的眼界，能促使美国人从国情出发，有目的地吸收欧洲先进教育思想和做法，从而促进美国教育发展；将国内各州的教育情况汇总一处，便于人们比较鉴别，看到差距，起到统一思想、激励进步的作用，从而推动教育发展。

此外，巴纳德认为要在充分了解其他国家教育理论和实践的基础上，着眼于本国的教育实际，有选择性地学习。他在赞扬欧洲教育制度的同时，肯定了美国教育的实用性特征。在历史条件和大的现实环境下，美国和欧洲的教育发展在某种程度上存在显著的差异。巴纳德曾说"欧洲并没有像我们的公立学校那样，产生了与我们的宗教、社会和政治制度相适应的实干的有能力的人物"[②]。美国具有注重务实的文化传统，因此美国教育培养的是与美国生产和生活方式相适应的具有创造性和开拓性的实用人才，而欧洲特别是英国教育则侧重学术性。[③]因此，在引进他国经验的时候要注意本国国情，不可生搬硬套。

1849年美国教学协会一份会议记录的注释很明显地表明，巴纳德一直怀有撰写一本原创性的教育史著作的抱负："据称，康涅狄格州的亨利·巴纳德计划编写'教育史'，会议决议是我们对巴纳德编写教育史的能力充满信心，而且我们将会尽最大的努力提供任何的帮助。"[④]1859年，他的一位朋友也曾说道："完整的美国教育的历史至今还没有写出；让我们寄希望于这位长期以来致力于编

---

① 单中惠主编：《西方教育思想史》，科学出版社2007年版，第306页。

② Henry Barnard，*National Education in Europe*（New York：Charles B. Norton，1854），4.

③ 高卿：《亨利·巴纳德比较教育思想研究》，河北大学硕士学位论文，2008年。

④ 转引自［美］威廉·W. 布里克曼：《教育史学：传统、理论和方法》，许建美译，山东教育出版社2013年版，第359页。

写它的杰出学者（尊敬的亨利·巴纳德），他的生命和健康足以让他完成这项工作，而且我们相信他会不负他的盛名。"①尽管巴纳德最终没有完成写作工作，然而却为美国提供了从殖民地到大约1880年教育发展的无与伦比的一手和二手资料集。②可以说巴纳德是美国教育史的开山祖。美国教育史界的著名杂志《教育史季刊》（*History of Education Quarterly*）设有"巴纳德奖"，对教育史方面卓有成就的学者给予奖励。

（二）孟禄——美国民主主义的捍卫者

保罗·孟禄出生于印第安纳州麦迪逊北部一个基督新教家庭，1890年毕业于印第安纳州富兰克林学院，1897年在芝加哥大学获得博士学位。1899年成为哥伦比亚大学教授，此外他还在耶鲁大学和加利福尼亚大学进行过讲学。孟禄是一位坚定的民主主义捍卫者，他的言行反映了他对美国教育民主的愿望。纵观孟禄一生的教育实践以及教育著作，他始终坚持着一种为实现美利坚民族民主与自由的理想而奋斗的信念。他曾说过："民主的本质是所有人，不管是聪明的还是落后的，都应该有充分发展的平等机会。"

孟禄的著作所表现的思想大概可以分为两个时期，早期著作主要有《古希腊和罗马时期的教育史料》③《托马斯·普莱特与16世纪的教育复兴》和《教育史教科书》④，在前两部著作中孟禄受19世纪德国史学的影响，力求公正客观地呈现原始史料，介绍欧洲古代以及近代教育思想。孟禄的《教育史教科书》是美国教育史上影响深远的著作，在很长一段时间里，它是美国教育史教学的主要教材。孟禄除了延续以往对客观史料的关注以及传统的欧洲中心论思

---

① Linus Brockett, *History and Progress o f Education from the Earliest Times to the Present, Intended as a Manual for Teachers and Students*（New York：A.S. Barnes & Burr，1860），6.

② Richard Emmons Thursfield, *Henry Barnard's American Journal of Education*（Baltimore：Johns Hopkins Press，1945），93.

③ Paul Monroe, *Source Book in the History of Education for the Greek and Roman Period*（New York：Macmillan Company，1915）.

④ Paul. Monroe, *A Text-book in the History of Education*（New York：Macmillan & Co.，LTD，1909）.

想，还试图以美国本土特有的实用主义理念贯穿全书。而到了《教育大百科全书》的出版，孟禄改变了以往对教育史发展历程忠实记叙的表达方法，试图为解决美国社会教育实践中的各种实际问题进行写作，为此他邀请美国教育界的专家进行帮助，最大限度地保证全书内容的科学性和实用性。不仅如此，孟禄在全书体例的编排以及将教育融入社会的系统化观点方面，真切地体现出进步运动和进步史学对其教育史学思想的潜移默化的影响。1918年，孟禄还出版了一部社会学著作，书名是《美国精神：世界民主的基石》①（ *The American Spirit，a Basis for World-Democracy* ）。这是一本美国历史上的杰出人物关于"如何树立建设性爱国主义理想"的演讲稿汇编。该书作者站在美国国家主义立场上，将美国资本主义的"民主、自由和平等"设想成为全世界和平发展的精神基石，表现出孟禄始终如一的民主主义情怀。

对美国这样一个年轻的资本主义国家来说，公共学校教育制度是其不同于欧洲各国的一个重要特色，也是美国教育界一直引以为傲的标志。因此，孟禄很自然地将公共学校教育作为其重塑美国民主化形象的一个绝佳载体。显然，孟禄没有辜负其作为一个坚定的民主主义教育史学家的责任。他在象征着其一生教育史研究最高感悟的《美国公立学校制度的建立》一书中，对美国公立学校的起源、建立、发展和繁荣的整个过程进行了十分详细的研究。尤其是对美国公立学校如何战胜各种非公立教育机构，并最终占据美国教育的统治地位的历程，描述分析细致入微，鞭辟入里。②可以说，孟禄将美国教育史学中对公立学校的"颂歌"模式推向了最高峰。这部收山之作再次表现出他对美国民主和自由的深信不疑。虽然已届古稀之年的孟禄对教育史的教育功能和社会功能不再那么笃信和乐观，但是他对于美国教育民主进程的标志——公共学校制度，仍旧保持着崇高的敬意和深深的依恋。

---

① Paul Monroe and Irving E. Miller，*The American Spirit，A Basis for World-Democracy*（New York：World Book Co.，1918）.

② Paul Monroe，*Founding of the American Public School System*（New York：Macmillan，1940）.

（三）卡伯莱——美国公共教育制度的宣传大使

卡伯莱，1868年6月6日出生于美国印第安纳州安德鲁斯的一个中产阶级家庭，是家里的独子，又生活于南北战争后美国迅速崛起的时代。他在斯坦福大学受到J. D. 乔丹（J. D. Jordan）博士的很大影响，并在斯坦福担任教职，随后又到哥伦比亚大学师范学院学习，与孟禄、桑代克、罗素等人建立了较好的关系，分享着当时哥伦比亚大学教育研究最新思想的成果。在孟禄的指导下，卡伯莱于1902年发表了《教育史课程提纲》[①]，比起之前的教育史作品，该书更强调教育史与其他社会背景的联系。后来，卡伯莱承担了孟禄《教育大百科全书》学校管理部分的撰写工作，并于1919年出版了《美国公共教育》。卡伯莱不仅是有名的教育史家，也是著名的教育管理研究专家。贝林批判卡伯莱的传统教育史学模式，但他对卡伯莱本人却给予很高的评价。在为《斯坦福的卡伯莱及其对美国教育的贡献》所写的书评中，他写道："事实上，卡伯莱是一个伟大的人，他有着多方面的成就，其学术成就远超出其他所有人，并对他那个时代及后世产生重要影响。"[②]卡伯莱的《美国公共教育》一书最能体现他对美国教育作用的理解。卡伯莱的著作中早已隐含了当时社会的主流思想——科学主义和社会进化，带着冲突—进步的教育史观，卡伯莱撰写了一部美国公共教育的史诗，向读者讲述了一个美国国家教育的故事。

卡伯莱对于教育在社会建设和进步中的作用给予了高度的肯定，"教育是一种建设工具"。他指出："在一百年以前，教育对于一个国家来说并非是最重要的东西。但在今天，它正日益成为检验政府政绩和国家进步的尺度。教育在塑造我们文明的过程中发挥了巨大作用。"[③]卡伯莱认为，美利坚民族的统一，

[①] E. P. Cubberley, *Syllabus of Lecture on the History of Education with Selected Bibliographies* (New York：The Macmillan Company, 1902).

[②] Bernard Bailyn, "Review on Cubberley of Stanford and His Contribution to American Education", *Harvard Educational Review*, vol. xxvii, no.3（Summer 1958）, 281.

[③] E. P. Cubberley, *Public Education in the United States：A Study and Interpretation of American Educational History*（New York：Houghton Mifflin Company, 1919）, 496.

美国国际地位的提高和巩固，都有赖于美国公共教育的发展。公共教育担负着同化各国移民的重要作用。卡伯莱当时对美国公共体制抱着极大的乐观态度，他认为美国并没有把公共教育放在排他性的位置上，私立学校和教会学校的竞争会促进公共学校的发展。美国公共教育的目的是服务于全体人民，学校是免费的并对全体儿童开放，教育日益从一种慈善行为变为人们与生俱来的权利。因此，他得出结论说美国人民深信一种自由的、没有宗派主义色彩的、对全体人民开放的公共教育体制是合理的。卡伯莱站在国家利益至上的立场，谱写了一曲美国公共教育的颂歌。

三、教育史学中的"民族—国家"历史范式

要理解教育史学中的"民族—国家"历史范式，我们首先要了解"民族—国家"历史范式的由来。19世纪以来，西方国家的现代历史学科主要是在民族—国家史的历史框架下进行的，美国亦是如此。乔治·班克罗夫特（George Bancroft）是美国最有资格担当起民族历史学家的称号的人。[①]美国于1776年建国，形成了一个民族（nation）——美利坚民族。在启蒙思想的影响下，许多思想家为牛顿解释太阳系的才能而倾倒，渐渐相信人类的运动也可以凭科学法则来理解。这种思想的变化使得历史不仅仅是贮藏事实的库房，因为历史似乎包含着指引未来方向的线索。[②]于是历史学家开始担负起筛选事实的责任，要找出足以造成社会发展路线的潜在逻辑。有了民族主义作为政治、社会改革的推动力以后，人们便希望能用民族历史来照亮造就了现代民族的人类进步之路。班克罗夫特十卷本《美国史》的出版，表达了一个新生民族的思想，同时也表

---

① ［英］乔治·皮博迪·古奇：《十九世纪历史学与历史学家》（下册），耿淡如译，商务印书馆2014版，第638页。

② ［美］乔伊斯·阿普尔比、［美］林恩·亨特、［美］玛格丽特·雅各布：《历史的真相》，刘北成、薛绚译，上海人民出版社2011年版，第81页。

现这个乐观时代的一切自足思想与饱满情绪。①美国革命时期的领袖很早就意识到这个新的政体要存活下去必须有民族情感。而美国不同于其他国家具有共同的历史背景，所以必须自己创造出一整套民族象征物及共同的情操。通过重构或者编造那些所谓数百年来影响民族归属性的传统，历史学家在定义民族同一性方面扮演了一个重要角色。②"曾目睹美国革命的老前辈们意识到，美国人虽然缺乏古老的传统，宗教的统一，共同的世系，却可以付诸文字的美国革命史来弥补缺憾。历史学家用民族主义者的热忱，建构出美国人的共同过去，将美国的民族特性投射到未来。③"由此可见，"民族—国家"范式的历史写作在美国由来已久，并在19世纪的美国受到极大关注。这种范式带有明显的辉格史学特征。1931年，英国历史学家H. 巴特菲尔德（H. Butterfield）出版了《历史的辉格解释》④一书。巴特菲尔德开宗明义地指出，许多历史学家站在新教徒和辉格党人一边进行写作，赞扬使他们成功的革命，强调过去的某些进步原则，并写出即使不是颂扬今日也是对今日之认可的历史。19世纪的写史人不觉得追求真理的热忱和爱国心有什么冲突，为美国这个新国家的"想象的共同体"提供了一套既是爱国主义的又是科学的历史。⑤这是美国"民族—国家"范式历史书写的出发点和归宿。

第二，教育史学中的"民族—国家"范式。当说"辉格解释"教育史的时候，应该明白没有形成对比的"民主党的解释"，辉格党和民主党这两个团体主要支持改革运动催生了辉格修正主义。我们把它称为辉格党只是因为随着时间的推移，辉格党比民主党更感兴趣学校内部的发展，是他们书写了历史。人们可以想象一个"民主"的教育史，它对失去地方控制感到遗憾，也不喜欢把

①［英］乔治·皮博迪·古奇：《十九世纪历史学与历史学家》（下册），耿淡如译，商务印书馆2014年版，第639页。

②于尔根·科卡：《国际历史科学大会：回望与期待》，载《史学理论研究》2015年第3期。

③⑤［美］乔伊斯·阿普尔比、［美］林恩·亨特、［美］玛格丽特·雅各布：《历史的真相》，刘北成、薛绚译，上海人民出版2011年版，第90、91页。

④［英］赫伯特·巴特菲尔德：《历史的辉格解释》，张岳明、刘北成译，商务印书馆2012年版。

资产阶级文化强加给城市工人和农村农民，但直到第二次世界大战结束后才出现这种情况。教育史上的"辉格"解释从未受到挑战，即使是民主党，它本身也是各方就这个问题达成共识的有力证据。当它涉及公立学校，大多数民主党也成了辉格党。结果正如拉什·威尔特（Rush Welter）所争论的，"尽管存在分歧，工人与民主党，辉格党和教育改革者建立广泛的公共教育作为美国民主不可或缺的制度"①。

从第一本真正的美国教育史——布恩的《美国教育》来看，尽管作者在写作目的中表明是为了给美国教师编写一本关于美国教育历史发展的教科书，但不可否认，布恩的作品中带有浓厚的美国情感。他认为，外国人写的美国教育史对美国教师而言是有缺陷的，因此美国学者必须为美国教师编写教育史教科书。他的教育史作品将美国教育发展历史分为四部分：殖民地时期、革命时期、重建时期和对当前的关注。该著作构建了一个较长时段的美国教育史，而且研究的内容广泛，从幼儿园到大学，从专业教育到职业教育、特殊教育、从学校到校外辅导机构，详尽地书写了美国教育发展的历史。随后的几位教育史家也积极地撰写了关于美国的教育史著作，比如埃德温·格兰特·德克斯特（Edwin Grant Dexter）的《美国教育史》也是出于教师培训的需要。还值得一提的是艾默里·德怀特·梅奥（Amory Dwight Mayo），他关注到公立学校和美国民主之间的独特关系，开启了综合性的美国教育史研究。巴纳德曾打算撰写一部综合性的著作，可惜没有完成。梅奥的目标是从"巨大的过量的材料"中精选出反映公立学校的伟大而令人惊奇的故事。教育史的主要内容就是伴随着共和的胜利而来的公立学校的胜利。美国传统教育史学的模子就这样浇铸成了。卡伯莱正是在梅奥的"模子"中开始了他《美国公共教育》的写作，并将美国传统教育史学推上了顶峰。

卡伯莱将"民族—国家"的形成与教育史的进步联系在一起，并以此作为

---

① Rush Welter, *Popular Education and Democratic Thought in America*（New York：Columbia University Press，1962），103.

他历史研究的中心，讲述了一个美国公共教育发展的动人故事。卡伯莱怀着自觉构建教育的民族特性，强调那些使美国社会有别于欧洲旧教育制度的美国式作风与价值观念。他们把民主视为美国特色的根源，视为促进社会进步的主要工具。孟禄在《美国公立学校制度的建立》一书中毫无掩饰地表达了自己美国中心论的教育史学观。

最后，要分析对于这种"民族—国家"的历史范式在教育史学研究中的发展趋势。史学理论认为19世纪是历史学的世纪，历史学研究的主阵地在欧洲，而进入20世纪，随着美国的迅速崛起，很多学术研究中心转移到美国。美国的历史写作遵循着一条路线：从历史作为一种高度文学化的编纂形式，由业余文人书写，到逐渐专业化与具备客观性。从19世纪40年代威廉·希克林·普雷斯科特（William Hickling Prescott）的作品到19世纪90年代亨利·亚当斯（Henry Adams）的作品，标志着以这个方向前进的距离。19世纪到20世纪的美国教育史学也在遵循着这种从业余到专业化的转变。然而，正如研究中国史的美国学者杜赞奇所说，历史研究的主题可以不断翻新，但心照不宣的研究空间是民族国家。民族国家正是以这样一种方式潜入了专业史学和通俗历史的观念之中，民族国家才是历史的支配性主题。

在现在的一般情形中，我们持有相互冲突和矛盾的关于"民族—国家"的宏大叙事概念，并且它们是否处于主导地位很大程度上取决于不同的历史情境。历史的宏大叙事在对待过去特定的时间过程中的"民族—国家"历史叙事方式上，并不具有唯一性。但是民族国家的宏大叙事却是由不同种类和方式的历史书写模式构成的，其中包括事例、传记和重要的民族任务，也包括对民族历史的各类编撰模式，以及对特定的民族国家的历史意识具有影响的历史书写形式等。①教育史就是其中的一种重要形式。在美国教育史学的发展过程中，"民族—国家"教育史研究的一个重要内容即民族性国家教育体系，在美国主

---

① 尉佩云：《德国与欧洲的当代历史书写——斯特凡·贝格尔教授访谈》，载《史学理论研究》2017年第2期。

要指公共教育体系的建立。在历史发展过程中，教育与国家的关系一直是教育家、教育史家以及比较教育家们所关注的焦点。玛格丽特·阿修（Margaret Archer）在其比较史学著作《教育体系的社会起源》①中明确指出，现行的教育变革理论在解释不同国家教育发展的不同时间和模式问题上存在乏力和不足。把民族性国家教育体系产生与工业化和城市化联系起来的理论无法解释民族性国家教育体系为何首先发生在像普鲁士、奥地利和法国这样的前工业化和以农业社会为主的国家，而不首先发生在像英国这样工业起飞早、城市化发展快的社会呢？于是阿修以制度变革过程为理论基础把教育利益集团的相互作用视为民族性国家教育体系产生的根源。安迪·格林是目前为止研究教育与国家关系最为著名的学者之一，他认为，阿修的史学理论实际上为史学界以国家维度来构建教育史学理论奠定了基础。在西方教育史学史上就教育制度发生学曾经形成过以下三种流派：一是辉格或自由理论；二是结构功能主义理论；三是城市化和无产阶级化的新马克思主义理论。格林认为这些理论都在一定程度上解释了民族性性国家教育体系的发生根源，但他们存在着很大的局限性，无法解释不同国家教育体系的不同发展，②格林指出，解释教育体系发展的时间和模式的关键因素是国家的属性和国家形成的过程。由此可见，"民族—国家"范式的教育史研究从未消失，只是在新的历史时期以不同的外在形式而出现罢了。

斯特凡·贝格尔（Stefan Berger）认为从全球化的语境和视角来看，民族国家的历史书写和历史反思依然是非常强而有力的。很多人认为我们生活在一个后民族国家时代，但这是言之过早的论断。平心而论，民族国家历史的书写在今天全世界的许多地方依然是最强有力的历史书写模式。但是，民族国家历史的书写依然没有丢掉其过去作为民族主义者和种族主义者的历史书写最为危险的部分，负面经验在当代世界依然存在。所以，我们必须进入这样一个情境

---

① M. Archer, *Social Origins of Educational Systems*（London：Sage，1984）.

② ［英］安迪·格林：《教育、全球化与民族国家》，朱旭东、徐卫红译，教育科学出版社2004年版，第6页。

中：在其中我们能够将民族国家历史书写的极端重要性进行相对化，同时能够避免纯粹民族主义方法论的缺点。

民族国家的历史书写对现代公民的民族认同和历史认同来讲仍然是极其重要的，并且它也可以作为认同的重要文化资源而存在。我们需要民族国家历史的书写，但我们需要的是一个更加具有自我反思意识的民族国家史的书写——以此意识到民族主义自身作为其方法论的一面，以更轻松的方式而不是本质主义或实在论的方式对待民族主义和民族国家的历史，从而接受一个更加多元的视角。[①]教育史的书写亦是如此，由于教育对于国家发展的特殊作用，民族国家教育史的书写也需要具有自我反思意识，以更加开放多元的视角进行研究。

（周　采　王燕红）

附录：相关文献

1. ［英］安迪·格林：《教育、全球化与民族国家》，朱旭东等译，教育科学出版社2004年版。

2. ［英］安迪·格林：《教育与国家形成：英、法、美教育体系起源之比较》，王春华等译，教育科学出版社2004年版。

3. ［英］埃里克·霍布斯鲍姆：《民族与民族主义》，李金梅译，上海人民出版社2000年版。

4. ［英］戴维·米勒：《论民族性》，刘曙辉译，译林出版社2010年版。

5. 李宏图：《西欧近代民族主义思潮研究》，上海社会科学出版社1997年版。

6. ［美］乔伊斯·阿普尔比、［美］林恩·亨特、［美］玛格丽特·雅各布：《历史的真相》，刘北成、薛绚译，上海人民出版社2011年版。

7. 徐迅：《民族主义》，中国社会科学出版社2005年版。

---

① 尉佩云：《德国与欧洲的当代历史书写——斯特凡·贝格尔教授访谈》，载《史学理论研究》2017年第2期。

8. 余建华：《民族主义：历史遗产与时代风云的交汇》，学林出版社1999年版。

9. 翟学伟、甘会斌、褚建芳：《全球化与民族认同》，南京大学出版社2009年版。

第二十章
战后西方教育史学流派的发展

西方教育史学传统模式形成于19世纪末20世纪初，其基本特点是：直线进步史观；自上而下的视角；思想和制度两分法；学校教育史；叙述史学取向。战后国际史学发生两次转向：一次是从传统史学（the old history）转向新史学（the new history）；另一次是叙述史学的复兴。经过两次转向，西方史学形成传统史学、新史学和新新史学（the new new history）"三足鼎立"的格局：先前被新史学排挤出史坛统治地位的传统史学不仅依然存在，而且由于近年来新史学缺陷的暴露和"叙述的复兴"，它还颇为活跃。[①]受国际史学潮流和教育变革的影响，二战后西方教育史学发生了两次重要转折：20世纪50年代中期开始转向社会科学教育史学；20世纪70年代末以后，在后现代叙事史学影响下又转向新文化教育史学，形成今天多样化发展的格局。

有学必有派。所谓学派是指在学术研究与交流过程中逐

---

① 罗凤礼：《历史与心灵：西方心理史学的理论与实践》，中央编译出版社1998年版，第64页。

渐形成的，在学术价值观念、研究领域和研究方法等方面有共识的群体；有一批代表性人物和被同行认可的学术创新成果。在不同意识形态和理论视野的影响下，西方主要国家先后出现了各种教育史学流派如修正派教育史学、西方马克思主义教育史学、女性主义教育史学和多元文化主义教育史学等。各流派都有自己的代表人物和代表作，同时，不同流派之间又存在交叉和相互影响甚至边界模糊的复杂状况，并在劳工教育史、少数族裔教育史、城市教育史、妇女与性别教育史、婚姻与家庭史、儿童史、青年史和地方教育史等领域表现出来。本文将介绍战后西方教育史学的主要流派，并力图通过对其产生背景、主要特征和相互影响的分析，进一步揭示当代西方教育史学发展的一般趋势。

第一节　修正派教育史学

战后西方新教育史学首先在美国发端进而影响欧美其他国家。1960年，美国历史学家B. 贝林（B. Bailyn）发表已成为当代名篇的《美国社会形成中的教育》，抨击了以卡伯莱及其《美国公立教育》为代表的美国传统教育史学模式，被视为美国"新"教育史学的宣言书。此后，对美国传统教育史学的修正沿着两条路线进行：一是以贝林和L. 克雷明（L. Cremin）为代表的温和路线；二是以M. 凯茨（M. Katz）和J. 斯普林（J. Spring）等为代表的激进路线。[①]

温和派教育史学是美国社会主流文化的反映。随着战后冷战时期的到来，美国政治趋向保守，强调美利坚民族和谐的"一致论"史学取代了先前颇为流行的，以强调冲突为特征的进步史学。面对战后苏联卫星上天后社会各界对美

---

① 周采：《美国教育史学嬗变与超越》，人民教育出版社2006年版，第78页。

国公立学校教育的种种责难，温和派站在政府及职业教育者的立场辩解说，教育不等于学校教育；教育的失败不应只由学校教育来承担。温和派的主张也反映了那个时代开始兴起的关于"正规教育"（formal education）、"非正规教育"（informal education）、"非正式教育"（nonformal education）及"终身教育"（life-long education）等理念的影响，认为非正规教育在人们的观念、情感和信念等发展中占有更为重要的地位。温和派在使美国教育史学科回归历史学主流以及使教育史研究向社会史和心智史发展的历史性转变中发挥了重要作用。温和修正派的一大特点是关注教育在形成所谓"美国特性"中的作用，试图从对"教育"的重新定义入手，拓展教育史的研究领域，改进研究方法。^①一般将克雷明三卷本的《美国教育》视为温和修正派教育史学的重要代表作。

　　20世纪70年代是激进派教育史学活跃的时期。在西方马克思主义影响下，激进派力图从根本上颠覆传统教育史学的价值观，把美国公立学校视为统治者和资本家维护自己利益的工具。1968年，激进派早期的代表人物凯茨在《早期学校改革的嘲弄》一书中认为，统治者和资本家从自己利益出发发展公立学校教育，并将其价值观强加给工人阶级和穷人。美国激进派的其他作品还有M. 拉泽逊（M. Lazerson）的《都市学校的起源：马萨诸塞的公立教育》（1971），斯普林的《教育和公司国家的兴起》（1972），S. 鲍尔斯（S. Bowles）与H. 金蒂斯（H. Gintis）合著的《资本主义美国的学校教育》（1976）。后者出版后，在西方教育理论界产生了强烈的反响，被认为是西方"新马克思主义派"教育史学代表作。在激进派教育史学的刺激下，以往被人忽略的领域逐渐成为美国教育史研究的热点。20世纪70年代以来，"自下而上的"教育史学如劳工教育史、少数族裔教育史、城市教育史、社会性别与妇女教育史、婚姻与家庭教育史、儿童史、青年史和地方教育史等领域的研究成果不断涌现。

　　美国修正派教育史学首先对加拿大教育史学产生了深刻影响。自19世纪

---

① 周采：《美国教育史学中的温和修正派》，载《教育研究与实验》2005年第2期。

以来，加拿大传统的教育史学研究模式一直效仿其他欧美国家，研究范围停留在学校教育制度、教学方法以及著名教育家的实践活动等狭窄领域内。20世纪60年代中期，加拿大新社会史学崛起，成为影响战后加拿大教育史学变革的重要因素。同时，在美国温和修正派历史学家贝林的影响下，加拿大学者摒弃了用历史直线发展模式描述教育历史发展的传统，转而接受"社会学"的方法论。20世纪七八十年代，美国激进派教育史家凯茨对加拿大尤其是安大略等英语地区的教育史学发展产生了深刻影响。1975年，凯茨和P. H. 麦汀利（P. H. Mattingly）主编的论文集《教育和社会变迁》出版，认定加拿大公立教育就是一种"免费的、官僚主义的、种族主义的以及具有阶级偏见的"机构。①在这种理论的影响下，加拿大出现了具有各种主题的教育史论著，如土著居民的后代在实行种族隔离寄宿制学校的经历；工人阶级家庭子女为使公立教育符合自己的利益所做的抗争；来自各国的移民为避免子女被公立教育同化所做的努力和所遭遇的挫折，以及妇女为在男性占主导的教育体系中占有一席之地所付出的艰辛等。总之，关于处境不利集团及其为摆脱外部强加给他们的种种束缚而不懈斗争的主题经久不衰。

修正派教育史学对战后欧洲大陆的教育史学也曾产生影响。德国学者注意到这种影响，并认为尽管有时很难确定新教育史学的目标是什么，但有三个特征最终成为新教育史学的代名词。第一，明确批判了风格华丽的辉格传统，自觉从广阔的社会背景来研究教育机构和教育过程；第二，将研究重点从教育理论的发展转向教育和社会的关系；第三，为了贴近人民大众，许多新著作都使用社会科学的概念。②但美国修正派教育史学对欧洲大陆的影响是有限的。一方面，欧洲大陆主要国家都有自己深厚的历史文化传统，因而一般说来，新教育史学在这些国家有自己特定的表现形态。例如法国新教育

---

① M. B. Katz and I.E. Davey, "School Attendance and Early Industrialization in a Canadian City: A Multivariate Analysis", *History of Education Quarterly*, vol.18, no.3（Autumn 1978）, 271—294.

② K. H. Jarausch, "The Old 'New History of Education': A German Reconsideration", *History of Education Quarterly*, vol.26, no.2（1986）, 225—242.

史学主要受到法国年鉴学派的深刻影响，倡导从整体、宏观、群体和问题等角度研究与探讨教育史的演变与发展轨迹；又如德国历史主义学派与新兴的社会史学派几经博弈，在理论上捍卫并发展了兰克的历史主义理论。经过半个世纪的努力，德国历史主义学派从危机走向了复兴，并仍然深刻影响着战后德国教育史的编纂。此外，20世纪80年代以来，欧洲学者对美国式的新教育史学进行了深刻反思，认为不应盲目地将美国模式移入欧洲土壤中。欧洲学者还强调保持教育史学的独立性，认为虽然教育史学应该根植于广阔的社会背景，但这并不意味着史学家们完全脱离"学校—教室中心"的教育学取向。①欧洲学者还批评美国式新教育史学不仅没有解决一些传统遗留下来的问题，还带来了一些新问题，例如在使用社会科学的一些术语如"社会化"和"社会控制"时，存在着模糊的问题。

第二节　西方马克思主义教育史学

西方马克思主义史学派是当代西方诸多新史学流派中独树一帜的史学劲旅。首先应注意区分两个既有联系又有严格区别的学术派别，即"西方马克思主义学派"和"西方马克思主义史学流派"。前者本身是一股思潮，一定程度上讲，它是马克思主义与现代西方哲学某个流派结合的一个综合体，涉及哲学思想和历史观及方法论等历史理论。而后者属于具体史学实践范畴，即主要用马克思主义理论和方法、观点研究具体历史问题，它是既直接受经典马克思主

---

① M. Heinemann，"The New History of Education in Europe"，*History of Education Quarterly*，no.1（1987），55—62.

义影响，又受西方马克思主义影响而产生的史学流派。①在西方马克思主义史学派中，英国马克思主义史学阵容强大而引人注目，它以理论见解独到、学术成果卓著和不忽视历史学的现实关怀而蜚声国际史坛。英国马克思主义史学系统地创立和运用了"自下而上的"（from below）的理论和方法；不单纯用经济的方法研究阶级，还采取了社会文化学方法对阶级进行综合考察；吸收了其他社会科学的新观念和新方法从事历史研究，树立了总体社会史观，在史学研究实践中总结出一整套行之有效的包容社会各方面的理论模式。

马克思主义教育史学在战后西方尤其是英国得到令人瞩目的发展。20世纪60年代到80年代初，马克思主义与社会史的有益结合催生了许多有创新意义的史学作品，并对社会史取向的教育史研究产生深刻影响。马克思主义教育史家在英国成为"自下而上的"教育史学的领军人物，该流派的著名代表是E. P. 汤普森（E. P. Thompson）和B. 西蒙（B. Simon）。汤普森的《英国工人阶级的形成》（1963）被视为解释劳工阶级兴起的经典，也可以视为广义的英国工人阶级教育史。该著作主要研究了英国历史文化传统在工人阶级意识形成过程中的作用。"汤普森对人类经验和文化的重视，有利于纠正历史唯物主义的认识偏差，是对历史唯物主义的重要理论贡献。尽管恩格斯晚年力图纠正将历史唯物主义视为经济决定论的认识偏颇，汤普森之前的马克思主义历史学家却鲜有能够从具体研究中弥补这一认识缺陷。汤普森成功引入兼有主观性与客观性的'经验'概念，从过程中理解阶级与阶级斗争，从文化纬度理解平民的自我决定和自我发展，将历史唯物主义用于社会学、文化人类学等学科，为历史唯物主义注入了新的生机和活力。"②应该指出的是，汤普森忘记了历史唯物主义的中心原则，即生产力与生产关系的矛盾冲突是长期历史变化的最深源泉。他也承认自己的研究中缺乏经济性的分析。此外，他对经济基础与上层建筑关系的阐述在学术界也存在争议。

① 梁民愫：《中国史学界关于西方马克思主义史学研究的回顾与前瞻》，载《史学理论研究》2001年第4期。

② 张文涛：《E. P. 汤普森视野下的马克思主义》，载《史学理论研究》2006年第2期。

西蒙在1960年至1991年陆续出版了四卷本英国教育史，其中第一卷《两个国家与教育结构（1780—1870）》和第二卷《教育与劳工运动（1870—1920）》集中探讨了工人阶级教育问题。他批评英国19世纪末所形成的教育结构充分反映出阶级色彩，一轨为上层子弟而设，一轨为劳工子弟而设，俨然置身于两个国家之中。西蒙力图从阶级冲突和自下而上的视角分析英国教育体制形成的原因，通过对历史上英国工人阶级和普通劳动群众为积极争取教育权利的不懈斗争的研究，呼应实现英国的综合中学改组运动，把批判性与建设性融合在一起，从而突破了英国传统教育史研究的辉格派史学传统，朝着社会史研究方向发展。西蒙的研究得到英国教育史同行的认可。2003年，英国教育学会的年会围绕纪念布赖恩·西蒙及其教育史创作而召开，这是该学会有史以来首次把例行年会安排成对单个会员的纪念会。

英国马克思主义教育史学的最大特点是紧密地与教育史学研究实践相结合，努力应用马克思主义的理论和方法去研究分析教育史。随着20世纪八九十年代西方政治思潮的右转，马克思主义在西方各个领域都遭遇冷漠。此外，由于西方新史学进入20世纪80年代以后也日益明显地陷入困境，处于不断的争议之中，这对于与新史学十分密切的英国马克思主义史学也产生不利影响。虽然马克思主义史学作为一个学派在20世纪90年代被削弱了，但它作为一种一般的科学研究方法却被不同程度地得以应用。

第三节　社会性别和女性主义教育史学

社会性别和女性主义教育史学是战后西方教育史学流派发展中的另一支劲旅。20世纪70年代，妇女史在西方兴起，并逐渐成为历史学科中的专门领域，构成新史学运动的重要组成部分，与社会科学如社会学、人口学、经济学、人类学和心理学等关系密切。妇女史是在批判社会史只重视社会群体中的男性而忽视女性的前提下诞生的，包括女权运动史和妇女社会史，把研究重点转向过去普通劳动妇女在劳动场所和家庭的经历，中心仍是妇女解放问题，而这又和性别史联系起来。40多年来，妇女史已从单纯关注妇女的历史转变为从社会性别视角看妇女、看性别，即妇女—社会性别史（women & gender's history）。社会性别概念成为当代西方女权主义理论的核心概念。结构功能主义者认为，性别不仅是生理上的差别，而且是社会角色的差别。20世纪90以来，文化史取向的妇女—社会性别史研究建立在文学批评理论和后结构主义人类学的基础上。西方妇女史家注意到不同妇女群体之间历史经验的差别和妇女主体身份的多元性，主张根据阶级、种族、性别和宗教等多元主体身份研究女性，并用发展眼光动态地研究妇女的历史，进而将文化研究和心理分析的方法合流互补，努力打破生理性别（sex）和社会性别（gender）二元对立的思维模式，运用于妇女—社会性别史的研究。①

社会性别和女性主义史学研究深刻影响了20世纪80年代以来的西方妇女教育史研究，相关作品在西方各国不断问世。1992年，J. 珀维斯（J. Purvis）发表《英国教育史学：一种女性主义批判》一文，批评英国教育史学界面对女性主义的挑战表现得行动迟缓，认为英国教育史学界是一个男性主导的学术世界，其研究重点是男人或男孩的教育，女人和女孩的经验往往被弱化，应该改变这种状况。1993年，她又研究了1860年至1993年黑人女权主义者思想的发展在教育中的作用。②C. 赫德（C. Heward）从社会性别角度研究了英国公学。③1992

---

① 杜芳琴：《妇女/社会性别史对史学的挑战与贡献》，载《史学理论研究》2004年第3期。

② J. Purvis，"The Historiography of British Education：A Feminist Critique"，in *Rethinking Radical Education：Essays in Honour of Brian Simon*，ed. A. Rattansi and D. Reeder（London：Lawrence and Wishart，1992），249—266.

③ C. Heward，"Public School Masculinities：an Essay in Gender and Power"，in *Private Schools：Tradition，Change and Diversity*，ed. G. R. Walford（London：Chapman，1991），123—136.

年，P. 阿尔伯丁尼（P. Albertini）编写的《19至20世纪法国的学校：女子大学》研究了近现代法国女子大学的发展情况。1982年，德国学者A. T. 艾伦（A. T. Allen）的《心灵的母亲：德国女权主义者和幼儿园运动（1848—1911）》一书从女性主义视角重新研究了德国的幼儿园运动。①

2000年，英国学者J. 古德曼（J. Goodman）和J. 马丁（J. Martin）在《打破分界线：社会性别、政治学和教育经验》一文中指出："近几年来，历史学家受到妇女、女性主义和社会性别史的挑战。自20世纪70年代早期以来，考察教育史中的社会性别状况和男女两性教育经验的历史研究急剧增加，这种状况是由教育理论和女性主义研究中将社会性别和权力联系起来引起的。最近，历史学家，如女历史学家和女性主义历史学家更受到后建构主义、后殖民主义以及男性与性别特征的社会建构历史视角的冲击。其结果是在拓宽教育史的研究领域的同时也引起论战"②。在1999年10月温彻斯特举行的教育史年会上，历史学家们就这个问题展开了公开辩论。最后，来自不同国家的历史学家达成了共识：社会性别问题不只与性别问题相联系，还应与不同种族和阶层的不同状况相联系，应该打破社会性别、政治学和教育经验的分界线。学者们进一步探讨了教育史如何阐明社会性别、政治与教育经验之间多元联系的不同途径。

---

① A.T. Allen, "Spiritual Motherhood: German Feminists and Kindergarten Movement, 1848—1911", *History of Education Quarterly*, no.3（1982），251—269.

② J. Goodman and J. Martin, "Breaking Boundaries: Gender, Politics, and Experience of Education", *History of Education*, no.5（2000），383—388.

第四节　多元文化主义教育史学

多元文化主义（Multiculturalism）是20世纪90年代美国社会一种极为引人注目又充满争议的现象。作为一种意识形态，多元文化主义对传统的美国思想和价值体系提出了严肃的挑战，促使美国人重新思考美国的历史和未来。当代美国多元文化主义主要用法有：第一，作为一种教育思想和方法。当多元文化主义的概念在20世纪70年代第一次出现时，其目标是在中小学教育中增加对不同民族和族裔的文化传统的理解；第二，多元文化主义也是一种历史观，尤其强调对传统的美国历史知识内容的改革；第三，多元文化主义还被用作一种文化批评理论，常与后现代主义、结构主义和女性主义归为一类，被看作向传统西方文明知识霸权进行挑战的一种话语；第四，多元文化主义也被看作一种冷战后的新世界秩序的理论。它们之间的共识可以概括为：（1）美国是一个多元民族和族裔构成的国家，美国文化是一种多元的文化；（2）不同民族、族裔、性别和文化传统的美国人的美国经历是不同的，美国的传统不能以某一个民族或群体的历史经验为准绳；（3）群体认同和群体权利是多元文化主义的重要内容，也是美国社会必须面临的现实。①在上述社会氛围中，多元文化主义教育史学发展起来。

在美国大部分历史中，"熔炉"的概念是一个重要的主题。1909年，伊斯雷尔·赞格威尔（Israel Zangwill）的话剧《熔炉》上演以前，这个词并未为人们所普遍使用，然而应把18世纪、19世纪和20世纪的移民融入美国主体文化这一基本观念是非常普遍的，这在美国传统教育史学的代表人物卡伯莱编写的著名

---

① 王希：《多元文化主义的起源、实践与局限性》，载《美国研究》2000年第2期。

教科书《美国公立教育》中得到突出反映。他站在美国PAAC文化（Protestant Anglo-American Culture，新教盎格鲁—美国文化）即美国主流文化的立场主张"熔炉论"，以鄙夷的笔调将少数种族视为应该被同化的对象。战后，温和修正派代表人物克雷明试图修正上述做法，他力图写出一部"民族融合"的美国教育史，认为早在殖民地时期，移民到北美的人们就与那里的土著印第安人进行了民族之间的文化交流。克雷明在《美国教育》中虽然也提到了黑人和印第安人遭受不公正待遇，但他从当时在美国占主流地位的"一致论"史学观点出发，更多强调文化的交流和融合而非文化战争。

激进派教育史家斯普林是美国印第安人，并以此为荣。他在《美国学校》一书中，从多元文化主义的视野，以"文化控制"为关键词，讲述了一个与卡伯莱差异很大的美国学校史的故事：从一开始，英国殖民者就认为他们的文化相对土著美国文化具有优越性，并试图将自己的文化强加在土著美国人身上。与此相反，土著美国人则将英国文化视为本质上是剥削性的和压迫性的，并对殖民者想要改变他们的文化的企图进行了抵抗。美国建国后，新的政府领导人则希望创造一种以"新教—昂格鲁—美国的价值观"为核心的民族文化。在斯普林看来，每个历史时期都有一部分少数种族被排斥在公立学校大门之外。霍拉斯·曼关于公立学校的呼吁其实只是针对信奉新教的"自由白人"的。因此，19世纪公立学校在美国发展的一个重要原因，就是为了确保昂格鲁—美国价值观的统治地位，因为这种价值观当时遭到来自爱尔兰移民、土著美国人以及非裔美国人的抵抗和挑战。在一浪高过一浪的移民潮中，公立学校遂成为昂格鲁—美国价值观的保卫者。进入20世纪，文化战争则以三个方面的内容为其特征：美国化项目，要求反映少数族裔文化的市民权利运动以及有关多元文化的争端。据此斯普林强调指出，"文化统治"是美国教育史的一个中心问题，"美国学校史的一个主要部分就是在文化统治方面的冲突"。在他看来，确保PAAC文化霸权构成美国公立学校史的主要内容。①

————————

① 周采：《评斯普林的〈美国学校〉》，载《教育史研究》2004年第2期。

　　"同化"是与"熔炉"相联系的一个概念。同化包括了一个支配的群体和一个服从的群体。把"被征服"的文化变成支配的文化就是同化。一般说来，征服某种文化含有强迫的因素。在这种强迫中，支配文化需要采取某种行为规范和与之适应的实践方式。北欧移民一般都经过了美国支配文化相当完整的同化过程，而少数族裔只是走了一下被同化的过场，他们表面上一致了，但从未被真正同化过。尽管斯堪的纳维亚移民、密苏里和威斯康星的德国移民以及波士顿的爱尔兰移民保留了他们的许多特性，但确有不少文化传统融入了美国主体文化。由种族特征所决定的少数族裔却没有与主体文化融合在一起。犹太人、东欧人和许多南欧移民都保留了自己的许多特点，更不用说从中东和远东来的移民了。可以说，"熔炉"对那些在文化、种族、宗教和其他特征方面与主体的盎格鲁—美国社会相类似的人是起作用的，但对黑人、墨西哥裔美国人、土著美国人和亚裔美国人却并不成功。"熔炉论"与"文化多元主义"之间的争论仍然是今日美国教育的重要主题之一。

　　1991年，美国《教育史季刊》组织了一个题为"理解20世纪的美国教育"的论坛，主要围绕P. 法斯（P. Fass）的新作《少数族裔和美国教育的转变》进行了专题讨论。参加该论坛的人有V. 富兰克林（V. Franklin）、L. 戈登（L. Gordon）、M. 塞勒和P. 法斯本人。富兰克林认为，P. 法斯的失败在于她没有全面理解美国文化。当克雷明等人强调用共和主义、资本主义和新教等美国信念来解释美国公立学校的起源时，法斯却强调自由主义在"进步"教育改革中的作用，而这是不足以解释19世纪末20世纪初的美国教育史的。戈登探讨了美国高等妇女教育中的多元文化问题。塞勒论述了移民问题和天主教问题与美国多元文化之间的关系。最后，法斯探讨了美国学校在调节多元文化问题上的多种途径。[①]

　　J. D. 亨特在分析美国文化冲突的本质时认为："文化冲突最终是为支配而斗

---

① V. P. Franklin, M. S. Seller and P.S. Fass, "Understanding American Education in the Twentieth Century", *History of Education Quarterly*, no.1（1991）, 47—66.

争"，"说到底，不管参与文化战争的人是谁，文化冲突是权力的冲突——各方为划定势力范围，彼此争着要获取或维持所拥有权力"[①]。他把家庭、教育、媒体和艺术、法律和选举政治都视为文化冲突的领域，认为由于学校教育、社会与国家的定位以及儿童的未来这三者在本质上存在关联性，教育团体长久以来一直成为政治与法律的战场。例如19世纪中期，学校教育的道德课程一度成为争斗的目标。那时候，虽然这个问题被归类为一般性的"学校问题"，却因此反映出当时新教徒与天主教徒之间相互憎恶的文化差异。王希在《多元文化主义的起源、实践与局限性》一文中在肯定多元文化主义给当代美国社会带来了重要而正面影响的同时，分析了多元文化主义的局限性：在处理群体认同与整个美利坚民族认同之间的平衡关系上，多元文化主义还没有提出一个令人信服的思路；因为利益的多元化，多元文化主义在战略上无法在所有支持多元文化主义的群体中保持一个持久的、牢固的联盟；面对"一元性"资本主义的全球化及其对现行世界权力体制的深刻影响，多元文化主义并不具备向现行世界权力体制进行挑战的理论和政治基础。

综上所述，传统西方教育史学以民族国家主导的学校教育制度和大教育家的思想为主线。战后新的教育史学，无论是社会科学教育史学还是新文化史学教育史学，都打破了这些框框，兴起了多种多样的流派和分支。虽然各种流派由于受不同意识形态和理论视野的影响而有不同的价值取向，但各流派之间存在着交叉和相互影响的复杂情况。社会科学各门学科、马克思主义、女性主义和多元文化主义以及后现代主义等对各教育史学流派有着不同程度的影响，并在劳工教育史、少数族裔教育史、城市教育史、妇女与性别教育史、婚姻与家庭史、儿童史、青年史和地方教育史等领域表现出来，使战后西方教育史学朝着多样化和多元化方向发展。但与此同时带来了历史相对主义盛行和"碎化"危机。新教育史学在借鉴社会科学的理论和方法时更多采用了分析性的问题

---

① ［美］J. D. 亨特：《文化战争——定义美国的一场奋斗》，安荻等校译，中国社会科学出版社2000年版，第56页。

史，缺乏时间的轴线。而新文化教育史学受后现代主义的影响，过分强调语言独立性，从而否定了评价教育史学著作的最终客观标准，造成了教育和历史观念上的混乱。

（周　采）

附录：相关文献

1. ［英］彼得·伯克：《什么是文化史》，蔡玉辉译，北京大学出版社2009年版。

2. 诸园：《美国女性教育史学史研究》，中国社会科学出版社2017年版。

3. 史静寰、延建林等：《西方教育史学百年史论》，人民教育出版社2014年版。

4. 武翠红：《英国教育史学：创立与变革》，中国社会科学出版社2015年版。

5. 邬春芹：《美国城市教育史学发展历程研究》，南京大学出版社2016年版。

6. 徐浩、侯建新：《当代西方史学流派》，中国人民大学出版社2009年版。

7. 周采：《美国教育史学：嬗变与超越》，人民教育出版社2006年版。

8. 周采等：《当代西方教育史学流派研究》，上海交通大学出版社2018年版。

9. 周采：《20世纪美国教育史学的思考》，载《南京师大学报》2003年第6期。

10. 周采：《民族主义与西方教育史学》，载《大学教育科学》2012年第1期。

11. 周采：《论全球史视野下的教育史研究》，载《河北师范大学学报》2012年第9期。

12. 周采：《新文化史与教育史研究》，载《河北师范大学学报》（教育科学版）2016年第5期。

第二十一章
西方马克思主义教育史学派

西方马克思主义教育史学二战后的发展令人瞩目。马克思主义与社会史的有益结合催生了许多有创新意义的史学作品，并对社会史取向的教育史研究产生深刻影响，涌现出许多著名的教育史作品。如B. 西蒙（B. Simon）的四卷本《英国教育史》①被认为是马克思主义教育史学的经典代表作。美国的S. 鲍尔斯（S. Bowles）和H. 金蒂斯（H. Gintis）合著的《资本主义美国的学校教育》（1976）被认为是西方新马克思主义派教育史学的代表作。澳大利亚的杰弗里·帕廷顿（Geoffrey Partington）和西蒙·马金森（Simon Marginson）、法国的C. 勃德罗（C. Baudelot）和R. 埃斯达伯莱（R. Es-tablet）以及加拿大的艾莉森·普伦斯蒂（Alison Prentice）等学者也在不同的研究领域运用马克思主义理论和方法研究教育史。

---

① 西蒙的四卷本《英国教育史》分别是：第一卷是《教育史研究（1780—1870）》（1960）（*The Study of History of Education*，1780—1870），后改名为《两个民族和教育结构（1780—1870）》（1974）（*The Nations and the Educational Structure*，1780—1870）；第二卷是《劳工运动和教育（1870—1920）》（1965）（*Education and the Labour Movement*，1870—1920）；第三卷是《教育改革的政治（1920—1940）》（1974）（*Politics of Educational Reform*，1920—1940）；第四卷是《教育与社会秩序（1940—1990）》（1991）（*Education and the Social Order*，1940—1990）。

第一节 马克思主义史学理论与教育史研究

20世纪末以来，我国史学研究水平有了很大发展，史学思潮的多元化逐步形成。2005年下半年，第12届全国史学理论研讨会重新强调坚持历史研究的马克思主义方向，认为在当代中国必须坚持和巩固唯物史观在历史研究领域的指导地位，要自觉坚持马克思主义的立场、观点和方法，要努力掌握马克思主义活的灵魂。一些学者指出，马克思对历史学的贡献不仅在唯物史观本身，在传承马克思的史学遗产过程中，不仅要重视其历史理论即唯物史观，也要开展马克思史学理论研究，要注重挖掘作为历史学家的马克思、恩格斯和列宁等人在史学理论上的贡献。①我国教育史学界老前辈们的马克思主义理论功底都较为深厚，这反映在他们留下的许多珍贵作品之中。我们不仅要坚持这个理论方向，更需要研究在新时期如何更好地坚持和发展马克思主义史学理论对教育史研究的理论指导作用，并自觉地将其作为从事教育史研究的前提假设。

一、马克思主义史学理论的重要性

史学界目前大致已达成共识：狭义的史学理论是指对历史学本身和与其有关的各种问题的研究。在改革开放之前，我国对历史学理论的研究较为薄弱，比较多的是对历史过程理论问题的研究，而对于与历史学有关的理论问题包括历史认识论、史学方法论、史学新领域和新流派、跨学科和跨文化史学研究、历史写作理论等都研究较少。这表明我国史学与国际史学发展的脱节和隔

---

① 杨晓慧：《面向新世纪的史学理论研究》，载《史学理论研究》2006年第1期。

阁。①早在20世纪初，西方史学便出现了从传统实证史学向跨学科的新史学的转变，出现了研究历史认识论的潮流。西方历史哲学逐步从思辨的历史哲学转向了分析与批判的历史哲学。②从20世纪60年代开始，苏联史学界也提出了研究史学方法论和历史认识论的问题，在采用计量史学和历史人类学方面取得不少成果。改革开放以来，中国史学理论研究坚持改革开放。1980年，中国史学会获准第一次组团参加在罗马尼亚布加勒斯特举行的国际历史科学大会。近年来，史学理论界继续主张在史学理论研究中坚持改革开放的原则，但强调要坚持正确的指导思想，那就是马克思主义的指导，以防止、发现和克服来自极左的和极右的干扰。

如果以19世纪和20世纪为分界线，可以把马克思主义迄今为止的演进历程划分为两大阶段，即19世纪的马克思主义和20世纪的马克思主义。一般说来，19世纪的马克思主义以马克思和恩格斯的思想为基本内涵，对它的界定不会产生歧义。而在20世纪历史条件下，则出现了各种导源于马克思和恩格斯学说的马克思主义理论并存的格局。一方面，它同当代哲学和社会学等领域的其他理论成果交汇形成了众多马克思主义流派；另一方面，它被运用于不同地区的实际革命进程，导致了不同的马克思主义实践模型，即社会主义模式。这样，20世纪的马克思主义便呈现出多样化的格局。从当代马克思主义流派方面来说，不仅有长期在社会主义国家中占主导地位的"正统马克思主义"，还包括西方人本主义马克思主义、西方科学主义马克思主义、东欧新马克思主义、欧洲共产主义等。长期以来，各种马克思主义流派之间常存在着僵硬的意识形态对立，缺少自由平等的对话和交流。应以积极态度对待20世纪马克思主义的分化和多样化格局这一事实。

英国著名史学家杰弗里·巴勒克拉夫（Geoffrey Barraclough）在1978年出

---

① 陈启能、刘德斌、吴英：《中国史学理论研究30年》，载《史学理论研究》2008年第2期。

② 参见严建强、王渊明：《从思辨的到分析与批判的西方历史哲学》，浙江人民出版社1997年版。

版的《当代史学主要趋势》（*Main Trends in History*）一书中指出，在导向反对唯心主义历史学的各种因素中，马克思主义思想起了特别重要的作用。在史学史的语境下，马克思主义的重要性首先在于，当历史主义（就其唯心主义和相对主义的词义上说）困于本身的内部问题而丧失早期的生命力时，马克思主义为取代历史主义而提供了有说服力的体系。他认为，马克思主义的影响之所以日益增长，原因就在于人们认为马克思主义提供了合理地排列人类历史复杂事件的真正使人满意的唯一基础。马克思主义作为哲学和总体观，从五个方面对历史学家的思想产生了影响。首先，它既反映又促进了历史学研究方向的转变，即从描述孤立的（主要是政治的）事件转向对社会和经济的复杂而长期的过程的研究。其次，马克思主义使历史学家认识到需要研究人们生活的物质条件，把工业关系当作整体的而不是孤立的现象，并在这个背景下研究技术和经济发展的历史。第三，马克思促进了对人民群众历史作用的研究，尤其是他们在社会和政治动荡时期的作用。第四，马克思的社会结构观念以及他对阶级斗争的研究不仅对历史研究产生了广泛影响，特别引起了对研究西方早期资产阶级社会中阶级形成过程的注意，也引起了对研究其他社会制度——尤其是奴隶社会、农奴制社会和封建社会——中出现类似过程的注意。最后，马克思主义的重要性在于它重新唤起了对历史研究的理论前提的兴趣以及对整个历史学理论的兴趣。马克思和恩格斯一方面强调历史学家不仅应当按年代顺序记载所发生的一系列事件，而且应当从理论上对这些事件进行解释，为此目的就应当使用一整套成熟的概念。另一方面，他们又明确地指出，这些抽象的概念绝不提供可以适用于各个历史时代的药方和公式。总之，马克思从来不否认历史过程或历史认识的特殊性质。[1]

---

① ［英］杰弗里·巴勒克拉夫：《当代史学主要趋势》，杨豫译，北京大学出版社2006年版，第20—22页。

二、马克思主义史学理论与教育史研究

如前所述，马克思主义史学理论仍然是我国的主导意识形态，我国多数教育史学者仍在自觉或不自觉地运用这个前提假设从事教育史研究。因此，我们在运用唯物史观进行教育史研究时，应该关注我国研究马克思主义史学理论的最新动态和成果。

20世纪马克思主义有多种类型。过去几十年间，在各社会主义国家中占正统地位的、以辩证唯物主义和历史唯物主义为根基的马克思主义，就其基本精神和主要内涵而言，是苏联哲学界于20世纪上半叶按照列宁主义，特别是共产国际的马克思主义的基本精神发展起来的理论体系，即人们通常所说的"苏联教科书哲学体系"。它们均不了解马克思的早期著作，不了解青年马克思的异化理论和以实践为核心的人本主义哲学构想，而主要继承了马克思和恩格斯关于生产力和生产关系、经济基础和上层建筑的矛盾运动和经济必然性为主要内涵的"社会经济形态"理论，即经典唯物史观。在长期的历史过程中，上述正统马克思主义（列宁主义）经历了各种变化，但在20世纪80年代以前，其基本框架和主导精神并未发生根本变化。由于这一传统教科书哲学体系没有全面、深刻地反映马克思学说的思想实质，它在发展过程中，也开始展现出一些局限性和历史失误，因此，这些特点也常常是新马克思主义流派和其他马克思主义流派对正统马克思主义提出非议的主要之处。

我国一些学者也曾探讨过新时期马克思主义史学理论在中国的发展问题。如著名学者蒋大椿撰文《当代中国史学思潮与马克思主义历史观的发展》，分析了唯物史观基本原理的理论缺陷，认为马克思主义历史观应当发展成为唯物辩证的以实践为基础的系统史观，并对马克思主义新历史观的基本内容做了分析和综合的探索，勾画出大致的理论轮廓及其建设线索。[1]陈启

---

[1] 蒋大椿：《当代中国史学思潮与马克思主义历史观的发展》，载《历史研究》2001年第4期。

能、于沛和姜芃等合著的《马克思主义史学新探》也对若干理论问题进行了思考，如历史规律问题的新思考，历史的必然性、偶然性和选择性，社会形态理论新思考，历史认识的主体与客体，从直觉到科学、辩证的历史思维，并考察了几个具体国家的情况。①李杰探讨了唯物史观史学方法论的中国化问题，认为从方法论上讲，当运用唯物史观的基本思想去研究历史时，主要的史学方法论范畴应该包括：历史事件叙述中的客观性与主观性的统一；历史人物评价中的动机与效果的统一；历史规律解释中的必然性与偶然性的统一；历史进程分析中的可能性与现实性的统一。②董欣洁在《世界历史进程中的马克思主义世界历史理论》一文中探讨了在经济全球化日益发展对历史学提出了新的理论挑战的情况下，如何避免各种片面和局限，构建科学和系统的世界历史阐释体系。这一时代要求进一步凸显了马克思世界历史理论的科学性和重要性，并认为马克思世界历史理论深刻揭示了世界历史形成过程和演变的内在规律，为我们认识、理解和把握世界历史的整体发展指明了基本方向。③应该说，马克思的世界历史理论也能为研究世界教育史或全球教育史提供具有方法论意义的科学指南。

近年来，我国教育史学的发展十分迅速，包括系列教育史教材的编写和学术取向的教育史作品已经或即将问世。是否应当关注教育史研究的前提假设问题，以及如何确定撰写教育史学作品的前提假设，这些都是十分重要并需要深思的理论问题。了解和研究马克思主义史学理论还有助于研究二战后西方教育史学史，因为马克思主义曾对西方教育史学研究的发展产生过重要的影响，如英国马克思主义教育史学，美国激进派教育史学和加拿大新教育史学等。英国学者安迪·格林（Andy Green）在《教育与国家形成：英、法、美教育体系

① 陈启能、于沛、姜芃、张雅琴、朱政惠、张耕华：《马克思主义史学新探》，社会科学文献出版社1999年版，第69页。

② 于沛、李杰等：《唯物史观与历史研究》，载《史学理论研究》2006年第3期。

③ 董欣洁：《世界历史进程中的马克思主义世界历史理论》，载《史学理论研究》2008年第3期。

起源之比较》中就运用了马克思主义的国家理论和葛兰西的意识形态和霸权理论，提出了国家形成对于解释现代教育制度起源的重要意义。①

第二节　西方马克思主义教育史学

西方教育史研究转向马克思主义实际上实现了从早期社会学范式下的教育史研究转向了真正意义上的新教育史学范型，同时也是世界性意义的教育史学革新。战后，在英国、美国、澳大利亚、法国、加拿大、德国等地，一批教育史学家接受了马克思主义思想，置身于变革的时代，热衷于传统教育史学的批判和新教育史学的构建，发起重新阐释教育史的呼声，不同程度上运用了马克思主义理论和方法进行教育史研究，各自写出一批引人注目的教育史著作，从而在西方教育史学领域中作出了突出贡献。

一、西方马克思主义教育史学的兴起

大体上说来，20世纪早期，西方教育史学者还没有关注到马克思主义理论和方法。在R. 洛（R. Lowe）眼里辉格史派——传统教育史学，其教育史史料主要是关于学校教育制度，割裂地看待教育发展过程，忽视了教育的整体发展。传统教育史学以公立教育为中心，教育制度史为形式，叙述和文献史料为手段，注重教育史研究的实用原则。传统教育史学家认为，教育史的功能主要表现在两个方面：一是为教师培训服务；二是为教育改革服务，从而为教育在社会进步中发挥作用提供借鉴和启发。传统教育史学只研究公共教育的发展和

---

① ［英］安迪·格林：《教育与国家形成：英、法、美教育体系起源之比较》，王春华译，教育科学出版社2004年版，第1页。

极少数精英和伟大教育思想家和教育作家传记材料的研究和评介，忽视了非正规教育和社会弱势群体以及经济、文化、政治和社会等重要因素。正如早期美国史系列丛书的主持人、历史学家L. J. 卡彭（L. J. Cappon）指出的那样："以往的教育史研究范围过于狭窄，充满了课程与教学技巧方面的内容。教育史掌握在专家的手里，他们心里只有公立教育，只去寻求有利于他们的'事业'的历史根据。如果过去有什么故事值得去写，一定是从正规教育制度的狭隘观念去看问题"①。传统教育史学家正是站在国家利益至上的立场，谱写了一曲曲民族国家教育制度的颂歌。由于传统教育史学扮演了资产阶级御用教育史学的角色，因此，它必然会忽视19世纪中叶诞生的唯物史观。

马克思主义介入西方教育史学的时代背景，无疑是与20世纪的政治风云、社会主义运动和马克思主义的传播紧密相连的。十月革命以后，西方各国普遍成立了共产党，马克思主义在工人运动中广泛传播。20世纪30年代，英帝国主义的国际地位摇摇欲坠，使得维多利亚时期风行的自由主义日趋没落；席卷整个资本主义世界的经济危机，推动了提倡国家干预的保守主义逐渐强劲；德国法西斯势力在欧洲大陆日益嚣张，又令所有爱好自由与民主的人们感到惊恐与担心，而苏维埃社会主义革命在落后的俄国取得的成就，则鼓舞了一大批向往共产主义理想的工人和知识分子。西方教育学术界随之出现了研究马克思主义的热潮，教育史学家在不同的领域中开始运用马克思主义方法研究教育问题。

进入20世纪40年代后，英国教育史学术界中的一批学者开始接触和介绍马克思主义理论，并程度不同地受到其唯物史观的影响。比如，1940年，F. 克拉克（F. Clarke）出版《教育与社会变迁——一个英国的阐释》（*Education and Social Change——An English Interpretation*）一书，首次"对英国现有教育体制进行批判，建议教育家应该有反思和批判精神，引用阶层分析法分析英国的传统教育。他认为，超阶层或者无阶层的社会并不存在，英国政府要通过教育来

① B. Bailyn, *Education in the Forming of American Society* (Carolina: The University of North Carolina Press-Chapel Hill, 1960), xx—xi.

满足新社会的需求，教育从入口到产出不能以阶层的特权为标准，而应以真正的才能和智力为标准。他同时指出，教育史事件应从广阔的经济、文化、政治和社会背景中去分析和研究"①。20世纪60年代至80年代初，马克思主义对社会史取向的教育史研究产生了深刻影响。例如E. P. 汤普森（E. P. Thompson）的《英国工人阶级的形成》（1963）和西蒙的四卷本《英国教育史》被学者们认为是受到马克思主义史学的影响。1978年，英国伦敦大学社会学系讲师M. 萨鲁普（M. Sarup）出版了《马克思主义与教育》一书，作者试图用马克思主义重新评价传统教育学，批判了许多当代教育家对工人阶级儿童的藐视和歧视以及当代教育对贫民阶级的不平等现状。

20世纪70年代，西蒙和汤普森的作品经由美国传入加拿大，加拿大教育史界开始关注马克思主义理论和方法，如保罗·H. 马丁利（Paul H. Mattingly）和米歇尔·B. 凯茨（Michael B. Katz）合著的《教育和社会变迁》（*Education and Social Change*）；艾莉森的《学校的推动者：19世纪中期加拿大的教育和社会阶层》（*The School Promoters: Education and Social Class in Mid-Nineteenth Century Upper Canada*）；唐纳德·威尔逊（Donald Wilson）、罗伯特·M. 斯坦普（Robert M. Stamp）和露易丝–菲利普·奥代特（Louis-Philippe Audet）合著的《加拿大教育：历史记录》（*Canadian Education: A History*）等。

美国教育史家凯茨的《早期学校改革的嘲讽》（*The Irony of Early School Reform*，1968）和《阶级、官僚机构和学校：美国教育变革的幻想》（*Class, Bureaucracy, and Schools: The Illusion of Edcuational Change in American*，1971）运用马克思主义史学方法进行研究，认为社会领导者和工业企业家从自己的利益出发来创造和扩展教育机会，把他们的价值观强加给工人阶级和穷人，美国教育史家应重新思考阶级角色在教育变迁中的作用，教育在专业化中的作用，以及教育作为社会改革工具的作用。鲍尔斯与金蒂斯的《资本主义美

---

① F. Clarke, *Education and Social Change-An English Interpretation*（London: The Sheldon Press，1940），2—5.

国的学校教育》一书运用马克思主义分析美国教育史，在西方教育理论界产生强烈反响。法国学者皮埃尔·布尔迪厄（Pierre Bourdieu）和让-克劳德·帕斯隆（Jean Claude Passeron）合著的《再生产：一种教育系统理论的要点》，受马克思主义影响，否认法国学校在传授人类的一般价值与文化，指出学校"以其无法替代的方式使阶级关系结构永存并使之合于法律"[①]，不平等的学校教育再生产了不平等的社会结构。法国学者勃德罗和埃斯达伯莱指出了法国学校的资本主义性质。

20世纪80年代，澳大利亚教育史学者开始接受英国马克思主义教育史学的观点，抨击美国激进教育史学不适合澳大利亚的实际情况。鲍勃·贝赞特（Bob Bessant）在《殖民地时期的教育和维多利亚国家》（*Schooling in the Colony and State of Victoria*）和《母亲和孩子们：1860年至1930年时期澳大利亚的孩子和青年》（*Mother State and Her Little Ones：Children and Youth in Australia 1860s—1930s*，*Melbourne：Centre for Youth & Community Studies*）两本书中，借鉴英国马克思主义教育史学的理论和方法分析了学校教育和国家之间的关系。1984年，帕廷顿在《教育史》（*History of Education*）期刊上发表《两个马克思主义和教育史》（*Two Marxisms and History of Education*）一文，阐述了经典马克思主义和新马克思主义关于知识和意识、国家和教育的观点，并论述了新马克思主义对教育史研究的影响，最后分析了澳大利亚新马克思主义教育史学家近年来所取得的成就。

二、西方主要国家的马克思主义教育史学

在美国，"20世纪50年代美国史学界对于马克思主义理论还基本上一概排斥，是60年代的激进史学浪潮冲破了禁锢，不少激进史学家开始自称为马克思主义者。不管他们存在哪些缺点或不足，他们坚持自下而上的史学，重视工人阶级及其他下层人民在历史中的作用，有时甚至能够应用阶级斗争观点说明某

[①] P. Bourdieuet and J.P. Passeron，*La reproduction*（Paris：Min-uit，1970），25.

些历史现象，这些都说明他们确实接受了一些马克思主义的思想和理论。从70年代后期开始，甚至有些不被认为是马克思主义者的史学家也对马克思的史学理论产生了兴趣"[1]。美国史学界的这一变化影响了美国教育史学的发展。美国历史协会主席、教育史学家巴纳德·贝林在1981年底向该协会所作的致辞中说："我们认为，历史极大地受到基本经济结构或'物质'结构以及人们对此所做出的反应的制约，从这个意义上说，我们都是马克思主义者。"[2]20世纪60至70年代，"新马克思主义"在美国盛行，美国教育史学界也受到"新马克思主义"的影响。"'阶级''阶级压迫''意识形态'等成为新马克思主义教育史著作中常用的术语。他们还对官僚政治进行尖锐的批判，并指责资本主义美国的社会不平等所带来的教育不平等。"[3]

加拿大马克思主义教育史研究主要表现在四个方面：其一，运用"社会控制"理论重新解释教育史。凯茨移民加拿大后，积极将马克思主义关于社会控制、阶级分析的观点和方法传入加拿大。在《哈密尔顿的人民，19世纪中期加拿大西部城市：家庭和阶层》（*The People of Hamilton，Canada West：Family and Class in a Mid-Nineteenth-Century City*）中将研究的重点从教育家转向学生和他们的家庭，运用阶层分析的方法分析班级，发现19世纪中期统治阶级通过学校可以对普通人生活进行影响和干预。[4]在凯茨等主编的选集《教育和社会变迁》（*Education and Social Change*）[5]中，编者认为通过学校和其他教育机构，中产阶级将他们的愿望强加给下层阶级。他们关注社会阶级和阶级压迫，将学校教育作为社会控制的工具，利用学校制止和延迟社会改革。这部

---

① 《史学理论研究》编辑部：《八十年代后的西方史学》，中国社会科学出版社1990版，第78页。

② 王加丰：《20世纪美国马克思主义史学的几个问题》，载《史学理论研究》2007年第2期。

③ 周采：《美国教育史学的嬗变与超越》，人民教育出版2006年版，第248页。

④ Michael B. Katz, *The People of Hamilton，Canada West：Family and Class in a Mid-Nineteenth-Century City*（Cambridge，1975）.

⑤ Michael B. Kazt and Paul Mattingly, *Education and Social Change*（New York：University Press，1975）.

作品的基调充满了痛苦辛酸和悲观失望的味道，并且处处弥漫着对过去种种
不平等现象的愤慨，其中最大的特点就是用深刻的意识形态色彩进行教育史诠
释。[①]1977年，艾莉森关注"权利结构"以及他们如何通过"权利结构"塑造
公共教育。在艾莉森那里，学校作为调和等级的手段，关注国家对教育的控
制权力。因此，艾莉森被认为是"社会控制论"的倡导者。[②]而苏珊E.休斯敦
（Susan E. Houston）将"社会控制论"与青少年犯罪和对新教育机构的需求
联系起来，诸如学校和少管所，用以解释一些城市正在出现的教育问题。[③]纳
迪亚·艾德（Nadia Eid）认为研究教育史应运用社会阶层的分析范畴，他成功
地运用了社会阶层的分析方法对19世纪的教育情况做了重新阐释。[④]伊恩·罗
斯·罗伯逊（Ian Ross Robertson）认为学校改革深受宗教和政治的影响和操
控。[⑤]而朱迪思·芬加德（Judith Fingard）则认为对于给予贫民教育机会，只
是出于某种政治目的，例如在哈利法克斯教会机构和其他慈善家对贫困人的教
育。[⑥]事实上，在加拿大教育史学中运用马克思主义方法阐释教育史，他们更
加关注和批判的是学校再造了社会和阶级的不公平，以意识形态作基础支撑，
以"社会控制"为理论，扩大了教育史研究的领域。[⑦]

　　其二，关注劳工阶级教育史和工人、少数族裔和种族为争取教育机会开展

---

① J. Donald Wilson and David Charles Jones, "The 'New' History of Canadian Education", *History of Education Quarterly*, vol.16, no.3（Autumn 1976）, 367—369.

② Alison Prentice, *The School Promoters: Education and Social Class in Mid-Nineteenth Century Upper Canada*（Toronto, 1977）.

③ Susan E. Houston, "Victorian Origins of Juvenile Delinquency: A Canadian Experience", in *Education and Social Change: Themes From Ontario's Past*, ed, Michael Kaze and Paul Mattingly （New York, 1975）, 83—109.

④ Nadia Eid, "Éducation et classes sociales au milieu de 19c siècle", *Recue d'histoire de l'Amèrique francaise* 32（September 1979）, 159—179.

⑤ Ian Ross Robertson, "The Bible Question in Prince Edward Island from 1856—1860", *Acadiensis*, vol.5, no.2（Spring 1976）, 3—25.

⑥ Judith Fingard, "Attitudes toward the Education of the Poor in Colonial Halifax", *Acadiensis*, no.2（Spring 1973）, 15—42.

⑦ Harvey J. Graff, "Towards 2000: Poverty and Progress in the History of Education", *Historical Studies in Education*, no.3（Fall 1991）, 191—210.

的斗争史。在加拿大，马克思主义教育史学家关注劳工阶级教育史和工人为争取教育机会开展的斗争史。《加拿大教育：历史记录》（*Canadian Education：A History*）一书共21章，其中有9章关注了这一主题。①自20世纪70年代开始，一些教育史家开始对工业教育和土著居民教育失败的原因进行分析，例如E.布莱恩·蒂特里（E. Brian Titley）发表了《西部加拿大的印第安工业学校》（*Indian Industrial Schools in Western Canada*）②；杰·巴曼（Jean Barman）发表了《英国哥伦比亚土著孩子的教育：不平等的学校教育》（*Schooled for Inequality：The Education of British Columbia Aboriginal Children*）；1988年，西莉亚·黑格-布朗（Celia Haig-Brown）出版了《反抗与复兴：印第安学校的生存》（*Resistance and Renewal：Surviving the Indian Residential School*）；1992年，保罗·班尼特（Paul Bennet）撰写了《安大略湖的印第安人工业学校：将印第安人赶出去（1850—1930）》（*Knocking the Indian Out of them：Indian Industrial Schools in Ontario，1850—1930*）。通过这些个案研究，历史学家认为统治阶级通过学校和教育控制和同化少数族裔、种族和劳工阶级进入主流文化，而这些群体，包括犹太人和斯堪的纳维亚人，他们为获取进入公立学校的权利不断和公共权威机构做斗争，尽管他们要面对各种各样的歧视面孔。

其三，关注民族国家教育体系的形成，探讨国家与其庶民或市民（公民）之间、社会阶级之间、男性与女性之间的获得的权力关系，及其对大众教育体系的形成所具有的意义。布鲁斯·柯蒂斯（Bruce Curtis）在《教育国家的形成：加拿大西部（1836—1871）》（*Building the Educational State：Canada West，1836—1871*）和《真正是人们选择的政府吗？重新审视加拿大西部教育与国家的形成》（*True Government by Choice Men？Inspection，Education，and State Formation in Canada West*）两本书里，柯蒂斯利用福柯的话语理论和国家形

---

① Donald Wilson，Robert M.Stamp and Louis_Philippe Audet，Canadian Education：*A History*（Scarborough，Ont.，1970）.

② E. Brian Titley，"Indian Industrial Schools in Western Canada"，in *Schools in the West*，ed. Sheehan，Jones and Wilson，133—154.

成理论和葛兰西的霸权概念及其对国家在教育中的作用的论述来分析加拿大教育国家（educational state）的内部权力的分散。他认为统治阶层通过学校教育调节社会中的不公平。通过教师培训和考察、教育实践以及课堂纪律，培养了学校和其他教育机构对于政府的忠诚，而在这一过程中，学生、教师和父母所发生的变化，并不是按照他们自己的兴趣所改变的，而是政府通过教育强加给他们的。①其四，运用家长和家庭形成的理论理解民族国家教育形成。查德·加菲尔德（Chad Gaffield）在《19世纪加拿大的劳动和学习：家庭再生产的不断变化过程中的儿童》（*Labouring and Learning in Nineteenth Century Canada：Children in the Changing Process of Family Reproduction*）中，尝试运用家长制和家庭形成的理论理解民族国家教育的形成。

澳大利亚马克思主义教育史学的兴起有两个主要的外在因素，一是来自北美修正主义教育史学的影响。20世纪70年代中期，北美修正主义理论和方法开始影响澳大利亚教育史学界。②起源是凯茨的博士生伊恩·戴维（Ian Davey）到澳大利亚阿德莱德大学（The University of Adelaide）访学，他将凯茨的修正主义教育史学的理论和方法介绍给澳大利亚教育学者，吸引了众多教育史研究者。在他的指导和帮助下，阿德莱德大学成立了修正主义教育史学项目，形成了阿德莱德群体（the Adelaide Group），也被称为阿德莱德学派（the Adelaide School）。1979年，该群体公开发表了第一篇论文：《19世纪晚期南澳大利亚资本主义和工人阶级学校》（*Capitalism and Working Class Schooling in Late Nineteenth Century South Australia*）。在此文中，戴维和P. 库克（P. Cook）向澳大利亚教育史学者介绍了"社会控制"理论在教育史研究中的运用状况。③帕

---

① Paul Axelrod, "Historical Writing and Canadian Education from the 1970s to the 1990s（1996）", in *History of Education：Major Themes*, ed. Roy Lowe（London and New York：Routledge Fakmer, Volum 1）, 324—325.

② G. McCulloch and W. Richardson, *Historical Research in Educational Settings*（Buckingham：Open University Press, 2000）, 38.

③ P. Cook, I. Davey and M. Vick, "Capitalism and Working Class Schooling in Late Nineteenth Century South Australia", *ANZHES journal*, vol.8, no.2（1979）, 36—48.

拉·米勒（Pavla Miller）受其影响，在《学校教育和资本主义：南澳大利亚教育和社会变迁（1836—1925）》（*Schooling and Capitalism Edcuation and Social Change in South Australia*，1836—1925）中首次尝试运用马克思主义的方法研究教育史。随后，米勒以此研究为基础，对南澳大利亚学校中的阶级冲突进行了相关研究。另一方面是受来自于英国马克思主义教育史学的影响，而对北美修正主义的观点进行了批判。如鲍勃贝·森特证明了修正主义的理论过度强调统治阶级通过控制公立学校系统实现对人民的管理和控制，这样的解释与澳大利亚教育历史发展不相符合。①在进一步推动运用阶级分析方法方面起了重要作用的是杰弗里·帕廷顿的《两个马克思主义和教育史》一文。该文引起不同专业的背景的学者对教育史研究的广泛兴趣。帕廷顿认为，澳大利亚教育史家主要是利用马克思主义的理论和方法分析19世纪后半期南澳大利亚教育变化的历史，其观点可以概况为以下几点：（1）义务教育是中产阶级控制工人阶级的工具；（2）义务教育的课程，无论是显性课程还是隐性课程，都是受中产阶级的意识形态所控制的；（3）通过劳工运动给予义务教育的支持只是阶级背叛的一种形式；（4）逃学和毁坏教室是工人阶级抵制中产阶级意识霸权的一种武器；（5）私立学校、教会学校主要提供给工人阶级的孩子；（6）不平等的学业结果是教育不公平的明显标志。②马金森认为，布迪厄的"文化资本"可能在澳大利亚并不适合，因为与法国相比，澳大利亚并没有稳定的阶级文化，世袭的文化更多的是处于从属地位。③

　　20世纪70年代，法国教育史学家开始关注社会学家的研究，认为社会学为教育史研究提供了新的研究方法和新视野。他们运用社会学的研究方法和模式

---

① B. Bessant，*Schooling in the Colony and State of Victoria*（Melbourne：La Trobe University，1983）；*Mother State and Her Little Ones*：*Children and Youth in Australia 1860s—1930s*（Melbourne：Centre for Youth & Community Studies，Phillip Institute of Technology，1987）.

② Geoffrey Partingtion，"Two Marxisms and the History of Education"，*History of Education*，no.4（1984），251—270.

③ ［澳］西蒙·马金森：《现代澳大利亚教育史——1960年以来的政府、经济与公民》，周心红、蒋欣译，浙江大学出版社2007年版，第XV页。

重新阐释学校教育的发展。马克思在探讨经济制度运作过程中指出，每一种社会生产过程，同时也都是一种再生产的过程。法国许多研究者引用马克思的再生产理论（Reproduction）批判学校教育的不合理，指责学校已经成为统治阶层（Dominant Class）的知识、经济、权力、意识形态的再生产工具，课程与教学则是再生产的社会劳动分工，其目的旨在合法化现行的社会运作机制，维系社会既存的统治关系，以保障优势阶层的利益。正如前文所说，当加拿大马克思主义教育史学家对"社会控制"理论着迷时，在欧洲尤其是法国，"阶级""社会分层""社会流动"和教育的关系成为教育史家关注的重点。20世纪70年代末，大量的书籍和论文运用马克思主义的方法讨论的是欧洲的精英阶层、社会结构和高等教育之间的关系。

在二战后的德国，教育史研究呈现明显的马克思主义取向。1956年，由27位民主德国教育史学家联合撰写的《教育史》，至1976年已经再版12次，印刷超过10万册。该书是民主德国教师培训的标准教材及官方指定教材，从中可清晰地看出"二战"后民主德国教育史学的马克思主义特征。这本书有着三个目标：（1）为马克思主义的社会培养社会主义的教师，提供一个建立在预先设定的正确的意识形态下的教育史；（2）教育史学是展示马克思主义辩证发展过程的一个学术领域；（3）在所有事实都得到了正确检验的情况下，找到和使用被中产阶级教育史学家们忽视的资源、文件和作品。马克思主义史学在联邦德国的发展及所取得的成就对联邦德国20世纪六七十年代兴起的教育社会史学产生了很大的影响。一批教育史学家从不同的侧面研究教育社会史，他们特别重视将教育和阶级、工人运动、19世纪的工业化、家庭、工作和业余生活、社会地位的升降、社会不平等斗争和革命等社会历史现象联系起进行研究。在研究方法上，他们综合了传统马克思主义的历史唯物主义方法、现代化方法、韦伯的理论、社会不平等理论以及其他方法。京特·莱维（Guenter Lewy）指出，这种新的批判教育学和教育史"从马克思主义及法兰克福学派那里受到很多启发，多运用马克思主义和新左派的思想和方法来研究20世纪六七十年代德国的教育"[①]。

综上所述，西方马克思主义教育史学家提出了有别于传统教育史学的理论和方法，主要表现在以"自下而上"的视角研究教育史，研究对象由传统教育史学的精英人物转到下层人民尤其是工人阶级群众的教育史。他们通过在广泛的社会背景下重新分析学校教育，建立学校与家庭、国家、文化、经济和社会的变化之间的关系，努力在解释教育史的框架中慎重、自觉地关注假设、理论和方法，集中研究教育体制的形成与发展，推动教育史从二战前缺乏活力的死水中回归到历史学的主流。

（周　采　武翠红）

附录：相关文献

1. 陈启能、于沛、姜芃、张雅琴、朱政惠、张耕华：《马克思主义史学新探》，社会科学文献出版社1999年版。

2. ［英］杰弗里·巴勒克拉夫：《当代史学主要趋势》，杨豫译，北京大学出版社2006年版。

3. 周采：《美国教育史学的嬗变与超越》，人民教育出版2006年版。

4. 蒋大椿：《当代中国史学思潮与马克思主义历史观的发展》，载《历史研究》2001年第4期。

5. 王加丰：《20世纪美国马克思主义史学的几个问题》，载《史学理论研究》2007年第2期。

6. 于沛、李杰：《唯物史观与历史研究》，载《史学理论研究》2006年第3期。

[①] Guenter Lewy, "The Persiting Heritage of the 1960s in West German Higher Education", *Minerva*, vol.18, no.1（1980）, 1—28.

第二十二章
多元文化主义与美国教育史学研究

    为什么提出多元文化问题？因为"文化"一词含义极为复杂。曾有美国学者试图着手弄清"文化"一词在英语中的各种用法，竟然收集到200多种各不相同的定义。①多元文化的问题也在多个学科、跨学科领域被广泛研究。本章所述多元文化主要指向"族群"这一方向，在较为限定的范围和意义内使用。从多元文化视角看教育史学，是对教育史学的一种定向研究，注定是有视角局限的，也是其意义和价值所在。至少在某一方面和维度，可以加深对教育历史学的理解，不失为一种教育史学研究方式和立场。

---

① ［美］彼得·伯克：《文化史的风景》，丰华琴、刘艳译，北京大学出版社2013年版，第1页。

第一节　教育史研究的多元文化主义主题与视角

一、何谓多元文化主义

美国作为一个多元文化社会的事实，并无太多争议。在这个多元文化社会中，中心与边缘、少数与多数、主流与非主流，始终纠缠于美国历史。教育史学同样需要面对和回答这个多元文化课题。美国教育史家的教育史写作在塑造了美国教育史学的同时，自觉或不自觉地、直接或间接地回应了美国的多元文化问题。另一方面，美国教育史学本身也处于多元文化的具体情境之中，以其自身独特的史学实践塑造了美国的多元文化问题。以问题为牵引和线索重读美国教育史作品，可以一窥美国教育史学的另一维度。追溯不同代际的美国教育史家对多元文化问题的解答，体味其中的相同、相通、相似，辨别其中的差异、反差、抵牾，有助于理解美国教育史，也有益于丰富美国教育史学的知识库藏。在此视域下对美国教育史学作一次线索拉引勾勒，可以讲述一个美国教育史学的故事。多元文化视角的教育史研究凸显了美国教育历史的另一景象，为研究提供了工具和方便。在美国的文化语境下，多元文化与移民、族群和宗教团体高度相关。多元文化问题的边界并不固定，但凡涉及边缘、少数和非主流，多元文化问题都可能渗透其中，诸如女性、残疾人和同性恋等问题。在多元文化问题上所持的立场、观点和看法以及处理对策和实践方式，就理论思潮和意识形态而言，较有影响的是多元文化主义。

多元文化主义（multiculturalism）作为一个概念的使用，可以上溯到20世纪五六十年代。在西方特别是在美国，多元文化主义成为热门的话题主要是在20世纪90年代。作为一种理论思潮和意识形态，多元文化主义在教育学、历史学、文化评论和政治哲学等领域被广泛使用和探讨。当代多元文化主义理论最为坚定的擎旗手无疑是加拿大的著名政治哲学家威尔·金里卡（Will Kymlicka）。[①]金里卡认为多元文化主义与自由主义是可以兼容并存的一种意识形态，多元文化主义的差异化平等可以克服自由主义平等过于形式化的问题，从而追求、实现更有深度和意涵的平等。当然，多元文化主义与自由主义之间的复杂关系注定是要继续纠缠下去。"多元文化主义的理论核心是承认普遍性的主张可以在不同的文化当中以不同的方式来实现，因而应该重新定义自由主义理论范畴中关于人类幸福与人类尊严的概念，不能在民族主义的意识形态下来理解这种解读道德的方式。因此，取代作为社会共同纽带的民族主义是多元文化主义所面临的主要政治挑战之一。"[②]多元文化主义已经消退，但并没有消失，仍是一种值得思考和尊重的理论思潮和意识形态。在教育史学研究中借用多元文化主义理论不仅未过时，而且有助于分析美国教育史学在20世纪后几十年里的发展态势。上溯到更早的20世纪五六十年代，多元文化主义作为一种对多元文化问题的回应，在其诞生之前尚有相似的变体，文化多元主义即为一种。[③]而在美国熔炉理论盛行的年代以及更早的西方社会历史中，处理多元文化最为流行和强势的方式是"同化"理论。

对多元文化主义进行了上述粗线条的历史追踪之后，再来关注美国教育史家对美国教育历史多元文化问题的回应解答，可以有更清晰的框架线索。（1）传统教育史家卡伯莱笔下的美国教育史讴歌了"伟大的多数"，其对多元文化问题的解答是不言而喻的。为什么卡伯莱会这样回答？这样的回答有没有遮蔽美国教育历史的另外一些方面？（2）L. A. 克雷明（L. A. Cremin）的综合大故事上演了怎样的剧情？主角有没有变化？少数、边缘、支流处于什么地位？克雷明与卡伯

---

① 王俊芳：《加拿大多元文化主义政策》，中国社会科学出版社2013年版，第4页。
② 李丽红编：《多元文化主义》，浙江大学出版社2011年版，第2页。
③ 余志森主编：《美国多元文化研究》，华东师范大学出版社2012年版，第6页。

莱在多元文化问题上的观点应如何比较？（3）美国激进教育史家登上历史舞台后，谁对多元文化问题给予了有力的回应？乔尔·斯普林（Joel Spring）作为一个拥有印第安人血统与身份的教育史家对于多元文化问题的回应与解释有何独到之处？除了史家的出身与身份之外，什么才是影响教育史家立场和态度的关键？斯普林对美国教育史的多元文化主义解释到底有多激进？

以多元文化视角叩问20世纪的美国教育史学，透过关键代表人物的具体教育史学实践呈现美国教育历史的多元文化世界，可以发现美国教育史家对于多元文化问题的回应的目的还是在于对美国共同体的追求、向往与冀望，虽然对于这个共同体的意涵，每一时代的教育史家的认识并不完全相同。美国三代教育史家在其教育史著述中所描绘的美国教育历史的多元文化世界都有着某种民族认同的指向，其教育史学实践亦是"笔为利剑"，旨在追求族群身份认同。

二、美国多元文化的立场光谱

以文化视角看，美国族群结构的多元存在与复杂关系相应表征为美国社会的多元文化及其结构与关系。如何看待和处理多元文化中的各个族群文化及其相互关系，折射出的是人们的价值观和身份立场，教育史家不免立场难以取舍而鲜有绝对的中立。从美国社会与历史的族群关系演变与多元文化变迁，也看得出期间美国社会的不同价值立场及其光谱连续体。

美国族群结构的形成经历了几百年的历史。种族问题与利益纠葛的关系史盘根错节，贯穿其中的是平等诉求与和谐追求。平等受到时代的限制和族群的局限：谁的平等，何时的平等，始终是美国族群关系史上的重要问题，其答案似乎简单却不可解。印第安事务局对儿童教育深度介入，剥夺了其父母的自然权利，收留印第安儿童的土著学校或许可以说是最为温情也是最为霸道的同化机器。

纵观美国族群关系史，最为紧张的始终是白人与黑人之间的种族关系。黑人群体在历史上曾经比白人大得多，围绕黑人的种族问题深入美国骨髓，其痛楚也持久不断。对黑人的偏见与歧视从"隔离但平等"的公开性制度设定就可见一斑。一个以守护美国宪法为宗旨并奉行宪法的平等权为己任的最高法院，创设出独一无二的"隔离性平等"，反映出20世纪前后美国白人族群的无端傲慢和深度偏见，这是一种连同化也不如的立场退步与价值下降。这种隔离事实上对美国黑人群体造成了直接的伤害，也间接伤害了美国社会自身，包括美国社会各个族群。"布朗案"揭开了美国族群关系史的新篇章。约翰逊总统的民权法案的出台，使美国的族群关系逐步向平等方向迈进，制度性的设置摒弃了隔离的手段与理念，重拾同化、接受、认同的火炬。二战以后，美国黑人的民权抗争及其取得的有效成果，对美国族群关系的改善，对有色人种族群社会地位与文化模式的意义，无疑具有重要的意义。

无论是覆盖面较广的制度设定和法律创立还是具体的案件和个案行动，在直接的社会现象表面之外，处理美国族群关系的具体实践催生了种种理论思潮。与"多元文化"一词最为直接和紧密的理论思潮应该是"多元文化主义"。一般认为，多元文化主义大致兴起于20世纪60年代，在作为一种理论、观点与解释的同时，多元文化主义也是一种重要的社会运动，它号召在文化群体间进行重新建构与重新界定。从某种意义上说，多元文化主义是一种多中心的无等级的社会观点，在美国的语境下检验不同民族、不同阶级和不同后裔问题。研究这些不同集团的相互关系和各自不同的贡献，无疑有助于把握美国多元文化传统的复杂性。[1]多元文化虽然一般被认为首先因缘于族群文化的多样性问题，但后来的发展还是扩及阶级和同性恋等范畴，特别是一些少数群体与利益集团的相互关系与利益抗争问题。将少数群体紧密联系在一起，向将不同社会文化群体分成"主要""次要"和"标准"的等级制发起挑战是多元文化主义的特征与诉求。[2]

在美国，多元文化主义思潮在20世纪90年代最为高涨，进入21世纪之后走

---

[1] 余志森主编：《美国多元文化研究》，华东师范大学出版社2012年版，第6—7页。

[2] Stam, *Multiculturalism*（Cambridge：Blackwell，1994），320.

向式微。与多元文化主义思潮在20世纪90年代美国社会中的流行相关联的一个重要社会文化话语现象是当时美国社会的"文化战争"的争论与运动。当时涉及同性恋和堕胎等方面的内容被广泛地称为没有硝烟的美国"文化战争",是对美国主流文化的一次巨大冲击,以至于有人倍感伤心于美国社会被深深地撕裂了。多元文化主义的前身是一种文化多元主义,1924年被卡伦首次提出和使用。文化多元主义(cultural pluralism)主张吸收民族和种族等少数群体的态度、信仰、风俗、语言和文化成就,以使主流社会文化更加丰富多彩,不同文化之间的差异也将逐步被人们容忍、接纳与吸收。文化多元主义与多元文化主义之间的差别主要在于:首先,就对象范围来说,多元文化主义涉及美国四大少数族群;文化多元主义则以美国欧洲移民文化范围为重。其次,两个概念对于美国少数族群文化价值的看法有较大差别,多元文化主义要求首先承认少数族群文化的价值、意义和贡献,少数族群文化与美国主流文化应是差异化共存和平等的,而文化多元主义是以主流文化为中心和优势的价值观。从不同族群的相互关系来看,相对于民族—族群排斥、分裂与灭绝的观点,多元文化主义和文化多元主义都是历史的进步。①

在美国历史上,还有熔炉理论与盎格鲁一致性理论。熔炉理论与盎格鲁一致性理论的差别主要还是在于熔炉理论要比盎格鲁一致性理论更相信美国社会所能熔炼的移民对象范围。不过对于美国有色人种,两者都基本上属于保留态度。简单来说,盎格鲁一致性理论主要是面对东欧人与南欧人而言的;熔炉理论的对象范围进一步扩大,包括了美国历史上重要的爱尔兰移民等全部欧洲移民以及部分有色人种,但20世纪初美国大陆生活着的亚洲移民等,尚是"不堪"熔炼的。追溯美国社会对于多元文化这一话题的不同概念与理论,大致上

---

① 广义上的同化,在美国的民族理论语境中,包括从盎格鲁一致论、熔炉理论和文化多元主义。这种广义同化理论是美国族群社会学的基本观点和主要理论分析框架。这种同化理论主要由美国著名社会学家戈登所创,可参见[美]米尔顿·M.戈登:《美国生活中的同化》,马戎译,译林出版社2015年版,第76页以下。

以盎格鲁一致性理论、熔炉理论、文化多元主义理论与多元文化主义理论这样的态度差别进行立场光谱的排队。当然，理论与概念的建构与界定是一个专门深入的思考，众多非专业人士对多元文化及其相关理论和概念的运用有时候是不严谨的，特别是这些理论与概念本身又是处于历史进程中的，其概念的外延与用法自身也经历着变化。

三、多元文化作为主题与视角

美国不同时期的教育史家的多元文化主题是有程度差别和价值立场差异的，以卡伯莱、克雷明与斯普林为主要代表，深入分析他们的代表作《美国公立教育》《美国教育》与《美国学校》，可以清晰地发现他们讲述了三个不同的教育史故事。从卡伯莱、克雷明到斯普林，依稀可见美国教育通史书写对于族群问题的日渐关注以及其中价值立场更趋宽容与平等的印迹。诚如斯普林所指出的那样，教科书中的颜色改善并不能与社会现实境遇直接画等号，但教育史的书写可以为美国社会的族群关系作出特殊的贡献。多元文化主题的持续关注与继续深化需要教育史学家的认真对待。以族群关系与种族问题为中心的多元文化主题，就教育史学来说是一个新的课题，这个主题具有鲜明的时代特征，可以为教育史学开辟出新的知识空间与学术领地。研究教育史上的族群关系与种族问题，可以细化和深化教育史认知，更好地理解教育与历史。当代教育史学在身处困境、面临挑战之际，也在不断寻求突围之策，各种新的主题研究不时涌现。与女性教育史、城市教育史、家庭教育史等各种新的主题与领域研究相似，教育史学的多元文化主题呼唤对教育史上各种族群的历史研究。西方移民国家兴起的少数族裔研究与教育史学的多元文化主题直接相关。

多元文化已成为教育史学研究的重要课题，美国只是一个国别个案。从理论上讲，任何一个多民族、多族群的国家与地区都应推进与加强教育史学的多元文化研究与反思，但并不排斥教育史学其他主题的共存。美国教育史学亦是如此。需要指出的是，这个多元文化视角有"角度"的大小之分，因为"一个全面的多元文化还应该包括残疾人、妇女、同性恋和双性恋的视角"①。族群关系主题在本质上聚焦种族族群的多元文化视角，相对于全面、广义的多元文化视角而言，是一种狭义的视角。但多元文化首先发轫于种族族群问题，而后才推广到残疾人、妇女、同性恋和双性恋等群体。至于多元文化视角的边界到底在哪里，什么样的宽窄程度的多元文化视角才是最为合适的，则有待进一步的实践检验。教育史学研究在接受多元文化视角的同时，也应对其他视角保持开放，持一种更为谦虚的心境。

第二节　美国教育史的多元文化故事

多元文化，顾名思义，意味着文化的多样性。美国文化往往与移民文化相联系。美国之文化大观园，无论是"大熔炉""色拉拼盘"还是"万花筒"之多种隐喻无一不承认"多样性"这个基本事实。美国是一个多元文化的国度与社会，文化多样性是其基本特征，多元文化之"多"毋庸多言。而"元"在美国社会文化中，是指代各种群体的，可以是性别群体、宗教群体，也可以是阶层群体、人种群体和族裔群体等。斯普林曾尖锐地指出，美国历史上的种族与文化冲突确凿无疑，种族主义是美国教育史的组成基础之一。②

---

① ［美］厄本、瓦格纳：《美国教育：一部历史档案》，周晟、谢爱磊译，中国人民大学出版社2009年版，第528页。

② Joel Spring, *Deculturalization and The Struggle for Equality: A Brief History of The Education of Dominated Cultures in The United States* (Boston：McGraw-Hill，2001), 2—3.

一、传统教育史学的文化同化故事

卡伯莱被誉为美国教育史学史上具有划时代标志意义的人物，《美国公立教育》是奠定其在教育史学领域关键历史地位的代表性作品，是第一个绕不开的历史坐标。他在书中实际上就是讲述了一个故事——一个公立学校出生、成长、发育并日渐成熟的经历。这个大故事的主体或说公立学校命运的关键经历，就是卡伯莱描述的"七大战役"。战役的结束以州立大学的建立标志着制度建构的最终完成——一套涵盖初等、中等和高等教育的基本公立教育体系，美国免费的公立学校制度已经建立起来。他甚至准确断言，到1860年，至少在原则上，美国北部各州的公立学校制度已经确立。虽然很多具体的教育工作还要继续，但公立学校教育的基本原则已经深入人心，民主已经获得胜利。[①]在他看来，美国公立学校制度的基本原则、精神和理念将不断在既有基础上在美国各州落地生根，开花结果。公立学校制度是美国教育的真谛所在和精神命脉。这套基本教育制度由税收支持，免费、平等地面向美国人开放；它摆脱了教派的控制，掌握在人民及其代表手中；从小学到中学再到大学对其加冕，将真正实现美国人民的团结，实践"合众为一"的国家格言。南北内战结束以及20世纪的新变化，促使其进而走向向下延伸的幼儿园、向上延伸的成人教育，都是公立学校制度的内在逻辑要求，新的教育观念的拓展和新的学校发展方向，都是这个公立学校制度躯体的自然成长使然。

卡伯莱的《美国公立教育》成书前后，欧洲经历了第一次世界大战后的某种文明没落。在他看来，欧洲英法德的黄金时代将要结束，[②]美国内部的边疆已到极限，1898年美西战争后确立的帝国战略举措，意味着美国积极参与和走

---

① Ellwood P. Cubberley，*Public Education in the United States*（Boston：Houghton Mifflin，1919），211—212.

② Ellwood P. Cubberley，*Public Education in the United States*，（Boston：Houghton Mifflin，1919），502.

向世界的新秩序。在卡伯莱看来，第一场帝国主义战争（美西战争）是一场正义的解放战争，古巴、波多黎各和菲律宾从西班牙的统治中得到解放，而美国俨然是救世主和解放者。①同样的，英法在殖民活动中的学校创建，也被卡伯莱视为正义的自由——解放之举。卡伯莱的资本主义价值观表露无遗。美国的对内民主对外殖民，在卡伯莱等美国主流话语群体中，是内在统一的。1914年被卡伯莱认为是美国的天降机遇，②世界大战后的新生活新秩序需要美国，而美国也有这个禀赋能力——很重要的一点就是美国建立了优越的基本教育制度体系。卡尔·西奥多·雅斯贝尔斯（Karl Theodor Jaspers）曾有"轴心时代"一说，而在1885年，当时家喻户晓、德高望重的乔塞亚·斯特朗（Josiah Strong）在《我们的国家》一书中就提出历史上总有伟大时刻对历史的未来将有决定性影响，他认为美国人生活在一个特殊的时代。③美国甚至整个世界的命运都受控于当时的美国人，美国人能抓住机遇拯救世界是时代的中心问题。④在20世纪初，美国人抚今追昔，已经有着美国世纪的憧憬与展望。早在19世纪30年代，美国就有一种美国例外论或卓越论，即认为美利坚合众国因具有独一无二的国家起源、文教背景、历史进展以及突出的政策与宗教体制，故世上其他国家皆无可比拟。美国就是一个山巅之城，受世界瞩目。美国有着上帝交付的神圣使命。单从《美国公立教育》的字里行间就可清晰看出，卡伯莱深深地相信这一套，并以投身教育来践行其美国使命。当无数美国仁人志士追寻美国之路时，卡伯莱认为教育无疑是其中的关键。除为教育史课程提供教科书的直接动因之外，卡伯莱的教育史写作另有深意。或许正是那深意驱动，成为后人斥其教育史学为辉格史学的深层动因。

---

①② Ellwood P. Cubberley, *Public Education in the United States*, (Boston: Houghton Mifflin, 1919), 503.

③ ［美］劳伦斯·A. 克雷明：《美国教育史：城市化时期的历程》，朱旭东等译，北京师范大学出版社2002年版，第21页。

④ Washington Gladden, *Recollections* (Boston: Houghton Mifflin Company, 1909), 32.

在卡伯莱的历史书写中，特意对当时的移民特征和来源结构作了简略的图示。卡伯莱看到了当时相对少数的亚洲裔移民，也注意到了讲西班牙语的拉美裔移民，但并没有讨论他们的教育问题。卡伯莱没有对美国的黑人教育以及美国黑人与白人在教育领域的巨大不公与差别留下只言片语。美国教育的族群问题特别是其中的利益冲突和复杂矛盾，被卡伯莱一笔带过。卡伯莱的美国教育史学似乎是没有颜色的，如果一定要加上颜色，那也是白色的。卡伯莱以美国公立学校为中心的教育史故事是一个为白人盎格鲁——撒克逊新教徒（White Anglo-Saxon Protestant，简称WASP）文化代言的白色神话。

二、修正教育史学的文化调和故事

如上所述，"卡伯莱故事"是一个以宣扬和歌颂美国主流文化与价值为基调的教育史故事。克雷明[①]在其三卷本《美国教育》中讲述了不太相同的美国教育史故事。他重新定义了"教育"（education）："教育是为传递、引起或获得知识、态度、价值标准、技能或情感而作的审慎、系统和持续的努力，以及这种努力的所有成果。"[②]以这个定义为核心和基础，克雷明构建了教育生态学理论，以教育的新定义和新理论统摄美国的教育经验。克雷明完成了美国教育史的鸿篇巨著，开创了克雷明教育史学模式，可以说克雷明意在书写"教育结构"的历史，讲述各种社会教育机构的故事。美国教育史就是美国教育结构的历史，这是对克雷明标签化的但不失准确的概括。

在《美国教育》第二卷的前言中，克雷明对三卷本《美国教育》的书写思路进行了清晰的线索展示：第一卷把美国教育源头追溯到文艺复兴时期的欧洲，叙述了各种教育机构的移植与演变，阐述了其在美国独立运动中的作用。

---

① 准确地说是后期克雷明。整个克雷明教育史学或许可以大致划分为前后两个阶段和时期，前期的克雷明教育史学一般认为仍然归属于美国传统教育史史学范畴。后期的克雷明，特别是以《美国教育》为表征的克雷明，才是在美国教育史学史上占据重要历史地位的克雷明。

② Lawrence A. Cremin, *Public Education*（New York：Basic Books，1976），27.

第二卷旨在说明真正的美国本土教育的形成。什么才是美国教育，在这里，克雷明表达了他对真正的美国教育的历史形成的立场与观点。这种美国教育促使一种流行的融福音教派的教义、民主的向往和功利主义的奋斗精神于一体的理想的产生。第三卷不过是美国教育的一种时间延续，尽管有工业化、城市化、技术革新和向外扩张的时代特征所带来的变化和发展。[①]从克雷明的交代可以看出，《美国教育》的重点、关键和精髓是第二卷，或许也是第二卷的《美国教育》能斩获历史大奖的一个重要原因。在第二卷中，克雷明认为美国教育在美国建国的历程中真正地形成了。这是一种贯穿美国理想的教育，克雷明认为这种教育与理想有助于美国社会的统一，虽然它也同时激发了美国社会的内部冲突。在冲突中实现统一，是美国的教育、历史与社会的和谐、进步与统一。冲突，只是一种表象、一个框架、一个过程。有着美国教育及其历史的理想性展开，道路虽然是曲折的，前途却是光明的。这种理想是一束光，一道希望之光。克雷明注意到甚至非常细致地刻画和描述了教育历史过程中的种种冲突，种种不平等等黑暗面，但坚信融福音教派的教义、民主的向往和功利主义的奋斗精神于一体是美国的理想，在美国教育的历史发展中有非常重要的意义。克雷明和B. 贝林（B. Bailyn）都批判卡伯莱教育史学是一种辉格史学，但实际上，克雷明三卷本的《美国教育》是卡伯莱《美国公立学校》的升级版。

克雷明对美国有色人种教育经历的关注主要集中在黑人和印第安人的历史遭遇上，而其他有色人种的教育问题并没有被提升到类似的地位与高度，他关注的"被遗弃的人们"尚难覆盖拉美裔美国人与亚裔美国人。与斯普林相比，"被遗弃的人们"少了"多元文化"的更多意涵，因为非裔美国人的概念表明了一种对于族群文化权利与地位的承认，而克雷明的"被遗弃的人们"则少有族群文化身份归属与权利承认的意涵，多少暗示了克雷明在美国多元文化问题上的基本价值观念。克雷明讲述的美国教育故事主要还是美国白人族群的

---

① ［美］劳伦斯 A. 克雷明：《美国教育史：建国初期的历程（1783—1876）》，洪成文等译，北京师范大学出版2002年，第1页。

历史。这个白人族群以原先的WASP文化身份为主体，经过美国化，聚拢了部分欧洲移民的身份归属，在美国社会形成新教—盎格鲁—美国文化（Protestant Anglo-American Culture，简称PAAC）的主流文化身份与归属意识，即建国后美国政府领导人希望创造一种以"新教—盎格鲁—美国的价值观"（Protestant Anglo-American Values）为核心的民族文化。所以，克雷明的教育史故事相比卡伯莱的故事并非白茫茫一片，但中心与主流仍然存在，从卡伯莱到克雷明，美国教育史故事没有根本性的改变。以多元文化视角看美国教育史学的种族与族群主题，克雷明不过是一种修补与改良。

三、激进教育史学的文化战争故事

从卡伯莱到克雷明，从《美国公立教育》到《美国教育》，美国教育史故事由简单变得复杂。美国教育史多元文化世界的肤色界限发生了变动，但美国教育史的连续性与方向性并没有因为传统教育史学嬗变为修正教育史学而断裂或扭转。到了斯普林的《美国学校》，美国教育史学才发生了一些根本性的变化。

斯普林的《美国学校》不像卡伯莱的《美国公立教育》那样聚焦于美国公立学校运动，众多的章节难以形成"七大战役"之类的紧密叙事，各个章节之间的关系更为松散，最直接的线索变成了时间链条。在斯普林笔下，从1642年到20世纪90年代，美国教育史似乎只是简单地按时间顺序排列。从这个角度上说，《美国学校》没有《美国公立教育》那种明显的叙事性和故事性。斯普林只花了一两个章节介绍美国公共教育运动的内容和地位，主要从意识形态角度讨论了美国公共学校的问题。他大力压缩了美国公共学校运动的历史篇幅，部分的原因可能在于斯普林要面对两次世界大战后美国教育史的新进展。或许更为关键的一点在于斯普林的《美国学校》要为少数族群的教育史留下足够篇幅。爱尔兰天主教徒和之前的非裔美国人和土著美国人在美国公共学校运动的历史成为其基本的叙事要素。斯普林对美国公共学校运动塑造美国现代教育体系的贡献是同意并认可的，这是美国教育史的一个常识。[①]但斯普林的历史撰述不是要谱写一曲学校赞歌，而是想揭示和强调美国公共学校运动的动因，即当时的美国PAAC支持者尝试阻止美国文化走向多元文化社会的趋势。斯普林指出，在美国公共学校运动前夜，诺亚·韦伯斯特的统一民族文化除了面临非裔美国文化和土著美国文化的威胁之外，爱尔兰人的大移民带来的新的文化多样性也成为当时美国社会的一个重大焦虑。当时的欧洲白人主流群体担忧土著美国人和非裔美国人会玷污他们的白人血统，许多新英格兰定居者希望公共学校能够根除那些野蛮文化。[②]

不同于卡伯莱等传统教育史家对美国公立学校的撰述如此浓墨重彩，斯普林把目光更多地投向了美国少数族群在教育历史进程中的遭遇。少数族裔与美国学校历史的关联成为斯普林美国学校故事的重要因素和内容。斯普林笔下的土著美国人、非裔美国人和以爱尔兰天主教徒为代表的白人少数族群在19世纪美国教育史的地位始终不容忽视。斯普林使美国少数族群在19世纪的美国教育史舞台上登台亮相。随着拉美裔美国人和亚裔美国人在20世纪美国社会和历史中扮演的角色日益重要，斯普林的《美国学校》在20世纪的美国教育史研究领域展开了独特的篇章，使美国的各大少数族群走上教育史舞台。

斯普林对美国四大少数族群教育问题的历史探讨是《美国学校》的重中之重。实际上，斯普林在第一章所拟定的两大关键词"意识形态操纵"与"文化战争"正是通过四大少数族群争取教育平等的斗争而具体展开的，尤其是文化战争问题，主要的交战方正是土著美国人、非裔美国人、拉美裔美国人以及亚裔美国人。每一个少数族群专门有一章的篇幅展开他们的教育故事，而且主要描述他们争取教育机会与教育平等的事迹。毫无疑问，少数族群的教育史充满了血与泪，卡伯莱的赞美与克雷明的温情到了斯普林这里基本成了冷冰冰的面孔。在斯普林看来，美国的"公共学校"在漫长的过去从

---

① Joel Spring, *The American School：1642—1993*（Boston：McGraw-Hill，1994），62.
② Joel Spring, *The American School：1642—1993*（Boston：McGraw-Hill，1994），79.

来就不曾对所有孩子"公共"过。美国各大族群围绕文化主导和优势的争夺一直持续到20世纪的结束。①

第三节　美国教育史家的多元文化认同

美国教育史学的传统派、修正派与激进派在族群课题的多元文化色彩上可谓风格迥异。卡伯莱教育史学的多元文化故事是一个白色神话，克雷明书写的教育史故事发生了一些颜色变化，到了斯普林，美国教育史学发生了颜色革命，从中也可窥探出隐藏其后的教育史家的多元文化身份认同。

一、卡伯莱的WASP文化认同

卡伯莱及其《美国公立教育》是美国传统教育史学的重要标志，讲述了一个以美国公立学校为主角，以教育历史进步为基调的颂歌故事。从多元文化视角看，这主要是以美国白人族群事迹为基本故事的美国教育史，美国WASP主流文化与价值得到极度宣扬与褒奖。美国有色人种的声音与形象在卡伯莱的教育史故事中的分量十分有限，处于从属与边缘的地位。卡伯莱的教育史故事成为主流文化与价值强声的同时，不自觉地忽略甚至在无形中压制了美国教育史上的"他者"影像与声音。卡伯莱书写的美国教育史故事的意义与价值在传递某种教育史事实的同时，也影响和塑造着不同美国人的身份认同。这是一个具有卡伯莱标签特色的美国教育史多元文化世界，一个为主流文化与价值喝彩，张扬盎格鲁一致性的教育史故事的世界。利用事实为背景描绘美国教育演进的

① Joel Spring，*The American School：1642—2000*（Boston：McGraw-Hill，2001），100—101.

图景，把握美国教育发展的精神，是卡伯莱的信条。在对"美国教育精神"的把握上①，卡伯莱无疑是将其与美国民主生活联结起来了。卡伯莱的《美国公立教育》给出的一个结论是：美国教育，尤其是美国公立学校教育，建构了美国的优势文化，奠定了美国的民主生活。卡伯莱的《美国公立教育》最后呈现的是一个代表美国白人主流族群心声的故事。美国公立学校制度创立过程中的民主派战胜保守派，是美国民主生活方式的胜利，也是美国多元文化的主流与前进方向。

卡伯莱的《美国公立教育》没有对美国教育历史中的族群问题进行深入系统的探讨。当然，卡伯莱敏锐地看到了20世纪前后各国移民给美国社会特别是美国教育带来的深刻变化与迫切要求，这方面的教育史书写可以说是卡伯莱最接近美国族群关系问题的地方。正是在关于美国部分移民与美国教育关系的有限笔墨里，卡伯莱表达了其族群文化的价值立场。根据卡伯莱在书中的描述，他当时认识和关切到了美国的众多少数族群。在卡伯莱眼里，这些少数族群首先是来自欧洲的白人少数族群，其中尤以来自德国、爱尔兰和意大利的移民为主。在卡伯莱的美国公立教育历史进程的漫长画卷中，德语与路德教派的学校是一道不容忽视的风景，此外，天主教学校与来自爱尔兰和意大利的移民关联紧密；卡伯莱给予了这些来自欧洲的老移民和新移民一定的历史地位。在《美国公立教育》一书中，"同化"一词是直接使用的。同时，卡伯莱的教育史书写时代，正是美国话剧《熔炉》火热后的时代，卡伯莱显然同意"熔炉"的基本主张，即实现美国的民族同化。基于民族同化观念，卡伯莱坚信欧洲移民在美国社会的熔炼是一种可能的希望与将来，其中，公立学校将切实发挥出它的建设性功能。从卡伯莱对主流文化的认同，以及他对社会达尔文主义的热衷，可见卡伯莱所谓"同化"最终还是以WASP文化为旨归。

---

① Ellwood P. Cubberley, *Public Education in the United States* (Boston: Houghton Mifflin, 1919), xiii.

二、克雷明的PAAC文化认同

克雷明的三卷本的《美国教育》是美国修正主义教育史学的重要标志，他的鸿篇巨著讲述了一个关于美国教育结构的复杂故事，一个以美国教育经验"和谐"为整体特征的教育史故事。以多元文化视角看，这是一部相比《美国公立教育》加入了更多"他者"声音与影像的美国教育史。但在克雷明看来，美国终归是以PAAC文化为核心的多元文化社会，美国教育史是融福音教义、民主向往与功利主义三位一体的教育理想的展开。美国的英雄足迹在遗忘黑人、印第安人等"他者"的同时继续前进，教育史故事画卷的颜色被一定程度重描了，从而表现出一种相比卡伯莱白色神话的颜色改良。

"克雷明故事"的书写最终仍是一个立足美国主流族群与文化的教育史书写。克雷明认为，民主的向往是美国教育理想的重要方面，可以通过教育为美国的民主生活做好准备。[①]面对多元文化和"他者"声音，克雷明选择在尊重和宽容少数与边缘的同时，为美国的主流和多数辩护，寻找他在历史中发现的美国"共识"与"一致"，从而显示出多样性基础上整体"和谐"的美国教育史多元文化世界。凝聚共识，追求和谐，调和美国多元文化，这是克雷明的美国教育史。如果说卡伯莱故事的WASP书写模式，在多元文化问题上带有一种天然的狭隘性的话，那么克雷明无疑走出了这种狭隘性。

虽然美国主流价值在克雷明的教育史故事中继续发出响亮的声音，但他的折中主义立场也给读者留下深刻印象。他没有忘记美国黑人和印第安人的苦难岁月，以及他们在教育上的自我奋斗。克雷明笔下的复杂故事之宏伟瑰丽很大程度上根源于其更为开阔的文化视角。克雷明发现和归纳的融福音教派的教义、民主的向往和功利主义的奋斗精神于一体的美国教育理想，丰富了美国主流文化基本价值观的内涵。与卡伯莱相比，克雷明所塑造的美国教育史多元文化世界呈现出更多族群文化色彩。克雷明看到了20世纪美国四大少数族群的教

---

① Lawrence A. Cremin，*Public Education*（New York：Basic Books，1976），6.

育抗争以及遭受的偏见与歧视。美国少数有色人群通过自我学习的成长奋斗，可以接近和走入美国主流文化，共享美国主流价值。另一方面，克雷明认为美国少数族群的文化仍属边缘，不足以构成美国教育的主线。他的《美国教育》主要是为主流社会服务的，是为了纪念美国教育部百年庆典的一部作品，[①]具有为政府官方服务的背景与色彩。

三、斯普林的少数族群文化认同

斯普林的《美国学校》是美国激进主义教育史学阵营的一部重要作品，同样是讲述美国学校的故事，但立场和写作与卡伯莱大不相同。以多元文化视角来看，斯普林对美国教育史上的族群文化关系做出了重新定位。美国四大少数族群的经历与故事占据了美国教育史的众多篇幅，美国学校成为文化战争的重要场所。斯普林的故事发出了更多的边缘声音，展现了更丰富的少数族群的教育史画面。文化战争的残酷经历意味着美国教育史上少数族群遭受的某种文化剥夺，偏见与歧视是美国教育史不容否认的阴暗面。通过为少数族群发声，在呈现某种教育史真相之外，斯普林冀望新的教育史故事能够启发读者的反思，为美国教育史的种族问题寻找批判性思考的答案。斯普林彰显的美国教育史多元文化世界是一个有根本价值转向的教育史世界。

斯普林注意到社会的政治和经济力量是如何形成现代社会的观念，而"学校是许多企图操纵社会中观念传播的机构的一种"。[②]在斯普林的教育史故事中，学校成了观念传递和价值形成的一个场所，一个容器。观念、价值、文化和利益都可以也必然在其中交涉、竞争乃至厮杀决斗，最后获得胜利的总是那些最有力量和最有活力的利益集团与文化群体。让这些原本处于暗箱操作的过程显现出来，是斯普林所认为的一种美国教育史。所以，斯普林教育史学及其

---

① ［美］劳伦斯 A. 克雷明：《美国教育史：殖民地时期的历程（1607—1783）》，周玉军等译，北京师范大学出版社2003年版，第4页。

② Joel Spring，*The American School：1642—2000*（Boston：McGraw-Hill，2001），3.

故事讲述偏向一种政治属性和维度。围绕美国学校的利益争夺和权力支配，政府与市场，行政、立法与司法，学校、社区、家长、教育委员会、基金会……各方粉墨登场，主流价值和弱势群体，中心与边缘，在斯普林看来，美国学校简直就是美国社会的缩影。斯普林认为，学校教育"并不总是有利于个人或社会"①。

不像卡伯莱和克雷明对教育抱有更多的信心和更深的情怀，斯普林的学校故事有着更多的血和泪，更多的冲突与不平。这种不如克雷明"和谐"，也没有卡伯莱"进步"的教育史故事，蕴含和传递的观念价值显然不是美国社会的主流价值。相反，斯普林的学校故事所传达的正是冲击和反抗美国传统主流价值观念的不同声音。这里的声音很大部分源自多少被斯普林放大了的美国少数族群的教育史心声。一个不容忽视的直接因素就是，斯普林具有纯正的印第安人血统，并有明确的自我认知，非常强调自己的"血统"和"登记在册"的美国印第安人身份，②由此可见斯普林对自我身份和文化的认同与骄傲。这种身份意识和文化归属无疑是斯普林更能看到和尊重美国历史和文化中的边缘和少数的关键动因。他对自己的族裔抱有深切的自我认同，渴望得到主流价值和主流文化的尊重和认同。斯普林的"激进主义"教育史学与传统教育史学和温和修正派教育史学有着截然不同的立场和态度。

（冯　强）

附录：相关文献

1. ［美］科普曼：《理解人类差异——美国的多元文化教育》，腾星译，中央民族大学出版社2011年版。

2. 李丽红编：《多元文化主义》，浙江大学出版社2011年版。

---

① ［美］乔尔·斯普林：《美国教育》，张弛、张斌贤译，安徽教育出版社2010年版，第9页。
② ［美］乔尔·斯普林：《美国学校：教育传统与变革》，史静寰等译，人民教育出版社2010年版，第1页。

3. 王俊芳：《加拿大多元文化主义政策》，中国社会科学出版社2013年版。

4. 余志森主编：《美国多元文化研究》，华东师范大学出版社2012年版。

5. 王希：《多元文化主义的起源、实践与局限性》，载《美国研究》2000年第2期。

6. 周采：《多元文化主义视阈下的美国教育史研究》，载《教育学报》2015年第3期。

7. 周采：《关于教育史编纂的若干思考》，载《河北师范大学学报》（教育科学版）2017年第6期。

第二十三章

新文化史与教育史学

　　兴盛于20世纪80至90年代的新文化史是当代西方的一种新的史学流派。该流派颠覆了盛行一时的社会史模式，其研究的主要路径是人类学和文化理论，将语言看作隐喻，显示出对于权力关系的深刻关注。新文化史家围绕历史研究方法展开了具有启发意义的讨论，使历史更接近广大公众，扩展了史学家的研究领域，取得了令人瞩目的集体成就。教育史研究者能够从新文化史中得到诸多启发，思考新文化史家提出的一些重要理论问题，尝试从文化角度解释教育史，从经典文化史和新文化史的经典中汲取与教育史研究有关的养料，进而从教育史学史的角度研究新文化史对于各国教育史学发展的影响。

第一节　新文化史与教育史研究

自古希腊以来，西方就有着悠久的文化史研究传统。希罗多德的《历史》被视为一部文化史，关注希腊世界与其他文明的互动和交流。在第二次世界大战以前，出现了许多文化史的经典作品。20世纪中期以来，西方史学先是从传统史学转向社会科学化史学，后来又经历了从新社会史到新文化史的发展历程。新文化史的真正突破发生在20世纪70年代初，20世纪80至90年代是新文化史发展的兴盛时期，形成了引人注目的新文化史运动。该运动对各国历史学的发展产生深远影响，也对教育史研究有诸多重要启发。

一、新文化史运动

"文化"一词包括多重不同的含义。文学理论家雷蒙·威廉斯（Raymond Williams）把文化称为"英语世界中最为复杂的两三个概念之一"[①]。他试图通过研究各个历史时期该词的用法，解释其多重交叉含义。到20世纪，文化在总体上用以表示象征体系。彼得·伯克（Peter Burke）认为，文化史这个名称也不是什么新发明，早在200多年前的德国，就已经有在"文化史"（kulturgeschichte）名义下进行的研究。[②]再往前追溯，文化史早在古希腊就出现了，希罗多德的《历史》被视为一部文化史，其视野广阔，包罗万象，可以从中看到希腊世界与其他文明的互动和交流。但在希罗多德之后，史家似乎更注重当代史和政治军事史，如修昔底德的《伯罗奔尼撒战争史》。在19世纪，

①　［英］西蒙·冈恩：《历史学与文化理论》，韩炯译，北京大学出版社2012年版，第61页。
②　［英］彼得·伯克：《什么是文化史》，蔡玉辉译，北京大学出版社2009年版，第6页。

民族史学兴起，兰克注重政府档案，历史研究的范围变得更窄了。

彼得·伯克将1800年至1950年称为文化史的"经典"时期，著名的文化史作品包括瑞士历史学家雅各布·布克哈特（Jacob Burckhardt）的《意大利文艺复兴时期的文化》（1860），荷兰历史学家约翰·赫伊津哈（Johan Huizinga）的《中世纪之秋》（1919），以及英国历史学家G. M. 扬（G. M. Young）的《维多利亚时代的英格兰》（1936）。马克斯·韦伯（Max Weber）的《新教伦理与资本主义精神》（1904）也被认为是一部文化史著作，其要点是为经济变化做出文化解释。诺贝特·埃利亚斯（Norbert Elias）的《文明的进程》（1939）实质上也是一本文化史。

新文化史的兴起与战后历史学的总体变化相关联，特别是与历史观念和史学观念的变化密切联系。文化史得以重新发现的原因在于当代史学的困境，与后现代主义对历史学、历史写作的冲击及其后果有关，后现代主义其实是对现代性的一种反思。战后，西方不再是世界的主宰，并为自身存在的许多问题所困扰，"大写历史"走向衰落，人们对兰克的"如实直书"产生了怀疑，进而对"小写历史"产生了研究兴趣，历史认知的问题被提上议事日程。"其结果就是，原来视为天经地义的历史的规律性发展，不断为人所怀疑。而后现代主义的主要论题之一，就是质疑启蒙思想所揭橥的历史发展的规律或上面所说的历史的一线形的发展。"[①]一些学者过去主张不变的理性，现在他们的兴趣日益转向价值观即特定群体的时代和特定地点所持有的价值观。

文化史被重新发现或者说新文化史的真正的突破发生在20世纪70年代初。在各门学科中，对文化、文化史以及文化研究的兴趣越来越明显。"20世纪八九十年代是新文化史迅速扩张的时期，涌现出一大批新的经典著作，一方面用文化研究的角度和方法刷新了传统政治史、思想史、社会史等领域，同时更开拓出史学研究的诸多新领域，构成了波澜壮阔的新文化史运动。"[②]新的经典

---

① 王晴佳：《新史学讲演录》，中国人民大学出版社2010年版，第27页。
② ［美］林·亨特：《新文化史》，姜进译，华东师范大学出版社2011年版，第3页。

作品涵盖了多个领域，包括政治文化史、社会文化史、物质文化史、感性文化史、身体形态史和媒体与传播史等，其发展的结果，就是颠覆了盛行一时的社会史模式。20世纪90年代以后，新文化史渐入颓势。

美国当代史家林·亨特（Lynn Hunt）是一位公认的新文化史的领军人物。她主编的《新文化史》（1989）和《超越文化的转向》（1997）成为人们了解新文化史的必读书目。前者明确打出"新文化史"的大旗，确定了历史学主流之"文化转向"（the cultural turn）；后者则进入了每个学派发展到一定时期应有的自我批评的阶段。在林·亨特之后，新文化史作为一个学派不断更新，开始从重大的历史事件转到比较边缘的、以往为人所忽视的领域，研究更加微观的历史现象。"如果说对叙事的关注构成了过去20多年中历史书写的确定特征之一的话，那么，'文化转向'（culture turn）似乎是一个更宽广的运动，它横扫整个人文学科领域，并且囊括从意义建构到商品消费等各种形式的文化。因此，在新形式的理论与新类型的史学关系中，文化的概念居于核心地位。"①在新文化史兴起之初，也有一些著名的新文化史著作考察的是重大的历史事件，如英国马克思主义史家爱德华·P. 汤普逊（Edward P. Thompson）的《英国工人阶级的形成》就是一部对新文化史的兴起极具启发性的著作，他是将"文化"引入史学领域的先驱之一。

二、新文化史的研究路径

新文化史的研究主要有两个进路，一个是人类学，另一个是文化理论。在人类学和文学模式之间以及各自内部存在着很多差异，但两者也有共性，主要表现在都将语言看作隐喻，显示出对于权力关系的深刻关注，象征性行动如屠猫和暴动等被放进文本或语言的框架中被解读或解码。林·亨特主编的《新文化史》的第一部分检视了文化史诸种模式，第二部分则举了一些具体例子以展

---

① ［英］西蒙·冈恩：《历史学与文化理论》，韩炯译，北京大学出版社2012年版，第61页。

示当时正在进行的新研究。她在该书的导论中回顾了新文化史兴起的历程，揭示了新文化史与文化理论和人类学的密切关系。林·亨特认为，文化史是一门诠释的科学，其中心任务在于破解含义，而非因果解释。

新文化史的兴起与先前的社会史研究朝着文化史的转向有着重要的联系。林·亨特认为，历史研究中的社会学转向受到两种支配性解释范式即马克思主义和年鉴学派的影响。但进入20世纪80年代，在马克思主义和年鉴派史学解释模式中发生了研究重点的重大转移，两派史学家对文化史的兴趣日益浓厚，他们转向了人类学，试图寻找另一种把文化和社会联系起来的方法。马克思主义史学中的这种转向的突出表现是汤普森的《英国工人阶级的形成》。与此同时，该学派对语言也越来越有兴趣。年鉴学派第四代史学家罗杰·夏尔提埃（Roger Chartier）和雅克·瑞威尔（Jacques Revel）则深受米歇尔·福柯（Michel Foucault）对社会史的基本预设批评的影响，转向考察文化的实践。福柯透过权力技术的多棱镜研究文化，并策略性地将此多棱镜放置在话语之中，在文化史的理念方面产生了巨大的影响。

在林·亨特看来，人类学模式统领了以文化入手的研究进路。仪式、颠覆性嘉年华（carnivalesque inversions）和成长的仪式（rites of passage）在每个国家和几乎每个世纪都能找见。"盎格鲁－撒克逊和美国的文化史研究进路所受到的来自英国和英国训练的社会人类学家的影响绝不亚于、或甚至大于年鉴派风格的'心态'史。"①新文化史是从历史人类学中发展起来的，其中一些重要人物如娜塔莉·Z. 戴维斯（Natalie Z. Davis）和雅克·勒·高夫（Jacques Le Goff）既属于历史人类学的领域，同时又参与了新文化史运动。在文化研究和历史研究中最引人注目的人类学家是克里斯福德·吉尔兹（Clifford Geertz），其论文集《文化的阐释》（*The Interpretation of Cultures*）为众多学者所引用。他将破解含义视为文化人类学的中心任务，这种趋向被称作历史研究的人类学转

---

① ［美］林·亨特：《新文化史》，姜进译，华东师范大学出版社2011年版，第10页。

向（anthropological turn），指的是历史研究转向人类学意义上的文化研究，以及采用人类学中人种志的厚描方法对这种文化的历史加以表现。"厚叙述"或"深描"（thick description）是人类学研究的一个传统，而这个传统自20世纪70年代以来再度吸引了史家。在史家的研究从宏观转向微观之际，人类学提供的这种"厚叙述"叙述史的复兴成为历史学与人类学之间结合的桥梁。

新文化史在文化理论的进路方面受到后现代主义史学的影响。后现代主义史学从多个不同的视角看待历史研究。从诠释学的视角看，历史是文本；从文学批评的视角看，历史是话语、是叙事；从人类学视角看，历史是文化。所以，有学者将新文化史与社会文化史都置于后现代主义史学流派之中。①在林·亨特主编的《新文化史》的第四章《文学、批评及历史想象：海登·怀特和多米尼克·拉卡普拉的文学挑战》（*Literature，Criticism，and Historical Imagination：The Literary Challenge of Hayden White and Dominick LaCapra*）中，罗伊德·克雷梅（Lloyd Kramer）梳理了这两位史学家与文学理论最密切的相关著作，清晰地揭示了文学进路如何使怀特和拉卡普拉得以拓展文化史的疆域。在林·亨特看来，在新文化史研究的文学进程中，夏尔提埃也是一个重要的代表人物。他受到法国社会学家皮埃尔·布迪厄（Pierre Bourdieu）的影响，从共同体向差异移动及重新定向，并更倾向于直接使用文学理论，强调描述过去的象征性行为的文献不是清白透明的文本，其作者有着各自的意图。因此，文化史家应该设计他们自己的解读策略。英国史学家西蒙·冈恩（Simon Gunn）在《历史学与文化理论》（*History and Cultural Theory*，2006）一书中更为全面和深刻地揭示了历史学与文化理论的密切关系。他认为："文化理论对当代历史书写的影响，不仅被视为是宽泛的，而且，某些情况下，更是深远的"②。在他看来，文化理论与历史学合为一体，其中的许多理论已经介入与马克思主义的对话当中，文化理论家在与社会和政治史学家保持联系的同时，

① 徐浩、侯建新：《当代西方史学流派》，中国人民大学出版社2009年版，第490页。
② ［英］西蒙·冈恩：《历史学与文化理论》，韩炯译，北京大学出版社2012年版，第201页。

显示出对权力关系的深刻关注。

21世纪初，新文化史在得到公认的同时，也成为众矢之的。彼得·伯克认为："新文化史并不是没有遇到挑战。支撑它的基础理论不仅经常遭到传统的经验主义者的批判或拒绝，也遭到爱德华·汤普森那样一些富有创新精神的历史学家的批判和拒绝。汤普森首次发表于1978年的那篇题为《理论的贫困》的文章，就对新文化史进行了批判"①。21世纪伊始，有人宣告"后理论"时代的到来，暗示"宏大"理论家的传统的终结，也意味着与后现代主义相关的思考样式的能量已经耗尽。人们批评新文化史家对文化的强调削弱了历史与社会科学的联系，应在以文化转向为指导的同时，重新评估社会科学方法论的价值。还有人批评文化理论模糊了话语的起源或者核心，混淆了想象与真实的区别，给历史编纂带来了负面影响。

三、新文化史对教育史研究的意义

文化史在上一代人当中成了一座舞台，围绕着历史研究方法而展开了一些让人激动又具有启发意义的讨论。文化史学家不仅让历史更接近广大公众，也扩展了史学家的领域。在新文化史这把大伞底下进行的实践采用了各种各样的研究方法，在过去的30多年里取得了令人瞩目的集体成就。教育史研究者能够从经典文化史作品和新文化史的研究成果中得到诸多启发，略举例如下。

首先，教育史研究者应该思考新文化史家提出的一些重要理论问题。文化理论对于历史学家来说仍然不可或缺，它允许历史学家跨越民族性、学术传统和学科归属的边界进行更加广泛和深刻的交流。文化史学家强调了复数形式"文化"的整体性，从而提供了一种弥补手段，克服了当代历史学科的碎片化状态。经验主义的历史学家或"实证主义"的历史学家中的许多人对符号学缺乏足够的敏感，还有许多人把历史档案当作一眼就可以看穿的东西，不再费心

---

① ［英］彼得·伯克：《什么是文化史》，蔡玉辉译，北京大学出版社2009年版，第86页。

关注或根本不关注其中的修辞，而文化史学家已证明了这种实证主义研究方法固有的弱点。相比之下，计量史学方法过于机械，对于多样性不够敏感，这是不言自明的。如果把内容分析法与传统的文学细读法结合起来，至少可以纠正这类偏向。例如，可以运用"话语分析"（discourse analysis）的方法研究教育史。话语分析是指对比单句更长的文本进行语言学分析的一种方法。它与已被它取代的内容分析法并不完全相同，更加关注日常会话、言语图示、文学载体和叙事研究。

其次，在注重教育史的经济和政治解释的同时也可以尝试文化解释。以往，社会科学化的历史学研究依赖于传统的经济学、社会学和政治科学，而新文化史更依赖于人类学、语言学和符号学。"事实表明，符号或象征人类学推动了人类学的文化转向，如果说皮尔斯、索绪尔以及巴尔特的符号学理论还只是这种转向的理论源头；那么，象征人类学理论则直接体现了当今文化人类学的主旨，同时也是后现代主义史学理论的重要组成部分"①。前几十年的历史学家喜欢将"社会"挂在嘴边，现在的历史学家更加喜欢使用诸如"印刷文化""宫廷文化"和"绝对专制主义文化"等词语。20世纪90年代出版的书籍，书名中经常会出现"美德文化""爱情文化""抗议文化""清教文化"和"礼仪文化"等。结果，每一样东西都有它自己的"文化"，包括食品、睡觉、情感、身体、旅行、记忆、姿态和考试等。在教育史研究中，我们可以借鉴这些方面的研究成果，以丰富和深化教育史研究。

再次，从经典文化史中汲取与教育史研究有关的养料。如前所述，雅各布·布克哈特的《意大利文艺复兴时期的文化》、约翰·赫伊津哈的《中世纪之秋》、G. M. 扬的《维多利亚时代的英格兰》和诺贝特·埃利亚斯的《文明的进程》都是值得研究的西方文化史的经典，他们的主要的研究目标是描绘文化模式，而教育史家可以通过对"主题""象征""情感"和"形式"

---

① 徐浩、侯建新：《当代西方史学流派》，中国人民大学出版社2009年版，第466页。

的研究去发现这些模式。约翰·赫伊津哈在《中世纪之秋》中讨论的骑士风度和生活理想以及象征主义在中世纪晚期的艺术和思想重大地位，也有助于深化对中世纪骑士教育的研究。诺贝特·埃利亚斯的《文明的进程》集中研究了餐桌礼仪的历史，以便揭示西欧宫廷自我控制或情绪控制的渐次发展过程。他有关15至18世纪之间对自我控制的社会压力的研究以及他的"自我控制的文化"理念，也有助于我们加深对伊拉斯谟的名著《男孩子的礼仪教育》的理解。

最后，应研究新文化史对于各国教育史学发展的影响。比如，可以研究"戏剧类比"的文化观念对教育史学观念的影响。"人类学家提出的广义的文化概念过去有而且现在仍然有另一个吸引人之处，那就是它把曾经被平庸的历史学家丢弃给研究艺术和文学的专家们进行的符号学研究与社会历史学家们正在探索的日常生活联系起来了。戏剧的力量，部分就在于它推动了这种联系的建立。"①克里斯福·吉尔兹的"戏剧类比"把过去对"上层"文化的关注与日常生活中的新的兴趣相联系。从这个视角研究教育史会发现每一种文化教育都有自己一套独具特色的"保留剧本"或者保留剧目。

第二节　新文化史视阈下的西方教育史学

20世纪70年代兴起的新文化史是发生在西方历史学的文化转向过程中的一个缩影。借助于人类学和文学批评理论方法，新文化史在大众取向、微观取向和叙事取向方面形成了自己的特点。在新文化史的影响下，教育史的研究路

---

① ［英］彼得·伯克：《什么是文化史》，蔡玉辉译，北京大学出版社2009年版，第46页。

径发生了转向：在研究视角上，从上层精英转向普通大众；在考察规模上，从"宏大叙事"转向微观研究；在书写方式上，从历史分析转向历史叙事。

新文化史是对"旧的新史学"（old new history）的反思和发展。它形成于20世纪七八十年代，"被认为是一种对社会史、经济史和人口史的突然暴发的批判"[①]。1989年，美国历史学家林·亨特主编的《新文化史》（*The New Culture*，1989）问世，给风靡了20年的该史学潮流一个正式的称谓，即"新文化史"，确定了历史学主流的"文化转向"（the cultural turn）。对新文化史的文化转向起到推动作用的是文化人类学理论和后现代文学批评理论。一般而言，新文化史研究所界定的"文化"主要受到文化人类学者吉尔兹的影响。他认为："文化并非一种力量，并非可将社会事件、行为、制度或是过程归因于它的某种事物；它是一种脉络，是前述诸项置诸其中可易于明了的——也就是厚实地——加以描述的某种事物"[②]。在吉尔兹看来，文化主要是一种"意义的网络"（network of meaning）。新文化史以叙事的手法，以微观的视角、向下的眼光、平等的尺度和"另类"的史料，书写平民文化，创造出了一大批惊世骇俗的文化史著作，为大众史学和全球化背景下的文化交汇与交融留下了颇有价值的理论与实践遗产。

一、新文化史的研究取向

新文化史研究关注被以往历史学家所忽略的边缘群体和下层百姓，聚焦于民众的日常生活史，强调区域性文化和地方性知识的价值，重视历史叙事而非历史分析。新文化史研究的取向主要表现在大众取向、微观取向和叙事取向三个方面。

---

① Richard Biernacki，"Method and Metaphor after the New Cultural History"，in *Beyond the Cultural Turn：New Directions in the Study of Society and Culture*，ed. Victoria E. Bonnell and Lynn Hunt（Berkeley，Calif.：University of California Press，1999），62.

② Clifford Geertz，*The Interpretation of Culture*（New York：Basic Books，1973），14.

（一）大众取向

长久以来，精英人物和上层社会通常是历史研究所关注的对象。布克哈特在《意大利文艺复兴时期的文化》（*Civilization of the Renaissance in Italy*，1860）中，基本将上等阶层的人士作为表现对象，无论是实行专制的大小暴君，还是像马基雅维利那样的政治家，都属于那个时代的上层人士，像但丁、米开朗琪罗这样的艺术家也是当时社会上的翘楚，他们都是那个时代的精英。新文化史家试图摆脱传统的精英主义，关注普通大众的日常生活及其精神世界。因此，过去被历史学家所忽视的人群包括妇女、儿童、矿工、磨坊主、佣人、妓女等，都可能成为新文化史研究的主人公。在对下层社会群体的重视上，新文化史与社会史有着相同之处。不同的是，社会史研究关注人的行动本身，新文化史则偏重于解释人的行动背后的逻辑或破译其文化密码，着意于从文学著作中寻觅一个时代的价值观和世界观的文化意涵。

法国历史学家埃马纽埃尔·勒华拉杜里（Emmanuel Le Roy Ladurie）的《朗格多克的农民》（*Les Paysans de Languedoc*，1966）描述的是法国一个省的农民生活，再现的是下层民众的价值观念。拉斐尔·萨缪尔（Raphael Samuel）的《乡村的生活与劳动》（*Village Life and Labour*，1975）通过对村民具体劳作行为的考察，描绘了劳动人民的日常生活状况，包括矿工的生活、农村的经济收成和乡村女孩的劳动生活。1978年，彼得·伯克在其《欧洲近代早期的大众文化》（*Popular Culture in Early Modern Europe*，1978）一书中把欧洲看作一个整体，将多姿多彩的大众文化景观呈现于读者面前。从大众文化里的英雄、恶人和傻瓜形象中，读者将会看到矿工、农民、乞丐、佣人、窃贼以及他们的妻儿这样一个不善言辞的群体的态度和价值观以及塑造这些态度和价值观的社会条件。

（二）微观取向

新文化史将重点放在具体个案的研究上，对人们的日常生活及其细节尤为关注，许多史学家称之为"微观史学"或"日常生活史"。微观史学家将视线从宏观的大历史转到微观的小历史，关注"边缘"群体和普通民众的生活及思想，通过重新发掘和整理历史资料以及使用较多的细节描写和深度分析的方法重建一个微观化的个人或群体。

勒华拉杜里的《蒙塔尤》（*Montaillou*，1975）被公认为微观史的经典著作。在人类学方法的影响下，勒华拉杜里基本以社会下层作为研究对象，立足于小规模的考察、细致的分析和详细档案的研究，以各种各样的线索、符号和象征手段研究过去，将史学眼光投向那些以前被历史学家所忽略的小人物，聚焦于他们的精神世界。该书描写的对象是那些被宗教裁判所指控为异端邪教的普通百姓。勒华拉杜里根据宗教裁判所保留下来的审讯记录，对这些普通人的生活方式、生活习惯和生活态度都做了真切细致的描述。他以大量具体的生活细节展现村民们的内心世界，以显微的方式描述了其生活的外部世界。

意大利史学家卡洛·金兹伯格（Carlo Ginzburg）的《奶酪与蛆虫：一个十六世纪磨坊主的精神世界》（*The Cheese and the Worms*：*The Cosmos of Sixteenth-Century Miller*，1976）成为微观史学的一部扛鼎之作。金兹伯格文笔生动，他所讲述的故事还能折射出当时科学知识的普及程度。该书的主人公只是一个普通的磨坊主，没有受过很好的教育，他之所以受到宗教裁判所的拷问，正是因为他不但掌握了新的科学知识，还在民众中加以宣传，从而引起了教会的恐慌。微观史研究注重重新发现以往被历史学家"以缄默、摒弃或全然忽视而不予理会"[1]的小人物、小事件和小问题，以细致入微的叙述展现其文化心态、价值尺度和精神世界。

（三）叙事取向

林·亨特曾说："历史学家工作的本质就是讲故事。"[2]但直到20世纪中叶，历史分析的撰述风格一直占据历史书写的主流，注重"讲故事"的历史叙事方

---

[1] Carlo Ginzburg，*The Cheese and the Worms*：*The Cosmos of a Sixteenth-Century Miller*（Baltimore：The Johns Hopkins University Press，1992），xiii.

[2] ［日］近藤和彦：《关于母亲/政治文化/身体政治：林·亨特访谈录》，蒋竹山等译，见蒋竹山编：《新史学——新文化史专号》，大象出版社2005年版，第268页。

式则不被重视。到20世纪60年代，在"语言学转向"和"文化转向"的影响下，历史学家开始认识语言的隐喻性和文本的非确定性，从而关注个人主体性因素和历史叙事在历史研究中发挥的作用。

1973年出版的《元史学》（*Metahistory: the Historical Imagination in Nineteenth-Century Europe*，1973），后来被看作是新文化史的开拓性著作。在书中，作者海登·怀特（Hayder White）将历史文本从分析的框架中解放出来，将其定性为一种解释的叙事文本，并用不同的情节编排（emplotment）、形式论证（formal argument）和意识形态意涵（ideological implication）来概括历史文本的特征，分别为：传奇情节形式（romantic）、悲剧情节形式（tragic）、喜剧情节形式（comic）和讥讽情节形式（satiric）；形式论（formist）、机械论（mechanistic）、有机论（organicist）和语境论（contextualist）的论证方式；分别受到无政府主义（anarchist）、激进主义（radical）、保守主义（conservatism）和自由主义（liberal）的意识形态指导。[①]

1979年，史学家劳伦斯·斯通（Lawrence Stone）在《过去与现在》（*Past and Present*）上发表《叙述的复兴：有关一个新的旧史学的感想》一文。斯通认为，史家已经不再寻求对历史的变更做出合理的科学解释，而满足于叙述历史的故事性，即"从分析转向叙事模式"的"叙事史的复兴"[②]。在文中，他研究了新文化史家与传统的叙述史家的不同之处：叙事对象是下层民众的生活、感情和行为；在方法上，兼顾分析与叙述；探讨人们潜意识的领域，并不只是在明显的史实上大做文章，用行为来显示其象征的意义；描述一个人，讲述一个事件的目的是要对于一种过去的文化或社会有所启示。[③]这篇带有叙事回归宣言书特征的文章，从理论的角度进一步确立了叙事在史学实践中的地位和作用，成为20世纪80年代新文化史勃兴的序曲。

---

① Hayden White, *Metahistory: The History Imagination in Nineteenth-Century* (Baltimore: Johns Hopkins University Press, 1973), x.

②③ Laurence Stone, "The Revival of Narrative: Reflections on a New Old History", *Past and Present*, no.85 (Nov. 1979), 3—12, 12—24.

二、教育史研究的路径转向

新文化史家以叙事的手法，微观的视角，向下的眼光，平等的尺度，"另类"的史料，创造出一大批惊世骇俗的文化史著作。这些作品十分关注普通民众的日常生活和个体经验，强调心态、价值、意识和语言，极大地拓宽了文化史乃至历史学的研究领域，丰富了文化史和历史学的学术内涵和研究方法。受新文化史的影响，教育史研究的重点在于解释与教育相关的各种行动背后的逻辑并破译其文化密码，即从事实的阐释、结构的分析变为文化的剖析。下文从研究视角、考察规模和书写方式三个方面对教育史新的研究路径进行探讨。

（一）研究视角：从上层精英转向普通大众

在传统上，教育史研究的重点呈现出"高位化"和"精英化"的特征，教育史家聚焦于上层社会和精英人物的教育思想以及近代民族国家教育制度的建立和演变，鲜有提及下层民众的受教育过程，也较少关注教育决策的生成过程、实施状况及其对学校教育的影响等问题。精英人物们里程碑式的作用固然不应低估，但教育史不应仅局限于少数精英人物的思想和活动史，也应该关注人民大众，尤其是妇女、儿童等弱势群体，研究他们在教育活动中的生存状态。在新文化史的影响下，教育史"视野下移"已成为一股不可逆转的潮流，包括妇女和儿童在内的弱势群体成为教育史书写和关注的对象。

20世纪80年代以来西方妇女教育史研究成果丰硕。琼·珀维斯（June Purvis）在《惨痛的教训：19世纪英国中产阶级妇女的生活和教育》（*Hard Lessons*：*The Lives and Education of Working Class Women in Nineteenth Century England*，1992）中，表达了对以往在劳工教育中重视男性教育而轻视女性教育做法的强烈愤慨。在其论文《英国教育史学：一种女性主义批判》中，珀维斯认为应该结束一直以来英国教育史学界这种将研究的焦点落在男性教育上，而对女性教育的研究往往采取弱化手段的男权主义状态。与妇女史一样，儿童在过去历史学家的书写中，一直处于边缘化的位置。20世纪80年代以后，西方儿童史的领域得到教育史研究者的关注。B. 芬克尔斯坦（B. Finkelstein）的《控制儿童和解放儿童：心理历史学视角下的教育》（*Regulated Children /Liberated Children：Education in Psychohistorical Perspective*，1979）被视为第一本将儿童的经验置于正面和中心的著作。B. 贝蒂（B. Beatty）于1995年出版的《美国学前教育：从殖民地时代到今天的幼儿文化》（*Preschool Education in America：The Culture of Young Children from the Colonial Era to the Present*），从儿童文化的角度剖析了美国学前教育史。

除此之外，近年来教育史研究"视野下移"的呼声不断。俄罗斯教育史家卡特琳娅·萨利莫娃（Kadriya Salimova）指出，"教育史教学的使命是向将来的教师展示在人类发展的历史长河中，各国人民是怎样教育下一代为未来做准备并使他们形成各种优良品质的"①。教育史研究的重心转向民众是教育史学科发展的基本方向。英国教育史学家理查德·奥尔德里奇（Richard Aldrich）认为"教育史"是更普及的、大众教育领域的课程。在他看来，合适于大众需求是教育史研究的宗旨。国内也有学者从"教育史学研究对象的民间化""教育史学研究取材的民间化"和"教育史学研究成果的民间化"②三个方面论述了教育史研究重心的下移。教育史研究的视角转向普通民众和边缘群体的教育问题有利于开辟教育史研究的新领域，拓展其研究范围。

（二）考察规模：从"宏大叙事"转向微观研究

传统的教育史研究大都以"宏大叙事"和"结构分析"为视角，按照科学的方法分析、总结出特征、规律和启示，较少将焦点放在个别而具体的事实的微观分析上，从而忽视了某些特别的事物和作为历史主体的"人"的教育活动过程和心态的研究。新文化史中的微观史学取向，以小见大，在具体的细节中展现历史原本的面目，在生动的生活场景里体会过去的历史氛围，尤其偏重

---

① ［俄］卡特琳娅·萨利莫娃、［美］欧文·V. 约翰宁迈耶：《当代教育研究与教学的主要趋势》，方晓东等译，教育科学出版社2001年版，第76页。

② 申国昌、周洪宇：《全球化视野下教育史学新走向》，载《教育研究》2009年第3期。

于对普通人民的日常生活和精神世界的解读。如此一来，史料的特殊性和多样性对新文化史家就异常重要，除政府机关、国家档案馆、历史博物馆的各类史料外，口述史料、契约、小说、账簿、日记、信件、家谱和庭审档案等也变得极其重要。新文化史家劳拉·乌尔里奇（Laurel Thatcher Ulrich）的著作《一个助产婆的故事》（*A Midwife's Tale*：*The Life of Martha Ballard Based on Her Diary*，1785—1812，1990）讲的是一位普通的、生活在18世纪末19世纪初美国新英格兰地区的一位助产婆的生活。乌尔里奇所用的材料，在其副题中已经标明了，就是主人公本人的日记。

教育史研究亦可受到上述启发，不仅将研究的重点放在重大的教育事件、著名教育家的思想及重要的政策颁布和制度的改革上，也可密切关注与教育相关的经济、政治、文化、宗教和风俗等各方面的史料，尤其是普通大众的教育观念，它们通常隐藏在日常生活的教育事件中。法国教育史家皮尔·卡斯巴（Pierre Caspard）曾提出对学习过程中的教科书和学生个人书写物进行分析。在他看来，在教科书方面，可以将重点放在教科书内容和大学学科研究之间的关系、教科书的使用、对学生的影响等。对学生的书写物而言，可研究学生的作文、日记的内容以及学生的绘画作品的主题等。通过对这些日常而微观的教育史料的分析，找出产生这种作品的社会背景和家庭背景，从而了解学生在知识掌握、能力获得以及价值观的形成等方面的历史。[①]查德·加菲尔德（Chad Gaffield）的《语言、学校教育与文化冲突：安大略法语争议的起源》（*Language*，*Schooling*，*and Cultural Conflict*：*the Origins of the French-Language Controversy in Ontario*，1987）一书被视为运用微观史学研究教育史的优秀作品。作者通过挖掘当地学校校委会的记录、新闻报纸等，对安大略湖东部的普雷斯科特郡的历史进行考察，向人们展示人类机构和社会经济结构之间的相互作用，以及官方关于少数法语学校教育的政策与该政策实施对象实际教

---

① ［法］皮尔·卡斯巴：《谈欧洲教育史研究方法》，载《华东师范大学学报》（教育科学版）2006第3期。

育经验之间的关系。值得赞赏之处在于，该研究展现了日常的社会生活模式所具有的普遍概括的潜力。①

从国内在微观教育史学领域的研究内容看，学者们将注意力主要集中在教师和学生教育日常生活史方面。例如在教师生活史方面，刘云杉的《帝国权力实践下的教师生命形态：一个私塾教师的生活史研究》以清末塾师刘大鹏长达40年的日记为史料，通过对刘大鹏的个案研究彰显科举废除前后其所体验和感受的文化、国家及社会的种种权力，以此探析绅士与国家的关系。黄向阳的《学校春秋：一位小学校长的笔记》则以日记和会议记录为线索，叙述了一位小学校长在20多年教育工作中的心路历程，侧面反映出该小学在教育改革中所历经的艰难险阻。又如在学生教育生活史方面，张素玲的《文化、性别与教育：1900—1930年代的中国女大学生》力图反映女性对国家对教育现代性的追求以及新女性对自由和平等的求索。孙崇文的《学术生活图景：世俗内外的教育冲突》通过对学生不同的成长情况及求学经历的考察，以叙事的手法将学生在基督教大学期间的生活场景全面而生动地呈现出来。

（三）书写方式：从历史分析转向历史叙事

新文化史倡导叙事的复兴，通过生动形象的讲故事的方式将人们带入历史场景之中，其研究成果受到广大人民群众的青睐。作为与历史学有着紧密关系的教育史学科，可以从新文化史学的撰写方式中获得启发，在历史分析的基础上关注历史叙事。

美国当代著名教育文献史学家S. 科恩（S. Cohen）是较早运用新文化史研究方法对教育史进行研究的学者。科恩对怀特的"情节编排"的观念情有独钟。他指出："如同怀特所说的，历史学家就像小说家及剧作家，围绕着原型的情节结构组成其作品，这些原型结构构成西方史学者的潜在情节安排的类属

---

① 于书娟：《微观史学与外国教育史研究》，见张斌贤、孙益编：《探索外国教育史研究的新领域与新方法》，广西师范大学出版社2009年版，第131页。

系统'喜剧''传奇''悲剧'和'讥讽'。"①科恩认为，"所有的教育史学者都必须努力解决教育的影响和改革问题"②，因此他在《挑战正统：走向新文化教育史》（*Challenging Orthodoxies：Toward a New Cultural History of Education*，1999）一书中，以教育改革为核心对其中三种情节编排模式提出了自己的理解：（1）所谓的"传奇"指的是在教育改革的过程中存在着冲突，但是民主的力量终将获得胜利，其对改革的见解是认为改革是累增且进步的；（2）所谓的"悲剧"是指在改革的过程中存在着相冲突的力量，但是最后反动的力量获得胜利，而其对改革的见解是认为改革为一种堕落或是一种衰落；（3）所谓的"讥讽"是指在历史过程中，可能有冲突或者并没有冲突存在，而所谓的改革只不过是一种"错觉"（illusion）和"谎言"（myth）③。

科恩试图使用"传奇""悲剧"和"讥讽"三种情节编排方式分析克雷明的教育史作品。在他看来，克雷明的《学校的变革：美国进步主义教育（1876—1957）》（*The Transformation of the School：Progressivism in American Education*，1961）一书采用的是进步力量终将取得胜利的"传奇"布局方式。《学校的变革：美国进步主义教育（1876—1957）》以一种结局作为本书的开始：进步主义教育运动死亡及其葬礼的一种意象，采取倒叙的文学手法，克雷明转向其良性的开始，逐渐发展直至胜利，接着是冲突与分裂，幸运与死亡的逆转，然后再一次以进步主义教育葬礼的意象作为结束，却带着在未来某时再生及复兴的可能性。④科恩指出，《学校的改革：美国进步主义教育（1876—1957）》以葬礼的意象作为结束，如"传奇"所要求的，进步主义教育的最终胜利已然注定。在此书的结论中，克雷明从往者已矣转向未来的乌托邦希

①② Sol Cohen，"An Essay in the Aid of Writing History：Fictions of Historiography"，*Studies in Philosophy and Education*，2004（23），325，XVI.

③ Sol Cohen，*Challenging Orthodoxies：Toward a New Cultural History of Education*（New York：Peter Lang，1999），88.

④ Sol Cohen，"An Essay in the Aid of Writing History：Fictions of Historiography"，*Studies in Philosophy and Education*，no.23（2004），323.

望———一种于美国生活中之复活的进步运动之中，重新恢复活力的进步主义教育。[1]理查德·安吉洛（Richard Angelo）是少数将海登·怀特的思想引进教育史领域的学者之一。他根据怀特的情节编排模式也对克雷明的《学校的变革：美国进步主义教育（1876—1957）》进行了解读。安吉洛指出："假如我们密切关注克雷明对进步主义历史的陈述方式，我们会发现完全没有悲剧，而是一种传奇。……也就是说，虽然本书以丧礼的意象作为开始和结束，但我们在其结论中感受到的是生命的复苏，以及再生及复兴的可能性。"[2]

综上所述，新文化史的兴起是史学走向文学的一个反照。一部新文化史的成功，除了有精彩的题材，巧妙的构思和生动的文笔也必不可少。正如王晴佳在《新史学讲演录》中所指出的："如果史学不再专注对历史的动向做出解释，那么历史写作的好坏，就变得十分重要了。"[3]教育史家要从分析框架的束缚中逃离出来，以叙事的方式书写作品，增强教育史研究的文学性和艺术性。新文化史从大众取向、微观取向以及叙事取向三个范畴对教育史研究有重要的启示，帮助其走出方法论的困境。首先，在研究视角上，教育史家应该将视线从上层精英转向普通大众，尤其关注以往被其忽略的边缘群体，强调教育史研究的视野下移。其次，在考察规模上，从"宏大叙事"转向微观研究，通过个案研究，关注普通民众的文化心态和精神世界。最后，在书写方式上，强调从历史分析转向历史叙事，注重情节编排陈述样式，从而展现教育史书写的文学性。但同时应看到，新文化史的研究方法并非没有缺陷。随着历史学的"文化转向"的全面铺开与蔓延，"文化"在一些实践者的笔下成为随处可贴的商标，用以吸引他人的眼球，泛文化的现象使得文化史写作走向庸俗化。英国文化史

---

[1] Sol Cohen, "An essay in the aid of writing history: Fictions of historiography", *Studies in Philosophy and Education*, no.23（2004），326.

[2] Richard Angelo, "Ironies of the Romance and the Romance with Irony: Some Notes on Stylization in the Historiography of American Education since 1960", *Educational Theory*, vol.40, no.4（1990），448—449.

[3] 王晴佳：《新史学讲演录》，中国人民大学出版社2010年版，第65页。

家彼得·伯克在《什么是文化史》（*What Is Cultural History*，2009）中指出："文化史的时尚不可能长期持续下去，或迟或早，将会出现'反文化'的反应。"[①]伯克还指出，文化史并非是历史学的最佳形式，它只不过是集体性的历史学研究事业中一个必不可少的部分而已。进入20世纪末，特别是进入21世纪以来，西方史学理论开始出现一种逃离"语言学转向"的倾向。不过，无论历史学的未来如何，都不应该回到想象力的贫乏中去。因为像文化人类学家一样，史学家经过一代人的努力之后，已经证明了实证主义研究方法固有的弱点，史学想象力和文学书写形式在历史研究中必不可少，教育史研究同样如此。

（周　采　郭　航）

附录：相关文献

1.［英］彼得·伯克：《什么是文化史》，蔡玉辉译，北京大学出版社2009年版。

2.［俄］卡特琳娅·萨利莫娃、［美］欧文·V. 约翰宁迈耶：《当代教育研究与教学的主要趋势》，方晓东等译，教育科学出版社2001年版。

3.［美］林·亨特：《新文化史》，姜进译，华东师范大学出版社2011年版。

4. 王晴佳：《新史学讲演录》，中国人民大学出版社2010年版。

5. 徐浩、侯建新：《当代西方史学流派》，中国人民大学出版社2009年版。

6.［英］西蒙·冈恩：《历史学与文化理论》，韩炯译，北京大学出版社2012年版。

7. 张斌贤、孙益编：《探索外国教育史研究的新领域与新方法》，广西师范大学出版社2009年版。

8. 周采等：《当代西方教育史学流派研究》，上海交通大学出版社2018年版。

---

① ［英］彼得·伯克：《什么是文化史》，蔡玉辉译，北京大学出版社2009年版，第148—149页。

第二十四章
课程史学研究

　　课程史以课程发展的客观进程为对象，课程史学则是对课程史研究的反思，是一种学术史研究。课程史的重点在于具体地反映人类对于课程历史发展的客观过程的研究。课程史学则以课程史家的编史活动及其成果为研究对象。

　　就课程领域而言，课程史可以简单意指课程历史过去本身；课程史学就是针对课程过去的重大事件和思想形成的所有陈述。所谓课程史学研究，一方面是指以课程史作品为直接对象的研究，区别于直接以课程历史过去为对象的课程史研究；另一方面，课程史学研究并非豁免关于课程历史过去的研究之责，而是强调和立足于对课程史学层面的反思性研究来实现对课程历史过去的历史性理解。虽然课程史在本体意义上是先于课程史学的，但在认识逻辑意义上，课程史学实际上具有相对优先性。不经过课程史学，所谓的课程史无以显现。

第一节　课程史的知识谱系

一、中国课程史研究综述

我国的课程史研究滥觞于20世纪20至30年代。20世纪90年代初，现代西方的课程史学思想才被引入中国大陆地区。与西方课程史研究的蓬勃之势相比，目前我国大陆地区课程史研究尚未被视为一个独立领域加以探讨，而台湾地区的课程史研究也处于起步阶段。我国从事课程史研究的学者多来自课程领域，研究的主业多为课程理论研究，副业为课程史研究。

我国大陆地区的课程史研究在中华人民共和国成立前已经起步。1929年，徐雉的《中国学校课程沿革史》出版，该书主要研究中国古代课程史。1933年，盛朗西的《小学课程沿革》出版，1944年，陈侠的《近代中国小学课程演变史》出版。这两本著作都是研究清末和民国时期小学课程发展变化的。①

1949年后，我国课程史研究进入相当长的停滞期，课程史研究并未成为独立研究领域且发展缓慢。直到20世纪90年代初，现代西方的课程史学思想才被引入中国大陆地区。随后，中国大陆学者陆续开始关注课程史，相关著作不断增加。

首先，有的学者关注我国课程变迁问题，主要有以下代表性著作：吕达的《课程史论》一书以我国近代普通中学课程发展为线索，通过不同时期的纵向比较和不同国家的横向比较，探讨了学校课程改革与经济社会发展之间的辩证关系，并为我国当代课程改革实践提出了探索性构想。郑航的《中国近代德育

---

① 吕达：《课程史论》，人民教育出版社1999年版，第10页。

课程史》一书阐述了中国近代中小学德育课程的发展历程，研究了近代文化变迁对当时德育思想与德育实践的影响，进一步思考了近代德育课程自主构建的内在发展逻辑。①华东师范大学陈华的博士学位论文《中国公民教育的诞生》探究了我国公民教育课程目标、课程内容与课程组织形式的变迁。陈华认为，中国公民教育课程作为一门学校科目，在清末和民国时期经历了三个发展阶段，其中隐含着现代化与教育的双重逻辑对公民教育的推动与限制，并表现为社会与国家两个主体力量的博弈。②

其次，有的学者研究国外课程发展问题。其中，专门关注美国课程史的主要成果有杨爱程的《美国现代课程论史点评》和马云多的《19世纪至20世纪美国课程改革的演变及其启示》。杨爱程的《美国现代课程论史点评》一文阐述了课程论在美国成为一门独立学科之后，其在各个时期的发展情况，以及美国各个发展时期重要课程学者的课程思想。他指出："在课程改革的决策上出现摇摆不定的现象，一方面受两党政治的影响，归根结蒂反映了美国社会各个阶级、阶层和利益集团之间难以调和的矛盾冲突；另一方面也反映着在哲学认识上、教育主张上和课程观点上的分歧和冲突。"③他注意到课程发展过程深受不同利益集团冲突的影响，这是比前人进步的地方。但他只意识到20世纪美国课程政策出现摇摆不定的现象与不同利益集团的冲突有关，而忽略了不同利益集团的妥协在其中的作用。马云多的《19世纪至20世纪美国课程改革的演变及其启示》一文认为，自19世纪末至20世纪初，美国课程改革主要经历了科学化课程编制、以儿童为中心的课程和社会重建主义课程改革三个阶段。美国这三股课程改革潮流的出现也可以看作是课程改革者对传统人文主义课程提出的挑战。④

---

① 郑航：《中国近代德育课程史》，人民教育出版社2004年版。
② 陈华：《中国公民教育的诞生》，华东师范大学博士学位论文，2012年。
③ 杨爱程：《美国现代课程论史点评》，载《外国教育动态》1991年第1期。
④ 马云多：《19世纪至20世纪美国课程改革的演变及其启示》，载《教育探索》2014年第4期。

再次，有的学者从不同国家的课程发展史出发，力图探究蕴含其中的课程变迁规律。汪霞主编的《国外中小学课程》主要对包括美国在内的十个国家的小学课程沿革、中学课程沿革以及中小学课程改革的特点、趋势或启示三个方面进行了研究。①张华、石伟平和马庆发合著的《课程流派研究》主要研究了"二战"后美国、英国和德国三个国家的课程理论发展历程。作者依据课程理论与课程实践之间的关系，将20世纪世界各国的课程理论流派划分为四类：常规性课程理论、描述性课程理论、实践性课程理论和纯粹课程理论。作者认为，20世纪世界课程理论的发展史就是这四种课程理论之间交融和变迁的结果，课程理论的发展方向是从常规性课程理论向纯粹课程理论发展的。②

从总体上说，我国大陆课程史研究注重社会对课程发展的影响，并从不同理论视角展开课程史研究，但并未深入研究课程发展与社会权力和意识形态的深层规律。中国大陆地区课程史研究与西方尤其是美国课程史学界相比，著述还不多，力量还不强，尚未被视为一个独立领域加以探讨。今后很长一段时间内，学者们都将致力于课程史领域的基础性建设工作。

目前，我国台湾地区已经形成一批课程史研究群体，欧用生、白亦方、钟鸿铭、杨智颖、宋明娟和单文经等学者都关注并研究课程史问题。2006年，《课程与教学季刊》推出了课程史专辑。台湾高等院校如中正大学、台湾师范大学、台北教育大学、台北市立教育大学和花莲教育大学等学校的博士班陆续开设了课程史科目。

台湾大学的课程史方向博士学位论文反映了台湾地区课程史研究方面的近况。例如，柯保同在其博士论文《日治时期③公学校国史教科书意识形态之分析》中，采用内同分析法与半结构式访谈研究日本侵占台湾地区时期公学校国史教科书中所反映的意识形态变动，认为日本侵占台湾地区时期的国史教科书

---

① 汪霞主编：《国外中小学课程演进》，山东教育出版社2000年版。
② 张华、石伟平、马庆发：《课程流派研究》，山东教育出版社2000年版。
③ 我国台湾地区对日本侵占台湾地区时期的称谓，在中国大陆不得进行此类简称，下同。

以政治意识形态最为明显，使得教科书沦为巩固国权的一项工具。①作者注重从政治意识形态的角度研究课程发展历程，是一种宏观性研究。但是，学校组织结构与课程改革政策不相吻合，以及一线教师对课程理念的理解、落实不到位，容易导致学校课程实践与课程政策相差甚远。在课程史研究的过程中，应该注重从微观视角研究学校课程实践的发展，以期对课程发展形成整体认识。

除此之外，台湾地区也有课程史研究的相关期刊论文。课程史研究发文主要阵地是《课程与教学季刊》，创刊于1998年，于2006年起成为"台湾社会科学引文搜索"核心期刊，旨在传播课程与教学相关研究成果，提升课程与教学的研究水准，促进理论与实践的结合。例如，钟鸿铭在《课程与教学季刊》上发表的《美国课程改革的历史辩证》一文，从中可以窥视该期刊课程史研究的水准与现状。文章指出，20世纪美国的课程改革史是四种课程传统相互辩证发展的历程，这四种课程传统为人文主义、发展论、社会效率论、社会改良论。其中，人文主义重视学科的心智训练功能，发展论者注重儿童的自然发展顺序，社会效率论关注有效成人生活的履行，社会改良论则将学校看作促成社会进步的有效工具。②另外，不少课程史研究成果发表在台湾地区各高校的学报和期刊上。单文经于2005年在《台湾师范大学学报》上发表《美国中小学历史课程标准争议始末（1987—1996）》一文，认为1983年美国各界在《国家在危机之中》报告书发表之后，形成了以教育改革振兴国家的共识，进而带动了研究国家课程标准的教育改革运动。③卯静儒在《台湾教育社会学研究》期刊上发表的《台湾近十年来课程改革之政治社会学分析》一文，运用新马克思主义和后结构主义理论详细分析了台湾地区近几十年来课程改革的发展情况。④

---

① 柯保同：《日治时期公学校国史教科书意识形态之分析》，屏东大学教育行政研究所博士学位论文，2015年。

② 钟鸿铭：《美国课程改革的历史辩证》，载《课程与教学季刊》2005年第4期。

③ 单文经：《美国中小学历史课程标准争议始末（1987—1996）》，载《台湾师范大学学报》2005年第1期。

④ 卯静儒：《台湾近十年来课程改革之政治社会学分析》，载《台湾教育社会学研究》创刊号。

除了上述长时段课程史研究外，台湾地区学者还对某一课程事件进行了研究。郑玉卿的《当代美国课程史上的一个重要里程碑》一文，以美国全国教育协会"中等教育重组委员会"于1918年公布的《中等教育基本原理》（*Cardinal Principles of Secondary Education*）为主轴，叙述了该报告书出现的社会与教育背景，详细陈述报告书的内容大要，说明报告书是以民主为教育宗旨、以七大目标为中等教育的基本原则，并建议以综合中学为中等学校的标准型式。在作者看来，该报告书和绝大多数的课程改革报告书一样，其宣示意义大于实质作用。①对《中等教育基本原理》进行研究的文章还有许宛琪的《〈中等教育的基本原理〉在美国课程史上意义之初探》一文，探讨了《中等教育基本原理》制订的历史背景、重要内涵及其影响和重要性，以对美国中等教育课程实践的现状有深入的理解。②

此外，从21世纪初，国外课程史的一些著作陆续被译成中文。2003年，由钟启泉、张华主译的美国威廉·F. 派纳（William F. Pinar）和威廉·M. 雷诺兹（William M. Reynolds）等人撰写的《理解课程》出版。该书认为，自20世纪70年代以降，课程研究由"开发范式"向"理解范式"转变。作者详细阐述了20世纪课程领域的历史变迁过程，分析了课程论述的历史本质。③2006年，坦纳夫妇合著、崔允漷等人翻译的《学校课程史》（*History of the School Curriculum*）由教育科学出版社出版。该书主要记录了自美国学校教育脱离欧洲教育的母体到具有美国特色的教育理论和实践的形成这一段历史，作者按照年代顺序论述了各个时期的主流课程思想以追寻课程演变的主要趋势。④2008年，赫伯特·M. 克里巴德（Herbert M. Kliebard）所著的《课程的变革：20世纪

---

① 郑玉卿：《当代美国课程史上的一个重要里程碑》，载《市北教育学刊》2011年第39期。

② 许宛琪：《〈中等教育的基本原理〉在美国课程史上意义之初探》，载《教育研究与发展期刊》2009年第2期。

③ ［美］威廉·F. 派纳、威廉·M. 雷诺兹、帕特里克·斯莱特里等：《理解课程（上）》，钟启泉、张华译，教育科学出版社2003年版，译者前言。

④ ［美］丹尼尔·坦纳、［美］劳雷尔·坦纳：《学校课程史》，崔允漷等译，教育科学出版社2006年版。

美国课程的改革》一书由台湾地区学者杜振亚翻译出版，主要以编年方式收录了有关20世纪美国课程改革发展情况的9篇文章，涉及两大主题：一是课程改革主张在学校实践中实施情况如何。二是课程改革提出和实施时应与社会情境相关联。基于上述研究，克里巴德表达了这样一个观点：课程改革并非只含单一课程改革思想的运动，而是包含了不同且矛盾的课程改革思想。①上述几本重要课程译著对我国课程史研究具有重要的参考价值。

通过查阅国内有关课程史研究方面的文献，可以发现目前国内的课程史研究开始从不同的理论分析框架对课程的发展历程进行阐述，极大地丰富了课程史研究，但没有挖掘到课程发展过程中的社会深层次推动力量，特别是对隐藏在课程背后的价值预设、课程在社会和历史结构中的意义等方面的研究开展得还不多。

二、西方课程史研究概览

早在古希腊的柏拉图学院中就能找到西方课程的原始形态。西方课程的现代形态出现于20世纪初。1909年，约翰·富兰克林·博比特（John Franklin Bobbitt）在芝加哥大学教育系开设"课程"这门课。1918年，博比特出版《课程》（*The Curriculum*）一书。此后，"课程"作为一个专门的研究领域而存在。②克里巴德认为1918年是课程"成为自觉的研究领域"的一年，但有研究者持不同意见。美国著名课程学者丹尼尔·坦纳（Daniel Tanner）和劳雷尔·N.坦纳（Laurel N. Tanner，以下简称坦纳夫妇）将哈罗德·O.拉格（Harold O.Rugg）于1927年在美国教育研究协会（American Educational Research Association）编辑出版的《第26届年鉴》（*Twenty-Sixth Yearbook*）中发表的《课程编制的基础》（*The Foundations of Curriculum-Making*），作为"课程"成

---

① ［美］赫伯特·M.克里巴德：《课程的变革：20世纪美国课程的改革》，国立编译馆主译，杜振亚译，巨流图书股份有限公司2008年版。

② 陈华：《西方课程史的研究路径及内涵探析》，载《全球教育展望》2012年第4期。

为一门新学科的标志。①1985年出版的《国际教育百科全书》认可了坦纳夫妇的观点。②无论是以1918年还是以1927年作为"课程"成为独立学科的年份，皆如坦纳夫妇所说："课程有很长的过去，但却只有很短的历史。"③

　　"课程"作为一个专门的研究领域诞生后，课程研究主要以哲学、心理学和社会学为理论基础，旨在提供课程开发的"处方"即普适性的课程开发模式和程序，而缺乏一种深邃的历史视野与厚重的历史关怀。但"课程"一直都是学校实践和教育研究的"重头戏"，从历史视角对课程问题进行探究成为教育史研究当中的一个重要组成部分。在课程史成为一个专门的研究领域出现之前，教育史研究领域从未间断过关于课程发展过程的思考。这是因为研究教育问题的不能不讨论有关教育内容发展的问题即课程发展问题。作为教育史研究的子领域，课程发展史研究深受传统教育史学的影响。

　　19世纪末到20世纪60年代，美国教育史研究深受公立学校赞美史诗模式的影响。④传统教育史学模式代表了一系列国民教育反对贵族教育的胜利战役，是一种颂歌历史模式或辉格历史模式。在这种撰史模式影响下，美国课程史研究主要对公立学校课程或课程思想家的思想进行研究，并认为学校课程是不断发展进步的。具体而言，传统课程史阐述模式以辉格史观阐述过去，非常典型地采取连续前进的形式，即认为课程发展是从一个常与学术科目有关的、只为少数人服务的、精英式的课程，向一个与明显职业取向科目有关的、实用的、为大多数人服务的、民主的课程转变。⑤这种美国课程历程的研究表现为一种现在主义（presentism）状态，注重从当前课程发展现状出发，将课程历史的发

---

① Herbert M. Kliebard，"Constructing a History of the American Curriculum"，in *Handbook of Research on Curriculum*，ed. Philip W. Jackson（New York：Macmillan，1992），157—184.

② 杨爱程：《美国现代课程论史点评》，载《外国教育动态》1991年第1期。

③ Daniel Tanner and Laurel N. Tanner，*Curriculum Development：Theory into Practice*（New York：Macmillan，1980），4.

④ 周采：《美国教育史学嬗变与超越》，人民教育出版社2006年版，第31页。

⑤ Herbert M. Kliebard，"Curriculum History"，in *Encyclopedia of Educational Research*，ed. Marvin C. Alkin（New York：Macmillan，1992），264—267.

展理解为按照其内在逻辑向现状演变的过程；严格按现代观念来对历史发展变化进行评价和判断。可见，过去成为当前课程问题的历史论据，而不是对当今课程问题的理解。①在新史学的影响下，课程史研究力求成为一个专门的研究领域，以摆脱教育史学的"旧"的研究框架。②

1957年，苏联成功发射卫星，美苏冷战对抗加剧，美国政府希望通过中小学课程改革提高科技能力，以赢得科技竞赛。1960年，杰罗姆·S. 布鲁纳（Jerome S. Bruner）发表《教育过程》（*The Process of Education*），开始了在全美范围内旨在提高美国科学水平的学科结构运动。③在这场课程改革运动中，美国中小学课程改革的主导权被学科专家夺取，课程理论研究陷入"垂死"的艰难阶段，出现了一批课程学者转向从事课程史研究以振兴课程理论的生命力。比较有代表性的著作是玛丽·L. 塞格尔（Mary L. Seguel）的《课程领域：它形成的年代》（*The Curriculum Field：Its Formative Year*）。该书主要选择1895年至1937年在致力于使"课程"成为一门专门的研究领域的过程中影响深远的六位课程学者的思想进行深入探讨。④

1969年，哥伦比亚大学教师学院（Teacher College，Columbia University）的课程学者阿诺·A. 巴拉克（Arno A. Bellack）在《教育研究评论》（*Review of Educational Research*）期刊上发表了美国课程史研究的经典论文《课程思想与实践的历史》（*History of Curriculum Thought and Practice*），此文被视为课程史成为一个专门研究领域的标志。巴拉克在文章中指责课程研究缺乏历史视野，呼吁课程学界深入考察课程理论的发展历程。他认为，课程史研究不应脱

---

① Herbert M. Kliebard, "Constructing a History of the American Curriculum", in *Handbook of Research on Curriculum*, ed. Philip W. Jackson（New York：Macmillan, 1992），157—184.

② Barry M. Franklin, "Curriculum History：Its Nature and Boundaries", *Curriculum Inquiry*, vol.7, no.1（1977），67—79.

③ 何珊云：《文化的视角：美国课程史的转向及其意义》，载《教育学报》2014年第1期。

④ Mary L. Seguel, *The Curriculum Field：Its Formative Year*（New York：Teachers College Press，1966）.

离教育史研究，因为美国课程发展离不开整个美国教育发展的背景。①克里巴德认为，其博士导师巴拉克是首位明确认定课程史研究领域的学者，其文章是首篇明确认定课程史研究的论文。②20世纪70年代以来，课程研究领域开始超越"课程开发"范式，走向"课程理解"范式。③课程史研究被看作课程研究的一种方法，或者说是理解课程的一种文本。

1975年，美国教育研究协会顺应日益受到关注的课程史研究的需要，增加了"课程与目标"和"历史与史学"两个部门，用以资助课程史的研究。1977年，课程史研究协会（The Society for the Study of Curriculum History）成立，定期于美国教育研究协会年会前开会，为美国课程史研究搭建了重要平台。1989年，在课程史研究协会成立10周年之际，会议论文集《课程史》（*Curriculum History*）出版。④

课程史在美国是一个"年轻"的研究领域，但有众多知名学者开始涉足该领域。1986年，克里巴德的课程史经典名著《美国课程斗争（1893—1958）》（*The Struggle for the American Curriculum*，1893—1958，以下简称《斗争》）第一版出版，主要研究了自1893年《十人委员会报告书》（*Report of the Committee of Ten*）的出版至1958年《国防教育法》（*National Defense Education Act*）出炉的美国课程理论发展历程。该书以描述四大利益集团的主要意识形态立场和他们平衡的方式以及他们之间的冲突为主要任务。⑤克里巴德在该书第一版中已经注意到了美国课程发展过程中的利益集团问题，但是还没有明确提

---

① Arno A. Bellack，"History of Curriculum Thought and Practice"，*Review of Educational Research*，vol.39，no.3（1969），283.

② Herbert M. Kliebard，"Curriculum History"，in *Encyclopedia of Educational Research*，ed. Marvin C. Alkin（New York：Macmillan，1992），264—267.

③ ［美］小威廉姆·E. 多尔：《后现代课程观》，王红宇译，教育科学出版社2000年版，主编寄语。

④ 陈华：《西方课程史的研究路径及内涵探析》，载《全球教育展望》2012年第4期。

⑤ Herbert M. Kliebard，*The Struggle for the American Curriculum 1893—1958*（Boston：Routledge & Kegan Paul，1986）.

出利益集团理论。该书自1986年首次出版后声名远播，并于1995年和2004年两度再版。克里巴德在《斗争》第二版的前言中明确指出，第二版的任务是使用利益集团理论框架来构建1893年至1958年美国课程发展的解释，以探寻利益集团之间的竞逐对美国教育的影响。也就是说，第二版在第一版的基础上明确提出利益集团的理论框架。①

1990年，坦纳夫妇出版《学校课程史》一书。该书研究了美国学校教育从脱离欧洲教育的母体到具有美国特色的教育理论和实践的历程，着重阐述了20世纪30年代迄今的重大课程事件，以探寻美国社会的多元文化本质和对民主的追求在其学校课程领域发生的各种变革。②该书的主要特点在于：一是沿着课程思想和实践的冲突以追寻课程演变的主要趋势，二是这些冲突在错综复杂的社会事件中展开。需要指出的是，作者不把课程发展过程中的冲突作为重点，而是关注课程发展过程中的主流思潮，按照年代顺序描述了各个时期的主流课程思想。

课程史自1969年开始成为一个专门的研究领域，但作为教育史里的子领域显然摆脱不了教育史的影响。③1960年，伯纳德·贝林（Bernard Bailyn）批评传统教育史学倾向把过去视为现在的愚昧前奏的观点。④在新教育史学的影响下，课程史学者开始从传统进步取向的解释模式，向以冲突和批判为特点的解释模式转变。⑤其中，以克里巴德的课程史学思想深受新教育史学思想影响的例子最为典型。克里巴德课程史观是传统主义历史观和激进修正主义者历史观的折中观点。他在《斗争》一书前言中引用卡尔·凯斯特（Carl Kaestle）的一

---

① Herbert M. Kliebard, *The Struggle for the American Curriculum 1893—1958*（New York：Routledge, 1995）, ix.

② Daniel Tanner and Laurel N. Tanner, *History of the School Curriculum*（New York：Macmillan, 1990）, 44.

③⑤ Herbert M. Kliebard, "Curriculum History", in *Encyclopedia of Educational Research*, ed. Marvin C. Alkin（New York：Macmillan, 1992）, 264—267.

④ Bernard Bailyn, *Education in the Forming of American Society*（New York：Vintage Books, 1960）, 9.

段话以表明自己的历史取向："传统主义者认为，学校系统是民主进步的典型代表。但激进修正主义者对此持否认态度，并认为学校系统表现了官僚阶级对工人阶级的社会控制。最近，一些历史学家强调公立学校系统是不同阶级和利益集团相互冲突的结果。"①克里巴德显然同意上述最后一个思想流派的观点。

20世纪80年代以来，美国依靠高科技和金融等领域积累的优势，率先进入"后工业社会"。以里根为代表的右翼政治家坚持保护自由市场和推崇个人创新的"新自由主义"，结构性的社会批判或革命逐渐式微。同时，美国教育界发起了质量标准化课程改革运动，课程理论再次遭遇发展困境。20世纪90年代以降，为了摆脱新时期美国课程理论研究的瓶颈，在后现代主义或后结构主义思潮的影响下，课程史研究从"社会"转向"文化"，致力于发展课程文化史，索尔·科亨（Sol Cohen）、托马斯·S. 波普科维茨（Thomas S. Popkewitz）是课程史研究的文化转向的重要代表，摒弃课程史研究对课程政策或课程思想考察的宏观视野，注重对学校课程实践的微观考察；摒弃课程史研究注重对"谁的知识"的拷问转而追问"知识是如何运作"的问题。②科亨于1999年出版《挑战正统：迈向新教育文化史》（*Challenging 0rthodoxies：Toward A New Cultural History of Education*）一书，强调把电影作为美国教学变革研究的新史料，高度评价了米歇尔·福柯（Michel Foucault）和海登·V. 怀特（Hayden V. White）等人的文学评论、话语分析和文化人类学对于重新理解美国学校教学实践的话语结构及其历史变迁的重要意义。③

在英国，课程史研究起步于20世纪初。1900年，福斯特·沃森（Foster Watson）在《17世纪上半叶英国学校的课程和教材》（*The Curriculum and Text Books of English Schools in the First Half of the Seventeenth Century*）一文中首次

① Herbert M. Kliebard，*The Struggle for the American Curriculum 1893—1958*（Boston：Routledge & Kegan Paul，1986），ix.
② 周采等：《当代西方教育史学流派研究》，上海交通大学出版社2018年版，第205—210页。
③ 何珊云：《文化的视角：美国课程史的转向及其意义》，载《教育学报》2014年第1期。

对课程史进行了研究。"二战"期间，英国课程史研究有一个短暂的停顿期。20世纪60年代，随着综合中学重组运动的开展以及新课程体系的建立，为了给课程改革提供历史证据，英国的课程史研究重新受到重视。[①]其间，相关协会的创立、期刊的创办以及一批著作的出版，都大力推动了课程史研究的发展。1967年，"大英教育史协会"成立，并于1972年出版期刊。另外，该协会出版了两本著作，即1971年的《变革中的课程》（*The Changing Curriculum*）和1979年的《战后课程的发展》（*Post-war Curriculum Development*）。1974年，该协会组成了课程史经典研读小组。同年，《课程研究期刊》（*Journal of Curriculum Studies*）创刊。1975年，该协会出版了会议论文集《学校课程》（*The School Curriculum*）。[②]总之，协会的创立、期刊的创办和著作的出版标志着英国课程史成为一个重要的研究领域。

值得关注的是，英国课程史家艾沃·F. 古德森（Ivor F. Goodson）为课程史研究提供了学校科目社会史的独特视角。他认为，课程主要是指具体的学校科目，并主要考察学校科目形成的原因及其持续制度化的"发生学"过程。[③]古德森在其代表作《学校科目和课程演进》（*School Subject and Curriculum Change*）一书中指出，学校科目相关利益群体在物质报酬和意识形态上的冲突斗争推动着学校科目的变迁。他认为，英国环境教育作为一门科目的诞生过程，涉及其与生物、地理和乡村学习三个相关学科的演变与冲突。古德森强调，不能只是把学校科目看成某一特定社会历史时期的产物，还应进一步看到学校科目代表着许多利益群体的利益。[④]古德森还非常关注教师个人生活史，使其与关于利益群体的宏观分析结合起来。可以说，古德森课程史学带有社会学视角。

---

① 武翠红：《英国课程史研究的发展及特征》，载《大学教育科学》2018年第3期。
② 夏永庚、黄彦文：《课程史研究的理论构想》，载《全球教育展望》2013年第3期。
③ 陈华：《西方课程史的研究路径及内涵探析》，载《全球教育展望》2012年第4期。
④ Ivor F. Goodson，*School Subjects and Curriculum Change：Studies in Curriculum History*（London：Taylor & Francis Ltd，1993）.

综上所述，在课程史成为一个专门的研究领域之后，众多西方学者开始从事课程史研究。其中，克里巴德的《斗争》、坦纳夫妇的《学校课程史》、古德森的《学校科目和课程演进》并称为西方课程史研究的三大奠基之作，[①]这些著作的出版标志着课程史作为独立学术研究领域的成熟。

第二节　克里巴德的课程史学

克里巴德的经典名著《斗争》是一部公认的表现美国课程研究历史取向与历史视角的上乘之作，是美国课程研究历史转向的旗帜和标杆，在美国课程史学史上占有重要地位。

一、克里巴德课程研究的历史转向

克里巴德在哥伦比亚大学教师学院攻读博士学位期间，巴拉克是其博士导师，他也是将克里巴德带进课程史研究领域的引路人。克里巴德说："当我初次与巴拉克见面时，我还很年轻，同时缺乏未来方向。巴拉克帮助我打开了新的学术和专业领域，特别是鼓励我开始致力于课程史领域的研究。"[②]1969年，巴拉克《课程思想与实践的历史》一文的发表是课程史成为专门研究领域的标志，克里巴德则进一步开拓了该研究领域。

在威斯康星大学麦迪逊分校任教的早期，克里巴德教授的课程是"教学本

---

① 陈华：《西方课程史的研究路径及内涵探析》，载《全球教育展望》2012年第4期。

② Herbert M. Kliebard，*Changing Course：American Curriculum Reform in the 20th Century*（New York：Teachers College，Columbia University，2002），xi.

质"，①主要从事课堂案例研究。1967年，克里巴德应邀去哥伦比亚大学教师学院进行学术交流。1968年，他以"课程领域的回顾"（The Curriculum Field in Retrospect）为题发表演讲，此后转向课程史研究。他从历史角度反思课程领域的过失，认为科层制对课程理论产生了负面影响，在课程领域过度使用泰勒原理产生了弊病。《锻造美国课程：课程史和课程理论的论文》（*Forging the American Curriculum：Essays in Curriculum History and Theory*）一书则是这方面议题的论文集。②

在威斯康星大学任教约36年中，克里巴德一直探寻的是"20世纪课程理论家为什么会误入歧途，以及他们是如何误入歧途的"③的问题，这也是克里巴德课程史论著的主题。在克里巴德课程史论著中，有两个密切相关的主题来自杜威的影响。第一，关于民主。克里巴德与约翰·杜威（John Dewey）都力图探讨20世纪教育中的民主和平等问题。克里巴德认为，学校及其课程所追求的应是对民主公民的培养以及对共同利益的促进。第二，关于博雅教育。在克里巴德看来，20世纪课程学者放弃了博雅教育，追求学校教育的外在功能性目标，而忽略学校教育的内在目标。克里巴德批评功利性课程替代博雅教育课程威胁到美国公立学校教育所追求的民主目标，对儿童和文化造成不良影响。④

克里巴德是促进课程研究历史转向的学者之一，在课程史研究方面成果显著，其观点和方法对于课程史的深入研究具有启发意义。他认为，历史研究是课程理论的重要资源，也是理解教育政策的重要资源。自巴拉克于1969年发表课程史研究的经典论文《课程思想与实践的历史》至1977年课程史研究协会成立的8年间，克里巴德只发表了几篇课程史方面的论文。经过多年积累，克里巴德厚积薄发，终于在1986年完成其第一部课程史专著《斗争》。诚如中国

①③④ Barry M. Franklin, "Herbert M. Kliebard's Intellectual Legacy", in *Curriculum & Consequence：Herbert M. Kliebard and the Promise of Schooling*, ed. Barry M. Franklin（New York：Teachers College Press, 2000）, 3, 1, 9.

② 杨智颖：《课程史研究》，学富文化事业有限公司2015年版，第61页。

台湾地区学者钟鸿铭所言，巴拉克为课程史研究指出了路径，但真正有披荆斩棘之功的是克里巴德。①克里巴德通过发表论著及教学使课程史研究逐渐成为显学，他的《斗争》一书被视为美国课程史学界具有典范意义的课程史研究经典。巴拉克盛赞《斗争》一书所取得的成绩以及克里巴德在课程与历史领域的学术研究中所占据的地位："克里巴德通过他的研究和写作，在研究议程中敦促课程研究领域发生历史转向。可以说，克里巴德在这方面的贡献很大。"②正如巴里·M. 富兰克林（Barry M. Franklin）所说："克里巴德的学术论著在界定和形塑课程史成为课程和教育史研究中受认可的探究领域方面，其贡献胜于其他学者。"③

二、克里巴德课程史学的隐喻话语

《斗争》一书主要研究1893年至1958年美国课程理论发展历程。在克里巴德看来，在20世纪前半叶，美国社会有四个利益集团即人文主义者（humanist）、发展论者（developmentalist）、社会效率论者（social efficiency educator）和社会改善论者（social meliorist）竞逐美国课程的控制权。19世纪末，《十人委员会报告书》倡议以学术性科目对所有学生进行通识教育，此乃人文主义者的兴盛期。尔后，社会效率论者以科学主义课程在20世纪前20年兴盛。其后，发展论者则以"设计教学法"和活动课程盛行于20世纪前期。到了30年代，社会改善论者因其批判性的社会科课程被广泛采用而昂首前行。随着对生活适应课程的批判，人文主义者在50年代短暂复兴。为支持一项课程改革政策或举措的顺利开展，意识形态彼此不同的四大利益集团可能会达成短期联

---

① 钟鸿铭：《H. M. Kliebard的课程史研究及其启示》，载《教育研究集刊》2004年第1期。

② Arno Bellack，"Foreword"，in *Curriculum & Consequence：Herbert M. Kliebard and the Promise of Schooling*，ed. Barry M. Franklin（New York：Teachers College Press，2000），vii.

③ Barry M. Franklin，"Herbert M. Kliebard's Intellectual Legacy"，in *Curriculum & Consequence：Herbert M. Kliebard and the Promise of Schooling*，ed. Barry M. Franklin（New York：Teachers College Press，2000），10.

盟。其结果是上述四大利益集团由冲突逐渐走向妥协，使得美国课程最终呈现"混重"（hybridization）的发展态势。①

在《斗争》一书中，克里巴德以河流（stream）隐喻来表达1893年至1958年的美国课程史。在河流隐喻的新视角下，美国课程的历史变迁得到形象的表达，即借助河流系统各组成部分作为一种具体熟悉事物，使得相对抽象的课程历史进程得以具象认知。其中，河流隐喻系统包括支流、干流和河流运动状态等。品读《斗争》一书关于河流的内在意蕴，可以窥见不同意识形态的四大支流的流动变化，以及汇聚了四大利益集团课程主张的河流干流的辩证发展趋势。

（一）干流与支流：美国课程思想变迁的隐喻表征

同一水系中的河流有干、支流之分。一般而言，直接流入海洋或内陆湖泊的河流称为干流。流入干流的河流称为支流，其中，直接汇入干流的河流称为一级支流，汇入一级支流的称二级支流，依次类推。②换言之，支流在水文学上是指汇入另一条河流或其他水体而不直接入海的河流。

1. 河流构成：美国课程思想的势力结构

在《斗争》一书中，克里巴德认为20世纪美国的课程发展是"汇聚不同支流的河流"（a stream with several currents）。"课程不断变化的现象最好被看作是'汇聚不同支流的河流'，其中一条支流比其他支流力量要大。没有任何一条支流完全干涸。当气候及其他条件适宜时，其中力量弱的支流就会突显出来，其力量就会变大。唯有当特别适宜这条支流发展的条件不再盛行时，它才会式微。"③不同的支流汇入干流，其不同的支流特性在干流中都混合起来，这样的干流还保留不同支流原本的性质。简言之，河流干流就形成了包含不同支流的一种混合物。另外，在《斗争》一书中，克里巴德主要用"主流"

---

① 李倩雯：《克里巴德"混重"课程变迁观述评》，载《外国教育研究》2017年第2期。

② 熊治平：《河流概论》，中国水利水电出版社2011年版，第11页。

③ Herbert M. Kliebard, *The Struggle for the American Curriculum 1893—1958*（New York：Routledge Falmer，2004），174.

（mainstream）、"暗流"（undercurrent）和"地下河"（subterranean stream）表示河流的不同支流，四大利益集团课程思想好比河流的四条支流。

在自然社会中，河流的力度往往受天气等环境因素影响。四大支流受到"天气和其他环境"的影响，时强时弱，强弱不一。首先，克里巴德以"主流"表示力量较强的支流。主流与暗流相对，常用于比喻事物发展的主要趋向。比如，在《史密斯—休斯法案》（Smith-Hughes Act）通过前曾有关乎职业教育发展方向的争论。杜威对职业教育国家援助委员会的法案提议进行了批判，社会效率论者则提倡《史密斯—休斯法案》以发展职业教育。《史密斯—休斯法案》的通过表明社会效率论者掌握着美国课程控制权。克里巴德指出："虽然这次争论对悬而未决的法案争端没有产生很大影响，但是这次争论说明了在社会效率意识形态的主流之下，存在着一股细小的、代表反对力量的暗流"[1]。

其次，克里巴德以"暗流"和"地下河"表示力量较弱的支流，比喻潜伏的社会动态和思想倾向，表示在美国课程控制权竞逐过程中处于劣势或蓄势待发的利益集团课程思想。例如，莱斯特·弗兰克·沃德（Lester Frank Ward）认为，20世纪的社会问题源于社会真正财富的分配不当，也源于文化资本通过学校进行的不平等分配，分配不公可以通过学校干预纠正。半个世纪后，乔治·S. 康茨（George S. Counts）和拉格重新复兴了沃德的这个思想。他们把这些思想呈现给知识分子精英阶层，同时拉格把这些思想放进了其编写的教科书中，呈现给成千上万的学生。在克里巴德看来，"这种现象似乎解释了这么一个规律，即美国课程改革地下河的再度复兴源于这些思想及其适宜生存的社会和经济环境相互作用的结果"[2]。这说明美国课程改革背后的思想兴衰受到社会和经济发展的影响，也说明社会改善论者的课程思想于20世纪20年代末蓄势待发。

---

① Herbert M. Kliebard, *The Struggle for the American Curriculum 1893—1958*（New York：Routledge Falmer，2004），123.

② Herbert M. Kliebard, *The Struggle for the American Curriculum 1893—1958*（New York：Routledge Falmer，2004），173—174.

2. 河流运动：美国课程竞逐的历史驱动

干流抑或支流均存在河水的流动，这也是河流隐喻的组成部分。在《斗争》一书中，克里巴德使用了大量描写河水流动的词汇以生动表达相关思想。比如，克里巴德认为，社会效率论者以工业主义的逆势上涨（a rising tide）促使职业教育崛起。①克里巴德把伯纳德·伊丁斯·贝尔（Bernard Iddings Bell）的《教育危机》（*Crisis in Education*）和莫蒂默·史密斯（Mortimer Smith）的《疯狂教学》（*And Madly Teach*）这两本书作为对20世纪中叶美国公立学校智力发展进行批判的涨潮（floodtide）。②"逆势上涨"和"涨潮"都表现了一种蓄势待发的状态。

又如，美国教育研究协会第26届年鉴中的两卷《课程编制：过去和现在》和《课程编制的基础》致力于对"课程包含什么内容"问题达成共识。克里巴德认为，从年鉴来看，课程学界对这个问题虽继续保持分歧，但还是达成了一定的共识。"变化是明显的，开始于1924年的年鉴委员会在拉格的领导下齐心协力，促使这么多年流动而来的改革混乱达成一致性。"③克里巴德想以"流动"（flow）呈现河流干流的流动状态，反映不同利益集团课程思想逐渐走向妥协。

河流隐喻并非只在《斗争》一书的某一处提及，而是在全书各处均有提及。河流隐喻涉及河流的各个组成部分，其在《斗争》中形成了系统结构。在分析完克里巴德的河流隐喻的具体运用之后，要思考两个层级问题：其一，克里巴德对河流隐喻的运用是否受到认知隐喻理论的影响，而不只是语言手法的运用。关于此问题，克里巴德关于隐喻的文章中有其受到认知隐喻学者影响的话语。其二，克里巴德的河流隐喻是否已经是一个比较系统的隐喻理论。

河流隐喻除了实现作品表达形式的生动形象之外，还蕴藏着克里巴德的书写奥秘。正是借助隐喻，克里巴德实现了其课程研究历史转向的一种新路径。

①②③ Herbert M. Kliebard，*The Struggle for the American Curriculum 1893—1958*（New York：Routledge Falmer，2004），129，261，152.

河流隐喻包含的支流与干流，需要将水流梳理一二，以窥得水下的别样风情。克里巴德以"汇聚不同支流的河流"表征20世纪美国课程发展历程。其中，四大利益集团竞逐美国课程控制权，因势利导，其力量时强时弱，有主有次。代表四大利益集团的四大支流虽因环境因素，强弱不一，却源源不断，永不干涸。"汇聚不同支流的河流"，支流终将汇合成干流，混合前行。

（二）持续与消长：河流隐喻的美国课程势力象征

克里巴德以河流的四条支流形象地表达持有不同意识形态的四大利益集团，认为它们在争夺美国课程控制权的过程中既有独领风骚之时，亦有韬光养晦之日，共同构建了20世纪美国课程史。

1. 河流不枯：利益集团势力的历史持续

克里巴德指出，课程涉及知识的选择。[1]课程的知识选择都是由社会信念、政治信条、专业期望、阶级忠诚以及经济动机的真实之人所作的决定。[2]四大利益集团在19世纪末20世纪初相继形成，有着不同的价值信仰和意识形态，并提出不同的课程改革主张。其中，人文主义者注重传统学科，并视学校为传递西方传统价值和文化遗产的机构；发展论者重视儿童自然发展顺序，并认为课程应该激发儿童的兴趣；社会效率论者强调教育应为成人生活做准备，而课程应该根据儿童将要扮演的成人角色进行分化；社会改善论者主张以学校作为社会改造的工具，来实现社会的公平与正义。19世纪末至20世纪中叶，四大利益集团的课程主张成为美国课程变迁的基本组成要素。依据克里巴德的河流隐喻，四大利益集团是课程改革的四条不同支流，每一次的课程改革都是由不同支流汇聚而成的河流干流。不同支流力量大小不一，却未有干涸之时。

艾伦·A. 格拉特霍恩（Allan A. Glatthorn）在《课程领导》（*Curriculum Leadership*）一书中赞同使用河流隐喻描绘过去百年的课程史，"以持续流动

---

① Herbert M. Kliebard，"Constructing a History of the American Curriculum"，in *Handbook of Research on Curriculum*，ed. Philip W. Jackson（New York：Macmillan，1992），157–184.

② 钟鸿铭：《H. M. Kliebard的课程史研究及其启示》，载《教育研究集刊》2004年第1期。

之个别河流来谈论它时而丰沛、时而微弱、时而分流、时而合流，或许更为适切且更有见地"①。但是，河流是由不同支流汇聚而成的。格拉特霍恩和杰瑞·杰拉尔（Jerry Jailall）在《新世纪的课程》（*Curriculum for the New Millennium*）一文中指出："数股支流的隐喻很贴切地描绘了课程是如何运动的，它流穿系统，时而涨潮，然后集聚力量且在动态的汇流处合流在一起。这一隐喻似乎比钟摆的陈腔滥调更有帮助，后者意指一种简单的来回运动。但是，河流隐喻意指在我们课程史中的任何特定时间，数股支流在流动着。在我们过去的一个时间点，某股支流的影响力是微弱的，尔后，它集聚了力量且变得强而有力。有时，这些支流广泛地分离，在其他时候，它们合流在一起。而且，某股特定支流的力量显然受到众多因素的影响，特别是复杂的社会和文化力量。"②

2. 河流消长：利益集团势力的历史变迁

19世纪末至20世纪50年代，四大利益集团课程主张并存，此消彼长，随着时间推移而变化。其一，支流流动性与其他支流的竞争相关。克里巴德认为，某一主流课程思潮的浮现与利益集团之间的竞争相关。③在特定历史环境下失利的利益集团，待掌握课程主导权的利益集团逐渐式微时，便伺机夺取课程主导权。但每个利益集团重回主流时往往汲取其他利益集团的积极因素，不同利益集团的课程主张随着历史变迁而不断发展。以河流支流喻之，则表现为支流的流动发展。

其二，支流流动性与时代环境密切相关。克里巴德指出："改革的命运深受

① Allan A. Glatthorn, *Curriculum Leadership*（Glenview, Illinois: Scott, Foresman and Company, 1987）, 89.

② Allan A. Glatthorn and Jerry Jailall, "Curriculum for the New Millennium", in *Education in a New Era*, ed. Ronald S. Brandt（Alexandria, Virgina: Association for Supervision and Curriculum Development, 2000）, 98.

③ 杨智颖：《课程史研究观点与分析取径探析：以Kliebard和Goodson为例》，高雄复文图书出版社2008年版，第82页。

当时社会和政治氛围的影响。"①不同的时代有不同需求，为迎合时势需求，每个利益集团都会重新诠释其课程理论和主张。以人文主义者为例，当19世纪末古典科目遭到现代科目威胁时，查尔斯·W. 艾略特（Charles W. Eliot）为了维系心智训练说，承认现代学科与古典学科地位相同，均具有形式训练的功能。20世纪初，现代课程改革的一个主要原则是实用性标准。此时，为回应时代重视实用性的需求，人文主义课程也成为人们职业教育中不可或缺的一环。于是，1918年《中等教育基本原理》把发展人的理性作为人们生活的七大功能性目标之一。②

其三，随着时代环境发生变化，社会也会支持某一利益集团的课程主张成为主流。19世纪末，美国开始从传统农业社会向现代工业社会的剧烈转型，工业化和城市化迅速发展，美国科学管理运动大行其道。此时，人文主义者课程主张的声势逐渐式微，而博比特和华莱士·查特斯（Wallace Charters）等社会效率论者的课程主张成为20世纪初课程改革的主流。1929年，美国遭遇经济大萧条，20世纪30年代的经济低迷，促使拉格和康茨等社会改善论者的课程主张成为显学。美国加入第二次世界大战后，爱国主义兴起，人们热切希望社会复归稳定，社会改造思想黯然失色，社会效率论者倡导的生活适应教育开始盛行。20世纪50年代，受美苏冷战气氛的影响，提倡学术性课程的人文主义者重新成为主流课程思潮。可见，无论是利益集团主动发展以迎合社会需求，还是时代发展环境适合利益集团发展，不同利益集团的势力是随着社会发展而变化的。以河流喻之，则体现为河流支流的流动性。

总之，四大利益集团之间的相互竞逐，以及时代背景共同促进了不同利益集团向前发展，犹如河流支流一样，不断向前流动，时而丰沛，时而微弱。

---

① Herbert M. Kliebard，*Changing Course：American Curriculum Reform in the 20th Century*（New York：Teachers College Press，2002），5.

② Herbert M. Kliebard，"The Liberal Arts Curriculum and Its Enemies：The Effort to Redefine General Education"，in *Forging the American curriculum：Essay in Curriculum History and Theory*，ed. Herbert M. Kliebard（New York：Routledge，1992），27—50.

（三）批判与重构：河流隐喻的美国课程史观蕴意

在克里巴德看来，四大利益集团在20世纪前半叶各有引领潮流之时，但是任何利益集团都不会绝对地胜利或绝对地失败，而是形成一种松散的、不连贯的妥协，如同河流干流一般。

1. 批评钟摆：美国课程循环史观的解构

大多数学者使用"钟摆现象"（pendulum swings）隐喻课程改革主张来回摆动的历史现象。"钟摆现象"隐喻弥漫着悲观色彩，认为课程改革除了反复做些调整之外其实一直在原地踏步，即停滞在钟摆的中点上。持钟摆观的学者无法保有对进步的憧憬。实际上，"钟摆现象"反映的是课程发展的二元循环史观。克里巴德批评了课程改革如钟摆般不断循环的隐喻。"就像一般人所相信的，教育改革注定要失败，另外，循环往复和钟摆现象在某种意义上或有道理，但却言过其实。我从来就不是这个格言的信奉者。"①他认为钟摆隐喻过于简略，无法描绘出美国课程历史发展的真实面貌。

克里巴德以美国20世纪上半叶的课程变迁为例进行说明。20世纪初，美国社会的工业化和城市化迅猛发展，弗雷德里克·温斯洛·泰勒（Frederick Winslow Taylor）主张的科学管理运动弥漫着学术界。为了改变传统人文主义课程的浪费现象，使学校教育的运作更有效率，社会效率论者所提倡的课程主张成为主流。始于1929年的经济大萧条使得社会改善论者的课程主张开始兴起。二战爆发后，美国整个社会力图返回正常生活，强调为成人生活做准备而达成社会秩序稳定的社会效率论者重掌主导权，以倡导生活适应教育。然后，随着美苏冷战时期的到来，特别是1957年苏联人造卫星发射之后，转向关注美国与苏联的竞争，强调学术科目的学科结构运动成为主流。克里巴德反对以"钟摆现象"解释这一段课程变迁现象，虽然"生活适应教育"所包含的教条

---

① Herbert M.Kliebard, "Success and Failure in Educational Reform: Are There Historical 'Lessons'?", in *Forging the American curriculum*: *Essay in Curriculum History and Theory*, ed. Herbert M. Kliebard（New York: Routledge, 1992）, 104—105.

有20世纪早期社会效率论者思想的成分，但其反学术的和反知识的信念是前所未有的。同样，学科结构运动的课程主张和艾略特及十人委员会建议不完全一样。①这是因为学科结构运动虽然强调学术性课程，但是该学术性课程的提出是出于为了美国能在美苏争霸中赢得胜利的考虑，蕴含了功利性的目标。

2. 支流汇聚：美国课程混重史观的重构

在克里巴德看来，四大利益集团的课程主张成为20世纪美国课程改革的立论基础。同时，每一次课程改革皆非单一利益集团取得绝对支配权，而是四大利益集团相互争斗和妥协的结果。美国每一时期的课程改革好比汇聚多股支流的河流，不同的支流汇聚于河流干流之中，或成为主流，或成为暗流。在河流干流中，不同支流相互渗透前行。在美国课程发展的历史长河中，课程改革恰如湍流不息的河水，一波接着一波往前推进。"改革不是一件单纯的事情，它是一个结合了广泛努力的、若干高尚而有价值的以及一些误导的甚至应受谴责特性的混合词（portmanteau words）。"②

持有不同意识形态的利益集团的课程主张为何会汇聚到河流干流当中呢？克里巴德认为原因在于四大利益集团在竞逐美国课程控制权的过程中既相互竞争又相互妥协。各个利益集团为能牢牢抓住课程控制权，不得不与其他利益集团达成妥协，课程理论的"混重"现象越发明显。"在历经半个世纪的改革之后，今天的美国课程是一种'混合物'（patchwork）"③。美国课程发展史上任何一次改革都有其独特性，我们不能只通过某一时期主流课程意识形态来分析课程改革现象，而应从改革现象中寻找其他课程意识形态的影子。"教育意识

---

① Herbert M. Kliebard, "Success and Failure in Educational Reform: Are There Historical 'Lessons'?", in *Forging the American Curriculum: Essay in curriculum history and theory*, ed. Herbert M. Kliebard (New York: Routledge, 1992), 97—112.

② Herbert M. Kliebard, *Changing Course: American Curriculum Reform in the 20th Century* (New York: Teachers College Press, Columbia University, 2002), 2.

③ Herbert M. Kliebard, "What Happened to American Schooling in the First Part of the Twentieth Century?", in *Learning and Teaching the Ways of Knowing*, ed. Elliot Eisner (Chicago: University of Chicago Press, 1985), 21.

形态的钟摆现象模糊了这样一个事实，即某一历史时期并非由单一意识形态完全主宰。"①

综上所述，"汇聚不同支流的河流"隐喻是克里巴德"混重"课程史观的形象表达。他认为，20世纪上半叶的美国课程史是一种螺旋式上升的历史运动，是四大利益集团课程理论混合发展的结果。因此，在考察美国课程发展变迁史时应打破"非此即彼"的二元对立思考模式。每一利益集团课程主张的再现并非简单重复利益集团原先的课程观点，而是从先前两个相互对立或相互斗争的利益集团课程主张中汲取知识经验，而使其立基于盘旋而上的新历史点之上。②因此，应以"混重"史观从事课程问题的解释，把握课程问题的本质。

总之，克里巴德的"汇聚不同支流的河流"隐喻，是其"混重"课程史观的书写表达。与"钟摆现象"隐喻所表达的二元循环史观不同，"混重"课程史观避免使用单一课程意识形态来分析课程历史现象，这是因为课程改革常是混合了各种相互冲突和矛盾的价值观或意识形态。

（李倩雯）

附录：相关文献

1. ［美］丹尼尔·坦纳、劳雷尔·坦纳：《学校课程史》，崔允漷等译，教育科学出版社2006年版。

2. ［美］赫伯特·M.克里巴德：《课程的变革：20世纪美国课程的改革》，杜振亚译，巨流图书股份有限公司2008年版。

3. 吕达：《课程史论》，人民教育出版社1999年版。

---

① Herbert M. Kliebard and Greg Wegner, "Harold Rugg and the Reconstruction of the Social Studies curriculum: The Treatment of the 'Great War' in His Textbook Series", in *The Struggle for Creating an American Institution*, ed. Thomas S. Popkewitz（New York: The Falmer Press, 1987）, 285.

② 钟鸿铭：《H. M. Kliebard的课程史研究及其启示》，载《教育研究集刊》2004年第1期。

4. ［美］乔治·莱考夫、马克·约翰逊:《我们赖以生存的隐喻》,何文忠译,浙江大学出版社2015年版。

5. 孙毅:《认知隐喻学多维跨域研究》,北京大学出版社2013年版。

6. 杨智颖:《课程史研究》,学富文化事业有限公司2015年版。

7. 张耕华:《历史哲学引论》(增订版),复旦大学出版社2009年版。

8. 张华、石伟平、马庆发:《课程流派研究》,山东教育出版社2000年版。

9. Herbert M. Kliebard, "The Drive for Curriculum Change in the United States, 1890—1958 I -The Ideological Roots of Curriculum as a Field of Specialization", *Journal of Curriculum Studies*, vol.11, no.3（1979）, 191—202.

10. Herbert M.Kliebard, "The Drive for Curriculum Change in the United States, 1890—1958. II -From Local Reform to a National Preoccupation", *Journal of Curriculum Studies*, vol.11, no.4（1979）, 273—286.

11. Herbert M. Kliebard, "Curriculum Theory as Metaphor", *Theory into Practice*, vol.21, no.1（1982）, 11—17.

第二十五章

城市教育史研究

　　城市教育史是研究现代城市教育系统演进历程及其规律的一门学科。城市教育史将城市作为研究教育变迁的参考点或语境，以"城市"而不是以"民族—国家"为研究单位，是城市史与教育史的交叉学科，其发展过程中受到城市史和教育史的双重影响。城市教育史学最先形成于美国。受其影响，加拿大、澳大利亚和英国等国的城市教育史研究日益增多，其中，美国城市教育史研究发展最为成熟，形成了城市教育史流派。英国次之，拥有大量的城市教育史作品，但没有明确的城市教育史流派。①

---

① D. A. Reeder, "History, Education and the City: A Review of Trends in Britain", in *The City and Education in Four Nations*, ed. Ronald K. Goodenow and William E. Marsden (Cambridge, 1992), 206.

第一节　城市教育史研究的兴起与发展

城市教育史研究以城市学校为研究对象，采用了跨学科的研究方法，如社会学、新马克思主义和政治学等，主要目的是服务于城市教育政策的制定。西方城市问题的恶化和新社会史的发展是西方城市教育史研究兴起的重要原因。

城市在历史上已存在了几千年，而作为人类生活的主要聚落形式，则是出现在工业革命以后。城市是个复杂的概念，不同学科在"城市"概念的界定上存在很大差异。地理学的城市是指"人口密集、工商业、交通运输发达，居住的人以非农业人口为主的地区。通常是周边地区的政治、经济、文化中心"[1]。经济学的城市是"具有相当面积、经济活动和住房集中、以致在私人企业和公共部门产生规模经济的连片地理区域"[2]。城市社会学的城市是"不同于乡村社会生活的一种生活方式、物质空间和社会现象，它是建立在非农业活动基础上、功能分化并以法理等社会契约作为主导的人类生活方式与聚集地"[3]。总体来看，城市教育史研究中的城市一般采用城市社会学的概念，指一种生活方式、物质空间和社会现象。

城市概念也会随着时代的发展不断地发生变化。城市过去是一个与乡村（rural）相对应的概念，二者共同构成了现代地缘社会的基本类型。美国著名经济史学家埃里克·E. 兰帕德认为，城市和乡村虽然有着本质的区别，但两者之间的界限并非不可逾越，是一个从量变到质变的过程，乡村和城市分别处于

---

① 当代汉语词典编委会：《当代汉语词典》，中华书局2009年版，第162页。
② ［美］沃纳·赫希：《城市经济学》，刘世庆等译，中国社会科学出版社1990年版，第6页。
③ 蔡禾：《城市社会学讲义》，人民出版社2011年版，第70—71页。

一个连续统一体的两端，随着人口的集中和经济的发展，社会在不断地进行着城市化的过程。①城市化是人类进入工业社会以后，社会的经济发展开始了农业活动的比重逐步下降，非农业活动的比重逐步上升的过程。②与"urban"相似的还有"city"一词。两个英文词翻译出来都是"城市"，但是兰帕德认为它们在含义上有所区别，"city"主要是地理和区域上的概念，"urban"则是社会的概念，包括政治、经济和文化的内容。基于区域概念写出的历史是方志；基于经济、文化和社会概念写出的历史才是城市史。③随着社会的发展，城市发生了变化，不再有一个中心或闹市区，"扩张的城市化区域与城市、城镇、郊区以及远郊地区的一个混合体关联在一起。定居空间的新形式被称作多中心的大都市区（multicentered metropolitant region）"④。可见，现代的城市已向大都市的方向发展，既包括市区也包括郊区。《美国大百科全书》认为："郊区是指某个大城市附近、拥有或者没有法人地位的、并且已经城市化或部分城市化的地区，这一地区与该大城市拥有密切的社会和经济联系，但它与该大城市在政治上却是分立的。"⑤

在对城市作用的看法上，17世纪至19世纪末，"城市"一词具有积极含义。从20世纪初开始，"城市"一词开始具有消极意义，与社会问题相伴随，⑥如"内城"（inner city）就代表了消极意义。"内城"也可称为城市中心地带，其发展日益恶化，分布着大量拥挤的、贫困的邻里，住房不足，犯罪率和失业率居高不下。

①③ 姜芃：《西方史学的理论和流派》，中国社会科学出版社2007年版，第229页。

② 潘允康：《城市社会学新论：城市人与区位的结合与互动》，天津社科院出版社2004年版，第4页。

④ ［美］马克·戈特迪纳、［美］雷·哈奇森著：《新城市社会学》（第3版），黄怡译，上海译文出版社2011年版，第3—4页。

⑤ The Encyclopedia Americana，international edition，Americana Corporation，vol.25（1980），829.

⑥ M. Foster，"Urban Education in North America：Section Editor's Introduction"，in International Handbook of Urban Education，ed. William. T. Pink and George W. Noblit（New York Springer，2007），765—766.

总之，当下西方城市教育史研究中的"城市"界定采纳了城市社会学的定义，指一种生活方式、物质空间和社会现象。城市积极与消极的意义并重，但城市教育史研究更多地关注的是城市消极方面的意义。早期的城市教育史侧重于研究城市中心地带即"内城"的城市学校的历史发展状况。20世纪80年代以后，城市教育史的研究对象包括所有文化传承机构，但研究的重点仍然是城市学校。

一、城市教育史研究兴起的原因

西方城市教育史研究兴起的主要原因是西方城市危机的出现。城市危机的出现引发了城市研究，人们对城市系统结构、操作和功能的研究增多。城市教育史的产生与城市研究关系紧密。城市教育史研究最先诞生于美国。20世纪60年代，美国城市社会出现了一系列的抗议运动，包括黑人的抗暴运动，群众性的反越战运动，青年学生为主体的新左派运动等。另一方面，由于激烈的海外工业竞争，美国的很多城市出现了"解除工业化"现象，制造业发展放缓。许多城市工厂迁往郊区或海外，内城较好职业急剧减少。由于南方农场机械化的出现，大量的非裔美国人涌向北部和西部的主要大城市。此外，非法药物出售、暴力犯罪和未成年人怀孕等社会问题大量出现。[①]受此影响，美国城市郊区化有加速的趋势，给城市学校带来了隔离问题和财政问题。城市学校系统成为美国最差的学校系统，问题丛生。为了应对城市教育危机，20世纪60年代到20世纪70年代早期，美国一系列有关城市教育研究的杂志创刊，如1964年创刊的《城市教育》（*Urban Education*），1968年创刊的《教育与城市社会》（*Education and Urban Society*）。美国一些大学开设了与城市危机相关的课程，许多研究城市危机的项目开始立项。20世纪70年代，"城市"是许多美国教育史家研究教育史的主要视角，目的是为制定城市教育政策服务。

---

① J. L. Rury，*Urban Education in The United States：A Historical Reader*（New York：Palgrave MacMillan，2005），7—8.

城市危机不仅在美国出现，欧洲各国也出现了类似现象。[1]法国1968年"五月风暴"之后，法国政府为一些大学和独立的研究机构提供了城市研究的经费。英国的城市研究始于20世纪60年代，其兴起与公众对一系列城市问题的焦虑有关。作为城市研究的子学科的城市教育史研究与当时城市中心地带的城市学校政策研究密切相关。20世纪80年代初，澳大利亚学者开展城市教育史研究，原因之一是当时城市学校毕业的学生失业率很高，引发了人们对城市教育政策的关注。

新社会史的发展是西方城市教育史研究诞生的另一个原因。20世纪60至70年代，新社会史有很大发展。新社会史是新史学的重要分支，具有下列特点：在研究内容上，新社会史推崇"从下往上"看历史，恢复了社会下层阶级的历史活动。在研究方法上，新社会史注重跨学科研究方法，社会学、人口学、地理学、统计学和经济学等社会科学学科的概念和方法被广泛使用。在研究单位上，既包括国家和民族，也包括家庭和社区等。在历史编纂上，注重问题导向，长于综合和分析。在研究重点上，重视研究重大社会问题。[2]"社会史崛起伊始，就以强烈的社会责任感着力于人口问题、灾荒问题、流民问题、社会犯罪等专题的研究，试图从历史的纵向探索中为现实的社会问题的化解提供历史借鉴，并借以强化史学的社会功能。"[3]社会史可以分成许多分支，如家庭史、妇女史、种族史、城市史、农村史等。社会史研究的主要特征在于它常常应用社会科学的理论和计量方法。[4]作为新社会史重要组成部分的新城市史，既研究城市中各类社会群体的历史，如劳工史、妇女史、黑人史等，也研究城市社会中各个方面的历史，如人口史、家庭史、教育史等。城市教育史作为教育史和城市史的交叉学科，也受到这股潮流的影响。此外，新社会史重视社会结构史和社会流动史的特点对城市史乃至城市教育史所产生的影响。

---

① G. Grace, *Education and the City：Theory, History, and Contemporary Practice*（London：Routledge & Kegan Paul, 1984）, 6.

② 周采：《当代西方教育史学流派研究》，上海交通大学出版社2018年版，第160页。

③ 王先明：《走向社会的历史学——社会史理论问研究》，河南大学出版社2010年版，第156页。

④ 杨豫、胡成：《历史学的思想和方法》，南京大学出版社1999年版，第131页。

二、美国城市教育史研究的兴起与发展

城市教育史研究最先诞生于美国并在那里发展成为流派。美国城市教育史研究在20世纪60年代末正式诞生，20世纪70年代基本定型，20世纪80年代开始转向，并在发展中不断变革。20世纪60年代末，城市教育的危机、抗议运动的冲击和新城市史学的兴起对美国城市教育史研究的出现有重要影响。一般以1968年迈克尔·B. 凯茨（Michael B. Katz）《对早期学校改革的嘲讽：马萨诸塞州19世纪中期的教育革新》（*The Irony of Early School Reform：Educational Innovation in Mid-Nineteenth Century Massachusetts*，以下简称《对早期学校改革的嘲讽》）一书的问世作为美国城市教育史研究兴起的标志。在《对早期学校改革的嘲讽》中，凯茨选用了贝弗利市（Beverly）公立中学存废的辩论、关于中学教学法的辩论和关于州立学校的辩论这三个案例，分析城市学校的改革动力和本质。凯茨在《对早期学校改革的嘲讽》中批判了美国普及学校教育的历程是仁慈和民主的观点，认为城市公立学校运动是一种应对城市化和工业化带来的急剧社会变迁的保守反应。城市公立学校运动并不是人道主义和民主主义的，而是社会控制的一种工具，是本土出生的精英阶级通过公立学校对移民、黑人及其他少数族裔实施控制的工具。

1969年，凯茨在美国教育史协会会刊《教育史季刊》（*History of Education Quarterly*）上以"城市教育"为题组稿。这批稿子囊括了当时主要的研究教育和种族关系的知名教育史家的作品，涉及北部贫民窟的教育史、城市学校改革、城市中的儿童、作为教师的城市等主题。凯茨尤其强调了将历史研究与当代城市学校教育的问题联系起来的重要性。[1]此后，美国大量的历史研究开始关注美国城市教育的特点和结果以及不同城市的学校教育之间的比较，并在20世纪70年代形成一股潮流。继凯茨之后，城市教育史研究的基本研究模式初步确立，并被后来的城市教育史家一再地讨论。

---

[1] M. B. Katz，"Comment"，*History of Education Quarterly*，vol.9，no.3（1969），326—328.

20世纪70年代初到20世纪80年代初，由于新教育史学的发展、城市史的新发展、城市教育问题的日益恶化，城市教育日益受到美国教育史家的重视，美国城市教育史研究开始进入定型时期。这个时期，美国城市教育史研究受到新社会史学的影响，是典型的社会科学化的历史学。城市教育史学发展繁荣，研究范式逐渐定型。定型时期美国城市教育史研究的特征主要表现在以下几个方面：

首先，研究模式基本定型。美国城市教育史研究运用了新城市史的研究模式。美国学者赛斯托姆将新城市史的特征归纳为：运用社会学尤其是行为科学的理论进行研究，运用计量方法，注重普通人群。①这个时期的城市教育史家以城市为研究单位，运用大量的社会学的概念和方法来研究城市学校教育变革，运用了计量史学方法，关注底层阶级的教育活动，以问题取向的历史编纂为主，目的是为解决现实教育问题服务。

其次，研究路径基本成型。这个时期美国城市教育史研究有两条研究路径。第一条研究路径是以凯茨为代表的激进修正派，其中主要的代表人物和代表性著作是凯茨的《阶级、科层制和学校：美国教育改革的幻象》（*Class，Bureaucracy，and Schools：The Illusion of Educational Change in America*），马文·拉泽逊（Marvin Lazerson）的《城市学校的起源：马萨诸塞州的公立教育，（1870—1915）》（*Origins of the Urban School：Public Education in Massachusetts，1870—1915*），格里尔（Clarence J.Karier）的《塑造美国的教育状态：从1900年到现在》（*Shaping the American Educational State：1900 to the Present*），保罗·C.维拉斯（Paul C. Violas）的《城市工人阶级的培训：20世纪美国教育史》（*The Training of the Urban Working Class：A History of Twentieth Century American Education*），塞缪尔·鲍尔斯（Samuel Bowles）和赫佰特·金蒂斯（Herbert Gintis）的《资本主义美国的学校教育：教育改革和经济生活的冲突》（*Schooling in Capitalist America：Educational Reform and*

---

① 张广智：《西方史学史》（第3版），复旦大学出版社2010年版，第325页。

the Contradiction of Economic Life）。①激进修正派的教育史家继承了凯茨的研究路径，运用社会控制理论，对城市公立学校持一种批判态度，认为进步主义时代的学校教育改革反映了上层阶级、中产阶级对学校教育的控制，是中上层阶级对底层阶级的压榨和控制。第二条路径是折中的，教育史家尝试客观看待历史中的城市公立学校，语调相对激进修正主义比较温和。这一路径的主要代表人物和代表性著作有黛安娜·拉维奇（Diane Ravitch）的《纽约市伟大的学校战争：作为社会变迁战场的公立学校史（1805—1973）》（*The Great School Wars, New York City, 1805—1973: A History of the Public Schools as Battlefield of Social Change*），②塞尔温·K. 特罗恩（Selwyn K. Troen）的《民众和学校：塑造圣路易斯学校系统（1838—1920）》（*The Public and the Schools: Shaping the St .Louis System, 1838—1920*），③斯坦德利·K. 斯卡茨（Stanley K. Schultz）的《文化工厂：波士顿的公立学校（1789—1860）》（*The Culture Factory: Boston Public Schools, 1789—1860*），④卡尔·F. 凯斯特（Carl F. Kaestle）的《城市学校系统的演进：纽约市（1750—1850）》（*The Evolution of an Urban School System: New York City, 1750—1850*），⑤戴维·B.

① M. B. Katz, *Class, Bureaucracy, and Schools: The Illusion of Educational Change in America*（New York: Praeger Publisher, 1971）; Marvin Lazerson, *Origins of the Urban School: Public Education in Massachusetts*, 1870—1915（Cambridge: Harvard University Press, 1971）; C. J. Karier, *Shaping the American Educational State*, *1900 to the present*（New York: Free Press, 1975）; P. C. Violas, *The Training of the Urban Working Class: A History of Twentieth Century American Education*（Chicago: Rand McNally College Pwblishing Company 1978）; S. Bowles and H. Gintis, *Schooling in Capitalist America: Educational Reform and the Contradictions of Economic Life*（New York: Basic Books, 1977）.

② D. Ravitch, *The Great School Wars: New York City, 1805—1973, A History of the Public School as a Battlefield of Social Change*（New York: Basic Books, 1975）.

③ S. K. Troen, *The Public and the Schools: Shaping the St. Louis System, 1838—1920*（London: University of Missouri Press, 1975）.

④ S. K. Schultz, *The Culture Factory: Boston Public Schools, 1789—1860*（New York: Oxford University Press, 1973）.

⑤ C. F. Kaestle, *The Evolution of an Urban School System: New York City, 1750—1850*（Cambridge: Harvard University Press, 1973）.

泰亚克（David B. Tyack）的《一种最佳体制：美国城市教育史》（*The One Best System：A History of American Urban Education*）。[①]泰亚克的《一种最佳体制：美国城市教育史》标志着美国城市教育史研究的定型。该书吸取之前主要城市教育史研究的主要观点并进行了综合。泰亚克继承了凯茨关于城市教育史为政策服务的观点，发展了凯茨的社会控制、科层制的观点，但他没有将科层制视为社会控制的外在形式。与凯茨激进的观点不同，泰亚克的观点更温和和折中，认为科层制既有进步性也有局限性。此外，与凯茨主要从阶级分析的角度分析城市学校教育的演进不同，他主要从组织因素视角分析。泰亚克认为，城市公立学校既不像温和修正派认为的那样是民主的胜利，也不像激进修正派认为的那样是社会控制的工具。城市公立学校一方面使某些人实现了社会流动；另一方面也使其他人系统地保持了永久的不平等。

再次，研究内容基本固定。美国城市教育史的研究内容主要关注城市学校的起源、发展动力和城市学校的改革过程，如学校管理、课程和教育评价等。这个时期，美国城市教育史家在下列观点方面是相类似的：学校改革的动力来自社会中发生的经济、技术、社会和政治变迁；在从农村到城市的组织变迁下，各个城市的专业工作者和商业精英主导着教育改革，城市学校的功能是为了解决城市的社会问题。学者们的主要观点与凯茨类似，即城市学校教育改革是由精英主导的，在此目标导引之下，城市学校的管理、课程、评价等都发生了一系列的变革。

这个时期美国城市教育史研究虽取得了丰硕成果，但也存在一些问题。第一，对城市学校教育改革的解释过于一致化和简单化。这个时期的大多数城市教育史学者都受到激进修正派的阶级冲突模式的影响，认为城市教育改革的动力是阶级冲突，将城市教育改革的动力过于简单化。第二，比较研究缺乏。虽然泰亚克在《一种最佳体制》中采用了比较的方法，但采用比较方法的城市

---

① D. B. Tyack，*The One Best System：A History of American Urban Education*（Cambridge：Harvard University Press，1974）.

教育史作品比较少。第三，城市教育史研究的领域比较狭窄。在研究内容上，大量城市教育史家关注城市学校的管理、课程和入学率等问题，却很少关注城市学校的教育投资，如市政府的财政预算与教师工资的关系。城市教育史研究重视研究学校教育和社会动力的关系，以及注重研究城市学校的管理，忽视了管理者之外的教师、教师组织、家长的看法和愿望，忽视了学校内来自不同种族、民族和宗教背景的儿童的研究。此外，城市教育史家很少考虑城市、州、联邦三级政府之间的关系。在研究对象上，美国东北部的马萨诸塞州和纽约州的城市教育受到关注，但南部、西南部和中西部（除了芝加哥）的很多城市学校的历史并没有受到重视。少数族裔（如非裔美国人、亚裔美国人等）、移民和城市教育的关系，宗教和城市学校的关系很少被人探讨。在研究的时段上，教育史家重点关注20世纪之前和进步主义时代的城市教育，而忽略了大萧条时期、两次世界大战期间和二战后的城市教育。[①]

　　20世纪80年代开始，美国城市教育史家受到历史学、城市史学、教育史学变革等因素的影响，开始转向。在继续采取折中史观研究美国城市教育史的同时，不再局限于简单化的解释，而是从多重视角来阐释美国城市教育发展的本质和动力。这个时期主要的代表性人物和作品有：朱利亚·维格利（Julia Wrigley）的《阶级政治和公立学校：芝加哥（1900—1950）》（*Class Politics and Public Schools：Chicago 1900—1950*），[②]泰亚克与昂索（Elisabeth Hansot）合作的《价值观的管理者：美国公立学校的领导（1820—1980）》（Managers of Virtue：Public School Leadership in America（1820—1980）），[③]迈克尔·W. 何美尔（Michael W. Homel）的《质量的下滑：芝加哥黑人和公立学校（1920—1941）》（*Down From Equality：Black Chicagoans and the Public*

---

　　① 邬春芹：《美国城市教育史学发展历程研究》，南京大学出版社2016年版，第114—120页。

　　② J. Wrigley，*Class Politics and Public Schools：Chicago，1900—1950*（New Brunswick：Rutgers University Press，1982）.

　　③ D. B. Tyack and E. Hansot，*Managers of Virtue：Public School Leadership in America，1820—1980*（New York：Basic Books，1986）.

Schools，1920—1941），①戴维·约翰·哈根（David John Hogan）的《阶级和改革：芝加哥的学校和社会（1800—1930）》（*Class and Reform：School and Society in Chicago*，1800—1930），②保罗·E. 彼得森（Paul E. Peterson）的《学校改革的政治（1870—1940）》（*The Politics of Schools*，1870—1940），③艾拉·凯茨内尔森（Ira Katznelson）和玛格丽特·韦尔（Margaret Weir）的《面向所有人的教育：阶级、种族和民主理想的衰落》（*Schooling for All：Class，Race，and the Decline of the Democratic Ideal*），④威廉·J. 里斯（William J. Reese）的《权力和进步主义学校改革的承诺：进步主义时代的草根运动》（*Power and the Promise of Progressive School Reform：Grass Roots Movements During the Progressive Era*），罗纳德·D. 科恩（Ronald D. Cohen）的《工厂中的儿童：印第安纳州葛雷市的学校教育和社会（1906—1960）》（*Children of the Mill：Schooling and Society in Gary，Indiana*，1906—1960），⑤约翰·L. 鲁里（John L. Rury）的《教育和妇女的工作：城市化美国的女子学校教育和劳动分工（1870—1930）》（*Education and Women's Work：Female Schooling and the Division of Labor in Urban America*，1870—1930），⑥杰弗里·米雷尔（Jeffrey Mirel）《底特律城市学校系统的兴衰（1907—1981）》（*The Rise and Fall of*

---

① M. W. Homel，*Down from Equality：Black Chicagoans and the Public Schools，1920—1941*（Urbana：University of Illinois Press，1984）.

② D. J. Hogan，*Class and Reform：School and Society in Chicago，1880—1930*（Philadelphia：University of Pennsylvania Press，1985）.

③ P. E. Peterson，*The Politics of Urban School Reform，1870—1940*（Chicago：University of Chicago Press，1985）.

④ I. Katznelson and M. Weir，*Schooling for All：Class，Race，and the Decline of the Democratic Ideal*（New York：Basic Books，1985）.

⑤ W. J. Reese，*Power and the Promise of Progressive School Reform*（Boston：Routledge and Kegan Paul，1986）；R. D. Cohen，*Children of the Mill：Schooling and Society in Gary，Indiana，1906—1960*（Bloomington：Indiana University Press，1990）.

⑥ J. L. Rury，*Education and Women's Work：Female Schooling and the Division of Labor in Urban America，1870—1930*（New York：Albany State University of New York Press，1991）.

an Urban School System：*Detroit*，1907—1981），①亚当·R. 尼尔森（Adam R. Nelson）的《难以捉摸的理想：波士顿公立学校中公平的教育机会和联邦政府的角色（1950—1985）》（*The Elusive Ideal*：*Equal Educational Opportunity and the Federal Role in Boston's Public Schools*，1950—1985）②等。这个时期的代表性作品是米雷尔的《底特律城市学校系统的兴衰（1907—1981）》（下文简称《底特律城市学校系统的兴衰》）。米雷尔避免了简单化的解释，修正了"修正主义"的解释，发展了由泰亚克开创的折中主义，将叙事和问题取向的历史编纂相结合，为读者呈现了一本非常精彩的城市教育史著作。

20世纪80年代城市教育史家的研究各有特点，但也具有一些共同特点。首先，在历史观方面，美国城市教育史家一般持一种折中史观，既不认为城市学校是民主的体现，也不认为城市学校是社会控制的工具，而认为城市学校是一个竞争地带（contested terrain），是不同利益集团博弈和妥协的过程，是市场和政治之间的竞争地带。其次，修正了研究假设。教育史家对"修正主义"的观点进行了修正。教育史家认为20世纪80年代之前的研究犯了一个共同的错误，即错误地假设少数族裔和工人阶级在城市教育改革中很大程度上是被动的，是社会变迁和教育改革的受害者。事实上，工人阶级和少数族裔不仅参与了城市学校改革，而且支持城市学校的改革。③再次，研究领域扩大。在研究地域上，教育史家不仅研究东北部的城市教育变迁，也研究南部、西南部和中西部等地域的城市教育变迁。在研究对象上，移民、少数族裔、女子教育、教师组织、特殊教育和补偿教育等受到广泛关注。在研究内容上，除了像20世纪70年代那样继续关注城市学校的管理、课程和入学率等问题以外，城市学校的财政

---

① J. Mirel，*The Rise and Fall of an Urban School System*：*Detroit*，*1901—1981*（Ann Arbor：University of Michigan Press，1993）.

② A. R. Nelson，*The Elusive Ideal*：*Equal Educational Opportunity and the Federal Role in Boston's Public Schools*，*1950—1985*（Chicago：University of Chicago Press，2005）.

③ J. Mirel，*The Rise and Fall of an Urban School System*：*Detroit*，*1901—1981*（Ann Arbor：University of Michigan Press，1993），x.

支出问题受到重视。在研究结论方面，教育史家认为，在城市学校的改革中，各种利益集团为了自身的利益在教育政策和实践中发生了冲突。他们的研究结论较之以前有所创新，即妇女群体、进步主义的政治家、种族和少数族裔组织和有组织的工人对城市教育的发展产生了重大、积极的影响。在研究方法方面，这个时期的城市教育史研究仍采用跨学科研究方法，政治学和社会学理论等被广泛运用。在功能定位方面，这个时期的城市教育史研究继续上一阶段的政策服务导向。[①]

20世纪80年代以来的美国城市教育史研究仍然继承了20世纪六七十年代城市教育史研究的政策取向，但不再是精英视角，而是综合了"从下往上"和"从上往下"的两种研究取向。相较20世纪六七十年代，城市教育史研究对之前的研究假设进行了修正，研究领域进一步扩展，研究内容更加丰富。

三、英国城市教育史研究的兴起与发展

英国的城市教育史研究开始于20世纪70年代，产生的原因包括美国教育史的影响、城市教育的危机以及新教育社会学的产生。20世纪60年代，城市史已成为英国城市研究的重要组成部分并发展迅速，但城市教育史研究却迟迟没有起步。一些社会学家对城市教育史有所涉猎，在城市的背景下研究了城市工人阶级的儿童和青少年。约翰·B. 梅斯（John B. Mays）以利物浦皇冠街（the Crown Street）学校教育的历史发展为基础，考察了该区域的特点，并对广泛社会背景下的学校亚文化、家庭和学校的关系、学校进行了深刻分析。[②]M. P. 卡特（M. P. Carter）以对城市背景的历史分析为基础，设计了关于谢菲尔德（Sheffield）青年教育和就业关系的社会学研究。[③]

---

① 邹春芹：《美国城市教育史学发展历程研究》，南京大学出版社2016年版，第158—162页。
② J. B. Mays, *Education and the Urban Child*（Liverpool：Liverpool University Press，1962）.
③ M. P. Carter, *Home，School and Work：A Study of the Education and Employment of Young People in Britain*（London：Pergamon Press，1962）.

　　20世纪70年代初期，美国城市教育史研究对英国的城市教育史研究产生了一定影响。[①]同时，英国出现了将历史研究与当代教育政策联系起来的呼声。但尽管如此，20世纪七八十年代，英国关于城市教育的历史研究仍比较少。[②]1976年英国城市史家戴维·瑞迪（David Reeder）的《19世纪的城市教育》（*Urban Education in the Nineteenth Century*）出版，该书被誉为英国城市教育史的奠基之作，第一次将城市教育作为历史研究的焦点。[③]1984年，英国学者杰拉尔德·格雷斯（Gerald Grace）的《教育和城市：理论、历史和当代实践》（*Education and the City：Theory，History，and Contemporary Practice*）系统研究了城市教育的历史和理论。他认为城市学校系统的产生有特定的历史背景，是一系列复杂动力的结果。这些特殊动力的结果随着时代不断地变迁，并与社会动力有关系。[④]

　　从20世纪80年代末开始，英国城市中年轻人失业率不断增高，经济问题不断涌现，引发了人们对职业技术教育的持续关注。城市教育的历史研究逐渐受到重视。1992年出版的关于城市教育的两本书，阐述了英国城市教育史的不同发展路径。这两部作品一方面指出了城市教育中的现实问题开始被公开讨论；另一方面，挑战了人们对历史问题的理解。第一本书是《1992年世界教育年鉴》（*The World Year Book of Education of 1992*），该书认为在英国和美国，大量城市教育研究者的作品运用的是历史方法，但该书的作者D. 科尔比（D. Coulby）和C. 琼斯（C. Jones）指出，城市教育家的历史研究与现实问题联系不紧密，因此，城市教育研究需要运用强调社会的、政治的、经济因素的

---

①　G. Grace，*Education and the City：Theory，History，and Contemporary Practice*（London：Routledge & Kegan Paul，1984），3.

②　G. McCulloch，"History of Urban Education in the United Kingdom"，in *International Handbook of Urban Education*，ed. W. T. Pink and G. W. Noblit，2007，943—958.

③　B. Marsden and I. Grosvenor，"David Reeder and the History of Urban Education"，*History of Education*，vol. 36，no. 3（May 2007），306.

④　G. Grace，"Urban education：Policy Science or Critical Scholarship？"，in *Education and the City*，ed. G. Grace（London：Routledge and Kegan Paul，1984），3—59.

方法，需要关注城市教育发展中的连续性和非连续性。[①]该书虽然将历史方法作为一种次要的方法，但毕竟指出了城市教育中历史的、社会学的和国别比较的方法之间的内在联系。第二本书是《城市和四个国家的教育》（*The City and Education in Four Nations*）。该书由美国教育史家罗纳德·K. 古德劳（Ronald K. Goodenow）和威廉·E. 马斯登（William E. Marsden）合编，历史研究色彩比较浓厚，而且采用一种批判的视角看待之前的城市学校史研究对历史学的贡献。英国城市史家瑞迪的作品《历史，教育和城市：英国发展趋势综述》（*History，Education and the City：A Review of Trends in Britain*）被收录其中。瑞迪认为，尽管英国有大量的城市学校教育史的作品，但英国没有形成明显的城市教育史的流派。他认为，这些研究将城市视为教育故事的背景，很少思考教育发展与城市进程或社会变迁之间的互动。[②]此外，该书还收录科尔比的文章《美国和英国城市教育的方法》（*Approaches to Urban Education in the USA and the UK*）。他对英国城市教育研究的批评和在《1992年世界教育年鉴》中的观点一致。

英国城市教育史研究自产生以来，研究主题主要包括两个方面：一是城市社会与教育供给；二是城市教育改革。围绕城市社会与教育供给的主题，历史学者们研究了城市中心教育供给的社会阶级作用和本质，尤其是对工人阶级而言；城市、小镇和郊区的社会地理和生态对教育的影响；城市语境中的种族；城市教育的经历和读写能力的本质等。在城市教育改革社会阶级是英国城市教育史分析的一个关键主题，布赖恩·西蒙（Brian Simon）强调了社会阶级冲突决定了教育系统的性质。教育系统在两个世纪的发展历程中，大的工业城镇

---

① D. Coulby and C. Jones, "Theoretical Approaches to Urban Education：An International Perspective", *in World Yearbook of Education 1992*, 1992, 3—11.

② D. Reeder, "History, Education and the City：A Review of Trends in Britain", in *The City and Education in Four Nations*, ed. R. K. Goodenow and W. E. Marsden（Cambridge：Cambridge University Press, 1992）, 13—43.

的扩张在其中发挥了重要作用。①英国的城市教育史研究进一步发展了这种观点，通常吸收了社会学研究的部分理论，同时倾向于重视城市工人阶级的本质和问题。丹尼斯·斯密斯（Dennis Smith）认为伯明翰和谢菲尔德的教育与这两个城市的人口带来的政治和社会挑战紧密相关。②汉弗莱斯（Humphries）用口述史的方式研究了城市工人阶级的教育。他认为工业化导致了资本主义经济的基本冲突，这些冲突导致国家对教育和管理工人阶级的青少年进行干预，并且保护他们免受城市生活的影响。此外，城市贫民窟中教育的深层问题也引发了教育史家的关注。加里·麦卡洛克（Gary McCulloch）研究了城市贫民窟学校，重点关注了20世纪40年代至50年代生活环境恶劣、受到忽略的工人阶级区域的现代中学。③

马斯登运用历史地理学和社会地理学进一步研究了城市中的教育不平等问题。马斯登全面研究了城市发展与教育供给之间的相互关系。他运用了一系列的地理学因素分析了默西塞德郡（Merseyside）的布特尔市（Bootle）的学校教育，同时采用案例分析的方法研究了汉普斯特（Hampstead）的一所名叫舰队路（Fleet Road）的小学。④

近年来，随着历史学家对中产阶级研究的增多，城市教育史家对城市中产阶级学校教育的关注越来越多。理查德·特雷纳（Richard Trainor）认为19世

---

① B. Simon, *The Two Nations and the Educational Structure*, *1780—1870*（London：Lawrence and Wishart，1974）.

② D. Smith, "Social Conflict and Urban Education in the Nineteenth Century：A Sociological Approach to Comparative Analysis", in *Urban Education in the Nineteenth Century*, ed. D. Reeder（London：Taylor and Francis Ltd，1977），95—114；D. Smith, *Conflict and Compromise：Class Formation in English Society 1830—1914*, *A Comparative Study of Birmingham and Sheffield*（London：Routledge and Kegan Paul，1981）.

③ G. McCulloch, *Education*, *History and Social Change*（London：Institute of Education，2003）.

④ W. E. Marsden, "Education：Late Nineteenth-century Disparities in Provision", in *Atlas of British Social and Economic History Since c.1700*, ed. R. Pope（London：Routledge，1989）；W. E. Marsden, *Educating the Respectable：A Study of Fleet Road Board School*, *Hampstead*, *1879—1903*（London：Woburn，1991）.

纪末发展起来的中产阶级在社会地位、职业和地理上是多样化的，其中教育发挥了重要作用。中产阶级的上层将他们的儿子，少数人将其女儿送往预备学校（preparatory school）和公学（public school），中产阶级的下层将其子女送往走读学校（day school）。[①]这些教育差异也表现在各类学校的实施细节上。[②]

种族、社会性别与城市教育供给的关系也受到美国历史学家的关注。伊恩·格罗夫纳（Ian Grosvenor）揭示了在20世纪60年代的伯明翰市，种族是如何影响教育的。[③]洛娜·切瑟姆（Lorna Chessum）也研究了同时期莱斯特（Leicester）的非洲加勒比裔社区（African Caribbean）中以教育为中心的种族冲突的发展状况。[④]斯蒂芬妮·斯宾塞（Stephanie Spencer）研究了20世纪50年代英格兰城市中年轻女孩和妇女生活和工作的经历。[⑤]迪娜·科帕姆（Dina Copelman）通过研究伦敦的女性教师，确立了城市背景下教师和教学的社会性别维度。[⑥]

此外，英国城市教育史家将城市教育改革作为另外一个研究主题，研究涉及地方教育当局（Local education authorities）在教育改革中的历史作用，对伦敦市教育改革本质的探讨，20世纪80年代以来教育改革政策的本质研究。

众多英国教育史家关注了英国地方教育当局的历史作用。地方教育当局是在英国《1902年教育法》颁布之后设立的，在一个多世纪里一直是教育改革措施重

---

① R. Trainor, *"The middle class"*, in *The Cambridge Urban History of Britain*, ed. M. Daunton（Cambridge: Cambridge University Press, 2000）, 673—713.

② G. McCulloch, "Middle-class Education and the State: The Case of the English Grammar Schools, 1868—1944", *History of Education*, 2006, 35（6）, 689—704.

③ I. Grosvenor, *Assimilating Identities: Racism and Educational Policy in Post 1945 Britain*（London: Lawrence and Wishart, 1997）.

④ L. Chessum, " 'Sit down, you haven't reached that stage yet': African Caribbean Children in Leicester schools, 1960—1974", *History of Education*, vol.26, no.4（1997）, 409—429.

⑤ S. Spencer, "Schoolgirl to Career Girl: The City as Educative Space", *Paedagogica Historica*, vol.39（2003）, 121—133.

⑥ D. Copelman, *London's Women Teachers: Gender, Class and Feminism, 1870—1930*（London: Routledge, 1996）.

要的资源。T. 布里格豪斯（T. Brighouse）和P. 夏普（P. Sharp）通过研究发现，地方教育当局通常与国家教育政策保持一致，但有时也持反对态度。地方教育当局建在主要的城市中心，拥有资源，因此通常在改革措施中发挥领头作用，但《1988年教育改革法》之后，它们的权力和权威被严重削弱了。①A. C. 克尔克霍夫（A. C. Kerckhoff）、K. 福格尔曼（K. Fogelman）、D. 克鲁克（D. Crook）和瑞迪以曼彻斯特、布里斯托尔和利兹等城市为例，研究了20世纪40年代至60年代上述城市的教育改革状况，强调了城市在教育改革运动中的先锋作用。②

伦敦的教育改革本质近年来引发了英国历史学家的兴趣。从19世纪末的伦敦学校委员会（London School Board），到伦敦郡议会（London County Council，简称LCC），再到内伦敦教育管理局（Inner London Education Authority，简称ILEA），这些话题均受到历史学家的关注。玛格丽特·布莱恩特（Margaret Bryant）研究了从中世纪到19世纪末伦敦的中等教育历程。③简·马丁（Jane Martin）研究了伦敦教育委员会（London School Board），论证了管理和改革一个大城市的教育供给所涉及的问题。④伦敦郡议会（London County Council）成立60年来所发挥的独特教育作用也引起了人们的关注。托姆和科尔霍夫研究了伦敦郡议会的一系列教育改革措施。⑤内伦敦教育管理局成立于

---

① T. Brighouse，"The View of A Participant During the Second Half – A Perspective on LEAs since 1952"，*Oxford Review of Education*，vol.28，no.2/3（2002），187−196；P. Sharp，"Surviving，Not Thriving：LEAs since the Education Reform Act of 1988"，*Oxford Review of Education*，vol.28，no.2/3（2002），197—215.

② A. C. Kerckhoff and K. Fogelman and D. Crook and D. Reeder，*Going Comprehensive in England and Wales：A Study of Uneven Change*（London：Woburn，1996）.

③ M. Bryant，*The London Experience of Secondary Education*（London：Athlone Press，1986），410.

④ J. Martin，*Women and the Politics of Schooling in Victorian and Edwardian England*（Leicester：Leicester University Press，1999）.

⑤ D. W. Thoms，*Policy-making in Britain：Robert Blair and the London county council，1904—1924*（Leeds：University of Leeds，1980）；A. C. Kerckhoff and K. Fogelman and D. Crook and D. Reeder，*Going Comprehensive in England and Wales：A Study of Uneven Change*（London：Woburn，1996）.

1965年，接管伦敦郡议会的教育职责。成立之后，这个机构很快仿效甚至超越了伦敦郡议会。它使来自不同背景的众多的当地活动家能够参与城市教育改革，包括制定社会和政治改革议程和在基层实施改革。F. 莫雷尔（F. Morrell）对内伦敦教育管理局的发展情况进行了研究。1979年，玛格丽特·撒切尔（Margaret Thatcher）领导的保守党政府上台后，内伦敦教育管理局在艰难抗争之下得以保留，但最终与大伦敦议会（Greater London Council）一起被废除。①

20世纪80年代以来的英国城市教育改革政策也成为历史学院的研究热点。自20世纪80年代开始，尤其是在21世纪初，越来越多的城市教育改革被吸收和纳入英国国家政策，而不再以地方负责的方式进行。在20世纪80年代末和本世纪初，英国政府提出的两项改革城市地区学校教育的措施，城市技术学院（city technology colleges，简称CTCs）和教育行动区（the Education Action Zones，简称EAZs）受到历史学家的关注。G. 韦迪（G. Whitty）、T. 爱德华兹（T. Edwards）、S. 葛伟宝（S. Gewirtz）的研究表明城市技术学院由保守党政府于1986年创立，该举措绕过了地方教育当局，在城市地区建立了独立的公立学校，旨在开发创新的课程。②G. 沃尔特（G. Walford）、H. 米勒斯特（H. Miller）研究了第一所城市技术学院——伯明翰市肯舒斯特（Kingshurst）城市技术学院的发展历程。③教育行动区是建立在1998年《学校标准和框架法案》（the School Standards and Framework Act）的基础上的一项措施，目的是在全国社会和经济困难地区的学校系统中建立学校、家长、企业、社区组织和志愿部门之间的伙伴关系。B. 富兰克林（B. Franklin）、麦卡洛克研究了教育行动区。他们认为，教育行动区就像城市技术学院一样，它们未能赢得城市利益集

---

① F Morrell, "Policy for Schools in Inner London", in *Education and the City*, ed. G. Grace（London: Routledge and Kegan Paul, 1984）, 195—208.

② G. Whitty and T. Edwards and S. Gewirtz, *Specialisation and Choice in Urban Education: The City Technology College Experiment*（London: Routledge, 1993）.

③ G. Walford and H. Miller, *City technology college*（Buckingham: Open University Press, 1991）, 21—22.

团的积极支持，很快就被废弃了。[①]

四、加拿大、澳大利亚城市教育史研究的兴起与发展

20世纪六七十年代，受英国、法国尤其是美国的社会科学的影响，加拿大的历史学从传统史学向新史学转变。以美国教育史家凯茨为代表的激进修正派对加拿大的城市教育史研究产生了一定影响。凯茨移民加拿大前后完成的一系列城市教育史的作品，对加拿大城市教育史研究的发展产生了直接影响。当时加拿大教育史学最受争议的领域是19世纪城市化和学校结构发展之间关系的研究，尤其是对安大略学校系统的历史研究。20世纪60年代末，凯茨来到多伦多大学的安大略教育研究所工作以后，开展了"加拿大社会史项目"（Canadian Social History Project）。该项目的主要理论基础来自社会学，尤其是社会控制理论。在研究中使用社会控制理论的加拿大教育史家也被称为激进修正派。他们对19世纪安大略的教育和其他社会机构的出现做出了如下解释：教育机构和其他机构的变迁是城市发展、工业发展的直接结果，是面对社会瓦解采取的机构措施，是社会和经济环境之外新的家庭形式出现的结果。[②]凯茨的两位学生苏珊·休斯顿（Susan Houston）和艾利森·普伦蒂斯（Alison Prentice）[③]也是激进修正主义者，他们均从"城市"的视角开展了大量研究。

20世纪70年代，加拿大教育史中的激进修正派关于城市教育的研究成果不断问世，如凯茨移民到加拿大后，和他的学生一起对19世纪加拿大的中等城市

[①] B. Franklin, "Gone before You Know It: Urban School Reform and the Short Life of the Education Action Zone Initiative", *London Review of Education*, vol.3, no.1 (2005), 3—27; B. Franklin and G. McCulloch, "Partnerships in a 'cold climate': The Case of Britain", in *Educational Partnerships and the State: The Paradoxes of Governing Schools, Children and Families*, ed. B. Franklin and T. Popkewitz and M. Bloch (New York: Palgrave Macmillan, 2003), 83—107.

[②] N. Sutherland and J. Barman, "Out of the Shadows: Retrievin the History of Urban Education and Urban Childhood in Canada", in *The City and Education in Four Nations*, ed. R K. Goodenow and William E. Marsden (Cambridge: Cambridge University Press, 1992), 92.

[③] A. Prentice, "The Feminization of Teaching in British North America and Canada", *Histoire Sociale-Social History*, vol.8, no.15 (1975), 5—20.

汉密尔顿（Hamilton）进行了大量的研究。凯茨认为，汉密尔顿在1850年以后的30年里，从一个小型的富裕的商业中心转变为一个工业城市。它成为探索城市化、工业化、家庭结构和学校关系的实验室。①在凯茨的影响下，"城市"范式成为当时加拿大教育史学研究的主要范式。普伦蒂斯研究了多伦多和哈利法克斯（Halifax）两个城市，认为城市地区的年级制学校系统和专业等级制导致了教学女性化的迅速发展。他的另外两名研究生伊恩·E.戴维（Ian E. Davey）和哈维·格拉夫（Harvey Graff）认为汉密尔顿19世纪中期学校教育的扩张维持甚至是加剧了现存的社会和经济不平等。②弗兰克·丹顿（Frank Denton）和彼得·乔治（Peter George）分析了汉密尔顿的入学率并得出具有冲突史观色彩的结论。③

澳大利亚的城市教育史研究在20世纪80年代初才出现，晚于英、美、加三国。在20世纪中期之前，澳大利亚教育史学是"国家—民族"本位的。20世纪70年代中期，美国的修正主义教育史学开始影响澳大利亚教育史学界。当时澳大利亚的大学课程中就出现了凯茨、乔尔·斯普林和格里尔的作品。20世纪七八十年代，澳大利亚教育史学研究的主题也是学校科层制的演进和管理者的改革等问题。④学校毕业生的高失业率使得人们开始关注城市教育，新社会史的繁荣引发了学者对澳大利亚社会史的兴趣。澳大利亚联邦政府对本土研究的

---

① M. B. Katz and I. E. Davey, "School Attendance and Early Industrialization in a Canadian City: A Multivariate Analysis", *History of Education Quarterly*, vol.18, no.3（1978）, 271—293.

② H. J. Graff, "Towards a Meaning of Literacy: Literacy and Social Structure in Hamilton, Ontario, 1861", *History of Education Quarterly*, vol.12, no.3（1972）, 411—431.

③ A. Prentice, "The Feminization of Teaching in British North America and Canada", *Histoire Sociale-Social History*, vol.8, no.15（1975）, 5—20; I. E. Davey, "Trends in Female School Attendance Patterns", *Scial History*, （1975）, 8; F. T. Denton and P. J. George, "Socio-economic Influences on School Attendance: A Study of a Canadian County in 1871", *History of Education Quarterly*, vol.14, no.2（1974）, 223—232.

④ K. Wimshurst and I. Davey, "The 'State' of the History of Urban Education in Australia", in *The City and Education in Four Nations*, ed. R K. Goodenow and William E. Marsden（Cambridge: Cambridge University Press, 1992）, 76.

鼓励，英美城市教育史研究的思想和方法的影响等因素交织在一起，促进了澳大利亚城市教育研究的产生。澳大利亚学者开始以单个城市为案例，在城市化和工业化相关理论的基础上研究学校教育的起源。该国的学者研究的侧重点是关注城市中的学校以及家庭生活中的性别建构和社会再生产。20世纪70年代末80年代初，澳大利亚城市教育史研究的主题是学校科层制的演进，外国观念对澳大利亚教育的影响，著名男性管理者的教育实验以及面临的挑战。20世纪80年代以后，修正主义、批判马克思主义、女性主义研究在城市教育史研究中开始出现。总体来看，澳大利亚的城市教育史作品数量并不多，因为澳大利亚的社会史研究质疑用乡村—城市二分法研究学校教育和社会结构的合理性。学者质疑建立在单个城市基础上的结论的概括性以及城市化、工业化作为解释大众学校教育出现的理由的可信度。[1]

第二节　城市教育史研究的理论与方法

城市教育史的研究对象是城市教育。城市教育有广义和狭义之分。广义的城市教育指城市中的所有文化传承机构，包括城市学校（city school）以及传递信息、观念、态度和技能的机构，如星期日学校、妇女俱乐部、协会、杂志、剧院和媒体等。狭义的城市教育主要指内城的学校教育，侧重于研究中心城区城市学校的变迁。西方早期的城市教育史研究主要关注城市学校，后来视角逐渐转向"大教育"（education），将"教育"视为"将文化传递给下一代的全

---

[1] K. Wimshurst and I. E. Davey, "The 'State' of the History of Urban Education in Australia", in *The City and Education in Four Nations*, ed. R. K. Goodenow and W. E. Marsden（Cambridge: Cambridge University Press, 1992）, 73—83.

部过程"，并在详细阐述教育与社会其他部分的复杂关系中看待教育问题。在西方城市教育史的研究对象从"学校教育"（schooling）走向"大教育"的过程中，城市学校尤其是内城学校教育的发展仍是主要研究对象。

由于国别和学术传统的不同，西方各国城市教育史家在研究上有一些差异。英国城市教育史研究主要受人类生态学理论和新马克思主义理论的影响。加拿大的城市教育史研究采纳了新马克思主义的方法和"家庭策略研究方法"。澳大利亚的城市教育史研究采用了社会学和女性主义的方法。美国的城市教育史研究发展较为成熟，主要有三种研究方法：第一种以凯茨和哈根为代表，大量使用新马克思主义方法；第二种以马里斯·A. 维努韦斯基斯（Maris A. Vinovskis）、凯斯特和大卫·安格斯（David Angus）为代表，大量使用量化的和社会科学的概念体系；第三种以芭芭拉·芬克尔斯坦（Barbara Finkelstein）为代表，倡导心理学、精神病学或人类学的方法。[①]总之，西方各国的城市教育史研究方法虽然不尽相同，但都具有跨学科研究的特性，综合运用了社会科学各学科的方法。下面将重点介绍社会学、新马克思主义和政治学的方法。

一、社会学的理论与方法

社会学的理论和方法影响了西方城市教育史研究。美国的教育史家借用了社会学的概念、理论以及个案研究方法。卡茨在自己的著作中多次提到了社会控制，他认为城市学校是社会控制的工具，根本的特征是精英本位的、反民主的、科层制的。社会控制是一个社会学名词，指的是各种组织、制约和引导集体行为的机制，最早由美国社会学家爱德华·A. 罗斯（Edward A. Ross）在1901年出版的《社会控制》中提出。[②]以凯茨为代表的城市教育史研究的社会控制模式是20世纪70年代解释美国城市学校改革运动最流行的模式。社会控制

[①] R. K. Goodenow and W. E. Marsden, *The City and Education in Four Nations*（Cambridge：Cambridge University Press，1992），222—223.

[②]［美］刘易斯·A. 科塞：《社会思想名家》，石人译，上海人民出版社2007年版，第319页。

理论后来传到英国、加拿大和澳大利亚，影响了这些国家的城市教育史研究。英国的城市教育史研究运用了大量社会控制的方法，如研究意识形态对大众教育的影响，研究城市生活经验对"青春期"概念发展的影响等。20世纪70年代在加拿大、澳大利亚的城市教育史研究中，社会控制理论也被广泛运用。城市教育史研究广泛采用了社会学中常用的个案研究方法。

此外，社会学的重要分支城市社会学的理论和方法对英国、美国、加拿大等国的城市教育史研究产生了影响。城市社会学的重要理论—芝加哥学派的人类生态学理论和"作为一种生活方式"的城市论长期影响着美国、英国和加拿大的城市教育史研究。20世纪70年代末以后，新城市社会学逐渐兴起，和人类生态学理论一起对美国的城市教育史研究产生了影响。该理论认为人类生态学理论不能充分地解释城市的发展和变化。人类生态学忽略了政治因素以及在新兴的城市社会空间结构中追求权力和声望的群体之间的冲突所发挥的作用。[①]虽然新城市社会学很难否定所有由人类生态学引发的思考，但它为分析城市发展进程提供了一种独特的视角。

人类生态学是20世纪20年代由罗伯特·帕克（Robert Park）、欧内斯特·伯吉斯（Ernest Burgess）、R. D. 麦肯齐（R. D. Mckenzie）为代表的"芝加哥学派"创立的。人类生态学，顾名思义是用生态学构建社会学的理论视角。生态学是从自然科学中借用的术语，它是指对植物、动物机体适应环境的研究。在自然界，有机体通常系统地分布在地表，从而实现物种之间的某种平衡状态。芝加哥学派认为，主要城市居民区的位置以及其中不同街区类型的分布，可以根据类似的原理理解。城市并不是随意发展起来的，而是对环境中最有利特征的反应。[②]人类生态学最突出的特征是重视社会生活的空间、环境的背景。城市发展的生态解释模式采用了达尔文进化理论的逻辑，认为人类社会

---

① J. L. Rury and J. Mirel, "The Political Economy of Urban Education", *Review of Research in Education*, vol.22（1997），49—110.

② ［英］安东尼·吉登斯：《社会学》（第4版），赵旭东等译，北京大学出版社2003年版，第548页。

与生物界一样，是一种生物链的相互关联的关系，城市中人的行为举止是由城市的物质环境决定的。帕克及其同事将城市空间看成一个容器，一个包容着各种行为的环境。

路易斯·沃思（Louis Wirth）的看法不同于帕克及其同事，他认为，作为一个环境的城市影响着个体行为的方式。沃尔斯提出作为一种生活方式的城市化概念，认为城市生活产生了非个人化和社会距离。沃尔斯强调了城市发展的阴暗面，倾向于将城市的发展与社会、个人生活中不断恶化的问题联系起来。在他们看来，大规模、高密度的人口导致了城市内部的团结减弱、人与人之间相互冷漠、犯罪率高等城市生活的特征。①从这种视角出发，对城市的界定往往是负面的，往往代表着问题。

美国、英国、加拿大、澳大利亚的城市教育史研究长期受到人类生态学理论的影响。城市教育史家使用了生态学的方法研究城市学校，重视城市学校的结构而不是研究行为，从对大量的结构变量（如人口密度、规模和多样性）的分析导出结论。城市教育史家主要研究内城的学校教育演进状况，在他们眼中，城市代表着问题。美国的凯斯特和维努韦斯基斯强调研究城市学校发展时要与进化的社会结构、经济系统、社区的变化联系起来，与国家联系起来。②A. J. 菲尔德（A. J. Field）讨论了19世纪马萨诸塞州城市化对教育实践的影响。③鲁里考察了学校参与和课程发展的城市间差异，运用城市功能和区域差异化等基本生态概念解释20世纪美国城市学校一些特征的发展。④英国的马斯登较早地运

---

① 郑也夫：《城市社会学》，上海交通大学出版社2009年版，第60页。

② C. F. Kaestle and M. A. Vinovskis, *Education and Social Change in Nineteenth-Century Massachusetts*（New York：Cambridge University Press，1980），1.

③ A. J. Field, "Educational Expansion in Mid-nineteenth Century Massachusetts：Human Capital Formation or Structural Reinforcement", *Harvard Educational Review*，vol.46（1976），521—552.

④ J. L. Rury, "Urban Structure and School Participation：Immigrant Women in 1900", *Social Science History*，vol.8，no.3（Summer 1984），219—241；J. L. Rury, "Urbanization and Education：Regional Patterns of Educational Development in American Cities，1900—1910", *Michigan Academician*，vol.20（1989），261—279；J. L. Rury, *Education and Women's Work：Female Schooling and the Division of Labor in Urban America，1870—1930*（Albany：State University of New York Press，1991）.

用人类生态学的方法分析了国家、地区、大都市和地方城市在教育供给上空间的不平等。他还呼吁，"城市教育史必须吸收历史学、社会生态学的规则，同时还需要借鉴地理学的理论"[①]。加拿大城市教育史中的"家庭策略研究方法"是一种典型的生态学方法。"家庭策略方法"试图阐释不同社区间的不同态度和关系，刺激了人们重新审视家庭、学校和工作间的关系。

20世纪70年代以后，新城市社会学兴起，与人类生态学一起影响着美国的城市教育史研究。该理论流派的代表人物有戴维·哈维（David Harvey）、曼纽尔·卡斯特尔（Manuel Castells）、马克·戈特迪纳（Mark Gottdiener）等。新城市社会学对人类生态学进行了反思和批判，认为人类生态学无法对城市的发展和变迁做出充分的解释，如哈维在《社会正义与城市》中认为空间关系的问题必须根据权力和正义，而不是机械的发展规律。他认为，城市在历史上是按照资本主义逻辑发展的，其增长的过程是由资本投资和积累的逻辑决定的，尤其是在房地产领域，因此城市的空间组织呈现出一种含蓄的政治特征，代表着不同资本家群体的利益。卡斯特尔认为人类生态学理论只适用于有限的环境范围，提出了一种基于资本和劳动力循环的不同的城市发展模式。资本和劳动力循环是马克思主义经济分析的基本范畴。总之，人类生态学将城市当作一种纯粹的物理现象，空间形式被作为既定的东西加以接受，完全忽视了城市空间中的社会关系、经济结构及不同团体间的政治对抗。人类生态学家重视城市中的人口规模和技术，而新城市社会学则认为经济和政治的关系在决定城市系统的特殊形式和它的组成部分的生活质量方面发挥了更重要的作用。新城市社会学"试图将城市空间过程放在资本主义体系中进行考察，将对城市空间的分析与对整体资本主义社会的分析结合起来"[②]。

新城市社会学分为很多流派。美国新政治经济学派的代表人物是马克·戈

---

① W. E. Marsden, "Ecology and Nineteenth Century Urban Education", *History of Education Quarterly*, vol. 23, no. 1（Spring, 1983）, 29—53.

② 蔡禾：《城市社会学讲义》，人民出版社2011年版，第21页。

特迪纳和雷·哈奇森。该流派批判了人类生态学，认为人类生态学的理论无法充分解释第二次世界大战后美国大都市地区的出现，戈特迪纳认为，人类生态学"将生活看作一个适应过程，而不是常常带来冲突的对稀有资源的竞争"，忽视重要的政治制度，"政治制度通过制度性的资源分配，管理和控制社会并影响日常生活"①。新政治经济学派认为城市是一种人造环境，是一个社会建构的环境，涉及许多不同的利益争夺。戈特迪纳提出了社会空间的观点，认为城市的增长是"协商和利益争夺的结果，而不是没有冲突的某架上足了油的机器的产物"②。

　　受新城市社会学的影响，政治因素为许多美国城市教育史家所关注。他们认为，美国的城市教育是一个竞争地带，无论是精英利益集团，还是不断挑战他们的工人阶级组织，都没有占据上风。③在城市学校改革中，先进的管理者、工人阶级的移民和激进的少数族裔都或多或少地发挥了一定的作用。④其他研究人员通过对城市教育政治和政策发挥重要影响的各种其他利益集团（如妇女组织、左翼政治团体、民权组织等）进行了研究，得出了类似结论。从新城市社会学的角度看，城市学校不仅仅是国家资助的精英统治机制，同时代表了不同利益集团争夺权力和影响的制度舞台。⑤

---

①② ［美］马克·戈特迪纳、［美］雷·哈奇森：《新城市社会学》（第3版），黄怡译，上海译文出版社2011年版，第63、79页。

③ I. Katznelson and M. Weir, *Schooling for All: Class, Race, and the Decline of the Democratic Ideal* (New York: Basic Books, 1985); P.E. Peterson, *The Politics of School Reform, 1870—1940* (Chicago: University of Chicago Press, 1985).

④ W. J. Reese and J. L. Rury, *Rethinking the History of American Education* (Basingstoke: Palgrave MacMillan Press, 2008), 247, 282—284.

⑤ D.J. Hogan, *Class and Reform: School and Society in Chicago, 1880—1930* (Philadelphia: University of Pennsylvania Press, 1985); W. J. Reese, *Power and the Promise of School Reform: Grassroots movements during the Progressive Era* (Boston: Routledge and Kegan Paul, 1986); J. R. Raftery, *Land of fair promise: Politics and Reform in Los Angeles Schools, 1885—1941* (Stanford: Stanford University Press, 1992).

二、新马克思主义的理论与方法

马克思主义是分析和研究人类历史和社会的重要理论体系，在社会历史条件的变迁之下不断发展。以19世纪和20世纪之交作为分界线，马克思主义可以划分为19世纪的马克思主义和20世纪的马克思主义。19世纪马克思主义是由马克思和恩格斯创立的理论，也被称为"经典马克思主义"或"原生态马克思主义"。20世纪马克思主义是将马克思和恩格斯在19世纪创立的经典马克思主义与各国革命和建设或各种理论结合起来的马克思主义，也可称之为"衍生型"马克思主义。[1]以第二次世界大战为界，又可以把当代马克思主义的分化划分为两大时期。战前是马克思主义分化的初期，战后则是马克思主义多样化的时期。战后的马克思主义流派主要有：各社会主义国家的"正统马克思主义"、西方人本主义马克思主义、西方科学主义马克思主义、东欧新马克思主义、欧洲共产党人的"欧洲共产主义"和北欧社会民主党人的"民主社会主义"等。

受新马克思主义的影响，新马克思主义者将经典马克思主义的劳动价值和剥削的理论、资本原始积累理论、阶级斗争理论运用到城市教育研究中。起初一些新马克思主义者认为城市学校教育是富人强加给穷人的一种方式，是一种创造温顺的、守时的、尊重私有财产的工人阶级的工具。

二战后，英国马克思主义学派与法国年鉴学派、美国社会科学历史学派成为当代西方三大史学流派。新马克思主义的方法在英国最为盛行，美国、加拿大、澳大利亚等国也有大量学者使用新马克思主义的视角。例如，英国的教育史研究深受马克思主义的影响，运用了阶级分析的方法。英国历史学家西蒙在考察英国过去两个世纪的教育系统发展时，强调了社会阶级冲突在决定教育系统性质时的重要性。他还认为大的工业化城镇的发展也是影响教育发展的一个关键因素。[2]20世纪60年代末开始，美国教育史研究也受到新马克思主义的影

---

① 冯燕芳、刘东丽：《20世纪东西方马克思主义：比较与启示》，载《云南社会科学》2018年第2期。

② G. McCulloch, *Education*, *History and Social Change*（London：Institute of Education, 2003）.

响。"阶级""阶级压迫"和"意识形态"等成为激进派教育史作品中常用的术语，他们还对官僚政治进行尖锐的批判，并指责资本主义美国的社会不平等所带来的教育不平等。美国激进修正派教育史家的城市教育史研究大多受到新马克思主义的影响，认为学校教育是富人强加给穷人的一种方式，是一种创造温顺、守时、尊重私有财产的工人阶级的工具，如凯茨就认为城市学校起源于阶级控制，城市公立学校是上层资产阶级对工人的强加。鲍尔斯和金蒂斯的《资本主义美国的学校教育：教育改革和经济生活的冲突》运用了阶级分析的方法，他们认为学校教育系统在维护资本主义秩序和经济结构方面发挥了重要作用。科林·格里尔（Colin Greer）批判了贝林和克雷明的观点，认为人们高估了学校作为社会变革的杠杆的作用，而经济发展才是学校成功的先决条件，城市学校作为社会流动性的机器是失败的。[①]教育史家米雷尔认为在底特律城市教育的发展过程中，各种利益集团试图将自己的观点强加给城市学校，"学校只不过是各种怨恨的利益集团争夺权力的另一个竞技场"[②]。加拿大的戴维和格尔夫认为，汉密尔顿19世纪学校教育的扩张不仅维持了社会和经济的不平等，并进一步加剧了社会和经济的不平等。后来，越来越多的马克思主义学者发展了新的理论，他们不再将学校视为阶级斗争的工具，而是将学校视为无数阶级斗争发生的场所中的一个，将学校视为无数资产阶级社会再生产发生场所中的一个。澳大利亚的帕芙拉·库克（Pavla Cook）、戴维和马尔科姆·维克（Malcolm Vick）运用阶级冲突的方法分析了19世纪大众教育的发展状况。

三、政治学的理论与方法

20世纪80年代以后的城市教育史研究还受到了政治学的影响。以下将以美

---

① C. Greer, *The Great School Legend: A Revisionist of American Interpretation of American Public Education*（New York: Basic Books, 1972）.

② J. Mirel, *The Rise and Fall of an Urban School System: Detroit, 1901—1981*（Ann Arbor: University of Michigan Press, 1993）, 370.

国城市教育史研究为例，分析政治学对城市教育史研究的影响。受政治学的影响，美国的政治史研究出现了新的研究方向：（1）由"自下而上"转向"上下结合"的研究方式；（2）由横断面式的静态分析转向重视发展和变化的动态研究；（3）在史料选择上由"量"到"质"的转变；（4）重新重视政治制度和机构的作用；（5）由分散向综合的趋势；（6）由学术价值中立转向参与社会政治问题。①政治史改变了过去轻视上层、重视下层的研究方式，对上下层同样重视，在上下层的互动中把握政治的发展。政治史研究改变了过去的横断面式的研究，不再单一关注某时某地的某些事件，而是对历史的发展和变化做出动态研究。"二战"后计量史学一度在政治史中占据重要地位，但历史学家已经对计量方法有了更清醒的认识，对方法的选择主要根据研究的内容而定。长期以来，美国政治史研究的中心都是国家和政府机构，当下的政治史以政治制度—机构为中心线索探索与此相关的社会政治现象，而不是就事论事地研究。20世纪80年代以来，美国越来越多的政治史研究显示出了综合的发展趋势，既关注整体研究，也关注政治史学内各局部之间的联系。政治史出现了由分析向叙述方式的转向，从某种意义上说，"叙事史的复兴"反映了历史学家对政治史热情的不断增长。

作为政治史研究领域的新生事物，政策史对美国城市教育史研究的影响很大。政策史研究乃是借助政策科学的政策分析方法，采用政治史的研究路径，对公共政策做历史分析。政策史研究的目的是希望影响政策制定者，为公共决策提供参考，因而具有"公共史学"的色彩。20世纪70年代末期，汤姆·麦格劳和莫顿·凯勒等学者不满愈益远离政府和常规政治的史学风气，发起政策史研究，倡导以历史的方法考察制度和政治文化对公共政策的影响以及决策过程的演变，关注总统以外的各种正式和非正式的制度在公共政策形成中的作

---

① 刘军：《政治史复兴的启示——当前美国政治史学发展述评》，载《史学理论研究》1997年第2期。

用。^①1987年美国《政策史杂志》创刊，1999年有关政策史的会议开始定期召开，政策史研究日趋常规化。政策史的出现具有多重的积极意义。首先，政策的制定是多个利益集团博弈的结果，涉及社会成员生活和利益的方方面面，因此政策史研究有助于消解"从上到下"和"从下到上"看历史的两种取向的分歧。其次，政策史研究关注政府的决策，重视美国政府的结构及其对公共政策的影响，在某种意义上有助于改变政治史研究忽视国家政策的现象。相当一部分的城市教育史研究采纳了政策史的研究路径。20世纪七八十年代，美国一些政治学家参与了城市教育史研究，如彼得森研究了芝加哥、亚特兰大、洛杉矶的利益集团是如何影响学校的政策与实践的；^②凯茨内尔森和韦尔描述了城市中一种日益增长的政治、社会和经济隔离的局面，这使得为城市学生提供平等教育机会的目标是难以实现的；^③教育史家米雷尔通过揭示底特律市不同利益集团在城市学校政策上的斗争，揭示了底特律城市学校衰落的原因；^④尼尔森深受政治学的影响，著作《难以捉摸的理想：波士顿公立学校中公平的教育机会和联邦政府的角色（1950—1985）》是美国第一本政策史、城市史和思想史融汇的教育史著作。该著作研究了二战后到20世纪80年代初，地方政府、州政府、联邦政府在处境不利学生教育政策方面的互动。尼尔森系统地研究了马萨诸塞州关于处境不利学生教育立法的历史变迁，并对其与波士顿政府、联邦政府的互动做出研究，揭示了地方政府和联邦政府在实现公立学校"平等教育机

---

① 刘军：《政治史复兴的启示——当前美国政治史学发展述评》，载《史学理论研究》1997年第2期。

② P. E. Peterson, *School Politics Chicago Style* (Chicago: University of Chicago Press, 1976); P.E. Peterson, *The Politics of School Reform, 1870—1940* (Chicago: University of Chicago Press, 1985).

③ I. Katznelson and M. Weir, *Schooling for All: Class, Race and the Decline of the Democratic Ideal* (New York: Basic Books, 1985).

④ J. Mirel, *The Rise and Fall of an Urban School System: Detroit, 1907—81* (Ann Arbor: University of Michigan Press, 1993).

会"理想过程中的复杂的关系。①

　　城市教育史研究是二战后世界教育史研究中的一门新的分支学科。它采用了跨学科的研究方法，对西方教育史的发展产生了深刻的影响。应该看到，城市教育史研究的理论和方法并不是与其他社会科学各学科的理论与方法简单嫁接的产物，而是从科学研究的实际出发相互交融的结果。

第三节　城市教育史研究的发展趋势

　　城市和城市史的发展促进了城市教育史的发展。各国城市教育史在研究学校的历史演进中，均突出了城市的需要和问题。各国的城市教育史研究各有其特点。在北美国家，批判的社会史关注学校与资本主义发展的关系，由此引发的争论促进了城市研究和城市教育史研究的发展。英国的城市教育史研究倾向于在地理学和人口学的语境中思考城市教育的发展。美国和加拿大在20世纪90年代也有这种发展趋势。此外，美国的城市教育史研究秉承美国历史学的"现在主义"传统，注重问题导向，城市教育史研究与实践中的教育政策制定联系紧密，而英国在这方面有待加强。英国历史学家瑞迪认为："城市内城学校教育的问题产生于20世纪60年代，引发了一系列社会学和教育学的作品问世。这些关注可能引发了对大众学校教育历史的研究兴趣，但没有发展出对当代城市教育问题讨论的历史视角。"②

---

　　① A. R. Nelson, *The Elusive Ideal: Equal Educational Opportunity and the Federal Role in Boston's Public Schools, 1950—1985* (Chicago: University of Chicago Press, 2005).

　　② R. K. Goodenow and W. E. Marsden, *The City and Education in Four Nations* (Cambridge University Press, 2003), 2.

总体看来，西方城市教育史研究面临的主要共性问题是教育结构分析有余，教育的行为分析不足；城市史研究和教育史研究联系不够紧密；个案研究使得城市教育史研究出现零散化的趋势，不够系统和综合，同时其结论不能令人信服。未来，西方城市教育史研究的发展趋势是教育结构分析与教育行为分析相结合，教育史研究和城市史研究相融合，个案研究和区域研究相结合。

一、教育结构分析与教育行为分析相结合

受人类生态学结构功能主义分析逻辑的影响，长期以来，西方城市教育研究倾向于将城市教育的起源与主要发展因素归因于现代生活的集权化（如民族国家的出现、工业的发展、文化的普及）。这些特点使得城市教育史学家重视分析教育的结构而忽视教育行为。他们关注城市生活的结构因素，尤其强调现代教育调整的集权化趋势，将教育与经济、政治、智力等宏观结构的进化与教育联系起来。教育史家对社会结构分析得多，如城市教育系统中的科层制、集权化和专业化，但对个人选择和意识研究得少。

城市教育史家既要关注城市学校外的社会结构，也要研究学校、教室内发生了什么。城市教育史家要超越原有的结构研究，超越对宏观政治和经济的研究，超越对制定规划的精英的研究，转向重视经验研究、重视不起眼的鲜活的社会背景和过程的研究、重视对改革者的意识的研究、重视对普通民众的教育经历的研究。为了实现上述目标，教育史家既要将城市概念化为物质环境和精神环境，也要将其概念化为文化和心理环境。美国教育史家芬克尔斯坦认为城市教育史学可以朝下列三个方向开展研究：首先，关注城市和作为学习者的儿童之间的关系，将文化和心理的维度注入传统的教育史学关注的方面（传统史学关注大众教育的起源和发展，作为社会变迁工具的教育的研究，作为社会变迁工具的教育的角色研究）。其次，城市和社区的培育，目的是引入新的研究方法。研究者可在城市教育史学研究中关注下列两个方面：学习者和学习的关系，教育在社区形成和变革中的作用。最后，城市教育和人类潜能的培育，

目的是揭示新的研究主题。它提醒城市教育史家关注人类意识和人类潜能的进化，政治敏感性的培育，身份认同的形成，创造力和智力的培育。[①]

二、教育史研究和城市史研究的融合

城市教育史是城市史和教育史的交叉学科，但长期以来，城市教育史研究存在城市史和教育史联系不够紧密的问题。美国学者杰克·多尔蒂（Jack Dougherty）认为，一方面教育史家重点研究了大城市学校系统的兴衰；另一方面城市史家研究了政府的房地产政策、税收政策、交通政策是如何促使二战后城市衰落而郊区发展繁荣的。[②]美国教育史家在研究城市教育时，既没有充分吸收城市史研究的最新成果，分析大都市背景下大范围的政治和经济变迁，也没有充分吸收新城市社会学的理论，将城市学校的衰落和郊区的大发展联系起来。如泰亚克在《一种最佳体制》中很少提及郊区化。米雷尔在对底特律城市学校的兴衰做分析时，侧重点是大城市系统，忽略了对郊区公立学校和房地产市场的分析。城市史家在研究城市变迁时，也忽略了公立学校发挥的作用。英国教育史家认为，英国虽然已经有了城市教育史研究，但在英国的语境下，教育史和城市教育需要完全和系统地整合。[③]

未来，教育史研究需要与城市史研究融合。在城市教育史的书写中，要丰富城市、郊区和学校教育的历史，从而全面地理解它们是什么时候、在哪里、如何发生变迁的。教育史家既要关注中心城市的学校发展，也应关注郊区学校的发展。杰克·多尔蒂在促进城市史和教育史之间的联系方面提出了四条建

---

① B. Finkelstein, "Redoing Urban Educational History", in *The City and Education in Four Nations*, ed. R. K. Goodenow and W. E. Marsden（Cambridge：Cambridge University Press，2003），172—185.

② J. Dougherty, "Bridging the Gap between Urban, Suburban, and Educational History", in *Rethinking the History of American Education*, ed. William J. Reese and John L. Rury（Basingstoke：Palgrave MacMillan Press，2008），245.

③ G. McCulloch, "History of Urban Education in the United Kingdom", in *International Handbook of Urban Education*, ed. W. T. Pink and G. W. Noblit，2007，943—958.

议：（1）研究私人不动产和公立学校之间的关系；（2）重视城市和郊区中与学校紧密相关的居民文化；（3）探寻西部和南部地区与学校有关的城市—学校变革的动力；（4）通过关注教育和房地产关系的历史变迁来将城市、郊区、学校紧密联系起来。①

三、个案研究和区域研究相结合

个案研究是社会学研究中定性研究的重要方法，是对"单位事件、现象或社会单位所进行的密集的、整体性的描述和分析"②。城市教育史研究大量采用个案研究的方法。美国城市教育史学通常采用个案研究方法，一般多是研究一个城市或两三个城市的教育变革状况。美国教育史家维努维斯基斯认为，关注单一的城市社区会导致对不同类型的城市和工业发展模式比较的失败。这种比较的失败导致难以区分城市发展的影响和社会一般变迁的影响。③英国教育史家麦卡洛克认为，英国城市教育史研究拥有了一系列的关于分析教育供给和城市社会关系的动力的研究，但缺乏系统性和综合性的研究。④澳大利亚学者克里·维姆斯特（Kerry Wimshurst）和戴维认为，建立在单个城市基础上的结论的概括性令人怀疑。⑤总之，个案研究可以为进一步比较和理论建构提供基础，但个案研究无法得出概括性的结论，不能检验理论。同时，城市教育史研究强调了各个城市地区的独特性，但忽视了对所有城市有同样影响的社会和经

① J. Dougherty, "Bridging the Gap between Urban, Suburban, and Educational History", in *Rethinking the History of American Education*, ed. William J. Reese and John L. Rury（Basingstoke：Palgrave MacMillan Press，2008），253—256.

② ［美］莎兰·B. 麦瑞尔姆：《质化方法在教育研究中的应用：个案研究的扩展》，于泽元译，重庆大学出版社2008年版，第20页。

③ M. Vinovskis, "Quantification and the Analysis of American Ante-bellum Education", *Journal of Interdisciplinary History*，vol.13（1983），761—786.

④ G. McCulloch, "History of Urban Education in the United Kingdom", In *International Handbook of Urban Education*，ed. W. T. Pink and G. W. Noblit，2007，943—958.

⑤ K. Wimshurst and I. Davey, "The 'State' of the history of urban education in Australia", in *The City and Education in Four Nations*, ed. R. K. Goodenow and W. E. Marsden（Cambridge：Cambridge University Press，1992），73—83.

济趋势。

　　个案研究对于欧美发达国家地方分权制的教育行政管理体制而言具有一定的适用性。因为各个州、各个城市的教育政策不同，因此各个城市的学校教育的发展历史也具有不同的特点。通过个案研究，可以深入地研究各个城市的学校教育演进情况，研究更深入系统。另一方面，个案研究因其注重对个别事件或现象的描述和解释，而不能得出概括性的结论，更无法推广研究结论。为了弥补个案研究的不足，目前美国城市教育史研究已经开始了区域研究的尝试。鲁里在《城市化与教育：美国城市中教育发展的区域模式（1900—1910）》（*Urbanization and Education：Regional Patterns of Education Development in American Cities，1900—1910*）中运用了区域研究方法，认为在东北部和中西部地区基础上得出的关于城市学校的结论与南部城市基本上没有共同之处。[①]戴维·N. 普朗克（David N. Plank）、理查德·K. 思高齐（Richard K. Scotch）和珍妮特·L. 甘伯（Janet L. Gamble）选取了分布在东北部、中西部、南部和西部的94个城市，将这些城市在1890至1920年的人口规模、人口增长率、人口构成、学生的入学人数、城市学校聘用的教师和管理者数量作为变量进行统计分析，归纳了进步主义时代城市学校变革的普遍原因。[②]英国教育史家麦卡洛克认为英国城市教育史一方面需要加强与教育史的联系，另一方面城市教育史的研究需要在考虑英国背景的基础上开展更全面和系统的研究。[③]

　　除此之外，西方城市教育史研究还面临理论基础有待加强的问题。城市教育史家在研究时，需要有深厚的理论基础，以驾驭城市学校教育发展历程中诸多复杂的问题。教育史家在城市教育基本问题的概念和一致性上有待达成共

---

　　① J. L. Rury，"Urbanization and Education：Regional Patterns of Educational Development in American Cities，1900—1910"，Michigan Academician，vol.20（1989），261—279.

　　② David N. Plank，Richard K. Scotch and Janet L. Gamble，"Rethinking Progressive School Reform：Organizational Dynamics and Educational Change"，*American Journal of Education*，vol.104，no.2（1996），88.

　　③ G. McCulloch，"History of Urban Education in the United Kingdom"，In *International Handbook of Urban Education*，ed. W. T. Pink and G. W. Noblit（2007），943-958.

识，如城市的概念界定、城市教育史的界限问题等。以城市的概念为例，有的学者认为城市代表了文明与美德，有的学者认为城市充满问题，到处是犯罪、暴力与腐败，但究竟什么是历史研究对象的城市，却还没有一个令人满意的说法。在城市史学科中，存在两种城市概念：一种"是传统的、方志式的、行为化的和封闭的，城市被看成是一个独立的变体"；另一种是"更现代的，城市的概念被看成是开放的和动态的，被解释成一个相互依赖的变体"①。城市的概念在不同时代的内涵也是不同的，如哈里·詹森以奥斯卡·汉德林对前工业与现代城市的区分为例，指出城市史研究必须把前工业的城镇和现代城市区分开来。②此外，城市教育史家还面临学术研究与实践的关系问题，需恰当处理历史研究与政策服务之间的关系。

总之，城市教育史研究是20世纪60年代以后在西方发展起来的新的教育史分支学科，或者说是新的教育史学研究领域。它具有跨学科和不确定性等特点。跨学科意味着城市教育史研究可以综合运用其他学科的研究方法和概念；不确定性意味着城市史研究的领域会随着时代的变迁和教育史家关注的热点而不断地转移和扩展。城市教育史研究的这些特点需要研究者科学地对待。

（邬春芹）

附录：相关文献

1. 蔡禾：《城市社会学讲义》，人民出版社2011年版。

2. 姜芃：《西方史学的理论和流派》，中国社会科学出版社2007年版。

3. ［美］马克·戈特迪纳、雷·哈奇森：《新城市社会学》（第3版），黄怡译，上海译文出版社2011年版。

4. 邬春芹：《美国城市教育史学发展历程研究》，南京大学出版社2016年版。

---

①② 哈里·詹森：《关于城市史学定义的思考》，载《城市史》1996年第12期。

5. 周采：《当代西方教育史学流派研究》，上海交通大学出版社2018年版。

6. G. Grace, *Education and the City*：*Theory*，*History*，*and Contemporary Practice*（London：Routledge & Kegan Paul，1984）.

7. J. Anyon, *Ghetto Schooling*：*A Political Economy of Urban Educational Reform*（New York：Teacher College Press，1997）.

8. J. Anyon, *Radical Possibilities*：*Public Policy*，*Urban Education*，*and A New Social Movement*（London：Routledge，2014）.

9. John L. Rury, *Urban education in The United States*：*A Historical Reader*（New York：Palgrave MacMillan，2005）.

10. P. Lipman, "Making the Global City, Making Inequality：The Political Economy and Cultural Politics of Chicago School Policy"，*American Educational Research Journal*，vol.39，no.2（2002），379−419.

第二十六章

女性教育史研究

　　20世纪70年代，从社会性别视角研究妇女—社会性别史（women & gender's history）的妇女史在西方兴起，并逐渐成为历史学科中的专门领域，构成新史学运动的重要组成部分，与社会科学如社会学、人口学、经济学、人类学和心理学等关系密切，成为二战后西方教育史学发展中的一支劲旅，20世纪90以来，文化史取向的妇女—社会性别史研究建立在文学批评理论和后结构主义人类学的基础上。西方妇女史研究者注意到不同妇女群体之间历史经验的差别和妇女主体身份的多元性，主张根据阶级、种族、性别和宗教等多元主体身份研究女性，进而将文化研究和心理分析的方法合流互补，努力打破生理性别（sex）与社会性别（gender）的二元对立思维模式，运用于妇女—社会性别史的研究。[①]妇女史的上述变化深刻影响了外国教育史研究。

---

① 杜芳琴：《妇女/社会性别史对史学的挑战与贡献》，载《史学理论研究》2004年第3期。

第一节　欧洲女权运动与欧洲女性教育史研究

19世纪，教育史学科成为西方大学师范学院和师范学校教育系中开设最广泛的课程之一，这就刺激了很多专业史学家转向教育史学的研究，然而，激荡的社会运动尤其是女权运动对史学家们的研究产生了深刻的影响。19世纪中期美国爆发了第一次女权运动，在自由主义思想的影响下，产生了强调理性、公正、机会均等的早期自由主义女性主义思想。早期自由主义女性主义的思想也深深影响了一批又一批的史学家。很多专业史家在撰写本国教育史的过程中发现，如果要想构建一部完整的、可信赖的教育通史，就无法忽视女性教育的历史。为了填补这一空白，很多专业史家转而研究女性教育史。20世纪60年代，随着第二次女权运动的发展，女性主义介入教育史研究，专业史学家开始运用女性主义理论和视角研究本国的教育史。

一、女权运动与女性教育史

女权运动是妇女争取解放、要求社会平等权利的政治斗争，它与资产阶级政治革命紧密相连，目标指向男权中心社会，以实现男女在社会权利上的平等。启蒙运动对于民主、自由和天赋人权的宣扬，使得《人权宣言》成为衡量和思考社会问题的圭臬。女权运动席卷了整个欧洲。在英国，女权主义者玛丽·沃斯通克拉夫特（Mary Wollstonecraft）强烈谴责英国社会男女不平等的现象，提出妇女为什么要受教育、妇女应当接受什么样的教育和妇女如何接受教育三个问题。英国另一位著名的女性主义者艾米丽·戴维斯（Emily Davies）在《为女性的特殊教育系统》（*Special System of Education for Women*）一书中全面表述了自己对女性教育的看法，她指出"目前关于女性教育的争论不是要不要让女性受教育，而是让她们受什么样的教育，她主张不应把女性的教育仅仅局限于使她更好地做妻子、做母亲，而是应当为她们提供内容广泛的知识教育"[①]。艾米丽·戴维斯重点关注女性高等教育。1866年，她在《女性的高等教育》（*The Higher Education of Women*）一书中表达了对当时的教育定义的怀疑，认为很多教育家们在对教育进行定义时，其倾向性只适合男性，教育定义被贴上了独特的男性标签，以往将女性教育界定为为了培养好母亲好妻子的想法太过狭隘，必须明确女性教育真正目的是什么？女性通过教育要获得什么？女教师们应该做些什么才能使之成为她们自己？她们应该做出哪些努力才是理想的？她们努力的结果应该是什么？[②]戴维斯从修正教育定义入手解读女性教育，围绕什么才是最好的和最高级的女性类型这个问题展开讨论，对美国女性教育史的发展有一定的启发作用。

随着西方女子高等教育的发展，这一时期对欧洲女性高等教育史学的关注也是一个重点。1890年，海琳·兰格（Helene Lange）发表了《欧洲女性的高等教育》（*Higher Education of Women in Europe*，1890）。兰格从社会进化史观出发，论述了男女平等接受教育的重要性，认为这个时代不仅需要专业性也需要通用性。[③]兰格将人类社会发展划分为人类未开化的野蛮时期，劳动力分化时期和机器大工业时期。在人类未开化的野蛮时代，男女两性是对立的，男性是保护者和法律制定者的角色，女性仅是养育家庭以及参与工业劳动的角色。进入劳动力的分化时期，两性劳动力开始分化，女性远离了人文学科和商贸行业，而专门从事"家务劳动"（household）。男性承担作为军人的特殊的社会角色。到了机器大工业时代，工业生产将劳动者分为脑力劳动者和体力劳动

---

① 顾明远、梁义忠：《世界教育大系——妇女教育》，吉林教育出版社2000年版，第125页。

② Emily Davies, *The Higher Education of Women*（London and New York：Alexander Strahan Publisher，1866），6.

③ Helene Lange, *Higher Education of Women in Europe*（New York：Thoemmes Press，1890），ix.

者，工业的发展使得两性领域之间的区别消失，女性不再需要从事传统的家务工作，取而代之的是接受学校教育成为女性新的工作，因为教育可以提升女性的"自我活动"（self-activity）的能力。1890年，《教育史》杂志的主编W. T. 哈里斯（W. T. Harris）在评论兰格的著作时指出："在教育史系列丛书中，我们之所以选择兰格的论文，首先是因为它着眼于一些英语国家，这些国家已经超前跨出了第一步，并且正在努力建立各种不同特点的女性高等教育。其次女性高等教育是一个有争议的话题，选择这些保守派撰写的论文，我们可以以此为镜，审视所有国家的整体的运动发展轨迹，从最开始直到最后的发展，像一幅图画一样。"①

综上所述，欧洲女性教育史学倾向于对中产阶级妇女的研究，尤其重视对中产阶级女性高等教育史的研究。玛丽·沃斯通克拉夫特和艾米丽·戴维斯作为自由主义女性主义教育史学家的代表，虽然主张女性应该接受各种教育，但不希望夸大女性教育对女权运动的影响。②在上述欧洲女权运动背景下产生的早期欧洲女性教育史为南北战争后美国女性教育史学的发展提供了丰富的研究基础。

二、女性主义与女性教育史

作为一种学术思潮，女性主义是在20世纪60年代介入人文和社会科学各学科的。当时，在西方教育史学内部，有两个值得一提的现象为女性主义的介入提供了重要机遇：一是长期以来教育史学内部形成的对女性或性别问题的普遍忽视；二是教育史研究宏大叙事、包罗万象的统一理论的式微和反实证主义潮流的兴起。

（一）史学本体论的困境

20世纪60年代，各种运动包括工人运动、民权运动、妇女运动、反战运

---

① Helene Lange，*Higher Education of Women in Europe*（New York：Thoemmes Press，1890），xvii.

② 周愚文：《英国教育史学发展初探（1868—1993）》，载《台北师大学报》1994年第39期。

动和学生运动，汇集成声势浩大的反政府、反现存教育制度的洪流，不仅冲击了西方社会，也使西方史学界发生了变革。就美国历史协会来说，20世纪60年代以来发生很大变化：历任主席各有不同的背景，来自于不同的专业，彼此很难找到共同的主题，在他们中间虽然仍有少数传统史学的卫道者，但更多的是新史学的拥护者。越来越多的黑人、妇女、少数族裔和年轻一代登上了史学舞台，开始对战后教育进行不懈的批判，反主流教育运动在西方教育界愈演愈烈。著名教育史学家吉尔·布莱克莫尔（Jill Blackmore）在《教育史的形成：女性主义的观点》（*Making Educational History：A Feminist Perspective*）一书中就表达了这种质疑，进而倡导建立一种"女性主义教育史学"以取代代表教育秩序普遍话语的传统教育史学。①

（二）史学认识论的困境

西方教育史学的"辉格史"传统在20世纪前半期依然顽强地存在。1931年，赫伯特·巴特菲尔德（Herbert Butterfield）在《历史的辉格解释》（*The Whig Interpretation of History*）中将广义的"辉格史"理解为"历史的辉格解释的重要组成部分就是，它参照今日来研究过去，通过这种直接参照今日的方式，会很容易而且不可抗拒地把历史上的人物分成推动进步的人和试图阻碍进步的人，从而存在一种比较粗糙的、方便的方法，利用这种方法，历史学家可以进行选择和剔除，可以强调其论点"②。然而，巴特菲尔德又对传统的辉格史观（Whig view of history）提出了质疑，他在《历史的辉格解释》中，将"辉格派"的概念扩展到一般意义上的编史学领域，并质疑了辉格派的方法论，认为直接参照今日的标准解释历史，势必造成历史认识的简单化。因此，历史的解释应该是"反辉格"的，号召史学家立足于过去，从当时社会的实际出发，

---

① Jill Blackmore J., *Making Educational History：A Feminist Perspective*（Geelong：Deakin University Press，1992）.

② Herbert Butterfield，*The Whig Interpretation of History*（London：G. Bell and Sons Ltd，1931），11.

以历史的眼光看待历史，做出符合当时历史的解释和回答的一种倾向。[①]这种"反辉格史观"（anti-Whig view of history）无疑对进步主义的史学提出了挑战，新保守派史学家提出了"和谐—进步"的一致论史观。新保守派史学家为了迎合现实政治斗争的需要，否定了新史学派或进步学派奉行的"冲突—进步"史观，他们认为美国历史上的任何斗争和冲突都是可以视而不见的，美国教育的历史是一部和谐与欢乐的历史。

（三）史学方法论的困境

20世纪60年以后，西方现象学、解释学和女性主义批判理论等思潮的广泛传播使作为自然科学和社会科学基础的实证主义受到前所未有的冲击，对教育史学的基本概念和方法进行重新审视，用批判的研究方法审视历史成为教育史学家的当务之急。澳大利亚教育史学者克雷格·坎贝尔（Craig Campbell）和杰弗里·谢灵顿（Geoffrey Sherington）在谈到战后西方教育史学状况时指出："研究主题、视角和方法论的多元化已经成为这一学科的标志。"[②]著名史学家托马斯·库恩（Thomas Kuhn）也指出："加拿大教育史编纂领域，就像一个毫无规范的理论舞台。在这个舞台上，不同的学者运用不同的观点，采用不同的方法，描述和解释着他们面对的同一现象。这里不存在统一的论证和一致的理论观点，教育史家们也不承认任何应当共同遵循的研究规范和标准。"[③]史学方法论多元化的趋势使教育史的每一个亚研究领域（Subfield of study）的解释框架日趋丰富。另外，在关于"什么是教育史"的核心问题上越来越缺少一致性的答案。一方面是教育史学科的四分五裂和日益专业化所带来的问题；另一

---

① 王晓玲：《科学史的辉格解释与反辉格解释》，载《郑州航空工业管理学院学报》2009年第5期。

② Craig Campbell and Geoffrey Sherrington, "The History of Education: The Possibility of Survival, Change: Transformations in Education", *History of Education Quarterly*, vol. 5 (2002), 46—64.

③ Thomas Kuhn, the Structure of Scientific Revolutions, 2nd, Enlarged, Edition, vol.2, no.2 of International Encyclopedia of United Science, Editor-In-Chief Otto Neurath (Chicago: University of Chicago Press, 1970), 11—12.

方面是教育史学家越来越依赖社会科学模式，在教育史学科中充斥着对技巧和实证主义的强调，导致曾经作为教育思想史中心的教育哲学和道德教育等研究领域逐步被边缘化。同时，方法论的多元化也威胁到教育史作为师资培训课程的前景，导致教育史学科本身的危机和边缘化。随着后现代主义而兴起的文化研究以怀疑主义的姿态对所有以追求普遍性为目标的所谓"宏大叙事"（grand narratives）展开了挑战，女性主义者以普遍的男性话语为批判目标，也毫不迟疑地加入了这些持异见的挑战者的行列。

第二节　美国女性教育史的三重视野

在欧洲女权运动的影响下，1848年在纽约塞尼卡福尔斯召开了美国历史上第一次妇女权利大会，对美国女性社会地位产生了巨大影响。首先，美国女性获得了政治选举权。其次，美国女性实现了从"维多利亚女性"到"新女性"的转变。女性开始追求个性、向往自由、充满信心和敢于创新。[①]越来越多的美国女性走出了"妇女领域"，进入了教育领域和社会职业领域。同时，为女性积极争取高等教育权。这一时期出现了很多专业的女性主义教育史学家，他们分化为以凯里·托马斯为代表的"激进派"和以艾略特为代表的"保守派"。"激进派"期望利用高等教育改变女性社会地位和生活状况，"保守派"则认为高等教育是为实现社会稳定而成为维持传统性别分工形式的工具。尽管两派的论争激烈，却共同关注美国女性高等教育史研究，因而出现了丰富的女子学院史学的雏形。

---

① Rosalind Rosenberg，*Divided Lives：American Women in the Twentieth Century*（New York：Hill and Wang Press，1992），25—35.

一、美国女性教育史兴起

（一）"激进派"与"保守派"的论争

第一次女权运动对美国女性教育史的发展起到了推波助澜的作用。这一时期，很多女性教育史学家既是女权主义战士也是专业的教育家，她们受过高等教育并获得学位，深受早期女性主义思想的影响。她们通过撰写回忆录、创办期刊和出版著作等方式，立场鲜明地要求女性必须接受高等教育。

凯里·托马斯和艾略特分别是这一时期的激进派和保守派的代表，前者期望利用高等教育改变女性社会地位和生活状况，后者则认为高等教育是为实现社会稳定而成为维持传统性别分工形式的工具。在美国女性教育史学中之所以会分化成激进派和保守派两大派别，主要与19世纪50年代以来美国社会公共舆论和包括政客在内的美国主流社会对女权运动提出的种种要求持双重态度有关。一方面，对女性经济方面的要求（如财产权、收入支配权）持同情和有限支持的态度；另一方面，对女性提出的政治选举权和离婚权却持反对的态度。之所以出现双重态度，原因在于人们对"独立—依附"和"私有领域—公共领域"这两对矛盾的诠释和理解上，而中产阶级女性的教育与这两对矛盾有着直接的关系。首先，教育与女性财产权。高水平的教育使得更多的女性拥有自己的财产，于是女性开始要求独立的财产权，但这些财产并不多，再加上她们并不代表当时的主流力量，无法构成一个强大的社会群体。因此，女性在经济方面的有限权力不可能从本质上改变女性处于私有领域的处境，也不会扰乱当时主要以男性把持公共领域而女性则属于私有领域的社会秩序，所以即使给予女性财产权也不能从根本上使女性摆脱依附地位。其次，教育权和女性选举权。从高等教育领域走出的妇女，一般从事高层次的社会职业，社会地位也有所提高，使得女性要求更多的社会权利，如选举权和更多的受教育权。但女性拥有越来越多地自主权会动摇男尊女卑的社会秩序。另外，很多女性介入公共领域也会给具有私有领域性质的家庭带来很多负面影响。①真理越辩越明，学术论争也是如此。虽然激进派史学家和保守派史家对女性在接受更多和更高层次的教育的问题上存在分歧，但不可否认的是，他们对女性接受高等教育的肯定已经使他们迈出了学术研究的第一步。

（二）女子学院史学初现端倪

20世纪初，美国很多受人尊重的职业如教师、医生和律师都需要具有一定的资质才能上岗，对于女性来说，接受专业的中高等教育是获得这些职业资质的必经之路。尽管激进派和保守派史学家们在女性高等教育的功用方面存在分歧，但是他们都认为女性应当接受高等教育，在实践中也积极推进女性高等教育的发展，并将其作为女性迈入较高社会层级的路径。这一时期美国女子学院（female college）和男女同校制的女子高等教育、女子高等师范教育的蓬勃发展，引起了史学界对美国妇女高等教育史学的关注。美国女性高等教育史学著作颇丰，女子学院史学就是典型代表之一。

女子学院史学是这一时期美国女性教育史学的雏形，其史学特征表现为：首先，研究内容倾向于"机构史"（institutional history）。19世纪大部分时间里，美国史家对史学理论问题缺少兴趣，史学著作保持着浓厚的实用和文学气息。19世纪中期以后，美国女子学院蓬勃发展，历史学家对女子学院历史的记录和档案的保存有着浓厚的兴趣，机构史成为主要的史学范型。其次，撰史者多为女子学院。学院撰史而不是某个史学家撰史是这一时期的一种特殊现象。笔者认为，之所以会出现机构撰史的现象，主要由于这种撰史行为与学校利益一致。一方面，机构史作为一种档案或成绩的总结受到重视；另一方面，也希望通过对历史的总结向女学生及其父母宣传学院。最后，史料来源多为原始材料和档案文献，反映了这一时期在兰克传统史学范式的影响下，注重原始史料的收集和整理，即与事件同步的历史记录。

---

① Eleanor Flexber and Ellen Fitzpatrick, *Century of Struggle* (New York: Harvard University Press, 1959), 136.

二、美国女性教育史的三重视野

"美国女性教育史"分为广义和狭义两个方面。广义上的美国女性教育史涵盖了美国女性教育的一切史学。狭义上的美国女性教育史主要指在女性主义思想指导下，由女性主义史学家或教育家为女性而写的女性教育的历史，其研究者和研究对象都是女性。笔者以20世纪60年代女性主义思想正式介入美国教育史学领域为界限，前后分别用"传统"和"现代"代表其发展的前两个历史阶段，即美国传统女性教育史和美国现代女性教育史。美国传统女性教育史是在早期自由主义的女性主义（Liberal feminism）的影响下出现的，初步呈现了"她史"（Her history）的女性教育历史叙述的雏形。20世纪60年代以来，由于女性主义内部阵营的分化，美国女性教育史分别在晚期自由主义女性主义和激进主义女性主义思想影响下，由"女性教育批判派"（Female Education Criticism）和"女性中心论派"（Female Centralism）相继作为史学叙述主体而发展出的具有"性别史"（Gender History）特色的美国现代女性教育史学形态。20世纪90年代以来，美国女性教育史学在后现代女性主义理论的影响下开始发生转向，呈现了"普遍史"（Universal History）的美国后现代女性教育史学形态。笔者对传统、现代和后现代三个不同历史时期的美国女性教育史研究不仅仅是基于显性的历史分期的考虑，更重要的是，女性主义思想在不同的历史时期的多元化呈现将成为本研究的一条隐性线索。

（一）"她史"——美国传统的女性教育史

亚里士多德对性别问题的看法为女性主义的批判提供了一个相对明显的目标，因为亚里士多德认为"自然不会徒劳造物"，要根据事物的功能确定事物的本质。这里的"自然"是分层次的，正如对男人和女人的关系，这是一种自然的统治和自然的从属的关系。亚里士多德认为女性本质上是无能力的、无资格的。柏拉图也只是表面上的"女性主义"，尽管他认为生理结构不应该是命定的，生物学上的性别差异不能决定每种性别参与更广阔的社会秩序，但是男性至上主义在柏拉图的著作中频繁出现。希腊理性主义非常强调"男性—女性"的分级，女性主义对于传统的研究主张以一种批判现实主义的精神解释这种性别化的现象。①

18至19世纪早期的自由主义的女性主义率先展开了对美国教育史学的批判。18世纪自由主义的女性主义的核心思想是"平等教育"，19世纪自由主义的女性主义则转向"平等的权利和经济机会"。早期的自由主义的女性主义主要从道德和审慎的角度界定理性，然而无论从道德还是从审慎的角度界定理性，自由主义的女性主义都认同一个公正的社会允许个人发挥其主体性，实现自我，因而提出"权利高于善，必须优先考虑"的口号。②总体来说，自由主义的女性主义的基本观点如下：第一，提倡理性、质疑传统的男性权威；第二，注重公正和机会均等，认为女性受压迫的根源在于缺乏公正竞争和受教育的机会；第三，反对关于女性的传统哲学思想，即在理性上女性比男性低劣。③

托马斯·伍迪是早期自由主义的女性主义思想的主要代表人物，她于1929年出版的《美国女性教育史》是一本具有"她史"特点的著作。第一，撰写历史上的杰出女性的教育以及她们在重大历史事件中的政治作用，将女性作为一个新的主体，纳入已有的史学研究范畴中，完成了一部浩大的"填补史"（History of filling）。第二，竭力挖掘一切有关女性教育的新史料，包括官方史料和未经筛选的大量的二手史料。基于女性的生活，从女性的视角出发，向史学领域中既定的概念发起挑战，为史学研究开拓了新的思路。第三，基于女性生活的结构和女性文化的特点，力图使女性教育史从传统的史学框架中脱离出来，以探讨形成女性主义思想的根基。这种"她史"的撰写方式无疑肯定了

---

① ［英］米兰达·弗里克、［英］詹妮弗·霍恩斯比：《女性主义哲学指南》，肖巍、宋建丽、马晓燕译，北京大学出版社2010年版，第17页。

② Michacl J. Sandel, *Liberalism and its Critics*（New York：New York University Press），4.

③ 李银河：《女性主义》，山东人民出版社2005年版，第40—42页。

美国女性教育史的科学性，确立了它在史学界的地位，通过拓宽史料来源，挖掘有关女性教育的崭新史料，运用直线进步史观审视美国女性教育的历史，称颂女性教育在历史变迁中的进步性和能动性。另外，通过填补女性教育史的空白，有力地反驳了史学界对于主流史学没有女性自己的历史的刻板印象，不仅重塑了美国女性教育的历史，更催生了很多新的史学研究领域。

但是，早期自由主义女性主义指导下的美国女性教育史也有其不可避免的缺陷：第一，以生理性别作为分析范畴，无疑人为地将男性和女性割裂开来进行研究，这种研究是片面的，无法真正找到男女不平等的根源；第二，"填补史"只能简单地将女性教育史置于既定的研究框架之中，对现存的以男性为主导的教育史学或补充、或批判，实质上无法跳出主流史学的研究范畴，很多女性教育史学仍是从男性的角度来审视的；第三，直线进步史观过分称颂了美国女性教育的历史是女性不断获得进步和解放的过程，没有看到女性在获取解放的过程中遇到的阻碍，因此，无法客观地对历史做出公允的评价；第四，早期的自由主义女性教育史学并没有将父权制、种族歧视和阶级霸权作为分析教育中两性不平等的工具，因此，自由主义女性教育史学陷入了矛盾中，这也为现代女性教育史学的确立构筑了逻辑起点。①

（二）性别史——美国现代女性教育史

正如美国后现代女性主义学者朱迪丝·班尼特（Judith Bennett）在《历史问题：父权制与女性主义的挑战》（*History Matters：Patriarchal and Challenge of Feminism*）一书中指出："女性史与女性主义史不能画等号，女性主义史学家应该写女性主义史学，因为女性主义是女性史在美国得以生存和发展的精神支柱，削弱了女性史中的女性主义，无疑是抽取了它的骨髓，否定了它的存在价值。"② "现代"视阈中的美国女性教育史学将女性主义理论作为指导思想，开

---

① 甘永涛：《传统、现代、后现代：当代女性主义教育的三重视野》，载《教育科学》2007年第2期。

② Judith Bennett，*History Matters：Patriarchal and Challenge of Feminism*（Philadelphia：University of Philadelphia Press，2011），6.

始了深入的社会性别史（Gender History）研究。

"现代"（modern）一词蕴含两种含义，一种表现在有形的物质方面，意味着积极性和前瞻性，主要是指技术的进步和创新。另一种是否定大于肯定的含义，意味着反对中世纪的思想褊狭、教条主义以及对权力的限制。因此"现代"的视阈是一种人类对自身的胜利或是对特权者的胜利，其胜利的道路不是知识发展的道路，而是社会冲突的道路，这一现代性不是技术、财富不断增长的现代性，而是实现真正的民主（反对贵族统治和精英统治的民众统治），人类自我完善的现代性以及人类自我解放的现代性。①现代性（modernity）是20世纪后期西方哲学广泛关注的概念，尤尔根·哈贝马斯（Jürgen Habermas）将现代性理解为一个新的社会知识和历史时代，而米歇尔·福柯（Michel Foucault）则批判了哈贝马斯的观点，认为现代性是一种态度，而不是一个时间概念。"所谓态度，是指与当代现实相联系的模式，一种由特定人民所做的特定的选择，一种行为和举止的方式，一种归属关系并将它表述为一种任务。"②按照福柯的解释，现代性观念的核心是"理性"与"主体性"，用康德的话解释即认识的可能性不再被视为客体方面，而是存在于主体的理性能力之中。③近代哲学家笛卡尔的"我思故我在"鲜活地为福柯现代性的两重维度奠定了哲学基础，一是"自我反思"（self-reflection）成为现代性的理论基础和方法论意义，也预示着一种思维方式的转换。二是"主体性的发挥"，这标志着主体的人成为了现代性研究的中心，将人提到了一个至高的位置上。

福柯的现代性哲学为美国女性教育史的现代转向（modern turn）提供了思想根源。20世纪60年代是美国女性教育史学"传统"与"现代"分野的时代，也是美国女性教育史学范式发生变革的时代。这种转型的原因既有史学潮流的

①　［美］伊曼努尔·华勒斯坦：《自由主义的终结》，郝名玮、张凡译，社会科学文献出版社2002年版，第126—127页。

②　［法］福柯：《何为启蒙》，转引自汪晖、陈燕谷主编：《文化与公共性》，生活·读书·新知三联书店1998年版，第430页。

③　陈嘉明：《现代性与后现代性》，人民出版社2001年版，第3—4页。

外在动因，也有传统女性教育史学的内部困境：第一，美国的修正主义教育史学（Revisionist History of Education）认为，在女性主义的第一次浪潮中，女性虽然获得了平等的受教育权、选举权和工作权，但是女性实质上的性别不平等并没有改变，家庭与社会中女性的性别刻板依然存在。因此，史学家需要从社会文化中反思这种实质上不平等的根源，于是，社会性别史成为现代美国女性教育史学的典型范式。第二，传统的美国女性教育史学的辉格传统（the Whig tradition）过分强调直线进步的史观，忽略了历史中的消极和倒退的部分，显然已不能客观地反映历史的真相。20世纪60年代以后的美国进入了一个社会科学的新时代，社会科学各个领域的繁盛为美国女性教育史学方法论的发展提供了可能的选择，学科之间的相互融合成为历史趋势，社会科学理论也被引入教育史学领域中。此外，这一时期，专业史家纷纷参与到教育史学研究中，专业史家的参与带动了教育史学研究领域的扩展和教育史学研究思维的转换。以上种种都预示着在传统女性教育史学内部将有一场剧烈的变革。第三，自我反思凸显了女性主体的意义和价值。传统的女性教育史学作为填补史，依然将女性视为他者和从属的地位，在两次女权运动的召唤下，女性开始"自我意识觉醒"，她们要彻底摆脱这种依附的地位，"自我"便成为理论知识和实践知识在内的知识学的第一原则和先决条件，于是女性中心论派将"自我"发展到极致，将女性放在历史研究的中心地位。在现代性的视阈下，史家们对于传统美国女性教育史要么进行温和的修正，要么加以激进的改革，在传统美国女性教育史的基础上，运用女性主义的理论，沿着温和与激进两条路径展开对现代女性教育史的重塑。

美国著名的政治学教授希拉·爱森斯坦（Zillah Eisenstein）在《自由主义女性主义的激进的未来》（*The Radical Future of Liberal Feminism*）中预言："自由主义女性主义并未过时，它甚至还可能有激进的未来。"①现代视阈中的

----

① Zillah Eisenstein, *The Radical Future of Liberal Feminism*（Boston：Northeastern University Press，1986），96—98.

美国女性教育史是女性主义介入教育史学并运用女性主义理论分析教育史学的产物。这一时期，女性主义理论内部产生了分化，一种理论是由早期自由主义女性主义发展而来的，以"批判"和"修正"为特点的自由主义女性主义，围绕着"男女平等对待还是区别对待"这个问题，要求将女性从附属的生理性别角色中解放出来，批判性别主义对女性的歧视。另一种理论强调性别制度是造成两性之间不平等根源的激进主义女性主义。围绕着"生理性别与社会性别是有差异的"的论点，从表面的生物结构差异研究转向深层次的性别意识形态研究，为批判父权制、解构二元论、重新理解差异与平等以及性别本质主义提供可能。

在两种女性主义理论的指导下，传统的女性教育史的现代转向开始沿着两条路径展开：一条是"女性教育批判派"（Female Education Criticism）引领的温和的改良主义道路，强调学校加强了美国社会的阶级、种族、性别分层，摒弃了传统女性教育史的辉格传统，认为女性教育史学的发展不完全是直线进步的过程，在讴歌女性教育史是一段文明进步的历史的同时，也要意识到历史中性别主义的存在，因此，学校不仅是限制（limit）也是解放（liberate）了人性。于是，女性主义教育批判派史家纷纷将"隐性课程"（hidden curriculum）的内容添加进托马斯·伍迪（Thomas Woody）所谓的"学术课程"范畴内，强调运用社会性别的分析范畴来分析教科书、教师行为、课外活动、咨询活动以及学校自身的组织行为。另一条是由"女性中心论派"引领的激进的改革道路，认为应该将女性的思想、观点、兴趣及行为放在历史的中心位置，认为一切进步的教育史观都是值得质疑的。女性中心论派史家尤其强调女性"自主性"，这个概念指出了女性是历史的发起者和创造者，而非牺牲品和受害者。总体来说，现代视阈中的美国女性教育史在传统女性教育史学的基础上更加深入研究了社会性别、阶级和种族等问题，从社会结构中找寻性别从属和性别压迫的深层原因。

吉尔·凯·康威（Jill Ker Conway）是自由主义的女性主义教育批判派的

代表人物，芭芭拉·米勒·所罗门（Barbara Miller Solomon）是激进主义女性主义的代表人物，她们从各自的立场出发，或批判或修正，将女性教育置于社会结构的框架中，将政治、经济、文化、宗教、性别和阶级等多种因素综合起来剖析社会改革和发展，书写一部性别史。第一，将女性作为历史的主体或中心进行研究；第二，研究社会性别差异，撰写社会性别历史、强调运用社会性别，父权制的分析范式来分析美国教育历史中女性教育实质性不平等的根源；第三，将社会性别研究政治化。社会性别是由社会、经济、政治、文化等因素形成的，因此要书写性别史就必须更新观念，与传统的文化以及其他社会机体做斗争，只有将人类的历史经验看成一个整体，通过研究不同的社会机体的相互作用，才能寻找到女性受压迫的根源，个人的就是政治的；第四，史料的选择主要围绕着问题分析展开，以传统女性教育史学的史料为基础，精选了原始史料和部分二手史料，在史料的选择和运用上更加贴近研究主题，也更精确；第五，现代美国女性教育史学模式走向综合，试图通过综合恢复历史学的自主性。主要表现在研究方法上主要运用多种因素综合叙述的方法以及新社会史学常用的计量史学的方法。通过调查问卷和数据统计，对女性教育史学走向综合做了初步尝试。研究视野上修正了传统的辉格史学乐观主义的颂扬进步和聚焦精英女性的模式，转而提出"整体的教育史"不仅要记录进步也要记录倒退，不但要记录教育机构的发展也要记录教育机构的被剥夺。因此，以整体教育史观为指导，采用将女性的内心愿望与外在阻力结合，将显性史实与隐性史实结合，将机构史、女性史和性别史结合，将历史叙述取向和问题分析取向结合，将专题史与编年史结合的撰史模式。

美国女性教育史在经历了"女性主义教育批判派"（Feminist Educational Criticism）和"女性中心论派"的修正和改革之后，伴随女性主义思想影响的迅速扩大，尤其是20世纪70年代以来美国"女性研究"的兴起，很多大学纷纷开设女性学和女性研究的课程，这说明女性主义已经全面进入学术领域，女性主义学者努力树立起学院派的地位。①从自由主义女性主义到激进主义女性主义，尽管女性主义内部流派纷呈，但是他们都没有走出二元对立的思维模式，即西方传统学术是建立在男性理性的基础上，是包含性别偏见的，是排斥女性的，女性研究的目的就是通过知识立场的改变，能够建构一种真正解放的社会。然而，如果按照激进主义女性主义教育史学家的观点，将女性看成一个整体，并将其放置在历史研究的中心位置，这无疑忽略了女性群体内部的差异性，忽略了女性受压迫和不平等遭遇的不同方式，忽略了形成这种压迫和不平等的种种社会以及文化环境，势必将性别史研究引向脱离实际、非政治化的方向。尤其在多元文化和全球化的时代背景下，现代美国女性教育史学遭遇了后现代的挑战，这也为美国女性教育史后现代转向提供了逻辑起点。

（三）普遍史——后现代的美国女性教育史

后现代主义理论家齐格蒙特·鲍曼（Zygmunt Bauman）指出："文明的缺憾源于压抑，即人们在获取某些安全的同时，却失去了自由；而后现代性的缺憾源于自由，即人们在得到日益多的自由的同时，却失去了安全感。"②海德格尔的回答是"每一种主义都是一种误解并且是一段历史的死亡"③。琼-弗朗索瓦·利奥塔（Jean-Francois Lyotard）认为，"后现代"绝不是和现代相断裂的一个崭新时代，它并不是在现代之后，而是现代的初始状态，而这种状态也是川流不息的。"后"字意味着从以前的方向转向一个新的方向。④后现代主义在很多方面都离经叛道：主张自我表现，蔑视社会认同；主张非理性和潜意识的作用，反对理性和逻辑；主张无政府主义，反对权威；主张多元论，反对一元论；主张相对主义，反对绝对主义；主张解构主义、解释学、描述现象，反对

---

① 吴小英：《女性主义的后现代转向》，载《青年研究》1996年第12期。
② ［英］齐格蒙·鲍曼：《后现代性及其缺憾》，郁建立、李静韬译，学林出版社2002年版，第3页。
③ ［德］马丁·海德格尔：《海德格尔选集》，孙周兴译，上海三联书店1998年版，第1165页。
④ ［法］利奥塔：《后现代性与公正游戏》，谈瀛洲译，上海人民出版社1997年版，第43页。

本质主义；主张个体主义，反对国家意识和群体意识。[1]

后现代女性主义学者在她们的写作中纷纷摒弃了"菲勒斯中心论"（Phallocentrism）[2]的思想，对于女性受压迫的情况，拒绝承认拥有一种无所不包的解释方法，这无疑对后现代女性主义教育史学的发展提出了新的要求，即多元化、多重性和差异性。后现代女性主义影响下的教育史学不能忽略两个问题。第一，不能忘记女性在历史变迁中的双重角色——"受害者"和"能动者"。在父权制下，女性倍受压迫和剥削，但女性也在不停地进行抗争和改革，尽管女性主体性的发挥不一定能改变父权制在美国社会中的地位，但是她们的努力对父权制的发展起到了一定的阻抑作用。第二，要充分认识到女性群体内存在的差异性和文化多元性。社会性别只是女性存在的一个部分，不同阶层、不同背景、不同地缘、不同信仰和不同文化下的女性遭遇是不同的，只有充分挖掘女性内部的差异性才能全面把握女性史的全貌，才能书写一部女性的普遍史。

后现代视阈中的"普遍史"有两层含义：一是基于差异的分析，寻求单一性别整体历史活动的思考，更大程度上综括单一性别身份的差异，从而实现单一性别史的丰富和完善；二是寻求对人类整体历史的实践和哲学的思考，包括从时间和空间上对全人类历史实践活动的考察以及对人类整体历史活动进行规律总结。笔者认为，后现代视阈中对美国女性教育史学向普遍史转向的构想，既基于现实也超越现实，从21世纪以来的很多史料中可以发现，基于差异分析范式的单一性别史研究，尤其是对女性普遍史的研究已经初步形成，无论从最初尝试运用差异分析范式的芭芭拉·米勒·所罗门还是成熟地综合运用差异范式的琳达·艾森曼，不仅意识到差异范式在女性教育史学研究中的重要意义，还发展成了在差异基础上的综合。但是，普遍史的第二层含义，旨在全球史的背景下发展两性融合的教育史学，仍是一种理想和构想，或者说是未来美国教

---

[1] 张之沧：《后现代理念与社会》，南京师范大学出版社2005年版，第20页。

[2] "菲勒斯中心论"（Phallocentrism）主要是指男性中心论。

育史学发展的趋势。

20世纪80年代以来，很多女性主义教育史学家在后现代女性主义思想的影响下，开始对女性内部差异问题进行研究。在研究中史学家们发现，女性主义理论一方面过分重视白人中产阶级女性共同受压迫的经历，难免形成女性的本质主义的模式，从而忽略了工人阶级和黑人女性的历史；另一方面，也是以欧洲为中心的，忽视和低估了第三世界和殖民主义环境对女性生活的影响，普遍主义和本质主义的路径恰恰遮蔽了女性内部种族、民族以及阶级的差异。那么如何处理这些差异？如何看待各种形式的压迫的相互作用？又如何更好地进行理论建构、使所有的黑人和白人女性都能获得正义？后结构主义和后殖民主义理论给了后现代女性主义教育史学家以启示，"公民身份"理论的运用彻底解决了女性主义史学家面对差异和本质主义中的困境。

以美国教育史协会前主席琳达·艾森曼（Linda Eisenmann）为代表的女性教育史学家，正是在后现代主义女性主义思想的影响下，将美国女性教育史学转到了一个崭新的方向。其特点主要表现在以下几个方面：第一，否定宏大叙事，强调微观史学，反对对性别、种族、民族和阶级作宏观分析。第二，反对本质主义的二分法，提倡多元、差异的分析模式。第三，重视话语即权力的理论。艾森曼将美国女性教育史学方向从"社会"转为"话语"，提出了一个新的解释视角：话语就是一切，文本就是一切，历史就是一套修辞的文本。后现代女性主义从福柯关于权力的解读中获得启示，即权力不是被占有的而是在运行的；权力的运作方式主要是生产的而不是被占有的；权力是自下而上的而不是自上而下的。艾森曼认为，女性中心论派和女性主义教育批判派都没有能够摆脱权力的压制模式，都把权力视为由某种机制或群体占有的东西，因此，她反对将女性和男性的领域划分为"家庭领域"和"公共领域"，女性并非隶属于家庭领域，她们也可以进入劳动力市场，履行其公民职责。第四，强调边缘和中心的互动、整体与部分的互动，最终走向综合。艾森曼彻底颠覆了中心和主流，将那些被历史隐藏和忽略的边缘人、她者、底层女性与白人中产阶级女性综合在一起研究。实际上，这也说明在全球化的时代背景下，后现代女性主义史学家更加强调以一种整体的方法论和历史观对女性教育史进行研究，综观艾森曼的史学著作，如运用百科全书的方式编著的《美国女性教育历史大词典》，可以看出，她并不是反对理性和还原论的，而是整体的、综合的、多元的和系统的进行史学研究。

综上所述，传统、现代和后现代的美国女性教育史学并不是简单的历史时期的划分，而是从女性主义哲学的视角对不同阶段美国女性教育史学发展规律的总结，在对立与统一、分离与融合之中似乎可以预测，女性主义的最终使命是使这三个历史阶段的美国女性教育史走向一个更大的融合。在全球史的背景下，研究者已从零星的史学著作中初见了融合的端倪，也有学者开始预测美国女性教育史未来发展趋势和研究范式。无论如何，有一点是可以肯定的，合而不同是激励更多学者对美国女性教育史进行不懈研究的重要动力。

（诸　园）

附录：相关文献

1. Bonnie G. Smith，*Women's History in Global Perspective*（Champaign：University of Illinois Press，2005）.

2. Ernst Breisach，*Historiography：Ancient，Medieval &Modern*（Chicago：University of Chicago Press，1867）.

3. Lynne Brodie Welch，*Perspectives on Minority Women in Higher Education*（New York：Praeger Publishers，1992）.

4. Marinalini Sinha，*Gender and Nation in Women's and Gender History in Global Perspective*，Washington.D.C.，The American Historical Association's Committee on Women's Historians（2006）.

5. Maris A. Vinovskis and Richard M. Bernard，"Beyond Catharine Beecher：Female Education in the Antebellum Period"，*Journal of Women in Culture and*

Society 3，no. 4（Summer 1978），856—869.

6. Michacl J. Sandel，*Liberalism and its Critics*（New York：New York University Press）.

7. Stith. Townshend，*Thought of Female Education*（Philadelphia：Clark Raser Press，1831）.

8. Susan Friedman Stanford，*The Postmodern History Reader*，（London：Routledge，1997）.

9. Tuttle，*Encyclopedia of Feminism*（London：Arrow Books Press，1986）.

10. Vassar College，*Vassar College：For the Higher Education of Women*（Poughkeepsie. N.Y. Press，1877）.

11. Vassar Female College，*Prospectus of the Vassar Female College*（New York：C.A. Alvord Press，1865）.

12. Wayne J. Urban，"Book Review：Milton Gaither. American Educational History Revisited：A Critique of Progress"，*History of Education Quarterly*，vol.47，no.4（2007），506—507.

第二十七章
儿童教育史研究

　　一般说来，人类的历史有多久，儿童的历史就有多久。不过在人类历史上，由于儿童很少被认真对待，儿童在很长时期没有成为研究的对象。英国史学教授哈里·韩德瑞克（Harry Hendrick）曾说："如果女人是被隐藏在历史里，那么儿童则被排除在历史之外"①。

　　进入19世纪后，这种情况有了一定改观。19世纪80年代初，欧美社会出现了持续30年的"儿童研究"运动，许多心理学家和教育家积极参与对儿童问题的研究，不仅影响了当时人们对儿童的认识，也推动了学校教育的变革。20世纪60年代以后，欧美国家一些学者围绕历史上"儿童的命运"问题，相继开展了持续40余年的"儿童史研究"的热潮，涉及更多儿童存在和发展的问题。虽然这两个时期研究的起因和研究视角不同，但对重新认识儿童和促进对儿童问题的思考产生了重要的影响。特别是20世纪60年代以来西方儿童史的

---

① 齐军：《寻找消失的童年往事》，http：//gbwww.ptt.cc/man/gender-child/DA1F/M.1079011890.A.C96.html，2004-03-11。

研究，不仅提出了许多新的观点，发掘出了新的资料，还形成了新的研究方法，这些都为儿童教育史的研究提供了有利的条件。

第一节　儿童教育史研究的价值

一些研究者指出，历史上儿童不被认真对待的主要原因在于：儿童自己通常不会书写记录；历史存留下来的儿童作品十分有限；即使采用口述史或回忆录讲述童年，也掺杂了成年后修正、重塑的记忆与诠释。而更重要的原因是，在历来的以政治、经济、军事、教育制度等为主要记叙和研究对象的传统史学的研究中，很少有关于儿童的研究。20世纪60年代，随着西方"新史学"的出现，与家庭史和社会史相关的妇女、儿童等群体的生活逐步受到研究者的重视，儿童开始成为历史学研究的重要对象。儿童史（History of Childhood）研究是历史研究发展到现代阶段的产物。

20世纪60年代的西方儿童史研究是从关注历史上"儿童的命运"开始的。当时研究者提出的问题是，在西方过去500年的历史中，儿童的命运是一直"延续"下来，还是经历了重大"变迁"[1]——这就是儿童史研究中著名的"变迁说"和"延续说"。所谓"变迁说"，是指社会、父母与儿童的关系由古代对儿童冷漠、疏远、忽视，向近代更为人性、更为亲近的方向发展；所谓"延续说"，是指在这一过程中，父母的关爱和儿童的生活并没有出现重大的转变，几乎所有的儿童都是为父母所疼爱的。

---

① 俞金尧：《儿童史研究四十年》，载《中国学术》2001年第4期。

在儿童史研究中，法国学者阿利埃斯是"变迁说"的代表。①他在研究中提出儿童观的发展是一个由古代向现代转变且不断进步的过程。他说："在古代社会，儿童的观念是不存在的。……儿童是属于成人社会的"②。14世纪以后，西方社会开始出现新的动向，即通过艺术作品、肖像画和宗教来表达儿童所拥有的人格。在16至17世纪的上层社会中，儿童穿上一种与成人相区别的服饰。阿利埃斯认为，儿童服饰的专门化表明，社会对儿童的一般态度发生了变化，一种新的儿童观念出现了：儿童是可爱、单纯的，同时也是弱小和需要保护的。到了18世纪，由于家庭对儿童身体健康和卫生的关注，现代儿童观出现了：与儿童有关的一切事情和家庭生活都成为需要关注的事情，不仅需要关注儿童的将来，也应关注他们的现在。

受阿利埃斯的影响，"变迁说"成为20世纪70年代以后的主流儿童观。一些历史学家、心理学家和医学史家参与进来。大量的研究成果出现，西方社会出现了儿童史研究的高潮。同时，一些新的资料如家书、自传、儿科医学专家的论述、育儿手册等被大量发掘出来。

但20世纪80年代以后，西方儿童史的研究发生了新的变化。更多的研究成果发现，历史上欧洲人有儿童的观念，欧洲父母对子女有强烈的感情。他们关心孩子的需要，关怀他们的成长。在历史发展过程中，父母与子女的关系并没有出现重大的转变，而是延续性的。新的研究还分析了过去的研究成果，认为以往研究较多关注父母对儿童的严厉管教，而很少说明儿童的实际生活。新的研究比较多的使用了成人的日记、儿童日记和自传，并从资料、方法等方面进行新的尝试。这样，"延续说"开始成为主流的观点，阿利埃斯的观点逐步失去人们的支持。

20世纪80年代后期到90年代，人们在研究中也对这种"非此即彼"的观点

---

① 法国儿童史学家菲力浦·阿利埃斯的代表作是《儿童的世纪：家庭生活社会史》，参见 Philippe Ariès, *Centuries of Childhood: A Social History of Family Life*, trans. Robert Baldick Jonathan Cape Ltd（New York: A Division of Random House，1962）.

② Philippe Ariès, *Centuries of Childhood: A Social History of Family Life*, trans. Robert Baldick Jonathan Cape Ltd（NewYork: A Division of Random House，1962），128.

提出了批评。认为历史的发展并非单一的简单选择，而是复杂和多样的，应当用辩证的观点对"变迁"和"延续"同时进行研究。这样，西方儿童史的研究开始进入了一个新的阶段，即在继续强调"延续性"的同时，更注重发掘儿童生活的多样性和复杂性。

20世纪60年代以来西方儿童史的研究及其所引发的讨论，对儿童教育史研究具有重要价值，儿童史研究为儿童教育史研究提供了理念论和方法论的基础。

第一，它提出了应当以发展和辩证的观点重新认识历史上"儿童观"的问题。西方儿童史的研究表明，儿童观是一个随时间变化而变化且不断建构的概念，它随地域、文化和经济以及社会的地位的不同而变化。对儿童的认识仅仅依靠传统的"变迁说"是有局限的。儿童观的变化不仅是一个"变迁"的过程，也是一个"延续"的过程，应对二者进行共同研究。单方面强调"变迁说"，不仅不利于全面认识儿童存在和生活的历史，也容易把对儿童的认识简单化和片面化。目前，我国的一些研究仍然停留在以"变迁说"的观点解释儿童的阶段，如认为中世纪教育是扼杀人性，压制儿童欢乐、嬉戏本性流露的黑暗时代，到了文艺复兴时代，人们的观念才开始改变。鉴于此，有必要吸收西方儿童史新的研究成果，避免在儿童教育史研究中用片面的观点解释儿童的存在和发展。

第二，它提出了从儿童出发研究儿童存在及影响的问题。受传统史学研究的影响，以往的历史研究比较多的关注主流学科或问题，如国家、社会或学校教育的研究，而儿童史研究第一次把对主流问题的关注转移到对中心周围、边缘学科以及弱势群体，特别是儿童的存在及影响问题。以往的教育史研究比较多的关注成人对儿童的影响，而儿童史研究第一次强调应当研究儿童对成人的影响。他们认为，儿童对成人的影响是存在的，主要有五个方面：一是儿童本身被看作非常重要的和有力量的，儿童成为一种重要性和力量的象征；二是儿童的特性已经被人们认识到，如儿童的大小、外貌和行为；三是尽管在早期成人还没有注意到在同一年龄水平上儿童的不同差异，但是已经初步看到儿童与成人的一般区别；四是在儿童与成人的交往中，成人意识到儿童对父母和养育者的影响；五是认识到儿童对家庭和社会特殊的贡献，即儿童可以通过影响父母间接影响社会。这些观点对于认识儿童研究、开展儿童教育史研究具有重要价值。

第三，它开拓了儿童教育史研究的新史料。传统的历史研究主要依据官方文献和档案材料，而儿童史学者认为，研究不仅需要这些文献和档案，还可利用儿童肖像、儿童艺术和民间传说等资料；利用儿童词汇、儿童玩具的研究资料；甚至儿科医生的论述、给父母的建议、父母的育儿手册、日记、书信和自传等作为第一手资料。这些资料对于丰富对儿童的认识、弥补学校教育研究的不足、解决儿童教育史研究的资料问题是有益的。

总之，西方历史学者开展的儿童史研究和思考，反映了20世纪60年代以来西方"新史学"方法论的影响。他们提出的一些基本观点和方法为研究儿童教育史，特别是研究历史上儿童与家庭和学校的关系提供了重要的参考和借鉴。

第二节 儿童教育史研究的特点

在说明儿童教育史研究的特点之前，有必要对"儿童"的概念进行分析。一般来说，"儿童"（child）的概念有广义和狭义之分。广义的儿童概念主要是指从幼儿到青少年之间未成熟的人（a young person between the periods of infancy and youth）；它包括了一个人从婴儿期到青春期的发展，是关于一个人成年以前的综合许多阶段发展的概念。狭义的儿童概念是指作为儿童的一种状态或一段时光（the state or time of being a child），即儿童期（childhood）。它是与婴儿期（babyhood）、幼儿期（infancy）、少年期（boyhood）、少女期

（girlhood）和未成年期（minority）等相联系的概念。在西方社会，随着人们对儿童问题的关注日益密切，研究者越来越多地使用广义的儿童概念研究儿童的存在和发展。这样，广义的儿童概念成为儿童教育史研究的基本概念，这是分析儿童教育史研究特点的基础。儿童教育史研究的特点可从以下几个方面进行概括。

在研究目的上，儿童教育史主要通过对不同时期儿童的实际存在的关照，认识儿童在一定时期的真实生活和教育形态，揭示不同阶段或时期儿童存在和发展的基本特点，为教育史研究增加生动的、丰富的关于儿童生存、发展以及教育的资料。

在研究内容上，儿童教育史重视对儿童的存在和基本问题的研究。它主要涉及这样一些问题：儿童的地位（儿童的重要性）、儿童与成人的区别（儿童的特殊性）、儿童的年龄和发展（不同阶段）、儿童的活动（家庭、学校和社会）、儿童教育的内容（读写算、游戏、性别教育等）、儿童与成人的关系（成人对儿童的看法，儿童对成人的影响）等。研究这些内容可以更全面地认识儿童的存在、发展和教育的关系。

在研究范围上，儿童教育史注重从儿童的家庭教育、社会教育和实际生活及教育的视角进行研究。具体说，儿童教育史研究范围包括儿童从出生到婴儿、幼儿、少年和未成年的许多阶段，以及家庭和学校等许多活动场所，并根据历史的不同时期，挖掘儿童生存、教育和发展的资料，对儿童在不同时期发展和教育的实际情况进行研究。这一研究打破了以往儿童研究的局限，使儿童教育史研究的视野更为开阔，可弥补以往学校教育对儿童研究的不足。

在研究资料上，儿童教育史注重收集与儿童存在、发展以及和教育相关的各种资料来进行研究，不仅需要官方的文献和档案资料，还可利用儿童绘画、儿童艺术和民间传说、儿童词汇、儿科医生的论述、给父母的建议、父母的育儿手册、书信和自传，学校教师的记录和日记等资料进行研究。这样依据多方面的资料研究儿童的存在及教育的情况，可以更科学地认识儿童。

总之，儿童教育史的研究是以历史上儿童的存在、活动、影响及教育的关系为基本内容的，它强调对历史中儿童实际生活和教育的关照，并通过具体的史实认识儿童的真实世界，解释儿童发展和教育的真实存在。儿童教育史研究是教育史研究的一个新的研究领域，它不仅能够为教育史的研究增加新的内容，也为更科学、系统地认识儿童提供有利的条件。

第三节　儿童教育史研究的设想

由以上的分析可以看出，儿童教育史研究主要是对不同时期儿童的存在、生活状态、教育活动及其影响进行的研究。它要根据儿童存在和生活的空间或教育场所的变化，分时期、有重点地研究儿童存在、发展及接受教育的情况。鉴于目前儿童教育史研究的现状，以及以往的研究习惯，特提出关于儿童教育史研究的初步设想。

一、研究的框架

以往的研究是在学校制度或思想的框架下来研究儿童的，儿童的存在、生活和教育往往成为论证学校制度或思想的材料，很少反映儿童生活状态与教育环境（家庭和社会）的情况，教育史中儿童的形象是单薄的。出现这样问题的原因主要在于，长期以来过于重视学校体系或框架内的研究。在一些研究者看来，似乎有了这样一个体系或框架，研究就可以达到一个较高的水平，但实际结果并不一定理想。一般的研究是建立在对具体问题研究的基础上的，缺乏具体和形象的研究，儿童教育史的研究应当打破这一研究框架，实现新的转换。在儿童教育史研究的框架中，要突出儿童的存在、生活和教育活动的地位，用丰富和详实的儿童生活和教育的资料反映不同时期或阶段儿童真实生活的内容，反映儿童的生存和教育状态。儿童教育史研究应使儿童的存在和教育状态成为研究框架的主线，而不是框架的附庸。

二、研究的视角

长期以来，在儿童教育的历史研究中，研究视角比较单一，只看到成人对儿童的影响，很少看到儿童对成人的影响；只看到学校教育对儿童的影响，很少看到儿童对学校教育的影响。由于一直强调成人、学校教育对儿童的影响，在儿童教育的历史研究中，对教育者——成人或教师的责任和义务强调得比较多；关注教育者对儿童的严厉管教；关注儿童特性中的负面成分；儿童在很长的时期内成为被管教的对象。其结果是，无论是整个社会，还是学校教育本身，都缺乏对儿童的客观和科学的认识，即使有对儿童的认识，也是把儿童与"小大人"联系在一起的对儿童的错误抽象认识，没有真正反映儿童的实际。儿童教育史研究应改变这种单一的研究视角，重视对儿童存在及对成人和社会影响的研究。通过研究儿童与成人关系的变化、相互影响的过程及因素，揭示儿童存在和生活空间或场所变化及关系，认识儿童存在、发展与成人关系相互影响的历史。

三、研究的史料

史料问题也是儿童教育史研究的重要问题。儿童教育史研究可以利用儿童史研究中发现的史料，或根据儿童史研究的角度去发现新的史料。例如，可以根据历史上家庭中儿童和学校教育中学生的存在情况，收集能够详细描述他们日常生活和教育活动的史料。也可以根据不同历史时期的情况，收集不同历史时期儿童发展的基本情况，如描写儿童身体、情感、智力、特性、差异等方面的资料。还可以收集不同时期儿童与父母、保姆、监护人、教师等关系及变化等方面的资料，以及不同时期或社会的儿童观、教育观对教育思想、实践、教育政策和措施的影响等。在史料的使用上，也要注意一些问题。从儿童的发展来看，虽然儿童早期的养育主要是妇女的责任，但是大量的文学、美术作品，法律、法令和法规实际上都是由成年男子设计和生产的。因此，研究时需要确定每一种历史资料产生的背景及其与儿童的实际联系。另外也要注意史料反映的具体阶层的社会生活方式，防止产生"贵族的偏见"。

（郭法奇）

附录：相关文献

1. 郭法奇等：《欧美儿童研究运动：历史、比较与影响》，北京师范大学出版社2012年版。

2. 郭法奇：《外国学前教育史》，北京大学出版社2015年版。

3. 郭法奇：《重新认识幼儿教育：一些基本问题的思考》，载《河北师范大学学报》（教育科学版）2018年第2期。

4. 郭法奇、周晓丹：《儿童观的演进影响现代教育发展》，载《中国社会科学报》2019年第3期。

5. 俞金尧：《儿童史研究四十年》，载《中国学术》2001第4期。

6. Philippe Ariès, *Centuries of Childhood: A Social History of Family Life*, trans. Robert Baldick Jonathan Cape Ltd（New York: A Division of Random House, 1962）.

第二十八章
历史人类学与教育史学研究

　　"近年来，历史学与人类学的联手逐渐取得较大影响，这种联手似乎因为有'历史人类学'这个国际上已经认可的冠名（无论是在人类学界还是在历史学界）而迅速变得名正言顺。同时，这种冠以历史人类学之名的学科合作，产生了除理论之外的一些重要的具体研究成果"①，这一联手及其相关研究推动了历史学和人类学的共同发展。同时，"历史人类学"正在成为20世纪中叶后影响历史研究的重要理论和方法之一。

---

　　① 赵世瑜：《"理论与方法：历史学与社会科学的关系及其他"笔谈（9）》，载《历史研究》2004年第4期。

第一节　历史人类学与历史学的人类学转向

20世纪50年代中期起，随着新史学在西方各国史坛主流地位的确立，对方法论的探讨和建设成为西方新史学发展的主要趋势。在探索新方法的实践中，逐渐形成了"不研究客观结构和过程，而是研究历史上人们日常意识的现实内容、心态现象、符号系统、习俗和价值观，研究心理目标、理解定式和行为模式，一言以蔽之，以人类学来解释文化"①的新史学研究方法。这一方法论体系被法国年鉴学派主要代表人物勒高夫概括为"历史人类学"②。

一、如何理解历史人类学

对于"历史人类学"的内涵及其学科属性的理解，学术界尚存争议，概括起来主要包括以下几种观点：第一种观点认为，"历史人类学"是西方人类学最新的发展趋势和结果；第二种观点认为，"历史人类学"是某种形式的历史学，是西方"新史学"中的一部分；第三种观点认为，"历史人类学"既不是人类学，也不是历史学，而是结合了历史学和人类学的一种新的"学科"或新的研究"领域"；第四种观点认为，"历史人类学"既不是一种独立的学科或亚学科，也不是一个独特的研究领域，而是一种研究的取向或途径，既属于历史学的范畴，也可归入人类学的版图，它代表着历史学和人类学在第二次世界大战

---

① 陈启能主编：《二战后欧美史学的新发展》，山东大学出版社2005年版，第15页。

② 法国年鉴学派主要代表人物 J. 勒高夫在《新史学》中预测史学的三个前途时说："或许是史学、人类学和社会学这三门最接近的社会科学合并成一个新学科。关于这一学科保罗·韦纳（Paul Werner）称其为'社会学史学'，而我则更倾向于用'历史人类学'这一名称"。参见［法］J. 勒高夫主编：《新史学》，姚蒙译，上海译文出版社1989版，第40页。

后（尤其是20世纪80年代以来）逐渐的合流或复交；第五种观点认为，"历史人类学"的出现，既显示了历史学的"人类学化"，也显示了人类学的"历史化"。①

从上述观点可以看出，无论是人类学者还是历史学者在对"历史人类学"内涵及其学科属性发表意见时，大多数学者没有离开自己的学科背景，是在各自的学科领域自说自话。尽管如此，在对"历史人类学"的内涵及其学科属性的讨论中，除了明确表示"历史人类学是人类学内部自我反思之结果的观点外"，其他学者的观点"都小心谨慎地避免把历史人类学收于某一学科的麾下"②。仲伟民在《历史人类学：跨学科研究的典范》一文中强调："现在有学者提出历史人类学应该是一门独立的学科，对此学者们颇有争议。客观上分析，这种争论似乎为时过早，因为现在历史人类学在中国刚刚起步，其影响也还相当有限，似乎尚无资格为自己争得一个地盘。从学术发展的角度看，如果早早地画地为牢，可能它也没有什么前途"③。作者站在历史学本位立场上认为历史人类学不是一门独立的学科。"尤其是在中国的特殊情况下，历史人类学只是研究历史的一种方法，一个视角"。这一观点与法国历史人类学学者安德烈·比尔吉埃尔的"历史人类学并不具有特殊的领域，它相当于一种研究方式"④的观点不谋而合。在安德烈·比尔吉埃尔看来，"历史人类学也许主要是与史学研究的某一时期相一致，而不是与它的一个领域相适应"⑤。将历史人类

① 参见"中央研究院"史语所70周年研讨论文集：《学术史与方法学的省思》，台北2000年版。
② 赵世瑜：《"理论与方法：历史学与社会科学的关系及其他"笔谈（9）》，载《历史研究》2004年第4期。
③ 仲伟民：《历史人类学：跨学科研究的典范》，《光明日报》，2005年10月6日。
④⑤ ［法］安德烈·比尔吉埃尔：《历史人类学》，见［法］J. 勒高夫等编，姚蒙编译：《新史学》，上海译文出版社1989年版，第238、239—240页。

学看作一种研究视角和研究方法的观点正成为历史人类学研究者的共识。[①]历史人类学研究者之所以将历史人类学看作一种研究视角和研究方法，主要基于如下考虑。

从历史学与人类学的研究对象和领域看，两者都以人及人类社会为研究对象，"都探讨研究者自己所未曾经历的、与自己有一定距离的社会，只不过历史学家关注的是时间上遥远的过去，人类学家关注的是地域及文化上遥远的异邦"[②]。英国著名学者巴勒克拉夫认为，"在所有的社会科学中，社会学和人类学在观点上与历史学最为接近"[③]。尽管历史学与人类学在诸多方面存在着差异，"历史学主要通过历史上遗留下来的文献资料去复原特定的历史风貌，所以更重视有文字的文明；人类学则强调通过田野调查中研究者对社会现象的直接参与和理解去展示特定的社会原型，因而更重视文化。历史学主要从纵的方面探讨

---

① 法国年鉴派学者安德烈·比尔吉埃尔（André Burguière）认为："历史人类学并不具有特殊的领域，它相当于一种研究方式。这就是始终将作为考察对象的演进和对这种演进的反应联系起来，和由这种演进产生或改变的人类行为联系起来"。（［法］安德烈·比尔吉埃尔《历史人类学》，转引自J.勒高夫等主编：《新史学》，姚蒙译，上海译文出版社1989年版，第238页。）英国著名史学家爱德华·帕尔默·汤普森（Edward Palmer Thompson）在其《民俗学、人类学与社会史》的演讲中，明确指出："对我们来说，人类学的冲击主要体现在找出新问题，用新方法看待旧问题"。（［英］E.P.汤普森：《民俗学、人类学与社会史》，转引自蔡少卿主编：《再现过去：社会史的理论视野》，浙江人民出版社1988年版，第185页。）美国著名历史人类学家马歇尔·萨林斯（Marshall Sahlins），以库克船长在夏威夷被谋杀的历史事实为基础，论述了有关世界体系在南太平洋地区遭遇的诸多事件，从人类学的视角撰写了历史人类学的典范之作《历史之岛》。萨林斯认为："实践显然已经超越了意图区分人类学与历史学的理论分野。人类学家从抽象的理论转而解释具体的事件。历史学家降低对独特事件的热情而钟情于潜在的反复出现的结构。吊诡的是，人类学家强调历时性的前景，与历史学家强调共时性的现实一样的多"。（［美］马歇尔·萨林斯：《历史之岛》，蓝达居、张宏明、黄向春、刘永华译，上海人民出版社2003年版，第91、60页。）瑞士学者雅各布·坦纳（Jakob Tanner）在其《历史人类学导论》中，在分析了若干历史人类学研究机构的研究旨趣和研究重点后，提出"'历史人类学'是个五光十色的概念，它掩饰着一块斑驳陆离的研究领域和各家独辟蹊径的研究方式……推而广之地说：历史人类学这个概念所表示的不是一个特定的历史研究分支，而是表示一个'促使人们研究新方法和新问题的吸引点'"。（［瑞士］雅各布·坦纳：《历史人类学导论》，白锡堃译，北京大学出版社2008年版，第4页。）

② 王学典主编：《史学引论》，北京大学出版社2008年版，第317页。

③ ［英］杰弗里·巴勒克拉夫：《当代史学主要趋势》，杨豫译，上海译文出版社1987年版，第76页。

人类社会的发展过程，着力阐明时间顺序中事件的因果关系；人类学则横向挖掘社会及文化现象相对固定的方面。历史学所依据的文字资料往往是人们对自身社会生活的有意识的表达，而人类学则力图解读出所获田野资料中隐含的人们无意识的思想和动机"①。但这并不说明历史学与人类学在研究领域和研究对象上有什么绝对的差异。正如庄孔韶所言："人类学和历史学之间曾有不可逾越的界限，至少到20世纪中叶仍如此。但实际上，这两个学科在理论、方法论或研究的主题上并非各自截然独立。"②英国社会人类学家爱德华·埃文斯-普里查德（Edward E. Evans-Pritchard）也认为，"社会人类学与某些门类的历史学而不是自然科学更接近"③。他不仅在研究中格外关注变迁和历史，同时还接受史学家梅特兰（Maitland）"人类学必须选择：要么是史学，要么什么也不是"的说法，并明确提出："史学必须选择：要么是人类学，要么什么也不是"④。这些观点的提出，说明人类学家、历史学家在对各自学科进行反思的过程中，看到了传统关系上的历史学和人类学由于"缺乏对方的深度"⑤，而使人类学成为"未下苦功的历史学"，历史学则成为"不用头脑的人类学"。⑥为了改变这种状况，人类学和历史学的研究者分别在对自己学科的反思中开始了"消融历史学与人类学的边界，促成两个学科的交叉与融合"⑦的尝试，并在此基础上形成了具有跨学科性

---

① 王学典主编：《史学引论》，北京大学出版社2008年版，第317页。

② 庄孔韶主编：《人类学通论》，山西教育出版社2002年版，第453页。

③ ［英］爱德华·埃文斯-普里查德：《论社会人类学》，冷凤彩译，世界图书出版公司北京公司2010年版，第128页。

④ E.E.Evans-Prithard，*Anthropology and History*（Manchester，1961），S 20.转引自［瑞士］雅各布·坦纳：《历史人类学导论》，白锡堃译，北京大学出版社2008年版，第53页。

⑤ 张小军在《历史人类学：一个跨学科和去学科的视野》一文中指出："在历史人类学的研究视野中，作为学科的史学和人类学之间必然要进行对话。我们曾经说过，史学和人类学的传统关系，表现为彼此缺乏对方的深度，或许可以转借这样一句话：人类学是未下苦功的历史学，而历史学则是不用头脑的人类学"。参见清华大学历史系、三联书店编辑部合编：《清华历史讲堂初编》，生活·读书·新知三联书店2007年版，第374页。

⑥ 清华大学历史系、三联书店编辑部合编：《清华历史讲堂初编》，生活·读书·新知三联书店2007年版，第374页。

⑦ 侯杰：《试论历史人类学与中国近代史研究中的几个问题》，载《史学月刊》2005年第9期。

质的"历史人类学"的研究视角和研究方法。

"历史人类学"作为历史学和人类学互相交流和借鉴的产物，不一定要归属于某一学科或某一学科分支。从历史人类学的形成过程看，它是历史学者和人类学者为了弥补本学科的缺陷，发展本学科而进行的努力和尝试。尽管两个学科的学者"可能享有相同或近似的学术立场和关注点，但却不妨碍他们各自发展自己的学科理论与方法论体系，形成各自的问题意识，讲述各自的故事"①。学术界比较多的学者认为，既存在一个"历史学脉络中的'历史人类学'，也存在一个人类学脉络中的'历史人类学'"②。即历史人类学实际表现为两种不同的转向：一是历史学的人类学转向，二是人类学的历史学转向。③鉴于笔者的历史学学科背景，教育史学又属于历史学的分支，笔者主要站在历史学学科的脉络中，论述历史学的人类学转向及其对教育史学研究的启示。

二、历史学的人类学转向

历史学的人类学转向，最早可以追溯到1782年勒格朗·多西（Legrand Dorsey）撰写的《法国私人生活史》。这部以法国人道德习俗为研究对象的社会史专著的出版，奠定了欧洲历史人类学研究的基础。1869年，法国历史学家朱尔·米什莱（Jules Michelet）出版了《法国史》。在序言中，作者表述了其对政治性历史的摒弃和对总体的、深层的史学的追求，并尝试使用人种学的方式间接论述和研究历史，强调在重视描述政治形势和变迁的同时，还应重视描述人民大众的生存条件，并注重用直觉和情感同化的能力了解一个时代人们的看法和感受方法。这一研究取向受到年鉴学派的青睐。④

进入20世纪以后，年鉴派的史学家们"拒绝了当时相信事实的、拘泥于事件和国家机构的历史编纂模式，向从民族学、人类学、地理学、社会学和心

---

① 赵世瑜：《历史人类学：在学科与非学科之间》，载《历史研究》2004年第4期。
② 刘海涛：《论西方"历史人类学"及其学术环境》，载《史学理论研究》2008年第4期。
③ 陈启能主编：《二战后欧美史学的新发展》，山东大学出版社2005年版，第237页。
④ 朱和双：《试论法国年鉴学派的历史人类学研究》，载《史学理论研究》2003年第4期。

理学直到社会科学的各门学科的方法和构想敞开了大门"①，并提出了"朝着'历史人类学'的方向，扩充结构史学"②的建议。1924年，年鉴学派创始人之一马克·布洛赫的《神灵的国王》（又称《创造奇迹的国王》）一书称得上是将人类学引入历史研究领域的拓荒之作。该书运用社会学和文化人类学的方法，从宗教礼仪、风俗时尚以及医疗水平等容易被一般历史学所忽视的史料入手，对中世纪法、英两国国民虔诚信服自己的国王有通过抚摸治疗"瘰疬"这一"奇迹"的历史及由此而形成的一整套正规的礼仪进行了系统的研究，澄清了这一历史"奇迹"发生、发展、定型直至衰亡的历史过程，从政治、经济、文化、心态等层面对这一看来无足轻重的社会现象进行了全面而深刻的历史文化解释。"同时也为我们更全面深刻地认识西方文化的本质特征开辟了一条基本的但一直受到忽视的道路"③。为此，马克·布洛赫被年鉴学派第三代传人雅克·勒高夫看作法国历史人类学的创立者。

继马克·布洛赫之后，年鉴学派另一位创始人吕西安·费弗尔提出了"心态"概念，对历史学的人类学转向影响深远。1942年，由他撰写的《拉伯雷和16世纪的非信仰问题》一书出版。在这部书中，费弗尔将拉伯雷放在历史的长时段中，运用心态史的研究方法，推翻了此前"拉伯雷是个隐蔽的无神论者，是一个为了不危及自己的生存和远离种种权威而只把宗教用做面具的人"④的结论。费弗尔认为，拉伯雷生活在那个"人们想相信上帝的时代"，他"没有任何选择置身局外的可能性。因此，拉伯雷当时必定也是信上帝的。任何其他主张，都是违背人们与他们所生活的那个时代相似这个命题的"⑤。费弗尔所从事的心态史研究，是以探讨长时段中人们的态度、行为举止和人们称之为"群体无意识"为主要内容。这一研究成果被安德烈·比尔吉埃尔看作"最卓有成

---

①②④⑤ ［瑞士］雅各布·坦纳：《历史人类学导论》，白锡堃译，北京大学出版社2008年版，第53、56页。

③ 陈彦：《历史人类学在法国》，载《法国研究》1988年第3期。

效的研究"①。正是心态史研究的出现，使历史学研究从关注特定政治权力人物的思想和行动的政治史，转向关心下层民众的态度与信仰的"民众史"。由此可以说，"人类学式的历史学是从心态史发展的兴趣中引发出来的"②。

在心态史学的影响下，年鉴学派第二代代表人物费尔南·布罗代尔在其《15至18世纪的物质文明、经济和资本主义》一书的第一卷中，以前工业社会的日常生活，包括人口、食品、衣着、住房、交通、技术、货币、城市等为内容，写了一本历史人类学的著作。③但布罗代尔"并不满足于只列举日常生活的一系列事物，而是指出主要经济平衡机制和交换的流通怎样塑造和改变着人类自然生活和社会生活的演进轨迹，指出人们的行为怎样集中表现于口味、重复性的行为以及为什么某种食品从一个大陆传到另一个大陆，或从一个社会阶级传到另一个社会阶级，会改变人们的习惯等等"④。这种研究方法已经倾向于"人类学的方法。不再将旧制度下的社会视为与当代社会同质的文化，而是将之视为一种与我们的社会不同的一种异文化"⑤。布罗代尔以后的法国年鉴学派的研究重点逐渐转向了饮食史、体质体格史、性行为史、家庭史等方面，由此确立了年鉴学派与历史人类学的密切关联。

历史学的人类学转向在年鉴学派的第三代学者那里得到了进一步的发扬光大。面对克劳德·列维-施特劳斯所领导的社会人类学的挑战，以雅克·勒高夫、安德烈·比尔吉埃尔和埃马纽埃尔·勒华拉杜里等为代表的新一代年鉴学派史学家，高扬历史人类学的大旗，并倡导打破学科界限，将人类学的理论和研究方法全面引入历史研究中，在进一步研究日常生活的同时，年鉴学派史学家"试图找出隐藏于表面之下的规则、常规、习俗和原则"⑥。1971年，声称

①③④〔法〕J. 勒高夫等主编：《新史学》，姚蒙译，上海译文出版社1989年版，第256、239页。

② 常建华：《历史人类学的理论及其在中国的实践》，见《人文论丛》（2002卷），武汉大学出版社2003年版，第407页。

⑤ 陆启宏：《历史学的"人类学"转向：历史人类学》，载《历史教学问题》2007年第4期。

⑥〔英〕彼得·伯克著，刘华译，李宏图校：《西方新社会文化史》，载《历史教学问题》2000年第4期。

"要对西方世界前工业社会的历史人类学的构成作出贡献"①的雅克·勒高夫出版了《试谈另一个中世纪：西方人的时间、劳动和文化》一书，被法国史学评论家保罗·利科（Paul Ricoeur）看作是历史人类学"最典型的著作"②。该书具有人类学的三个特点："第一是区别感。'另一个中世纪'首先意味着中世纪与我们有区别，虽然区别并不意味着中世纪是一种'断裂'或'插曲'。……第二，这也是一种对主题有所选择的人类学：时间和劳动，劳动和价值体系，雅文化与俗文化，注重日常生活。……第三，这是一种注重无法撰写自身历史的普通人的人类学"③。保罗·利科实际上是在强调雅克·勒高夫将"另一个中世纪"放在历史的"长时段"中，以他者的视角进行观察和研究，这里的"'另一个中世纪'意味着不是站在官方立场上说话的中世纪"④。正因如此，勒高夫进行了大胆的"文献革命"。他不仅将文学作品，如《忏悔录》，作为史学问题研究的文献材料，甚至将时钟的出现及广泛使用也作为"从时间角度上认识人们精神的急剧变化"的主要依据。为了回答诸如中世纪"大学教授进行智力劳动的观念，是怎样同商人和艺人的行动结合起来，从而导致中世纪价值体系的转变"等问题，勒高夫认为，"只要人们关于实行'强制性分娩'，任何东西均可成为文献"⑤。不仅如此，"当历史学家把雅文化与俗文化的对立作为中心问题时，才尤其表现出人类学家的特点"。他会"从民俗文化和世俗文化（例如《武功歌》）中发掘被长期埋没、压抑并视为非法的内容"⑥。从这个意义上说，勒高夫不仅使自己的研究具有了社会学的特点，同时使其研究朝着文化人类学的方向发展。在勒高夫的影响下，法国先后出现了一批极具历史人类学特征的研究成果，埃马纽埃尔·勒华拉杜里的《蒙塔尤》就是其中的典型代表。

---

① 常建华：《历史人类学的理论及其在中国的实践》，见《人文论丛》（2002卷），武汉大学出版社2003年版，第407页。

② ［法］保罗·利科：《历史学界的技艺与贡献——法国史学对史学理论的贡献》，王建华译，牛津大学出版社香港有限公司1994年版，第52页。

③④⑤⑥ ［法］保罗·利科：《历史时间》，转引自耿占春编选：《唯一的门：时间与人生》，东方出版社1996年版第278、279页。

受年鉴学派的影响，历史学出现了"人类学转向"，逐渐走向了人类学式的历史学。英国学者辛西亚·海伊认为，"'人类学转向'是新叙事史的形式之一。即使是在比较小的程度上，这种方法也定会吸取人类学的理论作为说明历史问题的资源。……这种人类学取向更主要的影响是，促使历史学更关注人类学意义上的文化事物。'人类学转向'在某种程度上是一个容易引起争辩的用语，指的是历史学家如何从传统上关注特定政治权力人物的思想和行动的政治史，转而关心那些不具赫赫事功之人的态度与信仰；亦即是'民众史'的一种形式，受到法国'心态史'的强烈影响"①。

历史学的人类学转向强调平民历史和平民文化，其背后涉及上层历史与下层历史，事件史与连续史，当地人的历史观与外部人的历史观三对有关历史的争论。这三个方面争论的出现表明历史学的研究重点开始从传统的政治史逐渐转向普通人的日常生活史和微观史，如饮食起居、服饰、习俗、技艺和文化等方面。与此同时，还"突出主流史学略而不述者，也就是在历史人类学的文本中认可、展示、强化权力中心和主流话语范围之外的'其他声音'（边缘性的、地方性的、弱势的、不易听见但并非沉默的）"②。历史学家逐渐摆脱传统政治史研究的桎梏，使史学研究"回到平民，回到日常，回到连续"③，进而实现了历史学的"人类学转向"。

---

① ［英］辛西亚·海伊：《何谓历史社会学》，收入［英］S.肯德里克等编的《再现过去，了解过去——历史社会学》，上海人民出版社1999年版，第35-36、38页。

② 蓝达居：《历史人类学简论》，载《广西民族学院学报》（哲学社会科学版）2001年第1期。

③ 张小军：《历史人类学：一个跨学科和去学科的视野》，转引自清华大学历史系、三联书店编辑部合编：《清华历史讲堂初编》，生活·读书·新知三联书店2007年版，第361页。

第二节　历史人类学的理论与方法

20世纪五六十年代以来，历史人类学在全球范围内不断扩展其影响，各国历史学家和人类学家在各自的学术实践中，不断丰富理论，使其"具有的新方法、新视角、新问题"，成为历史研究中影响最深、最有价值的理论与方法之一。

一、历史人类学的学术旨趣与取向

历史人类学产生的原因之一是史学自身的变革需求。"传统史学的弊端在于题材与体裁的单一，偏重于事件史、政治史、精英史，这种叙事固然可以展现一个时代激荡壮阔的风貌，但第一，只关注精英阶层的历史不是完整的历史，下层社会的生活、风俗、心态同样有价值；第二，历史的真实性令人怀疑，热衷于政治和军事事件的事件史大多出自政治集团之手，胜王败寇的法则代代轮回，讳尊讳亲的惯例时时奉行，从古到今的'正史'无出此窠臼者。有鉴于此，要革传统史学之弊，则要做到关注被忽视的、揭示被掩盖的，即扩大历史研究的视野和运用新的研究方法深入剖析历史现象"[1]。历史人类学作为史学革新的重要成果，突破了传统史学的研究视域，使历史研究者的眼光逐渐从上层转向下层，从关注特定政治权力人物的思想和行为的政治史，转而关注普通的民众史，及与民众生活密切相关的日常生活史和微观史。

人类学研究的特点之一在于其平民化倾向。在人类学的整体研究中，始终

---

[1] 张应峰：《历史研究的人类学转向——从新史学到历史人类学》，见《常金仓先生纪念文集》编纂委员会编：《奕世载德：常金仓先生纪念文集》，三晋出版社2012年版，第406页。

将"人"看作研究的重点，而不是将"社会"或者"历史"放在中心地位进行考量。法国年鉴学派创始人之一吕西安·费弗尔说过："但我们永远别忘了，历史的主体和客体乃是人，乃是如此丰富多彩的人，他的复杂性，无法用一条简单的公式来表达"①。因而，要了解人类全部的社会生活，就必须以"人"为研究的落脚点。受人类学影响，历史学本位的历史人类学非常关注人的日常生活史，重视研究人的饮食起居、姿态服饰、风俗习惯、技艺文化。人类学重视日常生活史的原因在于："一个社会表现在习俗中的争论得最少的态度和行为，如对身体的照料、穿着的方式、劳动的组织和日常生活的日程安排等，都反映着这个社会的表象系统；而这一系统在深层上与法律、宗教观念、哲学或科学思想等最精心构建的知识框架都紧密相连"②。李泽厚也认为，"只要人类的存在——人们的衣食住行、日常生活存在，历史最可靠的依据，仍然是这些生产—生活工具所标志出来的人们经济生活的遗物，其上政治体制、文化特征、宗教信仰，文本的编造性和虚构性的比重，显然要沉重得多。……因为人们的食衣住行、日常生活并非虚构，也非文本。历史的主要部分本就是这些衣食住行、日常生活的记录和记述。因之，由考古发现的远古石器、农业陶罐、殷周青铜、希腊遗雕……尽管可以被人们做不同的文本解释，但毕竟不可能被文本所全部吞没，即使想象和虚构，但毕竟难以任意飞翔，相反，各种文本总是围绕着特定历史实物进行描述和解说"③。为此，历史人类学更重视传统史学略而不述的人的历史。在历史人类学的研究视野中，不仅要研究著名人物的历史，更要研究生活在社会中下层的普通民众的历史。如在爱德华·帕尔默·汤普森（Edward Palmer Thompson）的《英国工人阶级的形成》一书中，"那些穷苦的织袜工、卢德派的剪绒工、'落后的'手织工、'乌托邦式'的手艺人"等

---

① ［法］吕西安·费弗尔：《资本主义与宗教改革》，转引自［瑞士］雅各布·坦纳：《历史人类学导论》，白锡堃译，北京大学出版社2008年版，第27页。

② 黄向春：《民俗与历史学的人类学化》，载《民俗研究》2002年第1期。

③ 李泽厚：《历史本体论和己卯五说》，生活·读书·新知三联书店2003年版，第30页。

都成了其研究和关注的主要对象。这一研究取向表明历史人类学对社会深层结构的重视和对普通人及其日常生活的关注，显示出强烈的人类学旨趣。

历史学的人类学转向不仅导致了历史学研究视角的下移，而且促进了微观史学的产生。微观史学作为人类学影响下产生的一种新的研究趋势，最早由意大利史学家卡洛·金兹伯格（Carlo Ginzburg）提出并践行，由他撰写的《奶酪和蛆虫》就是微观史学的代表性作品。金兹伯格试图从大众与精英文化两个层面分析麦诺齐奥那奇妙的世界观的来源，"其中更强调了古典与口述传统、唯物主义的大众文化之间的联系及其典型特征，从金兹伯格的最初尝试中，我们似乎看到所谓微观史学首先是针对那些相对较小的对象，通常仅为单独的事件，一个较小规模的共同体（村庄或家庭），甚或小人物所进行的深入的历史考察"①。微观史学是一种"在本质上缩小观察规模、进行微观分析和细致研究文献资料为基础的"②研究视角，它通过对历史上那些具体的、易于观察的、个别的人或事物的细致考察，进而发现"大题目"旁边往往被人忽略的东西。"也就是说，微观史学家的结论记录的或确定的虽只是一个局部现象，但这个看似孤立的现象却可以为深入研究整体结构提供帮助"③。因此，微观史学另一个为人们所忽视的显著特征就是，"在看似非重要的小事件、小人物背后通常隐含着远远超出其本身的深层结构、广阔的历史语境，以及宏大历史目标，所不同的是它们采取了以微观叙事、小规模的分析方式来探究那些'宏大历史问题'的可能答案，并试图得出某种带有普遍性的结论。而透过这些代表着过去的个体化历史，也可能更好地理解和确认它们各自所属的历史结构与范畴"④。

尽管微观史学家"不把注意力集中在涵盖辽阔地域、长时段和大量民众的

①④ 邓京力：《微观史学的理论视野》，载《天津社会科学》2016年第1期。

② Carlo Ginzburg, The Cheese and the Worms: The Cosmos of a Sixteenth-Century Miller, XⅢ 转引自吕厚量：《试析当代西方微观史学的若干特点》，载《史学理论研究》2010年第1期。

③ 陈启能：《略论微观史学》，载《史学理论研究》2002年第1期。

宏观过程，而是注意个别的、具体的事实，一个或几个事实，或地方性事件。这种研究取得的结果往往是局部的，不可能推广到围绕某个被研究的事实的各种历史现象的所有层面"①。但微观史学却有可能对整个背景提供某种补充的说明。正如意大利微观史学家乔瓦尼·莱维所概括的，微观史"坚持历史事件的独特性和不可复制性，保有从特定事件中进行一般化研究的可能性。……微观史并不排斥宏观叙事，对小范围事件或人物历史的关注并不意味着放弃对一般真理的探寻。……微观史改变了我们对现实的感知。……试图恢复历史研究的不确定性、不一致性和非线性的特点。……微观史的兴起在于其意识到了人的认知偏差与历史真相之间的不一致，但这并不意味着微观史无限期推迟寻找历史真实的方法，相反，微观史始终保有进一步讨论和其他解释存在的可能性"。②此外，"微观史学的方法瞄准的是这样的问题，即我们如何可以通过各种各样的线索、痕迹和征兆的中介来获得通向关于过去的知识的门径"③。为此，微观史学十分重视研究成果在叙述形式上的生动性。

二、历史人类学倡导文献研究与田野调查相结合

历史学的人类学转向促使历史学研究者在重视文献研究的同时，更重视对田野调查方法的利用。历史研究的基础是文献资料，离开文献资料支撑的历史研究就如同空中楼阁，毫无基础，谈不上客观和科学。"历史人类学有别于传统史学研究的最为外在的特征，就是对人类学田野调查方式的借用。众所周知，田野调查在文化人类学中的地位，就如同史料之于历史学一样。"④任何形式的人类学领域，如果离开了田野调查，也就失去了生命力。历史人类学借用人类学田野调查方式，主要基于以下几方面的考虑：

---

① 陈启能：《略论微观史学》，载《史学理论研究》2002年第1期。

② ［意］乔瓦尼·莱维：《三十年后反思微观史》，尚洁译，载《史学理论研究》2013年第4期。

③ Robert Darnton, *The Great Cat Massacre and Other Episodes in French Cultural History*（Vintage Books，1984）.

④ 侯杰：《试论历史人类学与中国近代史研究中的几个问题》，载《史学月刊》2005年第9期。

第一，"历史既是一个时间的过程，又是在特定的空间展开的，这二者之间存在着很复杂而又辩证的关系。对于历史时间的了解，我们不能直接感受到，只能是间接地从文献中认识，但对于了解历史的空间，我们有可能直接去认识，那就只有让我们自己身处在那个空间中才能做到，尽管我们依旧会受到很多局限，大多数地方现在早已不是历史上的样子，已经面目全非了，但我们仍然可以通过置身于特定的'场景'之中，细致地、反复地琢磨与体验，在某种程度上获得对历史的感悟。人类是在一定的空间中创造历史的，如果没有对于空间历史的认识，我们解读的历史就只能是一条单纯的时间线索，而且即使是这条单线我们也把握不好"①。为此，历史人类学需要"通过实实在在的、有迹可循的研究，探求制度变化的过程"，这里所说的制度变化并不是研究制度史的学者一般所说的制度变化，而是要重点考察"地方上的人如何有选择地、具有创意地把这些变化整合到本地社区"，如何通过对中央政府颁布的"命令加以剪裁，使之适合本地社会的日常运作"②。历史人类学追求的并非是撰写一村一地的历史，每一个历史人类学的个案研究都应该是历史整合研究的重要组成部分。

此外，历史人类学提倡的"走入历史现场"直接体验空间的历史，主要提示我们"要亲自到文献中所记载的那些地方去做田野调查。那些文献上死的历史在田野中就变得活生生的，而且在田野中还会发现文献上没有记载的内容，并且看到它们原本就不是孤立存在的，而是与其周围的事物联系在一起，历史就变成立体的。然后，我们反过来再到文献中去寻找在田野中所发现的一切"③。

---

① 史克祖：《追求历史学与其他社会科学的结合——区域社会史研究学者四人谈》，载《首都师范大学学报》（社会科学版）1999年第6期。

② 科大卫（David Faure）：《历史人类学者走向田野要做什么》，程美宝译，载《民俗研究》2016年第2期。

③ 史克祖：《追求历史学与其他社会科学的结合——区域社会史研究学者四人谈》，载《首都师范大学学报》（社会科学版）1999年第6期。

第二，历史研究需要在文献上下功夫，离开文献无法研究历史。然而，传统的史学研究擅长在图书馆、档案馆去寻找所谓一手资料，却忽视了资料的来源，忽视了文献资料"为何写，如何使用，谁写，谁读，谁保存，保存了什么，扔掉了什么"等重要问题，更何况"经过层层筛选，最终流入图书馆和档案馆的文献只属极少数，……在文献最终落入到历史学家的手中之前，曾经历过怎样的过程"①等重要信息。而这些重要的信息，仅仅依靠图书馆或档案馆的文献是无法了解的，但它恰是历史人类学所关注的。就历史文献本身而言，"它不能告诉我们什么是客观的、主观的，因为都是选择性的历史记忆。并不是所有史料都是可信的，我们要把史料作为文本，除了知道它表面的陈述外，还要发掘其'言外之意'"②。为此，"历史学家吸纳人类学家的研究方法去做田野调查，目的是获得一种'文化体验'并透过这种体验去捕捉解读文献时所产生的'灵感'，去培养对历史过程的洞察力和问题意识"③。中山大学陈春声也认为，田野调查可以让学者们"努力从乡民的情感和立场出发去理解所见所闻的种种事件和现象，常常会有一种只可意会的文化体验，而这种体验又往往能带来新的学术思想的灵感"④。与此同时，有些文献的内容，如果不经过田野调查，研究者很难读懂。正如厦门大学郑振满所言："如果不了解那个地方就无法真正读懂文献，也就是说，我们做田野是为了能更好地读懂文献"⑤。华南学派的代表人物主张"走向历史现场"，去获取"历史现场感"，这不仅可以帮助研究者正确解读历史文献，还可以通过田野调查，获得极为丰富的民间文

---

① 科大卫（David Faure）：《历史人类学者走向田野要做什么》，程美宝译，载《民俗研究》2016年第2期。

② 王明珂：《在文本与情境之间：历史人类学的研究方法反思》，载《青海民族大学学报》2015年第4期。

③ 黄向春《社会、文化与国家———郑振满教授访谈录》，载《中国社会历史评论》第5辑（商务印书馆待刊）。

④ 陈春声：《中国社会史研究必须重视田野调查》，载《历史研究》1993年第2期。

⑤ 史克祖：《追求历史学与其他社会科学的结合——区域社会史研究学者四人谈》，载《首都师范大学学报》（社会科学版）1999年第6期。

献，从而使"我们能看到一个从上层到下层的多层次的、立体的历史"①。

第三，历史人类学研究的"底层视角"决定了传统史料已不能满足史学研究的需要，为此，以平民和普通民众为研究重点的历史人类学主张通过田野调查获取新的史料。伴随着历史人类学田野调查的展开，大量的族谱、契约、碑刻、宗教科仪书、账本、书信等民间文献不断被发现，为历史研究者提供了丰富的新史料来源。"历史人类学在对民间文献以及传说等口述资料收集、整理和利用的基础上，建立并发展起了独具特色的文献解读方法和分析工具，可以较为系统地利用乡村社会中的各种资料，这种独具特色的学问和方法，是传统的历史学家、人类学家或汉学家都没有完全掌握和理解的。"②

历史学研究者面对极为丰富的民间文献时，除了需要掌握一定的文献解读方法和分析工具外，还应该关注民间文献形成的历史层累问题。"特别是神话与科仪，其时间的序列很难直接看到，应该如何利用它们进行历史研究，是一个极富挑战性的工作。赵世瑜指出，在这类材料中，对于那些不同时代添加进来的因素要保持高度敏感，否则它们作为史料的意义就不大了。"③在历史人类学的视野中，如何看待族谱这类民间文献的问题，科大卫做了这样的陈述："一般来说，历史学者习惯看文献记录，人类学者习惯去实地考察。历史人类学讲究对文献资料与实地考察的结合，对社会历史进行研究。就族谱来说，一般研究者往往把族谱当成一本本的'书'，仅仅从中抽取其谱系记录，来收集历史研究的文献材料，却没有把这种文献放入历史发生的具体时空中进行解读。但正如传说的研究需要从它建构的历史开始，比谱系本身更重要的，是编纂谱系的人的历史。编纂族谱的历史，往往就是地方宗族的历史。历史人类学的眼光，是将族谱看作活的记录，随每一代人的需要而改变，而不是收集在图书馆里的死

---

① 史克祖：《追求历史学与其他社会科学的结合——区域社会史研究学者四人谈》，载《首都师范大学学报》（社会科学版）1999年第6期。

②③ 张小也：《历史人类学：如何走得更远》，载《清华大学学报》（哲学社会科学版）2010年第1期。

文字。其实也不只是族谱，历史学者所使用的文献，都需要放回历史现场去了解"①。只有这样，才能了解族谱的建构过程以及建构过程中人的历史。

三、历史人类学的区域史研究"最终目标是揭示整个中国的历史"②

"众所周知，历史人类学以区域研究和微观研究见长"，但是历史人类学所倡导的区域社会研究曾受到过很多质疑，这些质疑主要围绕区域研究是方法论还是范畴论，"区域是否能够代表全国，微观是否能够说明宏观等问题"③展开。为了回应这些质疑，历史人类学的倡导者对区域研究做了如下解读：

首先，历史人类学所倡导的区域史研究不同于中国本土的地方史研究。

地方史研究在中国由来已久，在长期的历史发展过程中，形成了具有中国本土特色的地方史学术传统。这种本土地方史研究有以下几个特征：第一，关注地方特色或地方特殊性；第二，"深受中国方志学的影响，大多将地方史视为国家（或王朝）历史在地方的展开，因而使地方史处于从属、附庸的地位，甚至使地方史成为国家（王朝）历史的复制版。这与区域史研究批判建构民族—国家史的研究理念大异其趣"；第三，"本土的地方史研究秉持国家—地方二元对立的思维模式，忽视了中国传统社会中国家与地方之间复杂多元的互动，因而无从准确把握区域历史的内在脉络"。④

与本土地方史旨趣不同，历史人类学提倡的区域史研究更关注的是一国乃至于人类历史上带有普遍性、规律性的问题，而非地方特点。郑振满说："我们搞的区域社会史最为关注的恰恰不是这种地方特点，而是在中国历史上乃至人

---

① 科大卫（David Faure）、张士闪：《"大一统"与差异化——历史人类学视野下的中国社会研究》，载《民俗研究》2016年第2期。

② 孙杰、孙竞昊：《作为方法论的区域史研究》，载《浙江大学学报》（人文社会科学版）2015年第6期。

③ 张小也：《历史人类学：如何走得更远》，载《清华大学学报》（哲学社会科学版）2010年第1期。

④ 戴一峰：《区域史研究的困惑：方法论与范畴论》，载《天津社会科学》2010年第1期。

类历史上带有普遍性的、规律性的问题。对于地方特点的问题，我们所要考虑的是在大的普遍性中为什么会有这样的变异"①。

历史人类学对区域的理解，不同于本土地方史对区域的理解。科大卫在其做"华南研究"的时曾明确指出："'华南'不是固定的区域，而是历史建构的过程，是以区域研究取向来理解中国历史的试验场。华南所涉及的地理范围，实际上是随着研究者的问题和视角而变化的，所谓'区域'，不过是从研究主题引申出来的由研究对象自我认同界定出来的空间罢了"②。因此，历史人类学倡导的区域研究取向应该"首先是要追问我们何以认为这样的划定是合理的？这样的划定关系着怎样的历史建构过程？通过对这些问题的回答，达致对地方性传统与王朝观念、制度互动过程的深入了解。正因如此，理解区域历史即意味着理解整个中国的'大历史'"③。

其次，历史人类学倡导的区域史研究是一种方法论取向而非范畴论取向。

戴一峰在《区域史研究的困惑：方法论与范畴论》一文中，通过对区域史研究在欧美的产生与发展及其在中国的传播与研究过程的分析，认为"中国学术界实际存在两种不同的区域史观：一种是方法论取向的，即将区域史研究视为一种新的研究方法、研究范式或研究取向；另一种是范畴论取向的，即将区域史研究视为一个新的研究领域、新兴学科或学科分支。秉持不同区域史观的研究者在解读区域史研究理论与相关概念时，其背后的思想和理论依据是不同的"④。从区域史在中国的发展过程可以看出，历史人类学倡导的区域史研究主要源于欧美区域史研究理论与方法的影响，应该属于方法论取向而非范畴论取向。

---

① 史克祖：《追求历史学与其他社会科学的结合——区域社会史研究学者四人谈》，载《首都师范大学学报》（社会科学版）1999年第6期。

② 蔡志祥、程美宝：《海外学者的"华南研究"》，载《光明日报》2000年12月22日。

③ 张小也：《历史人类学：如何走得更远》，载《清华大学学报》（哲学社会科学版）2010年第1期。

④ 戴一峰：《区域史研究的困惑：方法论与范畴论》，载《天津社会科学》2010年第1期。

作为方法论取向的区域史研究，"研究者要问的，其实不是以这样或那样的标准划分区域是否合理，而是区域研究作为一种研究取向，到底在历史观和历史方法上，将会带来一场怎样的革命"①。历史人类学所倡导的区域史研究关注的区域与通常理解的区域概念不同，历史人类学中所谓的区域是指"在不同的历史过程中由不同的人群因应不同需要而产生的工具与多层次观念，也就是说区域本身就是一种历史建构，是长时期历史因素积淀下来的、关涉到地方性观念、国家意识形态与制度的互动过程，并且在人们心目中形成的多层次、多向度的指涉"。因此，"历史人类学所倡导的区域研究方法、要求研究者将原本被视为固定的区域也拿来作为解构的对象"②。关注其是如何被一层层建构起来的，而不是将其作为组织研究题目的材料。"具有批判意识的史学家，从来都明白，其所研究的历史材料的内容固然是史料，但历史材料本身也是历史，无声的历史文献本身的声音就很繁杂。史学家手拿着历史文献，首先要提出的疑问是为什么这份文献得以存在？什么人在什么时候用什么形式说了什么话？为什么他的话在当时得以表达，并流传后世？存在于今天的历史文献，实际上是文献创造者持有资源和某种发言权的表达。将历史文献置于特定的脉络进行分析，是合格的历史学家最重要的方法学依据。"③也只有这样"才能令历史学者更有能力对史料的形成过程以及自身的主观意识进行剖析，从而在很大程度上协调客观历史与主观认识之间的矛盾，将它们共同置于一个更加有包容性和解释力的框架之中"④。

第三，历史人类学主张从区域出发理解整体历史。

---

① 程美宝：《区域研究取向的探索——评杨念群著〈儒学地域化的近代形态〉》，载《历史研究》2001年第1期。

② 张小也：《历史人类学：如何走得更远》，载《清华大学学报》（哲学社会科学版）2010年第1期。

③ 程美宝：《区域研究取向的探索——评杨念群著〈儒学地域化的近代形态〉》，载《历史研究》2001年第1期。

④ 张小也：《历史人类学：如何走得更远》，载《清华大学学报》（哲学社会科学版）2010年第1期。

"从历史人类学的发展过程来看，国家与社会之间的关系始终是一个关注点，而'区域社会如何成为中国的一部分'又是其中最主要的议题。之所以如此，是因为学者们以为，传统的大通史将中国视为一个同质的整体，而实际上'中国'这个概念本身就是一个历史的过程，'各个地方都有自己的时间表'"①。从已有的历史人类学者的区域研究成果中可以发现，历史人类学倡导的区域史研究从来不是就区域而研究区域，研究者在处理区域时，往往需要处理超越区域的问题，主要包括与其他区域特别是临近地区、重要地区（如首都地区）甚至外国的关系、异同及交流；二是处理区域与国家的关系。②尤其是后者是历史人类学区域研究的主要议题。因此，历史人类学倡导区域研究，在实际操作中，貌似在"就区域论区域"，但这却不是区域史研究的终点，其研究的最终落脚点在于揭示中国历史"大一统"掩盖下的多样性与多变性。通过区域研究，"考察诸种要素在不同区域内地方社会的建构过程中所发挥的作用及其发挥作用的过程，分析何种要素发挥了关键性作用，据以概括出地方社会及其与国家权力相联系的模式，将有助于揭示中国传统社会发展的复杂性和多样性，更全面地认识王朝国家与地方社会的关系"③。

然而，是否所有的区域研究都必须落脚在国家或王朝？对此问题，历史人类学者张小也认为，"历史人类学研究本来的目的之一，就是要突破原来大通史的局限，不仅在国家的层面思考中国历史，而且要在地方社会发现更多元的发展脉络。因此，如果说他们以往研究取得了一些成功的模式，那么后来的学者则一定不能受这些模式的限制，要在现有研究的基础上，发现更多元的因素，

---

① 张小也：《历史人类学：如何走得更远》，载《清华大学学报》（哲学社会科学版）2010年第1期。

② 孙杰、孙竞昊：《作为方法论的区域史研究》，载《浙江大学学报》（人文社会科学版）2015年第6期。

③ 鲁西奇、林昌丈：《"画圈圈"与"走出圈圈"——关于"地域共同体"研究理路的评论与思考》，见周宁主编：《人文国际》（第4辑），厦门大学出版社2011年版，第142—157页。

并且努力解释这些因素互相影响、共同作用的过程"①。因此，区域研究是否有必要联系到国家制度，需具体问题具体分析。

第三节　历史人类学与教育史学研究

由历史学的"人类学转向"而形成的"历史人类学"研究视角和研究方法，不仅丰富了历史研究的理论和方法，同时不同程度地对历史研究产生深刻的影响。教育史研究在借鉴历史人类学研究视角和方法时，需注意以下问题。

一、历史人类学对教育史学研究的影响

从学科分类及研究对象的范围看，教育史与教育学科关系甚为密切，但从教育史产生的途径、研究对象的特征、研究对象所需的学理类型、研究规范以及与相关学科的关系等方面加以考察，可以清楚地发现，教育史就其基本或根本属性而言，它应该属于历史学科而不是教育学科。换言之，教育史的基本学科性质主要应该姓"史"而不是姓"教"，因此，历史人类学的研究视角或方法至少在以下几方面对教育史研究产生了影响。

首先，历史学的人类学转向拓宽了教育史研究的视野。

近年来，随着教育史研究自我封闭状况的好转，历史学研究的新理论和新方法不断被引入教育史研究，对教育史研究产生了深刻的影响。尤其是年鉴学派"新史学"以及在其影响下产生的历史人类学研究视角和方法，促使教育史研究视野不断被拓宽。过去那种只重视精英教育、官方教育和宏大叙事的教

---

① 张小也：《历史人类学：如何走得更远》，载《清华大学学报》（哲学社会科学版）2010年第1期。

育史研究，逐渐被重视下层民众教育和民间教化、家族、社会教育史研究的趋势所代替。这方面具有代表性的成果有：黄书光的《中国社会教化的传统与变革》，王有英的《清前期社会教化研究》，鞠春彦的《教化与惩戒：从清代家训和家法族规看传统乡土社会控制》，刘纪荣、李伟忠的《清末民初"废庙兴学"的历史人类学考察》等。不仅如此，一些教育史学工作者也开始尝试运用微观史学的理论和方法进行教育史研究，其中《语言、学校教育和文化冲突》《帝国权利实践下的教师生命形态：一个私塾教师的生活史研究》都是教育微观史学的代表性作品。这些研究客观上弥补了教育史学研究视野狭窄，过于刻板和叙述不详的缺陷。

由于教育史学与历史学相互隔绝的时间较长，历史人类学研究视野和方法对教育史学研究的影响只是刚刚起步，因此，教育史学研究的人类学转向尚未真正开始。为了进一步繁荣教育史学研究，教育史学工作者必须重视吸收历史人类学旨趣，进一步扩展教育史学的研究范围，尤其应重视对普通民众、学生、教师教育活动和日常生活状况的研究，并将群体与个体、学校与社会、学校与家庭的研究紧密结合起来，以较为全面地了解教育发展的基本状况。要重视微观研究，透过个体的教育活动的微观研究，解释学校教育与社会教育、家庭教育之间的各种复杂关系。只有这样，才能把握教育发展的基本脉络。

其次，历史学的人类学转向促使教育史学研究方法发生变化。

历史人类学最重要的研究方式是田野调查。这一方法改变了传统历史学研究只重文本文献，忽视其他文献资料的不足。研究者通过"走进历史现场"，不仅可以获得文本文献以外的民间文献资料，增强"历史的现场感"，同时为其更好地理解文献和历史奠定了基础。

随着历史人类学影响的日益扩大，以田野调查方式进行的教育史学研究成果日益增多。如李小敏的《村落知识资源与文化空间——永宁拖支村的田野研究》、司洪昌的《嵌入村庄的学校——仁村的教育的历史人类学探究》，等等。后者可以称得上是目前国内为数不多的教育史研究中的历史人类学研究专著。

该研究通过口述和田野调查，将人类学研究小社区的长处引入教育史研究，借助于大量的第一手资料，包括口述资料、档案资料、户籍资料、国民经济统计等内部资料，构筑了一个小型社区教育变迁的历程，为人们提供了一幅村庄教育变迁的图景。①该研究将教育史的研究视野投向了中国社会最基层的乡村学校，关注了国家、社区与学校之间的互动，是将历史人类学引入教育史研究的典型案例。此外，袁媛的《热闹而寂寞的乡村教化——基于建国后石村社会教育历史人类学考察研究》，"以地处江苏省中部的具有一定代表性、典型性的行政村——石村为田野地点，借鉴人类学的田野调查法，综合采用口述史、教育叙事以及教育史研究中经典的文献研究法，深入而系统地研究自1949年石村社会教育60年的嬗演历程。在此基础上，结合国内相关研究，反思当今乡村对教化的渴求，并对其在城镇化进程中的发展路向进行一定的探索"②。

此外，教育口述史的研究逐渐形成规模，代表性成果有陕西师范大学女性研究中心李小江主持的"20世纪中国妇女口述史"项目中的"先锋女学与女生——本世纪初妇女办学与女子教育"研究；中国近代口述史学会委托复旦大学历史系进行的"抗战期间在上海的教会大学"研究，以及该学会与北京大学历史系合作进行的"抗日战争中的西南联大知识分子"和"日本统治时期东北丹东沈阳中小学教职员的教学与生活"的研究。此外，教育史学界有齐红深主持的"日本侵华教育史研究""日本侵华殖民地教育口述历史调查与研究"；冯跃对一个"好孩子"和一位县级中学校长进行的教育人类学口述史研究，以及《顾明远教育口述史》和《潘懋元教育口述史》的出版等。③这些研究加快了中国教育史学人类学转型的步伐。

第三，历史学的人类学转向为区域教育历史研究提供了方法论的指导。

---

① 司洪昌：《嵌入村庄的学校——仁村教育的历史人类学探究》，华东师范大学博士学位论文，2006年。

② 袁媛、曲铁华：《热闹而寂寞的乡村教化——基于建国后石村社会教育历史人类学考察研究》，载《比较教育研究》2012年第2期。

③ 于书娟：《教育口述史研究初探》，载《上海教育科研》2009年第4期。

"历史人类学所倡导的区域研究方法要求研究者将原本被视为固定的区域也拿来作为解构的对象"[①]。主要关注区域历史的层累问题，并试图从区域研究入手，进而理解整个历史。在历史人类学区域研究的影响下，中外教育也比较关注区域教育史的研究，其中2002年由湖北教育出版社推出的"区域教育的历史研究"学术专著系列，应该是这方面的代表。该专著系列中的《中国区域教育发展概论》一书，"具体分析了以往从教育制度—教育思想研究模式的不足，提出区域教育史研究的对象、方法论，分析政治影响力、社会结构、经济发展的不平衡、人口规模的变化等因素对区域教育发展的影响，从而在整体上显示中国教育的地域分化一般情形，其中'教育核心区域的空间分布'和'区域教育发展中的核心—边缘效应'观点，是作者获得的重要理论成果"[②]。此外，《维新运动和两湖教育》《徽商与明清徽州教育》《社会结构与客家人的教育》《教育政策与宋代两浙教育》《原始儒学与齐鲁教育》《外力冲击与上海近代教育》等著作，分别从不同的视角研究了不同区域教育的发展以及教育发展过程中社会结构、经济、文化及国家教育政策等对教育历史发展的影响。尽管这些研究还不能算作是历史人类学视角的区域教育历史研究，但是已经关注到区域研究的相关问题，可以看作教育史研究与历史人类学研究的初期对话。

二、历史人类学视野下教育史研究要注意的几个问题

历史人类学不是一个特殊的研究领域，它是历史研究的一种新的视角和新方法。历史人类学在解释历史时，它更关注小历史与大历史、小传统与大传统、国家与社会等相关问题，同时，历史人类学重视空间对历史研究的意义，强调"走进历史现场"。尽管对历史人类学尚存在一些困惑，但是历史人类学

---

① 张小也：《历史人类学：如何走得更远》，载《清华大学学报》（哲学社会科学版）2010年第1期。

② 马庸：《中国教育史研究的新拓展——读〈区域教育的历史研究〉》，载《华东师范大学学报》（教育科学版）2003年第2期。

研究目前至少在三个方面达成了共识:"第一,历史人类学研究的主体是人,人既是历史人类学研究的承受者,又是该研究的发起者和深化者。第二,历史人类学的研究范围包括自然和社会科学两大领域,研究要点遍布文化的各个方面。第三,历史人类学体现了历史学和人类学之间理论的对话和研究方法的借鉴。"①基于以上三点共识,在运用历史人类学的理论和方法进行教育史研究时,要注意如下几个问题:

首先,历史人类学研究的主体是人,因此在运用历史人类学的视角和方法研究教育史问题时,必须关注教育历史活动的人,同时也要关注历史建构过程中人的活动。比如在利用家谱研究家族教育时,作为研究者不仅要关注家谱里有怎样的教育理念或思想,同时也要关注在不同历史时期,家谱续写者对家谱是如何建构、为何建构、怎样建构的等问题,只有这样才能更好地理解家族教育的真正历史。

其次,在运用历史人类学的视角和方法进行田野活动时,教育史研究者既要走出书斋,走入田野去感知教育历史现场,尤其是进入教育历史文献记载的那些历史现场,感知活生生的教育历史,同时也要注意将田野调查与教育历史文献结合起来,以对教育历史文献有更深的理解。质言之,努力进行田野考察,是为了更好地解读教育文献。

第三,在运用民间文献研究教育史时,除了需要掌握一定的文献解读方法和分析工具外,还应该关注民间教育文献形成的历史层累问题,对历史发展过程中不断被添加进来的因素高度敏感。这就提示教育史研究者,在进行教育史研究时,既要关注丰富多样的民间文献本身对教育历史研究的作用,同时要研究民间文献建构的历史。这对教育史研究是一项极富挑战性的工作。

总之,历史人类学作为一种新的研究视角或研究方法,对历史学和教育史学研究产生的影响不言而喻,但是由于对历史人类学尚存一些模糊和不确定的

---

① 黄鹤:《历史人类学的困惑》,载《广西民族大学学报》(哲学社会科学版)2007年人文社会科学专辑。

认识，教育史学研究者必须认真学习和探讨历史人类学的理论与方法，并在此基础上科学地运用历史人类学的方法研究教育历史问题，进而不断丰富教育史学研究。

（郭　娅）

附录：相关文献

1.［法］安德烈·比尔吉埃尔：《历史人类学》，转引自［法］J.勒高夫等编，姚蒙编译：《新史学》，上海译文出版社1989年版。

2.［英］爱德华·埃文斯－普里查德：《论社会人类学》，冷凤彩译，世界图书出版公司北京公司2010年版。

3.［法］保罗·利科：《历史学界的技艺与贡献——法国史学对史学理论的贡献》，王建华译，牛津大学出版社香港有限公司1994年版。

4.［法］保罗·利科：《历史时间》，转引自耿占春编选：《唯一的门时间与人生》，东方出版社1996年版。

5.陈启能主编：《二战后欧美史学的新发展》，山东大学出版社2005年版。

6.［法］J·勒高夫等主编：《新史学》，姚蒙译，上海译文出版社1989年版。

7.［英］杰弗里·巴勒克拉夫：《当代史学主要趋势》，杨豫译，上海译文出版社1987年版。

8.科大卫（David Faure）：《明清社会和礼仪》，北京师范大学出版社2016年版。

9.科大卫（David Faure）：《皇帝与祖宗：华南的国家与宗族》，江苏人民出版社2018年版。

10.［法］吕西安·费弗尔：《资本主义与宗教改革》，转引自［瑞士］雅各布·坦纳：《历史人类学导论》，白锡堃译，北京大学出版社2008年版。

11.李泽厚：《历史本体论和己卯五说》，三联书店2003年版。

12.刘志伟《在国家与社会之间明清广东里甲服役制度研究》，中山大学出版社1997年版。

13. 刘志伟、孙歌：《在历史中寻找中国关于区域史研究认识论的对话》，东方出版中心2016年版。

14. 司洪昌：《嵌入村庄的学校——仁村教育的历史人类学探究》，教育科学出版社2009年版。

15. 王学典主编《史学引论》，北京大学出版社2008年版。

16. ［英］辛西亚·海伊：《何谓历史社会学》，收入［英］S.肯德里克等编的《再现过去，了解过去——历史社会学》，上海人民出版社1999年版。

17. ［瑞士］雅各布·坦纳：《历史人类学导论》，白锡堃译，北京大学出版社2008年版。

18. 庄孔韶主编：《人类学通论》，山西教育出版社2002年版。

19. 赵世瑜：《小历史与大历史——区域社会史的理论、方法与实践》，北京大学出版社2017年版。

20. 赵世瑜：《在空间中理解时间：从区域社会史到历史人类学》，北京大学出版社2017年版。

21. 赵世瑜：《狂欢与日常——明清以来的庙会与民间社会》，北京大学出版社2017年版。

22. 赵世瑜：《说不尽的大槐树：祖先记忆、家园象征与族群历史》，北京大学出版社2017年版。

23. 张小也：《官、民与法明清国家与基层社会》，中华书局2007年版。

24. 郑振满：《明清福建家族组织与社会变迁》，湖南教育出版社1992年版。

25. 郑振满、陈春生主编：《民间信仰与社会空间》，福建人民出版社2003年版。

26. 郑振满：《乡族与国家多元视野中的闽台传统社会》，生活·读书·新知三联书店2009年版。

27. ［英］彼得·伯克：《西方新社会文化史》，载《历史教学问题》2000年第4期。

28. 陈春声《中国社会史研究必须重视田野调查》，载《历史研究》1993年第2期，第12页。

29. 常建华：《历史人类学的理论及其在中国的实践》，载《人文论丛》（2002卷），武汉大学出版社2003年版。

30. 程美宝：《区域研究取向的探索——评杨念群著〈儒学地域化的近代形态〉》，载《历史研究》2001年第1期。

31. 陈启能：《略论微观史学》，载《史学理论研究》2002年第1期。

32. 陈彦：《历史人类学在法国》，载《法国研究》1988年第3期。

33. 邓京力：《微观史学的理论视野》，载《天津社会科学》2016年第1期。

34. 戴一峰：《区域史研究的困惑：方法论与范畴论》，载《天津社会科学》2010年第1期。

35. 侯杰：《试论历史人类学与中国近代史研究中的几个问题》，载《史学月刊》2005年第9期。

36. 黄向春：《民俗与历史学的人类学化》，载《民俗研究》2002年第1期。

37. 科大卫（David Faure）：《历史人类学者走向田野要做什么》，程美宝译，载《民俗研究》2016年第2期。

38. 科大卫（David Faure）、张士闪：《"大一统"与差异化——历史人类学视野下的中国社会研究》，载《民俗研究》2016年第2期。

39. 吕厚量：《试析当代西方微观史学的若干特点》，载《史学理论研究》2010年第1期。

40. 刘海涛：《论西方"历史人类学"及其学术环境》，载《史学理论研究》2008年第4期。

41. 陆启宏：《历史学的"人类学"转向：历史人类学》，载《历史教学问题》2007年第4期。

42. ［意］乔瓦尼·莱维：《三十年后反思微观史》，载《史学理论研究》

2013年第4期。

43. 孙杰、孙竞昊：《作为方法论的区域史研究》，载《浙江大学学报》（人文社会科学版）2015年第6期。

44. 史克祖：《追求历史学与其他社会科学的结合——区域社会史研究学者四人谈》，载《首都师范大学学报》（社会科学版）1999年第6期。

45. 王明珂：《在文本与情境之间：历史人类学的研究方法反思》，载《青海民族大学学报》2015年第4期。

46. 朱和双：《试论法国年鉴学派的历史人类学研究》，载《史学理论研究》2003年第4期。

47. 赵世瑜：《"理论与方法：历史学与社会科学的关系及其他"笔谈（9）》，载《历史研究》2004年第4期。

48. 赵世瑜：《历史人类学：在学科与非学科之间》，载《历史研究》2004年第4期。

49. 仲伟民：《历史人类学：跨学科研究的典范》，载《光明日报》2005年10月6日。

50. 张小也：《历史人类学：如何走得更远》，载《清华大学学报》（哲学社会科学版）2010年第1期。

51. 张小军：《历史人类学：一个跨学科和去学科的视野》，转引自清华大学历史系、三联书店编辑部合编：《清华历史讲堂初编》，生活·读书·新知三联书店2007年版。

第二十九章
阅读史与教育史学研究

20世纪70年代，随着新文化研究、相关学科理论研究的深入，阅读史研究开始出现，成为全新的研究领域。当前，关于阅读史研究的理论探索、著述不断出现，对教育史研究有一定的借鉴意义。基于此，阅读史视域下的教育史研究，为教育史研究提供了另一种可能。教育史研究可以借鉴阅读史研究的研究范式，开展相关研究，进而提出"教育阅读史"这一全新的研究领域，与教育生活史、教育身体史、教育情感史等互为推进和交叉，推动教育活动史研究的进一步深入。

第一节　阅读史研究的兴起与发展

　　阅读史作为一个研究领域的出现，始于西方的书籍史研究。书籍史的历史，至少可追溯至文艺复兴时期的学术研究。书籍史全新的研究取向，始于20世纪50年代末期。①在年鉴学派的推动下，书籍史研究开始从目录学转向社会史和文化史领域。1958年，吕西安·费弗尔和亨利让·马丁合作出版的《印刷书的诞生》成为书籍史研究的经典之作，将书籍置于历史学家考察的中心。该书不仅对书籍的内容、类型、版权进行研究，还对书籍的销售、审查制度和读者的阅读需求进行了研究，指出书籍是历史发展和社会变革的动力，为关注读者及其阅读活动开辟了路径。20世纪60年代以后，西方的书籍史研究认识到书籍史仅关注书籍本身，这并不能说明书籍存在的意义。在以孚雷为代表的"书籍与社会"学派的推动下，书籍史研究资料范围继续扩大，同时，书籍史将目光对准18世纪的识字率，不同阶层读者的藏书偏好等主题，试图借此厘定18世纪的法国"谁在读书""读什么书"和特定地区的阅读取向等阅读史密切关注的话题。②在20世纪70年代新文化史研究大潮的日益深入与读者反应理论等影响下，西方的书籍史研究中关注读者和书籍的关系，读者和阅读等方面的研究开始出现，阅读史成为一个新的研究领域，不断发展并取得一批令人瞩目的研究成果。其中，巴比耶的《书籍的历史》，芬克尔斯坦和麦克利里合著的《书史导论》，麦克利里的《书史读本》，夏蒂埃《书籍的秩序：14至18世纪的书写

---

　　① ［美］罗伯特·达恩顿：《何为书籍史》，见陈恒、耿相新主编《新史学（第十辑）：古代科学与现代文明》，大象出版社2013年版，第145页。

　　② 洪庆明：《从社会史到文化史：十八世纪法国书籍与社会研究》，载《历史研究》2011年第1期。

文化与社会》及其与罗什合著的《书籍史》等部分章节涉及阅读史研究，马尔坦的《书写的历史与权力》对法国的大众阅读进行了计量统计，罗希所编《巴黎人》讨论了巴黎下层阶级的阅读。此外，阅读史的领军人物罗伯特·达恩顿的《书籍史是什么》《旧制度时期的地下文学》《法国大革命前的畅销禁书》《启蒙运动的生意——〈百科全书〉出版史（1775—1800）》等，丹尼尔·霍什的《现代法国阅读史》，卡瓦罗和夏蒂埃主编的《西方阅读史》，戴维森的《阅读在美国：文学与社会史》，费歇尔的《阅读史》，曼戈尔的《阅读史》，布奈特《英国的图书与读者》等，均是阅读史的代表作。

在我国，《读书》杂志于1992年、1993年发表了李长声的《从音读到默读》《书·读书·读书史》，成为最早译介西方阅读史研究的文章。①此后，罗志田指出，"现在有些在西方已如日中天的新领域如阅读史、意象史、躯体史等，在我国便甚少见学人触及"②，较早地提及了要开展阅读史研究。此后，一些关于阅读史研究的文章和著作逐渐出现，如潘光哲在台北史学期刊《新史学》上发表《追索晚清阅读史的一些想法》以及《从书籍史到阅读史——关于晚清书籍史/阅读史研究的若干思考》《阅读史的课题与观点：实践、过程、效应》《试论阅读史研究》《从书籍史到阅读史——阅读史研究理论与方法》《阅读史导论》《阅读史：材料与方法》等，对阅读史是什么、研究什么等进行了阐释和分析。此外，王余光组织编写的《中国阅读通史》《毛泽东阅读史》《私人阅读史（1978—2008）》等关于个人阅读史的研究，《民国时期大众阅读研究》等大众阅读史研究不断涌现。③

总之，随着相关学科研究的推进，社会史和文化史的影响，阅读史研究日益发展，关于谁阅读、如何阅读、阅读的效果等主题成为阅读史研究的重点。

---

① 李长声：《从音读到默读》，载《读书》1992年第2期；李长声：《书·读书·读书史》，载《读书》1993年第6期。

② 罗志田：《见之于行事：中国近代史研究的可能走向——兼及史料、理论与表述》，载《历史研究》2002年第1期。

③ 许高勇：《从西方到东方：中西阅读史研究述评》，载《高校图书馆工作》2018年第1期。

第二节　阅读史研究的理论与方法

关于阅读史是什么，阅读史如何研究，以及阅读史研究的史料如何获取，国内外研究者对此进行了相关研究。

一、何谓阅读史

阅读史是什么，国内外研究者给出了不同的界定。1986年，"阅读史"由罗伯特·达恩顿于《阅读史初阶》中首次正式界定。罗伯特·达恩顿认为阅读史的任务和面对的核心问题是变化中的读者如何解释变迁中的文本，揭示文本的读者与生产者之间的复杂关系，以及读者从文本中获取意义的方式。他指出阅读史研究不仅要关注"谁在读""读什么""在哪里读""什么时间读"等问题，还要回答"为什么读""如何读"等问题。[1]达恩顿认为阅读史的内涵可以从以下五个方面来解决：第一，不同时代和不同地方，阅读是如何被人们认识的？第二，阅读是怎样被学习的？第三，读者在日记或者书信的旁注中是否写下了他们对于自身阅读的认识或与之相关的东西？第四，在阅读中，意义是怎样通过读者而构建出来的？第五，印刷样式是如何直接或间接影响读者阅读的？[2]

此后，霍尔、夏蒂埃等均对阅读史进行了界定。霍尔指出，阅读是人从文本中获取意义的过程，阅读史必须考虑阅读的能力、阅读的模式以及阅读行

---

[1] Robert Darnton, "*History of Reading*", *in New Perspectives on Historical Writing*, ed. Peter Burke（University Park：Pennsylvania State University Press, 2001）, 157—186.

[2] 王余光：《阅读，与经典同行》，海天出版社2013年版，第131页。

为发生的环境等。夏蒂埃指出，阅读史要自立，就必须与所读之物的历史彻底分道扬镳。[1]他从考察书籍与权力的关系出发，指出阅读史区别于书籍史的特点在于，阅读史关注书籍如何建构"秩序"，读者如何通过阅读被规训阅读行为或解构阅读过程的规则和传统。卡瓦罗和夏蒂埃在《西方阅读史》中指出，阅读史的任务首先是追溯过去的阅读姿态、已经消失的阅读习惯。[2]艾伦认为阅读史研究的焦点在于读者针对文本的阐释行为以及读者和文本世界的互动关系。[3]德·塞托认为，阅读是人们在日常生活实践中的一种"偷猎意义"的行为，"文本只有通过读者才能获得意义"，阅读史就要研究读者解读文本意义的阅读过程。[4]乔纳森·罗斯认为阅读史研究的核心问题是文本如何改变普通读者的思想观念和日常生活，以及读者如何重新创造文本与演绎文本意义。凯文·夏丕等则从新历史主义方法和福柯的权利理论等出发，指出阅读史的首要目的在于揭示读者在阅读中的支配地位，揭示阅读的政治特征。

随着我国阅读史研究的逐渐发展，学界对阅读史是什么，阅读史的研究对象是什么等问题进行了研究。王龙认为，阅读史就是探讨人类阅读活动的历史，及其人类通过书籍、报刊以及一切文献信息等文本认识和完善自我、认识和改造世界的历史。同时，阅读史反映出一定时期个人、群体、民族、地区、国家的政治、经济、文化风貌，也可以折射出社会观念、风俗习惯等。[5]阅读史研究的内容大致有图书流通史、群体阅读史、个体阅读史、不同历史时段的阅读史、阅读方法史等。[6]王余光指出，阅读史研究内容主要有中国阅读史理

---

① ［法］ 罗杰·夏蒂埃：《书籍的秩序——14至18世纪的书写文化与社会》，吴泓渺、张璐译，商务印书馆2013年版，第90页。

② Guglielmo Cavallo and Roger Chartier, *A History of Reading in the West*（Amherst: University of Massachusetts Press, 2003）, 4.

③ 戴联斌：《从书籍史到阅读史——阅读史研究理论与方法》，新星出版社2017年版，第63—64页。

④ ［法］米歇尔·德·塞托：《日常生活实践（1.实践的艺术）》，方琳琳、黄春柳译，南京大学出版社2015年版，第240—274页。

⑤ 王龙：《阅读史导论》，国家图书馆出版社2017年版，前言。

⑥ 王龙：《阅读史研究探论》，载《图书馆理论与实践》2001年第1期。

论研究，社会环境与教育对阅读的影响，社会意识、宗教对阅读的影响，文本变迁与阅读，学术、知识体系与阅读，生活、时尚与阅读，中国阅读传统，中国阅读史资料的集结，历代学者论阅读九个方面。①张仲民指出，阅读史是文化史中的一个新领域，从现代西方学术脉络里衍生出来，主要是借对过去书写的历史与书籍史（文本发生史）的关注，来强调书写及书籍（文本）之于人的意义。②韦胤宗将阅读活动分为阅读之前的准备工作、阅读行为本身、阅读的影响三个阶段。他指出阅读史的研究可以分为三部分：第一，与书籍史不同，阅读史不关注书籍的生产、流传和收藏，更加关心特定的读者能读到什么书；第二，将阅读看作一种社会行为，讨论阅读的方式、习惯和读者的心态；第三，阅读的效果，即阅读对于个体、社会和历史的影响。③温庆新指出，历史与现实中真正的读者和阅读行为才是阅读史关注的中心，也是阅读史学科成为一门独立学科的立根之本。④

从中外相关研究成果来看，阅读史是历史学的一个研究领域，与文学也有一定联系，是不同学科交叉而成的研究领域。阅读史与书籍史不同，书籍史主要讨论书籍作为思想载体的传播过程，阅读史集中于读者接受和反应的阶段，是一项文化史的研究。⑤阅读史是指研究不同历史时期读者对文本意义的诠释的历史，探讨读者的实践活动、社会背景等对读者阅读的影响，以及读者的阅读对于个体、社会、文化等的影响。阅读史的主要研究内容为关注"谁在读""读什么""在哪里读""什么时间读"等问题，更加注重回答"为什么读""如何读"这两个核心问题。

---

① 王余光、许欢：《西方阅读史研究述评与中国阅读史研究的新进展》，载《高校图书馆工作》2005年第2期。

② 张仲民：《从书籍史到阅读史——关于晚清书籍/阅读史研究的若干思考》，载《史林》2007年第5期。

③ 韦胤宗：《阅读史：材料与方法》，载《史学理论研究》2018年第3期。

④ 温庆新：《开展阅读史实证研究——以文本类型、真实读者和阅读行为为基础》，载《中国社会科学报》2018年6月23日。

⑤ 周兵：《新文化史：历史学的"文化转向"》，复旦大学出版社2012年版。

二、阅读史的研究方法

关于阅读史的研究方法，多数研究者都认为阅读史需要多学科的研究方法。达恩顿提出了阅读史研究的五种方法：（1）过去的人们对阅读有什么样的理念及假定，这些理念及假定又是怎样影响了他们的阅读行为的；（2）要研究一般老百姓是怎样阅读的；（3）从熟为人知的自传性材料开始；（4）熟悉文学理论；（5）在书目分析学的基础上对研究层次进行提高。[①]此外，达恩顿还举出了阅读史研究的两种主要形式：第一，宏观研究。主要是运用计量手段对历史上的读者人群、阅读习惯等所作的统计整理；第二，微观研究。主要从个人图书收藏、阅读笔记、订购目录，或是图书馆的借阅登记等入手进行研究，了解普通读者的阅读情况。[②]夏蒂埃认为阅读史研究应该综合目录学、文本批评和文化史的方法。王龙指出，阅读史的研究方法主要有七种，分别是计量方法、个案调研、文本分析、接受理论、人类学方法、社会学方法、叙事方法。当然，阅读史的研究方法不止七种，可以综合几种方法同时使用，也可以使用其他方法，这需要根据研究所需灵活选择和应用研究方法。[③]

当然，针对计量方法难以挖掘读者对文本意义的建构的不足，夏蒂埃和罗切在《书籍史》一书中指出："计量分析法难以使我们了解发明创造和彻底革命的情况，而只能使我们了解到被认可了的革新情况……"[④]研究者看到了相关研究方法的不足之处，认可阅读史研究宜采用多学科的研究方法。

---

① ［美］罗伯特·达恩顿：《屠猫记：法国文化史钩沉》，萧知纬译，华东师范大学出版社2011年版，第146—161页。

② 周兵：《罗伯特·达恩顿与新文化史》，见耿相新主编《新史学　第11辑：职业历史学家与大众历史学家》，大象出版社2013年版，第14页。

③ 王龙：《阅读史导论》，国家图书馆出版社2017年版，第205—211页。

④ ［法］勒戈夫、［法］诺拉：《史学研究的新问题、新方法、新对象——法国新史学发展趋势》，郝名玮译，社会科学文献出版社1988年版，第319页。

三、阅读史的史料来源

达尔顿根据阅读史研究对象，将阅读史的史料分为五种：第一，小说、自传、书信等关于阅读的描述的史料；第二，可以揭示阅读技能如何习得和传授的史料；第三，读者留下的批注；第四，读者的反应可以显示他们如何从文本推断出意义；第五，像分析目录学那样检验一个文本的物质形态，推断读者阅读这个文本的方式。[①]戴联斌特别关注西方阅读史家使用的各种史料，包括藏书书目、销售书目、描绘读者及其阅读行为的绘画和销售，以及读书法、批注和阅读札记、书信、文学社档案、表现阅读的图像和小说，关于理想藏书的文字论述、读书指南等。[②]王龙指出，阅读史的史料来源有文字记载、实物遗留、口述传说三种，包括官方文书、野史、笔记、传记、年谱、日记、回忆录、书信等。除这些史料外，小说、戏剧、报刊、广告、家训、出土文献、墓志、图像等都可以作为阅读史的史料来源。[③]韦胤宗指出，阅读史家使用广泛的史料，如涵盖读者的自传、日记、信件在内的自传性文献、摘录簿、杂记簿、批校等。其中，自传性文献有助于反映历史上的读者如何理解文本，批校可以成为新的阅读史研究材料。[④]有研究指出，图书销售商的书单、图书馆记录和政府登记册等在内的档案材料，提供了概略性的资料，可供探究有关模型和趋势的问题；个人材料，包括书信、日记和自传，提供了对阅读中的自我的描述，可以对个人阅读习惯和实践做出谨慎的判断。[⑤]可见，阅读史研究史料来源丰富，需要善于发现和使用。

---

① 戴联斌：《从书籍史到阅读史——阅读史研究理论与方法》，新星出版社2017年版，第92—93页。

② 戴联斌：《从书籍史到阅读史——阅读史研究理论与方法》，新星出版社2017年版，第7页。

③ 王龙：《阅读史导论》，国家图书馆出版社2017年版，第155—200页。

④ 韦胤宗：《阅读史：材料与方法》，载《史学理论研究》2018年第3期。

⑤ ［英］戴维·芬克尔斯坦、［英］阿利斯泰尔·麦克利里：《书史导论》，何朝晖译，商务印书馆2012年版，第48—49页。

第三节　阅读史之于教育史研究的必要和可能

　　阅读史作为历史学研究的领域之一，对教育史研究领域的拓展、与国外史学和教育史研究接轨有着重要作用。不仅如此，阅读史研究与教育史研究有着天然联系，教育史研究史料的日益丰富，对相关研究的借鉴，也使得教育史研究可以阅读史为研究视角开拓相关主题的研究。

一、阅读史之于教育史研究的必要性

　　阅读史之于教育史研究，不仅具有方法论的借鉴意义，更重要的是通过一种更开放的研究视野，增强教育史研究发展的内在动力，从而完善教育史学科建设。人的阅读活动与身体和生活有关，存在于人的一切活动中，因此，阅读史研究还有助于推动教育身体史、教育生活史、教育活动史研究的继续深入和相互交叉。此外，随着国内外史学者和教育史学者对阅读史研究的关注，有助于顺应学术研究全新领域的拓展，推动我国教育史学研究与国际相关研究的接轨和对话。此外，阅读史研究为当前的"全民阅读"、教育参与者阅读提供了借鉴和参考依据。

　　第一，阅读史之于教育史研究，是完善教育史学科建设的追求。长期以来，教育史学在"见人不见物"的影响下，研究对象以"教育思想史""教育制度史"为主，忽视了"教育史学研究中更为基础、更为重要的对象，那就是教育活动史"[①]。当前，教育活动史通过研究对象的不断细化，又形成了教育

　　[①] 周洪宇：《对教育史学若干基本问题的看法》，载《河北师范大学学报》（教育科学版）2009年第1期。

生活史、教育身体史、教育口述史、教育记忆史、教育情感史等。可见，"学科既不断衍生又不断综合，既不断深层化又不断交叉杂交，既不断强化充实老学科又不断拓展新学科"①。将历史上教育参与者的"阅读"这一研究对象引入教育史研究，实现了教育史研究对象的拓展。同时，将教育活动中需要重视的"阅读活动"囊括进来，与教育活动中的"生活""身体""情感"等相关领域互相交叉，有助于已有研究领域的深入拓展，也可以促进与已有的教育生活史、教育身体史、教育情感史研究领域的交叉和融合，从而推动研究的拓展和深化，最终使教育活动史研究形成一个交叉、互相关联的研究领域。

第二，阅读史之于教育史研究，是坚守马克思关注人实践活动的诉求。马克思指出，"全部人类历史的第一个前提无疑是有生命的个人的存在"②。人的存在和人生命活动的首要前提是实践活动，它决定着人的社会本质和各种社会形态的形成和发展，也是人类社会的物质性基础和内容。人的实践活动受制于自然、社会等外在条件，但人的主观能动性又使得人可以通过实践积极能动地改造自然，不断地将自己的意志、目的物化在自然物上，从而显示出人的本质力量。阅读是一种活动，是读者对文本赋予和建构意义的过程。可以说，读者通过"阅读"体现了自身的实践活动，对文本的加工过程既体现了其所处环境对其阅读活动的影响，也体现了读者的主观能动性对文本的诠释和改造。阅读史之于教育史研究，会对教育参与者的阅读活动进行研究，涉及教育参与者为什么读、如何读以及读什么等问题，涉及其阅读习惯、阅读态度、阅读行为等。

第三，阅读史之于教育史研究，顺应了史学和国外教育史学的追求。教育史研究作为教育学和历史学的交叉学科，需要不断向历史学汲取养分。当前，历史学研究已经明确提出阅读史研究，而且积极尝试推进阅读史研究。不仅如此，出版史研究也积极探索阅读史的理论研究和实践研究，形成了相关研究成

---

① 陈燮君：《学科学导论：学科发展理论探索》，上海三联书店1991年版，第7页。

② 中共中央马克思恩格斯列宁斯大林著作编译局译：《马克思恩格斯选集》（第一卷），人民出版社2012年版，第46页。

果。阅读史之于教育史研究，有助于教育史研究顺应史学研究的最新趋势，以最新的理论研究和相关案例形成对教育史研究的借鉴。此外，教育史研究还需要密切关注国外教育史学的研究进展情况。从第39届国际教育史年会纪要的相关研究成果来看，涉及了阅读史的研究，如《公民的区别：〈1918年圣保罗教育年鉴〉教学大纲中的阅读与写作》《数学教学：〈维拉克鲁兹学校笔记〉（1965—1975）》的研究等，以教育活动中相关文本为例，分析了不同地区阅读内容的差异等。因此，阅读史之于教育史研究，又有助于加强与国外教育史研究的交流和对话。

最后，阅读史之于教育史研究，是服务教育实践的努力。"一切历史都是当代史"。教育史研究的出发点和最终目的是为当前教育实践和教育改革服务的。阅读史之于教育史研究，同样有助于服务当前的教育实践和教育改革。毫无疑问，阅读是提高全民族素质的重要途径，有助于提升个体生命的质量。在教育活动中，阅读更是占据重要地位，对教育参与者认知、语言等能力的发展以及修养的提高等，发挥着重要的作用。阅读史之于教育史研究会涉及不同历史时期教育参与者读什么书、为什么读、如何读书以及阅读行为等问题，且研究者通过回忆录、各种统计资料等史料整理、量化统计等，会形成特定的教育参与者阅读的书籍的种类、类型及其阅读的行为、如何更好地阅读等总结和分析，这可以为当前教育参与者如何阅读、阅读什么等形成借鉴，也可以为教育活动中的阅读乃至"全民阅读"提供借鉴。

二、阅读史之于教育史研究的可能性

第一，阅读史与教育史有天然联系。毋庸置疑，教育是培养人的一种活动。凡涉及教育活动，均会谈及对受教育者读写能力和阅读能力的培养。教育参与者在接受教育时，总会涉及他的教育活动是如何影响他的阅读方式、阅读行为、阅读什么文本等，教育参与者在接受某种教育活动后又是如何接触和建构教科书等不同文本，其阅读习惯、阅读方式等又是如何影响其接触和解读文本时施加于文本意义的。不仅如此，教育活动中还会考察阅读的功能、阅读的形式、个人阅读和群体阅读、朗读和默读等阅读类型、读书法等问题。另外，考察某一时期教育活动的状况，还会通过群体的阅读能力及其培养、识字率等维度进行。分析某一时期的教育形式、教学风格等，也可以通过教育参与者的阅读文本、阅读方法等进行。因此，阅读史研究中面对读者阅读什么书、为什么阅读这些书、如何阅读这些书等问题，聚焦到教育史研究中，就成为教育参与者如何建构文本以及文本如何影响教育参与者，教育参与者为什么读、如何读以及阅读方式、态度等问题，成为教育史研究中必须解决的主题，也使得阅读史研究切入教育史研究中成为可能。

第二，史料奠基有助于研究的开展。教育史研究的基础是史料，各种地上和地下史料，正史和笔记小说，文献史料与口述史料，本土和海外史料，图像和器物等史料日渐增多，其中涉及研究教育参与者"阅读活动"的相关史料，无论是竹简或者其他文献资料，还是档案或者口述资料等，大都涉及教育参与者的"阅读"，如朱熹读书法、《程氏家塾读书分年日程》等对学生读书步骤的规定，有助于审视当时学生的阅读范围、阅读步骤和阅读方法。对各个时期的识字率和课本等信息的统计则可以从一个侧面推断阅读在特定人群中发生的可能性。根据留存下的各个时期的课本及其课本上的标注、学生的日记、读后感、学生的学位论文及其参考文献等史料，则可以审视学生阅读的范围、阅读的重点等。不仅如此，图像中学生阅读的照片、笔记小说中人物的阅读书籍等，都便于研究特定时期的阅读史，成为研究的支撑。因此，阅读史之于教育史研究也因史料的奠基和支撑有助于研究的顺利进行。

第三，不同学科相关研究的多维借鉴。阅读史研究具有交叉学科的特征，融合了文本批评、目录学、文化史、人类学和社会学等不同学科的研究方法，其理论框架是读者反应理论。历史学、出版史、文学史等不同学科的研究者都进行了阅读史的研究，如前述的《从书籍史到阅读史——阅读史研究理论和方法》《阅读史导论》等理论研究，《毛泽东阅读史》《魏晋时期庄子阅读史》《鲁迅〈故乡〉阅读史——现代中国的文学空间》等对特定人物、文本的阅读史的研究，均可以为阅读史切入教育史研究提供借鉴。此外，教育史研究中关于教科书的研究如《百年中国教科书论》《百年中国教科书图说（1897—1949）》《〈孟子〉教本研究》《〈论语〉教本研究》等相关研究也可以为阅读史切入教育史研究提供必要的资料线索。如《童子凭什么读"四书"？——古代"〈小学〉终，至'四书'"的课程设计探由》涉及中国古代童子的阅读范围和何以能阅读等问题，可以为阅读史切入教育史研究形成借鉴。

第四节　阅读史视域下教育史研究体系的构建

阅读史视域下教育史研究的具体开展，需要构建一定的研究体系，具体从研究的对象是什么，研究时采用何种方法，具备何种史料观以更好地为研究提供支撑，以及以何种理论为基础几方面进行构建。

一、阅读史视域下教育史研究的研究对象

罗伯特·达恩顿认为阅读史的任务在于揭示文本的读者与文本间的互文关系，即读者所处环境、背景等对其阅读文本的影响，以及读者的主观能动性赋予文本的意义和文本对读者的影响。同时，罗伯特·达恩顿指出，阅读史研究不仅要关注"谁在读""读什么""在哪里读""什么时间读"等问题，还要回答"为什么读""如何读"等问题。因此，阅读史的研究对象就是读者和文本之间的相互意义建构。阅读史视域下教育史研究的研究对象，一方面必须针对历史上某一时期教育参与者的阅读，而非其他群体的阅读，另一方面必须要回答教育参与者"读什么""在哪里读""什么时间读"等问题，以及教育参与者"为

什么读""如何读"等问题。

此外，根据教育活动类型，还会划分为学校教育阅读史、家庭教育阅读史、社会教育阅读史，教育参与者在不同场域下阅读什么、为什么阅读、如何阅读等会有所差异；根据教育参与者的层次、性别、数量、地区等不同，还会有男性教育阅读史，女性教育阅读史，小学生、中学生、大学生等教育阅读史，个人教育阅读史和群体教育阅读史；根据不同时期，还会有古代教育阅读史、近代教育阅读史、当代教育阅读史等；根据国别不同，有中国教育阅读史、外国教育阅读史等；根据不同课程、学科等，还有相应学科、课程等的教育阅读史；同时，根据场域、时期等不同交叉，还会形成相应的交叉研究。

二、阅读史视域下教育史研究的研究方法

阅读史视域下的教育史研究应坚持多维研究方法，注重根据具体研究内容使用相应的研究方法。首先，阅读史视域下的教育史研究会使用史学的研究方法，如计量史学的研究方法，统计阅读的数量、识字率等可以计量的方面，也会使用心态史学的研究方法，如达恩顿就注重阅读史和心态史相结合，因为在考察阅读实践时，势必要跟读者的阅读心态变化联系起来，"阅读的历史或阅读的人类学迫使我们去面对外来心灵的异己性"[①]；其次，阅读史视域下的教育史研究会使用文本分析法，对读者阅读的文本进行分析和解剖，从文本的表层深入到文本的深层，发现那些文本的深层意义与额外信息。借用文本分析法，通过一个人的文本描述、用词遣句、语言风格等，分析作者本人的性格、阅历、思想、立场、价值观、时代烙印乃至潜意识，等等；最后，阅读史视域下的教育史研究还会使用人类学、社会学、文学等学科的研究方法，如田野调查法、叙事研究等方法。

---

① ［美］罗伯特·达恩顿：《屠猫狂欢：法国文化史钩沉》，吕健忠译，商务印书馆2017年版，第229页。

三、阅读史视域下教育史研究的史料来源

阅读史视域下的教育史研究的史料观是多维史料观，注重地上和地下、史学与文学、书面与口述史料相结合，因此，文献资料、考古资料、图像和影视资料、档案资料、口述史料、实物资料等都应囊括其中。在此基础上，阅读史视域下的教育史研究会专门择取与阅读相关的史料，如前述的藏书书目、销售书目、描绘读者及其阅读行为的绘画和小说、读书法、读书指南、批注和阅读札记、书信、文学社档案、以及关于理想藏书的相关文献如读者的自传与日记、杂记簿、图书借阅记录等。此外，阅读史视域下的教育史研究还会善于发现或拓展史料的来源，挖掘各类教育参与者与阅读相关的全新史料，如各类出土文献等。

四、阅读史视域下教育史研究的理论基础

阅读史视域下教育史研究的理论基础，最为核心的是读者反应批评理论。读者反应批评理论兴起于20世纪60年代。西方文学批评学界开始共同转向了关注读者阅读、接受、反应的领域，建立了一种以读者为中心的批评范式——读者反应批评，其代表性人物有斯坦利·费什和诺曼·霍兰德。读者反应批评理论主张，第一，在读者观上，重新认识和定位读者的作用和意义。与传统的文学批评中认为读者是被陶冶、影响和教化的对象不同，读者反应批评理论认为读者不仅是作品的接受者，也是阅读活动和产生意义的基本要素，而且实质上也介入作家的创作活动并存在于作品文本的结构之中；第二，在阅读观上，重视读者的创造性作用以及读者的具体阅读活动、阅读经验。读者反应批评理论把文学批评的注意力从作品文本转移到读者的反应上，聚焦在读者对作品文本的内容系列的复合解说的反应上；第三，在作品文本观上，读者反应批评理论认为作品文本不存在某种"唯一正确的含义"，任何文学文本都具有未定性，这些不确定性有待于读者在阅读中使之具体

化。对作品的一致意见、解说的一致性，只存在于特定条件的某些读者中；第四，着重分析的是形成读者反应的主要因素，文本提供的内容与读者个人"主观"反应之间的关系；第五，以精神分析学的理论和概念为工具，分析读者的反应，如用"抵抗机制"分析如何抵制作者对他的影响。①阅读史视域下的教育史研究，借用读者反应批评理论为理论基础，更为关注读者的主观能动性以及读者赋予文本的意义。当然，必须指出的是，阅读史视域下教育史研究的理论基础最为核心的是读者反应批评理论，但不局限于此，还会根据研究主题等选择适合于分析相关问题的理论基础。

（李艳莉）

附录：相关文献

1. 戴联斌：《从书籍史到阅读史——阅读史研究理论与方法》，新星出版社2017年版。

2. ［英］戴维·芬克尔斯坦、［英］阿利斯泰尔·麦克利里：《书史导论》，何朝晖译，商务印书馆2012年版。

3. ［法］勒戈夫、［法］诺拉：《史学研究的新问题、新方法、新对象——法国新史学发展趋势》，郝名玮译，社会科学文献出版社1988年版。

4. ［美］林·亨特编：《新文化史》，姜进译，华东师范大学出版社2011年版。

5. ［法］罗杰·夏蒂埃：《书籍的秩序——14至18世纪的书写文化与社会》，吴泓渺、张璐译，商务印书馆2014年版。

6. 王龙：《阅读史导论》，国家图书馆出版社2017年版。

7. 王余光主编：《图书馆阅读推广研究》，朝华出版社2015年版。

8. 杜成宪等：《童子凭什么读"四书"？——古代"〈小学〉终，至'四书'"的课程设计探由》，载《全球教育展望》2018年第1期。

---

① 汪振城：《当代西方电视批评理论》，中国广播电视出版社2007年版，第148—154页。

9. 洪庆明：《从社会史到文化史：十八世纪法国书籍与社会研究》，载《历史研究》2011年第1期.

10. 罗志田：《见之于行事：中国近代史研究的可能走向——兼及史料、理论与表述》，载《历史研究》2002年第1期。

11. 王余光、许欢：《西方阅读史研究述评与中国阅读史研究的新进展》，载《高校图书馆工作》2005年第2期。

12. 韦胤宗：《阅读史：材料与方法》，载《史学理论研究》2018年第3期。

13. 许高勇：《从西方到东方：中西阅读史研究述评》，载《高校图书馆工作》2018年第1期。

14. 张仲民：《从书籍史到阅读史——关于晚清书籍史/阅读史研究的若干思考》，载《史林》2007年第5期。

15. Anthony Grafton, "*The Humanist as Reader*", *in A history of reading in the West*, ed. Guglielmo Cavallo and Roger Chartier, trans. Lydia G. Cochrane（Oxford：Polity Press, 1999）.

16. Roger Chartier, "Preface". *The Order of Books：Readers, Authors, and Libraries in Europe between the Fourteenth and Eighteenth Centuries*, trans. Lydia G. Cochrane, Stanford（Redwood City：Stanford University Press, 1992）.

17. Robert Darnton, "First Steps toward a History of Reading", *The Kiss of Lamourette：Reflections in Cultural History*（New York：Norton, 1990）.

18. Robert Darnton, "*The Mysteries of Reading*", *The Case for Books：Past, present, and Future*（New York：Public Affairs, 2009）.

第三十章
集体传记法与教育史研究

　　传记既可以是对单个人的生平活动的记载，也可以是对一个群体或者团体生活的记录。我国教育史学界对于单个教育家传记的研究十分普遍，但对于教育家、教育管理者以及教师和学生的群体研究却较为少见。对历史中某一群体所进行的集体研究，学术界称之为集体传记法（prosopography或collective biography），它最先运用于19世纪后期的古罗马史研究，20世纪在历史学各分支领域引起重视并得到广泛使用。近年来，国内教育史学界开始尝试使用此方法来研究教师与学生群体。本章试图在厘清集体传记法的含义、发展历程及其使用策略的基础之上，分析不同研究领域对集体传记法的使用情况，对此方法在教育史领域运用的可能性与可行性进行初步的探讨。

第一节　什么是集体传记法

一般来说，个人传记（biography）所关注的研究对象更多是某一领域杰出的人物，而集体传记研究关注的不仅仅是历史上的知名人士，还包括数量众多的普通人群体。许多西方学者曾对集体传记法的含义做过界定。

英国历史学家劳伦斯·斯通（Lawrence Stone）认为，集体传记法是通过对一群历史人物生活的集体研究来探寻他们共同的背景特征。[1]比利时历史学家希尔德·德瑞德·西蒙斯（Hilde De Ridder-Symoens）将集体传记法视为一种传记合集（collective biography），它描绘了研究者所要研究的一群人的外在的共同特征，这些特征包括研究对象的职业、社会来源、地理位置等。研究从收集目标人群的传记资料开始，然后对这些传记资料进行分析，进而揭示某些历史问题的本质诱因。[2]英国拉夫堡大学（Loughborough University）保罗·斯特奇斯（Paul Sturges）教授对于集体传记法的定义更为宽泛。他认为，不管是基于学术研究还是科学的目的，任何涉及搜集一群人的传记信息加以系统分析的方法，都可以称之为集体传记法。集体传记法既可以用来对知名人物的传记进行合辑出版，也可以用来进行社会历史研究。保罗认为，宽泛的定义使得在单一传记中进行独立讨论的特征得以纳入一个综合体系进行考量。[3]德国中世

---

[1] Lawrence Stone, "Prosopography", *Daedalus*, vol.100, no.1（1971）, 46.

[2] H.De Ridder-Symoens, "Prosopografie en middeleeuwse geschiedenis: een onmogelijke mogelijkheid？", *Handelingen der Maatschappij voor Geschiedenis en Oudheidkunde te Gent*, no.45（1991）, 95—117.

[3] Paul Sturges, "Collective Biography in the 1980s", *Biography*, vol.6, no.4（1983）, 316—332.

纪史研究教授内特哈德·巴尔斯特（Neithard Bulst）和J. Ph. 吉安奈特（J. Ph. Genet）认为，集体传记法尽可能多地收集相关材料，以描绘同质性程度较高的一群人的共同特征。巴尔斯特进一步强调，集体传记与个人传记两者之间也有许多共同点。集体传记法收集处于特定历史年代、特定地域人物的相关数据，然后从不同的历史视角解读这些数据。他们在认同斯通定义的基础上，认为集体传记家应该将关注点放在研究对象的生命周期（life-cycles）中，搜寻研究对象及其家人的人口统计学上的相关数据，例如职业、教育、薪酬、财产等，进而在对应的社会背景下对数据进行分析并得出结论。①

虽然学者们的定义不尽相同，但都强调通过集体传记方法获得一个群体共同的、非个体性的特征。根据研究对象的选取范围，劳伦斯·斯通认为集体传记法的使用可以分为两大理论流派：一派将研究的着眼点置于少数精英人士，即精英学派（the elitist school）；另一派将焦点关注在数量较大的普通人群，即大众学派（the mass school）。②其中精英学派主要关注数量有限的精英群体在家庭、婚姻、经济方面的联系与互动，研究对象通常是权力精英，例如罗马参议员、美国参议员、英国的下院议员或内阁成员，该群体跻身于上层社会，其生活资料、传记信息能得到较为完善的保存。使用集体传记法可以精确地考察目标人群的族谱关系、商业利益以及群体之间的政治互动情况。研究旨在证明研究对象之间通过血缘关系、背景、教育情况、经济利益联系，乃至于偏见、理想及意识形态联系在一起的凝聚力。当政治成为主要议题时，就会有人质疑正是这种社交网络和经济纽带促使精英人群集合在一起，形成政治力量（political force），从某种程度上说，也是政治动机（political motivation）。劳伦斯·斯通认为，精英学派从精英群体身上收获颇丰，但其研究对社会科学的发展作出的

---

① N. Bulst and J.Ph.Genet, *Medieval Lives and the Historian*, *Introduction. Studies in Medieval Prosopography*（Frankfurt：Universitätsbibliothek Johann Christian Senckenberg, 1986）, 213.

② 科学史研究学者刘兵在《关于科学史研究中的集体传记方法》（载《自然辩证法通讯》1996年第3期）一文中转述了劳伦斯·斯通的观点，将劳伦斯斯通对集体传记法的研究分类翻译为精英学派和大众学派。

贡献十分有限，且很少涉及社会学、心理学理论。精英学派存有的理论预设是显而易见的，即政治是少数派统治精英及其委托人之间的互动而非群众运动。正是这种"霍布斯式的竞争"（Hobbesian competition）[①]——激烈的对权力、财富、安全的利己主义使得整个世界运转起来。[②]

与精英流派相对应的是大众流派。这一流派更具统计学的头脑，擅长于从社会科学中汲取灵感。大众流派将注意力倾注在数量较大的研究群体上。因为绝大部分的研究对象已经过世不能进行访谈，所以研究者很难获取研究对象详细的信息。大众流派认为，历史进程是由普通大众的观念运动决定的，并非根据伟人或精英们的意愿更改的；要完整地定义人类的需要，必须将权力和财富纳入考虑。相对于政治史，该流派更加关注社会史，研究所涉及的问题维度较精英学派更为宽泛。大众学派更加关注并验证多重变量之间的数据相关性，而不仅仅是通过呈现一系列详细的案例研究验证史实。为了更好地阐释历史，该学派使用马克斯·韦伯的理想模型（Weberian ideal-types）[③]进行建构，研究重点置于社会流动性、环境和思想之间以及思想和政治行为、宗教行为之间的关系。[④]两种学派研究主题的不同，可能导致其研究假设、研究方法和研究结论的不同，但就方法论来说，两种流派并没有严格的区别。

集体传记法与谱系学（genealogy）和专有名词学（onomastics）等其他相关研究方法既有密切的联系又有区别。谱系学最直接的目的就是对研究对象追根溯源，重建其家族及家族发展历程，结合谱系学研究方法，可以帮助集体传记学者了解家庭起源、成长环境和家庭成员、血统关系等更多的社会背景，为

---

① 来源于17世纪英国哲学家托马斯·霍布斯（Thomas Hobbes）最为知名的作品《利维坦》（*Leviathan*），书中提出了社会契约论，描绘了参与者之间放纵的、自私的、不文明的战争。

② Lawrence Stone, "Prosopography", *Daedalus*, vol.100, no.1（1971），47.

③ 马克斯·韦伯的理想模型，是其提出的重要社会科学研究方法，也是其社会学方法论的精髓所在。理想类型不是对实际社会存在的概括，只是理论家为了分析现象、理解现实而构想的理论模式。在韦伯看来，客观事物的性质只有经过概念化才能得以认识，所以通过"理想类型"建构一种抽象理论的概念结构，掌握社会领域的复杂性，以此把握社会科学的客观性。

④ Lawrence Stone, "Prosopography", *Daedalus*, vol.100, no.1（1971），48.

群体数据分析提供资源支撑。专有名词学是对专有名词（proper names）进行的研究，它通过挖掘名词的起源、发展过程和内在含义，探究其社会和文化内涵。与集体传记法不同，专有名词学关注的是名称和名称本身的信息而非个人的，但是专有名词学可以为集体传记研究提供重要的信息。特定的名称代表特殊的社会阶级。例如对古罗马奴隶姓名研究显示，在古罗马，97.6%的人名字中含有奥特斯（Autus），所有的奴隶名字中都含有苏尔维斯（Suavis）。当奴隶刑满释放时会将主人的名字缀在自己的姓氏之前，从名字中就可以辨别该奴隶是否自由。[①]这种人名当中隐含的信息对集体传记的研究也十分重要。

第二节　集体传记法的发展历程

在词典中，"Prosopography"一词有两种含义：对一个人的外貌、职业和性格等特征的描述；人物群体研究，即将某一特定的人物群体置于相应的社会历史背景或文本环境之中，对其外貌、职业、个性等特征进行研究。[②]从词源上看，英文中"Prosopography"一词源自拉丁文Prosopographia，由古罗马著名学者昆体良（Quintilian）从希腊文（prosôpôn-graphia，προσπων-γραφα）引入，是古典修辞中的一种拟人手法。在希腊文中，graphia意味着描绘、描述。[③]因此整个词有两层含义：一者为"人的面部表情"；一者为"人、动物或者事物

---

① K. Verboven, M. Carlier and J. Dumolyn, "A Short Manual to the Art of Prosopography", in *Prosopography Approaches and Applications: A Handbook*, ed. K. S. B. Keats-Rohan（Oxford：University of Oxford Linacre College, 2007）, 35—69.

② Prosopography, 2016-6-6, http: //www.dictionary.com/cite.html? qh=prosopography&ia=luna

③ C.T Onions, G.W.S Frederichsen and R.W. Burchfield, *The Oxford Dictionary of English Etymology*（1966）, 717.

的外部个性特征"①。在现代英文中,"Prosopography"作为历史研究的一种方法,是指通过收集不同的数据,进行分析、处理,从而勾勒出某一特定的社会文化背景下的不同人物关系。②

最先使用集体传记法的是研究古罗马史的历史学家。法国历史学家C. 尼古拉(C. Nicolet)在《集体传记研究与社会史:罗马及意大利的共和时期》(*Prosopographie et histoire sociale:Rome et l'Italie à l'époque républicaine'*)一文中提到,"prosopography"一词早在18世纪就开始被使用。③1872年,德国历史学家、古典主义学者奥托·泽克(Otto Seeck)在柏林大学完成其博士学位论文《罗马帝国研究:百官志》(*Quaestiones de notitia dignitatum*),文章详细论述了公元400年的罗马帝国行政官员的角色承担和职能行使状况。1876年论文获得学术界认可,成为罗马帝国政治史研究领域的代表作。④此后,集体传记法被广泛用于古罗马史的研究中。19世纪末期有两部宏大的研究成果相继诞生,分别是三卷本的《罗马帝国名人录》(*Prosopographia Imperii Romani*)和84册的《保利维索瓦百科:古典科学百科全书》(*Pauly-Wissowa Realencyclopädie der classischen Altertumswissenschaft*)。这些著作的出版,标志着现代集体传记法的诞生。

20世纪集体传记法的使用进一步深入,尤以古罗马史学家罗纳德·赛姆(Ronald Syme)1939年发表的《罗马革命》(*The Roman Revolution*)为代表。⑤赛姆运用集体传记法,对奥古斯都及其追随者们彼此之间通过婚姻、血缘和共同利益编制成的家族关系网进行了研究,对其在"革命"过程中的

---

① Walter W. Skeat,*The Concise Dictionary of English Etymology*(1993),374.

② prosopography,http://www.thefreedictionary.com/prosopographical,2016-5-20.

③ C. Nicolet,'Prosopographie et histoire sociale:Rome et l'Italie à l'époque républicaine',Annales(ESC),25(1970),1226.这一说法得到了劳伦斯·斯通的引用。Lawrence Stone,'Prosopography',in *Daedalus*,100(1971),73.

④ Otto Seeck,*Quaestiones de Notitia dignitatum*(Berlin:University of Berlin. typis expressit G. Lange,1872).

⑤ Ronald Syme,*The Roman Revolution*(Oxford:Oxford University Press,1939).

关键作用进行了深入分析，从而为罗马史研究提供了新视角，对20世纪后期的罗马政治史研究产生了深远影响。类似的作品还有路易斯·纳弥尔（Lewis Namier）出版的《乔治三世时代的政治结构》（*The Structure of Politics at the Accession of George Ⅲ*），该作品对18世纪乔治三世统领下的英国议会成员群体进行了分析。[①]

　　20世纪的研究除了将集体传记法继续运用于古典政治史之外，还进一步拓展到更多历史时段的研究中，尤其是中古史的研究。这一研究方法同时被运用到其他史学研究领域，包括社会史、科学史、宗教史、经济史、教育史等。20世纪40年代到60年代，德国史学家戈尔德·泰伦贝克（Gerd Tellenbach）对于集体传记法在中古史研究中的运用作出了杰出的贡献。1944年至1964年间，戈尔德在弗莱堡市（Freiburg）运用集体传记法成文多篇并时常举办讲座，他还培养了60多位博士生，这些学生继承了导师戈尔德关于集体传记法的研究，并稳坐德国大学中古史研究的交椅。[②]

　　1971年，劳伦斯·斯通在《代达罗斯》（*Daedalus*）杂志上发表文章《集体传记法》（*Prosopography*），介绍、总结集体传记法的发展、运用历程，从而使得这一术语进入公众的视野。20世纪70年代末，德国知名历史杂志《弗朗西亚：西欧历史研究》（*Francia：Forschungen zur westeuropäischen Geschichte*）的编辑以"prosopographia"为主题，编纂出版了应用集体传记法撰写的论文和评论集。[③]这一举措使得集体传记法被越来越多的史学研究者关注。

　　20世纪80年代，欧洲学术界不仅创办了专门的期刊杂志，而且举办了专门

---

① Lewis Namier, *The Structure of Politics at the Accession of George Ⅲ*（London：Macmillan, 1929）.

② George Beech, *Prosopography in Medieval Studies：An Introduction*（Syracuse：Syracuse University Press, 1992）, 190.

③ George Beech, *Prosopography in Medieval Studies：An Introduction*（Syracuse：Syracuse University Press, 1992）, 189.

的学术会议来探讨集体传记法的运用。1980年《中世纪集体传记法》（*Medival Prosopography*）杂志诞生。在该杂志社两位编辑的组织宣传下，1982年12月，在德国的比勒菲尔德（Bielefeld）顺利举办了第一届学术研讨会。两年后，在法国巴黎又相继举行两场学术会议，主题分别为"集体传记法及其现代起源"（Prosopographie et La genèsede l'État moderne）、"计算机与集体传记法的应用"（Infoamatique et Prosopographie）。国际学术会议的举办，为史学研究者提供了一个全面了解与交流集体传记法的平台。1989年，在中世纪集体传记法首届跨学科国际研讨会（First International Interdisciplinary Conference on Medieval Prosopography）上，不同领域的学者进行了激烈而深入的探讨。[①]

21世纪以来，随着计算机在研究领域的普及和数据处理软件的开发，集体传记法的运用更为便利，集体传记法的运用从历史研究的各个领域继续扩展延伸。正如劳伦斯·斯通展望的那样，通过集体传记法，学者们能够把宪政史、制度史和人物传记联系起来，而过去它们之间并无交集。通过对历史细节和人物案例的细致考察，集体传记法还能把历史重建过程中展现的人文技术（humane skill）与社会科学家的统计方法和理论假设结合起来，以弥补政治史和社会史之间的断裂。集体传记法能够形成一股合力，将思想与文化史中的发展成果落实到社会、政治和经济的基石之中。[②]

---

① George Beech，*Prosopography in Medieval Studies：An Introduction*（Syracuse：Syracuse University Press，1992），189.

② Lawrence Stone，"Prosopography，"*Daedalus*，vol.100，no.1（1971），73.

第三节 集体传记法在各历史研究领域的运用

当使用集体传记法研究历史上某一群体的生活特征时，结论的得出因为有数据的支持，更能客观地还原研究对象的生活状态，可以帮助学者们多角度地剖析某一社会现象或社会问题，并更具有说服力。因此在20世纪历史研究的各个分支领域中，都可以看到集体传记法的运用。

首先是政治史（political history）的研究。集体传记法在此研究领域诞生，对古典政治史研究尤其是古罗马史的研究作出了重大的贡献。此外，近现代政治史也越来越多使用集体传记法，如20世纪中期出版的《世界革命精英：意识形态强制运动研究》（*World Revolutionary Elites：Studies in Coercive Ideological Movements*）一书，就对德国、意大利、日本和中国的革命领导人群体进行了深入探讨。[①]作为一种历史研究的工具，集体传记法适合用来探讨"关于政治行为的动机问题，具体包括解开隐藏在政治语言之下的利益关系，分析政治群体在社会与经济方面的关联，揭露政治机器的运转方式，识别那些推动政治杠杆的人"[②]。集体传记法在政治史领域的研究对象涵盖外交官、议员、国会议员和政府官员，城市的执政官和普通市民，通过分析研究对象的人际关系和社交网络，获得对该群体更深层次的认识。研究涉及的问题包括：权力是如何变迁的？社会精英在此过程中所扮演的角色如何？这些问题是政治史研究中亘古不变的主题。

[①] H.D. Lasswell and D. Lerner, *World Revolutionary Elites：Studies in Coercive Ideological Movements*（Cambridge：M.I.T. Press, 1965）.

[②] Lawrence Stone, "Prosopography," *Daedalus*, vol.100, no.1（1971）, 49.

其次是社会史（social history）的研究。学者们运用集体传记法对特定群体的社会关系和社会结构、社交网络的构建、社会认知和社会流动性等方面进行探析。早期社会史的研究更多的是对社会精英们的关注，如缇博·弗兰克（Tibor Frank）在《匈牙利两次移民途径分析（1919—1945）》（*Approaches to Interwar Hungarian Migrations*，1919—1945）中，从"一战"期间两次移民着手，使用集体传记法对"匈牙利天才"（Hungarian genius）进行了分析，探索了精英人士对匈牙利整个社会结构变迁产生的影响。[1]20世纪中后期越来越多的研究表明，研究者的关注视野开始下移到社会低层的群体之中。

第三是科学史研究领域，默顿的工作起到了里程碑式的作用。默顿与P. A.索罗金（P. A. Soroikn）对阿拉伯世界从公元600年到1300年间的科学发展进行了统计分析，他们以S. 萨顿（S. Sarton）在其科学史巨著中讨论的史实作为智力成就的指标，用图示来表现萨顿提到过的人名和科学发现在每年中的数目。后来，默顿又用同样的方法对于一本科学技术史手册中的13000项发现和发明进行了统计。他于1938年正式出版博士论文《17世纪英国的科学、技术与社会》。[2]在此书中，默顿主要利用《国民传记辞典》作为数据来源，通过分析，认为清教和虔信教派的意识形态构成了17世纪中叶英国的纯科学与应用科学的基础。为支持该观点，默顿利用集体传记的分析方法，进一步考查了伦敦皇家学会首批会员的宗教信仰和发表的工作成果，发现在1663年皇家学会首批会员名单中宗教倾向可考的68人里，有42位是清教徒，占总数的62%。鉴于当时清教徒在全英国的总人口中只占极少数，这一事实便相当引人注目了。

第四是知识和思想史（intellectual history and the history of ideas）的研究。一般来说，诸如知识、哲学、科学等抽象概念，并没有一个看得见、摸得着的

---

① Tibor Frank，"Approaches to Interwar Hungarian Migrations，1919—1945"，*Hungarian Historical Review*，vol.1，no.3/4（2012），337—352.

② ［美］罗伯特·金·默顿：《十七世纪英格兰的科学、技术与社会》，范岱年等译，商务印书馆2000年版。

来源，但是，一代又一代学者的研究明确了哪些知识得以传承，哪些知识逐渐消亡。集体传记法为人们研究主流文化的出现和广泛传播提供了一种研究范式，例如人文主义和启蒙运动是怎样出现和传播开来的，又是如何对人们的生活产生影响的。具体的例子如撒克里对曼彻斯特文学与哲学学会的案例研究。[①]为了回答这个学会起了什么作用，为什么要创立这个学会，其成员是什么人，他们对学会的期望是什么等问题，他分析了该学会58名成员，发现在学会的创立者中，有大量的医生和一位论教派的信徒，后来又有许多工厂主成为学会的会员，他们都属于上升中的中产阶级，其中极少有人对关于自然的知识或科学有兴趣。撒克里的结论是：这个学会的功能并不是要追求科学或促进科学的发展，而是要赋予新兴阶级的利益以社会的合法性。

第五是在宗教史（religious history）研究领域，有学者将座堂圣职团（cathedral chapter）成员、修道院成员等在内的教会精英群体作为研究对象，使用集体传记法剖析各种教会团体的构成，探究教会团体与教皇任选之间的关系，如法国学者利奥波德·热尼科（Léopold Genicot）对从11世纪到15世纪的列日（liège）主教区内诸如教皇、领班神父（archdeacon）等高阶圣职者进行了集体传记研究。研究立足于他们的原生家庭、职前岗位、职业获取途径、合作人群以及在位时采取的政策等因素，探索神职人员的选举模式、在教区内理论和实际上的权力差别等问题。[②]

第六是经济史（economic history）研究领域。最有代表性的作品是查尔斯·A. 比尔德（Charles A. Beard）的《美国宪法的经济观》。该著作采用集体传记法考察了美国开国元勋们制定宪法的动机和他们所代表的经济利益，研究了经济资本对于制宪会议的影响，揭示了经济和政治之间微妙的关系。在了解了美国经济权力的分配状况后，比尔德详细列举了制宪会议每位代表的财产和

---

① 刘兵：《关于科学史研究中的集体传记方法》，载《自然辩证法通讯》1996年第3期。

② George Beech, *Prosopography in Medieval Studies: An Introduction* (Syracuse: Syracuse University Press, 1992), 188.

经济利益情况。他对财政部的档案研究发现"在出席制宪会议的五十五名代表中，四十人拥有公债权，十四人是土地投机商，二十四人是高利贷者，十五人是奴隶主，十一人从事商业、制造业和航运业，没有一个代表小农和手艺人的利益，而这些人却占美国总人口的绝大多数。"①因此，比尔德得出结论："大多数美国制宪会议的代表不是投资于'不动产'，而是投资于'动产'；发起和推动美国制宪运动的四个动产利益的集团是货币、公债券、制造业、贸易和航运业。"②对集体传记法的运用，比尔德用数据分析对美国1787成文宪法的决定力量是什么、宪法制定过程中面对哪些矛盾和斗争、最后又是怎样达成妥协的这些问题做出了回答，以这种视角窥探制宪运动的发展过程，视角新颖。

第四节　集体传记法在教育史研究中的使用

在西方学术界，集体传记法已经在历史学的各分支学科都得到了非常广泛的运用，这一研究方法也被用于教育史的研究中。集体传记法在教育史领域的运用首先出现在高等教育史领域。20世纪70年代初期，劳伦斯·斯通出版的两卷本《社会中的大学》（*The University in Society*）③一书就运用了集体传记法研究英国大学史。

继劳伦斯·斯通的开创性研究之后，许多英国学者受到启发，开始使用集体传记法研究高等教育机构中的教师与学生群体，例如英国学者A. J. 恩吉尔（A. J. Engel）的著作《从牧师到大学教师：19世纪牛津学术职业的兴起》

---

①② 丁则民：《〈美国宪法的经济观〉中译本再版序言》，商务印书馆1989年版，第3页。

③ Lawerence Stone, *The University in Society*（Princeton：Princeton University Press，1974），2 Vols.

（*From Clergyman to Don*： *The Rise of the Academic Profession in Nineteenth-Century Oxford*）①，以及另一位英国学者加雷·威斯克雷（Gary Werskey）的著作《看得见的学院：20世纪30年代英国科学家和社会学家的集体传记》（*The visible College*： *A Collective Biography of British Scientists and Socialists of the 1930s*）。②因为集体传记法的引入，大学史的研究开始从过去对大学组织与制度发展的重视，转向对大学中人的群体特征的关注。哪些人进入大学学习？哪些人在大学里任教？哪些人在管理着大学？不同时代的大学生与教师们具有怎样的社会、文化、地理以及智识特点？他们与社会发展呈现出怎样的关联性？这些受过教育的精英阶层是如何促进社会发展的？通过对不同历史时期大学师生群体数据资料的分析，以获得更为精准与客观的认识。

作为社会少数精英人士同时又是高等教育机构成员的大学师生，对他们的身份背景与特征的考察，能够显示其社会特征及其对社会的影响，有助于研究者探讨大学师生群体与整个社会的互动，从而揭示高等教育机构与社会经济、政治变迁之间的关系。例如，2007年杜克大学历史系博士论文《新西班牙地区特拉特洛尔科帝国学院和新纳瓦知识精英的出现（1500—1760）》（*The Imperial College of Tlatelolco and the Emergence of A New Nahua Intellectual Elite in New Spain*，1500—1760）采用集体传记法，对西班牙殖民者16世纪在新墨西哥城为纳瓦人建立的学院的学生群体进行研究，展现了西班牙殖民者与当地知识精英之间协调适应与对抗的历程，反映出西班牙殖民者试图将纳瓦人基督教化与欧洲化，而纳瓦人也试图在高等教育机构中保持文化自治。③2008年，卢西恩·纳斯塔沙（Lucian Nastasă）在《历史社会研究》杂志上发表文章《接

---

① A.J. Engel， *From Clergyman to Don*： *The Rise of the Academic Profession in Nineteenth-Century Oxford*（Oxford： Clarendon Press， 1983）．

② Gary Werskey， *The Visible College*： *A Collective Biography of British Scientists and Socialists of the 1930s*（London： Allen Lane， 1978）．

③ Silver Moon， *The Imperial College of Tlatelolco and the Emergence of A New Nahua Intellectual Elite in New Spain*（*1500—1760*）（Duke University， 2007）．

受西方大学教育的罗马尼亚大学教授》（*The Education of Romanian University Professors in Western Universities*）。该文采用集体传记法对罗马尼亚的大学教授们的受教育状况、学历授予国家、授予科目等因素进行了分析，文章指出在罗马尼亚，自1864年以后，接受西方大学教育成为精英阶层的准入门槛。在西方模式的影响下，罗马尼亚精英阶层群体在自身变革的同时引领着其他群体、社会阶层发生转变。[①]

为什么集体传记法会最先运用到大学史的研究当中？历史上高等教育机构中教师与学生群体的信息保存相对完善且较容易获取可能是最主要的原因。即使是在大学最初兴起的中世纪和近代早期，教师与学生的相关信息都或多或少地被保存下来。相关作品还包括詹姆斯·K.麦克考尼卡（James K. McConica）《都铎大学的集体传记》（*The Prosopography of the Tudor University*）[②]、布洛克里斯（L. W. B. Brockliss）和帕特里克福特（Patrick Ferté）的《巴黎大学和图卢兹大学爱尔兰牧师的集体传记（1573—1792）》（*Prosopography of Irish Clerics in the Universities of Paris and Toulouse*，1573—1792）[③]等。

从20世纪90年代开始，不少大学攻读博士学位的学生开始使用集体传记法进行研究，不再局限于高等教育领域的人群，而是扩展到了基础教育领域的群体身上。例如，1993年哥伦比亚大学一篇博士学位论文《古希腊罗马时期埃及的写作、教师与学生》（*Writing，Teachers and Students in Graeco-Roman Egypt*），其第三章使用集体传记的研究方法，展现了古希腊罗马时期埃及教师的特点及其教学情况。[④]1997年宾夕法尼亚大学一篇博士学位论文《教育与帝

---

① Lucian Nastasă, "The Education of Romanian University Professors in Western Universities", *Historical Social Research*，vol.33，no.2（2008），221—231.

② James K. McConica, "The Prosopography of the Tudor University", *The Journal of Interdisciplinary History*，vol.3，no.3（1973），543—554.

③ L. W. B. Brockliss, "Patrick Ferté Prosopography of Irish Clerics in the Universities of Paris and Toulouse 1573—1792", *Archivium Hibernicum*，vol.58，no. 4（2004），7—166.

④ Raffaella Cribiore, *Writing，Teachers and Students in Graeco-Roman Egypt*（Columbia University，1993）.

国：男性气质与维多利亚时期的公立学校》（*Education and Empire：Masculinity and the Victorian Public School*），采用集体传记法，研究了维多利亚时期一批杰出的英国作家的作品对19世纪公立学校男性化教学风格产生的影响。[①]2008年芝加哥大学历史系一篇博士学位论文《历史中的学校教育：韦特海姆的教师、教育和政府（1550—1750）》（*Schooling in Context：Teachers，Education and the State in Wertheim Am Main，1550—1750*），对近代早期德意志西南部一个小城市中的249名学校教师进行了集体传记研究，分析了他们的职业路径、教育背景、地域来源、血缘联系、收入等因素，考察了地方政府是如何逐渐加强对学校和教师的控制的。[②]

在21世纪发表的期刊文章中可以发现越来越多使用集体传记法研究基础教育领域师生群体的例子。2004年安妮·力克·鲍尔森（Anne Lykke Poulsen）发表的文章《哥本哈根的女性体育教师群体（1900—1940）》（*Female Physical Education Teachers in Copenhagen，1900—1940：A Collective Biography*），采用集体传记法，从年龄、婚姻状况、经济背景、教育背景、参加的社团组织等角度着手，对1900年至1940年的哥本哈根市女性体育教师进行研究。通过数据分析归纳体育运动和性别、权力以及专业之间的关系，作者认为女性教师专业性的发展的最终目的是为了获得选举权。[③]艾泽·米杰斯（Esther Mijers）2005年发表的文章《爱尔兰学生在荷兰（1650—1750）》（*Irish Students in the Netherlands，1650—1750*），从学生的入学信息档案着手，进行集体传记分析，探讨了17至18世纪时期促使大量爱尔兰学

---

① Geoffrey P. Sharpless，*Education and Empire：Masculinity and the Victorian Public School*（University of Pennsylvania，1997）.

② Marie M. Baxter，*Schooling in Context：Teachers，Education and the State in Wertheim Am Main，1550—1750*（University of Chicago，2008）.

③ Anne Lykke Poulsen，"Female Physical Education Teachers in Copenhagen，1900—1940：A Collective Biography"，*The International Journal of the History of Sport*，vol.21，no.1（2004），16—33.

生奔赴荷兰求学的原因及影响因素。[①]

在众多的期刊文章当中，除了使用集体传记法进行教育史的研究之外，不少学者开始从方法论的层面总结与反思集体传记法的使用策略，对如何更好地在教育史中运用集体传记法提供了思路。例如，威廉姆·布鲁诺（William Bruneau）的文章《一项新的集体传记：加拿大英属哥伦比亚大学教授职位研究（1915—1945）》（*Toward a New Collective Biography: The University of British Columbia Professoriate, 1915—1945*），通过对1915年至1945年间加拿大英属哥伦比亚大学教授职位的研究，指出传统的集体传记研究依赖定量的数据与信息解释研究对象群体的社会与经济特征，而这一方法改进以后也可以考虑到研究对象的智力与情感因素。作者使用集体传记法将量化数据与环境信息整合到了一个综合的历史论述当中。[②]2005年发表的文章《倾向性评分法与列宁学校》（*Propensity-Score Methods and the Lenin School*）探讨了集体传记研究中的数据收集与分析的具体方法。作者吉登·科恩（Gidon Cohen）发现，医学领域的流行病学研究遇到的许多问题与历史学研究遇到的问题具有很大的相似性，研究数据的收集会因为各种因素而导致偏差。因此，流行病学领域经常使用的倾向性评分法可以用来帮助历史研究的开展。作者试图运用倾向性评分匹配法研究英国学生在莫斯科国际列宁学校（International Lenin School）的学习是否增加了其担任共产国际领导者角色的机会。[③]

在国内教育史学界，近年来随着学者们研究视野的逐渐下移，关注点也逐渐从广泛的制度史、思想史和实践史层次转移到生活史的研究，对教育史中教师与学生生活史的关注和研究日渐增多。过去传统教育史学强调精英研究的特

---

① Esther Mijers, "Irish Students in the Netherlands, 1650—1750", *Archivium Hibernicum*, no.59（2005）, 66—78.

② William Bruneau, "Toward a New Collective Biography: The University of British Columbia Professoriate, 1915—1945", *Canadian Journal of Education*, vol.19, no.1（1994）, 65—79.

③ Gidon Cohen, "Propensity-Score Methods and the Lenin School", *The Journal of Interdisciplinary History*, vol.26, no.2（2005）, 209—232.

征被打破，越来越多的研究关注到作为群体的普通教育者和受教育者，认识到他们作为教育中的人在创造教育历史过程中的重要作用。教育领域普通的教师与学生，作为教育史上默默无闻的群体，他们在历史上留下的资料多是群体性质的，表现出来的也是群体的特征，使用集体传记法对该群体进行研究，能帮助我们从整体上了解特定历史时期教育工作者和教育对象的特征以及他们在推动教育事业发展和社会发展过程中所起到的作用。

虽然国内的教育史学者对于教师和学生群体的研究屡见不鲜，但是在方法论上明确表明使用集体传记法的，却并不多见。直到近几年，教育史学科的硕士、博士学位论文才明确提到了这一研究方法的使用。例如，康绍芳的博士论文《社会转型时期美国教育学术界的精英群体（1890年代—1920年代）》[①]和顾恒的硕士论文《留苏群体学术职业生涯与新中国高等教育变迁》[②]等。这些研究的作者对历史数据展现了较大的敏感性，他们使用统计工具进行数据分析，解释了历史事实，揭示了数据背后的社会现象以及研究对象与社会发展的关系。在教育史的研究中使用集体传记法，可以使研究者更好地理解教育行为，解释意识形态与文化的变迁，甄别社会现实，精确描述与分析教育结构和教育运动的程度与性质。随着学生史、教师史的研究领域不断拓展、深入，若国内教育史学者能对集体传记法有更深刻的了解和更多应用的尝试，这一领域的研究成果将会异彩纷呈。虽然集体传记法在现实应用中还存在着困难与局限，但是通过不断地尝试与改进，加之计算机数据处理技术的普及，集体传记法的应用将会更加便捷。

传统教育史过于关注教育制度的发展演变，教育领域精英人物的教育思想及社会角色与社会作用，对教育历史发展长河当中数量最多的普通教师、学

---

① 康绍芳：《社会转型时期美国教育学术界的精英群体（1890年代—1920年代）》，北京师范大学博士学位论文，2012年。

② 顾恒：《留苏群体学术职业生涯与新中国高等教育变迁》，华东师范大学硕士学位论文，2014年。

生及教育管理者在创造历史及社会发展过程中的作用相对忽视。人类是由无数个个体组成的，作为个体的普通人，往往湮没在历史的长河当中，与精英人物对历史发展的贡献相比显得微不足道，但如果把他们作为一个群体观察，会发现他们也是历史的创造者，同时对后人从整体上认识历史与解释历史起着举足轻重的作用。那么，怎样去观测教育历史发展过程中数量众多的普通教师与学生，了解他们的特点，揭示他们与社会发展的关系？集体传记法无疑提供了一种可供借鉴与使用的研究方法。

（孙　益）

附录：相关文献

1.　A.J. Engel, *From Clergyman to Don：The Rise of the Academic Profession in Nineteenth-Century Oxford*（Oxford：Clarendon Press，1983）.

2.　Anne Lykke Poulsen, "Female Physical Education Teachers in Copenhagen，1900—1940：A Collective Biography", *The International Journal of the History of Sport*，vol.21，no.1（2004）.

3. C. Nicolet, "Prosopographie et histoire sociale：Rome et l'Italie à l'époque républicaine", Annales（ESC），25（1970）

4.　Gary Werskey, *The Visible College：A Collective Biography of British Scientists and Socialists of the 1930s*（London：Allen Lane，1978）.

5.　Geoffrey P. Sharpless, *Education and Empire：Masculinity and the Victorian Public School*（University of Pennsylvania，1997）.

6.　George Beech, *Prosopography in Medieval Studies：An Introduction*（Syracuse：Syracuse University Press，1992）.

7.　H.D. Lasswell and D. Lerner, *World Revolutionary Elites：Studies in Coercive Ideological Movements*（Cambridge：M.I.T. Press，1965）.

8.　H. De Ridder-Symoens, "Prosopografie en middeleeuwse geschiedenis：een onmogelijke mogelijkheid?", *Handelingen der Maatschappij voor Geschiedenis en Oudheidkunde te Gent*, no.45（1991）.

9. K. Verboven, M. Carlier and J. Dumolyn, "A Short Manual to the Art of Prosopography", *in Prosopography Approaches and Applications：A Handbook*, ed. K. S. B. Keats-Rohan（Oxford：University of Oxford Linacre College, 2007）

10. Lewis Namier, *The Structure of Politics at the Accession of George Ⅲ*（London：Macmillan, 1929）.

11. Lawrence Stone, "Prosopography", *Daedalus*, vol.100, no. 1（1971）.

12. Lawrence Stone, *The University in Society*（Princeton：Princeton University Press, 1974）.

13. Marie M. Baxter, *Schooling in Context：Teachers, Education and the State in Wertheim Am Main, 1550—1750*（University of Chicago, 2008）.

14. N. Bulst and J.Ph. Genet, *Medieval Lives and the Historian, Introduction. Studies in Medieval Prosopography*（Frankfurt：Universitätsbibliothek Johann Christian Senckenberg, 1986）.

15. Paul Sturges, "Collective Biography in the 1980s", *Biography*, vol.6, no.4（1983）.

16. Raffaella Cribiore, *Writing, Teachers and Students in Graeco-Roman Egypt*（Columbia University, 1993）.

17. Ronald Syme, *The Roman Revolution*（Oxford：Oxford University Press, 1939）.

18. Silver Moon, *The Imperial College of Tlatelolco and the Emergence of A New Nahua Intellectual Elite in New Spain*（1500—1760）（Duke University, 2007）.

19. Tibor Frank, "Approaches to Interwar Hungarian Migrations, 1919—1945", *Hungarian Historical Review*, vol.1, no.3/4（2012）.

20. William Bruneau, "Toward a New Collective Biography: The University of British Columbia Professoriate, 1915—1945", *Canadian Journal of Education*, vol.19, no.1（Winter 1994）, 64—79.

第三十一章

媒介技术：一种"长时段"的教育史研究框架

　　1812年，伦敦传道会派遣米怜到中国传道，他的首要任务就是印刷中文版《圣经》。当时，英国已经普遍采用活字印刷，但在中国还找不到一家活字印刷厂——中国仍然在使用公元9世纪就已出现的雕版印刷技术印制中文书籍。米怜考察了活字印刷和雕版印刷两种生产方式，最后他得出一个结论：对于中文这种象形文字来说，活字印刷是一种不经济的印刷方式。[①]

　　米怜的分析来自三个方面：（1）活字印刷的铸字成本。英文只有26个字母，只需要铸造26种字模（为了计算方便，先忽略标点）；中文常用字有几万个，要把中国文字铸造成金属活字，铸字的成本远远高于字母文字。（2）排字工的生产效率。每排一个字，英国排字工是在26个字模中选1个；中文排字工则是在数万个字模中选一个。中文字模

　　① ［美］周绍明（Joseph P. McDermott）：《书籍的社会史——中华帝国晚期的书籍与士人文化》，何朝晖译，北京大学出版社2009年版，第12—13页。

经常摆满一面墙、甚至一个房间，排字的工作效率太低。（3）劳动力成本。中国雕版的刻工很多都是目不识丁的文盲，包括女人和小孩，他们唯一会做的工作就是按照原稿的样子进行刊刻，工资极其低廉。要把这些文盲刻工培养成能认识、区分数万个汉字的排字工人，培训的年限、投入的成本巨大。而且，一个能识别上万个汉字的中国人，最好的出路是参加科举，而不是从事排字这种简单劳动。综合几方面的因素，在当时的情境下，就中文图书印刷而言，雕版印刷更具有成本优势。①

尽管如此，米怜还是敏锐地注意到了雕版印刷的不足：由于生产周期长，雕版印刷"似乎不适合印五花八门的临时印刷品"②。这类临时印刷品包括招贴、方志、告示，以及新闻等。当然，也不支持现代报纸——这种每天、连续出版的"临时"印刷品的印刷出版。

米怜对这两种印刷方式的比较，展现了19世纪初期中、英两种全然不同的社会传播图景。

19世纪初的英国，早已普及了活字印刷技术。英国第一个活字印刷厂是卡克斯顿于1476年创办的。③1621年，英国最早的报纸《每周新闻》出版④；1665年，英国伦敦皇家学会创办最早的学术期刊《哲学通讯》⑤。机印书、日报、学术期刊共同营造出一个学习知识（经典图书）、获取消息（报纸）、分享新观点（学术期刊）的社会传播图景。在这样的社会传播环境下，普通人日常生活中接触的阅读物数量，英国知识分子所获得的信息资料数量、内容、新思想的交流平台等，跟当时的中国有着天壤之别。这样的社会传播环境，对英国学校教育的发展和科技创新都带来了巨大的影响。近代以来，进化论的提出、电报

---

①② ［美］周绍明（Joseph P. McDermott）：《书籍的社会史——中华帝国晚期的书籍与士人文化》，何朝晖译，北京大学出版社2009年版，第14—16、18页。

③ 张炜：《早期英语印刷书的诞生：资本主义萌芽的典型一例》，载《光明日报》2014年12月24日。

④ 梁爱香：《英国早期报纸的演进》，载《安阳工学院学报》2008年第5期。

⑤ Wikipedia，*Academic Journal*，https：//en.wikipedia.org/wiki/Academic_journal/2018-06-26.

和电话的发明，都出现了两位以上研究者争夺发明权的现象，说明信息传播、思想交流对激发新思想、推动创新产生了重大影响。

反观19世纪初的中国，图书出版仍然沿用公元9世纪出现的雕版印刷技术。由于图书出版效率低、周期长，当时的出版物主要是历史上延续下来的四书五经等图书，供参加科举的学子们使用。精研古典图书属于一种向古人学习的时间"纵向"维度的知识消费行为。由于缺乏日报、期刊等连续、快速出版物，无法进行"横向"维度的新思想、新观念的交流，当时的中国如同一潭"死水"，缺乏生长新知识、新观念和新技术的"土壤"。假如我们借"上帝之手"把达尔文从19世纪的英国"拎"出来"放"到19世纪的中国，在这个"死水"一般的生态传播环境中，他很可能也会去参加科举考试，头脑中绝难出现"进化论"的思想苗头。

19世纪初中、英两国完全不同的传播生态图景，给两国近代教育发展、人口识字水平等，带来了一系列影响。有资料显示，17世纪伦敦男子的识字率已经达到80%，全国平均识字率达30%。[1]过了300年，到了20世纪初，中国才"废科举，兴新学"，开始建立现代学校制度。到20世纪中叶的1949年，中国的文盲率还在80%以上，[2]显示出两种不同的社会传播图景对两个国家教育、人口识字水平带来的影响。

通过对19世纪初中、英两国社会"传播生态图景"的简略横向比较，我们看到了不同印刷技术所构建的"社会传播图景"作为一种环境变量，对近代两国教育发展、人口识字水平差异的解释力。进一步来看，如果我们把"社会传播图景"这一分析运用到教育史的纵向时间维度上，通过比较历史上不同时代的"社会传播图景"，是否能够提供一种全新的教育史分析框架呢？

---

① 焦绪华：《英国早期报纸诞生的历史背景探析》，载《山东理工大学学报》（社会科学版）2008年第1期。

② 国家汉办（孔子学院总部）：《汉字五千年》（第7集），央视网，http://tv.cntv.cn/videoset/c30241。

第一节　现代传播革命与历史研究的变革

一、史学研究的危机和媒介技术的影响

进入20世纪以来，史学研究遭遇危机，史学研究典范遭遇动摇，历史研究经历了几次重大范式变革。中国台湾"中央研究院"院士、英国皇家历史学会会士王汎森教授在一次专题讲座中[①]，对19世纪以来史学研究遭遇的挑战，进行了系统的回溯和分析。

按照他的梳理，19世纪出现的兰克史学典范在20世纪遭遇颠覆，挑战主要来自历史学以外的领域，例如福柯等哲学家以及认知语言学等其他学科门类。受这种思潮的影响，20世纪历史学的研究出现过两次重大变革。第一次是20世纪上半叶，以法国年鉴学派为代表。年鉴学派提出研究历史不能只熟悉某一事件，还应有长时段、中时段的思考。年鉴学派的领军人物布罗代尔甚至认为，历史上的事件和人都是泡沫，最重要的是结构。[②]这种整体史的研究观念对20世纪以来的历史研究产生了很大的影响。第二次是20世纪最后20年，这次当红的是新文化史。新文化史认为我们现在看到的种种现象都是文化建构的结果，许多我们研究的经典在当时都不是经典。所有的领域，包括对性别、身体、疯狂或正常、有罪或无罪的看法，都是社会和文化建构的结果，都随时代和社会

---

① 王汎森：《现在历史是什么？——西方史学的新趋势》，http://www.sohu.com/a/225249109_501364/2018-05-15。

② 孙晶：《布罗代尔的长时段理论及其评价》，载《广西大学学报》（哲学社会科学版）2002年第6期。

变迁而变化。在新文化史的影响下，历史研究的视野从宏大进入微观，从大历史观念进入小历史的视角，出现了日常生活史、阅读的历史、妇女史、身体的历史、历史叙事研究等。进入21世纪以来，随着信息技术和基于大数据研究的发展，《历史学宣言》呼吁重回"新的长时段"[①]、数字历史[②]、历史动力学[③]、地理学与历史学未来[④]等新的历史研究视角和方法开始出现，一批生物学家、地理学家、数学家等跨界进入到历史研究领域，他们把人类历史乃至于世界看作一个受复杂因素影响的、动态变化的整体系统，试图通过广泛搜集各类历史数据，通过数学建模的方式，研究和发现历史变化的规律。

对于历史学研究在20世纪发生的这一系列变化，历史学家主要还是从观念的角度解释这种变革。他们更关注历史学科的命运。然而，跳出单一学科的藩篱，从社会总体传播的角度看，我们不能忽视19世纪30年代以来，人类历史上出现的一波又一波传播技术的革命：19世纪30年代出现的电报，以及后来的摄影机、留声机、电影、广播、电视、计算机、互联网等。这些技术既改变了历史事件中的人的行为和思想，同时也改变了历史研究者的记录方式和研究工具。20世纪以来历史研究发生的这一系列变化，不是从历史学家脑袋里冒出来的"观念"，而是受到了传播技术所带来的记录、数据积累、分析工具和表达体裁的影响。

历史研究的最大特征是"非现场性"。历史学家往往需要隔着很远的时空距离，通过分析文字记载、文物以及其他材料，认知和还原特定的历史事件。因此，历史研究必然受到记录手段——媒介技术的制约。即使描述亲身经历的事件，历史学家的感知也只能代表一面之词，因为没有一个人可以全方位、全时序地观察和记录一件事的来龙去脉、细枝末节。历史学家必须依赖大量不同

---

① ［美］乔·古尔迪、［英］大卫·阿米蒂奇：《历史学宣言》，孙岳译，格致出版社2017年版。

② Wikipedia，*Digital History*，https：//en.wikipedia.org/wiki/Digital_history/2018-05-19.

③ Wikipedia，*Cliodynamics*，https：//en.wikipedia.org/wiki/Cliodynamics/2018-05-19.

④ ［美］David J. Bodenhamer：《超越地理信息系统：地理空间技术及历史学研究的未来》，文孙顿、钦白兰、吴宗杰编译，载《文化艺术研究》2014年第1期。

时代、不同媒介、不同视角的记录，才能还原历史的基本事实。

历史事实与历史记录之间存在的这种永恒的矛盾和张力，是历史研究面临的永恒挑战，也表明记录和表达手段的不断变化——媒介技术创新，为历史研究提供了不断发展的空间。历史上的事件发生了，过去了，消失了，它曾经存在过，它就在那里，它不会争辩真实与不真实。只有当历史事件被当时的人、后来的人用符号记录和表达出来，传播给更多人的时候，才会出现关于"真实"与否的争论。"真实的历史事件与符号化的记录和表达"之间永恒的矛盾和张力，是分析史学研究（以及其他研究）范式变革的起点。

事实也证明了这一点。西方历史滥觞于口传时代的《荷马史诗》，诞生于手工书写时代希罗多德的《历史》。[①]在荷马和希罗多德之间，恰好出现了人类历史上第一次"信息技术"革命——从口传到书写，从耳到眼，从稍纵即逝到可以反复阅读和比较。口头语言和手工书写带来了两种完全不同的史学研究"范式"。

口传时代依靠听和说作为主要的交流手段。荷马依靠记忆作为记录工具，但记忆不可靠，遗忘不可避免。为了避免遗忘，他把听来的故事用"套语"编织成诗歌[②]，以传唱的形式传播，因此形成口传史诗格式的"历史故事"。希罗多德的时代希腊人已经进入手工书写的传播环境，他用字母文字和莎草纸作为历史记录和研究的工具。在多年的游历中，希罗多德把口头传说记录在莎草纸上，积累了大量素材。晚年的他对大量的书写记录进行反复的阅读和比较，在此基础上，提出了多种材料相互印证的历史研究方法。希罗多德因此被称为"历史之父"。从口传到书写——两种完全不同的社会传播环境使史学研究从荷马的神话范式进入希罗多德的历史范式。由此可见，媒介技术带来的不同记

①张斌贤、杜成宪、肖朗、周洪宇、陈露茜、周采：《教育史学科建设六人谈》，载《华东师范大学学报》（教育科学版）2016年第4期。

②［美］瓦尔特·翁：《口语文化与书面文化：词语的技术化》，何道宽译，北京大学出版社2008年版，第16页。

录、分析和表达手段，对于历史研究有着显著影响。

事实上，每一次媒介技术①创新，都为历史研究（以及其他研究）提供了一种新的记录、表达和传播手段。正如伊丽莎白·爱森斯坦所说，每一次"传播革命使科学数据的采集建立在一个全新的基础上"②。下图以口头语言、手工书写、互联网为例，呈现了三种不同的"媒介技术与记录符号、表达"的对应关系。

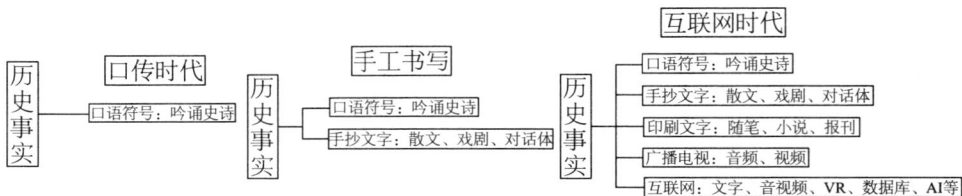

媒介技术与记录符号、表达

历史研究所依赖的记录、分析、研究工具的差别，对历史研究的变革有着重要的影响。王汎森先生在讲座中谈到，19世纪兰克的历史研究理念是"写历史一如它所发生的"，20世纪的历史学家"要求历史的客观与严谨和兰克是相同的"。③从内在的理念和目标来看，他们都想要描绘真实的历史。但是，由于能够获得的素材的数量和类别的差异，他们所形成的历史认知框架、对真实历史的还原能力，出现了天壤之别。

19世纪，兰克提出的史学典范，跟他获得教会的（纸质）宗教档案有很大关系。之后，随着摄像机的发明，照片替代绘画，成为保存历史场景的主要手段。④与绘画相比，摄影记录在成本（包括人才培养和时间等）上具有巨大

---

① 关于媒介技术的定义，见郭文革：《教育的"技术"发展史》，载《北京大学教育评论》2011年第3期。她提出了可以从"符号、载体、复制、传播特征"等四个方面，定义一种媒介技术。

② ［美］伊丽莎白·爱森斯坦：《作为变革动因的印刷机：早期现代欧洲的传播与文化变革》，何道宽译，北京大学出版社2010年版，第234页。

③ 王汎森：《现在历史是什么？——西方史学的新趋势》，http://www.sohu.com/a/225249109_501364/2018-05-15。

④ 绘画传统也因为摄影技术的发明出现了显著的变化，从早期作为历史记录手段的写实主义，逐渐过渡到表达画家主观认知的印象派、野兽派等新的表达倾向。

的优势。随着这项技术的普及，社会各阶层、各类生活场景的照片记录大量增加。20世纪以后，随着报纸的大发展、广播、电视等新媒体的出现，不仅留存下来大量声音、视频资料，而且保留了比以往任何时代更广泛、密度更高的人类生活记录，反映了从国王、总统，到掏粪工、售货员的各种工作、生活场景。这些素材不仅记录了伟人的思想，还大量描绘了普通人的生存状态和社会群体行为。在获得了比兰克更多样、更复杂的研究素材之后，历史学家也面临着新的挑战：这些纷繁、复杂的素材，难以纳入兰克（基于书写材料）所建构的历史研究框架中，他们不得不创建更复杂、层次更丰富的历史解释模型；必须使用新的研究分析工具和表达方式，才可能把微观细节和"长时段"的历史架构融为一体。他们对兰克史学的批判和超越，是媒介技术变革带来的一种历史必然。

在此，要特别讨论一下思想的产生与社会传播图景之间的关系。思想到底是先验地产生于伟大人物的头脑中，从而指导社会群体的行为，还是它本身也是社会过程的派生产物？知识社会学的奠基人卡尔·曼海姆认为："独居在书房里的研究和对印刷品的依赖使他们只能获得社会过程派生出来的观念"[1]。罗伯特·默顿在评论勒庞的《乌合之众》时，也表达过类似的思想："从社会学的角度讲，勒庞的思想注定会出现，即使他本人从未存在过。在这一点上最好的证明是，在同一时间，另一位社会心理学家，意大利人西盖勒，也提出了基本相同的思想，正如其中不少思想也由法国人塔尔德表达过一样"[2]。他们的观点，呼应了对19世纪初中、英两国社会传播图景的比较。

综上所述，从"长时段"的视角看，媒介技术所建构的社会传播图景对于全面地认知曾经发生过什么，以及如何"写历史一如它所发生的"具有显著的

---

[1] ［美］伊丽莎白·爱森斯坦：《作为变革动因的印刷机：早期现代欧洲的传播与文化变革》，何道宽译，北京大学出版社2010年版，第91页。

[2] ［美］罗伯特·墨顿：《勒庞〈乌合之众〉的得与失》，见［法］古斯塔夫·勒庞：《乌合之众——大众心理研究》，冯克利译，中央编辑出版社2005年版，第11页。

影响。在讨论历史研究的危机和变革时，不应该忽视媒介技术的作用。媒介技术所提供的"长时段"框架，为分析"历史研究"的变化，提供了一种值得思考的新视角。

二、媒介技术：一种"长时段"教育史的分析视角

作为历史学和教育学的交叉领域，教育史承袭了历史学研究的传统观念，主要研究教育思想史、教育制度史、教育观念的变革。进入20世纪以来，随着历史学研究遭遇危机，教育史研究也面临挑战，[①②]学者呼吁"冲破藩篱"，重建教育史的研究。[③]近年来，受20世纪历史研究变革的影响，[④]很多国家的教育史研究者不断开拓本学科的研究疆域，[⑤⑥⑦⑧]国内教育史研究者也提倡叙事范式与历史感知[⑨]等新的研究方法，从新文化史[⑩⑪]、教育生活史[⑫]、教育身体史[⑬]

① 张斌贤、王晨：《教育史研究："学科危机"抑或"学术危机"》，载《教育研究》2012年第12期。

② 张斌贤、杜成宪、肖朗、周洪宇、陈露茜、周采：《教育史学科建设六人谈》，载《华东师范大学学报》（教育科学版）2016年第4期。

③ 张斌贤：《冲破藩篱 探索新知——外国教育史研究访谈录》，载《河北师范大学学报》（教育科学版）2013年第1期。

④ 王汎森：《现在历史是什么？——西方史学的新趋势》，http://www.sohu.com/a/225249109_501364/2018-05-15。

⑤ 杨汉麟、李贤智：《新史学视野下教育史研究的转向——基于国际教育史常设会议的分析》，载《河北师范大学学报》（教育科学版）2008年第3期。

⑥ 孙益、张乐、罗小连：《20世纪90年代以来的德国教育史研究——以德国教育史学会和〈教育史年刊〉为核心的考察》，载《外国教育研究》2014年第8期。

⑦ 周洪宇、周娜：《国际教育史研究取向与趋势及其启示》，载《河北师范大学学报》（教育科学版）2016年第1期。

⑧ 高玲、张斌贤：《美国教育史研究的探索发展：以教育史学会为例》，载《外国教育研究》2017年第9期。

⑨ 丁钢：《叙事范式与历史感知：教育史研究的一种方法维度》，载《教育研究》2009年第5期。

⑩ 周采：《新文化史与教育史研究》，载《河北师范大学学报》（教育科学版）2016年第7期。

⑪ 张亚群：《教育史研究的文化视角》，载《河北师范大学学报》（教育科学版）2015年第1期。

⑫ 周洪宇：《教育生活史：教育史学研究新视域》，载《教育研究》2015年第6期。

⑬ 周洪宇、李艳莉：《教育身体史：教育史学新生长点》，载《教育研究》2017年第1期。

等新的研究视角，不断创新和探索教育史的新的出发点，①并初步取得了一些成果②。但是，从媒介技术的"长时段"视角分析，开展的教育史研究还不多见。③

媒介技术对教育史研究的影响，可能来自多个方面。首先，由于大多数知识的传承和教学需要依赖媒介技术，所以，媒介技术对于教育史的研究对象——人类教育实践、制度和组织的演进，有着重要的影响。换句话说，媒介技术营造出不同的社会传播图景，形成了不同的舞台或者背景。历史上的教育思想、制度和组织，都应该放置到不同的背景结构中，重新审视和思考。④其次，教育史研究本身也受到媒介技术所提供的记录、分析、表达手段的制约。这一点，对于教育学的未来发展，对于迎接基于"大数据"的新的教育史研究至关重要。第三，教育所培养的公民意识和共同价值观念，降低了社会互助、协作的信任成本。在某种程度上，教育充当了人类社会大规模协作的"认知基础设施"。在互联网所营造的全球传播生态图景下，"买全球、卖全球"的现状表明，人类合作的范围早已超越地理疆域，交流的密度和频次空前高涨。从媒介技术的"长时段"结构看，今天所发生的国际争端，实质上正在重演大航海时代不同文化、不同思潮、不同利益的相互遭遇和相互碰撞。教育不仅要回应一个民族的生存发展要求，还要站在"人类命运共同体"的立场上，求同存异，建立符合大多数人利益的新理念、新价值观，培养具有相互协作、相互信

---

① 张斌贤：《探寻教育史学科重建的出发点》，载《北京大学教育评论》2016年第10期。

② 张斌贤、林伟、杜光强：《外国教育史研究进展：2010—2014年》，载《教育研究》2016年第1期。

③ 张斌贤教授于2013年一篇访谈中，阐述了"我设想，有没有可能从这样一个角度来重新确认教育历史的分期"的观点，详见张斌贤：《冲破藩篱 探索新知——外国教育史研究访谈录》，载《河北师范大学学报》（教育科学版）2013年第1期。在此之前，郭文革于2011年发表了论文《教育的"技术"发展史》，按照西方媒介史的五个主要阶段，包括口传、手工抄写、印刷技术、电子媒介和数字媒介等，提出了一个解析西方教育史的五阶段模型，见郭文革：《教育的"技术"发展史》，载《北京大学教育评论》2011年第3期。

④ 张斌贤：《冲破藩篱 探索新知——外国教育史研究访谈录》，载《河北师范大学学报》（教育科学版）2013年第1期。

任的观念基础的世界公民。所以，媒介技术的创新与发展，也正在"塑造"未来的教育史。从媒介技术"长时段"视角分析教育史，是一项站在新的历史节点，重新理解过去，连接未来的学术使命。

从媒介技术所构建的社会传播图景的角度来研究人类教育史，需要借鉴媒介环境学等相关学科的研究成果。郭文革对媒介环境学等相关研究成果进行了梳理，提出西方历史上主要经历了口传时代、手工抄写、印刷技术、电子媒介和数字媒介等五种媒介技术变革，中间间隔百余年、数百年甚至上千年，如下图所示。在两次变革之间，社会传播生态图景基本稳定，形成了一种比较清晰的教育史的"长时段"分析结构。

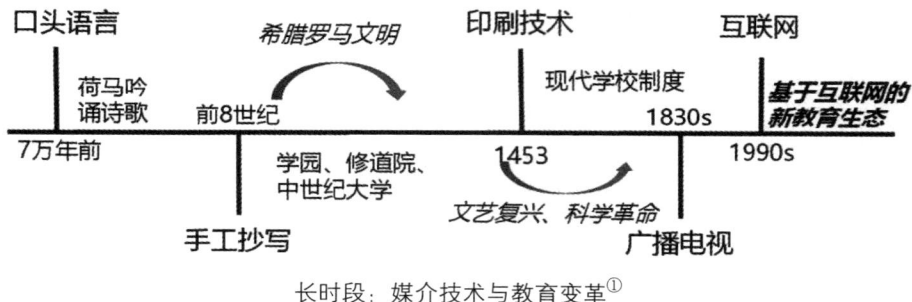

长时段：媒介技术与教育变革①

从布罗代尔"长时段"理论的视角看，"长时段"结构影响了中时段、短时段的历史事件。人类教育史上的重大变革，似乎也支持布罗代尔的观点。西方历史上两次重大的文明与教育发展，都处于媒介技术发生变革的历史时期。（1）古希腊和古罗马文明，处于古希腊从口传到手工书写的媒介技术变革时期，在这一过程中，知识生产方式发生了重大的变革，出现了正式的教育组织——学园。（2）15世纪以来，欧洲发生的宗教改革、科学革命、地理大发现等，又正好发生在从手工抄写到印刷技术的媒介技术变革阶段。这些历史关键节点上发生的"大规模思想运动"②表明，人类文明和教育的大发展与媒介技

---

① 郭文革：《教育变革的动因：媒介技术影响》，载《教育研究》2018年第4期。

② ［美］伊丽莎白·爱森斯坦：《作为变革动因的印刷机：早期现代欧洲的传播与文化变革》，何道宽译，北京大学出版社2010年版，第66页。

术变革在时间上存在显著的相依关系。以媒介技术"长时段"框架考察人类教育活动的产生、发展和变革，是一个值得重视的教育史分析框架。

三、以媒介技术作为教育史分析框架的理论基础

美国媒介环境学家约书亚·梅罗维茨在戈夫曼"舞台论"和麦克卢汉的媒介理论基础上，提出了新场景理论。他指出，戈夫曼分析的是人"在不变的背景中"的动态行为，即人在动，但背景不变；麦克卢汉媒介理论的核心是——背景变了。①新场景理论则是研究在电子媒介环境下，即"背景变了"以后，人的社会行为发生了怎样的变化。借用梅罗维茨的框架，也可以说传统教育史是"在一个不变的背景中"——印刷技术环境和学校教育框架下，研究教育和教学的组织行为模式。教育史"将学校与教育混为一谈"，"把适用于150年历史现象（即正规的和制度化的学校教育体系）的概念套用到更为漫长的历史"，②无法写教育史"一如它所发生的"。基于媒介技术的"长时段"历史研究，把人类教育史分别放置到口头语言、手工书写、印刷技术、电子媒介和数字媒介五种不同的背景中，重新思考和分析人类教育的发展演变史。

媒介技术变革，怎么会引起教育和社会的变革呢？要回答这个问题，需要借助于科斯的"交易成本"理论。所谓交易成本，指的是达成一笔交易所要花费的全部时间和货币成本。信息获取成本，就是一项重要的交易成本。经济学著名的供求法则，前提条件就是"供应信息"和"需求信息"的握手。没有供需信息的握手，就无法达成一项交易。互联网时代零售业从实体商城到网店的变革中，就凸显了交易成本的威力。

"交易成本"同样存在于知识生产和教育教学中。一种媒介技术所建构的

---

① ［美］约书亚·梅罗维茨：《消失的地域——电子媒介对社会行为的影响》，清华大学出版社2002年版，第2—3页。

② 张斌贤、杜成宪、肖朗、周洪宇、陈露茜、周采：《教育史学科建设六人谈》，载《华东师范大学学报》（教育科学版）2016年第4期。

社会传播图景，同时改变了知识生产、个人知识消费、教育组织等不同层次的"交易成本"。从知识生产的角度看，每一次"传播革命使科学数据的采集建立在一个全新的基础上"①，数据的采集方式、准确性、数据量都被改变了，从而导致知识生产范式、知识表达以及知识供应和流通方式的变革。从个人角度看，图书和纸张供应的丰裕程度，改变了一个人获取信息的难易度和数量，进而改变了他受教育的交易成本。从教育组织的角度看，在中世纪羊皮纸和图书都属于稀缺的奢侈品的情况下，教育服务的供应只能是小众的，大规模的现代学校制度只能是奢望。

综上所述，媒介技术变革使得人类协作的"背景变了"，引起了普遍的"交易成本"的变化，进而引起知识生产、个人受教育机会和教育组织模式等都随之发生了变革。

第二节　媒介技术"长时段"视角下教育的历史演变

本节将从口头语言、手工抄写、印刷技术、电子媒介和数字媒介五个阶段②，从表达符号、载体和复制等属性，以及记录、复制、传播速度、传播范围、传播特征等方面，分析在五种不同的媒介技术环境下，人类所处的社会传播图景，以及教育实践的发展脉络。

为了形成对比，将首先描述口头语言出现之前的社会传播图景。在口头语言出现之前，关于地球起源和演变的事实，没有留下只言片语的"记录"，因

---

① ［美］伊丽莎白·爱森斯坦：《作为变革动因的印刷机：早期现代欧洲的传播与文化变革》，何道宽译，北京大学出版社2010年版，第234页。

② 郭文革：《教育的"技术"发展史》，载《北京大学教育评论》2011年第3期。

此形成了大量"未解之谜"。今天，人们对"史前"（有文字记录之前）文明的研究，主要依赖考古发现。

口头语言这种媒介技术的出现，使人类逐渐积累起关于自然和人类发展的一系列"记录"。然而，由于每一种媒介技术在记录准确性、记录广度和记录深度等方面存在性能差别，对当时的人类交流协作以及后世的历史研究都带来了一系列影响。

一、口传时代

口传时代的媒介技术特征：（1）依赖人的声带发出的不同频率的声波组合而成的语音符号，作为记录和表达的符号体系；（2）依靠人脑记忆；（3）依靠师徒口承心授复制内容，形成多于一个的"副本"，进行横向传播和纵向传承。口传时代的社会传播图景：同时在场，开口即逝，"记录"（记忆）不准确，内容再次复述时会走样。

口语修辞首要的目标是避免遗忘。带有韵律的吟诵诗歌，就是一种辅助记忆手段，它是口传时代主要的表达体裁。荷马这类吟诵诗人掌握的技艺就是用一些"固定的反复使用的套语"把所要表达的内容装配成诗歌。[1]口传时代主要的社会传播媒体就是吟诵诗人的演唱。古希腊、罗马盛行的口语演讲——严谨的、带有理性色彩的口头表达，已经是文字和书写出现以后的事情了。

口语不支持远距离传播，因为"口信"很难像书信那样被"封装在信封里"，依靠信使进行远距离异地传送。在"十里不同音"的口语时代，以记忆和口语作为信息传播工具，就像传话游戏那样，传不了几次，信息就已面目全非。这样的"信息通讯基础设施"决定了当时的人类社会还处于"休戚与共的小部落"状态，没有形成"巨大而复杂交往关系的"社会。[2]

---

① ［美］瓦尔特·翁：《口语文化与书面文化：词语的技术化》，何道宽译，北京大学出版社2008年版，第16页。

② ［英］F. A. 哈耶克：《致命的自负——社会主义的谬误》，冯克利、胡晋华译，中国社会科学出版社2000年版，第11页。

口头吟诵诗歌是人类最早的文学作品，[①]最早的历史记录，也是最早的识字课本[②]，然而，它运用了一种不可靠的记录手段。吟诵诗歌在一次次口头传播过程中，逐渐失真。原本对事实的记录，逐渐变成故事，后来又变成神话。以至于文艺复兴之后很长一段时间，没有人相信神话所描述的是真实的事情。一直到19世纪，德国考古学家海因里希·施里曼按照《荷马史诗》提供的线索发掘出特洛伊古城的时候，人们才发现那些荒诞不经的神话传说竟然包含着大量的历史事实。

口传媒介所建构的这一社会传播图景、知识生产图景，对于当时的教学方式和教育组织构成了明显的制约。那时候活着的人，对世界最大限度的了解就是其身处的小部落和小环境。教育主要是家庭内部的生存培训，吟诵诗人不定期地在聚会中吟唱，就是最早的公共教育。

二、文字和手工抄写时代

公元前8世纪，随着希腊字母文字的成熟，希腊进入书写时代。手工书写的媒介技术特征是：（1）用希腊字母文字作为记录和表达的符号体系；（2）文字写在莎草纸上，依靠一种外在的记录手段来保存；（3）依靠抄书匠的手工抄写复制内容。与口传相比，手工书写在营造社会传播图景方面，具有明显的优势：（1）飘忽不定的口头表达被锁定在莎草纸上，可以反复审视和阅读；（2）内容可以写成书信，通过信使进行远距离传送，扩大了社会协作的范围，也使大范围的资料积累成为可能；（3）从吟诵诗人的口头传唱到书面记录，实现了内容与"作者"[③]的分离。通过抄书匠的抄写，可以形成多个"副本"，广泛传播。希

---

① 2016年诺贝尔文学奖新闻发布会，http://open.163.com/movie/2016/10/Q/5/MC2L09JM9_MC2L3IKQ5.html/2017-09-05。

② ［英］卡尔·波普尔：《通过知识获得解放》，范景中、李本正译，中国美术学院出版社1996年版，第147页。

③ 吟诵诗人会按照现场的情景，随时进行增删、改编等。除了传承人的身份，他们还具有作者的身份。

腊人终于有了第一本公共读物《荷马史诗》。然而，与后来的印刷技术相比，手工抄写又有明显的局限性：（1）莎草纸、羊皮纸的供应有限，只有少数人能够接触到这种稀缺的书写材料；（2）依赖手工抄写"出版"图书，出版效率低。一本经典的羊皮手稿，甚至需要耗费一个人一辈子的时间。①（3）手工抄写容易出现笔误，很难找到两本完全一样的手抄图书。而且，由于抄工画图能力参差不齐，地图或解剖图等多次复制之后，会严重走样。这些特征合在一起，形成了手工抄写时代特有的社会传播图景。在这一传播图景下，早期诞生了古希腊、古罗马辉煌的文明；中后期又引起了希腊文明的失落和复兴。

飘忽不定的口头诗歌被锁定在莎草纸上后，可以反复阅读、审视、相互比较和验证，催生了人类历史上第一次知识生产的"范式"革命。公元前5世纪，希罗多德在20多年的游历中，把大量口头传说转录在莎草纸上。他晚年安居意大利南部，通过反复阅读、审视和比较，撰写了人类历史上第一部《历史》。他基于书写和阅读的工作方式，提出的多方验证的历史研究"范式"影响至今。公元前4世纪，亚里士多德组织上千位年轻人，带着昂贵的莎草纸，到地中海沿岸搜集当地的口头传说，在短时间内汇集了大量的研究资料。通过对文字资料的反复研读、分类，亚里士多德对当时的158种政治制度进行了研究，②组织了人类历史上第一次大规模的学术研究，这在口传时代是无法想象的。

从口传到书写的变化影响了希腊人的思维方式。埃里克·哈弗洛克对希腊文化从口传到书写的研究显示，早期的莎草纸文本，如《荷马史诗》和希罗多德《历史》的上半部，还带有鲜明的口头吟诵诗歌的修辞特点。到了柏拉图的时代，文字书写已经内化成一种全新的思维模式。基于"口语形成的思维"是积累的、冗余的、丰饶的、有人情味的和参与性的；基于"文本形成的思维"

---

① BBC记录片《奢侈品的历史》第2集、2010年获得奥斯卡最佳动画长片提名的《凯尔经的秘密》，分别介绍了其中的两本。

② ［英］H. G. 韦尔斯：《世界史纲——生物和人类的简明史》，曼叶平、李敏译，北京燕山出版社2006年版，第246页。

是分析、精确、抽象、视觉、静止的思维。后者体现了柏拉图哲学"理念"世界的特点。[①]

到了公元前399年，雅典已经出现了一个繁荣的手抄书交易市场，为阿卡德米学园、吕克昂学园等学校教育的诞生提供了重要的技术条件。以公元前399年为界，苏格拉底的"教育技术"还主要是口头语言；柏拉图和亚里士多德使用的"教育技术"，就已经是手工书写了。

亚里士多德的学生亚历山大大帝的东征，打通了东西方文明交融的通道，把人类文明带到了一个新的高度。亚历山大大帝死后，他的朋友和下属托勒密一世定都亚历山大城，建设了亚历山大图书馆和博学园。公元前3世纪到公元前1世纪，几代托勒密国王持续投入巨资，在世界范围内，通过各种手段搜集当时世界的学问，并招募当时最好的学者，在博学园开展学术研究。流传至今的很多古希腊典籍，包括《荷马史诗》、希罗多德的《历史》、柏拉图的《理想国》、欧几里得的《几何原本》、托勒密的《天文学大成》《七十子希腊文圣经》等，都是在亚历山大城修订并出版的。这是人类历史早期最大规模的搜集和整理人类知识的伟大创举。之后，由于战乱及基督教一神教的发展，亚历山大图书馆被焚，博学园的学者被遣散，好不容易花费巨资搜集的图书资料大多数散佚和被毁。[②]公元8世纪至10世纪，阿拉伯阿拔斯王朝在巴格达修建智慧宫，开展"百年翻译运动"。阿拉伯人当时已经学会了中国的造纸技术，在巴格达开办了造纸厂，这是他们比希腊人优越的地方，但是图书的复制还是采用手工抄写方式。阿巴斯王朝搜集和整理人类知识的事业，几乎完全重复了亚历山大城的工作：历经数代，耗费巨资，在能够抵达的世界范围内，搜集散佚的图书、材料，汇

---

① ［美］瓦尔特·翁：《口语文化与书面文化：词语的技术化》，何道宽译，北京大学出版社2008年版，第129—130页。

② ［埃及］穆斯塔法·阿巴迪：《亚历山大图书馆的兴衰》，臧慧娟译，中国对外翻译出版公司，联合国教科文组织1996年版。

集人类知识，并组织智慧宫的学者，整理和发展人类知识。①阿拉伯人在数学、炼金术、天文学、地理学、航海等方面，为人类文明发展作出了重要贡献。亚历山大图书馆和巴格达智慧宫代表了手工书写时代两次重大的文明发展。

然而，由于莎草纸数量稀少，手工抄写效率低下，图书供应不足，要想把雅典的学园教育推广到更大的人群，是难以实现的。所以，韦尔斯说，亚历山大城在取得丰硕的知识成果的时候，竟然很少或几乎没有影响周围的政治和人民的思想和生活，亚历山大城的图书馆和博学园只是一盏与世隔绝的阴暗灯笼中的孤独亮光罢了。②

另外，由于欧洲人使用的是一种表音字母文字，再创造一套文字的成本很低。③随着罗马字母的扩散以及西里尔字母文字、阿拉伯字母文字的出现，中世纪的欧洲被方言和字母文字分割成多个子传播系统。能读懂希腊文的人越来越少，希腊典籍主要集中在东方的拜占庭。由于不认识希腊文，欧洲人竟然把阿基米德羊皮手稿的文字擦去，重新书写其他的内容。④中世纪的欧洲被地方方言和不同的字母文字分割成复杂的传播图景，这可能是导致希腊文明在欧洲衰落的一个重要原因。

随着书写技术的不断扩展，手工书写时代的教育从雅典扩展到了亚历山大城、巴格达等多个核心城市。12世纪中叶中国造纸技术传到欧洲以后，打破了羊皮纸稀缺昂贵的局面，提供了更丰裕的"书写机会"，为中世纪大学的发展提供了重要的技术条件。到了15世纪中叶，在巴黎大学周围已经形成了一个繁荣的手抄书行会，为大学教师和学生供应图书和书写材料。

---

① ［美］乔纳森·莱昂斯：《智慧宫：阿拉伯人如何改变了西方文明》，刘榜离、李洁、杨宏译，新星出版社2013年版。

② ［英］H. G. 韦尔斯：《世界史纲——生物和人类的简明史》，曼叶平、李敏译，北京燕山出版社2006年版，第282—283页。

③ 这一点与中国的象形文字系统形成了鲜明的对照。在象形文字体系下，再造一套文字的成本太高了。所以，无论是外族入侵还是改朝换代，中国文字一直没有改变。这种媒介技术特征是中国文明历经几千年能够连续发展的一个重要因素。

④ TED：《揭秘阿基米德失落的手抄本》，http：//www.iqiyi.com/w_19rvfw0cbt.html/2018-06-26.

三、印刷技术

15世纪中叶，随着古登堡印刷机的发明，西欧进入了印刷技术时代。印刷技术的媒介技术特征是：（1）采用字母文字，作为记录和表达的符号体系。早期主要使用拉丁文；后来，随着通俗语图书和报纸的发展，逐渐转向了英语、法语、德语等民族语言文字。（2）人造纸替代羊皮纸，成为主要的书写材料。（3）使用古登堡活字印刷机出版图书，可以快速复制出大量图书。不仅图片精准不差，而且每一个字都出现在同一位置。后来更是出现了页码、目录和索引等新的要素，图书逐渐变成今天的样子。

印刷技术在欧洲营造出一种全新的社会传播图景：人若想读，可以很方便地购买到机印书；人若想写，可以以低廉的价格获得高质量的人造纸。报纸、期刊等连续、快速出版物的发展，让当时一个具有阅读能力的欧洲人，一年获得的"信息总量"超过了世界上其他地方的人一生可能获得的"信息量"。印刷技术一扫中世纪欧洲的沉闷气氛，营造出一种全新的社会传播生态图景，为近代文艺复兴、宗教改革、科学革命、地理大发现、启蒙运动等，提供了全新的技术条件。

第一本被印刷出来的图书是拉丁文版的古登堡《圣经》。很快，其他的印刷商也开始出版各种语言文本的《圣经》。据丹尼尔-罗普斯估算，从印刷机发明到1520年，"拉丁文《圣经》出了156个版本，德文译本出了17种，还不算手抄本，估计……超过了一百种"。[①]在短时间内不同羊皮手稿的大量、密集出版，把手工抄写中的讹误、错漏、矛盾同时呈现在读者面前，大大影响了《圣经》的神圣性。在挖掘和翻译"古三语"《圣经》的过程中，产生了字典、词典等大部头工具书。在翻译出版多种语言《圣经》的过程中，积累了各语言的"字钉"，为后来报纸的大发展奠定了基础。报纸的出现营造出一种独特的异

---

① ［美］伊丽莎白·爱森斯坦：《作为变革动因的印刷机：早期现代欧洲的传播与文化变革》，何道宽译，北京大学出版社2010年版，第204页。

步、"同时"、持续接受信息的大众传播形式，为民族语言的诞生，以及民族国家等"想象的共同体"的出现，提供了重要的"社会教化"途径。

印刷技术带来了新的数据采集、表达和传播方式，促进了近代科学革命的发展。哥白尼生活在印刷时代，他不用像前辈天文学家那样，到处游学、搜集和抄写天文资料。他很容易搜集希腊人、罗马人和阿拉伯人的观测资料，有大量的时间阅读和思考，并注释托勒密的《天文学大成》。艾萨克·牛顿通过购买和从图书馆借阅的方式，收集了从欧几里得到笛卡尔的全部数学书籍，通过读书自学，他在很短的时间内创立了微积分。[1]

机印地图完美诠释了精准印刷在知识生产中的作用。在手工抄写时代，地图在一次次重复抄写中逐渐变形，失去了导航的作用。印刷机出现以后，印刷商四处搜罗古代地图并大量出版。这些版本顺序混乱、讹误百出的中世纪地图出版以后，造成了巨大的混乱，引起了关于读"自然之书"还是读"文字之书"的大争论。然而，机器印刷的快速连续出版模式为修正错误、收集更全面的地理信息，提供了一种新机制。1492年，哥伦布出发的时候，还是拿着15世纪的手绘地图。16世纪以后，奥特利乌斯、约翰·布劳和洪第乌斯的印刷所变成了大航海时代"世界级的搜集整理资料的中心"。奥特利乌斯恳请读者提供批评和建议，并补充《世界地图集》未覆盖的区域。"《世界地图集》很快就重印了几次。……不到三年，他就收到许多新地图，于是他增加了17幅地图作为附录，稍后又将这些新图融入《世界地图集》"[2]。依靠快速大批量出版和持续反馈（把最新地理发现汇集到一张"地图上"），人类终于拥有了一张完整、清晰的世界地图。机印地图对于明确世界各地的边界、统一地名、增强人们的边界意识，[3]提供了清晰、准确、一致的信息。

---

①②③［美］伊丽莎白·爱森斯坦：《作为变革动因的印刷机：早期现代欧洲的传播与文化变革》，何道宽译，北京大学出版社2010年版，第105、64、49页。

17世纪下半叶，出现了定期、连续出版的学术期刊[1]，这种连续出版物把分散的科学家连在一起，建立起持续的分享、交流机制，使分散的学术精英能够相互了解，每一个人都可以在另一个人工作的基础上继续发展（而不是再次重复），这大大加快了新知识、新发明的创新和扩散速度。近代以来，进化论的提出，无线电、电报、电话等新发明，几乎都是由两位或两个团队的科学家同时完成的，由此证明由报纸、期刊等连续出版物所营造的"思想市场"对创新的重要意义。

机印书的大量涌现生发了一种新的学习场景：一个人向一本不会说话的书学习，而书不会动态回应学生的问题，为了适应这种新的学习场景，彼得·拉米斯提出一切"学科"的教材的范式：首先是冷冰冰的学科定义和分类，由此再引导出进一步的定义和分类，直到该学科的每一个细枝末节都解剖殆尽，处理完毕。[2]教科书开宗明义，告诉读者"我"只谈"这个定义的问题"，至于其他问题，请阅读其他的书。久而久之，知识被分门别类地分派进不同的图书和学科，形成了复杂的专业分工和"专门"人才培养体系。

老师和学生人人都有一本标准化的教科书，老师和学生人人都有充足的人造纸和教科书这两个条件，此乃以班级授课制为基础的现代学校制度得以出现的前提条件。

四、电子媒介：以广播电视为例

从19世纪30年代电报的发明开始，人类进入了电子媒介时代，代表性的媒介包括电报、留声机、电影、广播、电视等。电子媒介的技术特征是：（1）采用两套符号系统。一种是跟人的感官接触的表意符号系统，包括文字、数字、

---

[1] 1665年创立和出版的法国的《博学者杂志》和英国伦敦皇家学会的《哲学通讯》，是世界最早的两本学术期刊。

[2] ［加］哈罗德·伊尼斯：《传播的偏向》，何道宽译，中国人民大学出版社2003年版，第102页。

图表、声音、视频等；另一种是存储和传输状态下的模拟电信号。（2）记录的
载体早期是唱片，之后有了盒带、光盘等。（3）通过无线电波，进行一对多的
大范围传播，在用户场景下，产生多个"副本"，也可以用刻录机等复制声音
和录像。

电子媒介极大地改变了信息传播的速度和范围：（1）电信号的传播速度理
论上可以达到30万千米/秒，信息传播首次摆脱了人走、马跑、车行等交通工具
的束缚。BBC纪录片《天才发明》介绍，1840年从英国邮寄一封信到印度，两
年后才能得到回信。1850年电报发明之后，一去一回的信息传递只需要4分钟。
世界变成了一个"地球村"。（2）电子媒介的传播范围超越了国家的疆域，声
音和影像可以覆盖世界绝大多数地方，政治、经济、文化因此发生了巨大的变
革。罗斯福的"炉边谈话"、丘吉尔的广播演讲、肯尼迪的电视辩论等，都是
利用现代大众媒介推行治国理政观念的典型案例。1984年的洛杉矶奥运会，尤
伯罗斯通过出售电视转播权让濒临困境的奥运会起死回生，也为世界大型体育
赛事创造出一种新的商业模式。可口可乐等区域性大公司，通过竞买奥运会赞
助权和广告，迅速把生意推广到全世界，成为世界性的巨型公司。

以模拟电信号为基础的电子媒介也具有明显的局限性：一对多的单向传
播，制约了电视对教育的变革。以大学为例，教学可以采用一对多的方式，向
全国广播；但是，学生的作业、答疑必须回到传统的纸笔书写、面对面口头
交流模式。电视写作和表达的机会属于采、编、播、编、导、演等"专业工
匠"，带有明显的工匠书写色彩，类似于手工抄写时代的抄书匠。广播电视对
教育行业最大的影响是出现了广播电视大学。1969年，英国创建了世界上第一
所广播电视大学——英国开放大学；1979年，邓小平批示成立中央广播电视
大学。以英国广播公司（BBC），探索频道（Discovery），历史频道（History
Channel），中国中央电视台（CCTV）为代表的纪录片，以芝麻街（Sesame
Street）和英国广播公司（Barney Friends）为代表的教育电视节目开始登上历史
的舞台，预示着教育将走出学校的围墙，扩展到更多的空间。

五、数字媒介：以互联网为代表

互联网的媒介技术特征是：（1）采用两套符号系统。一种是跟人的感官接触的表意符号系统，包括文字、数字、图表、声音、视频、游戏、虚拟现实技术（VR）等；另一种是存储和传输状态下的数字电信号。（2）记录的载体是硬盘、网络服务器等芯片。（3）通过拷贝、粘贴复制内容。

由众多的网络服务器构成的互联网，就像是一张覆盖在地球表面的"大纸"。一个人只要能够联网，就可以随时写、随时读，这就打破了电视时代"工匠书写"的局限性。理论上，每个人都可以在网上出书、出版杂志、开设一个视频节目频道。随着报纸、电视、图书、音乐、戏剧、教学讲授、社群等逐渐转移到网上，互联网变成了一种融合的、相互争夺观众注意力的新型社会传播平台。

互联网对知识生产的影响始于"科学数据的采集和汇集的新机制"，"大数据"概念，就是这种新机制的一个代表。与以往媒介技术相比，互联网的数据采集具有以下特点：在各项人类事务发生的同时，网络服务器同步、自动、持续地记录、采集数据。以淘宝商城为例，在零售业务发生的同时，服务器"同步、自动、持续"记录交易过程数据，包括买家是谁、卖家是谁、买了什么商品、买了几件、价格是多少、从哪里邮寄到哪里等。基于全维度的记录，在线零售商不仅可以进行产品推送，还可以形成基于"大数据"的商家、消费者信用评价模型，在此基础上诞生了"蚂蚁金服"这种全新的互联网银行[①]业态。

由于"同步、自动、持续"记录，所以可能积累形成体量非常大的数据，但是大数据的首要特征是自动、同步记录，而不是数据量"大"。"大数据"正在带来又一次知识生产的"范式"革命。

---

① 传统银行只掌握客户现金流信息，基于现金收入（以及部分客户的借贷记录）来评价客户信用。淘宝掌握了客户从建立网店第一天到现在所有的业务数据，因此，可以向淘宝商户提供"无抵押"贷款。

数据（或素材、资料）是知识生产的金矿。数据采集需要花费成本甚至是昂贵的成本，亚历山大图书馆、阿拉伯"智慧宫"就是两个典型的实例。在互联网出现之前，学术研究数据主要通过"手工"采集，[①]手工采集所隐含的"交易成本"促成了今天学术研究、社会实践的分工模式。互联网带来的自动记录数据的特性，打破了原有"研究—实践"社会分工的平衡态势，在实际业务过程中积累和掌握了"大数据"的企业，将会在知识生产中发挥更大的作用。

带有持续的时间、空间标识的"大数据"，可以系统地反映社会的动态发展、变化过程。这种动态性对原有的放之四海皆准的客观知识观念形成了挑战。为了描述动态变化的复杂世界系统，需要建立新的理论模型，形成新的世界观念和知识观念，"必须探索主流知识模式之外的其他各种知识体系"[②]，拥抱知识本身的相对性和不确定性。

基于"大数据"生产的新知识，可以采用新的视觉化、动态、交互、VR等数字化表达形式来表达。这种新的表达样式有别于纸质图书的表达符号和线性组织结构，属于"原生的数字化资源"，它们已经很难被"装回"纸质图书了。未来互联网上的"原生知识表达"只能通过手机、电脑等"阅读"。教学对话的场景也从单一的同时同地的物理教室，变成了同时不同地以及不同时不同地的异步在线教学平台等多种场景。原先建立在"纸质教材"基础上"以班级授课为核心"的现代学校制度，将会产生系统的解构和重构。

---

① 问卷星之类的新应用是流离于正常业务之外的一个环节，本质上是一种技术辅助的"手工作业"。

② 联合国教科文组织：《反思教育：向"全球共同利益"的理念转变？》，https：//wenku.baidu.com/view/ad3730de376baf1ffd4fade7.html/2017-11-20.30。

第三节　媒介技术"长时段"教育史分析框架的意义

把媒介技术看作一种"长时段"结构变量，分析口传时代、手工抄写、印刷技术、电子媒介和数字媒介等几种不同的"社会传播图景"下，知识生产、知识表达和出版、教育教学等的变革，就形成了下表所示的"长时段"教育史分析框架。

媒介技术"长时段"的教育史分析框架

	技术特征	传播图景特征	知识生产	知识表达与传播	教育教学
口传时代	口语、记忆、吟诵	同时在场，开口即逝	记录与遗忘	吟诵诗歌、套语，神话	口传心授
手工抄写	字母文字、莎草纸、手工抄写	反复阅读、图书手工出版、书信远距离传播	手工抄写	对话、希腊散文	学园、修道院等
印刷技术	字母文字、人造纸、印刷机	出现了报纸、期刊等大众传播媒介	机器印刷	通俗语、小说、报纸、期刊	拉米斯教材、班级授课制、现代学校制度
电子媒介	模拟电信号、无线广播技术	大规模的同时收听、同时收看	视频	纪录片、电影、电视等	广播电视大学
数字媒介	数字电信号	融合同步、异步传播媒介；用户对信息的选择性	大数据、AI	文字、声音、视频、游戏、VR等	教育新场景、新需求、新的素养标准

以媒介技术作为一种"长时段"结构变量，分析人类教育发展史，为教育史研究开辟了一个新的路径。只有把人类教育实践所依赖的"社会传播图景"变革纳入到教育史研究，我们才能写教育史"一如它所发生的"。更进一步，如果为这个"长时段"框架嵌入更多的教育思想史、教育制度史、教学教法等微观视角的研究，就可能形成一个立体、动态、多层次、全维度的"数字教育史"研究体系，使教育史的研究进入到一个新时代。

（郭文革）

附录：相关文献

1.［英］F.A.哈耶克：《致命的自负——社会主义的谬误》，冯克利，胡晋华译，中国社会科学出版社2000年版。

2.［英］H.G.韦尔斯：《世界史纲——生物和人类的简明史》，曼叶平、李敏译，北京燕山出版社2006年版。

3.［加］哈罗德·伊尼斯：《传播的偏向》，何道宽译，中国人民大学出版社2003年版。

4.［英］卡尔·波普尔：《通过知识获得解放》，范景中、李本正译，中国美术学院出版社1996年版，第147页。

5.［埃及］穆斯塔法·阿巴迪：《亚历山大图书馆的兴衰》，臧慧娟译，中国对外翻译出版公司、联合国教科文组织1996年。

6.［美］瓦尔特·翁：《口语文化与书面文化：词语的技术化》，何道宽译，北京大学出版社2008年版。

7.［美］伊丽莎白·爱森斯坦：《作为变革动因的印刷机：早期现代欧洲的传播与文化变革》，何道宽译，北京大学出版社2010年版。

8.［美］约书亚·梅罗维茨：《消失的地域——电子媒介对社会行为的影响》，肖志军译，清华大学出版社2002年版。

9.［美］周绍明（Joseph P. McDermott）：《书籍的社会史——中华帝国晚

期的书籍与士人文化》，何朝晖译，北京大学出版社2009年版。

10. 郭文革：《教育的"技术"发展史》，载《北京大学教育评论》2011年第3期。

11. 郭文革：《教育变革的动因：媒介技术影响》，载《教育研究》2018年第4期。

结 语

教育史学的时代使命与未来走向

回顾教育史学波澜曲折的发展历程，当今教育史学研究者思考更多的是教育史学的时代使命和未来走向。在进一步明确当今教育史学科所承担的历史使命的基础上，力求教育史研究在领域、视野、观点和方法上有新突破，从而找准教育史学科的发展道路，使教育史学走出迷惘，迈向辉煌。

第一节　教育史学的时代使命

教育史学要以正确的态度正视各种困难与问题，认真检查与反省影响学科发展的外部和内部因素，同时，还要站在把握时代特征和教育现代化建设全局的高度，高瞻远瞩，审时度势，了解时代发展和社会进步的总体特征，切准时代脉搏，把握未来走向，结合本学科的自身发展情况和学科特色，力求全面、准确地知晓新时代所赋予教育史学科的新的历史任务和时代使命，进而明确努力方向，完善学科体系，争取在新世纪出色地完成时代所赋予的新使命，共同创造新时代教育史学的新辉煌。

一、研究取向：与时俱进，多元发展

意大利历史学家贝内德托·克罗齐（Benedetto Croce）经过多年的历史学研究得出一个命题："一切真历史都是当代史"①。换言之，历史的本质在于其当代性。各种历史研究成果必须反映史学研究人员所处的时代的新特征和新的思想或理念，这样的史学研究成果，才富有时代气息，才是活着的历史。因此，克罗齐强调，那种过去的事实，就其是被当前的兴趣所引发出来的，就是在响应着一种对当前的兴趣而非对过去的兴趣。②史学家研究的历史往往是因现实的兴趣而引发的，并非完全由对过去客观史实的兴趣所诱起。从中可以看出史学本来就是一门与时俱进的学科，那么，作为历史学分支学科的教育史学

---

① Benedetto Croce, *History：Its Theory and Practice* (New York：Harcourt, Brace, and Co., 1923), 176.

② 何兆武、陈启能主编：《当代西方史学理论》，上海社会科学出版社2003年版，第140页。

科与史学一样，带有与时俱进的本性，否则就会被时代所淘汰。教育史研究并非完全再现过去的历史真实，不是摄影机和照相机，不能刻板地反映过去教育发展的具体史实，而应当在尊重历史事实的基础上，根据不同时代所产生的不同问题去研究教育史，通过问题史的方式去研究与体现教育史学科发展的时代节拍。因此，教育史研究应像新史学家们所倡导的那样，以"问题史学"为主要的研究范式，根据不同时代发展的需求，向史料（包括文献与实物资料）提出问题，然后围绕问题去组织史料、论证问题，而不像传统史学那样按照时间先后发生的一系列事件、人物活动来叙述历史。正像法国年鉴学派创始人之一费弗尔强调的那样，"提出一个问题，确切地说来是所有史学研究的开端和终结。没有问题，便没有史学"①。采用问题史的研究方法，是实现教育史学与时俱进的桥梁和手段。

教育史学只有与时俱进、紧跟时代步伐，不断调整自身的研究思路和方法，以多变的应世态度适应社会与时代的变迁，方可立于不败之地。英国当代教育史学家、伦敦大学教授理查德·奥尔德里奇（Richard Aldrich）说："教育史作为一门学科和一个独立的研究领域，其巨大的魅力之一就在于该学科的内容是变化无穷的"②。这种无穷的变化，就是随时代的发展而发展，随社会的进步而进步，简言之，就是教育史学科与时俱进的天性，才使得自身产生了无穷的魅力。在新史学的影响下，教育史学界倡导新教育史学，而新教育史学与时俱进的重要表现就在于保持与时代同步，紧跟时代节拍，善于运用最新的研究手段与理论。20世纪教育史学之所以能够彰显一时，主要是因为其能与自然科学、社会科学进行沟通，不失时机地借鉴了其他学科的研究理论和方法，并进行了大量的跨学科研究。如今，那种孤军奋战、囿于故纸堆的史料梳理和实

---

① 鲍绍霖：《西方史学的东方回响》，中国社会科学出版社2001年版，第191页。

② ［英］理查德·奥尔德里奇：《教育史之我见》，见［俄］卡特林娅·萨里莫娃、［美］欧文·V. 约翰宁迈耶主编：《当代教育史研究与教学的主要趋势》，方晓东等译，教育科学出版社2001年版，第121页。

证性的研究法颇显过时。教育史学要体现与时俱进，就必须进行跨学科研究，引入其他新的研究方法，这是教育史学变革的必然趋势。譬如，因特网、计算机及软件的运用，心理科学的发展，新史学理论的流行，博弈论、系统论、模糊数学、符号学等理论和方法的介入，极大地开阔了教育史学的研究视野，为教育史学研究提供了新的思维线索和理论空间，也为教育史学科的未来发展提供了新的切入点和生长点。

为了实现教育史学科向多元方向发展，应该着重从以下几方面努力：首先，教育史研究者应当综合地、深层次地利用信息技术，以实现研究手段的多元化。努力开发和完善教育史料的收集、交换、存储、传输、显示、识别、提取、控制、加工和利用等技术，将古今中外各种文字的教育史料存储起来并随时收集、补充新的史料，有利于研究者按照自己的需要和意愿交换、传输、显示、识读、提取、加工和利用任何方面的教育史料。这不仅可以省掉研究者泛读、抄写等方面的工夫，多一些分析思考的时间，还可以大大开阔研究者的视野。其次，教育史学研究者应当借鉴和采纳与之相关、相近的社会科学的研究方法，以实现研究方法的多元发展。在未来的教育史研究中，应该倡导借鉴社会学、民族学、民俗学、经济学、文化学、人类学等学科的理论，并运用计量史学、心理史学、比较史学、影视史学、叙事史学、口述史学、文化形态史观等方法开展对教育史的跨学科研究，从而推动教育史研究在未来取得突破性的重大进展。再次，教育史学研究者应当拓宽研究领域、扩大研究对象，以实现研究客体的多元发展。中国的教育史学研究也应学习国际教育史协会和欧美国家的教育史研究选题方法，力求研究范围广泛化、涉猎视野开阔、研究对象多样、研究成果多元化。比如，国际教育史协会近年来召开的研讨会的主题包括"师资培训研究""历史上的教育革新""历史上的教育政策：社会、经济、政治和文化因素""学前教育史及其与普通教育史的关系""科学、技术和教育""东西方大学教育史研究和教学中存在的问题"等，议题比较广泛。美国教育史协会于20世纪80年代确定的研究课题有"扫盲史的比较研究，为青年服务的社会机构的起源和演进，战后德意志联邦共和国的美国政治教育，教育史的插图概况，学校管理领域中领导工作的历史研究"等。法国教育史界所确定的研究议题有"学校社会功能的确立，教育网络的多样化，公共教育集权管理的历史和总监督的历史，学科发展史"等。比利时教育史研究中心所确定的研究课题有"教学与教育政策，小学教师及其专业学会的历史，妇女教育史"。①同时，研究的地理区域要多样化。外国教育史不能仅研究欧美国家教育史，其虽目前发达，以后难保永久发展的态势；况且其他国家与地区的教育各具特色，也应作为研究的重点，诸如印度教育、非洲教育、中东教育、东南亚教育、南美教育等。中国教育史研究也不能仅将汉族教育作为重点，应当在重点研究汉族教育的同时，也要关注中国境内各少数民族的教育传统、教育观念、教育实践以及有代表性的教育家和著名学校，以开放的胸怀、兼容的态度和探索真理的精神，多角度、多层面地研究中国各民族的教育史。教育思想史更不能仅将主流文化的教育观作为主线，也要研究非主流文化的教育观与教育实践活动，这样才有可能勾画出一幅充满生机与活力的中外教育史图景。斯宾格勒认为，每一种文化都有各自的基本特征，人类历史本来就是各种文化的"集体传记"。在人类历史上存在着代表不同文化的基本象征的多元现象。②当代史学家杰弗里·巴勒克拉夫（Geoffrey Barraclough）强调要拓宽史学研究的新领域，必须抛弃中心与边缘的传统观念，立足全世界的研究观念，将东方和西方的历史平行来看待，将发达国家和第三世界平行对待。③教育史研究要多元发展，就必须实现这个跨越，做到研究领域多元化。

---

① ［法］安多旺·莱昂：《当代教育史》，樊慧英、张斌贤译，光明日报出版社1989年版，第17—19页。

② 张广智：《西方史学史》，复旦大学出版社2003年版，第289页。

③ ［英］杰弗里·巴勒克拉夫：《当代史学主要趋势》，杨豫译，上海译文出版社1987年版，第148—154页。

二、研究指归：古为今用，洋为中用

"古为今用，洋为中用"，是毛泽东同志于1964年在中央音乐学院学生的一封信上所作的批示，后来成为我国当代正确对待中国古代文化遗产和外国文化成果的指导思想，也是指导教育史学研究的指南。"古为今用"，就是吸取中国古代文化遗产中有益的、精华的成分，为反映现实服务。一切文化艺术都是在继承、借鉴前人的文化遗产的基础上发展起来的；悠久的中国历史，孕育了灿烂的古代文化，对这些宝贵的遗产，必须继承，而不能割断历史。但是，这种继承是批判的继承，而不是一切照搬。"洋为中用"，就是学习一切外国文化成果中有益的东西，大量吸收外国的先进文化，为丰富和发展中国的文化服务。各民族的文化之间从来都是互相吸收、互相促进的。文化艺术的原理上的共同性与表现形式上的民族性、多样化是辩证的统一。每一民族文化在其自身发展过程中的成果与贡献，也为其他民族文化的发展提供了借鉴。因此，在文化建设和科学研究方面，不能采取关门主义，尤其是在21世纪这样一个全球化进程快速发展的时代，更不能自我封闭，而要以开放的心态去有鉴别地吸收其精华，剔除其糟粕。"古为今用，洋为中用"现在不仅是我国文化建设和理论战线的指导思想，而且成为所有社会科学研究的指导方针。

教育史研究也不例外，应当始终坚持这一原则。特别是在新世纪这个更多倡导创新的时代，不能人为地割断当今教育与古代教育传统的关系，不能阻隔国内教育改革与国外办学经验的联系，要正确处理好"今"与"古"、"中"与"外"的关系，以达到追求历史的真实性，探索历史发展的客观规律并且拿来为"今"所用，为"我"所用的治史目的。教育史学界的老前辈就十分注重这一治史原则，已故的著名教育史专家毛礼锐、滕大春等前辈在《教育史研究》创刊号上就曾强调"'古为今用'和'洋为中用'是教育史研究者的奋斗目标，教育史研究应竭力使教育的历史遗产转化为建设祖国社会主义教育事业的资源"。"教育史家常在古与今、东与西、中与外的教育发展中看到令人吃惊的重演，而这些重演恰恰显示各时各地的教育活动都摆脱不掉教育的客观规律的制约"[①]。这就是之所以能够实现用古代的教育经验为现在教育发展服务、用外国的办学思路为中国教育改革服务的原因之所在，即不管是古代的还是外国的教育，只要是尊重教育发展的规律，体现教育发展的宗旨，就能为我所用，因为成功、有效的教育理念和经验是不分时代和国别的。老一辈教育史学家已经为我们教育史学界的晚辈指明了努力方向，他们希望教育史学界的后人在研究过程中，要着眼现实改革，研究传统教育；立足中国实际，放眼世界教育。要充分体现研究中国古代教育史是为了给当今教育改革提供经验和动力的目的，突出研究外国教育史是为了给中国教育发展提供借鉴和方法的宗旨。因此，在研究中国教育史的时候，要时刻围绕当今教育改革这个轴心；在研究外国教育史的同时，要始终本着以中国为中心的宗旨。中国教育史的研究重点要放在为当前教育、教学改革的实际提供历史经验上，而外国教育史研究的内容也要根据中国的需要有所偏重和取舍，共同的目的就是为中国当代教育发展和改革服务。"古为今用，洋为中用"是我们教育史学科坚持不懈的长期追求和始终不渝的永恒主题。这主要是因为教育的历史可以为现实的教育发展提供精神动力和智力支持，可以为当今教育所存在的问题提供治疗药方，这就是教育史学的工具性功能。正像当代法国教育史学家安多旺·莱昂所说："除了科学的天职以外，教育历史还被用来当作一种实现战斗和治疗目的的工具。……可以把自己时代的问题投射到那些被认为表面上有关的时代"[②]。看来欧美的教育史学家也有同感，正是看准了教育史上不管是中国古代、近现代的还是外国的，都潜藏着一种能为现实教育发展提供奋斗动力的兴奋剂，或是可为当今教育弊病提供治愈康复的药方。只要善于以现实的问题为牵引，进行研究与探索，就会以问题史的方式奉献给当代教育改革与发展现实一份有价值的礼物。现实的

[①] 滕大春：《祝贺〈教育史研究〉创刊》，载《教育史研究》1989年第1期。

[②] ［法］安多旺·莱昂：《当代教育史》，樊慧英、张斌贤译，光明日报出版社1989年版，第132页。

教育理论家和实践家们一定会积极地接纳这份不薄的礼物，因为"传统影响了教育家的态度和现实印象与教育制度的使用者"①。在坚持"古为今用，洋为中用"原则的过程中，要避免以古非今、盲目崇洋的错误倾向，不可一味追求西方的学术标准和研究取向，盲目模仿，失去自己的特色。借鉴是手段，而不是目的。研究中国教育史和外国教育史，虽然是研究中国过去的传统和外国的教育历史，但最终目的是要实现现代化、国际化和本土化。

不仅在研究内容上要做到"古为今用，洋为中用"，而且在教育史学的研究理论和方法上也要做到"古为今用，洋为中用"。教育史学在自身建设过程中，首要的是进行理论创新，广泛吸取其他学科好的研究方法，大胆使用最新的研究手段，使教育史学走上科学、高效的发展轨道。同时，还要吸收2000多年来中国史学史上的一些有益的研究方法，如在对史料的搜集、选择与研究，对史料的辨伪、校勘，对版本的鉴定、甄别，以及对史料的征引等方法，对目前的教育史研究还是很有价值的。②不仅如此，也要广泛借鉴国外各国教育史学和历史学研究方面的成功的经验和方法，比如，年鉴学派的理论、心理史学、叙事史学、总体史学、文化形态史观、问题史学、影视史学等研究理论和方法，对我国当今的教育史学研究亦有较大的参考价值。

三、时代使命：为教育改革和决策服务

教育改革与发展的实践要想科学健康地运行，离不开对教育历史经验与教训的充分吸收与借鉴。研究教育史的目的正是为了解释现实教育问题，而解释的最终目的就在于推动现实教育的改革和发展。所以，英国教育史学家哈德罗·帕金指出："真正的历史学并不是一味按照年代顺序挖掘整理史实材料的学

---

① ［法］安多旺·莱昂：《当代教育史》，樊慧英、张斌贤译，光明日报出版社1989年版，第127页。
② 周洪宇：《论教育史学的两个基本问题》，见《百年跨越——教育史学科的中国历程》，鹭江出版社2005年版，第29页。

科，而是一门解决问题的学科，它向现实世界提出种种问题，并努力探寻问题的答案"①。教育史只有与现实社会结合起来，才能收到良好的研究效果和社会效益。可见，教育史学在跨世纪的重要时期，最突出的任务就是为建设有中国特色的教育科学服务，积极为当前的教育改革服务，但以往我国教育史学界关注和参与教育改革的主动性、积极性还不够，未能充分展示出教育史学的现实功能。这就要求教育史学研究者对待教育改革要有正确的态度，在参与教育改革的实践中研究教育现实问题，为教育改革及领导决策及时提供教育史学的借鉴和参考，从而实现教育史学科的自身价值，体现教育史学科的服务功能。英国现代史学家柯林武德十分重视历史学为当前现实服务，因而他将史学称为"活着的过去"。②教育史学就是要以生动、鲜活的形式去反映现实的教育实践，以此来实现为当前服务的目的。教育史学界更加明确地认识到教育史研究必须贴近现实，参与实践，为教育现代化服务。只有紧贴中国实际，反映时代需求，精选学科内容，才能真正把教育史学科为现实服务落到实处。实践面临的问题，就是学科选择内容的依据；实践中突出的问题，也是学科选择内容的重点。只有这样，教育史学才能获得新的生命力，并从实践问题的探讨出发发现其内在联系，全面深刻地把握其本质，逐步上升为理论概括而建立起自己的理论范式，真正建构起教育史学自身的学科体系。这是由历史与现实有一种互动的关系所决定的，美国当代史学家戴格勒指出："历史的主要目的是扩大我们对那些人类有意义事物的概念，……历史是在不断地进行重写的，而历史的意义则取决于人们现在所得的价值标准"③。教育史有助于人们认识和解释现实，而现实也有助于人们认识教育史，所以教育的历史是与教育的现实密切联系在一起的。在教育史为现实服务的过程中，现实也在为教育史的发展提出新的方向，这就在客观上促进了教育史学的自身建设。

---

① ［英］白顿·克拉克：《高等教育新论》，王承绪等译，浙江教育出版社1988年版，第217页。
② 何兆武、陈启能主编：《当代西方史学理论》，上海社会科学出版社2003年版，第170页。
③ ［美］戴格勒：《重写美国历史》，载《现代国外哲学社会科学文摘》1983年第3期。

教育史学为教育改革和教育决策服务的历史使命还表现在能够通过历史发展规律来预示教育的未来发展趋势。正如美国历史学家A. 尼文斯（A. Nevins）所说："由于历史实际上是将过去与现在连接在一起的桥梁，并指出通往未来的道路，因此，当我们使用历史这个名词时，单凭直觉去思考过去，显然是错误的……历史能够使人类去掌握他们与历史的关系，并有助于人们制定当前发展趋势的总体方针。"①教育史学的这种对未来教育的预测功能是由其学科特性所决定的，法国年鉴学派创始人马克·布洛赫（Marc Bloch）说过："即使历史不能做出其他任何贡献，但仍应当承认，它引人入胜……因为在所有学科中，这是最适合激发想象力的学科。"②教育史研究者应该承担起通过研究教育发展规律，借助历史学的这种激发想象力的学科特性去预测将来的发展趋势和走向，但这种预测功能的充分实现，除了教育史研究者尽力提高对于教育遗产及以此为基础的教育理论的研究水平外，还有赖于教育史研究者对于教育改革与发展实践的深入参与和体察。教育史学科为教育改革和教育决策服务，就是把自己的研究成果以多种形式满足现实社会中人们的教育渴求，帮助解答现实中遇到的种种教育难题，思考和了解现实教育中出现的新课题，并通过对教育规律的科学把握，比较准确地规划未来并提供理论上的支持。这就要求教育史学准确地把握现实的需要，准确把握时代脉搏的跳动，有效地服务于教育改革实际，同时又有利于本学科的自身建设。

21世纪的教育史学界，应该充分发挥教育史学科在指导教育改革与发展实践和预测未来教育发展趋势上的优势。教育史研究者除了研究过去的教育历史外，还应当走出书斋，深入到教育改革与发展的实践中去，通过为国家决策部门和教育行政部门提供咨询意见，为各级各类学校及其他教育机构的改革出谋划策等方式指导教育改革与发展实践，并在条件许可的情况下对教育未来发展走向进行科学的预测。这就要求教育史学研究者必须认真总结中外教育发展的经验和教训，

---

① A. Nevins，*The Gateway to History*（New York：Anchor Books.Doubleday，1962），13—14.

② Marc Bloch，*Apologie pour l'histoire au métier d'historien* 4th ed.（Paris：Colin，1961），112.

围绕教育发展中存在的问题深入研究和探讨，以期为现实的教育改革和发展提供历史的参照与借鉴，进而当好教育改革和教育决策的参谋。教育史学界只有树立大教育史学观，才能实现教育史学在指导教育改革实践方面的指导功能。现实教育问题不但会使研究者发现历史与现实的结合点，还可以促使我们转换思维，促进教育史学科本身理论水平的提高和更大程度地与社会学交融。当教育史研究发挥了其在教育改革、教育学科建设方面的指导功能时，教育史学科自身价值才能真正实现。

四、强化主体意识与重构学科体系

教育史学科之所以出现危机、陷入困境的一个根本原因就在于研究者缺乏主体意识，学科体系不够健全，研究脱离实际，内容陈旧，思想僵化，不仅不能服务于当今教育改革和发展的需要，而且难以满足人们的求知需求。面对21世纪激烈的科技和教育竞争，教育史学科不能因循守旧、消极等待、坐以待毙，必须重新振作起来，正视困难，面对挑战，积极强化研究者的主体意识，努力重构教育史学的学科体系，使之更加合理，以便更好地为教育改革和发展服务。

教育史学科能否走出困境，创造辉煌，最关键的就是确立和凸现教育史学研究者的主体意识，强化教育史学研究人员的主体性和自觉性，从而充分展示教育史学科的自身特色。因为历史学家的主体意识是史学研究的灵魂，有主体性参与的史学研究成果是有灵性的、鲜活的，没有主体意识的历史会成为没有生机和活力的死的历史，所以美国当代史学家H. 霍尔本（H. Holborn）说："历史事实本身是死的，只有在史学家的心中才会复生，它们是总的发展过程中的一部分，而这个发展过程我们是亲自参与的"[①]。教育史学毕竟是研究者作用于教育历史客观历程的过程，所以在教育史学的研究过程中不可避免地掺杂着

---

① ［美］霍尔本：《思想史》，见《现代史学的挑战——美国历史协会主席演说集（1961—1988）》王建华等译，上海人民出版社1990年版，第115页。

研究者的主体意识，正像当代美国史学家R. 比林顿（R. Billington）所说："无论史学家多么专心致志于纯正的真理，那种真理却永远无法掌握，因为任何两个学者都不会用同一双眼睛观察过去，也不会用同一张嘴说出他们的见解。每个人在写下的每一行中，无不下意识地反映出他的信念和偏见。"①如此说来，教育史学研究者的主体意识就显得尤为重要。既然每个研究者所写的教育史各不相同，这就需要强化和规范每位研究者的主体性，使之在新世纪能够反映时代的呼声，体现国家和民族的意志，以此实现教育史学研究的旨归。"教育史学"研究者的主体意识，首先要突出"教育"的本性，要时刻以"教育"为中心，开展多学科研究，尽量避免失去教育的特性；当然要体现史学的共性，以一种历史责任感和使命感对待历史事实的客观性；还得有自己的"学"，即努力建构自己的理论体系，以防被边缘化和异化，时刻突出自己的学科特色。在树立研究者主体意识的过程中，教育史学界要转换思维模式，从过去传统的治史思维中解脱出来，树立大教育史观，紧跟时代的节拍，以全新的理论思维审视与思考教育史发展历程。同时，改变研究者自暴自弃的消极观念，调动全部积极的因素，以主动适应、积极参与的主体意识，开拓教育史学研究的新领域，使新世纪面世的教育史研究成果，成为有血有肉的、充满思想内涵的、能指导现实教育发展的论文和著作。教育史学界同仁只有把握机遇，迎接挑战，奋力拼搏，才能更好地担当起新世纪赋予我们的伟大历史使命。

每一个时代，人们对教育历史进程的认识都是依其所处时代的要求和所出现的问题的不同而不同的。我们之所以不断重写历史的内容和历史的含义，其根本原因就在于我们要求历史回答的问题以及在历史中寻求的价值标准是随着时代的改变而改变的。因此，每个历史时期的教育史研究都应有侧重点。过去的教育史学内容主要研究人物的教育思想、国家的教育制度及正规的学校教育，但现在我们正处在一个改革、一体、多元的新时代，迫使我们不仅要对有

---

① 转引自何兆武、陈启能主编：《当代西方史学理论》，上海社会科学出版社2003年版，第486页。

益于改革的教育历史经验及思想加以关注，而且要更多地留意教育发展史上各项改革的合理原因、功能作用、后果影响及补救措施等问题。而且，随着社会发展整体化趋势的增强，教育已不再被视为社会中孤立存在的一分子，而是一个国家的综合国力的重要组成部分，是整个社会发展的基础工程，因此教育史学科在内容上必须打破过去的思想史、制度史的传统模式。不仅要研究教育家具有哪些思想，同时还要研究他们为什么会有那样的思想，社会上哪些因素导致了教育家产生如此的思想，他们的思想对教育实践产生了怎样的影响；不仅要研究教育制度内容和状况，还要挖掘该制度产生的社会根源、思想根源，以及该制度在实施过程中所遇到的种种问题；不仅要研究教育内部的事情，而且要探讨与教育相关的社会生活的各个方面和各个领域，以真正拓宽教育史学研究的空间。这就需要我们教育史学界重新构建学科体系，以适应21世纪的教育和社会发展的新形势。

关于教育史学的学科体系问题，早在20世纪30年代，有的学者就已经有所思考。中华人民共和国成立之后，特别是20世纪80年代以来，有更多的研究者开始关注这一问题，只是由于思考问题的标准不同，所以出现了各种各样的学科体系构想。有代表性的教育史学的学科体系构建模式主要有三种：一是高时良的"三层次说"；二是杜成宪的"二分法说"；三是周洪宇的"二层次三领域说"。第一，高时良将教育史学科分为：（1）低层次，即限于教育史内部的结构，如高等教育史、职业教育史、秦汉教育史等；（2）中层次，教育史与其他学科交叉，如教育训诂学、计量教育史学等；（3）高层次，是从哲学思辨的高度对教育史学进行理论探讨，如教育史方法论研究等。[①]这一体系构想的突破点在于将教育史学方法论研究纳入学科体系之中，使学科体系在完整性得到了补充。然而，这种分法三个层次的界限往往难以划分和把握。第二，杜成宪将教育史学科分为"实质研究"与"形式研究"两大部分，"实质研究"之下又分

---

① 孙培青：《中国教育史学科体系问题》，见《社会科学争鸣大系·教育学卷》，上海人民出版社1992年版，第405页。

为"内部史"与"外部史"两大部分，"内部史"之下则分为制度史与思想史两部分，而制度史与思想史的表现形式则为通史与专史两类。该学科体系和结构的设想有一个显著的特点是有较高的概括水平，基本上将现实的中国教育史研究的各个领域、各个分支对号入座、各得其所了。①然而，也有不尽如人意之处，如仅仅将教育史分为教育思想史和教育制度史两个层面显然是不合适的。

第三，周洪宇将教育史学的学科体系分为"两个层面"："具体的教育史学研究"和"抽象的教育史学研究"。"具体的教育史学研究"主要是指对教育历史发展过程中的具体历史现象进行的实证性研究。它主要通过教育历史事实之间的具体联系，描述教育历史在各种因素的相互作用中，向前发展的活生生的教育历史过程。具体分为"三个领域"：教育活动史、教育制度史、教育思想史三个部分，其学科的表现方式有教育通史、教育断代史和教育专题史等。"抽象的教育史学研究"是对教育史认识过程的形式与规律的研究，具体包括"三个领域"：教育史学史研究、教育史学理论和方法研究、教育历史哲学研究。②这个体系构想的创新之处在于将作为教育思想史与教育制度史中介的"教育活动史"单列出来，使得学科更趋完善；还有将对教育史学理论作专门的最高层次研究的"教育历史哲学研究"首次列入学科体系之中，亦是一个首创。由于时代在前进，学科在发展，教育史学的学科体系构建模式只能适应于某个特定的时期，因此，很难设计出一个永远完美的永不过时的学科体系模式。这些教育史专家从不同的视角、以各自的标准对教育史学科体系作了各有特色的构想，为教育史学研究者指明了努力的方向，为将本学科建设成为与时俱进、日臻完美的教育学科作出了积极贡献。

---

① 杜成宪、邓明言：《教育史学》，人民教育出版社2004年版，第89页。
② 周洪宇：《论教育史学的两个基本问题》，见《百年跨越——教育史学科的中国历程》，鹭江出版社2005年版，第32—35页。

五、表述回归：构建中国学术话语体系

构建中国学术话语体系，是时代赋予中国教育史学工作者的使命。关于学术话语体系的构建及其路径，瞿林东认为："学术话语体系在很大程度上反映了一个时代的学术面貌及其走向，而学术话语体系的建构既有内在的历史联系与新的创造，又有内在和外在的沟通与借鉴。准此，则中国学术话语体系的当代建构，似亦应循着这一路径前行。"①作为中国哲学社会科学组成部分的教育史学，如何遵循这一路径，站在国际学术的制高点，以高度的文化自觉和理论自信构建自身的学术话语体系，进而从世界学术边陲走向中心舞台，这不仅是学术之问，更是历史之问、未来之问、学科生命之问。

笔者认为，教育史学中国学术话语体系的构建，应从以下几个方面着手：

一是立足时代场域，关注教育现实。

学术的逻辑和时代的逻辑从来都是同步的。教育史学中国学术话语体系的构建并非为重返故纸堆里去找寻那些我们曾引以为傲的历史注脚，也不是空洞的文字游戏的把玩，它的使命在于从中国当前亟待解决的教育现实问题出发，从教育现实问题发现与之有着内在逻辑关系、值得深入研究的教育历史问题，形成中国教育史学特有的问题域，进而解决中国当前面临的教育问题，服务于中国教育的未来发展。因此，教育史学中国学术话语体系必须立足于清晰的时代场域，致力于时代精神的中国表达。

当前，自第二次世界大战结束以来就开始成为西方史学主流的"自下而上的历史学"仍方兴未艾，史家的目光已从精英转向大众、从中心移向边缘、从国家转到社会，其影响所及，造成政治史、军事史不再为学者所青睐，社会史、文化史、妇女史、心态史、口述史等逐渐成为显学。这些"源自西方、反映了西方文化焦虑甚至危机的史学潮流"②已开始为中国史学界所接受，并出

① 瞿林东：《关于当代中国史学话语体系建构的几个问题》，载《中国社会科学》2011年第2期。
② 王晴佳：《新史学讲演录》，中国人民大学出版社2010年版，第13页。

现朝气蓬勃、日新月异之势。这一研究趋势本身没错，甚至具有重大而长远的学术意义，但我们必须对其产生根源和推行原因有一个清醒的洞察与反思，不能因此而盲目排斥和低估中国和世界其他民族源远流长的史学传统，忽视自身的现当代史学研究成果。从中国教育史学研究情况来看，自改革开放以来，学术界在返本与开新的学术实践中，依据当今教育实践过程中所提出的时代命题，逐渐开拓出"回归经典史学""现代化史学""叙事史学""活动史学""整体史学""全球史学"等学术研究范式，呈现出百家争鸣、百花齐放的良好研究态势，这些学术结晶不仅为教育史学研究积累了宝贵的经验与财富，还为学科理论创新和学术进步提供了广阔天地与时代场域，也是构建学术话语体系的重要理论依据。

二是立足中国实践，着眼学科未来。

中国学术话语体系的构建总是指向当今的"中国问题""中国经验"，即指向当代中国的历史性实践所形成的问题和经验。因此，立足中国实践解答中国问题，是构建教育史学中国话语体系的根本出发点。实践是认识的动力和源泉。中国教育史学的发展与中国的教育改革和中国特色社会主义的建设实践密切相关，一方面为当今中国教育改革实践提供反思和借鉴，另一方面也从中国教育实践中探求教育发展的历史规律，达到鉴往知来的目的。

中国教育史学是伴随着中国教育百年改革实践而产生和发展的。《20世纪中国教育改革的回顾与反思》[①]一文中指出，纵观自晚清开始的中国教育百年改革实践，其主要内容可以概括为四点：一是教育观念的变革，主要包括新思想的传播、新观念的形成、新理论的产生与新宗旨的提出，这是中国教育改革的首要内容；二是教育制度改革，主要包括学制改革、行政制度改革、办学制度改革、招生制度改革等，教育制度改革是教育改革的核心与重点；三是教学内容和方法的改革，学校教育是教育工作的主阵地和主渠道，而学校教育中的

---

① 周洪宇、申国昌：《20世纪中国教育改革的回顾与反思》，载《华中师范大学学报》（人文社会科学版）2011年第3期。

教学内容与教学方法改革是百年教育改革的基本内容；四是师资培养改革，教师的教育和培训是我国教育的重要组成部分，是基础教育的师资来源和教育质量的重要保证。这些教育改革实践在不同的历史时期为中国教育史学提供了丰富的研究内容和时代命题。

当前，中国特色社会主义伟大实践正在如火如荼地进行，伟大的实践呼唤着学术和理论的创新，中国教育史学面临着前所未有的历史机遇，但教育史学研究和学术创新还明显滞后于实践的需求和时代的步伐。中国教育史学在百余年的发展历程中积累了一批优秀学术成果，并在改革开放后的学术实践中逐渐形成多种研究范式。但从实践的角度看，教育史学研究者仅满足于此还远远不够，需对当今波澜壮阔的教育改革实践有更为深刻的把握，并紧跟实践的步伐，倾听时代的呼声。实践是不断发展的，因此，教育史学中国学术话语体系也应是一个开放和发展的学术体系，并在实践这一源头活水的推动下逐渐发展、完善，进而永葆青春活力。

三是立足本土资源，放开学术胸襟。

中华民族拥有几千年绵延不绝的优良学术传统，这些学术传统蕴含着中华民族的文化基因和思想追求，是中华民族特有智慧的集中体现。优良学术传统的继承是中国教育史学乃至整个教育学科摆脱盲目照搬西方模式，实现教育学科本土化的根本途径。这既是一种策略，也关涉学科长远发展的方向和道路。因此，教育史学中国学术话语体系的构建，必须牢牢根植于中国数千年的文化土壤，把富有民族学术传统和创新精神的教育史学研究成果呈献给世界，让国际学术界了解和认同中国教育史学所蕴含的文化精神，从而树立高度的文化自觉和文化自信。

如何批判继承中国优秀学术传统，并在此基础上构建具有本土特色的教育史学中国学术话语体系？笔者认为，以下五个方面应是研究者今后努力的方向：一是批判地继承中国学术传统价值取向的合理因素。从古代文以载道、格物致知、经世致用，到近现代的学以致用、实事求是、求真务实，可以清晰分辨出中国学术传统价值取向的演变与发展轨迹，研究者应学会继承和发展优秀传统，学会从国情出发，力求古今贯通、学以致用。二是批判地继承中国传统史学的思维方式。中国传统史学一贯注重从宏观的、整体的角度理解和把握历史发展的脉络，总是透过历史上繁芜的细枝末节，寻找历史的内核和本质联系。不过，传统史学也有忽略微观研究的不足。因此，新世纪的中国教育史学研究，要善于从整体思考中国教育发展的整个历程，从宏观上体认和把握教育思想、教育制度、教育活动之间内在的必然联系，并学会对各种细微的、日常的教育史料和教育现象进行整理和分析，见微知著，从具体人物的思想和活动窥见社会大众和社会潮流的动向。三是批判地继承中国传统学术理论范畴。近年来，史学界和教育史界广泛引入与借鉴西方史学理论与方法，这本无可厚非，也是学术发展的必由之路，但一些学者习惯于从西方社会科学中搬运现成的理论方法，热衷于用抽象的理论、晦涩的术语剪裁原本生动活泼的教育历史，使教育史学脱离了丰厚的沃土，失去了坚实的根基，偏离了学术健康发展的轨道。教育史学在未来的学科构建中，应努力挖掘中国传统教育中具有生命力的理论范畴，如启发诱导、因材施教、循序渐进、教学相长、长善救失、博精兼顾、知行合一等，这些均是流传千古的教育理论范畴，在中国教育史上具有旺盛的生命力。四是批判地继承中国史学研究方法。传统史家在研究历史时，形成了一些专门的学问，如版本学、目录学、校勘学等，总结出许多至今仍焕发活力的研究方法和技能，如辑佚、校勘、辨伪、考证等，这些学问和方法对教育史研究尤其是在史料的辨伪考证方面具有永恒的使用价值。五是批判地继承中国史学编撰体裁。章节体自西方引入后为中国学术包括史学编撰提供了一种较好的编撰体例，但若一味用这一种形式呈现学术研究成果，难免有单调之嫌，因此，今后教育史学编撰体裁还应从诸如编年体、纪传体、纪事本末体、学案体等中国传统史学传统编撰形式中汲取营养，力求学术表达多元化。

他山之石，可以攻玉，提倡立足本土资源，并不是一味抱残守缺，而是放开学术胸襟，广纳世界学术成果，建立一种既具有中国特色、又融入世界学术主流的教育史学。王晴佳在谈及西方新史学时曾指出："我们了解西方新学术的原因，是为了'知己知彼'，而了解的目的乃至手段，就在于如何找出其弱点并加以批评和克服。而持这样的态度所获得的研究成果和心得，也许更能辩证地体现当今全球化的特点。因为全球化的开展，通常以其'在地化'为前提、并与之互为表里的。"①这一观点同样适用教育史学。中国教育史学只有放开学术胸襟，积极吸收和借鉴世界上其他国家和民族的教育史学学术话语体系的优点，坚持海纳百川、融会贯通的构建理念，以人类创造的全部文化财富为基础，充分利用国内外已有的学术资源，才能把教育史学研究推向学术前沿。

四是联合海峡两岸，共建学术家园。

中国学术话语体系是中华学人共同的学术家园，是海峡两岸学人的文化纽带。构建教育史学中国学术话语体系，是海峡两岸教育史学工作者共同的历史使命，仅仅靠祖国大陆学者是绝对难以完成的，需要教育史学同仁共同努力。

如何构建，此处提出几点设想：一是建立"中华教育史学研究共同体"，共展"繁荣教育史学、共造教育中国"之愿景，充分发挥海峡两岸教育史学研究者在推动中国学术发展与社会进步中的积极作用。二是共同制定学术交流规划，积极促进海峡两岸教育史学研究者学术交流与合作，开展重大学术课题研究，推出反映与体现海峡两岸学者研究水准的系列学术成果。尤其是共同加强对教育史学中国学术话语体系的研究，形成可以与西方学术界开展平等对话并对西方学术界产生重大影响的中国教育学术话语体系。三是完善学术交流机制与平台，定期轮流举办"海峡两岸教育史学研讨会"，由目前北京师范大学、华东师范大学、台湾师范大学、澳门大学、浙江大学、厦门大学、华中师范大学、东北师范大学等校扩大到海峡两岸更多的学校，争取吸引更多的学者和年轻人参与讨论交流，共同分享学术心得，促进学术发展。四是定期联合举办"中华教育史学高级讲习班"，选聘海峡两岸教育史学资深学者，编辑相关培

---

① 王晴佳：《新史学讲演录》，中国人民大学出版社2010年版，第13页。

训教材，大力培养年轻学人，着眼于教育史学队伍的长远建设与发展，使教育史学研究后继有人，源源不断，生生不息。五是联合设立"中华教育史学学术原创奖"，组织专家评委，通过公开、公正、公平的方式，定期表彰潜心治学，作出重大原创性研究的优秀学者，鼓励学者安心治学，繁荣学术文化，为学术文化积累作贡献。六是联合设立"中华教育史学经世致用奖"，定期表彰运用教育史学研究成果，推动海峡两岸教育改革与发展的优秀学者，鼓励学者发扬中国学术经世致用优良传统，充分履行知识分子的社会责任。

第二节　教育史学的未来走向

回顾教育史学的学科发展历程，总结教育史学发展史上的经验与得失，根据时代发展的客观要求和赋予的历史使命，在广泛借鉴其他学科和其他国家的研究理论和方法的基础上，运用哲学思辨的方式，重新构建具有本学科特色的理论体系，进而站在学科发展的高度去展望教育史学科的未来发展方向，迎来教育史学研究的新的春天。结合当前世界教育史学发展的趋势和历史学、社会学、教育学等学科的最新研究取向，笔者认为，未来教育史学发展的基本走向是实现教育史学研究的多元化、整体化、群体化、民间化。

一、多元化：文化史观给教育史学的启示

早在20世纪50年代，德国历史哲学家O. 斯宾格勒（O. Spengler）和英国历史学家A. J. 汤因比（A. J. Toynbee）就提出打破"欧洲文化中心论"，倡导文化的多元化，他们所创立的学派被称为"文化形态史观"。在这种文化多元论的导引下，欧美各国历史学界和教育史学界均出现了研究理论和方法的多元化倾

向。特别是继法国年鉴学派之后，于20世纪70年代以来兴起的"新史学"，极力倡导借鉴其他自然科学和社会科学的理论和方法，力求历史研究趋于多元化和灵活化。受其影响，欧美教育史界也出现了多元化的研究取向。法国当代教育史学家安多旺·莱昂说过，"新史学"潮流必然影响到教育史学者的研究趋势，这种趋势可以概括为：史学家的兴趣领域得到了拓宽；主题历史法取代叙述历史法；多视角考察和分析教育历程；研究主体与研究成果的关联等。[①]结合国外教育史学的发展趋向，笔者认为我国教育史学科研究的多元化，主要包括研究者理论知识的多元化、方法手段的多元化、对象领域的多元化、成果形式的多元化等方面。

第一，研究者理论知识的多元化。美国新史学家H. E. 巴恩斯（H. E. Barnes）提出，"历史是关于人在社会环境条件下发展的记录"，如果研究者不具备人类学、社会学、人口学、经济学、政治学、法律学、伦理学、心理学、心态史、文化史、科技史等多学科的知识和理论，"就不可能对这种记录作出合理的解释"。[②]教育史学研究者要实现传统教育史学向新教育史学的转型，就必须具有多学科的基础知识和基本理论。只有这样，才能开阔研究视野，扩大涉猎范围，使研究成果更加多样化。第二，研究方法的多元化。教育史学应该借鉴和学习新史学的研究方法。新史学十分注重跨学科研究方法的应用，主张历史研究与其他社会科学、自然科学相互渗透、相互借鉴。在交叉与渗透的过程中产生了一些边缘或交叉学科的研究方法，如心理史学、比较史学、计量史学、历史人类学、口述史学、叙事史学、影视史学等。英国当代史学家巴勒克拉夫说过："历史学家们在社会科学中发现了一系列概念和各种类型的新研究方法。他们是愿意接受这些概念和方法的，因为他们对自己的传统研究方法已经深感不安。至于这些概念是来自社会学、人类学，还是来自经济学，那是无

[①] ［法］安多旺·莱昂：《当代教育史》，樊慧英、张斌贤译，光明日报出版社1989年版，第7—8页。

[②] ［美］詹姆斯·哈威·鲁滨孙：《生活在20世纪中》，见《新史学》，商务印书馆1989年版，第203页。

关紧要的。重要的是探索这些概念使历史学家在自己的研究工作上增加新内涵的可能性有多大。"①法国年鉴学派的创始人之一费弗尔创造性地运用心理学的方法去研究人类群体的心态，在欧洲开创了心态史研究的先河。他采用心态分析的方法，深入揭示了德国马丁·路德时代人们的精神风貌和社会心理。法国历史学家拉布卢斯首次将经济学领域的计量分析法运用到具体历史研究中，在史学界创立了计量史学。教育史学界应当像历史学界一样，力求通过借鉴与引入其他学科的研究方法，进而创立教育史学的最新研究方法，以此来实现研究方法的多元化。第三，研究对象领域的多元化。英国当代史学家汤因比，倡导打破传统"欧洲中心论"，他认为在人类发展的6000年历史上，曾出现过21个文明，之后又增加了波利尼西亚文明、爱斯基摩②文明、游牧文明、鄂图曼文明、斯巴达文明等"停滞发展的文明"，共26个文明，后来又增加到37个。他认为，各种文明之间具有"亲属关系"，而且是"价值相等的"，主张将这些文明均作为历史的研究对象。受此启发，教育史学也要不断扩大研究的视野和领域，实现研究对象的多元化。譬如，中国教育史研究，不仅要注重汉族教育史的研究，而且要关注各少数民族教育史的研究；不仅要研究儒家的教育思想史，而且要研究佛教、道教、伊斯兰教、基督教、藏传佛教等其他宗教教育思想史；不仅重视官办教育的研究，更要注意对民办、商办、合办等教育史的研究。外国教育史研究，不能只注重研究欧美发达国家的教育史，也要研究不发达国家和地区的教育史。努力将研究的领域扩大，使之向多元方向迈进。③在这方面我们教育史学界应当向美国当前的史学界学习和借鉴。近20年来，美国史学界力求研究对象和领域多元化，开辟了不少新的研究领域，就像美国当代历史学家G. 希梅尔法布（G. Himmelfarb）所说："月经初潮史应该和君主政体

---

① ［英］杰弗里·巴勒克拉夫：《当代史学主要趋势》，杨豫译，上海译文出版社1987年版，第75页。

② 现一般称其为"因纽特"。

③ 申国昌：《文化形态史观对教育史研究的启示》，载《教育研究与实验》2006年第3期。

史同等重要",而"米老鼠比富兰克林、罗斯福对于理解20世纪30年代更为重要。"①教育史学也应该像美国史学那样,将研究的视线更多地投放到从来不被关注的下层民众。第四,研究成果形式的多元化。教育史研究的多元化还表现在其研究成果表现方式也要多元化,不仅要有教育通史、教育断代史、教育专题史、教育国别史并存的新格局,而且要出现教育内部史与教育外部史、教育具体史与教育抽象史、教育专题史与教育问题史并举的新局面,还要学习与借鉴国外的教育史学表达形式,以求实现线性教育史学与多维教育史学、叙事教育史学与功能教育史学、现象教育史学与展望教育史学②并存并重的局面。多样化的表达方式,还有利于引导研究者步入研究的新境界,使教育史改变过去那种死板单调、千篇一律的成果表现方式,进而出现形式多样、生动活泼的研究局面。

二、整体化:西方史学对教育史学的牵引

新世纪教育史学科不能仅将目光集中在争取重回师范教学课堂之上,而应将注意力放在加强与历史学的沟通上,应将学科发展的重心放在学术研究当中,努力实现在与历史学、社会学、经济学、心理学、文化学、教育学的交融过程中逐步扩大新生领地。教育史从教育学科的核心地位向边缘移动并非教育史学科的悲哀,而是孕育着新的希望,说明教育史学开拓新领域的机会的到来。教育史学只有在向教育学科边缘移动的过程中,才能获得更多与教育以外学科的接触机会,当教育史学游离出教育学科的核心范围时,就开始向历史学、社会学等周边学科求助。因此,走出教育学,进入历史学,不是教育史的消亡,而是教育史阵地的扩大和再生。而教育史学的整体化趋势正是从历史学

---

① 〔美〕希梅尔法布:《对新史学的若干思考》,载《现代外国哲学社会科学文摘》1990年第4期。

② 〔法〕安多旺·莱昂:《当代教育史》,樊慧英、张斌贤译,光明日报出版社1989年版,第41—45页。

中借鉴过来的，最早倡导史学研究整体化的是德国历史哲学家斯宾格勒，他于第二次世界大战后首次提出了要打破"欧洲中心论"，要对世界上的多种文化进行研究。面对众多的文化采取的研究方法应该是整体性地把握。因为在他看来，"世界历史指的是整体，而不是某个选定的部分"①。其后继者英国史学家汤因比发展了文化形态史观，他针对以往欧洲史学家总是视欧洲为中心的一维研究思路，提出了要研究全世界的多个文化，他说："我试图把人类的历史视为一个整体，换言之，即从世界性的角度去看待它"，"我们必须放眼于整体，因为有这个整体才是一种可以独立说明问题的研究范围"②。可见，最早倡导史学研究整体化的是文化形态史观。后来，法国年鉴学派又进一步公开提倡整体地、总体地研究历史，即"整体史"或"总体史"——就像该学派的创始人马克·布洛赫所说："真正的唯一的历史，乃是全部的历史"③。所以他们认为真正的历史就是整体史。继承这一整体史观，新史学的研究内容大大扩展，由传统史学只研究政治、军事史，拓展到文化史、经济史、社会史、心态史。年鉴学派的第三代核心、也是新史学的创始人勒高夫进一步指出："对物质世界、精神世界、想象力世界应予以同等的注意，这样的历史才是表现人类生活全部层次的整体史"④。史学界的这种从整体来把握历史的研究趋势，直接影响到了教育史学界。法国当代教育史学家莱昂就承认这种倾向，他说："史学界的兴趣得到了拓宽，整体史探讨了不同的学科内容，诸如经济、社会和心理史。……这些趋势必然会影响到教育史学者的工作"⑤。正当新史学家义无反顾地将笔触伸展到世界范围，谋求整体史观实现的同时，教育史学家也开阔了思路，相

---

① Oswald Spengler, *Decline of the West*（London：G.Allen & Unwin，1926），24.

② ［英］汤因比：《历史研究》上册，见《当代西方史学理论》，上海社会科学出版社2003年版，第397页。张广智，张广勇：《现代西方史》，上海人民出版社1986年版，第10页。

③ ［法］马克·布洛赫：《为史学而辩护》，见何兆武、陈启能主编：《当代西方史学理论》，上海社会科学出版社2003年版，第397页。

④ 张广智、张广勇：《现代西方史学》复旦大学出版社1996年版，第96页。

⑤ ［法］安多旺·莱昂：《当代教育史》，樊慧英、张斌贤译，光明日报出版社1989年版，第7页。

继走上了探寻整体教育史观的道路。

而教育史学整体化的突出表现就是"大教育史观"的提出——要突破狭隘的教育史观，树立大教育史观。所谓"大教育史观"，应从横向和纵向两个方面来分析。首先，从横向来讲，"大教育史观"或者说"整体史"要求教育史学研究者将全球教育史作为一个研究整体，将发达国家与落后国家的教育史、东方与西方的教育史、大国与小国的教育史、文明古国与后来新建国家的教育史联系起来去研究，作为一个完整的实体去探究，尤其是将中国教育史研究有效地融入世界教育史研究之中，将其视为世界教育史的一部分。就像法国当代教育史学家安多旺·莱昂所说的："教育史的范围已经延伸到包括现在在内的所有国家和所有时期"①。其次，从纵向来看，"大教育史观"要求教育史学研究者将教育发展的过去、现在和将来连贯起来研究，将之视为一个上下沟通的整体来看待。不仅应该研究过去的教育事迹，而且应该关注或研究教育改革和发展的现实，这主要是因为历史是上下连贯且没有时间界限的。马克思曾经说过："我们仅仅知道一门唯一的科学，即历史科学。历史可以从两方面来考察，可以把它划分为自然史和人类史。……我们所需要研究的是人类史，因为几乎整个意识形态不是曲解人类史，就是完全排除人类史。"②马克思认为，人类社会的过去、现在、未来都属于广义的人类史，人文社会科学的各个方面都属于广义的历史科学。同样，教育的过去、现在和未来都属于广义的教育史，而这个广义的教育史也就是大教育史，这就是从纵向来看形成前后连贯、上下贯通的教育整体史。这就要求研究现代教育史要顾及与近代教育史的前后联系，探究近代教育史应注意和古代教育史上下沟通，使之成为前后呼应的教育整体史。根据大教育史的观点，教育史不仅要研究过往的教育思想和活动，而且应当关

---

① A. Léon, *Introduction à l'histoire des faits éducatifs* (Paris: Presses universitaires de France, 1980), 248.

② ［德］马克思、［德］恩格斯：《德意志意识形态》，见《马克思恩格斯选集》（第1卷），人民出版社1972年版，第21页。

注教育改革的理论与现实。倘若教育史研究人员认为教育史学仅仅应该关注已逝的教育历史，而不去研究当今的教育，那就有悖整体史观或大教育史观的宗旨，将使教育史学陷入一个狭小的天地，教育史学科就会失去应有的生机与活力。这既影响教育科学理论与教育改革实践的健康发展，又会阻碍教育史学科的自身建设。

质言之，新世纪的教育史学科必须树立整体史观，力求突破狭义教育史的禁锢，顺应教育史发展的整体化趋势，横向吸收周围各学科的科学理论和研究方法，纵向融通对过去、现在与未来的研究，努力建构横向到边、纵向成网的大教育史观。

三、群体化：教育史学研究的必由之路

群体化趋势也是未来教育史学研究发展的一个基本走向。教育史学研究的群体化主要指研究对象的群体化，研究主体的群体化和学科建设的群体化等。

首先是教育史学研究对象的群体化，即由研究个体走向群体。过去教育史研究的重心在个体，以研究精英人物为主，主要研究教育思想家、教育管理家和教育活动家的思想和行为，不注重对群体和团体的研究，导致教育史学朝着畸形的方向发展。而自20世纪20年代法国年鉴学派将社会史纳入研究领域之内后，史学界开始关注对社会群体的研究，将研究的视线从个体转向了群体，研究重心下移。正像吕西安·费弗尔所说"历史是社会群体的舞台"①，一方面，因为教育活动中的人，应该是复数的人、动态的人，在教育历史变迁中除少数精英人物起作用外，作为群体的人也在积极参与和推动教育的发展历程，因此有必要研究群体的教育思想和行为；另一方面，未来文化教育的发展趋势犹如西班牙当代教育史学家佩尔·索拉（Pere Sola）所说，"正朝着两个方向在前进：一是与罗哈纳（Luhanian）的《地球村》的说法相应的普及化运动；

① ［法］马克·布洛赫：《为史学而辩护》，见何兆武、陈启能主编：《当代西方史学理论》，上海社会科学出版社2003年版，第398页。

二是重新发现社会群体、社团、民族的文化教育根源"①。这种普及教育的发展趋势要求教育史研究者在未来的研究中，将研究的焦点从个体转向群体或团体。从这两方面看，未来教育史研究的对象必须实现群体化，要加大对群体的研究力度，使教育史学走下圣坛步入民间。

其次是教育史学研究主体的群体化，即由单打独斗转向群体合作。这主要是由于未来教育史学科所涉及的范围愈来愈广，尤其是在构建大教育史学的过程中，摆在教育史学研究者面前的研究领域更加广泛，研究任务更加艰巨。可以说上下数千年、纵横几十国的教育发展历程均进入了我们的研究视野，仅凭一人之力难以对付所有国家、所有时代、所有专题的深入研究，这就需要形成研究群体，组建研究团队和研究机构，由单打独斗转向群体合作，从麻雀战转向阵地战，从而达到最优的效果。此外，从教育史学科建设的角度来讲，需要研究者形成群体，实现研究主体的群体化。因此，佩尔·索拉强调："要记住，没有'科学社团'或'专业性群体'就不能形成学科。我们应扪心自问，是否在教育史领域也是如此"②。这说明欧美教育史学研究者已经意识到研究主体的群体化，对于教育史学科建设亦具有十分重要的作用。

再次是教育史学科建设的群体化，即力争将教育史学科建构成为学科群，真正成为大教育史。通过对教育史学的学科性质、学科功能、学科地位、研究方法与学科危机的反思，教育史学研究者可以清醒地认识到自身所存在的关键问题之一就是学科力量单薄，学科沟通空间狭窄，仅与历史学和教育学联系稍多一些，而与其他人文社会科学的联系非常少。这就注定了教育史学科一步步走进了狭小的天地，进而失去了学科自身的活力。当今社会对教育的倍加重视，使得教育成为与民众密切相关的事务，同时也成为人们天天关注和议论的焦点，这样教育无形中成为渗透到社会各个角落、无处不在的一项事业。这样

①② ［西］佩尔·索拉：《教育史是历史学科和传统人文学科的扩展》，见［俄］卡特林娅·萨里莫娃、［美］欧文·V. 约翰宁迈耶主编：《当代教育史研究与教学的主要趋势》，方晓东等译，教育科学出版社2001年版，第57页。

的发展趋势就要求以教育发展状况为研究对象的教育史学，必须联合和组织由众多学科研究人员构成研究队伍，从而形成学科群，对日益宽泛的研究客体进行广泛的研究。由于教育史学研究涉及历史学、教育学、哲学、心理学、社会学、文化学、宗教学、民族学、人类学、人口学、考古学、语言学、文学、统计学、政治学、经济学等多个学科领域，因而不同社会科学研究人员之间合作的可能性是客观存在的，这就为教育史学研究者组建跨学科的研究队伍提供了必要性和可能性。对此，新史学的首倡者、法国第三代年鉴学派代表人物勒高夫指出："我们的学派性越来越弱。我们是一个群体，有着共同的观念基础；我们又是一个运动，我们希望它继续存在与发展"[1]。他所说的同样适用于大教育史学，单一的教育史学在未来的学派性将不断淡化，更多的是要与众多的人文学科联合组建学科群体，真正建构大教育史学，以实现教育史学科的群体化。使教育史学研究群体能够开展多线索、多中心、多视角、多侧面、多层次、多维度的大教育史研究，以此为学科重组的切入点，焕发未来教育史学科新的生机和活力。

四、民间化：教育本性对教育史学的呼唤

实践唯物主义研究表明，实践活动是一切活动的基础，是有目的的、第一性的、首要的；而且实践活动中主体与客体之间往往存在着双向、互动、共生的关系，主体与客体之间总是交互作用的。在这一理论的指导下，理应关注教育历史活动，尤其是教育者与受教育者之间的互动与双向活动。教育是培养和造就人的活动，人是教育的中心，教育的一切都是围绕人而展开的。所以，人是教育史研究的核心内容。以往教育史界总是将教育历史上的精英人物作为研究重点，研究的史料来自由精英人物把持的官方记录的文献，研究成果亦是针对高层次精英而设计的，一般民众很难看得懂。这种研究倾向既不能适应新

---

[1] 何兆武、陈启能主编：《当代西方史学理论》，上海社会科学出版社2003年版，第427页。

时代的要求，也不能顺应新史学的发展潮流。年鉴史学和新史学早已将研究的重心从少数精英人物转向广大民众。法国年鉴学派的创始人之一马克·布洛赫曾这样说："一个杰出的历史学家就像童话中的巨人，他知道哪里有人肉的气味，哪里就是他的猎物所在。"①这里所指的人，已不再是上层精英，而是人民大众。之后法国年鉴学派第二代核心人物布罗代尔在对15至18世纪的资本主义发迹史进行总结之前，先对前工业化时期的社会图景从最基层作了深入探究，他说："没有乡村，如何懂得城市？……没有穷人的黑面包，怎有富人的白面包？"②因此，他从饮食、居住、服饰、货币、人口、能源、运输、城市等多角度研究普通民众。20世纪70年以来的美国新史学就对传统史学只注重精英文化的研究取向进行了深入的批判，极力倡导以社会大众和大众文化为主体的研究取向，极大地开拓了新史学的研究视野。新史学的这一研究导向，直接影响到教育史学的未来走向。法国当代教育史学家安多旺·莱昂指出："对于某一教育问题的历史研究看起来印证了布罗代尔的断言：'历史……是人类科学中最富有文学色彩的和有趣易读的学科，总之它最为大众化。'"③受史学界大众化潮流的影响，他特别重视对普通工人教育和普及民众教育发展历程的研究。

教育史学走向民间化的趋势现已成为全世界各国教育史学家的共同心声，譬如俄罗斯当代教育史学家卡特林娅·萨里莫认为："教育史教学的任务就是向未来教师展示在整个人类历史中各国各民族人民是如何教育新生一代为未来作准备并形成诸如忠诚、勤奋、精细、诚实等个性"④。研究重心移向民间是未

---

① 张广智、张广勇：《史学：文化中的文化——文化视野中的西方史学》，浙江人民出版社1991年版，第403页。

② ［法］布罗代尔：《15至18世纪的物质文明、经济和资本主义》（第1卷），顾良译，生活·读书·新知三联书店1992年版，第26页。

③ ［法］安多旺·莱昂：《当代教育史》，樊慧英、张斌贤译，光明日报出版社1989年版，第52页。

④ ［西］佩尔·索拉：《教育史是历史学科和传统人文学科的扩展》，见［俄］卡特林娅·萨里莫娃、［美］欧文·V. 约翰宁迈耶主编：《当代教育史研究与教学的主要趋势》，方晓东等译，教育科学出版社2001年版，第76页。

来教育史学科发展的基本方向和趋势，只有如此，教育史学才能赢得更大的发展空间。教育史学研究的民间化趋势，主要表现在研究重心移向民间、研究史料取之于民间、研究成果流行于民间。

第一，教育史学研究重心转向民间，即教育史学研究对象的民间化。人物研究是教育史学研究重点之一，由于精英人物的地位显赫，记载其言行、思想的史料比较多，因此，过去教育史学界研究精英人物思想与实践活动的成果占了绝大多数。然而，历史上的教育并非只是少数上层人物的活动舞台，还包括广大下层民众的活动。正像美国新史学家们所讲的，每个人都生活在历史之中，都处于创造历史的过程之中，而历史又在每个人的生活和创造中体现出来，历史不仅是每一个人的历史的扩大，而且是由社会大众重写他们自己历史的过程，而这种重写的历史要包括所有过去和现在的社会大众。①作为历史分支学科的教育史学科，应将研究的视野拓展到广大民众，着重研究大众在教育活动中的思想反应、求知心理、获知状况。他们之中有的是教育的创造者，有的是教育的实施者，有的是教育的接受者，也有教育的冷落者，不管这些民众处于何种状况，都应该是未来教育史学研究的重点。特别值得一提的是，社会上弱势群体的非正规教育更应该被认真研究，不管是出于以人为本的考虑，还是来自人道主义的仁慈心态，都应当将之纳入未来教育史的研究领域。

第二，教育史学研究的史料取之于民间，即教育史学研究史料的民间化。教育史学研究固然应当仍以官方公布和记录的文献、数据等史料为主，然而要实现研究对象的民间化，就必须重视史料的民间化，即深入民间收集存在于民众当中的教育史料，注重挖掘那些非官方记录和口述的历史资源。未来教育史学研究将重视信件、日记、传记、报纸、杂志、歌词、民谣、绘画、剪纸、文具、教具、访谈记录、口述材料等，真正实现史料取之于民、成果用之于民的终极目标。只有教育史学研究的史料实现民间化，才能最后做到成果的民间

---

① 张广智、张广勇：《现代西方史学》，复旦大学出版社1996年版，第174页。

化。而要想得到更多、更全面的教育民众史料，教育史学研究者必须注重实地考察，以便真正了解教育历史的实况。比如为了搞清楚距今久远的教育事件、教育设施或人物的真实情况，有必要开展对某些教育遗迹的考古调查；为了详细了解当事人尚在世的教育事件或人物，可以进行实地调查和亲自采访，以期求得比较全面、可靠的第一手材料；为了追踪研究一些持续发展尚未完结的教育政策或教改实践，有必要对这些事件进行长期的、直接的观察，以求真正客观地把握其整个发展过程。这样做有利于采集到真实、全面的第一手资料，是实现教育史料民间化的有效途径。

第三，教育史学研究成果流行于民间，即教育史学研究成果的民间化。如果所撰写的教育史，尽管研究的内容和所使用的材料均是民众的教育史，然而，写史的方法仍然使用深奥、晦涩的表达方式，这样的教育史仍然不能成为真正意义上的民间化教育史，违背教育史学研究的宗旨。英国当代教育史专家理查德·奥尔德里奇就将教育史学研究和教学的宗旨定位在要适合大众的需要，成为普及的内容。他说，"教育史'是更普及的、大众教育领域的课程'"[1]。教育史学研究视线的下移，是多方位的，不仅要求研究对象由精英转向民众，研究史料从官方转向民间，而且应当做到研究成果符合大众的欣赏水平和阅读能力，以避免成为贵族教育史。当然，教育史研究成果的通俗化、民间化，并非要将教育史研究庸俗化，只是在表达方式上要力求形式生动活泼，成为民众喜闻乐见的一种新史学。[2]

我们相信，只要顺应教育史学科发展的未来趋势，经过全体研究者的共同努力，一定能创造出一个学科繁荣的新时代。

（周洪宇　申国昌）

---

[1]［英］理查德·奥尔德里奇：《教育史之我见》，见［俄］卡特林娅·萨里莫娃、［美］欧文·V. 约翰宁迈耶主编：《当代教育史研究与教学的主要趋势》，方晓东等译，教育科学出版社2001年版，第121页。

[2] 申国昌、周洪宇：《全球化视野下的教育史学新走向》，载《教育研究》2009年第3期。

附录一
国际教育史研究取向与趋势及其启示

中国教育史学科的发展和繁荣迫切需要走向世界，在与世界教育史学界的交流互动中，了解世界与国际教育史学，展示中国及中国教育史学，丰富和发展自己，从而绘制新的世界教育史学地图。改革开放以来，中国历史学就是在与国际历史学界的持续交流中得到丰富和发展的，特别是在参与国际历史科学大会过程中，"历史学的跨学科研究、对马克斯·韦伯的研究、环境史研究、社会史研究、冷战研究以及全球格局下的中国历史研究等"①始得开启。正如有的历史学家在参加第19届国际历史科学大会后所指出的那样："中国史学界走向世界是必由之路，一个具有悠久历史学传统的大国不与国际史学界交流是难以想象的。"②历史学科的发展启示我们，"预世界文化之流"不但是历史学科发展的应有逻辑，也是我国其他人文社会学科包括教育史学科取得新的发展和繁荣的重要动因之一。

基于此因，本文选取目前国际上影响力最大的教育史学术组织——国际教育史常设会议（International Standing Conference for the History of Education，简

---

① 王育济：《筹办国际历史科学大会的文化逻辑》，载《史学理论研究》2015年第3期。
② 钱乘旦：《探寻"全球史"的理念——第十九届国际历史科学大会印象记》，载《史学月刊》2001年第2期。

称ISCHE）及其年会作为研究对象，通过介绍该组织及年会的基本情况，以及2015年笔者参加该组织年会与国际教育史同行学术交流的亲身体会，探讨当今国际教育史研究取向与发展趋势，为未来我国教育史学发展提供借鉴。

一、国际教育史常设会议及其年会概况

国际教育史常设会议是一个世界性的学术组织，1978年在比利时成立。根据章程，国际教育史常设会议的组织宗旨是"推动教育史研究领域的国际合作和交流"，因此，"国际性"是其基本特征，且制定了相应措施以保障宗旨的实现。

国际教育史常设会议实行年会制度，每年按计划召开会议，各国教育史研究者根据年会议题，展开面对面的交流和探讨。在ISCHE成立翌年，即1979年，比利时鲁汶大学承办了第一届年会，以后每年都会在世界范围内选择一所大学作为承办方，组织召开年会，围绕某一议题进行集中讨论，出版相关的学术论文集。年会参加人数多且广泛，2015年第37届年会就吸引了世界39个国家的340位学者参加。以下是2008年至2015年国际教育史年会召开地点及会议主题，从中大致可见其研究取向与发展趋势。

2008年至2015年国际教育史年会召开地点及会议主题

会议年份	会议主题	会议召开地
ISCHE30（2008）	教育与不平等：历史上学校教育与社会分层的途径	美国（纽瓦克）
ISCHE31（2009）	国民教育史	荷兰（乌特勒支）
ISCHE32（2010）	发现历史中的儿童	荷兰（阿姆斯特丹）
ISCHE33（2011）	国家、教育与社会：老问题的新视角	墨西哥（圣路易斯波多西）
ISCHE34（2012）	教育的国际化	瑞士（日内瓦）
ISCHE35（2013）	教育与权力	拉脱维亚（里加）
ISCHE36（2014）	教育、战争与和平	英国（伦敦）
ISCHE37（2015）	教育与文化	土耳其（伊斯坦布尔）

ISCHE同时创建常设工作组（Standing Work Group，简称SWG）开展工

作。当10位以上的会员申请就某一个议题进行跨国背景下的研究时，ISCHE委员会就会考虑设立一个常设工作组从事专题研究。年会期间，常设工作组成员依据工作组议题召开研讨会集中探讨，休会时，成员在小组负责人的协调下定期互通消息。常设工作组并非永久不变，而是随着研究人员的兴趣和研究领域的开拓而不断变化。目前，ISCHE有5个常设工作组："实物、感知和直观教学世界"常设工作组（Objects，Senses and the Material World of Schooling SWG）设立于2015年土耳其年会；"校园中接触的身体"常设工作组（Touching Bodies in School SWG）与"反思教育史学科发展"常设工作组（Mapping the Discipline History of Education SWG）均创设于2014年伦敦年会；"教师的批判性思考"常设工作组（The Teacher's Critical Thinking SWG）设立于2010年，目前仍在工作中；"性别与教育"常设工作组（Gender and Education SWG）初创于1994年，2005年停止工作，2012年重新启动，工作至今。

二、近年国际教育史研究热点与取向

近年国际教育史研究热点日趋集中，研究取向日趋明确。从2015年6月24至27日在伊斯坦布尔召开的第37届国际教育史年会上的相关学术论文以及与会者的发言，大致可以看出近年国际教育史研究呈现出的热点与取向：

（一）教育与文化

新文化史的"文化观"对国际教育史学界关于"教育与文化"的研究影响很大。研究者们摒弃了野蛮/文明简单的文化二分法，承认文化的多样性；突破传统文化定义的狭隘，新文化观"包含比以往更加广泛的人类活动领域"[①]；否定了文化在传播、继承中是一成不变的，肯定接受的文化总会不同于原来的，因为接受者的主动性。在新文化史观的影响下，国际教育史学界对"教育与文化"的探讨可谓是多层次、多维度。既有宏观视角，如"社会与文化变迁

---

① 周兵：《新文化史与历史学的"文化转向"》，载《江海学刊》2007年第4期。

中的宗教与教育""文化及其对教育的影响"，也不乏微观方面的，如"校园中的测评文化""教育仪式研究"；既有强调教育对文化的适应性研究，如"对文化学习史的研究""具身认知与文化适应"，也有重视文化对教育的影响研究，"文化传统及遗迹在个人和集体价值传递中的作用"。

1. 对"文化学习史"的研究

文化是个体或群体认知世界的方式。文化学习在塑造国民性、协助个体合理定位社会角色等方面具有极强的支配力。文化学习在各国教育实践活动史中都占据重要位置。"文化学习史"研究是学者们对"文化学习"实践展开考古学式的研究，挖掘整理文化学习实践资料，总结其成败得失。汉堡大学克里斯蒂娜·迈耶（Christine Mayer）在《艺术带来的文化认同感：以希利德·华尔克和他的艺术教育运动为例的分析》为题的报告中，基于对欧洲艺术教育运动先驱希利德·华尔克发起的以增强民族意识为目的的艺术教育运动的分析，探讨了艺术教育如何通过称之为"文化活动"的艺术活动成功克服文化隔膜、塑造民族认同感。卢森堡大学弗雷德里克·赫尔曼（Frederik Herman）以《工人文化的营造：推动文化适应的正规及非正规教育》为题分析了20世纪初期工人阶级文化在多大程度上影响了卢森堡，卢森堡社会又是如何通过学习由农业国家成为工业国家的。通过对"文化学习史"的研究，学者们不但分析了历史上文化学习实践的成败得失，而且证明了"文化学习"教育并非现代的新生物，而是自20世纪以来就已经出现的教育话语。

2. 具身认知与文化适应研究

过去50余年来，文化教育领域不再局限于"文本"式的、纯粹思维的文化学习，而是强调具身性的文化认知、文化参与，主张文化适应是身心共同的建构和经验，一味强调心智培养和观念传递的传统文化学习观受到挑战。具身性的文化适应研究受到国际教育史学界的关注。剑桥大学凯瑟琳·伯克（Catherive Burke）在报告《二战后英国小学和幼儿园为"触摸、达到、移动"而设的校园环境》中分析二战后（1944—1970）英国的小学和幼儿园如何创造性设计校园的室内、室外布置，以利于学生动手操作，提高认知效率。以《16至18世纪现代欧洲早期的"品味"教育》为题，比利时学者维克多利亚·冯·霍夫曼（Viktoria von Hoffmann）分析了欧洲16至18世纪"文明化"过程中人的身体如何在"文明"的旗号下接受规训和教化，进而揭示了这种身体教育对当代人与世界、人与人、人与自己相处的影响。上述研究走近了文化适应的本真，历史性地证明了文化适应、文化学习是一个多种感官参与的意义建构过程。

3. 校园中的测评文化研究

19世纪以来，受精英文化的影响，欧洲教育愈来愈注重对在校生的测量和评价，形成了不可忽视的教育中的测量与评价文化。校园中的测量和评价文化产生形成了一系列的认识，包括对学生的认识、对学生发展的认识、对学生应该获取何种知识的认识。这些认识影响和支配着教师、教育和社会对学生的评价。米歇尔·福柯（Michel Foucault）曾说过，任何测试、测量和评价都是主观性的，其受理念支配。近年来，国际教育史学界开始对历史上校园中的测评文化展开研究，分析测量和评价手段的变化及其背后教育理念的变迁。瑞典学者帕特里克·布勒（Patrick Bühler）在《测量文化：19世纪末以来瑞典学校中的心理测量》报告中，基于对19世纪末以来因回应层级制教育体系而在瑞典学校中盛行的智力测验的考察，对下列问题做了解答：瑞典学校选择了何种心理测量方式？这些测量结果在多大程度上服务于教育的目的？心理测量如何影响着人们对智力表现的认识？来自荷兰格罗宁根大学的娜勒卡·巴克（Nelleke Bakker）以《学习和行为问题儿童：丹麦基础教育的认识实践（1950—1970）》为题考查了二战后丹麦对学习和行为问题儿童的认识及其相应的教育实践，试图回答丹麦学校运用了何种测量方式把学习与行为问题儿童及弱智儿童加以区分？这种测量方式对这类儿童的课堂教学发挥着何种作用？对这类儿童进行教育的学校在推动儿童科学发展中扮演何种角色？对校园中测评文化的研究，便于理解学校考试的发展变化及对学校教育的影响，有益于在教育中合理、科学地运用测量及评价手段。

4. 教育仪式研究

同一的行为不仅是社会对成员的基本要求，也是教育系统和实践发展的重要措施。所有社会要求的实现都依赖于大量的同一行为。作为学校文化的重要组成部分，教育仪式在学校环境中发挥着养成学生同一行为的重要作用。德国柏林洪堡大学马塞洛·卡鲁索（Marcelo Caruso）和美国芝加哥洛约拉大学诺厄·W.索贝（Noah W. Sobe）从历史的角度考察了教育惯例与仪式，力求透视教育实践中同一性文化的产生及对教育场域中人的训练和塑造。以《发生在教室里的同一：19世纪西班牙和爱尔兰小学里不同的教学仪式》为题，马塞洛·卡鲁索对比阐述了在松散、低效的传统教育向系统、高效的现代教育的过渡期，为了构建系统化的教育，不同文化背景下，学校教育如何实施教学活动以规范学生行为。诺厄·W.索贝以《一、二、三，眼睛看着我：美国学校"吸引和控制学生注意力"教学手段（1900—2000）》为题，从历史视角出发分析了同一化教育目标下"吸引学生注意力"教学手段的变迁，继而分析指出，变迁背后是"教师中心"与"学生中心"教育理念起着主导作用。

（二）教育身体史研究

在当下的学校教育环境中，身体对另一个身体的碰触几乎不可能不被质疑或被问讯。无论是学校的规章制度、社会道德准则，抑或教学话语都认为教师和学生必须保持距离。而且，学生之间表达友爱的、伙伴式的身体接触在学校时空中也几近消失。历史上校园中的身体是如何接触的呢？是以何种话语方式认识和理解身体接触？又采用什么策略和工具处理身体接触？什么情况下"伤害"成为了教育问题？又是在何时，权利和保护进入了学校空间？今天校园中的身体接触又在经历着哪些变化？2014年设立的"校园中接触的身体"常设工作组召集教育史研究者围绕上述问题展开讨论和研究，通过对身体多层次、多视角的关注，促使我们重新理解学校教育中个体及群体经历，检视人与人之间的不同是如何历史地形成的，不同的身体是如何发展及塑造的。

　　"校园中接触的身体"常设工作组分三次召开了专题研讨会，来自不同国家的7位代表做了专题报告。洪堡大学马塞洛·卡鲁索探讨了导生制初兴时期师生之间、生生之间身体接触的变化，得出在导生制初兴期并非严格地避免任何的身体接触的结论，同时，探讨了导生制教学组织下欲望、克己和肉体间冲突的动态变化。巴西学者戴安娜·维达尔（Diana Vidal）以《恰当的身体接触：学校中的性行为与性取向（1930，里约热内卢）》为题讨论了医学话语体系对学校性教育及学生性倾向的影响。20世纪20年代至30年代，巴西医学界对"性变态"的看法发生了改变，由之前的一种犯罪行为到一种疾病的认识转变。研究认为医学界话语体系的改变对巴西学校的性教育及学生性倾向产生了重大影响。巴西学者卡洛斯·赫罗德·朱尼尔（Carlos Herold Junior）讨论了童子军对20世纪上半叶巴西教育中身体观的影响及改变。通过对20世纪早期童子军运动在巴西的创建及流行原因进行分析，研究指出，由于童子军强调学生自然性，且改变了传统巴西学校里的游戏、室外活动和运动，使得巴西教育开启了一种全新的身体观。这种身体观被吸纳进巴西20世纪早期教育中，并对巴西现当代教育带来了积极影响。

　　墨西哥学者伊恩·德塞尔（Ines Dussel）以学校建筑设计史为视角，以1870年至1940年为时间段，以建筑设计方案、国家规章制度、学校建筑史以及使用者在传记和日记中的记录为史料，通过分析比较墨西哥、阿根廷两国学校卫生间设计的历史变迁，讨论了卫生间如何成为校园内特殊的物理空间，学校如何利用卫生间的设计实现对身体的建构。以情感史与身体史的融合为视角，以问题为导向，智利学者巴勃罗·托罗·布兰科（Pablo Toro Blanco）在考察1870年至1960年间智利教育对学生身体的形塑而激发学生国民意识和国民情感的教育历史基础上，试着回答了：教育如何在不同时期通过身体影响学生既存的情感？青年人的情感如何通过一定的身体行为，例如，学校体操和爱国仪式得以宣泄？土耳其学者菲利兹·M.乔尔格蒂（Filiz M. Giorgetti）在报告《教育仪式的转变：基于土耳其的分析》中对土耳其两个不同时期（奥斯曼帝国和土耳其共和国）学校教育仪式的变迁进行了考察，提出教育仪式的改变实则是教育身体观改变的反映。

笔者以《晚清教育场域中的女子身体》为题，以福柯的身体理论对晚清政府在构建近代化教育体制中如何运用话语体系和权力在女子学堂中规训和教化女子身体做了探讨。晚清时期，中国女子身体被隐喻为弱种、弱国的始作俑者。在"保国强种"的目标下，改造女子身体以改变国家未来的身体模塑运动在晚清时期轰轰烈烈展开。女子学堂是晚清女子身体改造的重要空间，社会精英人士的言论及王朝政治需要构成的话语体系通过学堂规章制度形塑着学堂中的女子，主导着女子身体的生成取向。以教育史、身体史、性别史融合的视角，运用文献分析法，笔者对晚清女子学堂中女子身体生成作了历史分析和概括，澄清了女子在晚清教育场域中的真实存在，也是对目前中国教育场域中女子实存状态的历史追溯。

（三）跨国视角的性别与教育研究

20世纪80年代以来，女性史研究对象从宏大结构的社会史和经济史转向了注重文化和话语分析的微观史，形成了新的角度和结构分析方法，放弃传统的"以男人（性）代表中立和普遍人种/类的历史借口"[①]。受此影响，国际教育史常设会于1994年初创设"性别与教育"常设工作组，召集各国教育史研究者尝试新视角、新范式探讨性别与教育的问题。历经10年的研究之后，2005年"性别与教育"常设工作组暂停。随后发现性别视角的缺失严重影响了教育史研究开展，ISCHE成员们提议重设"性别与教育"常设工作组。2012年国际教育史第34届年会以"跨国环境中的性别、权力关系与教育"为名重设"性别与教育"工作组，强调以"跨国"视角深度理解性别与教育关系的历史变化。跨国视角的性别与教育研究凸显了性别、教育、文化和国家这些概念在时间和空间中的变迁及个人或集体在上述变迁中的重要性，而这些是权力结构视角下的

---

① ［法］Laura Lee Downs著，苑莉莉译：《从女人史到性别史》，载《中华女子学院学报》2014年第2期。

历史研究无法做到的。在2015年年会上，与会者聚焦于"对关涉性别的历史概念、语言及象征物进行评述，探究上述因素在不同时间、不同地域下的跨国旅程中的传播、变迁、被推行及抵抗的历史"。

悉尼大学蒂姆·艾伦德（Tim Allender）以《印度殖民地时期的女子教育（1820—1932）》为题的报告以新颖的视角、独特的研究范式引起与会人员的讨论。该报告以女性史为视角，通过梳理1820至1932年112年的时间内印度殖民地时期女性主义运动及印度女性气质的建构，考察了知识跨国传播的方式。蒂姆·艾伦德在报告结束时强调指出，此范式适用于考察其他非英属殖民地国家知识从宗主国向殖民国的传播方式研究。匈牙利塞格德大学的阿蒂拉·诺比克（Attila Nobik）以1887年至1891年间在罗马尼亚克鲁日（Clju）出版的，名为《家庭与学校》的杂志为史料来源，探讨了匈牙利女性教师如何参与教师专业化及这种参与如何影响与塑造了她们的职业生涯。针对传统教育史研究在分析内战前美国学校教育的发展和形成时，忽略对处于青春中后期的教师如何把教学实践、文化交流和文化创造融为一体的过程的关注，美国芝加哥洛约拉大学的安玛丽·瓦尔德（Annmarie Valde）通过传记式地记录美国内战前两名青春期女教师的工作和生活足迹，研究了她们如何发挥文化传递的作用。日内瓦大学比阿特丽斯·亨格利·詹尼（Beatrice Haenggeli-Jenni）以跨国史和女性国际史为视角，聚焦来自于不同国家的两名贵格会教育工作者，通过对她们的信件、日记和出版物的分析，确定了她们之间的联系及其努力帮助欧洲新教育组织在贵格会中发展了很多新成员，揭示了贵格会在新教育联谊会（New Education Fellowship，简称NEF）的发展和壮大中发挥着重要作用，再次证明了新教育运动的迅猛发展与其他政治、科学、宗教等方面的国际组织有很大联系。

巴西学者卡洛斯·赫罗德·朱尼尔以《跨国运动中的身体、性别与教育：基于对1907年至1941年童子军及其指导组织在巴西发展的分析》为题分析了童子军及其组织在20世纪初期性别教育中发挥的作用，提出童子军及其组织在各国的传播为维持和改变社会规定的男女两性地位的斗争创设了斗争空间。希腊研究者波莉·塔纳塔基（Polly Thanailaki）以希腊女子学校Arsakeion为例，研究了女子学校如何在巴尔干战争期间（1912—1914）塑造和影响着巴尔干地区希腊人的国民意识和国家情感，回答了为什么女子学校Arsakeion被认为担当了国家保护者重任的问题。

（四）教育史学科建设研究

"反思教育史学科发展"常设工作组的工作目标是对各国、各文化中教育史科研机构的基础力量及科研成果进行即时性、反思性的评价，以促进各国教育史研究者之间的交流和合作，从而巩固教育史的学科地位，增强学科发展的清晰度。同时，该工作组致力于描述教育史学科最新的发展，力求为学科发展规划及制定研究计划提供参考建议。为了深化教育史学科的反思性研究，ISCHE拟创设合作性的数据库，为各国教育史研究者、科研机构、媒体等提供无条件共享的虚拟平台。

"反思教育史学科发展"工作组在2015年第37届年会上主要有两项活动：其一，召开"讨论教育史杂志"的圆桌会议；其二，举办"对学科发展数据的搜集和分析"小组专题会。"讨论教育史杂志"圆桌会议的目的在于为学术杂志的编辑们专辟一个空间集中讨论教育史学科杂志面临的机遇和挑战，启发教育史领域学术研究的反思。会议主持人是常设组负责人埃克哈特·富克斯（Eckhardt Fuchs），他也是国际教育史协会2012年至2015年的主席。英国《教育历史》（*History of Education*）杂志社、瑞士《北欧教育历史》（*The Nordic Journal of Educational History*）杂志社、意大利《教育与儿童文学史》（*History of Education and Children's Literature*）杂志社、西班牙《时间与空间里的教育》（*Espacio，Tiempo y Educación*）杂志社、希腊《教育历史中的问题》（*Issues in History of Education*）杂志社受邀参与了圆桌会议，围绕着以下几个问题展开了集中讨论：编辑管理模式对学术成果出版类型的影响；语言要求（学术成果的出版或限定为英语，或多种语言均可）；社会组织在宣传杂志的信息、成就及动向中的作用；对目前普遍认可的出版物质量评价标准的批判性反思；对杂志编辑在评价学术成就中重要性的认可。"对学科发展数据的搜集和分析"小组专题会有四位学者做了专题发言。意大利佛罗伦萨大学露西卡·卡佩利（Lucia Cappelli）介绍了他自2012年着手创建的"意大利各大学教育史博士论文数据库"的情况。为了使意大利教育史研究取得有效的国际比较，同时，增强意大利国内教育史学界教授、学者及博士生们的联系，意大利教育史学会自2012年起推动创建了此数据库。里斯本大学的乔昆姆·平塔西尔戈（Joaquim Pintassilgo）和卡洛斯·贝托（Carlos Beato）以2005年至2014年间的博士学位论文为例对葡萄牙的教育史研究现状做了分析。文章提出，从整体上或以专题的形式对学科出版物进行分析及反思，不但是评价学科发展质量和方向的基本方式，也是规划学科前景的必要措施。基于这种认识，该研究从研究对象、研究内容的历史时期、理论构想、研究方法的选择与运用四个方面对近10年来葡萄牙教育史的发展进行了分析和反思。法国巴黎第八大学马蒂亚斯·加德（Mathias Garder）以《无地图参考的教育史学科发展反思》为题对纯思辨性的教育史学科发展提出了批评。加德首先从词源上分析"mapping"，指出该词本意强调依据对可视化材料的应用，而对比现在历史书写中图表及分析制图的缺失现状，提出历史地理学，尤其是制图学应该是反思教育史研究工作的一个较佳切入点。

（五）教师的批判性思考研究

"教师的批判性思考"常设工作组倡导进步、民主的教育理念，建议从不同的层面对教学历史上的"批判性思考"进行再思考。

2015年"教师的批判性思考"常设工作组的报告人都来自法国。其中法国里昂第二大学的安德列·罗伯特（Andre Robert）以《法国共产党对法国学校的批判性建议：在教育系统方面的变革（1930—1970）》为题从实践教育、教育科学、学校教育系统重组三个方面的变化，分析了法国共产党对法国教育问题的批判由极端向辩证的变化过程。《罗伯特·弗雷内的教育批判思想》是法国学者诺埃尔·莫宁（Noelle Monin）的报告。他以法国里昂的罗伯特·弗雷内基金会、罗伯特教育博物馆、罗伯特担任主编的"法国教育小说丛书"（*French Group of New Education*，简称GFEN）以及罗伯特本人的作品为资料，对法国20世纪著名的幼儿教育家罗伯特在教育上的首创精神及其通过"法国教育小说丛书"试图构建的教育批判精神作了历史性分析。

三、国际教育史研究取向与发展趋势及其启示

坚持不懈地探索教育史研究的新领域和新方法是国际教育史常设会努力的方向。国际教育史常设会议及2015年年会的累累硕果是这些努力的见证。通过国际教育史常设会议及2015年年会可以看出近年来国际教育史研究有下列发展趋势：

其一，国际化的合作研究趋势。ISCHE创设之初就把"鼓励与促进教育史研究领域的国际信息交流与合作"列为工作目标之一。目前，ISCHE已经同20多个国家的教育史协会建立了稳定的联系。每年一次的国际教育史年会则为各国教育史研究者提供了稳定的、真实的交流与展示研究成果的机会与平台。正在筹建中的"国际教育史研究数据库"则把研究工作的国际化推向了更高层次。

其二，多学科、跨文化、跨国界的研究趋势。从2015年国际教育史常设会议年会可以看出，国际教育史研究愈来愈呈现多学科、跨国界、跨文化、跨地域的特点。受全球化的影响，认同问题与跨文化研究的紧密结合成为史学研究界的热点。受母体学科历史学的研究热点的影响，教育史研究也表现出强烈的多元文化特色。研究者本着多元、平等的立场，以跨文化的历史思维认识、理解、接纳对方，反观、认同、改进自己。注重多学科的融合是国际教育史学研究的另一特色。与女性主义、传播学、影像学、地理学、建筑学、心理学等学科的交叉融合极大地拓展了研究领域，更新了研究方法，甚至从认识论及方法论层面上改变着教育史研究。

其三，不断拓展研究领域，更新研究方法，保持学科发展态势。2015年土耳其年会创设"实物、感知和直观教学世界"常设工作组，着手对直观教学

或实物教学史进行系统研究，尤其强调该教学方式如何在国际间传播。受母体学科历史学新近发展的影响，国际教育史学界对身体史与教育史的融合表现出强烈的关注。2014年伦敦年会（ISCHE36）上决议成立"学校中接触的身体"常设工作组，以便于各国教育史研究者集中交流、讨论教育身体史的研究。而且，于2016年在美国芝加哥举办的第38届国际教育史年会的议题即是"身体与教育"，年会召集了全球历史研究者对教育中身体的物化定位、具身性的教育实践及与教育相关的"人体"和"身体"概念的隐喻使用等展开研究和讨论。这与2015年8月23日在中国济南召开的第22届国际历史科学大会所关注的"书写情感的历史""身体和空间中的情感"等议题正好形成呼应。这也从一个侧面表明历史学这个教育史学的母体学科是如何深刻影响着教育史学的发展，它更提示教育史学研究者必须密切关注历史学乃至社会学、政治学等人文社会学科的发展动向，不能自我设限、画地为牢、在封闭中徘徊，而应在开放中发展。

近年来，在国内教育史研究者共同努力下，中国教育史学界与国际的交流与合作正日益增多。2013年，中国教育学会教育史分会徐勇代表中国教育史学界首次参加国际教育史年会。2015年6月，笔者作为中国代表参加了国际教育史第37届年会，成为国际教育史常设会议"校园中接触的身体"常设工作组成员，并在小组会上做了主题发言，报告引起与会者的浓厚兴趣。我国教育史研究者还积极邀请各国教育史研究者参与中国教育史学界的活动。2015年8月，北京师范大学、中国教育学会教育史分会联合国际教育史常设会议、德国国际教科书研究所（Georg Eckert Institute for International Textbook Research）举办了题为"教育的跨国冲突：18世纪以来的东亚与西方"（Transnational Entanglements in Education：East Asia and the "West" since the 18th century）国际研讨会，来自"中国、德国、英国、美国、墨西哥、新西兰、韩国、中国香港八个国家和地区的教育机构的二十多位学者参与了这次研讨会"[1]。

---

[1] 北京师范大学教育学部：《世界教育史常设会议国际研讨会在北师大成功召开》，http：//fe. bnu. edu. cn/html/002/1/201509/17909. shtml。

在"走出去"和"迎进来"双向互动的交流模式下，中国教育史学界逐步与国际教育史学界建立起联系和合作。但从整体上来看，国内教育史研究者的全球视野、多元文化意识仍有待加强。我们提倡国内教育史研究树立"全球视野与跨文化、跨学科的研究观念和方法"，目的不止于构建适应全球化的教育史学术体系，而更加注重拓展中国教育史学界在国际教育史学界的空间和作用。在全球化背景下，中国教育史研究要立足于世界，必须通过加强与国际教育史学界的互动，寻求自身存在的世界意义，[1]建立起中国教育史研究者的学术话语权。

目前，中国教育史研究者也在逐步加快研究领域的拓展和研究方法的更新。北京师范大学张斌贤、宁波大学贺国庆、北京大学陈洪捷等率领各自的研究团队对现代大学史展开深入研究，取得了丰硕成果；浙江大学田正平[2]近年来对"日记"这座无所不包的教育史料库进行深度的辨伪与阐释，使得教育史研究将"可能接近研究对象的本真，带来已有研究结论的丰富与改写"[3]；华东师范大学丁钢[4]以跨学科理论和方法为手段将教育史与叙述理论、图像史等结合起来，开辟了教育叙述史、教育图像史等新领域；华东师大杜成宪、北京师大于述胜等人对中国传统教育范畴的深度解析和教育学术史的研究，别开生面，独具风格；首都师大石鸥、华南师大王建军等人开展的中国近现代教科书研究，引起课程与教材教学论学者的普遍关注；厦门大学刘海峰带领研究团队

---

① 丁钢：《全球化视野中的中国教育传统研究》，广西师范大学出版社2009年版，第209页。

② 陈胜、田正平：《横看成岭侧成峰：乡村士人心中的清末教育变革图景——以〈退想斋日记〉和〈朱峙山日记〉为中心的考察》，载《教育学报》2011年第2期；陈胜、田正平：《救国千万事，造人为最要——胡适〈留学日记〉阅读札记》，载《教育研究》2011年第8期；田正平：《清末废科举、兴学堂的另一类解读——〈朱峙山日记（1893—1919）〉阅读札记》，载《教育研究》，2012年第11期；田正平：《寻病源"与"读方书"——〈黄炎培考察教育日记〉阅读札记》，载《教育研究》2013年第12期；田正平：《读书·修身·治家——〈曾国藩日记〉阅读札记》，载《教育研究》2014年第12期。

③ 刘增杰：《论现代作家日记的文学史价值——兼析研究中存在的两个问题》，载《文史哲》2013年第1期。

④ 丁钢：《村童与塾师：一种风俗画的诠释》，载《社会科学战线》2015年第2期。

对科举制进行全面探讨，出版系列论著，创建了富有中国特色的"科举学"；华中师范大学研究团队在周洪宇带领下确立了以"人的活动为中心的学术研究路向"①，打破了传统"二分论"的教育史研究范式，提出"教育活动史、教育思想史、教育制度史"三分论的教育史研究新范式，开辟了教育活动史以及相关的教育生活史（向下拓展）、教育身体史（向内拓展）、教育旅行史（向外拓展）等新领域。这些都值得持续关注与推动。为此，中国教育学会教育史分会可顺应国际历史学界和教育史界的发展趋势，根据本国学术界的研究需要，对人们普遍关注的领域和问题或富有本国特色的学科，借鉴国际教育史常设会议的做法设立常设工作组，如大学史小组，教育图像小组，课程与教材史小组，教育活动、生活与口述史小组，教育身体与情感史小组，科举、书院与学庙史小组，有计划、有步骤地组织力量，对各个专题进行持续、深入的专门研究，从而推动中国教育史学向纵深发展，以适应21世纪中国学术发展和教育改革的需要，在国际教育史学界占有应有的位置，促使国际学术界的话语体系得到更为合理的重构。

（周洪宇　周　娜）

---

① 刘来兵、周洪宇：《视域融合与历史构境：实践活动取向的教育史研究》，载《教育研究》2011年第2期。

附录二

肩负使命：第40届国际教育史年会观感

2018年8月29日至9月1日，柏林洪堡大学承办的第40届国际教育史年会如期举行。笔者同中国教育学会副会长、中国教育学会教育史分会副理事长、华中师范大学周洪宇教授及其他数位中国学者一起参加了此次大会。下面从三个方面重温柏林国际教育史年会，以飨读者。

一、ISCHE40周年庆典：国际化与全球化

此次柏林会议的议程之一是庆祝ISCHE成立40周年。1978年9月，在牛津大学参加"全欧洲教育史研究"研讨会的教育史学家动议成立常任理事会，筹备召开第一届欧洲教育史年会，以加强欧洲教育史学者的交流互动。次年，以"1979年之前的欧洲教师培训"为议题，首届教育史年会在比利时鲁汶大学召开。到2018年，距上述动议的提出已整整40个年头。用ISCHE前任主席丽贝卡·罗杰斯（Rebecca Rogers）（任期为2016年至2018年）的话来说：40年的光阴，ISCHE已经由毛头小子，成长为力量满满、肩负重任的青年。

加强不同国家教育史研究者的沟通交流，是ISCHE的使命，其意义不止于对教育史学领域问题的探讨，更在于来自不同国家学者利用会议平台所建立的学术友谊和合作关系。20世纪80年代，国际教育史年会沟通了"冷战"时期马

克思主义与非马克思主义的教育史研究者，这是国际教育史年会在这一阶段所具有的独特吸引力。近30年来，强大并逐步加速的全球化浪潮，不仅体现在经济领域，而且表现在文化与思想交流方面。现在不同文化、不同地域之间教育史研究者的沟通，已成为国际教育史年会的关注重心。40周年庆典活动主要是表彰在ISCHE国际化进程中作出杰出贡献的学者，感谢他们为ISCHE的国际化所作的贡献。四位来自不同大学的教授受到表彰，分别是荷兰格罗宁根大学的杰罗恩·德克尔（Jeroen Dekker，1997年至2000年ISCHE主席）、比利时鲁汶大学马克·德帕普（Marc Depaepe，1991年至1994年ISCHE主席）、英国温彻斯特大学（Joyce Goodman，欧洲女性教育研究领军人物）、比利时根特大学弗兰克·西蒙（Frank Simon，2006年至2009年ISCHE主席）。表彰既是对以往努力的肯定，也是对其所追求价值的坚定。可以看出，把国际教育史年会发展成为一个真正全球性的、包括所有国家和地区的国际性学术组织，是ISCHE数代人共同的追求。目前，无论是会议讨论议题，还是参会学者的来源地及会议所允许使用的语言，都彰显着ISCHE力求国际化的开放心态。

与此同时，20世纪以来，尤其是近30年急剧加速的全球化，"面向跨越边界的、跨民族的以及全球化的问题和研究与叙述的趋势大为增加"，史学研究出现了全球史转向。尽管这种转向现在来看仍然是纲领性的，尚未淘汰民族史研究，但全球史研究路径占据的地盘越来越大。当前，作为历史专业最富有成效的新方法，全球史研究路径同样为国际教育史学大会所重视。ISCHE40年的历史，生动阐释了教育史学科面向全球史的发展趋势。ISCHE的未来，同样将围绕"国际化"与"全球化"的议题进行历史书写。

二、会前工作坊：女性教育史、教育影像史与大众教育拨款

ISCHE40于2018年8月28日并行召开了三个会前工作坊（Pre-conference workshop），分别讨论关于女子教育史、教育影像史及大众教育拨款的议题。

"女性教育史"工作坊全称是"女性特质范式改变：女子教育历史的演

变"。该工作坊的召集人为目前西方教育史学界女性教育研究的领军人物、澳大利亚悉尼大学蒂姆·艾伦德。当前，近代以来模式化的女性特质在家庭、社区、宗教团体等重要教育空间中被悄然解构。与此同时，国际上的教育史学家们试图打破线性历史观分析范式，以此拓展教育史研究领域。蒂姆以及其他一些女性教育研究者认为，认识到女性特质在时间和空间中流变的事实，可以打破"女性特质"这一概念的同质化，具有"教育"特性的空间将被拓展，而不是局限于教室、校园等处。这将有助于探索线性史观之外的历史分析模式，教育史研究将极大丰富起来。

这次"女性教育史"会前工作坊主要围绕以下四个问题展开：（1）在摆脱青春女性身体美学的情况下，中年男性与女性如何继续在学习中用这种身体美学指导自我学习；（2）教室里的日常直观体验，包括触觉、嗅觉、视觉及噪音，如何塑造女性特质；（3）医学话语如何渗透到正式与非正式教育中，从而在女性从女童到老年的不同生命阶段，照顾到她们各个生命阶段的特质；（4）同男性范式发生联系的女权主义理论，如何复杂化正式与非正式教育的界限。来自不同国家与大学的8名学者就上述议题从不同角度做了专题报告，同与会的学者进行了深入交流。

"教育影像史"工作坊全称为"图像资料与教育影像史的出现"。这是ISCHE历史上第三场关于"影像史"的探讨。2017年，在阿根廷布宜诺斯艾利斯召开的第39届年会（ISCHE39），有三场会前工作坊，其中有两场都在探讨"影像史"与教育史研究的关系。此次柏林会议"影像史"工作坊，可以视为ISCHE39的一种延续与深化。事实上，无论是工作坊名称，还是议题，也都表明这一点。这次工作坊，不但明确提出"教育影像史"，并重点围绕如何确保"图片文件"史料在教育史研究的效度与信度展开讨论。召集者认为，"图片文件"史料的使用，至少应进行四个层面的考究，包括图片对现实的刻画、图片来源、图片的使用目的及图片使用产生的影响。工作坊围绕着下述问题展开探讨：教育史研究中使用"图片史料"，是否存在前提性条件？已有的数据库究竟在多大程度上可以满足研究需要？不同的数据库资料提供给我们什么，如何使用这些数据库？在综合分析方面，不同数据库的优势和劣势是什么？这些数据库是否满足教育影像史研究的需要？如若不能，是否有其他解决途径？以上述问题为核心，参会者详细讨论了教育影像史研究中"图片史料"的运用问题。

"大众教育拨款"工作坊的全称为"大众教育拨款：国际视野中下的模式、政策及争论"。该工作坊从"教育事业拨款、国家建构与权力关系""教育拨款与民主愿望""教育拨款与政策""现实分析"四个子议题分时段进行了集中研讨。

三、回归主流：中国教育史研究的国际化

2015年，伊斯坦布尔大学承办的ISCHE37，是笔者第一次参加的国际教育史年会。彼时，与会的华人学者很少，来自中国大陆的只有笔者一人。虽单人赴会，却收获颇丰，不止于研究视野的开拓，更在于国际学术联系的建立。这次参会，让笔者认识到"中国教育史学不能在封闭中徘徊，而应在开放中发展"。国际化是中国教育史学谋求更大发展、更大繁荣的必然选择。

参加这次柏林会议的中国大陆参会代表已近10人。与会的中国学者在"教育与自然"（Education and Nature）的大会议题下，就不同时期的中国教育，同西方学者进行了广泛深入的交流。华中师范大学周洪宇与周娜的会议报告题目为"移动的身体：民国女学生研学旅行研究（1910—1940）"（Travelling Body： The Educational Tour of Schoolgirls in Modern China，1910—1940），以研学旅行中的民国女学生为对象，从"旅行"的角度考察女性书写的现代性；北京师范大学陈露茜的会议报告"论20世纪80年代美国教育政策中'选择'的'本质'（On the "Nature" of the "Choice" Movement in American Educational Policy in the 1980s），通过对20世纪80年代美国教育政策中"选择"概念符号的本质性解读，考究其背后的话语权力斗争；北京师范大学孙益的会议报告"《三字经》与儿童天性"（Traditional Chinese Primer San Zi Jing and the Nature of Children）与江南大学于书娟的会议报告"庄子的自然教育思想"（Nature and Education in Eastern Contexts：The Natural Education Thought of China's Pre-Qin（2100—221.B.C.）Taoist Zhuangzi），探讨了中国古代的自然教育思想；湖北民族学院刘佳的会议报告"基于自然：中国一所大学的自然教育实践活动（1978—1998）"（Based on Nature：A Local University's Practices of China, 1978—1998），以湖北恩施的一所大学为个案，考察了当代中国学校对自然教育思想的实践。但是，无论从参会者的数量，还是交流的深度来看，中国教育史学国际化的路途仍然漫长。

一方面，我国教育史学者参会主动性不够。当前，国内教育史研究者有500多人，这次参加ISCHE40的人数不到10人，占比不到2%。再者，中国教育史学界同国际教育史学界的互动分散、不系统。整体来看，目前国内教育史学者同国际教育史学界的交流互动虽然频繁，但不够系统，缺乏常规化机制。笔者认为中国教育史学会可以发挥组织协调作用。在这方面，中国史学会及日本教育史学会提供了可资借鉴的经验。改革开放以后，中国史学会在恢复工作的第三年，即1982年，就正式加入国际历史学会。并于1985年由中国史学会牵头组织率团参加了第16届国际历史科学大会。此后，中国史学界同国际史学界的学术交流日益频繁、深入且常态化。2015年，日本教育史学会加入ISCHE，成为国际教育史学会会员国，并在次年实施项目资助制度，鼓励日本教育史学者参加国际教育史学大会。笔者认识的两名日本学者，正是得益于该资助制度，连续两年参加ISCHE大会。组织性的保障与激励，将有效推动中国教育史学者走入国际学术舞台，增进中国教育史学界同国际教育史学界的交流。

最后，中国教育史学会同ISCHE的高层互动应加强，以合作、组织多样的学术交流活动。中国教育学界的代表性人物之一周洪宇作出了很好表率。在政务异常繁忙的同时，他仍抽出时间参加会议，并同ISCHE主席及理事会主要成员见面，进行工作讨论，提出加强学术合作。国际教育史学会对此表示同意。他们认为各国教育史学者对中国教育史学界还不了解，希望中国学者多参与国际教育史学大会及ISCHE组织的其他学术活动。作为一个正在崛起的国家，我国与日俱增的经济基础与逐步增强的国际地位，将对其精神生活产生重要影响。教育史学科该如何把这种影响用我们自己的，而非西方的范畴、理论与解释表达出来，呈现并分享到国际教育史学界，是中国教育史学者应该思考的问题，也是进入国际教育史学界主流的诉求所在。

（周　娜）

附录三
柏林国际教育史年会略记

2018年8月29日至9月1日，第40届国际教育史年会在德国柏林洪堡大学举行，这也是该会继1995年后再次在柏林举行。会议的主题是"自然与教育"，会议共吸引了来自世界各国的教育史研究者500多人。其中，北京师范大学、华中师范大学、沈阳师范大学、苏州大学、江南大学等高校均有代表与会，现于德国、荷兰、美国、澳大利亚以及中国香港和中国台湾工作或就读的中国学者也有代表参会。

8月28日，会议先行举行了3场会前专题会议，与会者分别围绕"教育中的视觉影像""大众教育""女性教育"进行了交流与讨论。正式会议期间，除了每天一场的主题演讲外，共有11组小组会议，每组小组会议的场次在16至18场之间，每场报告人为4至5位。

大会的4场主题演讲，分别由来自德国、英国和美国的学者负责。8月29日，德国波鸿大学教育史教授蒂尔·科瑟勒（Till Kössler），从历史的角度梳理了自然与养育关系的变迁；8月30日，英国东伦敦大学社会科学学院女性研究中心的玛丽亚·泰姆布库（Maria Tamboukou）运用过程哲学分析了女性工人的教育，提出了对自然分流（bifurcation）的挑战；英国约克大学的海伦·科威（Helen Cowie）主要探讨了19世纪女祭祀（menagerie）对自然的认识；9月1

日，美国那穆尔圣母大学（Notre Dame de Namur University）教育与领导力学院的科姆·托利（Kim Tolley），分析了亚历山大·洪堡对19世纪北美女性地理学与自然史教育的影响。作为柏林洪堡大学创始人之一威廉·洪堡的弟弟，亚历山大·洪堡是19世纪著名的自然史学者。托利对洪堡兄弟二人与自然教育的推动进行研究，呼应了此次会议的主题与举办地。

场次众多的小组会议，大都能基于当代学术发展趋势，重新审视"自然"这一教育史研究中的永恒主题，与会代表对于相关问题的研究，加入了知识与科学史、思想史、媒介史、环境史等多学科的视角与方法，注重国际比较与分析，既有对卢梭、进步主义等自然教育理念与教育革新运动的研究，也有对自然教科书、环境教育等作为教育内容或科目的自然教育的专门研究，还有对于作为理念与资源的自然进行的研究，比如新学校时期校址选择与自然理念、学校操场、劳动、学校教育旅行等问题。此外，研究者还特别关注到儿童与青年史视角下的社会照料，移民与教育，学校中的身体接触，物品、感官与教育中的物质世界，各国教育史学科发展与教育史杂志及研究、发表等问题。

在这次会议上，有关拉美教育史的研究尤其突出，北欧及东亚的中国、日本、韩国的教育史研究也都组织有专门的小组会议。中国的《三字经》、庄子的自然教育思想、殖民式统治时期的香港教育、近代中国女性的教育旅行、民国时期的新生活运动、民国教育电影等中国议题，受到了与会者的关注。

这次会议还安排了一些与教育史研究有关的学术参观。比如，8月28日前往位于德国布洛斯威格的国际教科书研究中心的参观与研讨，30日赴柏林教育史研究中心（BBF）的参观，31日赴德国柏林洪堡大学图书馆参观。会议还举行了一个小型的教育史杂志展，为了解国际教育史研究资料与动向提供了很多有价值的信息。

从2017年开始，国际教育史年会开设了辩论专场，2018年辩论的议题是"自然，养育与神经科学：未来的教育史研究"，是旨在为刚刚进入教育史研究的青年学者提供交流与研讨平台的青年学者专场，受到了与会者的关注。索菲亚·鲁道夫（Sophie Rudolph）于2017年在布宜诺斯艾利斯年会上发表的论文《1960年澳大利亚国内的教育辩论，坚持土著的尊严与骄傲》，获得了青年学者论文的最佳发表奖。此外，国际教育史会议今年还首次颁布了图书奖，乔恩·谢尔顿（Jon Shelton）在2017年发表的《教师罢工、公立教育与美国新政治秩序的形成》荣获了这一殊荣。

在29日会议的开幕式上，国际教育史协会主席瑞贝卡·罗格斯（Rebecca Rogers）在致辞中，简要回顾了国际教育史协会的历史，特别提出了多年来对该协会的发展作出卓越贡献的四位杰出学者，杰伦·德克（Jeroen Dekker），马克·德佩佩（Marc Depaepe），乔伊斯·古德曼（Joyce Goodman），弗兰克·西蒙（Frank Simon），并在8月31日下午大会集会期间，对这四位国际教育史研究的杰出学者进行了表彰。

在9月1日的闭幕会上，大会主席马塞洛·卡鲁索（Marcelo Caruso）宣布，2019年年会将在葡萄牙波尔图大学（University of Porto）举行，会议的主题是"教育中的空间与场域"（Space and Places of Education），会议希望能够从历史与社会的视角，回应教育中的空间转向。会议共提出了7项议题：（1）国家、帝国与知识和教育中的地缘政治；（2）传播与联系：地方、国家与全球图景；（3）空间比较：都市与乡村，中心与边缘，宗主国与帝国；（4）教育中的物质空间、文本空间、想象空间与虚拟空间；（5）教育场域：记忆，感觉、情感体验与阐释；（6）空间批评：另一种教育与教育学；（7）场域政治学：权威、公民权、民主、性别与赋权。

总的来看，大会参与者对于中国教育的兴趣非常浓厚，但由于语言等多方面的限制，中国教育史学者参与国际教育史研究的态度还应该更加积极，特别是在与西方学者进行平等对话与交流方面，还需要更加主动，在融入国际教育史研究的同时展现中国的研究成果。

（于书娟）

附录四

空间转向：教育史学研究新视野
——第41届国际教育史年会侧记

2019年7月16日至20日，第41届国际教育史年会（ISCHE41）在葡萄牙波尔图大学（Porto University）如期召开。本届大会由波尔图大学教育与心理学院承办，大会主题为"教育空间与场所（Space and Place of Education）"。这是国际教育史年会自2000年第22届年会在西班牙召开以来，19年后再一次在伊比利亚半岛举行。笔者与中国教育学会副会长、中国教育学会教育史分会副理事长、华中师范大学教授周洪宇，北京师范大学教授周慧梅、陈露茜、刘幸，江南大学于书娟等几位老师一起参加了此次大会。有幸再次参加这一会议，特以文字纪之。

一、新变化

同往届相比，这次会议一个令人注目的变化就是增设了新书发布会（ISCHE Book Launch）。

7月18日下午，大会召开新书发布会，推介《教材与战争：历史和多国视角》（*Textbook and War：Historical and Multinational Perspectives*）一书。该书系前ISCHE主席、德国乔治·埃克特国际教科书研究所（Georg Eckert

Institute for International Textbook Research）所长、布伦瑞克理工大学教育学教授E. Fuchs与墨西哥高级研究中心（the Center for Research and Advanced Studies〈CINVESTAV〉，Mexico）的教育史学教授欧金妮·亚罗兰·维拉（Eugenia Roldán Vera）共同主编。从历史和跨国视角，以当代和历史上的教科书为对象，运用两国比较的方法，该书编辑和撰稿者考察了教科书和战争之间关系的各个重要方面，探讨了教科书在战争与教育之间复杂关系中的角色及影响。本书是ISCHE推出的出版计划《国际教育史年会全球教育史丛书》（*The ISCHE Global Histories of Education Book Series*）的第一本。为了推进全球及多国视角的教育史研究，2016年，ISCHE同帕尔格雷夫·麦克米伦（Palgrave Macmillan）出版公司签署合作协议，由该出版公司出版发行《国际教育史年会全球教育史丛书》。

事实上，这并不是ISCHE第一次推出教育史丛书出版计划。20世纪90年代，ISCHE首次推出教育史丛书出版计划。彼时，ISCHE会刊《国际教育史通讯》（*The International Newsletter for the History of Education*，简称INHE）不加选择地把全部参会论文刊载出版，使得会刊学术质量较低，危及ISCHE学术声誉，招致诸多批评。在反思的基础上，ISCHE提出改善学会出版物学术水平，择优秀文章结集出版。于是，名为《国际教育史丛书》（*International Series for the History of Education*）的出版计划诞生，并先后在1990年、1992年出版两本，第一辑《小学教学与课程史》（*History of Elementary School Teaching and Curriculum*）和第三辑《古代教育史的方方面面》（*Aspects of Antiquity in the History of Education*）。[1]由于资金的原因，这次丛书出版计划未能完成而不得不中断。

这次《ISCHE全球教育史丛书》出版计划同样也是面向所有ISCHE会员，实现申请—遴选制，主要针对全球的、世界的或多国视角的教育史研究成果，

---

[1] 第二辑未出版发行，作为布拉格（Prague）会议的出版物保存着。

尤其是致力于研究过去几个世纪以来跨越区域或国界的教育机构、教育角色、教育技术及教育理念的发展及演变。同时，出版计划要求所有申请该出版计划的书，所使用的档案材料应该来自一个以上的国家，所使用的史料也应是多种语言的。另外，虽然丛书以英文出版，出版计划要求原书稿最好是非英语类语言撰写而成。目前，该丛书已出版两本，分别是《教材与战争：历史和多国视角》（*Textbook and War：Historical and Multinational Perspectives*）、《教育历史中的跨国性：概念及视角》（*the Transnational in the History of Education：Concepts and Perspectives*），这次新书发布会推介的主要是前者。ISCHE这次推出的出版计划，是其对建设更好的国际性学术平台和学术共同体这一使命的积极践行，也反映了在当今的教育史研究中，以反映全球化而进行的文明之间和区域之间的比较教育史研究，已经成为教育史研究的重要潮流。

二、新议题

（一）大会议题：教育空间与场所

本届大会议题是"教育空间与场所"（Space and Place of Education），表明国际教育史学研究发生着"空间转向"。从提交的部分会议论文可看出，学者们认识到教育中存在多样性的空间，比如横向空间、交叉空间、矛盾空间、想象空间及虚拟空间等；同时，广泛考量问题，包括社会的、文化的、政治的、经济的、技术的、教学的、物质的与主观的，来解释和反思教育公共空间的生产和组织。7月17日下午，葡萄牙著名教育史学家、原里斯本大学校长安东尼·奥诺瓦（Antonio Novoa）以"学校与公共教育空间：是否还存在共同的教育空间"（School and Public Space of Education：Is There Still Room for the Common?）为题，做了本届大会的首场主题报告。报告开门见山抛出问题：当前学校还有共同的教育空间吗？循着问题，报告首先集中回顾了过去150年里，公共教育理念下的学校组织形式（学校模式）的演变，并提炼出其特点，是一个政治化的空间（公民身份塑造、集体行为规范的习得等），也是一个组织化的场所（学校纪律规则、统一课程设置等）。然后，对当前学校空间的消解、日益固化的教育毛细现象（the valorization of educational capillarity）及学习方式的个性化等问题进行反思，提出这些由"教育消费理念"引发的教育现象将导致学校蜕变（the metamorphosis of the school），使学校变成一个"缺乏共同性的空间"（there is no room for the common）。

教育空间是社会关系的产物。对这个认识，学者们从不同角度进行了分析，既有从全球视角出发的，也有从城市、农村、家庭与工作场所的关系着眼的。英国学者约瑟夫·海因斯（Joseph Hayes）从城乡空间对比的视角，讨论了19世纪晚期，英国城乡宗教学校董事会所扮演的角色及影响力是有差异的。本研究强调重视运用图像分析等方法，结合研究边缘化的社会理论，对城乡差异的教育历史进行研究。还有一些学者以空间为导向，对政策、知识、课程和教材的流动进行研究，获得了更情景化、直观化的认识和理解。7月18日下午，来自墨西哥高级研究中心的教育史学者欧金妮·亚罗兰·维拉（E. Roldán Vera）以"直观教学法：从17世纪到20世纪间一个经典概念的地理教育学"（Intuition：Geo-pedagogies of a Class Concept from the Seventeenth to the Twentieth Century）为题做了本次大会第二场报告。维拉教授在报告中探讨了从17世纪夸美纽斯提出"直观教学"到20世纪的这300年间，"直观教学"这一概念在全球范围内的传播。她运用"地理教育学（geo-pedagogy）"概念绘制了"直观教学"一词在不同地理、文化空间的传播图谱，包括法语系、德语系、英语系及西班牙语系等，以及在融入上述空间的教育政策及教育模式中这一概念内涵的增减。这个报告是对教育概念在不同空间传播的研究，也是多国视角、跨区域研究的一个范例。

以教育历史中"空间"与"场所"为视角，结合记忆史、情感史、建筑史、性别史，对学校场所中的教师与学生进行新维度的剖析与认识，是这次大会上"空间转向"研究表现出的又一个重要特征。在"教育空间：记忆、感觉和情感体验及阐释"（Educational Places：Memories，Sensory and Emotional

Experiences，Interpretations）平行小组研讨会上，学者们扬弃传统史学的历时性，强调场所、空间对于情感史、记忆史研究的意义，来自德国的日籍学者小林西美（Ami Kobayashi）以"'触电般'与'感动到流泪'？日本学生的军事评论：一个情感教育的空间"（"Electroshock" and "moved to tears"？Japanese Student's Military Reviews as Educational Space for Sensory and Emotional Experiences）为题，探讨了符号、语言、仪式与国族情感养成的互动关系。她把20世纪30年代日本男子中学的学校俱乐部杂志刊载的学生军事评论及学生的军事游行视为一种集体教育空间。通过研究，发现在评论、游行中，学生的集体意识被强化，对这一空间有了归属感，也就更容易形成共同的强烈情感。在乌特·弗莱弗特和克里斯托弗·伍尔夫提出的"感觉可以通过语言和想象来发展、感知和区分"的基础上，提出强烈的情感是可以在一个有归属感的空间内被激发和唤起的。来自以色列特拉维夫大学的奥里特·奥韦德（Orit Oved）以"作为增强犹太人民族意识教育实践的纪念大屠杀活动：记首个赴波兰-捷克斯洛伐克的青年代表团"（The Memory of the Holocaust as an Educational Practice for Increasing Jewish-National Awareness：The First Youth Delegation to Poland and Czechoslovakia）为题，研究了国家如何塑造青年学生对大屠杀的记忆及利用他们大屠杀的记忆，加深犹太人的民族意识和民族认同。这些研究，提醒学者历史研究中场所虽然与历史有着千丝万缕的联系，但不是对过去发生之事的历时性考察，而是在"文化—社会史"语境中回溯历史，探讨形塑情感或记忆的空间与场所。

国内已有不少学者展开了空间转向的教育史研究。比如周洪宇等在教育记忆史研究中重视阐发"记忆场所"观点，强调在记忆史研究中扬弃传统史学的历时性。在此次会议上，北京师范大学周慧梅、孙益发表的《旧瓶装新酒：民国时期大众教育的教育活动空间及场所》，江南大学于书娟发表的《近代中国城市教育空间的改变：以江阴市孔庙调查研究为基础》，都从社会的、政治的角度反思近代教育空间；北京师范大学陈露茜、刘幸两位学者发表的《中国的外国教育史学研究》与《一名日本哲学家在战时中国的教育经历》两份报告是地缘政治视角下的知识史、教育史的考察；华中师范大学周娜、周洪宇发表的《"被塑造的空间"：近代中国教会女学与女学身体生成》从空间与身体互生的角度，探讨了近代中国教会女学对女性的培养与影响。

（二）学术茶话会"议题"

自2017年布宜诺斯艾利斯会议起，ISCHE决定设立学术茶话会（Tertulia）环节。这是一个圆桌辩论会，专门对当前教育史领域出现的新问题进行讨论。今年讨论主题是"机器化的档案：在大数据中挣扎的史学研究者"（The Machine in the Archive：Historians at risk of drowning by data）。近年来，随着越来越多的档案材料数字化，教育史学者的研究工作也发生了巨大变化。无数的数字化材料及档案触手可及，人们甚至很少再查阅原始纸质档案。事实上，算法会在一定程度上干扰数字化史料的准确性，或者由于搜索引擎，或者由于扫描和字符识别程序的潜在故障。那么，数字化史料的运用，是否会导致产生一种新的教育史研究？如果不再运用"原始"史料将产生哪些变化？在一个史料档案触手可及、毫不费力接触到的数字化时代，又是什么阻碍着我们对真相的探寻呢？未来几年的趋势走向，我们能预测吗？围绕着上述问题，来自墨西哥、荷兰、瑞典、中国等国的20位学者进行了一场激烈且深富启发意义的讨论。

（三）会前工作坊"议题"

此次会议的会前工作坊（Pre-workshop）讨论的是"谁说，为谁说：教育史研究中自传性史料的运用方法"（Who "Speaks" and for whom？Approaches to（and along）working with autobiographical materials in History of Education research）。

自传体材料在教育史上经常被用来探讨有关主体、经历、动机和学习过程的问题。研究者会特别重视个人和私人材料，比如日记、信件和旅行见闻等，为了能洞察并形成对历史中其他人物的认识。自传性材料的运用给研究者带来了极大的可能性，但也并非没有局限性。受佳亚特里·C. 斯皮瓦克（Gayatri C. Spivak）①启发，在教育史研究中运用自传性材料时，同样需要思考"谁在说，为谁说"等这类问题。批判性反思运用这类史料的经典著作，人们会认识到，自传性材料是一种特殊叙事，是被作者所处时代的政治身份、材料撰写的方式及档案上的考虑等因素形塑而成的。所以，在运用这些自传性材料时，在处理自传体材料时，必须考虑有哪些因素影响了说给我们听的声音，以及选择用什么方式理解这些声音及最终选择这些声音中的哪些材料。这个工作坊主要讨论了这些问题，并就这些问题对教育史研究者处理自传性材料可能带来的影响也展开了研讨。

三、参会所感

作为一年一次的国际教育史年会，倘若论规模，个别国家的教育史年会可能还要比其大些，每年参会人数大致在500至600人。我国每年的教育史年会，就规模来讲，同其是不相上下的。从参会者的所属国看，"国际教育史学大会"以欧洲教育史学者为主。ISCHE自成立之初，始终以"国际性""全球化"为其学术使命，尤其是近几年来，推动多国视角、跨区域的教育史研究成为ISCHE的学术主旨。虽然历届大会主题鲜少论及全球化或国际性，但在全球化或文明比较的框架下探讨大会主题，突破民族—国家框架转向以文明、区域为单位考察教育历史，受到了ISCHE的积极鼓励和推崇。ISCHE的"全球化""国际性"之路存在很多挑战，比如突破欧洲中心，ISCHE进行的课题研究是否足以代表着西方教育史学或世界教育史学的主流有待商榷。目前看来，以批判的眼光看待民族国家视角的教育历史研究，是ISHCE追求"国际性""全球化"的重要路径。

对于我国教育史学界来说，发展出来自中国的、"可以产生或允许我们对共

---

① 当代著名文学理论家和文化批评家。

同的历史作出另类诠释的概念、理论与解释"，是不是我们预入国际教育史学之流的重要路径呢？如是，适度反思民族—国家框架的教育史研究的同时，不断回望历史以系统梳理、挖掘和坚守我国教育史研究的优秀传统，把握其形成新范式、拓展新领域的内生力，是当前我国教育史学者的时代课题。

（周　娜）